JN440586

MARX and

마르크스와 트로츠키

TROTSKY

정성진 지음

국립중앙도서관 출판시도서목록(CIP)

마르크스와 트로츠키 = Marx and Trotsky / 지은이: 정성진. --
파주 : 한울, 2006
p. ; cm. -- (한울아카데미 ; 840)

참고문헌과 색인수록
ISBN 89-460-3645-1 93330
ISBN 89-460-3646-X 93330(학생판)

320.17-KDC4
335.4-DDC21 CIP2006002685

머리말

트로츠키는 이제 우리나라에서 더 이상 낯설지 않다. 트로츠키의 주요 저작들이 번역·소개되어 있을 뿐만 아니라, 최근 반전운동과 '한미FTA' 반대 운동에서 '다함께'의 활약에서 보듯이, 트로츠키주의는 우리나라에서도 주요한 운동 세력으로 성장했다. 트로츠키의 영구혁명론이 처음 발표된 『평가와 전망』 출판 100주년을 맞는 2006년 오늘 트로츠키를 빼놓고 사회주의나 마르크스주의를 논의하는 것은 상상하기 어렵다. 지난 1980년대만 하더라도 트로츠키가 '마르크스주의의 이단아'로, 심지어 '미제의 고용 간첩'으로 매도되었던 것을 상기하면, 이는 격세지감을 느끼게 하는 사상 지형의 변화이다.

오히려 최근에는 마르크스주의에 대한 모든 종류의 비난이 트로츠키주의에 대한 적대감으로 집중되는 듯하다. 일례로 우리나라에도 잘 알려진 일본의 이른바 '코뮌주의자' 가라타니 고진(柄谷行人)은 마르크스가 1850년 이후 포기한 영구혁명의 사상을 트로츠키가 1906년 되살리고 이것을 1917년 레닌이 10월혁명에 적용한 것에서 20세기의 '극단의 시대'가 비롯되었기 때문에 '원흉'은 마르크스나 레닌 혹은 스탈린이 아니라, 바로 트로츠키라고 공격한다. 이는 아마도 트로츠키주의만이 21세기 오늘날 유일하게 마르크스주의의 혁명적 전통을 표방하고 있기 때문일 것이다. 그런데 가라타니 고진의 트로츠키 비난은 상투적 왜곡 투성이긴 하지만, 트로츠키가 마르크스의 '적자(嫡子)'임을 시인한 것이다.

유감스럽게도 우리나라 진보 학계에서 트로츠키주의는 여전히 주변적이다. 트로츠키주의를 지지하는 학자는 여전히 극소수다. 소련·동유럽 블록 붕괴 후에도 스탈린주의는 청산되기는커녕 알튀세르주의, 포스트모더니즘, 사회민주주의, 시장사회주의, 자율주의 등 각종 '포스트스탈린주의' 경향으로 변이되면서 오늘에 이르기까지 우리나라 진보 학계의 헤게모니를 장악하고 있다. 트로츠키의 복권은커녕, 고전 마르크스주의의 유린으로 얼룩진 스탈린주의 '과거사'에 대한 '학문적' 정리조차 시도된 바 없다. 그래서 '트로츠키는 서기장이 되지 못한 스탈린'이라든지, '트로츠키주의에 고유한 이론은 없다'는 알튀세르로부터 비롯된 낭설이 정설처럼 받아들여지고 있다.

필자는 그 동안 우리나라 진보 학계 주류를 형성해 온 스탈린주의와 각종 '포스트스탈린주의' 경향들에 맞서서 트로츠키가 계승·발전시킨 고전 마르크스주의 관점을 주로 경제학비판의 영역에서 구체화하고 대안을 제시하는 작업을 지지부진하게나마 수행해 왔는데, 이 책은 그 결과물들을 엮은 것이다.

이 책에 수록된 논문들은 올해 필자가 쓴 논문 4편을 포함해서 지난 15년 동안 여러 학술지에 발표되었던 15편의 논문을 최소한의 보완을 해서 다시 수록한 것이다. 이 중 1990년대 쓴 논문 7편은 그 후 이루어진 국내외 연구 성과를 반영해서 대폭 수정·보완하는 것이 바람직했지만, 그 자체로 유효성과 시의성을 잃지 않았다고 생각되어서, 일단 이번에는 오·탈자를 바로잡고 논문들 간에 중복 서술된 부분을 조정하는 정도의 최소한의 업데이트를 해서 다시 수록했다.

이 책은 모두 4개 부, 15편의 독립 논문들로 구성되어 있다. 먼저, 제1부의 1장에서는 그동안 스탈린주의에 고질적인 논리역사주의와 리카도주의에 의해 왜곡되어 온 마르크스의 경제학비판의 방법을 복원하고, 2장에서는 『공산주의자 선언』에 집약된 마르크스의 '아래로부터 사회주의' 사상의 현재성을 입증한다. 제2부에서는 3장 제2인터내셔널 마르크스주의의 비판,

4장 레닌의 경제학 비판, 5장 소련 국가자본주의론의 비판적 재구성을 통해 그동안 스탈린주의가 날조해 온 마르크스주의의 역사를 트로츠키가 계승·발전시킨 고전 마르크주의 관점에서 다시 읽는 작업을 수행한다. 제3부 '마르크스주의적 비판의 자원'들에서는 6장 알튀세르주의와 포스트모더니즘 마르크스경제학, 7장 월러스틴과 아리기의 세계체제론, 8장 브레너의 공황론, 9장 뒤메닐과 파니치 등의 구조적 위기 종식론, 10장 자율주의자 네그리의 '제국'론, 11장 케인스주의를 통해 소련·동유럽 붕괴 이후 우리나라 진보 진영에서 유행한 각종 '포스트스탈린주의' 흐름들에 대해 고전 마르크스주의 관점에서 비판적 분석과 대안을 제시한다. 끝으로, 제4부에서는 21세기 진보의 대안을 구체화하는 시도가 이루어지는데, 먼저 12장에서는 그동안 왜곡·날조되었던 트로츠키의 생애를 '크레믈린 문서고' 개방 이후 새롭게 진전된 연구들에 기초하여 재조명하고, 13장에서 트로츠키 사상을 비판적으로 발전시킨 클리프의 사상을 검토한다. 그리고 14장에서는 트로츠키의 사상을 경제사상을 중심으로 체계적으로 정리하고, 15장에서는 '민주적 참여계획경제론'을 21세기 조건에서 '아래로부터 사회주의'를 구현할 수 있는 대안 모델로서 제안한다.

요컨대, 트로츠키가 추구한 '아래로부터 사회주의'의 관점에서 경제학비판을 중심으로 마르크스의 방법과 마르크스주의 역사를 복원하고, 이에 기초하여 최근 우리나라 진보 진영의 지배적 경향들에 대한 비판과 대안을 제시하는 것이 이 책의 주된 내용이다.

부족한 점과 개선되어야 할 부분이 적지 않지만, 바라건대, 졸저가 스탈린주의 '국정 교과서체계'의 붕괴 이후 오랫동안 공백 상태로 남아있는 우리나라 진보 진영의 마르크스주의 커리큘럼을 다시 채우는 자원의 하나가 될 수 있기를 기대한다. 나아가, 이 책은 대학 학부 수준에서 정치경제학 기초를 이수한 분들이 마르크스주의 경제학의 쟁점들을 공부하는 '고급 정치경제학' 과정이나, 대학원 수준의 '마르크스주의 연구' 과정의 교재로도 사용될 수 있을 것이다. 물론, 이 책을 구성하는 장들은 자체로 독립적으로 완결된 논문이므로 독자들의 관심에 따라 골라 읽어도 무방하다. 또한 이 책에서 전개한 트로츠키주의적으로 해석된 마르크스의 방법을 경제분석에 적용한 것으로는 졸저 『마르크스와 한국경제』(2005) 및 『마르크스와 세계경제』(근간)를 참조할 수 있다. 이 책은 다양한 주제를 다루고 있지만, 페미니즘이나 생태주의처럼, 꼭 들어가야 함에도 불구하고 필자의 공부 부족으로 인해서 아쉽게 빠진 주제들도 있다. 이 책의 다음 판을 찍을 수 있게 된다면 앞서 지적한 일부 오래된 장들의 근본적 업데이트를 포함해서, 이 주제들까지 포함시킬 것을 약속한다.

끝으로, 이 책이 나오기까지 도움을 준 여러분께 감사의 뜻을 전하고자 한다. 우선, 이 책에 수록된 논문들의 최초 발표 지면을 제공해 준 김수행, 고(故)정운영, 김세균, 김진철, 양희석, 윤소영, 서관모, 윤수종 교수와 정태인 씨께 감사드린다. 또한 1999년 겨울 이 책의 최초 편집판의 초교지를 읽고 유익한 조언을 해준 '다함께'의 최일붕 동지와 당시 경상대학교 대학원 경제학과에 재학 중이던 김병조, 이대호, 강귀웅 군에게 감사드린다. 이 책에 수록된 논문 중 일부(및 영역본)를 읽고 논평해 준 양효식, 조정환, 정진상, 신조영, 로렌 골드너(Loren Goldner), 워렌 사무엘스(Warren Samules) 교수에게 감사드린다. 이 책의 5장과 15장은 2005년부터 필자가 연구책임자로 경상대학교 사회과학연구원에서 수행하고 있는 한국학술진흥재단의 중점연구소 지원과제 '대안적 경제체제와 경제전략(KRF-2005-005-J00201)'의 일부로 작성되었다. 이 과제를 같이 연구하고 있는 장상환, 김의동, 주무현, 곽노완, 김창근 교수의 조언에 감사드린다.

이 책은 원래 지난 2000년 한울에서 출판하기로 기획되었던 것인데, 몇 가지 사정으로 출판이 지연되었다. 최초 원고를 편집하고 초교지까지 뽑아주었던 한승옥 씨, 그 후 6년이나 지난 뒤에 대폭 변경된 원고를 다시 편집하는 수고를 해준 김은현 씨, 어려운 조건에도 필자의 출판 기획을 받아주고 잊지 않고 독려해 준 김종수 사장의 우정에 고마움을 전한다.

트로츠키의 영구혁명론 발표 100주년 해를 보내면서, 또한 러시아 혁명 90주년이 되는 새해를 기다리면서, 오래 묵었지만 막상 낼 때는 조급하게 책을 내놓는다.

2006년 12월

정성진

차례

제4부 트로츠키주의와 대안

표·그림 차례

제1부 마르크스 방법의 복원

제1장

마르크스의 경제학 비판의 방법*

스탈린주의와 리카도주의 비판

1. 서론

얼마 전까지 우리나라 경제학계 내부에 존재했던 근대경제학과 정치경제학 간의 대립구도는 이제 소멸한 것으로 보인다. 이것은 한편으로는 마르크스 경제학[1)]과 동일시되었던 정치경제학의 내부 분화에서, 다른 한편으로는 정치경제학의 전반적 위상 축소에서 확인된다. 오늘날 정치경제학은 마르크스 경제학뿐만 아니라 제도주의, 포스트케인스주의, 생태주의, 카오스이론처럼 신고전파 '정통'에 대해 비판적인 '이단적 경제학'을 총칭하는 분류법으로 받아들여지고 있다. 우리나라에서 정치경제학이란 용어는 마르크스 경제학이 반공정권의 탄압을 회피하기 위해 둘러댔던 위장 어법이었지만 이제 그와 같은 명칭과 내용의 불일치는 사실상 사라졌다. 이제 정치경제학은 부르주아 경제학과 경합을 벌이는 대항 패러다임이기는커녕, 미국식 신고전파 경제학으로 편성된 커리큘럼의 한 부분으로 잔존하기도 어려운

* 이 장은 정성진(1997a)을 수정·보완한 것이다.

1) 나는 이 장에서 마르크스 경제학이라는 용어를 우리나라에서 통상 마르크스 경제학이라고 여겨져 온 구소련 정치경제학 교과서로 대표되는 경향들을 가리키는 것으로, 즉 내용적으로는 마르크스 자신의 경제학 비판의 방법과 대립되는 스탈린주의 경제학을 가리키는 것으로 사용한다.

처지가 되었다.

그런데 이 같은 현상의 배후에 놓여 있는 것은 근대경제학 패러다임의 승리가 아니라, 그동안 정치경제학의 핵심을 이루어 온 마르크스 경제학의 패러다임 위기라고 할 수 있다.[2] 사실 오늘 마르크스 경제학은 소련·동유럽 블록의 몰락, 소위 '마르크스주의의 위기' 및 정보화, 글로벌화 등으로 급변하고 있는 현대자본주의의 정세 속에서 패러다임의 위기를 넘어 사실상 파산 상태에 이른 것으로 보인다.

그러나 소련·동유럽 블록 붕괴 이후 노정되고 격화된 마르크스 경제학의 패러다임 위기를 마르크스의 패러다임 위기와 동일시해서는 안 될 것이다. 우선 1989년 이후 붕괴된 것은 사회주의가 아니라 자본주의의 한 변형인 국가자본주의이며, 파산한 것은 마르크스주의가 아니라 스탈린주의이기 때문이다(정성진, 1992a; 1994). 이 장에서는 마르크스 경제학의 패러다임 위기가 마르크스 자신의 패러다임의 문제점에서 비롯하는 것이 아니라 마르크스 경제학이 그동안 마르크스의 패러다임의 핵심인 **마르크스의 방법** 자체를 오해하고 왜곡해 온 데서 비롯했음을 보이고자 한다. 마르크스가 『자본론』 제1권 제2판 후기에서 자신의 방법에 대해 다음과 같이 언급한 것은 마치 오늘 우리의 상황에 대해 말하고 있는 것처럼 들린다. "**『자본론』에 적용된 방법이 거의 이해되지 않고 있다는 것은 그것에 대해 상호 모순되는 해석을 보아도 알 수 있다**"(마르크스, 1989a: 15. 강조는 정성진). 실제로 마르크스의 방법은 마르크스 이후 자칭 마르크스주의자들에 의해 너무나 심하게 변형된 나머지 마르크스가 정말 무엇을 말했는지 알기 힘들게 되고 말았다. 그래서 많은 논자들은 마르크스가 전혀 말하지도 않은 것을 말했다고 주장한 다음, 그것이 틀렸다고 '증명'하고, 이를 근거로 마르크스의 이론과 정치를 기각하는 촌극을 벌여왔다.

마르크스의 방법에 대한 오해와 왜곡은 주로 **논리역사주의와 신리카도주**

2) 부르주아 경제학의 현황에 대한 마르크스주의적 평가로는 Harman(1996)을 참조하라.

의의 형태로 나타났으며 이는 우리나라의 경우도 마찬가지다. 즉, 마르크스 경제학은 마르크스의 방법을 논리역사주의적으로 해석하거나 리카도 경제학과 동일시해 왔다. 그러나 나는 마르크스의 방법은 자본주의에 고유한 범주들의 논리적 전개라는 점에서 논리역사주의와 무관하며, 자본주의에 고유한 추상노동과 가치형태 분석을 중시한다는 점에서 리카도나 스라파(P. Sraffa)의 경제학과 본질적으로 구별된다고 주장할 것이다. 그리고 신리카도주의는 논리역사주의와 외면상 대립하는 것처럼 보이지만 실은 단순상품생산론 및 추상노동 범주에 대한 초역사적 이해를 공유하는 데서 보듯이, 논리역사주의와 마찬가지로 스탈린주의의 영향 아래 있음을 밝힐 것이다. 그리고 마르크스의 방법에 입각한다면 몰락한 소련·동유럽 블록은 사회주의가 아니라 자본주의의 한 변형인 국가자본주의로 규정될 수 있으며, 마르크스의 방법은 현대자본주의에 대해 여전히 근본적으로 비판적인 통찰과 진정한 자유·평등 사회에 대한 새로운 조망을 제공해 준다고 주장할 것이다.

2. 논리역사주의 비판

논리역사주의는 마르크스 경제학의 전통과 함께 오래된 그리고 '정통'으로 간주되어 온 마르크스의 방법에 대한 해석이다. 논리역사주의는 『자본론』에서 마르크스가 전개한 논리적 범주들이 현실적 역사의 발전 과정과 대응한다는 주장을 핵심으로 한다. 『자본론』에 대한 논리역사주의적 해석은 구체적으로 다음과 같은 몇 가지 명제들로 구성되어 있다. ① 『자본론』 제1권 제1편 모두(冒頭) 상품은 단순상품생산의 상품이다. ② 상품가치의 실체인 추상노동은 초역사적·생리학적 범주이다. ③ 가치법칙은 단순상품생산의 법칙이며 자본주의의 잉여가치법칙과 구별된다. ④ '화폐의 자본으로의 전화' 논리는 단순상품생산의 자본주의적 상품생산으로의 역사적 이행에 대응한다. ⑤ 일반적으로 추상에서 구체로의 상향의 논리적 전개는 현실의 역사 발전에 대응한다.

논리역사주의는 엥겔스의 「칼 마르크스, 정치경제학의 비판을 위하여 서평」(1859)의 다음과 같은 주장에서 처음으로 정식화되었다.

> 경제학적 범주들은 대체로 논리적 전개의 경우에서와 같은 순서로 나타날 것이다. …… 경제학에서 논리적 취급방법이란, 역사적 형태와 교란적인 우연적 사태를 제거한 역사적 취급방법에 다름 아니다(마르크스·엥겔스, 1997 제2권: 488~489).

엥겔스는 그 후 『자본론』 제3권 서문과 보충설명에서 이른바 단순상품생산 개념의 도입을 통해 논리역사주의적 해석에 내용을 부여한다. 엥겔스는 다음과 같이 주장했다.

> 따라서 제1권의 첫머리(여기에서 마르크스는 단순상품생산을 그의 역사적 전제로 삼고 이 기초로부터 출발하여 뒤에 가서 자본에 도달하고 있다)에서 왜 마르크스는 개념적으로도 역사적으로도 제2차적인 형태(즉 이미 자본주의적으로 수정된 상품)로부터 출발하지 않고 단순한 상품으로부터 출발하고 있는가가 명백하게 될 것이다. …… 여기에서 문제로 되고 있는 것은 논리적 과정일 뿐만 아니라 역사적 과정 그리고 이 과정이 사고에 반영되는 것 그리고 이 과정의 내부적 관련들의 논리적 추적이라는 사실이 그것이다. …… 요컨대 마르크스의 가치법칙은 단순상품생산의 시기 전체를 통하여(즉 자본주의적 생산형태의 출현에 의하여 단순상품생산이 변화할 때까지) 일반적으로 적용된다(마르크스, 1990: 16, 1101, 1106).

논리역사주의는 그 후 다음과 같은 레닌의 언급에서 정통의 권위를 얻는다. “어떤 주어진 역사적으로 규정된 사회의 생산관계를 그 발생, 발전 및 소멸 과정 전체에 걸쳐 연구하는 것, 이것이 마르크스의 경제학설의 내용이다(Lenin, 1914b: 59).” 논리역사주의적 해석은 스탈린의 1952년 논문 「소련에서 사회주의의 경제적 제문제」에서 마르크스 경제학의 ‘정통’으로 확립되며, 구소련 경제학 교과서에서 체계화된다. 요컨대 논리역사주의의 제1보를 디딘 것은 엥겔스이며 그 방향을 계승한 것은 레닌이었다. 그리고 이의 통속화를 철저하고 분명하게 한 것은 스탈린이었다. 다음과 같은 구소련 경제학 교과서의 언급들을 보자.

> 마르크스의 방법은 경제학상의 가장 단순한 카테고리로부터 보다 복잡한 카테고리로 상승하고 있다. 이는 사회가 낮은 단계에서 보다 높은 단계로 상향선을 따라 전진적으로 발전하고 있음에 대응하는 것이다. 경제학상의 카테고리를 이러한 방법으로 연구하면 논리적 연구는 사회발전의 역사적 과정의 반영이 된다(오스트라비챠노프, 1986: 24).

> 생산관계에 대한 논리적(이론적) 분석은 추상적인 것에서 구체적인 것으로의 상승 방법의 도움으로 실제의 역사적 발전과정을 반영한다. …… 역사는 이론 속에서의 논리적 재생산과정에서 어느 정도까지는 모든 우연적인 것, 비본질적인 것이 배제된 채 반영된다(짜골로프, 1990, 1-1: 434).

> 마르크스의 경우에 연구의 논리적 방법은 역사적 발전과정에 모순되는 것이 아니라 역사적 과정의 과학적 일반화이며 모든 부차적인 것과 우연적인 것으로부터 해방된 것이다(짜골로프, 1990, 1-2: 347).

논리역사주의는 이처럼 구소련 경제학 교과서의 서술 원칙이 되었을 뿐만 아니라 돕(M. Dobb), 믹(R. Meek) 같은 리카도파 마르크스주의자들은 물론,

만델(E. Mandel)이나 로스돌스키(R. Rosdolsky) 같은 트로츠키주의자들도 수용해 왔다는 점에서 가히 20세기 마르크스주의의 지배적 전통이라고 할 만하다. 예컨대 믹은 다음과 같이 주장한다.

> 마르크스의 『자본론』에서 논리적(상품 관계 자체에서 이 관계의 자본주의적으로 수정된 형태로의) 이행은 마르크스에 의해 (단순상품생산에서 자본주의적 상품생산으로의) 역사적 이행의 '거울 이미지'로 제시된다(Meek, 1973: 15).

자본논리학파의 원조로 지칭되는 로스돌스키조차도 엥겔스가 논리역사주의를 언명한 「정치경제학 비판을 위하여 서평」을 긍정적으로 인용한 후 다음과 같이 주장한다.

> 이것(논리역사주의)이 처음부터 마르크스의 방법이었음은 『정치경제학 비판 요강』과 『정치경제학 비판을 위하여』 및 『자본론』의 무수한 페이지들로부터 잘 알 수 있다. …… 마르크스는 그의 추상적 분석의 결과를 현실의 역사적 발전과 대응시키고 있다(Rosdolsky, 1977: 115).

국내에서 출간된 마르크스 경제학 교과서들도 대체로 구소련 경제학 교과서의 논리역사주의의 틀을 벗어나지 못하고 있다. 예컨대 김호균은 "모든 생산양식은 아니지만 여러 생산양식에서 적용되는 법칙, 이에는 가치법칙, 화폐유통법칙 등이 있다"면서 가치법칙과 잉여가치법칙을 구별하고, "잉여가치법칙은 자본주의의 기본적인 경제법칙이다"라고 주장한다. 또한 "상품생산이 사회주의와 양립할 수 없다는 주장은 상품-화폐 관계로부터 임노동자계급과 자본가계급이 성장해 나온다는 가정 위에 서 있는데 이는 역사적으로 옳지 않은 가정"이라고 주장한다(김호균, 1993: 42, 48). 가장 이단적인 마르크스 경제학자로 간주되는 정운영(1986)도 논리역사주의에 고유한 단순상품생산 개념의 이론적 의의를 강조한다.

논리역사주의적 해석은 범주들의 논리적 서열이 그 발생 순서, 즉 자본의 전사뿐만 아니라 확립사 및 후사(後史)에도 대응한다고 주장한다. 그 이유는 범주들의 논리적 서열은 추상 → 구체, 단순 → 복잡으로 상향하는 발생사적 방법에 의거하여 서술되었기 때문이라는 것이다. 또한 논리역사주의의 핵심을 이루는 내용은 모두 상품을 자본주의적 상품이 아니라 단순상품생산의 상품으로 간주하는 것이다. 『자본론』 제1권 제1편 '상품과 화폐'에 나오는 『자본론』의 단서 범주인 상품은 자본주의가 아니라 자본-임금노동 관계가 사상된 단순상품생산(자기가 소유한 생산수단과 자신의 노동에 기초하여 이루어지는 상품생산)에서 생산된 단순한 상품이라는 주장이다. 아울러 단순상품생산은 자본주의 사회에 선행했으며 자본주의의 역사적 전제였다고 논리역사주의는 주장한다. 그러나 이 같은 논리역사주의가 마르크스의 방법과는 아무런 관계가 없으며 마르크스의 방법에 대한 엥겔스의 오해에서 비롯한 것임은 이미 1970년대 독일의 자본논리학파와 일본의 우노(宇野)학파 일부에 의해 꾸준히 지적되어 왔다.

마르크스 자신은 논리가 역사에 조응한다는 논리역사주의를 주장한 적이 없으며 오히려 그 반대로 논리는 역사와 무관하다고 말했다. 마르크스는 『정치경제학 비판 요강』(이하 『요강』) 서설(이하 『요강』 서설)에서 다음과 같이 주장했다.

> 경제학적 범주들은 그것들이 역사적으로 규정적이었던 순서에 따라서 차례로 배열하는 것은 실행이 불가능하며 또 오류다. 오히려 그 순서는 그것들이 근대 부르주아 사회에서 상호 간의 관계에 의하여 결정되며 이 관계는 자연 그대로의 순서에 따라 나타나는 것 또는 역사적 발전의 계열에 상응하는 것과는 완전히 반대이다. 여기에서는 경제적 관계들이 여러 가지 사회형태의 계기 속에서 역사적으로 차지하는 관계가 문제되는 것은 아니다. …… 문제는 근대

부르주아 사회 내부에서 이들 관계가 어떻게 편제되는가 하는 것이다(마르크스, 1989c: 230).

『요강』 서설은 마르크스의 방법이 철저하게 논리적인 방법이며, 마르크스의 경제학 비판에서 범주들의 논리적 전개가 역사발전의 순서와는 아무런 관계가 없음을 명확하게 보여준다. 아서(Arthur, 1996)는 엥겔스가 마르크스의 방법을 논리역사주의로 오해한 것은 이 마르크스의 방법의 원전이라고 할 만한 『요강』 서설을 읽지 못했기 때문이기도 하다고 주장한다.[3)]

그리고 '단순상품생산'이라는 개념도 마르크스는 사용한 적이 없으며 엥겔스가 '발명'한 것이라는 사실을 지적할 필요가 있다. "마르크스는 그의 전 생애에 걸쳐 단순상품생산이라는 용어를 한 번도 사용한 적이 없다"(Arthur, 1996: 190). 단순상품생산이라는 엥겔스의 개념은 마르크스의 '단순유통' 개념을 오독·오해한 것이다. 우선, 모두 상품은 단순상품생산의 상품이 아니라 자본주의 상품이다. 이는 『자본론』 제1권 모두(冒頭) 상품 부분의 문장을 선입견 없이 읽으면 너무나 명확하다.

> 자본주의적 생산양식이 지배하는 사회의 부는 상품의 방대한 집적으로서 나타나며, 개개의 상품은 이러한 부의 기본 형태로 나타난다. 그러므로 우리의 연구는 상품의 분석으로부터 시작된다(마르크스, 1989a: 43).

또한 마르크스는 『요강』 서설에서 다음과 같이 말했다. "자본은 부르주아 사회 일체를 지배하는 경제력이다. 그것은 출발점인 동시에 종착점이 되지 않을 수 없(다)"(마르크스, 1989c: 230). 다음과 같은 마르크스의 언급(1859년

3) 최근 마르크스의 『자본론』 초고가 출판되면서, 마르크스 사후의 『자본론』, 엥겔스가 편집 출판한 『자본론』 제2권, 제3권이 마르크스의 초고 내용과 취지를 제대로 반영하지 못했음이 밝혀지고 있다. 예컨대 Heinrich(1996)를 보라.

7월 22일) 역시 모두 상품이 고유하게 자본주의적 상품임을 분명하게 보여준다. "바로 가장 단순한 형태, **상품** 형태에서 부르주아적 생산에 **고유하게** 사회적인, 결코 절대적이지 않은 성격이 분석되었다는 것이네"(마르크스·엥겔스, 1990: 119. 강조는 마르크스). 마르크스는 또한 자본주의적으로 생산된 상품을 엥겔스가 표현했듯이 '제2차적인 형태'라고 묘사하지도 않았다. 자본주의적 생산양식의 부의 세포형태로서 상품을 추상한 이상, 모두 상품이 자본주의적 상품형태임은 당연하다. 모두 상품은 자본주의적 상품으로부터 상품 자신의 규정을 추출한 것이며 자본주의 이전에도 존재한 소위 단순상품은 아니다. 오히려 자본주의 생산관계의 핵심을 순수한 형태로 표현한 것이다. 마르크스는 『자본론』을 분업, 노동, 재화가 아니라, 즉 형태 규정을 무시한 초역사적 범주가 아니라 특수역사적 형태인 상품에서부터 논리적으로 상향 전개하는 방법으로 서술했다. 이는 마르크스가 자본주의적 생산양식을 특수역사적 사회로 파악하여 자본주의 사회에 고유한 경제법칙을 해명하려 했기 때문이다.

논리역사주의의 단순상품생산론은 그 자체로도 성립할 수 없다. 우선 자본주의 이전의 단순상품생산 사회의 존재는 가공의 것으로 실재한 것이 아니다. 아울러 가치법칙이 단순상품생산에서 관철된다는 주장 역시 이론적으로 문제가 된다. 가치법칙, 가치대로의 상품교환은 부문 내 경쟁과 부문 간 자본이동이 자유로운 자본주의에 와서야 객관적으로 강제될 수 있다. 마르크스의 가치법칙은 사회적 필요노동시간에 따른 교환에 기초하고 있는데, 단순상품생산에서는 생산자들에게 사회적 필요노동시간이라는 기준을 충족시키도록 강제할 메커니즘이 존재하지 않기 때문이다. 노동력 자체를 포함한 모든 투입이 가치형태를 취하고 생산이 가치증식이란 목표에 종속될 때에야 비로소 자본에 대한 수익률의 객관적 비교가 가능해지며 이에 따른 자본 간 경쟁이 가치법칙의 관철을 강제할 수 있는 것이다. "가치가 교환에 선행하여 주어진 실체가 아니라 교환형태 속에서만 또 교환형태를 통해서만 발전하는 것이라면, 가치가 형태와 내용에서 하나의 현실로 되고, 가치의 논리가 양적으로 규정적인 상품생산법칙에 관해 이야기할 수 있을 정도로 자신을 경제의 운동에 강제하게 되었음이 입증될 수 있는 지점에 도달할 때에만 가치는 완전히 발전할 수 있다"(Arthur, 1996: 193). 가치법칙의 작용이 단순상품생산이 아니라 발전한 자본주의적 생산양식을 조건으로 한다는 점은 마르크스가 『정치경제학 비판을 위하여』에서 말한 대로이다. "가치법칙은 그 완전한 발전을 위해 대공업생산과 자유경쟁 사회, 즉 근대 부르주아 사회를 전제로 한다"(마르크스, 1989c: 49).

또한 논리역사주의는 마르크스의 가치법칙을 바빌론 시대부터 존재했던 상품교환을 지배하는 법칙으로 환원하고 이것이 자본주의로 되면 생산가격 법칙으로 역사적 전화가 이루어진다고 주장한다. 힐퍼딩(Hilferding), 믹(Meek, 1973) 등이 주장한 이 같은 '역사적 전형론'은 가치법칙과 잉여가치법칙의 작용범위를 각각 단순상품생산과 자본주의로 분리함으로써, 『자본론』 제1권과 제3권 간의 '모순(가치론과 생산가격론 사이의 모순, 이른바 전형문제)'에 대한 공격을 방어하려 한 것이나, 이는 마르크스의 이론을 옹호하려는 의도에도 불구하고 마르크스 이론의 핵심인 가치법칙이 자본주의 사회에서 관철된다는 사실을 부정하는 결과를 초래했다. 이로부터 가치법칙이 통용된 시대를 자본주의가 아닌 단순상품생산 단계에 한정하고, 경쟁자본주의 단계에는 생산가격론 및 잉여가치법칙, 독점자본주의 단계에서는 독점가격론 및 최대한 이윤의 법칙 또는 독점이윤의 법칙이 지배하게 된다는 스탈린주의 경제학 체계가 성립할 수 있게 된다. 가치법칙은 자본주의에 고유한 법칙이 아니므로 상품과 화폐가 존재하는 한 사회주의에서도 작용한다는 스탈린주의 경제학의 주장에서 논리역사주의의 이론적·정치적 함축은 그 정점에 도달한다.[4] 마르크스의 모두 상품과 가치법칙에 대한 논리역사주의적 해석

---

4) 사회주의에서 가치법칙이 작용한다는 주장 및 이를 바탕으로 한 소위 '사회주의적 생산양식론'은 1943년 구소련의 ≪마르크스주의의 깃발 아래(Pod Znamenem

은 스탈린주의 체제에서 상품생산과 가치법칙의 존재를 정당화하고 호도하는 데 봉사했다.

논리역사주의적 해석은 사회주의를 포함한 모든 사회들에 가치 범주가 보편적으로 적용될 수 있다고 주장한다. 하지만 마르크스는 가치와 같은 경제 범주는 역사적으로 특유한 것이며 따라서 자본주의 사회에만 적용될 수 있다고 보았다. 마르크스의 가치법칙은 그의 잉여가치론과 불가분의 관계에 있다고 보아야 한다. 논리역사주의의 주장처럼 가치법칙 따로, 잉여가치법칙 따로 존재하는 것이 아니다. **가치법칙 자체가 잉여가치법칙**이다. 상품형태로부터 도출되는 가치, 화폐, 가격, 비용, 이윤, 임금, 지대 및 이자 같은 경제 범주들은 마르크스의 잉여가치론 혹은 자본주의적 가치생산과 불가분한 관계에 있다. 이들 경제 범주가 착취, 소외된 노동 및 상품 물신성과 불가분하기 때문에 사회주의에서, 즉 착취가 폐절된 사회에서 가치법칙이 존재한다는 주장은 이론적으로 성립될 수 없다. 마르크스는 「바그너에 대한 평주」에서 바그너처럼 가치론을 자본주의의 맥락에서 떼어내 보편적인 가치론으로 변형시키려는 시도들을 조롱했다.

> **가치**에 대한 **연구**에서 나는 부르주아적 관계를 다룬 것이지 '사회적 국가'에 대한 가치론의 적용을 다룬 것이 아니다(Marx, 1975: 187. 강조는 마르크스).

논리역사주의적 해석은 또한 마르크스의 추상노동 범주가 초역사적인 범주라고 주장한다. 마르크스가 『자본론』 제1권 제1장에서 가치의 실체라고 규정한 추상노동은 인간사회의 전 역사를 관통하여 실존하는 초역사적 범주라는 것이다. 논리역사주의자들은 추상노동을 생리학적 의미에서 인간노동력의 지출이라고 마르크스가 언급한 부분을 절대시한다. 그런데 노동 혹은

Marxizma)≫지에서 처음 선언되고 1952년 스탈린 논문에서 공식화되었다. 이에 대한 최초의 마르크스주의적 비판으로는 Dunayevskaya(1944)를 참조하라.

추상노동을 초역사적 범주로 파악하는 것은 고전 정치경제학의 특징이다. 고전 정치경제학은 노동을 초역사적 범주로서, 즉 사회의 물질적 부를 생산하는 원천으로 규정했다. 고전 정치경제학은 자본주의적 생산양식에 고유한 노동의 역사적·사회적 특수성을 인식하지 못했다. 그러나 마르크스는 다음에서 보듯이 가치의 실체를 이루는 추상노동의 특수역사적·사회적 성격을 강조했다.

인간과 자연의 물질대사를 매개하는 인간의 모든 생산활동을 가리키는 것으로서 초역사적인 노동 개념 자체는 허깨비와 같은 …… 추상에 불과하며 그 자체로서는 결코 존재할 수 없다(마르크스, 1990: 1005).

모든 상품에 공통된 **사회적 실체**는 무엇인가? 그것은 **노동**이다. …… 그런데 나는 그냥 **노동**이 아니라 **사회적** 노동을 이야기하고 있다(마르크스·엥겔스, 1997 제3권: 86. 강조는 마르크스).

리카도의 오류는 그가 **가치량**에만 관심을 가진다는 점이다. 따라서 그의 관심은 상이한 상품이 나타내는 혹은 가치로서 상품이 체현하고 있는 **상대적 노동량**에 집중되어 있다. 그러나 그것들에 체현된 노동은 **사회적** 노동으로서, 소외된 개인적 노동으로서만 나타난다. …… 리카도에 대해 결정적인 과제는 가치량을 정의하는 것이다. 이 때문에 그는 노동이 가치의 요소가 되는 특정한 형태를 이해하지 못했으며 특히 개인의 노동은 자신을 추상적·일반적 노동으로서만 나타내며 이러한 형태에서 **사회적** 노동이라는 사실을 파악하지 못했다(*MECW*, vol.32: 318, 324. 강조는 마르크스).

리카도는 **상품의 상대가치**(**혹은 교환가치**)가 **노동의 양**에 의해 결정된다는 사실에서 출발했다. …… 그러나 이 노동의 특징은 더 이상 검토되지 않는다.

…… 리카도는 형태, 다시 말해서 교환가치를 창조하는 혹은 자신을 교환가치로 드러내는 노동의 특징, 즉 노동의 성격을 검토하지 않는다. 따라서 그는 이 노동의 화폐와의 관련성 혹은 그것이 화폐의 형태를 취해야만 한다는 사실을 파악하지 못한다. …… 처음부터 그는 가치량에만 관심을 가진다. 즉, 상품의 가치의 양이 그 생산에 필요한 노동의 양에 비례한다는 사실에만 관심을 가진다(*MECW*, vol.31: 389~390. 강조는 마르크스).

추상노동을 초역사적 범주로 이해하게 되면 사회주의에서도 추상노동이 존재할 수 있다는 결론이 나온다. 실제로 아파나셰프 등(Afanasyev et al., 1986)은 『칼 마르크스의 위대한 발견』에서 추상노동을 생리학적으로 동등한 노동으로 묘사하고 이것이 사회주의에도 존재한다고 주장했다. 초역사적 추상노동 규정이 사회주의에서도 가치법칙이 관철된다는 주장 혹은 관철시켜야 한다는 주장을 정당화하기 위한 것이라는 점은 두말할 나위 없다. 초역사적 추상노동 규정은 구소련 '계획' 경제의 실제적 필요에 봉사했다. 그러나 세이어(Sayer, 1983)는 추상노동을 초역사적 범주로 파악하는 입장을 다음과 같이 비판하고 있다.

만약 우리가 인간노동 일반의 생리적으로 동등한 성격을 주장한다면, 우리는 그것의 어떤 특정한 사회적 노동형태도 부정할 수 없을 것이다. 만약 우리가 추상노동을 생리적으로 동등한 노동과 동일시한다면, 우리는 단지 상품생산에 종사하는 노동뿐만 아니라 모든 인간노동이 추상적이라고 볼 수 있다는 결론을 내려야 할 것이다(Sayer, 1983: 19).

포스톤(Postone, 1993), 조현수(1997)가 지적한 대로 추상노동은 자본주의에 고유한 사회적 성격을 띠며, 나아가 드 안젤리스(De Angelis, 1995: 111)가 주장한 대로 추상노동은 "소외된 노동, 강제된 노동, 끝없는 노동"이라는 특징을 가진다.

논리역사주의는 또한 마르크스의 가치형태 전개논리를 교환경제의 역사적 발전과정과 대응시킨다. 예컨대 다음과 같은 옛 동독 경제학 교과서의 서술을 보자.

> 마르크스가 『자본론』에서 정리해 낸 가치형태의 논리적·이론적 발전은 가치형태가 사실상 역사적으로 발전한 것을 관념적으로 반영한 것이다(리히터, 1990: 46).

그러나 바크하우스(Backhaus, 1980)가 논증하고 있듯이 마르크스의 가치형태 전개는 상품에 내재한 가치와 사용가치의 모순의 '내재적 자기초월' 과정으로서의 변증법적 전개로 이해되어야 한다.

논리역사주의는 또한 『자본론』 제1권 제2편 '화폐의 자본으로의 전화'를 그들 입론의 가장 유력한 전거로 내세운다. 그러나 '화폐의 자본으로의 전화'가 단순상품생산에서 자본주의 사회로의 역사적 전화를 반영한 것이라는 논리역사주의의 해석 역시 잘못된 것이다. 사토 긴자부로(佐藤金三郎, 1992)가 해석한 대로, 화폐의 자본으로의 전화에 대한 논증은 연구대상으로 전제된 발달한 자본주의 사회의 표면적 과정, 즉 유통과정에서 화폐의 증가(M')라는 주지의 사실에서 출발해 그러한 현상의 본질을 해명한다는 순전히 이론적인 방식으로 이루어지고 있다. 직접 유통부면에 나타나는 자본의 일반적 공식인 M-C-M'의 유도는 자본의 성립사를 회고하는 것이 아니라 순전히 이론적 방식으로, 즉 C-M-C와 M-C-M의 형태적 및 내용적 구별에 의해 이루어지는 것이다. 또한 화폐의 자본으로의 전화라는 마술, M-C-M'의 모순은 발달한 자본주의 사회가 전제되는 것으로부터, 이미 여건으로 되어 있던 노동력 상품을 연구대상에 도입함으로써 해결된다. 『자본론』에서 문제되고 있는 것은 우리들의 눈앞에서 일상적으로 이루어지고 있는 화폐의 자본으로의 전화이지, 역사적 전화 같은 것이 아니다. 마르크스의 『요강』에서 문제되고 있는 이행이란 동일한 자본주의적 생산과정의 **표면으로부터 심층으로의 이행**, 즉 논리적 이행이며 역사적 이행은 아니다. 마르크스는 『요강』에서 교환가치의 자립화 요구와 단순유통은 양립할 수 없다고 주장한다. 교환가치는 자신의 자립화를 달성하기 위해서는 단순유통의 영역으로부터 이탈하여 그것의 근거인 생산으로 나아가지 않으면 안 된다는 것이다. 즉, 단순유통의 자립성은 완전한 가상이며 그 배후에서 생겨나고 있는 과정의 단순한 현상에 불과하다. 마르크스는 단순유통을 부르주아적 총생산과정의 추상적 표면이며 이는 심층에 존재하는 과정인 산업자본의 단순한 현상형태라고 주장했다. 『자본론』은 **표면과 심층의 이층이론**으로 이해할 수 있다.[5] 여기에서 표면은 단순유통이며 심층은 자본주의적 생산과정이다. 다음과 같은 마르크스의 『요강』에서의 언급을 보자.

부르주아 사회의 표면에 직접 현존하는 것으로서 나타나는 유통은 그것이 부단히 매개되는 한에서만 존재한다. 그 자체로 본다면 유통은 전제된 양극의 매개이다. 하지만 유통은 이 양극을 조정하지는 않는다. 따라서 유통은 이미 그 계기들 각각에 의해서가 아니라 매개의 전체로서 총체적인 과정 그 자체로서 매개되지 않으면 안 된다. 따라서 유통의 직접적인 존재는 완전히 가상이다. **유통은 그 배후에서 일어나는 과정의 환영이다.** 유통은 이제 그 계기들 각각에서 상품으로서, 화폐로서, 그리고 양자의 관계로서, 양자의 단순한 교환 및 유통으로서 부정되고 있다. …… 이러한 운동은 부르주아적 생산, 즉 교환가치를 조정하는 생산의 체제 그 자체 내부에서도 나타난다(*MECW*, vol.28: 186~187. 강조는 마르크스).

5) 그러나 자본주의 경제의 유통과 생산의 관계를 파악하기 위한 마르크스의 '표면'과 '심층'의 변증법을, 김세균(1997)처럼 경제뿐만 아니라 정치와 이데올로기 영역까지 포괄하는 역사유물론의 일반원리로 확대 해석할 수 있을지는 의문이다.

우리들은 여기에서는 유통의 자본으로의 역사적 이행을 문제로 하고 있는 것은 아니다. 단순유통은 오히려 부르주아적 총생산과정의 추상적 부면이다. 그것은 그 자신의 규정에 의해 그 배후에 놓인, 즉 그것으로부터 결과되는 것과 마찬가지로 그것을 낳는 더 **심층적인 과정**－산업자본－의 계기, 단순한 현상형태라는 사실을 스스로 실증하는 것이다(*MECW*, vol.29: 482. 강조는 정성진).

아울러, '자본주의적 축적의 역사적 경향'에서 나오는 '부정의 부정' 역시 역사발전의 순서와는 무관한 범주의 논리적 전개로서 이해해야 한다. '부정의 부정'에서 마르크스가 제1의 부정 대상으로 단순상품생산을 역사적으로 상정했다는 논리역사주의의 해석은 오류이다. 이와 관련해서는 다음과 같은 아서의 해석이 정당하다.

여기에서 역사는 가상적인 것이다. 그것은 자신의 내적 계기들을 과거로 투사하는 주어진 총체성으로서 자본주의의 관점에서 써야 하는 역사이다. …… 제1의 부정은 '현실적' 과정이라기보다는 '가상적' 과정으로 이해해야 한다. 자신의 반대명제를 낳는 명제로 봉사하게 하기 위해 단순상품생산체제의 역사적 존재를 증명할 필요는 없다. 우리 앞에 있는 것은 자신을 항상 이미 지양된 내적 계기로 조정하는 자본주의적 생산의 총체성이다(Arthur, 1993b: 56~57).

마르크스의 『자본론』은 19세기 중엽에 이르기까지 발전·순화의 경향을 보인 자본주의를 현실적 근거로 순수한 자본주의의 내적 구조와 경제적 운동법칙을 해명한 것이다. 『자본론』에서 제시된 역사적 서술은 범주의 논리적 전개를 예증하는 것일 뿐이다. 즉, 『자본론』은 19세기 영국 자본주의를 분석대상으로 설정한 것이 아니었다. 교란적 영향을 배제한 순수하게 진행하는 자본주의 그 자체가 마르크스의 분석대상이며, 19세기 영국 자본주의는 범주의 논리적 전개의 예증으로 든 것일 뿐이다. 『자본론』은 특수역사적 사회인 자본주의를 논리적으로 해명한 것이며, 그 논리 전체에 따라 자본주의의 역사성을 논증한 과학이라는 성격을 가진다. 그러나 역사의 논리적 해명은 역사적인 생성·발전·소멸의 과정을 반영·모사하는 것에 의해 이루어질 수는 없다. 자본주의의 순수한 모습을 논리적 방법으로 해명하는 것과 자본주의의 발생·발전·소멸 과정을 연구하는 것은 서로 완전히 다른 연구방법이다. 만약 『자본론』이 발생·발전·소멸이라는 역사적 방법에 따른다고 하면 그것은 시초 축적에서 시작해서 혁명으로 끝나야 했겠지만, 시초 축적은 『자본론』 제1권의 마지막 편에 있다. 스미스(Smith, 1993: 20)에 따르면 『자본론』은 시간적 과정상의 발전단계들 간의 내적 관련을 제시하는 방법이라고 할 수 있는 '역사변증법'이 아니라 주어진 전체의 내적 관련을 제시하는 방법인 '체계변증법'에 따라 서술되어 있다. 『자본론』은 '자본주의적 생산양식을 사고 속에서 재구성하는 사회경제 범주들의 체계적 전개'이다. 『자본론』은 동시적으로 공존하고 있는 측면들 간의 상호 전제 관계를 분석하는 것을 주된 과제로 삼는다. 즉, 동시적으로 공존하면서 상호 전제하고 있는 다수 측면의 통일체로서 자본을 분석하고 있다. 바로 이런 의미에서 마르크스의 『자본론』은 '자본주의적 생산양식의 해부학'이라고 할 수 있다.

3. 신리카도주의 비판

스탈린주의적 해석 혹은 논리역사주의적 해석과 함께 마르크스 경제학의 또 다른 지배적 경향은 보르트키에비치(L. Bortkiewicz)와 스라파에서 비롯한 신리카도주의적 해석이다. 신리카도주의적 마르크스 해석은 우선 마르크스의 경제학 비판을 하나의 학문분과로, 즉 마르크스 경제학으로 확립 혹은 축소시키는 데 결정적인 기여를 했다. 신리카도적 해석은 마르크스의 경제학 비판이 고전 정치경제학, 특히 리카도의 노동가치론을 사실상 그대로 계승하고 있다고 생각한다. 그리고 마르크스의 가치법칙 자체는 본질적으로 아담 스미스의 '보이지 않는 손'과 동일하다고 해석한다. 예컨대 돕은 가치 법칙을 "상품생산과 교환체제가 집단적인 조절이나 단일한 계획 없이도 스스로 작동한다"는 사실을 보여 주는 것으로 이해한다. 그리고 가치법칙은 "사회적 노동력의 이러한 배분이 자의적이지 않고 아담 스미스의 보이지 않는 손에 의한 특정한 비용의 법칙을 따르고 있다"는 사실을 보여 준다 (Dobb: 1940: 37, 63). 그렇다면 마르크스의 경제학 비판은 어느 지점에서 고전 정치경제학과 구별되는가? 신리카도학파는 이를 마르크스의 잉여가치 개념의 발견과 이에 따른 자본주의에 대한 역사적 비판에서 찾는다. 예컨대 돕은 다음과 같이 주장한다. "마르크스와 고전 정치경제학의 본질적 차이는 …… 잉여가치론이다"(Dobb, 1940: 75).

마르크스의 경제학 비판의 본질이 그의 잉여가치론에 있다는 신리카도학파의 주장 자체는 틀린 것은 아니다. 문제가 되는 것은 마르크스 이론의 공헌은 그의 잉여가치분석이지 가치분석은 아니며, 마르크스의 가치분석은 리카도의 것과 사실상 동일하고 어떤 경우에는 리카도보다 뒤떨어진 부분도 있다는 주장이다. 그러나 리카도로 대표되는 고전 정치경제학과 마르크스의 경제학 비판의 경계가 가치론에서는 발견되지 않는다는 신리카도학파의 해석은 잘못된 것이다. 마르크스의 가치론에서 진정으로 마르크스적인 것은 가치형태 분석과 물신성 비판인데 이는 고전 정치경제학에는 전혀 없다. 마르크스의 고전 정치경제학 비판도 핵심은 바로 이 부분에 집중되어 있다. 리카도는 교환가치가 노동시간에 의해 결정된다는 가치의 본질에만 관심을 가졌으나 마르크스는 리카도가 제기하지 않은 문제, 즉 왜 가치가 필연적으로 화폐형태로 나타나는가 하는 문제를 제기했다.

> 경제학은 가치 및 가치량을 불완전하기는 하지만 분석하였고 이러한 형태들 속에 숨어 있는 내용을 발견하였다. 그러나 경제학은 어째서 이 내용이 그러한

형태를 취하는가, 즉 어째서 노동이 가치로 표현되며 그리고 어째서 노동시간에 의한 노동의 측량이 노동생산물의 가치량으로 표현되는가 하는 문제에 대해서는 한 번도 문제제기조차 한 일이 없었다(마르크스, 1989a: 101).

고전 정치경제학의 한계는 가치를 교환가치로 나타나게 하는 가치형태를 인식하지 못한 것이다. 반면, 마르크스의 경제학 비판의 진정한 공헌은 바로 이 가치형태를 발견하고 이론적으로 해명한 것이다. 마르크스 가치론에서 고전 정치경제학의 한계를 뛰어넘은 진실로 마르크스적인 것은 바로 이 가치형태론 및 물신성 비판이다.[6] 가치의 수량분석에만 치중하고 가치의 질적 분석, 즉 가치형태의 분석을 도외시한 것이 리카도의 결정적 오류라고 마르크스가 지적했는데도, 오늘의 신리카도학파는 마르크스 가치론의 수량적 측면에만 주목하고 그것이 마르크스 가치론의 사실상 전부라고 본다.[7] 나아가 그들은 가치에 대한 마르크스의 질적 분석은, 즉 가치형태론이나 물신성론은 형이상학적 범주들이기 때문에 경제학이 아니라 철학의 대상이라고 본다.

마르크스는 고전 정치경제학의 노동가치론을 계승·발전시킨 것이 아니라 그것을 그 근저에서 근본적으로 비판했다. 그래서 나온 것이 마르크스의 추상노동 개념이다. 다음과 같은 마르크스의 언급은 재음미할 필요가 있다.

---

6) 가치형태론은 마르크스 경제사상의 형성과정에 등장한 시기가 상당히 늦을 뿐만 아니라, 마르크스가 이를 『자본론』 초판에서 프랑스어판에 이르기까지 네 번이나 고쳐 쓸 정도로 고심하고 공을 들인 것으로 미루어 볼 때 성숙한 마르크스 경제사상의 정수에 해당된다고 할 수 있다. 따라서 가치형태론을 알튀세르(1992)처럼 『자본론』에서 마르크스적이지 않은 부분, 이른바 '인식론적 단절'이 덜 된 부분, 마르크스가 아직 청산하지 못한 헤겔적 잔재라고 기각하는 것은 옳지 않다. 한편, 마르크스 경제학 비판 체계에서 물신성 비판이 갖는 결정적 의의를 강조하고 이를 현대자본주의론의 비판적 재구성에 적용한 최근의 연구로는 박승호(2004)를 참조할 수 있다.

7) 마르크스 가치론에 대한 신리카도학파의 수량적 해석의 한계에 대한 최근의 비판으로는 홍훈(2006)을 참조할 수 있다.

> 나의 책에서 가장 요긴한 것은 ① (사실들에 대한 모든 이해가 이 점에 기초하네) 바로 제1장에서 강조된, 노동이 사용가치에서 표현되느냐 가치에서 표현되느냐에 따른 **노동의 이중성**, ② 잉여가치를 그 **특수한 형태들**인 이윤, 이자, 지대 등과 **독립**해서 취급한 점이네(마르크스·엥겔스, 1990: 160. 강조는 마르크스).

> 스미스, 리카도 등처럼 노동을 아무런 수사 없이(sans phrase) 그냥 단순히 분석하는 것은 도처에서 설명 불가능한 것에 부딪히는 반면, 상품이 사용가치와 가치의 이중적인 것이라면 상품에 제시된 노동도 이중성을 가져야 한다는 이 단순한 사실을 경제학자들은 예외 없이 깨닫지 못했다는 것, 이것이 사실상 비판적 관점의 비밀 전체이네(마르크스·엥겔스, 1990: 168).

신리카도학파는 마르크스의 자본주의 비판이 그의 정치경제학 비판이 시작되는 단서 범주들 –상품, 추상노동, 가치 등– 에서는 표현되지 않는다고 본다. 마르크스의 자본주의 비판은 그의 논리전개의 단서 범주들에서는 표현되지 않는다는 것이다. 자본주의에 대한 진정한 비판은 노동과 노동력 개념의 구별 이후에, 즉 잉여가치 범주의 도입과 함께 시작된다는 것이다. 요컨대 마르크스의 가치론 자체는 자본주의에 대한 역사적 비판의 기초가 될 수 없다는 것이다. 마르크스의 가치 범주가 리카도의 가치 범주와 기본적으로 동일하다는 신리카도학파의 주장은 가치를 구성하는 노동은 어느 사회에서나 기본적으로 동일하다는 주장을 함축한다. 이 점에서 **신리카도적 해석은 논리역사주의의 초역사적 추상노동 규정을 공유한다**. 그런데 노동이 모든 부의 원천이며 사회 비판의 준거가 된다는 생각은 부르주아 사회 비판의 전형적 특징이다. 그러나 마르크스의 정치경제학 비판과 고전 정치경제학의 본질적 차이는 바로 노동 개념의 차이이다. 마르크스는 리카도가 상품생산 노동의 특수성에 주목하지 않고 미분화된 노동을 가치의 원천으로 설정했다는 점을 비판했다. 마르크스는 리카도가 사회관계의 상품형태와 관련된 노동형태의 역사적 규정성을 인식하지 못하고 노동을 초역사적 범주로 파악한 점을 비판했다. 마르크스는 『정치경제학 비판을 위하여』에서 다음과 같이 말했다. "리카도는 부르주아적 노동형태를 사회적 노동의 영원한 자연형태로 간주한다"(마르크스, 1989c: 49). 마르크스는 가치형성 노동에 대한 이와 같은 초역사적인 이해로는 자본주의 사회를 적절하게 분석할 수 없다고 보았다. "노동생산물의 가치형태는 부르주아적 생산양식의 가장 추상적인, 그리고 가장 일반적인 형태이고 바로 이 형태에 의해 부르주아적 생산양식은 사회적 생산의 특수한 한 종류가 되며 역사적·과도기적 성격을 지니게 된다. 만약 부르주아적 생산양식을 사회적 생산의 영원한 자연형태라고 잘못 본다면, 필연적으로 가치형태의 특수성, 따라서 상품형태 그리고 그것의 더 발전된 것으로서의 화폐형태나 자본형태 등의 특수성까지 간과하게 된다"(마르크스, 1989a: 102). 마르크스는 자본주의에 대한 적절한 분석은 자본주의에서 노동의 역사적 특수성에 대한 분석에서 시작해야 가능하다고 보았다.

그리고 신리카도학파는 가치를 시장 범주, 분배 범주로만 간주하며, 가치를 부의 형태 자체로 파악하지는 못했다. 그러나 마르크스는 가치 개념을 '현실적 부' 혹은 '물질적 부'라는 개념과 항상 구별해서 대립적으로 사용했다. 가치를 분배 범주로 환원하면 가치를 구성하는 노동형태의 역사적 특수성은 분석할 수 없게 된다. 또한 가치가 단지 부의 분배 범주라면 그 부를 창조하는 노동은 자본주의가 아닌 사회의 노동과 본질적으로 다를 바 없는 초역사적 범주가 되고 만다.

신리카도학파는 자본주의에서 노동은 다른 모든 사회의 노동과 본질적으로 동일하며 단지 그 사회적 성격이 직접적인 방식이 아니라 간접적인 방식으로 나타난다는 점에서만 차이가 난다고 주장한다. 자본주의에서 노동을 간접적으로 사회적인 것이라고 특징짓는 것은 신리카도학파뿐만 아니라 마르크스 경제학에서는 지배적인 견해인 듯하다. 예컨대 추상노동학파의 대표적 인물로 간주되는 드 브로이(M. De Vroey)는 추상노동을 다음과 같이 정의한다.

> 추상노동은 무엇보다도 중앙집중적 생산에서 형성되는 바와 같은 직접적·사회적 노동과 반대된다. 다시 말하면, 추상노동의 의미는 그것이 상품생산이라는 특수한 형태를 통해서 구성될 때의 사회적 노동을 가리킨다. 그것은 사적 노동의 생산물이 판매됨으로써 간접적으로 형성되는 사회적 노동을 의미한다(드브로이, 1986: 109).[8)]

그러나 자본주의의 추상노동의 성격이 간접적으로 사회적이라는 해석은 마르크스의 노동 개념을 오해한 것이다. 포스톤이 지적했듯이 자본주의에서 노동은 직접적·즉각적으로 사회적이다(Postone, 1993). 마르크스는 자본주의에서 노동의 즉각적으로 사회적인 성격이야말로 자본주의 사회의 중요한 특징의 하나라고 생각했다. 마르크스는 인간의 노동은 자본주의에서만 직접적으로 사회적인 성격을 가지게 된다고 보았다. 자본주의에서 노동이 직접적으로 사회적인 이유는 그것이 사회적으로 매개활동을 하기 때문이다. 마르크스는 다음과 같이 말했다.

> 사실상 인간사회의 의식적 재건에 직접적으로 선행하는 역사단계에서는 이처럼 개인적 발전을 엄청나게 저해함으로써만 인류 일반의 발전이 확보되고

---

8) 루빈(I. Rubin)을 따르는 추상노동학파는 신리카도학파와는 달리 가치량뿐만 아니라 가치형태에 주목한다는 점에서 신리카도학파에 비해 마르크스에 가깝다고 할 수 있다. 그러나 이들은 추상노동이 화폐형태를 통한 교환과정에서 성립된다는 점만 확인했을 뿐이며 이 추상노동의 성격과 형태는 제대로 분석하지 못했다. 드 안젤리스가 지적하듯이 추상노동학파는 추상노동의 이른바 간접적으로 사회적인 성격만 강조하고 추상노동에 고유한 사회적 관계의 근본적으로 적대적인 성격을 이해하지 못했다(De Angelis, 1996).

달성된다. 우리가 논의하고 있는 절약은 모두 노동의 사회적 성격으로부터 생기는 것이므로 노동자의 생명과 건강을 이렇게 낭비하는 것도 사실상 바로 노동의 이러한 직접적으로 사회적인 성격 때문에 생기는 것이다(마르크스, 1990: 101).

신리카도학파의 노동 개념은 동질적이며 무생명한 가치의 실체일 뿐이며, 가치 실체를 규정하는 계급투쟁의 역사적 과정은 말소된다. 신리카도학파의 선형생산이론의 "노동벡터에는 노동의 강제적 성격과 이러한 강제에 대항하는 저항과 투쟁의 흔적은 모두 말소되었으며, 남아 있는 것은 허깨비 같은 객관성이다"(De Angelis, 1995: 121). 가치창조 노동은 인간노동 일반과 동일시된다. 다음과 같은 바크하우스의 리카도 비판은 신리카도학파에도 그대로 적용될 수 있다.

리카도의 이론은 가치를 노동으로 해소하는 것으로 이루어진다. 그러나 리카도는 이제부터 진정한 분석이 시작되어야 한다는 점을 간과했다. 즉, 생산물이 자신을 자신에 대립시키고 자신을 의식을 넘어선 자율적인 경제 범주의 영역으로 고정시킨다는 사실은 사회적 노동의 자기왜곡과 자기모순으로부터만 설명될 수 있다는 것을 간과했다. 이것은 그 모순에서 이해되어야만 하며, 모순의 폐지에 의해서만 실천적으로 변혁될 수 있다. 즉, 노동이 가치의 비밀이라는 사실이 발견된 후에는 그 노동 자체가 이론적으로 비판되어야 하고 실천적으로 전복되어야 한다(Backhaus, 1980: 108).

신리카도학파가 마르크스의 방법을 오해하고 있다는 사실은 이들이 마르크스에게는 존재하지도 않는 '전형문제'를 발견 혹은 발명하고 이를 근거로 마르크스의 가치론을 폐기하려고 시도한다는 점에서 가장 극명하게 드러난다. 보르트키에비치(Bortkiewicz, 1952)가 발견한 마르크스의 '전형문제'는 다음과 같다. 마르크스는 가치를 생산가격으로 전형하는 과정에서 산출만을 전형하고 투입은 전형하지 않은 오류를 범했다. 이 오류는 정정할 수 있는데, 그럴 경우 마르크스의 '두 개의 총계일치 명제', 즉 가치가 생산가격으로 전형된 후에도 가치의 총합과 가격의 총합이 같고 잉여가치의 총합과 이윤의 총합이 같아야 한다는 명제 중 하나는 성립하지 않게 된다. 이는 마르크스의 가치론 및 잉여가치론의 타당성 자체가 의문시됨을 의미한다. 스티드만(Steedman, 1977) 같은 신리카도학파 경제학자는 여기서 한걸음 더 나아가 생산기술 조건과 실질임금이 주어지면 가치라는 개념을 우회할 필요 없이 가격과 이윤율을 직접 도출할 수 있으므로 가치에서 생산가격으로의 전형은 불가능할 뿐만 아니라 불필요하다고 주장한다. '전형문제'는 최근 '불균형론' 혹은 '시점 간 단일체계(Temporal Single System, TSS)' 해석이 대두되기 전까지만 해도 그 존재를 부정한 마르크스 경제학자가 거의 없었다는 사실에서 보듯이 20세기 마르크스 경제학의 지배적 문제설정을 형성해 왔다. 그러나 '전형문제'의 '정해'를 둘러싼 논쟁사는 안타깝게도 결국 마르크스의 가치론을 폐기하는 것으로 귀결되었다.[9]

하지만 최근 프리맨(A. Freeman), 카르체디(G. Carchedi), 맥글론과 클리먼(McGlone & Kliman, 1996) 등으로 대표되는 '불균형론'자들, 혹은 '시점 간 단일체계론' 해석은 마르크스에게 '전형문제'가 존재한다는 신리카도학파의 전제 자체를 부정한다.[10] 그들은 우선 투입은 산출 시점의 가격으로 구매된 것이 아니라 이전의 가격으로 구매된 것이기 때문에 현재의 가격과는 다를 수밖에 없음을 지적한다. 이 사실을 인정하지 않고 투입과 산출의 가격을 동일시하는 신리카도학파의 시도는 생산이 시간 속에서 이루어진다

9) '전형문제'를 중심으로 마르크스 가치론 논쟁의 최근 동향을 소개한 것으로는 류동민(2002)을 참조할 수 있다.

10) '시점 간 단일체계' 해석을 '전형문제'에 적용한 국내의 논의로는 김창근(2005)을 참조할 수 있다. 공황론에의 적용은 이 책 9장을 참조하시오.

는 자명한 사실을 부정하는 것이라고 비판한다. 보르트키에비치의 주장대로라면 자본가들은 오늘 투입을 내일 산출의 가격으로 구매한다는 이야기인데, 이는 완전히 계획된 경제가 아니면 있을 수 없다는 것이다. 현실에서 이루어지는 것은 자본가들이 먼저 투입을 구매하고 재화를 생산한 다음 그것을 투입과는 다른 새로운 가격으로 판매한다는 사실이며 마르크스의 전형은 이러한 현실을 정확하게 반영한 것이다. 마르크스가 가치의 생산가격으로의 전형을 다루는 부분에서 설정한 문제는 하나의 경제에서 상이한 두 시점 간에서 가치와 가격 간의 관계 문제였는데, 보르트키에비치는 이 문제를 동일한 시점에서 상이한 두 경제 간의 가격들의 관계 문제로 바꿔치기함으로써 마르크스에게는 존재하지도 않는 문제를 만들어 냈다는 것이다. "가치와 가격은 대립된 계산체계로 분리되어서는 안 되며 하나의 관계로 연결되어야 한다. …… 일단 가치와 가격이 하나의 관계로 연결되면 마르크스의 설명은 논리적으로 정합적이다"(McGlone & Kliman, 1996: 29). 불균형론자들은 또한 신리카도학파가 '전형문제'를 설정하기 위해 채택하는 가치와 가격의 두 연립방정식 체계는 불균형이 항상적인 자본주의의 동학을 제대로 설명할 수 없다고 지적한다.

모슬리(Moseley, 1993)도 마르크스의 전형이론에 대한 신리카도학파의 비판, 즉 마르크스가 불변자본과 가변자본의 투입 가치를 가격으로 전형하지 않은 것은 오류라는 비판은 신리카도학파의 선형생산이론과는 본질적으로 다른 마르크스의 방법에 대한 오해에서 비롯한다고 지적하고, 마르크스의 방법과 리카도의 방법의 본질적 차이를 인정한 위에서 '전형문제'를 재검토할 것을 요구한다. 마르크스의 방법에 결정적인 것은 자본 일반의 추상 수준과 다수 자본의 추상 수준의 엄격한 구별인데, "마르크스의 자본 일반과 경쟁 개념의 주된 목적은 경제 전체의 잉여가치 총량의 생산과 이 잉여가치 총량의 개별 자본들로의 분배를 구별하는 것이었다. 마르크스의 논리적 방법에 따르면 잉여가치 총량은 이 잉여가치 총량의 개별 자본가들로의 분배에 선행하여 그와 독립적으로 자본 일반의 총량 분석 수준에서 결정된다"(Moseley, 1995: 22~23). 즉, 마르크스에서는 잉여가치 총량은 자본 일반의 추상 수준에서 먼저 결정되며 그 다음 이 잉여가치 총량의 분배에 대한 분석이 이루어진다. 그러나 신리카도학파의 선형생산이론에서는 총량이 개별량의 결정 이후에, 즉 개별량의 합계로 주어진다. 또한 "마르크스의 생산가격이론에서 가장 중요한 점은 일반적 이윤율이 생산가격과 동시에 결정되는 것이 아니라 미리 주어진 것으로서, 즉 선행한 자본 일반의 분석에 의해 결정된 것으로서 간주된다는 점이다"(Moseley, 1995: 20). 그러나 마르크스 이론에 대한 신리카도적 해석은 자본 일반과 경쟁의 구별 및 생산가격 분석에서 일반적 이윤율의 사전적 결정을 인식하지 못한다. 하지만 잉여가치 총량 및 일반적 이윤율의 사전적 결정에 관한 마르크스 이론이 정확하게 이해된다면 마르크스의 생산가격이론에는 어떠한 논리적 오류도 없다. "마르크스의 생산가격이론은 논리적으로 일관되어 있으며 완전하다"(Moseley, 1993: 7).[11] 마르크스 이론에서 가치의 생산가격으로의 '전형'은 총가격에서 개별 가격으로의 이행으로 재해석되어야 한다. "마르크스는 투입을 가치에서 가격으로 전형하는 데 실패한 것이 아니다. 마르크스의 방법에 따르면 그와 같은 전형을 할 필요조차 없는 것이다. …… 불변자본과 가변자본의 투입은 생산가격의 결정에서 가격단위로 주어져 있으므로 가치량에서 가격량으로 전형될 필요가 없다"(Moseley, 1993: 176).

가치와 가격, 잉여가치와 이윤의 '전형' 관계는 자본 일반과 다수 자본의 차별적 추상 수준의 관계임과 동시에 본질과 현상형태의 매개의 변증법적 관계이다. 신리카도학파가 '전형 문제'를 발명해 낸 것은 바로 이 본질과

11) "마르크스의 전형은 애매모호하지도, 미완성이지도, 불분명하지도 또 어렵지도 않다. 일단 마르크스의 전형을 받아들이면 그의 이론에 존재한다고 주장되어 온 모든 모순과 불일치들은 사라진다. 두 개의 총계일치 명제는 성립한다. 그리고 하나의 이윤율만이 존재하며 그것은 마르크스가 예상한 대로 저하하며 실제로 저하한다"(Freeman, 1995: 63).

현상형태의 추상 수준 구별 및 이들의 변증법적 매개관계를 인식하지 못한 데서 비롯한다고 할 수 있다. 『잉여가치학설사』와 『요강』에서 마르크스가 리카도를 비판한 다음 부분은 신리카도학파의 전형문제의 문제설정에 대한 비판으로도 읽을 수 있다.

모든 경제학자들은 잉여가치를 그 자체로서, 그 순수한 형태로서가 아니라 이윤과 지대라는 특수한 형태로 고찰하는 오류를 공통으로 범하고 있다(*MECW*, vol.30: 348).

리카도는 **법칙을 그 자체로서** 파악하기 위해 의식적으로 경쟁의 형태를, 경쟁의 외관을 **사상하고 있다**. 그가 비난받아야 하는 까닭은 한편에서는 그의 추상이 아직 충분하지 않다는 것, 즉 추상을 완수하지 못했다는 점이며 …… 다른 한편에서 그가 비난받아야 하는 까닭은 그가 현상형태를 **직접적·즉각적**·일반적인 법칙의 증명 또는 설명으로 이해하고 그것을 **해석**하는 데 실패했다는 것이다. 전자에 관해서 그의 추상은 너무나 불완전하며 후자에 관해서 그것은 그 자체로서 잘못된 형식적 추상이다(*MECW*, vol.31: 338. 강조는 마르크스).

리카도는 필요한 중간항을 건너뛰어 **직접** 경제 범주들이 서로 정합된다는 사실을 증명하려 한다(*MECW*, vol.31: 390. 강조는 마르크스).

리카도는 잉여가치의 법칙을 정확하게 설명하는 곳에서도 그것을 직접 이윤의 법칙으로 표현함으로써 그것을 왜곡한다. 다른 한편, 리카도는 이윤법칙을 직접 매개항 없이 잉여가치법칙으로 서술하려 한다(*MECW*, vol.32: 10).

리카도는 어디에서도 매개의 형태를 검토하지 않는다(*MECW*, vol.28: 252).

위와 같은 마르크스의 언급들은 본질과 현상형태의 구별 및 '매개'[12]의 변증법을 마르크스의 방법으로 고수해야 함을 보여준다. 본질과 현상형태의 구별이 마르크스의 것이 아니라 헤겔의 잔재이므로 기각해야 한다는 알튀세르(Althusser)의 주장은 마르크스의 방법을 오독·왜곡한 것이다.[13] 다음과 같은 마르크스의 언명은 그가 본질과 현상형태의 구별을 얼마나 중시했는지를 보여준다. "만약 사물의 현상형태와 본질이 직접적으로 일치한다면 모든 과학은 불필요하게 될 것이다. …… 눈에 보이는 단순히 현상적인 운동을

12) '매개'의 의미에 대해서는 Rosdolsky(1977: 564~566), 양희석(1993)을 참조하라.

13) 알튀세르는 신리카도학파와 마찬가지로 가치형태의 분석 의의를 부정한다. 예컨대 알튀세르는 『자본론』 독자들에게 다음과 같이 '명령'한다. "나는 독자에게 다음과 같은 충고를 하고 싶다. **『자본론』 제1권 제1편 '상품과 화폐' 전체는 잠시 뒤로 미루고 제2편 '화폐의 자본으로의 전화'부터 읽으라는** 것이다. …… 나는 이 권고를 명령으로 표현하고 싶다. ……『자본론』 제1권 제1편은 대부분 헤겔주의적 편견에서 비롯하는 난점을 가진 서술방법에 따르고 있다. …… 우리는 여기에서 결론을 이끌어내야 한다. 이 말은 궁극적으로 **『자본론』 제1권 제1편은 다시 써야 한다는** 뜻이다"(알튀세르, 1992: 90~91, 98, 103. 강조는 알튀세르). 그러나 이처럼 『자본론』 제1권 제1편은 건너뛰고 읽어도 된다는 알튀세르의 권고는 『자본론』의 변증법적 구조를 깡그리 무시한 것이다. 또한 알튀세르는 신리카도학파와 마찬가지로 잉여가치론만을 진정한 마르크스의 공헌으로 간주하고 그와 함께 마르크스가 강조한 노동의 이중성론에 대해서는 침묵한다. 헤겔과 마르크스 간의 이른바 '인식론적 단절'에 관한 알튀세르의 주장은 아직도 우리나라 좌파의 상식처럼 되어 있지만, 최근 마르크스의 방법에 대한 일련의 진지한 연구들은 헤겔의 변증법이 마르크스의 방법 이해에 필수적임을 보여주고 있다. 예컨대 Moseley(1993)에 수록된 논문들, 특히 Smith(1993), Murray(1993), Arthur(1993a; 2002)를 보라. 아서는 다음과 같이 주장한다. "마르크스의 정치경제학 비판은 최소한 그 서술에서는 그가 헤겔 논리학을 영유한 것에 많은 도움을 받았다"(Arthur, 1993a: 63). "헤겔적인 넌센스가 『자본론』을 망쳤다는 존 로빈슨(J. Robinson) 여사의 주장과는 반대로 나는 헤겔에게서 마르크스가 배운 것이 『자본론』을 훌륭하게 만들었다고 생각한다"(Murray, 1993: 37). 알튀세르는 '청년 마르크스'와 '중기 마르크스' 간에 있지도 않은 이른바 '인식론적 단절'을 주장하며 소외론의 의의를 완전히 부정한다는 점에서, 논리역사주의에 대한 그의 비판에도 불구하고 스탈린주의적 문제설정에서 벗어나고 있지 못하다.

진정한 내적 운동으로 환원시키는 것이 과학의 임무의 하나이다"(마르크스, 1990: 375, 1007). 따라서 마르크스의 방법에 대한 로스돌스키의 다음과 같은 이해는 타당하다.

> 한편에서는 과학적 추상을 통해 자본주의적 생산양식의 가장 본질적인 관계들을 이해할 수 있는 범주들과 개념들을 발견하는 것, 다른 한편에서는 이러한 본질적 관계들을 경제생활의 '표면'에 나타나는 현상과 연결시키는 것, 혹은 오히려 이러한 현상을 본질적 관계들로부터 도출하는 것. 마르크스는 전자의 과제를 우선 그의 분석으로부터 경쟁 등의 모든 현상을 제외시킴으로써 달성했다. 이는 연구를 오로지 '자본 일반'에, 즉 순수한 형태의 자본의 생산과 유통과정에 한정하기 위해서이다. …… 이 과제가 수행된 후에야 많은 '매개'와 중간단계를 거쳐 '현실의 자본', 자본들의 경쟁 현상, 신용제도 등으로 나아가는 것이 가능하다(Rosdolsky, 1977: 567~568).

4. 사회주의론 비판

소련·동유럽 블록의 몰락과 함께 마르크스 경제학의 패러다임은 사실상 해체되고 있다. 그 중요한 이유 중 하나는 그동안 마르크스 경제학이 소련·동유럽 블록을 어쨌든 자본주의에 대한 대안으로 설정해 왔기 때문이다. 마르크스 경제학에서는 사회주의는 국유제와 계획으로 정의되었으며 소련·동유럽 블록의 사회는 이러한 정의에 어쨌든 부합되었기 때문에 사회주의로 간주되었다. 그러나 마르크스는 어디에서도 국유제와 계획의 실시를 자본주의의 지양과 동일시하지 않았다. 더구나 마르크스 경제학은 마르크스가 자본주의의 가장 본질적 범주로 파악한 추상노동과 가치 범주가 존재한 사회를, 그리고 그러한 범주들의 현존을 자타가 공인한 사회를 사회주의라고 규정함으로써 패러다임의 위기를 자초했다.

마르크스는 자본주의적 생산이 사적 소유를 폐지하면서도 자본주의로 남아 있을 수 있다고 생각했다.

> 자본 - 이것은 내재적으로 사회적 생산방식에 바탕을 두고 있으며 생산수단과 노동력의 사회적 집중을 전제하고 있다 - 은 이제 개인자본에 대립하는 사회자본(직접적으로 결합한 개인들의 자본)의 형태를 직접적으로 취하며 이러한 자본의 기업은 개인기업에 대립하는 사회기업으로서 등장한다. 이것은 **자본주의적 생산양식 그것의 한계 안에서 사적 소유로서의 자본을 철폐**하는 것이다(마르크스, 1990: 536. 강조는 정성진).

마르크스는 또한 자본주의가 사적 소유가 아니라 소외된 노동에 기초한다고 생각했다. 마르크스는 『경제학 철학 수고』에서 사적 소유는 소외된 노동의 표현이며 결과이지, 그 원인이 아니라고 말했다. "사적 소유는 외화된 노동, 곧 자연과 자기 자신에 대한 노동자의 외적인 관계의 산물이요 결과요 필연적인 귀결이다"(마르크스, 1987: 65).

또한 마르크스는 '위로부터의' 계획은 사회주의가 아니라 오히려 자본주의에 고유한 것이라고 파악했으며 그것의 전제적 성격에 주목했다. 즉, 마르크스는 자본주의가 생산지점에서는 전제적으로 계획된다는 점을 강조했다. 그래서 마르크스는 자본주의의 전제적인 계획 생산에 대해 자유로운 생산자들의 연합을 대치시켰으며 거기에서 비로소 생산의 진정한 재조직과 '아래로부터의' 계획이 이루어진다고 생각했다. "그리하여 자본가의 지휘는 그 내용에서는 이중적 성격을 띠고 있는데, 그것은 그가 지휘하는 생산과정 자체가 한편으로는 생산물의 생산을 위한 사회적 노동과정이며 다른 한편으로는 자본의 가치증식과정이라는 이중적 성격을 띠기 때문이다. 그러나 자본가의 지휘는 그 형식에서는 **전제적**이다"(마르크스, 1989a: 423. 강조는 정성진). “끝으로 기분전환을 위하여 공동소유의 생산수단으로써 일하며 또 자기들의 각종의 개인적 노동력을 하나의 사회적 노동력으로서 의식적으로 지출하는 자유인들의 연합체를 생각해 보기로 하자. …… 특정한 사회적 계획에 따른 노동시간의 배분은 연합체의 다양한 욕망과 각종의 노동기능 사이의 적절한 비율을 설정하고 유지한다”(마르크스, 1989a: 99).

그래서 마르크스는 사회주의를 경제 전체의 계획과 동일시하는 프루동(Proudhon)을 다음과 같이 비판했다.

> 문제를 사회 전체의 입장에서 볼 때, 따라서 사회적 자본의 재생산과 개인적 소비 모두를 포함하는 사회적 총생산물을 고찰할 때, 우리들은 프루동이 부르주아 경제학에서 본뜬 수법에 빠져서는 안 된다. 즉, 자본주의적 생산양식의 사회도 통틀어서 전체로서 보면 이 사회의 그 독특한 역사적·경제적 성격이 없어지는 것으로 문제를 보아서는 안 된다. 그와 반대이다. 이 경우에는 총자본가(집단적 자본가)를 문제로 삼아야 한다(마르크스, 1989b: 512).

요컨대 마르크스는 법적 표현인 소유관계의 변혁(국유제)이나 분배관계의 변혁(계획) 그 자체를 자본주의적 생산관계의 지양과 동일시하지 않았다. 계획은 시장과 형태만 다른 추상노동의 강제기구일 수 있다. 가치와 계획 간에는 어떠한 필연적인 논리적 대립도 존재하지 않는다. 다시 말해서, 계획의 존재 자체가 반드시 가치의 부재를 의미하지는 않는다. 가치는 시장에 의해서만 아니라 ‘위로부터의’ 계획에 의해서도 분배될 수 있다. 계획 자체는 자본주의적 추상노동의 다른 강제기구로 이용될 수 있다. 실제로 국가기구와 관료조직이 사회적 조절과 분배, 즉 계획의 주체로 등장한 것이 20세기 자본주의의 역사였다. 토니 클리프(1993)가 분석했듯이, 1930년대 스탈린의 경제계획의 전체적 방향은 생산지점에서 혹독한 노동규율을 수반하는 자본주의적 경제관계를 지향하는 것이었다.[14)]

따라서 라야 두나예브스카야(R. Dunayevskaya)의 다음과 같은 지적은 매우 정당하다.

> 1935~1937년의 반혁명은 계획의 도입과 함께 시작된 과정의 절정이었다. 계획은 노동자와 경영자를 직접 충돌시켰다. 노동조합이 국가기구 속으로 해소된 것은 계획 당국과 노동자 사이의 이어질 수 없는 엄청난 간격을 상징했다. 생산에서 스타하노프 노동자, 기술자, 관리자, 군대 간부들이 국가에 합류하여 1936년 소련 헌법에서 법적 지위를 인정받은 새로운 지배계급의 요새를 구축했다. 1936년 이래 러시아의 경험은 유산계급이 아닌 다른 계급에 의한 계획이 자본주의 사회의 운동법칙을 역전시킬 수 있다는 환상을 산산조각 내버렸다 (Dunayevskaya, 1989: 228).

마르크스는 자본주의의 기본 모순을, 통상적으로 이해되듯이 생산력과 생산관계 사이의 모순으로, 즉 사회화된 생산과 사적 영유 간의 모순으로 이해하지 않았다. 오히려 마르크스가 주목한 것은 자본주의 생산 영역 자체의 내부 모순, 자본주의에서 인간이 수행하는 노동과 가치가 폐지될 경우 인간이 수행하는 노동 간의 모순이었다. 마르크스는 다음 『요강』 인용문에서 보듯이 자본주의의 기본 모순을 프롤레타리아트의 노동과 새로운 생산양식의 가능성 간의 모순으로 묘사하고 있다.

> 살아 있는 노동과 대상화된 노동의 교환, 즉 자본과 임노동의 대립이라는 형태로의 사회적 노동의 정립은 **가치관계**와 가치를 기초로 하는 생산의 궁극적인 전개이다. 이 생산의 전제조건은 부의 생산의 규정요인으로서 직접적 노동시간의 분량, 고용된 노동의 양이며 여전히 그러하다. 하지만 대공업이 발전함에 따라 현실적 부의 창조는 노동시간과 고용노동량에 의해 좌우되기보다는 오히

---

14) 이에 대한 상세한 논의는 이 책 5장, 13장을 참조하시오.

> 려 노동시간 중에 작동되는 요인들의 힘에 의해 결정된다. 그리고 이 요인들의 강력한 효과는 그것들의 생산에 지출된 직접적 노동시간과 비교도 안 될 정도로 크며, 이는 과학의 일반적 상태와 기술의 진보 또는 과학이 생산에 적용되는 것에 의해 좌우된다. …… 현실의 부는 오히려 — 이것은 또 대공업이 입증하고 있는데 — 충용된 노동시간과 그 생산물 사이의 엄청난 불균형으로 나타나고 마찬가지로 또 순전한 추상으로 환원된 노동과 이 노동이 관장하는 생산과정의 힘 사이의 질적인 불균형으로도 나타난다. 이제 노동은 더 이상 생산과정 속에 포함된 것으로 나타나지 않는다. 오히려 인간은 생산과정 자체에 대해 감시자 및 규제자로서 등장한다. …… 그는 생산과정 곁에 서 있을 뿐이며 그 주요한 행위자는 아니게 된다. 이와 같은 변화 속에서 생산과 부의 거대한 기초로 나타나는 것은 인간 자신이 수행하는 직접적 노동도 아니며 또 그가 노동하는 시간도 아니라, 그 자신의 일반적 생산력의 취득, 자연에 대한 그의 이해 및 사회유기체로서 그의 존재에 의한 자연의 지배 — 한 마디로 말하면 사회적 개인의 발전 — 이다. **오늘날 부의 기초가 되어 있는 타인 노동시간의 도둑질은** 대공업 자체가 만들어낸 새로 발전한 기초에 비하면 가련한 것으로 보인다. 직접적 형태로의 노동이 부의 큰 원천이 아니게 되자마자 노동시간은 부의 척도이기를 중지하고 또 척도이기를 중지해야만 한다. 따라서 교환가치도 사용가치의 척도이기를 중지해야만 한다. **대중의 잉여노동은 이미 일반적 부의 발전을 위한 조건이 아니게 되며 마찬가지로 소수자의 비노동**도 인간 두뇌의 일반적인 힘의 발전을 위한 조건이 아니게 된다(*MECW*, vol.29: 90~91. 강조는 마르크스).

자본주의 사회의 본질은 시장과 사적 소유로 환원되는 것이 아니며 따라서 부르주아지의 지배로 환원되는 것도 아니다. 마르크스에 따르면 사회주의는 자본주의에 고유한 부와 노동의 형태가 폐지되는 것이다. 마르크스는 똑같은 형태의 부와 노동이 자본주의에서는 간접적·매개적 방식으로 분배되었지만 사회주의에서는 직접적으로 조절될 것이라는 존 스튜어트 밀의 주장을 『요강』에서 다음과 같이 비판한다.

> 노동자의 무소유성 및 대상화된 노동에 의한 살아 있는 노동의 소유 또는 자본에 의한 타인 노동의 영유 - 양자는 동일한 관계를 두 개의 상대하는 극에서 표현한 것일 뿐이다 - 는 부르주아적 생산양식의 기본 조건이며 결코 그것과 관계없는 우연한 것이 아니다. 이 분배양식은 생산관계 자체이며 단지 분배의 모습 아래(sub specie distributions) 있는 것일 뿐이다. 예컨대 밀의 다음과 같은 말은 황당무계하다. "부의 생산의 법칙과 조건은 물리학적 진리의 성격을 갖추고 있다. …… 부의 분배는 그렇지 않다. 그것은 단지 인간 제도와 관련된 문제이다." 부의 생산의 '법칙과 조건'과 '부의 분배'의 법칙은 형태가 다를 뿐인 동일한 법칙이며 양자는 변화하면서 동일한 역사적 과정을 거친다. 그것은 일반적으로 하나의 역사적 과정의 계기들에 지나지 않는다. 예컨대 농노제의 해체에 기원을 두는 자유노동, 즉 임노동이 출발점이며 거기에서 기계는 살아 있는 노동과 대립하고 그것에 소원한 소유 및 적대하는 힘으로서만 성립할 수 있다는 사실, 즉 기계는 자본으로서 살아 있는 노동과 대립하지 않을 수 없다는 사실을 이해하기 위해서 특별한 통찰력이 필요한 것은 아니다. 마찬가지로 기계가 가령 집단으로 결합한 노동자의 소유가 된다고 할지라도 그것이 사회적 생산의 인자로 작용하는 것을 그만두지는 않을 것이라는 사실도 쉽게 알 수 있다. 그러나 첫째, 그 분배, 즉 그것이 노동자에 **속하지 않는다**는 사실은 임노동에 기초한 생산양식의 조건이다. 둘째, **변화한** 분배는 **변화한** 생산의 기초로부터 즉, 변화한 역사적 과정을 통해 처음으로 성립한 새로운 기초로부터 출발할 것이다(*MECW*, vol.29: 210~211. 강조는 마르크스).

기존의 마르크스 경제학은 대체로 자본주의의 노동은 간접적으로 사회적이라는 특징을 갖는다고 이해했으며, 이로부터 사회주의를 사회적 관계의 매개된 형태를 직접적인 무매개적 형태로 전환하는 과정으로 전망했다.

사회주의는 직접적으로 사회적인 노동의 성격의 입장에서 개별화되고 간접적으로 사회적인 노동의 성격을 비판하는 것이며, 무매개적·직접적 사회관계의 입장에서 매개된 사회관계를 비판하는 것이다. 그러나 포스톤이 지적했듯이 마르크스가 자본주의의 노동을 비판한 것은 직접적으로 사회적인 노동의 입장에서 노동의 사적 성격을 비판한 것이 아니다(Postone, 1993). 마르크스의 비판은 노동에 매개된 사회적 관계 자체를 비판한 것이다. 즉, 마르크스의 비판은 사회적 매개형태에 대한 비판이지 매개적 관계 자체를 비판한 것이 아니다.

마르크스에 따르면 사회주의는 시장과 사적 소유의 폐지가 아니라 가치형태에 근거한 추상적 사회지배의 폐지이다. 소외된 노동에 근거한 추상적인 사회적 강제구조의 폐지야말로 사회주의의 본질인 것이다. 다시 말해, 마르크스는 자본주의의 폐지가 사적 소유와 시장의 폐지, 즉 분배관계의 변혁이 아니라 자본주의의 기본 범주들의 폐지, 즉 추상노동과 가치 범주의 폐지, 소외된 노동 범주의 폐지를 통해서만 이루어질 수 있다고 보았다. 그렇다면 사회주의, 즉 공산주의는 궁극적으로 임노동의 자기실현이라기보다는 임노동의 폐지로 이해해야 한다. 공산주의로의 이행은 노동 자체가 이론적으로 비판되고 실천적으로 전복되는 과정이다.[15] 그러나 기존 마르크스 경제학에서 노동은 단지 비판의 준거점 역할만을 했으며 그 자체로 비판의 대상이 되지 못했다. 기존의 마르크스 경제학에서는 진정한 인간화가 노동의 자기실현을 통해 이루어진다고 주장하지만, 마르크스 자신은 완전한 인간 실현의 전제조건으로 '단순한 노동자' 상태의 극복을 역설했다. 자본주의의 노동 자체를 비판과 변혁의 대상으로 설정해야 프롤레타리아트의 자기실현이 아닌 프롤레타리아트의 자기해방, 즉 그 자신의 폐지로서의 자본주의의

15) 물론, 마르크스가 『고타강령비판』에서 정식화했듯이 '발전된 공산주의 단계'로 가는 '공산주의 초기 단계'에서는 노동시간 단위의 계산에 기초한 '아래로부터의' 참여계획이 이루어진다. 이와 관련한 논의로는 이 책 15장을 참조할 수 있다.

지양이 전망될 수 있다.[16)]

이와 관련하여, 마르크스에게 주체는 집단적이든 개인적이든 구체적인 인간들로 이루어지는 것은 아니라는 점을 지적할 필요가 있다. 마르크스가 분석한 역사적 주체는 대상화된 관계들, 자본주의에 특징적인 주·객관적 범주형태들로 구성되어 있다. 그것의 실체는 추상노동, 즉 자본주의에서 사회적 매개활동을 하는 노동의 특수성이다. “헤겔과 마찬가지로 마르크스의 주체는 추상적이며 어떤 사회적 주체들과도 동일시될 수 없다”(Postone, 1993: 76). 프롤레타리아트가 아니라 추상노동에 의해 매개되는 자본관계가 총체적 주체라면, 자본주의의 역사적 부정은 총체성의 실현이 아니라 총체성의 폐지로 이해되어야 한다. 총체성을 실현하기 위해 총체성의 존재를 주장하는 입장(후기 루카치)과 사회적 총체성의 실현은 해방에 유해하다며 총체성의 존재 자체를 부정하는 포스트모더니즘의 입장은 동전의 양면일 뿐이다. 두 입장은 모두 ‘존재하고 있는 것’과 ‘존재해야 할 것’의 초역사적 동일성을 주장한다. 마르크스는 총체성의 존재 자체를 부정하지 않지만 그렇다고 해서 초역사적 총체성의 존재를 존재론적으로 승인하지도 않는다. 오히려 마르크스는 총체성을 자본주의 사회의 구조화형태로 분석한다. 마르크스에 따르면 자본주의에서 역사 주체는 자본주의 사회를 구성하는 사회적 매개의 소외된 구조이다.

16) ‘아우토노미스트 마르크스주의(자율주의)’ 역시 사회주의를 프롤레타리아트의 자기폐지가 아니라 자기실현으로 간주한다. 즉, 자율주의에서 노동은 절대적 주체로 우상화될 뿐이며 그 자체로 비판과 극복의 대상이 되지 못한다. 네그리(Negri)의 경우 기존의 마르크스 경제학에 대한 경청할 만한 비판에도 불구하고, 마르크스의 잉여가치론을 특권화하고 가치형태론을 무시하는 대목에서 기존의 마르크스 경제학으로 회귀한다. Negri(1984), Lebowitz(1993)와 같은 마르크스의 경제학 비판 체계에서 임노동론의 이른바 ‘부재’에 대한 비판이나 다음과 같은 『자본론』 비방은 부당하다. “『자본론』은 혁명적 비판을 경제이론으로 축소하고 주체성을 객관성 속에서 말살했으며 프롤레타리아트의 전복능력을 자본가권력의 재조직 및 억압능력에 봉사하도록 한 텍스트이다”(Negri, 1984: 18~19).

포스톤은 '노동의 입장'(그 입장 자체는 검토하지 않은 채)에서 출발한 사회비판과 노동의 형태 자체를 비판의 대상으로 하는 사회비판을 구별한다(Postone, 1993). 전자는 자본주의의 한계 내에 머무를 수밖에 없는 반면, 후자는 자본주의를 넘어선다. 고전 정치경제학이 노동의 입장에서 사회를 비판하는 것이라면 마르크스의 경제학 비판은 자본주의의 노동 자체에 대한 비판을 수반하는 것이다. 전자에서 비판의 기능은 탈신비화하는 것, 즉 현상형태에도 불구하고 노동은 사회적 부의 초역사적 근원이며 사회의 조절원리임을 입증하는 것이다. 자본주의의 모순은 한편에서는 노동과 다른 한편에서는 잉여가치 범주로 파악된 분배양식 간의 모순으로 간주된다. 이 경우 사회주의는 자본주의의 실천적인 탈신비화로 요약된다. 신비화하는 따라서 폐지되어야 할 역사적으로 과도적인 형태인 가치는 그것이 가리고 있는 초역사적 본질인 노동으로부터 독립적이라는 주장이다. 따라서 사회주의에서 자본가계급은 타도되지만 노동자계급은 폐지되지 않는다는 것이다. 그러나 마르크스는 신비화 형태가 그 내용과 내재적으로 관련되어 있다고 보았다. 즉, 현상형태와 내용의 관계는 우연적인 것이 아니라 필연적인 것이라고 보았다. 내용과 형태의 필연적 관련을 인정한다면 가치 및 그것과 연관된 추상적 사회관계를 극복하는 것은 가치창조 노동을 폐지하는 것과 분리할 수 없다. 따라서 본질은 실현되는 것이 아니라 폐지되어야 한다. 그렇다면 자본주의를 변혁하는 것은 가치의 내용을 그 신비화된 형태로부터 해방하는 것, 예컨대 단순히 시장을 계획으로 대체하는 것과 동일시될 수 없음은 자명하다.

마르크스에게 사회주의란 '아래로부터 사회주의'로서 이는 단지 생산수단의 사적 소유를 국가 소유로 바꾸고 시장을 계획으로 대체하는 것으로 성취할 수 있는 것이 아니었다. 자본주의적 생산관계 변혁의 열쇠는 사적 소유를 국가 소유로 바꾸는 것이 아니라 진정한 자유, 진정한 인간관계를 성취하는 것이다. 마르크스는 사회주의, 즉 공산주의를 가치체계의 파괴,

추상적 지배의 폐지, 생산의 내재적 요인으로서의 직접적 인간노동의 폐지로 이해했다. 마르크스는 『요강』에서 무계급 사회의 물질적 기초를 잉여노동이 더 이상 직접적 인간노동에 의해 수행되지 않는 생산형태에서 찾았다. 자본주의가 잉여노동의 존재에 의해 규정되는 것이 아니라면, 자본주의의 종말은 단지 잉여노동의 폐지로만 정의될 수 없다. 개인의 완전한 발전을 위해 필요한 물질적 조건은 "사람이 사물에 시켜서 할 수 있는 것을 사람이 하는 것 같은 노동이 중지"되는 것(*MECW*, vol.28: 250)이며 "노동자 대중 자신이 자신의 잉여노동을 영유해야만 한다"(*MECW*, vol.29: 94). "이전의 모든 혁명에서는 활동양식은 언제나 변하지 않았으며 단지 노동을 새롭게 분배하는 것이 문제였다. …… 하지만 공산주의혁명은 기존 활동양식의 변혁을 지향하며 노동을 폐지한다"(*MECW*, vol.5: 52), "노동의 폐지(Aufhebung der Arbeit)"(*MECW*, vol.5: 77, 80, 87~88, 205), "탈자본주의 사회는 노동의 끝없는 성격, 삶 전체를 노동에 종속시키는 것의 종말이어야 하며, 노동을 다차원적인 필요와 인간의 소망에 종속시키는 새로운 사회관계로 구성되어야 한다. 자본주의적 생산양식의 초월, 그 실체적 성격의 초월은 노동의 부정으로 제시된다"(De Angelis, 1995: 116), "사회주의의 결정적 문제는 자본가계급의 존재 여부가 아니라 프롤레타리아트의 존재 여부이다"(Postone, 1993: 39).

이와 같은 마르크스의 사회주의 개념에 기초할 때 몰락한 소련·동유럽 블록은 사회주의가 아니라 자본주의의 한 형태인 국가주도적 자본축적양식, 즉 국가자본주의로 규정된다(클리프, 1993; Dunayevkaya, 1992). 상품, 화폐, 자본의 자유로운 유통의 일시적 중지가 사회주의를 의미하지는 않는다. 오히려 그것은 세계자본주의의 주변부에서 자본주의적 공업화가 수행된 하나의 방식일 뿐이다. 기존의 마르크스 경제학의 주장과는 달리, 마르크스는 자본주의의 지양을 소유관계 변혁이나 시장의 '위로부터 계획'으로의 대체와 동일시하지 않았다. 마르크스는 자본주의를 시장경제나 사적 소유로 정의하는 것에 반대하고 역사적으로 특유한 노동의 형태, 즉 추상노동의 가치형태를 자본주의의 기본적 특징으로 파악했으며, 자본주의의 지양은 자본주의의 기본 범주들, 즉 추상노동, 가치 범주의 폐지를 통해서만 가능하다고 보았다. 따라서 소련·동유럽 블록의 붕괴를 자본주의 지양 시도의 실패로 보고 이를 근거로 마르크스의 패러다임 자체까지 기각하는 것은 부당하다.

5. 맺음말

쿤(Kuhn, 1970)에 따르면 어떤 패러다임에 대한 평가는 그 패러다임 자신의 기준이어야 한다. 즉, 패러다임의 위기 여부를 평가하기 위해 외부로부터 패러다임 외적인 기준을 끌어들여서는 안 된다는 것이다. 그리고 어떤 패러다임은 그것이 직면하는 경험적·이론적 문제점 때문에 기각되는 것은 아니라고 한다. 한 패러다임은 그것보다 더 나은 대안적 패러다임이 출현할 때에야 위기를 맞는다는 것이다. 따라서 어떤 패러다임의 위기는 언제나 상대적이다. 쿤은 기존 패러다임은 많은 문제점이 있다 하더라도 그것 외의 대안이 없다면 그것에 계속 헌신하는 것이 합리적이라고 하면서, "정치혁명에서와 마찬가지로 패러다임 선택에서도 유관한 공동체의 도래보다 더 나은 기준은 없다"라고 주장한다(Kuhn, 1970: 94). 프라치아와 리언(Fracchia & Ryan, 1992)은 마르크스의 패러다임 역시, 쿤이 말한 대로 마르크스 자신의 기준에 의해 평가되어야 한다고 본다. 마르크스 외적인 기준으로 마르크스의 패러다임을 평가하는 것은 옳지 않다는 것이다. 이 점에서 마르크스 외적인 기준과 경험주의적 방식으로 마르크스 패러다임을 비판하는 블라우그(Blaug, 1980)는 쿤과 같은 입장에서 본다면 정당한 평가가 아니다.

이 장에서는 20세기 마르크스 경제학의 지배적 전통이었던 논리역사주의 및 신리카도주의적 접근(또는 알튀세르주의, 자율주의까지도)이 실은 마르크스의 방법과 무관한, 마르크스의 패러다임에 대해 외적인 입장들임을 밝혔다. 그렇다면 쿤적 입장에서 보아도 이들 마르크스의 방법에 대해 외적인 입장들이 이론적·정치적으로 붕괴되었다고 해서 마르크스의 방법까지 파산했다고 주장하는 것은 부당함을 알 수 있다. 자본주의의 광적인 논리가 '세계화'되고 있는 한, 그리고 이를 이해하고 공격할 수 있는 더 효과적이고 인민적인 대안이 출현하지 않는 한, 마르크스의 패러다임에 헌신하는 공동체는 계속 유지되고 확대·재생산될 것이다.

제2장

1848년 『공산주의자 선언』의 현재성*

1. 서론

"하나의 유령이 유럽을 배회하고 있다—공산주의라는 유령이"라는 문장으로 시작해서, "프롤레타리아트들은 공산주의혁명 속에서 족쇄 외에 아무것도 잃을 것이 없다. 그들에게는 얻어야 할 세계가 있다. 만국의 프롤레타리아트여, 단결하라!"로 끝나는, 『공산주의자 선언』(이하 『선언』)이 1998년 출간 150주년을 맞이했다. 그래서 이를 기념하는 학술행사가 뉴욕, 파리, 아바나 등지에서 열렸다. 1998년 5월 파리에서 개최된 『선언』 150주년 기념 국제학술대회의 경우 기고된 논문만도 350여 편에 달했다.[1] 하지만 한때 좌파들의 백가쟁명 마당이었던 한국에서는 IMF 한파에 얼어붙은 탓인지, 아니면 1990년대 이후 이들 좌파 대다수가 포스트주의로 개종한 때문인지, 『선언』 출간 150주년을 기념하는 어떤 공식 행사도 열리지 않았다. 우리나라에서 마르크스는 예나 지금이나 '미친 개' 아니면 '죽은 개'로 취급되고 있지만, 서구에서 마르크스는 소련·동유럽 블록 붕괴 이후 새롭게 재조명되고 있다. 150년 전 마르크스의 이야기가 오늘 새삼스럽게 주목받고 있는

* 이 장은 정성진(1998a)을 수정·보완한 것이다.

1) 까갈리쯔끼 외(1998)는 이 대회에서 발표된 논문 일부를 번역한 것이다.

이유는 다른 무엇보다 그 놀라운 '현재성' 때문이다. 실제로 150년 전에 쓰인 『선언』을 오늘 읽어도 마치 지금 여기의 현실을 말하고 있다는 느낌이 든다. 그래서 캐시디(Cassidy, 1997) 같은 자유주의 지식인도, 다우존스 지수가 끝없이 기록을 경신하며 상승하는 속에서도 세계의 모습이 19세기 중엽 마르크스가 『선언』에서 묘사한 자본주의의 모습과 점점 흡사해지고 있는 것에 일말의 불안을 느끼면서 조만간 노벨 경제학상이 마르크스주의 경제학자에게 돌아갈 것으로 예상하는 '월가' 사람의 이야기를 전하며, 마르크스를 '차세대 사상가'로 추켜세웠다.

『선언』은 마르크스주의 문헌 중 가장 근원적인 텍스트임에도 마르크스주의 진영에서도 제대로 읽혀지고 있지 않다. 진보 진영 일부 연구자들은 『선언』을 학문적으로 연구할 필요가 없는 대중용 팸플릿으로 치부한다. 옛 소련·동유럽 블록에서도 『선언』을 비롯한 마르크스와 엥겔스의 원전은 한동안 '비밀취급인가증' 없이는 접근하기 힘든 '금서'였다. 그러나 『선언』은 1845~1846년 『독일 이데올로기』 집필을 분수령으로 한 '인식론적 단절'(알튀세르) 이후의 '성숙한' 마르크스의 저작이라는 점에서 마르크스주의 이론 연구에서도 결코 소홀히 할 수 없는 저작이다. 『선언』은 역사유물론, 정치경제학 비판, 공산주의혁명 전략으로 구성되는 마르크스 사상체계 최초의 일반적인 서술이다. 또한 『선언』은 마르크스와 엥겔스가 혁명운동에 열정적으로 투신했던 시기에 쓰였기 때문에 이론과 실천의 통일을 생명으로 하는 혁명적 사회주의 입장에서 결정적으로 중요한 의미를 갖는다.

『선언』은 마르크스와 엥겔스의 작품인 동시에 그들이 조직원이었던 '공산주의 동맹'의 문건이기도 하다. 『선언』은 마르크스와 엥겔스가 함께 참석한 '공산주의 동맹' 제2차 대회의 위촉을 받아 마르크스가 집필한 것이다. 『선언』 집필에서는 마르크스가 주도적인 역할을 했지만, 엥겔스의 역할을 무시해서는 안 된다. 『공산주의자 선언』이라는 제목을 제안했던 사람은 엥겔스이며 『선언』의 초고라고 할 수 있는 교리문답 형식의 「공산주의자신앙고백 초안」과 「공산주의의 원칙들」도 1847년 엥겔스가 작성한 것이다. 『선언』 초판에 저자인 마르크스와 엥겔스의 이름이 기명되어 있지 않은 이유 중 하나는 그 문건의 '저작권'이 그 작성을 의뢰한 '공산주의 동맹'에 있었기 때문인 듯하다. 이는 마르크스가 초고 제출기한을 지키기 못하자, '공산주의 동맹' 중앙위원회가 1848년 1월 마르크스에게 보낸 매우 고압적인 경고 서한을 보아도 알 수 있다.

> 중앙위원회는 브뤼셀 지역 위원회에 대해 동위원회가 시민 마르크스와 연락하여, 그가 지난 대회에서 써 보내겠다고 한 『선언』이 만약 금년 2월 1일까지 런던에 도착하지 않으면, 그에 대해 더 강한 제재조치가 취해질 것임을 전하도록 명령한다. 시민 마르크스가 그 과제를 수행하지 못할 경우, 중앙위원회는 시민 마르크스가 소지하고 있는 문건들을 즉시 반납하도록 요구한다(Beamish, 1998: 231에서 재인용).

『선언』은 마르크스라는 천재적 두뇌가 탁상에서 구상하여 집필한 것이 아니라, '공산주의 동맹'과 1848년 혁명이라는 혁명조직과 혁명운동의 소산이다. 『선언』은 특정한 역사적 정세에 영향을 미치기 위한 정치적 개입의 산물이다. 『선언』의 문체가 다른 마르크스의 문헌들과는 달리 간결하고 명확한 이유도 이 때문이다. "『선언』 형성과 관련된 내부 사정이 보여주는 것은 『선언』의 최종형태의 초안은 마르크스가 잡았고, 그 구성과 문체 역시 마르크스의 것이지만, 『선언』의 내용은 진실로 헌신적인 공산주의 국제주의자들이 자신들의 강령을 결정하고 그들이 변혁하려는 세계를 이해하는 과정에서 벌였던 간고하고 격렬한 논쟁의 산물이었다. 또한 『선언』은 정치투쟁의 한복판에서 생산된 문건이었다. 그것은 영원한 진리의 전범이 아니다. 그것은 1847~1848년 노동자계급이 직면하고 있는 주요한 문제들에 대한 해결책을 찾는 과정에서 벌어진 논쟁의 산물이었다"(Beamish, 1998: 233).

엥겔스도 1888년판 『선언』 서문에서 "『선언』의 역사는 다분히 현대 노동자운동의 역사를 반영하고 있다"(마르크스·엥겔스, 1997 제1권: 379)라고 말했다. 『선언』은 출판되었을 당시에는 세인들의 큰 주목을 받지 못했는데, 그 이유는 "『선언』이 담고 있는 사상이 노동자계급 민주주의자들 사이에서는, 특히 프랑스에서는 상식적인 것이었기 때문이다. 『선언』의 위대성은 그 상식들을 종합한 데 있다"(Moss, 1998: 149).

『선언』의 현재성을 구명하기 위해서 먼저 전제가 되어야 하는 것은 이와 같은 『선언』의 정세적·실천적 성격에 대한 정당한 이해이다. 『선언』은 동시대의 혁명운동과의 관련 속에서 독해해야 하며, 상이한 정세에서는 『선언』의 이론적·실천적 결론이 적용될 수 없다. 마르크스와 엥겔스 자신이 1872년판 『선언』 서문에서 제I절을 제외한 나머지 부분은 "낡고" "불충분"한 것이 되었다고 말했다. 따라서 『선언』의 유산을 올바르게 계승하기 위해서는 『선언』에서 '산 것'과 '죽은 것'을 가려내는 철저한 비판적 접근을 취해야 한다. 트로츠키(1998)가 1938년 아프리칸스어(Africaans)판 『선언』 서문으로 집필한 『선언』 출간 90주년 기념 논문은 이와 같은 비판적 『선언』 읽기의 모범적 예이다. 트로츠키는 『선언』의 기본 정신은 여전히 유효하다고 평가하면서도, 『선언』은 19세기 노동자의 혁명적 잠재력을 과대평가하고, 중간계층의 소멸경향을 과장했으며, 식민지 민중의 해방투쟁을 언급하지 않았다고 지적했다. 트로츠키는 『선언』의 무오류성을 주장하는 스탈린주의자들이야말로 인민전선의 이름으로 계급투쟁을 부정하고, 세계혁명과 국가 사멸 대신, 일국 사회주의와 국가 강화를 주장한다는 점에서 『선언』의 기본 정신을 부정했다고 비판했다. 이하에서는 이와 같은 비판적 『선언』 해석의 입장에서 최근 발표되고 있는 『선언』 150주년 기념 논문들을 참고하면서 『선언』의 주요 내용과 현재적 의미를 검토할 것이다.

2. 자본주의의 영구혁명과 세계화

『선언』의 제I절 '부르주아지와 프롤레타리아트'의 전반부는 자본주의의 혁명성과 진보성에 대한 한편의 찬란한 서사시라고 할 만하다. 마르크스는 동시대 어떤 부르주아 사상가보다도 훨씬 깊은 통찰력으로 자본주의의 역동성을 정확하게 포착했다. 부르주아 시대가 이전의 역사 시대와 근본적으로 구별되는 새로운 시대라는 사실을 어느 부르주아 사상가도 마르크스만큼 잘 이해하지 못했다. 마르크스는 기존의 고정된 사회관계를 끊임없이 해체시키는 부르주아 사회에 고유한 파괴적 역동성(이른바 자본주의의 '영구혁명')에 특히 주목했다.

> 부르주아지는 생산도구들에, 따라서 생산관계들에, 그러므로 사회적 관계들 전체에 끊임없이 혁명을 일으키지 않고서는 존립할 수 없다. 이와는 반대로 이전의 다른 모든 산업계급들에게는 낡은 생산양식의 변함없는 유지가 그 제1의 존립조건이었다. **생산의 끊임없는 변혁, 모든 사회 상태들의 부단한 동요, 항구적 불안과 격동**이 부르주아 시대를 이전의 다른 모든 시대와 구별시켜 준다. 굳고 녹슨 모든 관계들은 오랫동안 신성시되어 온 관념들 및 견해들과 함께 해체되고, 새롭게 형성된 모든 것들은 정착되기도 전에 낡은 것이 되어 버린다. **모든 신분적인 것, 모든 정체적인 것은 증발되어 버리고**(All that is solid melts into air)[2)]모든 신성한 것은 모독당한다. 그리고 사람들은 마침내 자신의

---

2) 1888년 사무엘 무어(Samuel Moore) 영역본에 있는 이 문장의 시적 영감은 버만(Berman, 1988)으로 하여금 『선언』에 대한 독창적인 모더니즘적 해석을 가능하게 했으며, 자신의 저서의 제목을 이 문장으로 대신하도록 했다. 그런데 최근 『선언』을 새로 영역한 카버(Carver, 1998)는 이를 "Everything feudal and fixed goes up in smoke"라고 다소 산문적으로 개역했다. 1848년 독어 초판의 원문과 대조하면 카버의 번역이 원문에 더 충실한 것으로 보이지만, 의미전달에는 큰 차이가 없는 것 같다. 하지만 "모든 정체적인 것을 증발시켜 버리는" 자본주의의 "허무주의적" 영구혁명이

생활상의 지위와 상호 연관들을 냉정한 눈으로 바라보지 않을 수 없게 된다"(마르크스·엥겔스, 1997 제1권: 403 위의 강조 및 이하의 강조는 모두 정성진)

마르크스는 자본주의 경제에서는 이전의 생산양식과는 달리 경쟁에 강제된 영속적인 기술혁명과 옛 기술의 진부화 과정, 즉 '창조적 파괴'의 과정이 필연적이며, 이로부터 자본주의 사회에 고유한 역동성과 불안정성이 발생한다는 사실을 슘페터보다 훨씬 전에 파악했다. 『선언』이 발표된 19세기 중엽 자본주의가 가장 발전했던 영국에서조차 산업화와 도시화의 정도가 보잘것없었다는 사실을 감안한다면, 자본주의 발전의 속도와 방향에 대한 마르크스의 서술은 시대를 한참 앞선 통찰이었다. "마르크스와 엥겔스는 1848년 자본주의에 의해 이미 변혁된 세계를 묘사하지 않았다. 그들은 어떻게 세계가 자본주의에 의해서 변혁되도록 논리적으로 운명지어져 있는지를 예견했다. …… 1848년에는 보통 독자들에게는 혁명적 수사—혹은 기껏해야 그럴듯한 예측—로 받아들여졌던 것이 오늘은 20세기 말 자본주의에 대한 간결한 묘사로 읽힐 수 있다"(Hobsbawm, 1998: 17).

마르크스는 물론 자본주의 발전이 초래하는 끔찍한 비극적 결과에 분노했지만, 자본주의를 타도하고 사회주의로 이행하는 것은 자본주의 발전이 창출하는 세계적 조망에 기초해서만 성취될 수 있다고 생각했다. 마르크스는 자본주의의 역동성이 자본주의의 보편화와 세계화를 가져온다고 보았다. 다음 마르크스의 150년 전 서술은 그 자체로 오늘 세계화에 대한 묘사이다.

자신의 생산물의 판로를 부단히 확장하려는 욕구는 부르주아지를 전 지구상

자본주의 이후에도, 즉 공산주의 사회에까지 지속될 것이라고 마르크스가 『선언』에서 생각했다는 버만의 해석에는 동의하기 힘들다. 오스본(Osborne, 1988: 200)이 지적하듯이 『선언』에는 "추상적인 부정의 시간논리"로 특징지어지는 자본의 혁명적 시간성 외에 복합적인 복수의 시간성, 프롤레타리아트와 공산주의의 미래성이 존재하기 때문이다.

으로 내몬다. 부르주아지는 도처에서 뿌리를 내려야 하며, 도처에서 정착하여야 하고, 도처에서 연계를 맺어야 한다. 부르주아지는 **세계시장**의 개발을 통해서 모든 나라들의 생산과 소비를 **범세계적**인 것으로 탈바꿈시켰다. 반동배에게는 대단히 유감스럽게도, 부르주아지는 공업의 발밑에서 그 **민족적 기반을 빼내 가 버렸다**. …… 낡은 지방적·민족적 자급자족과 고립 대신에 **민족들 상호 간의 전면적 교류와 전면적 의존이** 등장한다. …… 민족적 일면성과 제한성은 더욱 더 불가능하게 되고, 많은 민족적·지방적 문학들로부터 하나의 **세계문학**이 형성된다. 부르주아지는 모든 생산도구들의 급속한 개선과 한없이 편리해진 교통에 의해 모든 민족들을, **가장 미개한 민족들까지도 문명 속으로 끌어넣는다**. 부르주아지 상품의 싼 가격은, 부르주아지가 모든 만리장성을 쏘아 무너뜨리고, 외국인에 대한 **야만인**들의 완고하기 그지없는 증오심을 굴복시키는 중포이다. 부르주아지는 모든 민족들에게 망하고 싶지 않거든 부르주아지의 생산양식을 채용하라고 강요한다. 그들은 소위 문명을 도입하라고, 즉 부르주아가 되라고 강요한다. 한마디로 **부르주아지는 자신의 모습대로 세계를 창조하고** 있는 것이다. 부르주아지는 농촌을 도시의 지배 아래 복속시켰다. …… 그리하여 인구의 현저한 부분을 농촌생활의 우매함으로부터 떼어내었다. 부르주아지는 농촌을 도시에 의존하게 만든 것과 마찬가지로 **야만적·반(半)야만적 나라들을 문명국**들에, 농업 민족들을 부르주아 민족들에, 동양을 서양에 의존하게 만들었다"(마르크스·엥겔스, 1997: 제1권 403~404).

인류의 3분의 1이 옛 소련·동유럽 블록에 살고 있었던 1980년대 이전에 비하면, 글로벌 자본주의가 세계를 제패했으며 인터넷으로 세계가 실시간으로 연결되어 있는 오늘, "부르주아지는 자신의 모습대로 세계를 창조한다"라는 마르크스의 선언은 훨씬 설득력 있게 들린다. 그러나 앞의 인용문에는 자본의 세계화 과정에 대한 마르크스의 인식의 한계도 잘 드러나 있다. 예컨대 "가장 미개한 민족들까지도 문명 속으로 끌어넣는다" 등의 서술은 마르크스가 자본주의의 세계화 과정을 중심부 자본주의의 전 세계적 확산 과정으로 파악하는 유럽 중심주의적 입장을 탈피하지 못했음을 보여 준다. 『선언』에서 마르크스는 서구의 식민지 지배가 부르주아지의 역사적 문명화 역할을 수행한 것으로 간주했다. 그러나 "세계를 '문명국'과 '야만국'으로 나눈 것은 마르크스 시대에는 통상적인 방식이었다는 사실을 감안한다 하더라도 시대착오적인 것이다"(Harvey, 1998: 56). 『선언』에서 마르크스는 자본의 세계화·문명화 과정을 단선적·동질적 과정으로 파악하고 있다. 그러나 맥도프(Magdoff, 1998: 11)가 지적하듯이, 자본의 세계화 과정은 세계의 동질화·균등화 과정이 아니라, 중심부와 주변부로의 양극화 과정이었다. 오늘날의 세계화 속에서도 중심부와 주변부의 경제적 격차는 좁혀지기는커녕 발산적으로 확대되고 있다. 또한 세계화는 주변부에 '혹사 노동', 아동 노동, 비위생적 주거환경, 최소한의 사회보장 부재와 같은 재앙을 초래하고 있으며 비자본주의적 착취양식은 일방적으로 소멸하는 것이 아니라 세계 도처에서 온존·부활하고 있다. 생산도구와 생산관계의 혁신은 "기술적으로 후진적인 생산형태의 부활과 결합"(Petras, 1998: 153)되는 형식으로 나타나고 있다. 자본집약적 하이테크 정보통신기술과 노동집약적 '혹사 노동'이 결합된 불균등 발전이 현대 기술의 특징이다. 마르크스도 만년에 가서는 서구 식민주의에 대해 훨씬 비판적인 태도를 취했으며, 이는 후에 로자 룩셈부르크와 레닌의 제국주의론으로 계승·발전되었다. 부르주아지의 진보성과 혁명성에 대한 마르크스의 논의는 자본주의의 발전경향에 대한 정확한 예측을 담고 있지만, 오늘 주변부 노동자계급의 입장에서는 별 의미가 없을 수도 있다. 오히려 페트라스(Petras, 1998: 155)가 지적한 대로 "『선언』의 목적을 실현한다는 의미에서 마르크스주의자가 되기 위해 우리는 부르주아지가 '혁명적 역할'을 한다는 마르크스와 엥겔스의 잘못된 가정을 거부해야만" 할지도 모른다.

또한 마르크스는 "민족들의 국민적 분리와 대립들은 이미 부르주아지의 발전과 더불어, 상업의 자유, 세계시장, 공업생산의 천편일률성 및 그에 상응하는 생활상태의 천편일률성과 더불어 점점 사라져 가고 있다"(마르크스·엥겔스, 1997 제1권: 418)고 하면서, 자본주의 발전에 따라 국민국가의 경계가 이완되고 자본의 무제한적 흐름이 이루어질 것으로 예상했지만, 이 예상은 빗나갔다. 세계화에 따라 민족경제 범주는 결정적으로 소멸하면서도, 국민국가는 자본의 세계적 팽창의 도구로 더 강화되고 있다. 민족문제는 자본주의 발전과 함께 도리어 더 중요한 문제로 부각되고 있다. 20세기의 역사는, 그리고 오늘 발칸 반도나 북아일랜드 사태는 부르주아지와 자본주의 시장의 지배가 민족적 갈등을 해소하기는커녕 오히려 격화시키고 있음을 보여준다.

3. 공황과 궁핍화

마르크스는 『선언』을 자본주의와 부르주아지를 찬미하기 위해 쓰지 않았다. 마르크스가 시적으로 묘사한 자본주의적 생산양식의 성취는 사회주의의 물질적 준비로서만 의미를 갖는다. 공상적 사회주의자들이 자신들의 주관적인 가치관을 위로부터 사회에 주입함으로써 사회주의를 실현하려 했던 것에 비해, 마르크스는 자본주의의 발전과 모순의 심화라는 객관적 조건과 이 모순의 해결 주체인 프롤레타리아트계급의 등장 덕분에 사회주의의 도래가 필연적이 된다고 보았다. 자본주의의 진보성과 혁명성에 대한 논의는 곧바로 자본주의의 모순과 필연적 몰락에 대한 논의로 이어진다. 마르크스는 자본주의의 진보성을 인정하면서도 그 특수역사적 성격, 역사적 제한성에 주목했다. 마르크스는 『선언』에서 자본주의의 역사적 과도성을, 자본주의하에서 인간성의 말살, 주기적 과잉생산공황에서 볼 수 있는 생산력 파괴, 노동자 대중의 궁핍화 및 이를 해결하는 주체로서의 프롤레타리아트계급의 형성에서 찾았다.

마르크스는 먼저 자본주의하에서 인간성의 상실에 주목한다. 다음 인용문은 자본주의에서 모든 사회적 관계가 화폐관계로 치환되면서, 인간들이 잔혹한 돈의 노예로 비인간화되는 과정을 묘사한다.

> 부르주아지는 타고난 상전들에 사람을 묶어 놓고 있던 잡다한 색깔의 봉건적 끈들을 무자비하게 끊어버렸으며, 사람과 사람 사이에 노골적인 이해관계, 냉혹한 '현금계산' 외에 아무런 끈도 남겨놓지 않았다. 부르주아지는 신앙적 광신, 기사적 열광, 속물적 감성 등의 성스러운 외경을 이기적 타산이라는 차디찬 얼음물 속에 집어넣어 버렸다. 부르주아지는 인격적 가치를 교환가치로 용해시켜 버렸으며, 문서로 보장된 혹은 정당하게 얻어진 수많은 자유들을 단 하나의 파렴치한 상업자유로 바꾸어놓았다(마르크스·엥겔스, 1997 제1권: 402~403).

마르크스는 자본주의 발전과정은 자기모순의 심화과정이며, 이는 과잉생산공황이라는 형태로 주기적으로 폭발한다고 서술한다.

> 우리 눈앞에 하나의 유사한 운동이 진행되고 있다. 부르주아적 생산관계들 및 교류관계들, 부르주아적 소유관계들, 즉 그토록 강력한 생산수단과 교류수단을 마법을 써서 불러내었던 현대 부르주아 사회는, 주문을 외어 불러내었던 저승의 힘을 더 이상 감당할 수 없게 된 마법사와 같다. 지난 수십 년 이래의 공업 및 상업의 역사는 현대의 생산관계들에 대한, 부르주아지와 그들의 지배의 존립의 조건들인 그 소유관계들에 대한 현대 생산력들의 반역의 역사일 뿐이다. (이에 대해서는) 그 주기적인 재발 속에서 점점 더 위협적으로 부르주아 사회 전체의 존립을 의문스럽게 만드는 상업공황을 드는 것으로 충분하다. 상업공황 시에는 제조된 생산물들뿐만 아니라 기성의 생산력들까지도 으레 대부분 파괴당한다. 공황 시에는, 이전의 모든 시기에는 어불성설로 보였을 하나의 사회적 전염병이

돌발한다 - 과잉생산이라는 전염병이. …… 부르주아지는 어떻게 이 공황들을 극복하는가? 한편으로는 대량의 생산력들을 부득이 파괴함으로써, 다른 한편으로는 새로운 시장들을 획득하고 옛 시장을 더욱 철저히 착취함으로써. 따라서 무엇을 통해서? 더 전면적이고 더 강력한 공황들을 준비하고 그 공황들을 예방할 수단을 감소시킴으로써(마르크스·엥겔스, 1997 제1권: 405~406).

자본주의는 발전과정에서 자신이 주체할 수 없는 모순에 빠질 수밖에 없으며, 이는 주기적 과잉생산공황으로 폭발한다는 마르크스의 공황론은 1997~1998년 아시아 경제의 붕괴 이후 부르주아 경제학자들도 주목하고 있는 부분이다. "주문을 외어 불러내었던 저승의 힘을 더 이상 감당할 수 없게 된 마법사"라는 표현에서 우리는 광적인 투기가 초래한 국제금융위기에 직면했던 소로스(G. Soros) 같은 국제 투기자본가를 떠올리게 된다. 그러나 마르크스는 『선언』에서 주기적 공황의 원인을 자본주의에서 생산력의 확대 경향과 대중의 소비제한 간의 모순에서 찾는 과소소비설적 관점을 취하고 있었다. 이윤율의 경향적 저하법칙에 기초한 자본과잉으로서의 공황의 해명은 『자본론』 단계에 가서야 이루어진다. 즉, 『선언』에서 마르크스의 공황론은 아직 형성단계에 머물러 있다.[3)]

마르크스는 공황으로 점철된 자본주의 발전과정에서 노동자 대중은 실업의 위협과 노동소외, 장시간·저임금·고강도 노동으로 고통을 받게 된다고

3) 『선언』은 성숙한 마르크스의 저작이며 자본주의적 생산양식에 대한 최초의 일반적 분석임에도 불구하고 경제이론의 완성도는 아직 낮다. 예컨대 가치형태론, 잉여가치론, 이윤율의 경향적 저하법칙 등은 정립되어 있지 않다. 만델(Mandel, 1971a: 57)이 지적했듯이 『선언』에는 사회적 필요노동시간의 개념이 부재하며, '노동'과 '노동력' 개념의 구별도 이루어져 있지 않다. 샤이크(Shaikh, 1998) 역시 『선언』의 경제분석의 미숙함은 임금론과 공황론에서 나타난다고 한다. 즉, "마르크스는 『선언』을 마르크스주의 경제학자로서가 아니라 공산주의 리카도주의자로 썼다"(Hobsbawm, 1998: 13). 이윤율의 경향적 저하 법칙을 중심으로 한 '성숙한' 마르크스의 공황론에 대한 논의로는 이 책 8장 및 9장을 참조할 수 있다.

보았다.

> 부르주아지, 즉 자본이 발전하는 것과 같은 정도로 프롤레타리아트, 현대 노동자계급은 발전하는데, 그들은 **일자리를 찾아놓고 있는 동안만 살 수 있고,** 자신들의 노동이 자본을 증식시키는 동안만 일자리를 찾을 수 있다. 자신을 토막내어 팔지 않으면 안 되는 이 노동자들은 다른 모든 판매품과 마찬가지로 하나의 상품이며, 따라서 마찬가지로 경쟁의 모든 부침, 시장의 모든 변동에 내맡겨져 있다. …… 프롤레타리아트는 오직 가장 간단하고, 가장 단조롭고, 가장 쉽게 배울 수 있는 손동작만을 요구받는 단순한 **기계 부속품**이 된다. 그러므로 노동자가 (자본가에게) 쓰게 하는 비용은 거의, 그가 자신의 유지와 자신의 종족번식에 필요로 하는 생활수단에 국한될 뿐이다. 그런데 어떤 상품의 가격은, 따라서 노동의 가격 또한 그것의 생산비용과 같다. 그러므로 노동의 혐오스러움이 증대하는 것과 같은 정도로 **임금은 하락**한다. 그뿐 아니라 기계와 분업이 증대하는 것과 같은 정도로 노동의 양 또한 증대하는데, 이는 **노동시간의 증대** 때문이거나, **주어진 시간 내에 요구되는 노동의 증대** 혹은 기계의 빨라진 운전속도 등등 때문이다(마르크스·엥겔스, 1997 제1권: 406~407).

이 인용문에서 제시된 마르크스의 궁핍화 명제는 얼마 전까지만 해도 마르크스의 이론 중 가장 잘못된 부분의 하나로 지적되어 왔지만, 전후 자본주의의 '황금시대'가 종언을 고하면서, 실업자가 급증하고 실질임금과 생활수준이 급격히 저하되고 있는 오늘 세계에서는, 특히 1997년 'IMF 위기' 이후 한국에서는 매우 실감 있게 다가온다. 노동자계급의 궁핍화는 선진국에서도 나타나고 있다. 노동자 대중의 궁핍화 명제를 부정하는 근거가 되었던 복지국가는 자본주의 발전의 선진적 단계가 아니라 계급투쟁에 의해 형성된 일시적 조건이었을 뿐이다. 소련·동유럽 블록의 소멸 이후 득세하는 신자유주의 공세 속에서 복지국가는 와해되었다. 부익부 빈익빈 현상이 어느 때보다 심화되고 있다. 노동자 대중의 생활수준은 절대적으로도 저하하고 있다. "현대 노동자는 공업의 진보와 함께 상승하는 대신에 자기 계급의 현존 조건들 아래로 점점 더 깊이 침몰하고 있다"(마르크스·엥겔스, 1997 제1권: 411)는 마르크스의 묘사는 1848년과 마찬가지로 오늘에도 해당되는 것으로 보인다. 오늘 세계는 19세기 자본주의로 회귀하는 듯하다. 자본은 착취와 이윤의 극대화를 본령으로 하는 자신의 본래 모습으로 되돌아가고 있다. "마르크스가 자본주의의 역사적 분석으로부터 도출했던 불평등, 빈곤, 무제한적 착취와 일방적 지배의 내적 논리는 1990년대 말 절정에 달했다"(Petras, 1998: 152). 『선언』이 오늘 현실을 더 잘 설명하게 된 것은 물론 마르크스의 탁월한 통찰력 때문이지만, 다른 한편에서는 오늘의 현실이 『선언』의 현실로 복귀하고 있기 때문이다. 『선언』과 괴리된 것으로 보였던, 그래서 『선언』으로 집약되는 마르크스주의를 논박하는 증거로 간주되었던 전후의 황금시대와 복지국가는 자본주의 발전의 새로운 단계가 아니라 일시적·정세적 현상이었다는 점이 분명해졌다. 한편, 앞의 인용문에서 마르크스는 자본주의가 임금을 생존비용 수준으로 끌어내린다는 절대적 궁핍화론을 주장하고 있지만, 『자본론』 단계에서 이는 상대적 궁핍화론으로 정정되었다.

마르크스는 자본주의하에서 이루어지는 생산과정의 사회적 성격의 증대와 노동자 대중에 강제되는 착취와 궁핍은 이들을 동질화된 프롤레타리아트로 만들며, 이 프롤레타리아트가 자본주의를 타도하는 혁명의 주체가 될 것이라고 예상했다.

> 기계가 점점 더 노동의 차이를 소멸시키며, 임금을 거의 모든 곳에서 동일하게 낮은 수준으로 떨어뜨리기 때문에 프롤레타리아트 내부의 이해관계, 생활처지는 더욱 더 균등하게 된다. …… 부르주아지를 그 무의지적·무저항적 담지자로서 가지고 있는 바의 공업의 진보는 경쟁으로 말미암은 노동자들의 고립화

대신에 연합에 의한 노동자들의 혁명적 단결을 가져온다. 이리하여 대공업의 발전과 더불어 부르주아지가 생산하며 생산물들을 전유하는 그 기초가 부르주아지의 발밑에서 무너져 간다. **부르주아지는 무엇보다 자기 자신의 매장인을 만들어낸다**"(마르크스·엥겔스, 1997 제1권: 408, 412).

프롤레타리아트계급의 형성에 대한 마르크스의 서술 역시 놀라운 통찰력으로 빛나고 있다. 『선언』에서 노동자는 공장노동자만을 의미한 것이 아니라 살기 위해서 자신의 노동력을 팔지 않으면 안 되는 사람들을 모두 지칭한다. 따라서 공장노동자 비중의 감소와 화이트칼라 비중의 증대를 보고 노동자계급이 소멸했다면서 '주체의 사망'을 성급하게 선언했던 포스트주의자들은 『선언』을 잘못 읽은 것이다. 세계화에 따라 임금노동자계급이 세계인구에서 차지하는 비중은 더 빠르게 늘어나고 있다. 그러나 『선언』은 프롤레타리아트의 동질화 과정을 과장했다는 문제점을 갖고 있다. 레이즈와 패니치(Leys & Panitch, 1998: 26~27)가 지적하듯이, "마르크스는 『선언』과 이후 저작에서 계급구조가 단순화되고 '중간계급'이 분해되어 주변화되고 세계 노동자계급이 동질화되는 정도를 심각하게 과대평가했다."[4]

4) 하비(Harvey, 1998: 62, 64, 68)도 『선언』의 프롤레타리아트계급의 동질화 명제를 다음과 같이 비판한다. "『선언』에서 가장 문제가 되는 부분은 아주 상이한 지리적 영역을 넘어 '노동자'와 '노동력'이 동질화되는 것을 자본의 권력에 대항하는 투쟁의 적절한 기초로 간주한 것이다. …… 『선언』에서 가장 중심적인 난점은 자본주의적 공업과 상품화가 노동인구의 동질화를 결과할 것이라는 가정이다. …… 이는 자본주의가 동시에 고대적인 문화적 구별, 성적 관계, 인종적 편견과 종교적 신념을 차별화시키고 때로는 부활시키는 방식을 제대로 평가하지 못한 것이다. …… 도시와 교외의 구별, 국가 간 및 지역 간 구별은 구질서의 유제로 이해해서는 안 된다. 그것들은 자동적으로 해소되지 않는다. …… 『선언』은 임금노동과 시장교환을 통해 성취된 전반적 동질화 속에서 자본이 다시 파편화하고 분할, 차별화하는 힘, 구래의 문화적 구분을 흡수하고 변형하고 심지어 악화시키는 힘, 지정학적으로 운동하는 힘을 위험할 정도로 과소평가하고 있다. …… 오늘 노동력은 훨씬 더 지리적으로 분산되어 있으며 문화적으로 이질적이고 인종과 종교가 다양하고 인종적으로 계층화되어 있으며 언어

마르크스는 또한 프롤레타리아트의 동질화 경향뿐만 아니라 공황과 궁핍이라는 경제적 과정을 통해 노동자의 계급의식이 즉자적인 것에서 대자적인 것으로 전화하면서 혁명적 프롤레타리아트계급이 성립할 것이라고 예상했다. 그러나 이후 역사는 노동자계급이 양적으로 성장하고 노동자운동이 발전하는 속에서도 그들이 항상 혁명적이지는 않았음을 보여준다. 20세기 노동자운동의 역사는 기층 노동자 대중이 혁명적으로 진출하는 경우에조차 그것이 자본주의 국가의 탄압에 의해서뿐만 아니라, 개량주의적·조합주의적 노동조합관료와 그들의 정치적 표현인 사회민주주의 정당에 의해 좌절된 경우를 많이 보여준다. 마르크스가 이러한 사태를 예견하지 못했음은 물론이다. 이러한 맥락에서 우드는 『선언』을 다음과 같이 비판한다.

> 『선언』이 이야기하지 않고 있는 것은 자본주의의 구조 자체가, 그 고유한 착취양식이 노동자계급을 파편화시키는 방식에 관한 것이다. 그러나 자본주의는 노동자계급의 투쟁을 정치투쟁으로 비화되지 않도록 순치하고 그 투쟁을 작업장 안에 가두고 순전한 경제투쟁으로 전환시킴으로써 노동자계급의 투쟁을 파편화한다(Wood, 1998a: 2).

마르크스는 또한 노동자 계급의식의 형성에서 경제적 요인이 수행하는 역할을 지나치게 강조한 나머지, 전통이나 문화, 공동체 같은 요소들이 수행하는 역할을 과소평가했다. 오늘 자본의 세계화 과정에서 주변부 노동자 대중에게 야만적 초과착취가 가중되고 있음에도 그들의 계급의식이 더 혁명적으로 되고 있다고 판단하기는 어렵다.

적으로 파편화되어 있다."

4. 당과 혁명

마르크스는 자본주의의 발전과정이 모순의 심화과정이며 그 모순의 근본적 해결 주체인 프롤레타리아트계급을 형성시킨다는 사실을 서술한 다음, 이 프롤레타리아트계급의 투쟁과정을 묘사한다. 마르크스는 노동자계급의 투쟁에서 노동조합의 역할에 주목한다.

> 노동자들은 부르주아에 대항하는 연합들을 형성하는 일부터 시작한다. 그들은 그들의 임금을 고수하기 위하여 함께 행동한다. 그들은 그때그때의 폭동에 대비하기 위하여 상설적 결사들까지 설립한다. 곳에 따라서 투쟁은 봉기로 터져 나온다(마르크스·엥겔스, 1997 제1권: 408~409).

마르크스는 동시대 사회주의자 중에서는 드물게 노동조합에 주목했다. 마르크스는 혁명가들은 어떤 "분리된 당"이 아니라 노동자 대중의 운동에 헌신해야 한다고 하면서 계급운동의 대중조직인 노동조합을 지지했다. 혁명적 사회주의자들이 노동조합을 지지해야 한다는 주장은 오늘은 상식이 되어 있지만 그 당시로서는 획기적인 개념이었다. 마르크스는 진정한 노동자 계급운동을 한결같이 지지하고 노동조합 조직에 주목하고 그 의의를 인정했다는 점에서 동시대 다른 사회주의자들과 구별된다. 이에 대해 드레이퍼는 "마르크스는 사회주의 역사에서 노동조합과 노동조합주의에 대한 원칙적 지지의 입장을 채택했던 최초의 지도적 인물이었다"(Draper, 1978: 81)라고 평가했으며, 코헨과 무디도 "마르크스와 엥겔스는 동시대 사회주의자들 중에서 유일하게 '진정한 계급운동'이라고 그들이 언급했던 기본적 노동조합 조직과 투쟁을 일관되게 지향했다"(Cohen & Moody, 1998: 104)라고 언급하였다.

"프롤레타리아트의 운동은 압도 다수의 이익을 위한 압도 다수의 자립적 운동이다"(마르크스·엥겔스, 1997 제1권: 411)라는 명제에서도 확인되는 현존하는 계급운동에 대한 마르크스의 지향은 마르크스의 사회주의가 '위로부터의 사회주의'가 아니라 '아래로부터 사회주의'임을 보여준다. 『선언』 제Ⅲ절에서 공상적 사회주의에 대한 비판은 아래로부터 사회주의 개념에 기초한 것이다. 공상적 사회주의자들은 노동자계급을 수동적이고, 착취의 희생자로만 보았을 뿐 스스로의 힘으로 변화를 이루어낼 수 있는 주체로 보지는 못했다. 마르크스는 "노동자계급의 해방은 노동자계급 자신에 의해 성취되어야 한다"라는 아래로부터 사회주의 원리에 따라서만 사회주의가 실현될 수 있다고 보았다. 따라서 노동자계급의 자기해방 투쟁의 압살(1928년 스탈린의 국가자본주의 반혁명)을 통해 탄생한 스탈린주의 소련의 몰락은 결코 마르크스의 사회주의 개념을 논박하는 증거가 될 수 없다. 이와 관련하여, "각인의 자유로운 발전이 만인의 자유로운 발전의 조건이 되는 하나의 연합체" (마르크스·엥겔스, 1997 제1권: 421)로 정의되는 『선언』의 공산주의 개념 역시 개성과 자유의 최고도의 발전을 조건으로 한다는 점에서 개성과 자유가 무차별적으로 억압되었던 소련·동유럽 블록에는 적용될 수 없다. 마르크스는 강요되고 왜곡된 발전의 시장 모델에 대해 스스로 통제하는 발전, '자유로운 발전'이 공산주의의 본질이라고 생각했다.

마르크스는 제Ⅱ절 끝부분에서 노동자계급의 당면투쟁 과제 10개 항목을 열거한다. 마르크스 자신은 1872년판 『선언』 서문에서 이것들이 낡았다고 서술했지만, 오늘 재음미할 부분이 있는 것으로 보인다. 이 10개 방책들은 "처음에는 소유권과 부르주아적 생산관계들에 대한 전제적 침해를 통해서만, 따라서 경제적으로는 불충분하고 불안정한 것처럼 보일지도 모르지만 운동과정 속에서 자기 자신을 뛰어넘으며 생산양식 전체의 변혁을 위한 수단"(마르크스·엥겔스, 1997 제1권: 420)으로 작용한다. 즉, 그 자체로는 정치사회적 민주주의 강령이지만 19세기 중엽의 정세에서는 기존 체제가 받아들이기에는 너무 급진적이어서 사회주의로 인도되는 가교역할을 할 수 있었다는 점에서, 스탈린주의적 최소강령이 아니라 트로츠키의 이행기 강령적 의미를 갖는다고 볼 수 있다.

예컨대 "2. 고율의 누진세"는 빈부격차가 유례없이 심화되고 있는 오늘 특별한 의미를 갖는다. 그리고 "5. …… 국가수중으로의 신용집중" 슬로건은 초국적 금융자본의 광적인 투기에 따른 금융불안정이 심화되고 있는 오늘날 일부 진보 진영이 주장하는 자본통제론을 시대를 앞질러 제기한 것이라고 할 수 있다. 또, "7. …… 공동계획에 의거한 토지의 개간 및 개량"과 같은 항목은 마르크스가 토양보존 문제, 즉 생태환경 문제의 중요성을 150년 전에 이미 인식했음을 보여준다(마르크스·엥겔스, 1997 제1권: 420; Foster 1998, 178).[5] 신자유주의적 반동이 자본주의의 유일한 형태로 정착되고 있는 오늘 정세에서는 마르크스의 10개 방책과 같은 개량적 요구가 쉽사리 이행기 요구로 전화될 수 있다. 즉, 신자유주의적 반동이 득세하는 오늘 "모든 계급투쟁은 정치투쟁"(마르크스·엥겔스, 1997 제1권: 409)이 될 개연성이 있다. "1848년을 상기하게 하는 현재 상황의 특징은 복지국가를 방어하려는 개량주의적 구호조차도 세계화와 경쟁력을 내세우는 기업가들의 맹렬한 반대에 부딪히고 있다는 점이다. 『선언』의 사회주의는 다시 한

5) 따라서 마르크스가 반생태주의자라든지 『선언』의 공산주의가 프로메테우스적(노동과 생산을 통한 자연정복) 공산주의라는 등의 환경주의자들의 비판은 잘못된 것이다. 하지만 마르크스주의적 생태론자인 포스터(Foster, 1998: 185~186)도 인정하고 있듯이, "『선언』에서는 생태적 모순이 자본주의에 반대하는 혁명에서 거의 아무런 역할도 하지 못하고 있다. …… 마르크스와 엥겔스는 생태적 문제는 자본주의 사회가 아니라 미래의 공산주의와 관련된 문제로 간주했다. 『선언』에서 생태적 고려가 공산주의 강령에는 명시적으로 제시되어 있는 반면, 자본주의 붕괴 조건의 검토에서는 빠져 있는 것은 이 때문이다. 오늘 이러한 접근이 부적절하게 된 것은 분명하다. 자본주의의 생태적 모순은 그것이 체제 붕괴에서 불가피하게 큰 역할을 할 정도로 심화되었다. 생태문제는 이제 자본주의에 대항하는 반체제 저항운동의 주요한 원천으로 되었다." 이와 같은 맥락에서 뢰비도 다음과 같이 지적한다. "그들(마르크스와 엥겔스)은 공산주의혁명을 생산력 발전에 대한 부르주아적 생산관계의 '질곡'을 제거하는 것으로만 생각하고, 생산력 자체의 구조를 변혁할 필요를 인식하지 못했다"(Löwy, 1998: 163).

번 일정에 오른 것 같다"(Moss, 1998: 165).

『선언』 제Ⅱ절 '프롤레타리아트와 공산주의'에서 마르크스는 계급투쟁에서 공산주의당의 역할을 다음과 같이 정식화했다.

> 공산주의자들은 프롤레타리아트 일반에 대하여 어떠한 관계에 있는가? **공산주의자들은 다른 노동자 정당들과 대립하는 분리된 당이 아니다.**[6] 그들은 프롤레타리아트 전체의 이해관계로부터 분리된 이해관계라고는 갖고 있지 않다. 그들은 프롤레타리아트의 운동을 거기에 짜 맞추고자 하는 바의 특수한 원리들이라고는 세우지 않는다. …… 공산주의자들의 이론적 명제들은 결코 이러저러한 세계 개혁가들에 의해 발명되거나 발견되어 있는 이념들에, 원리들에 근거하고 있지 않다. 그 이론적 명제들은 다만 실존하고 있는 계급투쟁의, 우리 목전에서 전개되고 있는 역사적 운동의 사실적 관계들을 일반적으로 표현한 것일 뿐이다. …… 공산주의자들은 노동자계급이 직접 당면한 목적들과 이익들의 달성을 위해 투쟁하지만, 동시에 현재의 운동 속에서 운동의 미래를 대변한다. …… 공산주의자들은 어디서나, 현존의 사회정치 상태를 반대하는 모든 혁명운동을 지지한다"(마르크스·엥겔스, 1997 제1권: 412~413, 431, 433. 강조는 마르크스).

여기에서 당과 계급의 관계에 대한 마르크스의 정식화는 다른 무엇보다도

---

6) 무어의 1888년 영역본에는 내가 강조한 이 문장이 "The Communists do not form a separate party opposed to other working class parties"로 되어 있는 반면, 카버(Carver, 1998)는 이를 "Communists are not a separate party as opposed to other workers' parties"라고 번역한다. "~do not form a separate party"와 "~are not a separate party"는 각각 "~대립되는 당을 형성하지 않는다", "~대립되는 당이 아니다"라고 직역될 수 있으므로, 결코 사소한 차이가 아니다. 마르크스가 독립된 '공산주의당' 건설에 반대했다는 해석을 카버의 영역문에서 끌어내기는 어렵다. 1848년 독어 원문과 대조하면 카버의 새로운 번역이 원문에 충실한 번역임을 알 수 있다. 여기서 인용한 김세균 감수 『선언』 국역본의 해당 부분은 원문의 의미를 제대로 전달하고 있는 것으로 보인다.

대리주의적·음모주의적·선전주의적 당 개념에 대한 논박으로 받아들여져야 한다. 하지만 이는 마르크스가 레닌주의적 당 개념을 부정했다는 우리 진보 진영 일부에 퍼져 있는 억측의 논거로는 사용될 수 없다. 물론 마르크스와 엥겔스의 생애에서 그들이 어떤 당이나 조직에도 가입하지 않았던 시기도 있었지만, 대중투쟁이 고양되고 노동자계급의 요구가 그들로 하여금 조직을 건설할 수 있게 했던 시기에는 그들은 언제나 당과 조직 속에 있었다. 1840년대 초기 공산주의 운동에서, 그리고 1860년대 제1차 인터내셔널 건설에서 마르크스와 엥겔스는 항상 그 중심에 있었다. 홉스봄(Hobsbawm, 1998)이 지적하듯이, 『선언』 시대에 '당'이라는 개념은 오늘과 같은 근대적 정당조직이 아니라, 어떤 특정한 견해나 정책의 경향 또는 흐름이라는 뜻으로 사용되었던 것이 사실이다. 하지만 그렇다고 해서 "마르크스와 엥겔스의 공산당은 어떤 종류의 조직도 아니었다. 그들은 다른 조직과 구별되는 특정한 강령을 갖는 모종의 조직을 결성하려 하지 않았다"(Hobsbawm 1998, 13)고 할 수 없음은 다음 서술에서 분명하다.

> 공산주의자들은 그들이 한편으로 프롤레타리아트의 다양한 일국적 투쟁들에서 국적에 상관없는 프롤레타리아트 전체의 공동이해를 내세우고 주장한다는 점에서만, 다른 한편으로 프롤레타리아트와 부르주아지 사이의 투쟁이 경과하는 다양한 발전단계들에서 항상 운동 전체의 이해를 대변한다는 점에서만 다른 프롤레타리아트 정당들과 **구별**된다. 따라서 공산주의자들은 실천적으로는 모든 나라의 노동자 정당들 중에서 **가장 단호한 부분**, 언제나 운동을 추동적으로 **이끌어가는 부분**이다. 그들은 이론적으로는 프롤레타리아트 운동의 조건들, 진행 및 일반적 결과들에 대한 통찰을 **여타 프롤레타리아트 대중에 앞서서** 가진다"(마르크스·엥겔스, 1997 제1권: 412~413).

마르크스는 이 서술에서 '다른 프롤레타리아트 정당'에 비한 공산주의자들의 차별성, 즉 그 선진성과 전위성을 매우 강조하고 있다. 그리고 『선언』 제Ⅲ절 '사회주의 및 공산주의 문헌'에서 각종 사회주의 계열에 대한 가차 없는 비판은 학술적 차원의 비판이 아니라, '공산주의 동맹'이라는 혁명조직을 강화하기 위한 사업의 일환으로 이루어진 것이며, 레닌주의적 당 개념을 선취한 것으로 볼 수 있다.

『선언』은 프롤레타리아트혁명이 공산주의에 이르는 과정을 아래로부터 사회주의에 기초한 영구혁명, 세계혁명의 논리로 설명한다. 다음 서술은 마르크스의 혁명론이 경제결정론에 기초한 2단계 혁명론(먼저 부르주아 민주주의혁명을 완수한 다음에야 비로소 사회주의 노동자혁명으로 나아갈 수 있다는 이론)이기는커녕 불균등결합발전론에 기초한 영구혁명론임을 잘 보여준다.

> 독일은 부르주아혁명의 전야에 있기 때문에, 또 독일은 더 진보한 유럽 문명 일반의 조건들 밑에서 그리고 17세기의 영국이나 18세기의 프랑스보다 훨씬 더 발전한 프롤레타리아트를 갖고서 이 변혁을 수행할 것이기 때문에, 공산주의자들은 자신들의 주의를 주로 독일에 돌린다. 따라서 **독일의 부르주아혁명은 단지 프롤레타리아트혁명의 직접적 서곡이 될 수 있을 뿐이다**(마르크스·엥겔스, 1997 제1권: 432~433).

마르크스의 영구혁명론은 1848년 혁명의 패배 후 1850년 「공산주의 동맹 중앙위원회 연설문」에서 더 분명한 형태로 정식화된다. 1848년 혁명의 현실적 경과는 부르주아지가 의회민주주의의 위험을 감수할 능력이 없다는 것, 따라서 현실적 선택은 노동자혁명이냐 아니면 반혁명이냐에 있다는 것을 입증했다. 그래서 마르크스는 1848년 혁명 패배, 1871년 파리코뮌 경험 후 "노동자계급이 국가기구를 단순히 장악하여 그것을 자기 자신의 목적을 위해 가동시킬 수는 없"으며(마르크스·엥겔스, 1997 제1권: 370), 노동자계급 투쟁의 과제는 기존 국가기구를 분쇄하고 이를 노동자계급 지배를 위한 자신의 민주주의 기관(코뮌)으로 대체하는 것이 되어야 한다는 생각을 굳히게 된다.

마르크스의 혁명론은 세계혁명론이다. 따라서 일국 사회주의론에 입각했던 소련·동유럽 블록의 몰락을 두고서 이를 마르크스의 공산주의 기획의 실패라고 주장하는 것이나 혹은 이를 카우츠키적 선진국혁명론의 입장에서 생산력이 후진적인 나라들에서 조급하게 혁명을 강행한 결과 초래된 실패라고 해석하는 것은 모두 잘못이다. 소련·동유럽 블록의 붕괴는 오히려 세계혁명을 경유하지 않고는 공산주의의 실현은 불가능하다는 마르크스의 세계혁명론을 웅변적으로 확증하는 것이다. 공산주의는 세계사적 과정이며, 세계혁명으로서만 완수될 수 있다는 『독일 이데올로기』에서 정식화된 세계혁명론은 『선언』에도 다음과 같이 요약되어 있다.

> 적어도 문명국들 내에서의 단결된 행동은 프롤레타리아트 해방의 첫 번째 조건들 중 하나이다(마르크스·엥겔스, 1997 제1권: 418).

물론 마르크스의 세계혁명론은 세계 동시혁명론이 아니다. 마르크스는 산업자본주의가 미성숙한 나라들에서도 프롤레타리아트혁명이 성공할 수 있음을 인정했다. 다만 그 혁명이 성공적으로 완수되기 위한 충분조건은 산업자본주의가 성숙한 나라들(문명국들)에서 혁명의 연쇄적 성공이라고 생각했을 뿐이다. 후진국혁명은 성공적인 선진국혁명의 전조로서 작용하는 한에서만 성공할 수 있다. "중요한 것은 혁명이 어디에서 시작되느냐 하는 것이 아니다. 중요한 것은 마르크스에서 혁명의 개념은 보편성을 전제한다는 것이다. 혁명은 저개발국이었던 러시아에서도 시작될 수 있지만, '일국 사회주의'는 그 어디에서도 있을 수 없다. …… 전쟁으로 황폐화되고 빈약한 공업, 취약한 부르주아지, 소수의 프롤레타리아트밖에 없는 나라에서, 또 대의제도, 시민사회, 언론의 자유와 같은 부르주아 사회의 '상부구조' 중 어떤 것도 존재하지 않는 나라에서 서방에서의 혁명 없이 단독으로 사회주의의 목적을 달성할 수 있다는 생각은 『선언』에 제시된 사상과는 거리가 멀다. …… 거기(소련과 동유럽－정성진)에서 실패한 것은 마르크스주의적 비전이 아니라, 『선언』에서 제시된 공산주의의 전제조건들과 정반대의 조건에서 공산주의를 실현하려 했던 시도이다"(Avineri, 1998: 105). 우드도 20세기에 공산주의라는 이름으로 행해진 것들 중 대부분은 『선언』에서 공산주의가 의미했던 것, 즉 마르크스와 엥겔스가 옹호하고 실천했던 공산주의 운동과는 아무런 관계가 없다고 말한다(Wood, 1998b: 30).

『선언』의 노동자 국제주의는 "만국의 노동자여 단결하라!"라는 『선언』의 마지막 전투구호로 요약된다. 사실, 벨기에의 브뤼셀에서 독어로 쓰여 영국 런던에서 출판된 『선언』의 출판과정 자체가 지극히 국제주의적이었다. 노동자 국제주의에 기초한 세계혁명은 한낱 백일몽이 아니라, 국제금융자본의 투기광란과 세계대공황, 전 지구적 환경문제의 격화와 같은 신자유주의적 세계화의 모순이 격화되고 있는 오늘, 그리고 이에 대한 국제적인 대응이 향후 인류 존속의 관건으로 되고 있는 오늘, 이전의 어느 시기보다 더 가능하고 절실한 것이 되고 있다. 예컨대 국가경쟁력 강화의 이름으로 대대적으로 이루어지고 있는 세계 부르주아지들의 세계 노동자 대중에 대한 착취 강화 공세는 오로지 각국 노동자계급의 국제적 연대를 통해서만 격퇴시킬 수 있다.

마르크스는 **"부르주아지의 몰락과 프롤레타리아트의 승리는 다 같이 불가피하다"**(마르크스·엥겔스, 1997 제1권: 412)면서 자본주의의 몰락과 공산주의혁명의 승리가 필연이라고 보았다. 그러나 노동자계급의 승리가 임박했다는 마르크스의 예측은 빗나갔다. 하지만 『선언』 서두에서 마르크스는 계급투쟁이 반드시 프롤레타리아트의 승리로, 즉 "사회 전체가 혁명적으로 개조되는 것"으로 끝나는 것이 아니라, **"투쟁하는 계급들이 함께 몰락하는 것으로 끝나는 투쟁"**(마르크스·엥겔스, 1997 제1권: 400)이 될 수 있음도 인정하고 있다.

즉, 마르크스는 반(反)결정론의 입장에서 계급투쟁에서 주체적 실천의 의의를 강조하고 있다. 마르크스에서 계급투쟁의 결말은 열려 있다고 보아야 한다. 홉스봄도 지적하듯이 마르크스의 입장이 기계론적 결정론이라고 비판하는 것은 잘못이다(Hobsbawm, 1998). '사회 전체의 혁명적 개조인가, 투쟁하는 계급들의 공멸인가'라는 마르크스의 정식은 로자 룩셈부르크가 이를 '사회주의인가, 야만인가'라는 슬로건으로 재정식화한 후 고전 마르크스주의 전통의 한 요소가 되었다. 그런데 마르크스는 '투쟁하는 계급들의 공멸' 시나리오에 대해 상론하지 않는다. 이는 마르크스가 자본주의하에서 계급투쟁이 '투쟁하는 계급들의 공멸'로 귀결되지는 않을 것이라고 예상 혹은 기대했기 때문일 것이다. 그러나 지속가능한 경제의 자연적 기초를 자본주의가 파괴하면서 환경문제가 심각한 전 지구적 문제로 대두되고 있는 오늘 '투쟁하고 있는 계급들의 공멸'은 현실적인 시나리오가 될 수도 있다.

5. 맺음말

이상에서 150년 이후 『선언』에서 '산 것'과 '죽은 것'이 무엇인지를 극히 개략적으로 살펴보았다. 하지만 1872년판 『선언』 서문에서 마르크스와 엥겔스가 "지난 25년 동안 상황이 아무리 많이 변했다 하더라도, 이 『선언』에 개진되어 있는 일반적 원칙들은 크게 보면 오늘날에도 여전히 완전히 정당성을 지니고 있다"(마르크스·엥겔스, 1997 제1권: 370)라고 한 말은 오늘도 여전히 타당하다고 생각된다. "『선언』의 기본 정신은 여전히 유효하며, 150년 전보다 오히려 더 유효하다"(Löwy, 1998: 161). 사이비 공산주의 유령은 지구상에서 자취를 감추었지만, '마르크스의 유령'을 환기하는 노동자계급의 투쟁은 어느 때보다 고양되고 있다. "많은 노동자들이 계급투쟁에 빠져들고 있으며 자신들의 처지를 경제체제 탓으로 돌리기 시작했다"(Leys & Panitch,

1998: 35). '사회 전체의 혁명적 개조인가, 투쟁하는 계급들의 공멸인가'라는 『선언』의 정식은 오늘도 여전한, 아니 더 절실한 현재성을 갖고 있다. 세계의 야만화와 '투쟁하는 계급들의 공멸'을 저지하기 위해서도 "사회 전체가 혁명적으로 개조되는 것"(마르크스·엥겔스, 1997 제1권: 400)이 필요하다. 버만(Berman, 1998: 16)이 말한 대로 "20세기 초에는 『선언』과 함께 기꺼이 죽을 수 있었던 노동자들이 많았다면, 21세기 여명에는 더 많은 노동자들이 『선언』과 함께 살려 할 것이다."

보그스(Boggs, 1998: 127, 129)는 『선언』 이후 150년이 지난 오늘 세계의 현실은 마르크스가 『선언』에서 묘사한 현실과 점점 더 유사해지고 있음에도, 이 현실에 대한 진보 진영의 대응은 여전히 취약하다고 진단하는데(이른바 마르크스주의의 '분할된 유산'), 이는 우리나라 진보 진영에도 해당되는 이야기다. 오늘처럼 절호의 기회가 왔는데도 이를 포착하지 못하는 진보 진영의 무능력의 주된 이유는 진보 진영이 1990년대 초부터 스탈린주의에서 포스트주의로 전향하면서 『선언』에 접근하고 있는 현실을 관념적으로 부정하고 마르크스적 변혁의 전망을 포기한 데 있다. 따라서 오늘 진보 진영의 위기는, 세상이 바뀌었다면서 『선언』의 계급정치를 포스트주의 '담론정치'로 대체하는 시대착오적 담론 유희를 속히 청산하고, 『선언』의 고전적 전통으로 복귀하는 것을 통해서, 특히 그 '의지의 낙관주의'를 회복함으로써만 극복할 수 있을 것이다. 각종 포스트주의 유행의 끝물을 털어버리고, 『선언』에 응축되어 있는 고전 마르크스주의 전통을 복원하는 것, 특히 그 이론과 실천의 통일에 대한 지향과 노동자 국제주의 전통을 복원하는 것은, IMF 위기 이후 불황과 양극화가 심화되면서 자본주의의 적대적 모순이 생경한 그대로 터져 나오고 있는 오늘, 우리나라 진보 진영에 요구되고 있는 시대의 절박한 과제이다. "『선언』의 진정한 정치적 유산은 …… 『선언』을 신성한 텍스트가 아니라 최우선적으로 우리 시대의 정치의제를 구성하기 위한 영감을 주는 것으로 받아들이는 것, …… 다른 무엇보다 대중이 진정으로 '그 속에' 있도록 보장하는 정치를 발전시키는 것이다"(Leys & Panitch, 1998: 27, 32). 한때 사민주의와 민족주의를 오가며 방황했던 까갈리쯔끼(1998)조차 최근에는 그동안 마르크스에 가해졌던 모든 수정을 제거하고(de-revising Marx!) 순수한 마르크스의 전통으로 복귀할 것을 제창하고 있는 이유를 오늘 진보 진영은 생각해 보아야 할 것이다.

제2부 마르크스주의 역사의 재구성

제3장

제2인터내셔널의 마르크스주의*

1. 문제제기

이 장은 제2인터내셔널 시기 마르크스주의의 주요 내용과 한계를 검토하는 것을 과제로 한다. 1889년 결성된 제2인터내셔널은 마르크스 자신이 지도적인 역할을 했던 제1인터내셔널, 즉 국제노동자협회의 후계자임을 자처했다. 그러나 제2인터내셔널은 그 구성원들이 인정하는 명확한 교의체계를 갖춘 통일된 중앙집권적 조직이 아니라, 독립적인 당과 노동조합들의 느슨한 연방적 조직이었다. 제2인터내셔널은 제3인터내셔널, 즉 코민테른(Comintern: Communist International)처럼 중앙집권적으로 조직되거나 지도된 적이 없었다. 물론 제5차 대회에서 국제사회주의 사무국이라는 상설조직이 설치되었지만, 이 역시 정보교환기구에 불과했다. 제2인터내셔널은 몇 년마다 개최된 대회가 활동의 거의 전부였다. 하지만 제1인터내셔널이 노동자운동의 조직이라기보다는 이데올로기적 중심이라는 성격이 강했다면, 제2인터내셔널은 대중 정당들의 집합체로서의 면모를 갖추고 있었다.

제2인터내셔널을 주도했던 당은 독일 사회민주당(SPD)이었다. 독일 사회민주당은 독일 안의 마르크스 지지자들과 라살레(F. Lassalle)의 추종자들이

* 이 장은 정성진(2002)을 수정·보완한 것이다.

한데 모인 1875년의 고타대회에서 창건되었다. 1891년 독일 사회민주당은 마르크스주의적 강령이라고 할 수 있는 에르푸르트 강령(Erfurt Programme)을 채택했다. 에르푸르트 강령은 그 당시까지 강한 영향력을 갖고 있던 라살레주의와 단절하고, 엥겔스가 승인한 마르크스주의의 원칙을 충실하게 반영했다. 에르푸르트 강령은 두 부분으로 나누어져 있는데, 카우츠키(K. Kautsky)가 기초한 전반부는 마르크스와 엥겔스의 『공산주의자 선언』을 본뜬 자본주의 분석과 사회주의혁명에 대한 요구를 내용으로 하고 있으며, 베른슈타인(E. Bernstein)이 기초한 후반부는 보통선거권, 8시간 노동일 등의 개혁 요구를 담고 있다. 1878년에서 1890년 사이에 독일 사회민주당은 비스마르크(O. Bismarck)의 사회주의 단속법하에서 반(半)합법의 시기를 거쳤다.

19세기 말 독일 사회민주당은 상당한 세력을 가진 정당으로 성장했다. 이 시기는 독일 자본주의의 전반적 발전기였으므로 성장하던 노동자운동은 자본 측의 양보를 얻어내고 노동자계급의 처지를 개선하는 성과를 올릴 수 있었다. 독일 노동자계급은 이와 같은 상황에 힘입어 100만 명이 넘는 당원과 수천 개의 당 조직 및 각종 사회문화단체를 거느린 세계에서 가장 크고 가장 잘 조직된 사회주의 정당을 건설할 수 있었다. 독일 사회민주당은 독일 제국의회(Reichstag) 선거에서 1887년에는 76만 3,000표(10.1%)를 얻었는데, 이 득표율은 1890년 142만 7,000표(19.7%, 35석), 1907년 325만 9,000표(29%, 43석), 1912년 425만 표(34%, 110석)로 증가했다. 1914년 독일 사회민주당의 당원 수는 무려 108만 6,000명이나 되었고, 산하 단체에는 노동자 우표수집 동호회, 노동자 토끼사육 동호회 등도 있었으며, 노동자 합창단의 회원은 20만 명, 노동자 사이클 클럽의 회원은 13만 명이나 되었다.

그런데 이 장에서 '제2인터내셔널 시기의 마르크스주의'와 구별하여 '제2인터내셔널 마르크스주의'라고 할 때, 이는 제2인터내셔널 시기에 존재했던 다양한 종류의 마르크스주의 중 주로 독일 사회민주당의 카우츠키의 사상을 지칭하는 것으로 한다. 제2인터내셔널 마르크스주의는 1914년 레닌이 그 파산을 선언한 이후 대체로 사이비 마르크스주의로 치부되어 왔다. 즉, 제2인터내셔널 마르크스주의는 스탈린주의 공산당으로부터는 개량주의라고 비판받았고, 1968년 혁명 이후 대두한 신좌파 또는 '서구 마르크스주의(Western Marxism)'로부터는 경제주의라고 거부되었다. 하지만 소련·동유럽 블록의 붕괴 이후 '마르크스주의의 종언' 담론과 신자유주의가 득세하는 가운데, 최근 일부 진보 진영은 그동안 마르크스주의 역사에서 이미 파산한 것으로 결론이 난 제2인터내셔널 마르크스주의를 진보 진영의 새로운 대안으로 '재발견'하고 있는 듯하다. 예컨대 카우츠키의 동시대 소련 사회 분석은 소련·동유럽 블록의 붕괴를 통찰한 것으로 재평가되고 있으며, 카우츠키의 초제국주의론(Ultra-Imperialismus)은 오늘날 세계화와 함께 대두하고 있는 미국 중심의 '제국'에 관한 논의를 선취한 것으로 재해석되고 있다. 따라서 제2인터내셔널 마르크스주의를 재검토하는 것은 단순한 역사적 흥밋거리 이상의 현재적 의미를 갖는다고 할 수 있다.

이 장에서는 제2인터내셔널 마르크스주의를 수정주의 논쟁, 대중파업 논쟁, 제국주의 논쟁 및 러시아혁명 성격 논쟁 등 그 내부 논쟁을 중심으로, 또한 이 논쟁을 주도했던 카우츠키, 베른슈타인, 힐퍼딩(R. Hilferding), 룩셈부르크(R. Luxemburg)와 레닌(V. Lenin) 및 트로츠키(L. Trotsky)의 사상을 중심으로 검토할 것이다. 이를 통해 카우츠키와 베른슈타인, 힐퍼딩 등으로 대표되는 제2인터내셔널 마르크스주의는 마르크스와 엥겔스가 제1인터내셔널에서 정초한 고전 마르크스주의 전통을 경제주의와 개량주의로 왜곡한 것이며, 이와 같은 왜곡은 룩셈부르크와 레닌 및 트로츠키의 저항에도 불구하고 스탈린주의 코민테른에서 더 심화되어 역사적 마르크스주의의 위기를 증폭시켰다고 주장할 것이다.[1)]

---

1) 제2인터내셔널 마르크스주의를 지지하는 입장에서 개관한 것으로는 강신준(1992)을 참조할 수 있다.

2. 제2인터내셔널 마르크스주의 논쟁

1) 베른슈타인과 수정주의

(1) 수정주의의 배경

마르크스 사후 19세기 말 20세기 초 자본주의는 상당한 변모를 경험한다. 19세기 말의 대불황과 독점자본의 대두 및 제국주의적 팽창은 이 시기 자본주의 변모의 주요한 양상들이다. 베른슈타인의 수정주의는 이와 같은 자본주의의 변모가 사회주의 운동에 대해 어떤 의미를 가지며, 사회주의자는 이에 어떻게 대처해야 하는가의 문제의식에서 제기된 것이었다. 베른슈타인은 자본주의 발전과 함께 노동자의 경제적·정치적 지위가 향상되고 있으며, 노동자운동은 실제로 조직적으로도 선거에서도 문화적으로도 중단 없는 전진을 하고 있다고 생각했다. 베른슈타인은 또한 국가란 파괴되어야 할 억압기구가 아니라, 민주화되어야 할, 즉 접수되어 시민적 기능을 위해 적극 활용되어야 할 문명의 성취로 간주했다. 베른슈타인은 동시대 자본주의의 변모와 이것이 노동자운동에 갖는 함의는 그때까지 독일 사회민주당의 강령으로 되어 있던 마르크스주의의 다양한 요소들, 특히 자본주의의 붕괴와 사회주의혁명의 불가피성에 관한 마르크스의 명제들을 수정·무효화하는 것이라고 주장했다.

(2) 마르크스의 가치론 비판

베른슈타인(1996)은 먼저 마르크스 사상의 기초인 노동가치론을 공격했다. 베른슈타인은 마르크스의 가치나 추상노동 개념은 측정할 수 없는 정신적 구성물, 정신적 일반화에 불과하며, 경제적 현실은 아니라고 주장했다. 베른슈타인은 가격이 유일한 경제적 현실이고, 상품은 그것이 가격을 갖기 때문에 가치를 갖는다고 주장했다. 이와 같은 베른슈타인의 마르크스의 가치론 비판은 당시 한계효용학파인 뵘바베르크(E. Böhm-Bawerk)를 원용한 것이다. 뵘바베르크는 마르크스적 의미의 가치는 측정될 수 없으며 가격은 가치뿐만 아니라 다양한 요인들에 의존하기 때문에, 가치가 가격과 사회적 관계의 운동을 규제한다는 마르크스의 주장은 자의적이며 과학적으로 무가치하다고 비판했다.

그러나 카우츠키는 이와 같은 비판에 대해 가치는 장기적 경향으로 관찰될 수 있으며, 가격 변동의 무게 중심이라고 주장했다. 또한 힐퍼딩은 경제학의 목적은 특정한 가격관계를 설명하는 것이 아니라 자본주의 사회의 발전법칙을 발견하는 것이며, 마르크스주의는 가격을 결정하는 것이 아니라 사회법칙을 관찰하는 데 관심을 갖고 있다고 주장했다. 즉, 베른슈타인의 주장과는 달리, 가격과 가치의 괴리는 마르크스의 가치론을 무효화하는 것이 아니라 그것을 단지 수정할 뿐이며, 경제이론은 가격변화가 법칙으로 표현될 수 있는 일반적 경향에 합치되는지 여부를 발견하는 데 관심을 갖고 있다는 것이다.

(3) 궁핍화론과 양극화론 비판

베른슈타인은 마르크스가 자본주의의 발전과정에서 노동자들의 생활수준이 절대적으로 악화된다는 절대적 궁핍화론을 주장했다고 해석한 다음, 당시 자본주의에서 노동자들의 실질임금이 상승하고 있다는 사실을 논거로 제시하면서, 마르크스의 절대적 궁핍화론은 경험적으로 입증되지 못한다고 비판했다.

베른슈타인은 또한 마르크스가 자본주의의 발전과정에서 사회계급이 부르주아계급과 프롤레타리아트계급으로 분화되는 양극분해론을 주장했다고 해석한 다음, 이 역시 경험적으로 입증되지 않는다고 비판했다. 실제로 당시 마르크스주의의 정통으로 간주되고 있던 카우츠키와 독일 사회민주당의 에르푸르트 강령은 대규모 기업, 트러스트화, 소수의 수중으로의 소유집중,

소규모 기업과 농민의 소멸을 자본주의 발전의 필연적 결과로 간주했다. 그러나 베른슈타인은 당시 독일 사회는 마르크스의 추상적인 양극화 모델보다 훨씬 더 복잡하게 전개되고 있다고 주장했다. 베른슈타인은 자본주의에서의 집중은 마르크스가 생각했던 정도로 빠른 속도로 진행되고 있지 않다고 주장했다. 베른슈타인은 자본가의 절대수는 줄어들기는커녕 더 늘어나고 있으며, 농민과 중간계급의 비중도 줄고 있지 않다고 주장했다. 그리고 마르크스가 예상했던 농업에서 자본주의의 발전, 즉 농업자본가가 지주로부터 토지를 임대하고 농업노동자를 고용하여 수행하는 농업경영은 일반적이지 않다고 주장했다.

베른슈타인의 수정주의는 무엇보다 이와 같은 농업문제를 배경으로 한 것이었다. 즉, 베른슈타인의 수정주의는 농민층의 양극분해가 지체되면서 독일 사회민주당은 노동자만을 대변해서는 의회의 다수를 획득하기가 어렵게 된 상황을 반영한 것이다. 독일 사회민주당은 의회의 다수를 획득하기 위해서는 농민의 지지를 얻어야 했고, 농민의 지지를 얻기 위해서는 농민층의 양극분해를 전제한 당시 독일 사회민주당의 사회주의적 강령을 수정해야 할 필요가 제기되었던 것이다. 그런데 농민의 지지를 얻기 위해서 농민층 보호정책을 당 강령으로 채택하면, 농민층의 곤궁과 양극분해는 완화될 것이지만, 이는 사회주의혁명의 전망이 더 먼 훗날로 미루어지는 것을 의미했다. 따라서 사회주의적 강령을 고수하려 했던 카우츠키가 베른슈타인의 수정주의에 반발했던 것은 당연했다.

(4) 붕괴론 비판

베른슈타인은 또한 마르크스의 자본주의 경제분석의 핵심은 붕괴론인데 이 역시 실증적으로 뒷받침되지 않는다고 주장하고, 붕괴론을 수용한 에르푸르트 강령과 카우츠키를 비판했다. 베른슈타인은 붕괴론의 주장과는 달리 당시 자본주의에서 공황은 격화되고 있는 것이 아니라 완화되고 있다고 주장했다. 베른슈타인은 당시 진행되고 있던 대기업의 등장과 자본의 집중 및 카르텔과 독점의 진전은 자본가들의 생산 통제 능력과 과잉생산을 회피할 수 있는 능력을 향상시켜, 자본주의를 공황의 위험에 덜 노출시킬 것이라고 주장했다. 그는 또한 신용과 금융에 대한 지식의 증가가 투기와 공황 경향을 완화시킬 것이며, 교통과 통신이 발달하면서 기업은 무엇을 얼마나 생산할 것인가에 대해 정확한 예측을 하게 되어, 시장의 무정부적 성격이 약화될 것이라고 주장했다. 베른슈타인은 자본주의의 붕괴가 결코 필연적인 것이 아니기 때문에, 사회민주당의 과제는 자본주의의 한계 내에서 가능한 많은 양보를 얻어내는 개량을 중심적 과제로 삼아야 한다고 주장했다.

(5) 개량주의

베른슈타인은 1890년대 중반 노동자계급의 상태 개선과 공황의 완화 등의 사회적 조건이 혁명을 불필요한 것으로 하고 있으며, 개량만을 의미 있는 전략으로 만들고 있다고 주장했다. 베른슈타인은 자본주의 사회의 정치경제적 제도들이 사회주의를 향해 나아가고 있기 때문에, 사회민주당은 개량 압력을 강화하기만 하면 된다고 주장했다. 베른슈타인은 독일 사회민주당은 거대한 대격변을 기대해서는 안 되며, 노동자들의 정치적 제권리의 전반적 확장과 노동자들의 경제적·행정적 기구에의 참가에 의존해야 하며, 권력의 쟁취와 소유의 사회화는 목적이 아니라 수단일 뿐이라고 주장했다. 베른슈타인은 사회주의는 민주주의적 제도의 도움과 조직화된 프롤레타리아트의 힘으로 이루어지는 점진적인 사회화 과정이라고 주장했다. 또한 베른슈타인은 노동자들의 일상적 의식과 사회주의의 추상적 전망 간의 간격은 도덕 교육이 메워주어야 한다고 주장했다.

2) 카우츠키와 중도주의

카우츠키는 제2인터내셔널 시기 마르크스주의의 '교황'으로 불렸다. 실제로 제2인터내셔널 마르크스주의의 본질적 특징들은 카우츠키의 사상에 집약되어 있다. 카우츠키는 처음에는 마르크스주의 정통을 자임하며 베른슈타인의 수정주의를 격파했지만, 1905년 러시아혁명을 전후하여 룩셈부르크를 중심으로 한 혁명좌파와 대립하면서 중도주의(centrism)로 돌아서고, 1917년 러시아혁명 이후 더 우경화하여 독일 사회민주당의 주류 개량주의에 복귀했다.

(1) 농민층의 양극분해론

카우츠키는 베른슈타인의 수정주의의 핵심은 농업문제에 있다고 보고, 농업문제에 대한 본격적인 마르크스주의적 분석을 시도했다. 카우츠키는 『농업문제』(1899)에서 베른슈타인의 농민층의 양극분해의 지체론을 실증적으로 비판하고, 자본주의에서 소경영에 대한 대경영의 우위와 농민층의 양극분해의 필연성을 주장했다. 카우츠키는 농민이 곤궁하다 할지라도 생산수단을 소유하고 기업가적 측면을 갖고 있으며, 식량의 판매자로서 그 구매자인 프롤레타리아트와 이해가 대립하는 측면이 있다고 보았다. 이로부터 카우츠키는 베른슈타인이 주장한 곡물관세 인상과 같은 농민보호정책은 농민의 부담을 공업 또는 프롤레타리아트에 전가하는 것이라고 반대하고, 농민해방은 도시의 공업 프롤레타리아트의 조직의 질적·양적 증대와 그 승리에 의해 이룩되어야 한다고 주장했다. 즉, 사회민주당은 자본주의에서 농민층을 획득할 수 없다는 것을 인정하고, 농촌 프롤레타리아트나 출가(出稼) 노동자의 보호, 대토지 소유의 폐지, 삼림과 수력의 국유화, 지방자치체의 확충 등을 통해 농민층을 중립화하는 것을 농업정책의 기본으로 삼아야 한다는 것이다.

(2) 상대적 궁핍화론

카우츠키는 마르크스가 자본주의에서 노동자계급의 절대적 궁핍화를 주장했다고 비판한 베른슈타인에 대해 마르크스는 노동자계급의 절대적 궁핍화를 주장한 적이 없고, 자본주의 현실에서 노동자계급의 절대적 궁핍화 같은 것은 있을 수 없다고 주장했다. 카우츠키는 마르크스가 노동력의 가치 결정에서 역사적·도덕적 요소를 명시적으로 도입하고 있으므로, 자본주의에서 노동자계급의 생활수준의 절대적 향상을 인정했다고 보았다. 마르크스는 노동자계급의 상대적 궁핍화, 즉 자본가계급에 비교한 노동자계급의 상대적 빈곤을 주장했을 뿐이며, 상대적 빈곤은 노동자계급의 절대적 빈곤이 개선되는 가운데서도 심화될 수 있다고 주장했다는 것이다. 카우츠키는 자본주의 발전과정에서 실질임금의 증가에도 불구하고 착취율이 상승한다는 사실은 마르크스의 상대적 궁핍화론의 타당성을 입증하는 것이라고 주장했다.

(3) 과소소비설

카우츠키는 또한 마르크스의 자본주의 경제분석을 붕괴론이라고 비판한 베른슈타인에 대해 마르크스는 물론 엥겔스나 자신도 붕괴론을 주장한 적이 없다고 반박했다. 카우츠키는 설령 마르크스가 붕괴론과 같은 것을 주장한다면, 그것은 마르크스와 엥겔스의 『공산주의자 선언』에 제시된 프롤레타리아트의 점증하는 권력과 단결 및 계급의식의 각성 명제일 뿐이며, 이는 베른슈타인이 마르크스에 귀속시켰던 숙명론적 붕괴론과는 아무런 공통점이 없다고 주장했다.

카우츠키는 마르크스의 자본주의 경제분석은 붕괴론이 아니라 공황론으로 이해되어야 한다고 주장했다. 카우츠키는 과소소비설의 입장에서 자본주의적 생산의 무정부성과 점증하는 수요의 부족을 두 축으로 해서 경제공황을 설명했다. 즉, 카우츠키는 자본주의적 생산의 무정부성에 기인한 과잉생산이 주기적 공황을 불가피하게 야기한다고 주장했다.

(4) 초제국주의론

카우츠키의 동시대 자본주의 분석은 초제국주의론으로 집약될 수 있다. 카우츠키에 따르면 제국주의는 원료와 식량 공급 배후지로서 점점 더 큰 농업지역을 정복하려는 자본주의 공업국의 압력의 산물이다. 카우츠키는 산업자본과 금융자본의 행태의 차별성을 강조하고, 제국주의는 금융자본의 정책이라고 주장했다. 카우츠키는 힐퍼딩이나 레닌처럼 제국주의를 자본주의 발전의 최고단계 혹은 최후단계로 규정하지 않고, 자본주의의 초과이윤 획득의 한 수단 혹은 정책으로 간주했다. 즉, 제국주의는 자본주의 국가 정책의 하나이지 자본주의 발전의 필연적 단계는 아니라는 것이다. 카우츠키는 군비경쟁과 군국주의 역시 경제적 요인을 배경으로 하지만, 자본주의의 경제적 필연성은 아니라고 보았다. 이로부터 카우츠키는 자본주의체제에서도 제국주의를 지양하고 군축과 평화를 달성하는 것이 불가능한 것은 아니라고 주장했다.

나아가 카우츠키는 자본주의에는 제국주의적 투쟁 경향뿐만 아니라 경제적 상호의존, 즉 비제국주의적 경향도 동시에 반경향으로서 내재해 있다고 보았다. 카우츠키는 자본주의에서 경제적 상호의존을 심화하는 비제국주의적 경향이 현재화될 경우 초제국주의 시대가 도래하게 된다고 주장했다. 카우츠키는 원료에 대한 지속적 접근권과 자본에 대한 출구가 자본주의체제의 존속에 불가결한 것은 사실이지만, 이를 위한 군국주의와 전쟁이 반드시 지배계급 전체의 이해관계와 합치하는 것이 아니며, 오히려 선견지명이 있는 자본가들은 "만국의 자본가들이여, 단결하라!"고 외칠 것이라고 주장했다. 순전히 경제적 관점에서는 자본주의가 외국무역에서 카르텔 정치를 극복하는 하나의 새로운 국면인 초제국주의 국면이 도래할 가능성을 배제할 수 없다는 것이다. 즉, 카우츠키는 전 세계적 갈등의 막바지에서 '제국주의자들의 신성동맹', '국제적으로 단결한 금융자본에 의한 세계의 공동 착취' 시대가 도래할 수 있다고 보았다. 그리고 이와 같은 초제국주의는 '자본주의 체제 내에서 새로운 희망과 기대의 시대'의 도래를 의미하기 때문에 제국주의를 자본주의 발전의 최고 단계로 보는 것은 잘못이라고 주장했다. 즉, 카우츠키의 초제국주의론은 제국주의가 자본주의의 최고 단계라는 레닌의 명제를 명시적으로 거부한 것이다.

하지만 카우츠키의 초제국주의론은 19세기 말 20세기 초제국주의가 이미 자본주의의 현실로 되었음에도 불구하고 자본주의의 비제국주의적 발전의 가능성을 주장했다는 점에서 동시대 자본주의의 현실과 동떨어진 잘못된 분석이라고 할 수 있다. 카우츠키의 초제국주의론은 1914년 제국주의 전쟁인 제1차세계대전이 발발하면서 현실에서 완전한 오류로 판명되었다.

(5) 경제결정론

카우츠키의 결정적 오류는 그가 마르크스의 사상을 경제결정론으로 곡해한 것에 있다. 게다가 카우츠키의 경제결정론은 다윈주의(Darwinism)와 결합되어 있다. 실제로 카우츠키는 역사이론은 다윈주의를 사회발전에 적용한 것에 지나지 않는다고 주장했다. 카우츠키는 역사과정의 자동적 작용이 사회변화를 설명하는 데 충분하다고 주장했다. 카우츠키에게서 인간은 자신의 역사를 만드는 주체가 아니라 거대한 역사적 힘의 노리개일 뿐이며, 노동자계급은 더 이상 역사의 주체로 나타나지 않는다. 카우츠키는 노동자계급이 투쟁을 통해 자신을 의식적인 혁명 주체로 변혁해 나간다는 사실을 이해하지 못했다. 카우츠키는 노동자계급의 투쟁을 '노동자계급의 자기해방'이라는 맥락에서 이해하지 못했으며, 노동자계급의 의식 변혁이 사회변혁의 필수적 부분이라는 사실도 이해하지 못했다. 카우츠키는 그가 비판했던 베른슈타인과 마찬가지로 노동자계급을 역사의 객체인 동시에 주체로서, 즉 역사적 발전의 필연적 산물인 동시에 역사를 결정하는 힘으로 위치지었던 마르크스의 위대한 발견을 이해하지 못했다.

카우츠키의 기계적 결정론은 사회민주당은 혁명을 만드는 당은 아니라는 그의 주장에서도 알 수 있다. 카우츠키는 계급투쟁은 자기 논리를 가지며, 예측할 수 없는 방식으로 발발하는 객관적 현상이기 때문에, 명령한다고 일어나는 것이 아니라고 주장했다. 즉, 혁명은 그냥 일어나는 것이지 제조될 수 있는 것이 아니기 때문에 준비할 필요도 없다는 것이다. 카우츠키의 단계혁명론 역시 기계적 결정론의 정치적 결론이다. 카우츠키는 자본주의 발전이 충분히 진전되어 인민의 다수가 사회주의 편으로 획득되기까지는 어느 나라에서도 사회주의는 확립될 수 없다고 보았다. 즉, 사회주의는 자본주의가 생산력 발전을 통해 경제적 전제조건을 제공했을 때만 성취될 수 있다고 보았다. 카우츠키는 이러한 조건이 성숙되기 전에 사회주의를 확립하려는 어떠한 시도도 민주주의의 배반과 블랑키(L. Blanqui)적 폭정으로 전환될 수밖에 없다고 주장했다.

(6) 의회주의 혁명론

1890년대 이후 카우츠키와 독일 사회민주당의 일관된 전략은 의회주의였다. 카우츠키가 당내 수정주의자들과 논쟁을 벌였을 때, 카우츠키는 혁명의 수호자처럼 보였지만, 그가 옹호했던 혁명은 바로 의회주의 혁명이었다. 즉, 카우츠키의 사회주의혁명 전략의 핵심은 사회민주당이 부르주아 정부와 연합하거나 그것에 참여하기를 거부한 채 야당으로 남아 있다가, 마침내 의회에서 절대 다수를 점하는 날이 오면, 그 지위를 활용하여 새로운 법률을 제정함으로써 사회주의를 확립한다는 의회주의 혁명이었다. 카우츠키는 의회에서 다수 의석의 획득을 통한 민주주의적 의회투쟁을 프롤레타리아트 투쟁의 중심 형식으로 주장했다.

의회주의 혁명 전략을 취할 경우 자본주의 국가기구는 분쇄가 아닌 접수의 대상으로 된다. 실제로 카우츠키는 혁명은 국가 내에서 지배계급의 전위에 한정된다고 생각했다. 즉, 카우츠키에서 혁명은 공권력의 접수일 뿐이며, 프롤레타리아트 독재는 "국가 내에서의 지배적 지위"와 "프롤레타리아트의 정치적 헤게모니의 표현"으로 국한된다. 권력의 정복은 기존의 국가와 제도의 접수일 뿐이라는 것이다. 카우츠키가 말하는 노동자국가란 노동자당이 투표수에서 명백한 우위를 점하고 노동조합의 힘을 빌려 사회의 주요제도의 변혁을 위한 입법을 위해 자신의 힘을 사용하는 것을 의미했다. 즉, 카우츠키는 기존 국가의 전복과 프롤레타리아트의 정치권력 획득을 주로 평화적인 선동과 의회적 방법으로 이해했다. 이와 같은 카우츠키의 의회주의 혁명론이 파리코뮌의 경험에 기초한 마르크스와 레닌의 국가 파괴론의 관점과 완전히 상치됨은 물론이다. 이 점에서 카우츠키의 입장은 이미 수정주의 논쟁 시기에서조차도 혁명적이지 않았다고 할 수 있다. 그리고 카우츠키가 지도했던 독일 사회민주당이 실제로 의도했던 것도 의회제 민주주의를 통해 서서히 사회주의를 이룩한다는 것인데, 이것도 베른슈타인의 수정주의와 완전히 동일한 것이었다.

카우츠키 사상의 정치적 결론이 의회주의로 수렴된다는 사실은 수정주의 논쟁에서 베른슈타인이 '전투'에서는 졌지만 '전쟁'에서는 이겼음을 보여준다. 실제로 독일 사회민주당에 특징적이었던 마르크스주의적 강령과 개량주의적 실천 간의 괴리와 모순은 마르크스주의적 강령을 포기하는 방식으로 통일되었다. 즉, 1920년대 이후 독일 사회민주당은 결국 마르크스주의적 에르푸르트 강령을 포기하고 이를 자신들의 기왕의 개량주의적 실천과 부합되는 방식으로 수정했다. 이것이 가능했던 것은 베른슈타인이 애초 제기했던 수정주의가 단지 이데올로기적 편향이 아니라 노동조합관료를 중심으로 물질화되고 있던 개량주의 조류의 반영이었기 때문이다.

(7) 노동조합관료의 이데올로기

제2인터내셔널 마르크스주의의 개량주의는 마르크스의 사상에 대한 잘못된 해석의 산물이 아니라 실천의 영역, 물질적 현실의 영역의 변화를 반영한 것이다. 개량주의는 19세기 말 20세기 초 독일 자본주의의 번영과 발전을 배경으로 한 프롤레타리아트와 부르주아지의 휴전 국면에서 출현한 독립적 사회계층인 노동조합관료의 이익을 대변하는 이데올로기였다. 예컨대 1913년 독일 사회민주당과 그와 연계된 노동조합들이 소유했던 재산은 9,000만 마르크에 달했는데, 이 재산을 관리하고 통제하기 위해서 사회민주당은 노동조합, 협동조합, 당 서기국, 당 기관지 편집실 등에서 각종의 의회주의자들과 노동조합관료들을 만들어냈다. 노동조합관료는 평조합원이나 기층 대중과는 달리, 잃을 것이 그들을 묶고 있는 족쇄보다 훨씬 더 많았다. 노동조합관료는 노동자와 자본가의 중간에 자리 잡고서 중재자 노릇을 했다. 하지만 노동조합관료는 노동자계급과 조직적으로 연계되어 있기 때문에, 극우로 돌아서지도 않는다. 그러나 노동조합관료는 계급과 계급 사이에서 줄타기를 하면서 중재자 노릇을 하는 자신들의 입지를 위협하는 사태, 예컨대 대중파업에서 보듯이 대중행동이 자신들의 통제에서 벗어나 당과 노동조합의 조직을 위태롭게 하고 지배계급의 도발을 야기하는 사태가 벌어지는 것을 가장 두려워한다. 노동조합관료는 항상 노동자 대중투쟁을 기존 체제의 틀 내에 묶어두려고 한다. 바로 이 점에서 제2인터내셔널 마르크스주의의 기회주의, 중도주의, 개량주의는 노동조합관료의 이익에 봉사하고 이를 정당화하는 이데올로기라고 할 수 있다.

(8) 반볼셰비즘

카우츠키는 제1차세계대전이 가까워지면서 노동자 투쟁이 고양되고 좌파의 비판이 신랄해지자, 점차 룩셈부르크를 중심으로 한 혁명좌파를 사회민주당의 통일에 대한 주요한 위협으로 간주하기 시작했다. 특히 1917년 러시아혁명 이후 카우츠키의 주요 공격대상은 룩셈부르크와 리프크네히트(K. Liebknecht)의 스파르타쿠스단(Spartacus League)과 볼셰비키였다. 카우츠키는 의회주의 혁명론의 입장에서 항상 소비에트와 같은 평의회가 아니라 의회가 사회주의 국가권력의 기초가 되어야 한다고 생각했다. 따라서 레닌이 1917년 10월혁명 후 제헌의회를 해산하자 카우츠키가 이에 강력히 반발했던 것은 당연했다. 카우츠키는 실제로 1917년 10월혁명을 쿠데타, 반혁명이라고 비난했다. 1918년 이후 카우츠키의 주된 활동은 반볼셰비키 투쟁이었다. 카우츠키는 1918~1923년 독일혁명의 실패나 히틀러의 등장의 주된 책임은 스파르타쿠스단과 독일공산당, 볼셰비키와 같은 좌파에 있다고 주장했다. 하지만 1918~1923년 독일 혁명이 패배하고 1930년대 나치가 대두한 것의 가장 큰 책임은 오히려 혁명과 반나치 투쟁의 선봉에 섰던 노동자평의회를 지도·활용하기는커녕 통제·억압했던 당시 독일 사회민주당의 기회주의적·개량주의적 지도부에 있다고 보는 것이 타당하다.

카우츠키의 사상이 마르크스주의적 수사로 치장되어 있다고 해서 고전 마르크스주의의 전통의 한 갈래로 보는 것은 겉모습과 본질을 혼동하는 것이다. 카우츠키의 사상은 노골적으로 마르크스주의를 반대했던 베른슈타인과 마찬가지로 고전 마르크스주의의 혁명 사상을 거부한 것이다. 카우츠키와 베른슈타인 사상의 개량주의적 본질은 1932년 카우츠키가 베른슈타인의 죽음을 애도하면서, 자신이 베른슈타인과 19세기 말 벌였던 논쟁은 "한갓 에피소드에 불과한 것"이었으며, 세계대전 동안 두 사람은 같은 길을 걸었고, 그 뒤로도 전쟁, 혁명, 독일과 세계의 변동 등 모든 문제에 대해 "언제나 같은 관점을 취해왔다"라고 술회한 데서도 분명히 드러난다.

3) 룩셈부르크와 고전 마르크스주의 전통의 수호

룩셈부르크는 제2인터내셔널 시기 독일 사회민주당에서 활동했지만, 고전 마르크스주의 전통을 제2인터내셔널에 의한 경제주의적 속류화와 개량주의적 타락으로부터 방어하기 위해 목숨을 바쳐 투쟁했던 인물이다. 여기에서는 고전 마르크스주의 전통에 대한 룩셈부르크의 기여를 대중파업론과 제국주의론 및 당과 계급의 변증법을 중심으로 개관해 보겠다.

(1) 대중파업론

1905년 러시아혁명에서 대중파업(mass strike)이 큰 역할을 하자 그 여파로 독일에서도 대중파업이 긴급 현안으로 부각되었다. 1905년 러시아혁명에서 대중파업은 의회의 영역 밖에서 발생한, 계획되지 않고 통제되지 못한 투쟁이었다. 대중파업 과정에서 파업위원회, 공장위원회, 소비에트와 같은 새로운 노동자 권력기관이 출현했으며, 이는 자연스럽게 의회외적 혁명의 가능성을 생각할 수 있게 했다. 그러나 노동조합 지도부는 대중파업에 단호히 반대했으며, 사회민주당 지도부도 노동조합관료의 요구에 굴복해 대중파업을 막는 데 전력을 다하겠다고 다짐했다. 사회민주당의 지도부와 노동조합관료는 대중의 열정에 대해 거의 본능적인 불신을 갖고 있었다. 그들은 대중투쟁이 발생할 경우 그것이 통제할 수 없을 정도로 진전되는 것을 가장 걱정했다.

카우츠키는 수정주의 논쟁에서는 룩셈부르크 등 좌파와 같은 진영에서 베른슈타인의 수정주의를 공격했지만, 대중파업 논쟁을 분수령으로 하여 중도주의로 우선회하면서 룩셈부르크와 리프크네히트 등 좌파와 갈라섰다. 1910년 이후 카우츠키는 룩셈부르크와 좌파의 공인된 적이 되었다. 물론 카우츠키도 처음에는 노동조합 지도부를 좌파 입장에서 비판했다. 하지만 카우츠키는 결국 룩셈부르크처럼 대중파업을 진정으로 옹호했던 이들을 "혁명을 억지로 만들려고 하는 자들"이라고 비난했으며, 결국 당과 노동조합 조직들의 단결의 미명하에 계급투쟁의 요구를 저버리는 길을 선택했다. 카우츠키는 독일의 경우 부르주아지가 민주주의라는 게임의 룰을 변경하려

할 경우에만 대중파업을 자기방어용으로 사용할 수 있다고 생각했다. 즉, 대중파업은 보통선거권이나 결사의 자유 쟁취와 같은 제한된 목적을 위해서만 이용할 수 있다고 주장했다. 또한 대중파업이 결정적 역할을 했던 1905년 러시아혁명의 교훈은 독일과 같은 선진국에는 적용될 수 없다고 주장했다. 그는 러시아와 독일의 조건의 차이점을 강조하면서, 독일에서는 대중파업이 아니라 의회투쟁이 프롤레타리아트 투쟁의 주요수단이 되어야 한다고 주장했다.

이와 같은 카우츠키의 대중파업에 대한 부정적 평가는 대중의 자생적 의식과 투쟁에 대한 그의 근본적 불신을 반영한 것이다. 카우츠키는 조직되지 않고 교육받지 못한 대중은 원시적이라고 생각했으며 대중의 맹목적 본능의 분출을 두려워했다. 그는 오히려 대중파업이 이와 같은 노동자 대중의 원초적이고 전혀 조직되지 않은 힘에 불을 댕길 것을 두려워했는데, 문명은 이성이며 계급의 이성은 당이라고 생각했다. 카우츠키는 대중의 원초적 본능이 터져 나오는 것을 억제하고, 당이 사태가 제 갈 길을 가도록 유도한다면 승리는 보장되어 있다고 하면서, 대중파업 이전에 조직을 강화하는 것이 더 중요하다고 주장했다.

그러나 룩셈부르크는 대중파업이 사회민주주의 제도의 보수적 관행과 무기력을 쓸어버릴 수 있는 거대한 사회적 에너지의 분출을 뜻하며, 1905년 러시아혁명이 노동자계급 운동의 역사에서 새로운 시대를 열었다고 보았다. 룩셈부르크(1995)는 1905년을 하나의 단절, 질적으로 새로운 요소의 출현, "프롤레타리아트 투쟁의 혁명적 표현", "프롤레타리아트의 자기 조직의 자율적 표현"으로 보았다. 그리고 카우츠키에 맞서서 1905년 러시아혁명의 교훈은 독일에도 적용될 수 있으며, 대중파업은 정당방위 수단으로 축소되어서는 안 된다고 주장했다. 룩셈부르크는 대중파업은 아래로부터 노동자 대중투쟁에 기초한 혁명의 현실성을 보여준다고 주장했는데, 대중파업에서 경제파업과 정치파업의 상호전화에 대한 룩셈부르크의 탁월한 묘사는 그녀가 카우츠키와 같은 숙명론적 마르크스주의를 얼마나 분명하게 거부하고 있는지를 잘 보여준다. 또한 룩셈부르크는 카우츠키와 달리 노동조합에 가입하지 않은 비조직노동자의 투쟁을 강력하게 지지했으며, 카우츠키의 선조직·후투쟁론을 비판하고 조직과 투쟁의 변증법의 관점에서 조직은 오히려 투쟁의 산물로 간주되어야 한다고 주장했다. 즉, 계급투쟁이 당의 산물이 아니라, 오히려 당이 계급투쟁의 산물이라는 것이다. 그녀는 프롤레타리아트의 투쟁의 시간과 형식은 사전에 결정될 수 있는 것이 아니며, 노동자운동은 당 지도부에 의해 외부로부터 조종되어서는 안 된다고 주장했다. 룩셈부르크는 대중의 자생적인 정치적 행동의 중요성을 믿었다.

대중파업 논쟁을 전후하여 카우츠키의 중도주의적·의회주의적 경향은 급속도로 강화되고 베른슈타인의 개량주의와 사실상 수렴하게 된다. 그런데 레닌은 1910년 대중파업 논쟁 당시 룩셈부르크가 아니라 카우츠키를 지지했다. 레닌이 대중파업을 이중권력의 창출 문제와 연결시킴으로써 룩셈부르크의 대중파업론을 발전시킨 것은 1914년 이후의 일이다.

(2) 제국주의론과 붕괴론

룩셈부르크가 1913년 출판한 『자본축적』(Luxemburg, 1951)은 힐퍼딩의 『금융자본』(1910)과 함께 마르크스의 『자본론』 이후 최초의 진지한 본격적인 마르크스주의 경제학의 기여였다. 하지만 룩셈부르크의 『자본축적』은 경제학적 저작이기 전에 정치적 개입이었다. 즉, 이 저서는 국제적 평화와 조화에 관한 카우츠키의 환상을 분쇄하고, 임박한 세계대전에서 프롤레타리아트의 혁명적 행동의 긴급한 필요성을 논증하기 위해 쓰였다.

룩셈부르크는 『자본축적』에서 먼저 마르크스의 재생산표식을 정면으로 비판했다. 룩셈부르크는 마르크스의 재생산표식이 봉쇄된 순수자본주의 경제에서도 안정적인 균형성장이 가능하다는 환상을 조장한다고 주장했다. 룩셈부르크는 봉쇄된 순수자본주의체제에서 안정적 균형은 불가능하다고 주장했다. 룩셈부르크는 마르크스의 재생산표식은 자본축적이 무한정 계속될 수 있다는 인상을 주어, 사회주의혁명의 과학적 기초, 즉 자본주의 붕괴의 경제적 필연성을 제거한다고 비판했다. 하지만 룩셈부르크의 마르크스 재생산표식 비판이 실제로 겨냥했던 것은 공황 없는 경제발전과 전쟁의 회피를 희구했던 독일 사회민주당의 수정주의 우익과 '마르크스주의 중앙'인 카우츠키였다. 카우츠키를 비롯한 독일 사회민주당 지도부가 룩셈부르크의 『자본축적』이 출간되자마자 히스테리적 거부반응을 보인 것은 이 때문이다.

룩셈부르크는 베른슈타인이 수정주의의 논거로 제시했던 19세기 말 20세기 초 자본주의의 번영, 즉 붕괴의 지연을 중심부 자본주의 축적과 주변부의 비자본주의 환경을 연결시킴으로써 설명했다. 룩셈부르크는 비자본주의 환경이 중심부 자본주의에 대해 잉여생산물의 처분 장소와 원료 산지를 제공하여 축적의 곤란을 해결함으로써 붕괴를 지연시켰다고 주장했다. 그러나 룩셈부르크는 이와 같은 모순의 전가가 무한정 계속될 수는 없다고 보았다. 왜냐하면 비자본주의 환경은 중심부 자본축적의 애로를 해결하기 위해 중심부 자본주의에 편입되는 순간 자본주의로 전화될 것이며, 이러한 과정이 진행되면 잉여가치 실현을 위해 이용할 수 있는 비자본주의 구매자는 점점 감소할 것이기 때문이다. 즉, 자본주의의 성장은 체제 내에서 생산되는 점증하는 잉여가치를 실현할 수 있는 구매자를 체제 외부에서 발견할 수 있을 때에만 가능한데, 비자본주의 시장의 필사적 추구는 비자본주의 환경을 자본주의적 생산양식으로 전화시키고, 이를 통해 자본주의적 축적이 필수적으로 요청하는 출구 자체를 파괴해 간다는 것이다. 이로부터 자본주의는 근본적으로 모순적이며, 비자본주의적 환경을 차지하려는 투쟁 때문에 점점 더 공격적으로 된다. 룩셈부르크는 이처럼 "아직 남아 있는 비자본주의 환경을 차지하기 위해 경쟁적으로 투쟁하는 자본축적의 정치적 표현"이 바로 제국주의라고 정의했다.

룩셈부르크는 제국주의가 비자본주의 환경을 차지하기 위해 벌이는 경쟁적 투쟁의 결과 비자본주의 환경이 자본주의로 포섭되어 지구 전체가 자본주의로 전화하는 순간 자본주의의 붕괴가 도래할 수밖에 없다고 보았다. 왜냐하면 비자본주의 환경의 소멸은 바로 확대재생산을 위한 잉여가치의 실현에 필수적인 출구의 소멸을 의미하므로, 자본주의적 확대재생산은 최종적 한계에 직면할 것이기 때문이다. 룩셈부르크는 이와 같은 자본주의의 붕괴가 초래할 야만(Barbarism)을 저지하는 길은 사회주의혁명밖에 없다고 주장했다. 즉, "사회주의인가, 아니면 야만인가", 이것이 자본주의가 인류에게 제시하고 있는 선택이라는 것이다.

그런데 룩셈부르크의 혁명적 좌파에 동정적인 사람들조차 룩셈부르크의 『자본축적』에 대해서는 대부분 매우 비판적이다. 이러한 비판은 룩셈부르크가 마르크스의 재생산표식을 정면으로 비판함으로써 자초한 것이기도 하다. 룩셈부르크를 비판하는 이들은 봉쇄된 순수자본주의체제에서는 자본축적이 불가능하다는 룩셈부르크의 결론에 동의하지 않는다. 예컨대 봉쇄된 순수자본주의체제 내에서도, 다시 말해서 비자본주의 환경 없이도, 자본가들은 상호 구매자가 될 수 있으며, 축적으로 들어가는 생산물에 대한 수요는 불변자본과 가변자본을 증대시키는 자본가로부터 나오기 때문에 축적은 가능하다는 사실이 지적된다. 룩셈부르크는 이와 같은 비판에 대해 이렇게 되면 생산의 확대 그 자체가 목적으로 되는데 이는 이윤의 증식을 목적으로 하는 자본주의의 본성을 감안할 때 무의미한 '회전목마 놀이'라고 반박했다. 하지만 이와 같은 룩셈부르크의 반론은 자본주의체제에 어떤 목적을 부여했다는 점에서 적절한 답변이라고 할 수 없다. 자본주의는 체제 전체로는 본질적으로 무정부적이고 무목적적이기 때문이다. 룩셈부르크가 출구로 설정한 비자본주의 환경에 대한 수출도 만약 그것이 같은 액수의 수입에 의해 상쇄된다면 수요의 수준에 어떤 직접적 영향도 미치지 못할 것이며 따라서 출구로서 기능할 수 없을 것이다. 또한 제국주의의 침투가 비자본주의 환경을 소멸시키고 자본주의적 생산양식으로 전화시킬 것이라는 룩셈부르크의 주장은 제국주의가 비자본주의 경제형태를 해체시키기보다 변형·온존시켜 자본주의적 생산양식과 접합시킴으로써 제국주의적 수탈메커니즘으로 활용해 온 제국주의의 역사적 경험과 부합되지 않는 측면도 있다.

룩셈부르크의 경제분석은 자본주의체제의 전반적 안정성에 대해 제국주의적 팽창이 갖는 사활적 의의를 강조했다는 점에서 중요한 의의를 갖는다. 룩셈부르크는 베른슈타인과 카우츠키가 부인하려고 했던 사실, 즉 제국주의가 자본주의체제에 내적인 요인인 동시에 자본주의를 점점 불안정화하는 요인이라는 사실을 강조했다. 하지만 룩셈부르크가 체제의 안정성을 비자본주의적 환경과의 관계와 연관 지은 것은 잘못이다. 자본주의 공황은 자본주의체제의 내적 모순의 결과이기 때문이다. 비자본주의 환경의 소멸에서 자본축적의 제한을 발견했던 룩셈부르크의 붕괴론의 결함은 자본축적의 내적 모순, 즉 자본의 유기적 구성의 고도화에 기초한 이윤율의 저하 경향으로부터 붕괴를 논증한 그로스만(H. Grossman)에 의해 극복되었다.

스탈린주의자들은 룩셈부르크의 붕괴론을 자동붕괴론과 동일시하여 룩셈부르크가 제2인터내셔널의 경제결정론의 한계를 벗어나고 있지 못했다고 비판한다. 그러나 룩셈부르크는 자본주의의 붕괴가 자동적으로 혹은 불가피하게 사회주의의 시대를 열 것이라고 생각하지 않았다. 룩셈부르크에 대해 자본주의의 붕괴의 문제는 "사회주의인가, 야만인가"라는 문제를 제기하는 다른 방식이었을 뿐이다. 룩셈부르크의 붕괴론은 이 점에서 사회적 위기는 "사회혁명 혹은 투쟁하는 계급들의 공멸"에 의해 해결될 수밖에 없다는 마르크스와 엥겔스의 『공산주의자 선언』의 정신을 계승한 것이라고 볼 수 있다. 즉, 룩셈부르크의 붕괴론은 주체적 혁명 투쟁을 불필요하게 하는 자동붕괴론과 동일시될 수 없다. 룩셈부르크가 『자본축적』에서 자본주의 붕괴의 필연성을 논증한 것은 오히려 노동자계급의 의식적인 혁명 투쟁의 절박한 필요성을 입증하기 위한 것이었다.

또한 룩셈부르크의 제국주의론은 식민주의를 요건으로 하는 것도 아니고, 독점의 성장이나 은행의 점증하는 지배를 강조한 힐퍼딩의 『금융자본』과도 공통점이 없다. 룩셈부르크의 『자본축적』에서 독점은 어떤 역할도 하지 않는다. 룩셈부르크의 『자본축적』은 독점자본주의 단계론, 즉 독점적 초과이윤 이론이나 식민지 초과이윤 이론 등을 끌어오지 않고서도 국가 간 수탈과 지배를 설명할 수 있음을 보여준다. 룩셈부르크의 『자본축적』은 제국주의 현상을 마르크스의 『자본론』의 추상 수준에서 설명할 수 있음을 보여준다.

바로 이 때문에 룩셈부르크의 제국주의론은 독점이 아니라 경쟁이 세계적 규모로 격화되고 있는 21세기 세계화 조건에서의 제국주의를 설명하는 데 더 유효한 것으로 보인다. 세계화란 시장 논리가 지구 구석구석까지 파고들어가, 소련·동유럽 블록이나 아프리카, 남아시아, 중앙아시아 등 오지에 어느 정도 남아 있던 비자본주의 지역까지 완전히 자본주의 세계체제에 편입시키는 과정을 의미한다. 세계화와 함께 지구에는 자본주의가 자신의 모순을 전가할 수 있는 빈 공간이 더 이상 존재하지 않게 되었다. 룩셈부르크에 따르면 자본 지배의 보편화 과정으로서의 세계화는 자본주의의 모순을 전가할 비자본주의 환경의 소멸을 의미하므로, 자본의 최종적 승리가 아니라 오히려 자본주의의 붕괴와 사회주의의 임박을 알리는 신호일 수 있다. 즉, 자본주의가 전 지구를 석권한 세계화 국면은 후쿠야마(F. Hukuyama) 등이 주장하듯이 자본주의 시장경제의 역사적 승리가 아니라, 오히려 자본주의 세계체제의 '마지막 비상구'의 폐쇄를 의미한다고 할 수 있다.

(3) 개량과 혁명의 변증법

룩셈부르크는 수정주의 논쟁에서는 카우츠키와 대체로 동일한 전선에서 베른슈타인을 비판한 것으로 이야기되지만, 룩셈부르크의 사상은 이미 수정주의 논쟁 때부터도 베른슈타인과 카우츠키의 논쟁의 지평을 넘어섰다고 보아야 한다. 룩셈부르크는 카우츠키와 마찬가지로 자본주의가 점점 공황에서 자유로워지고 있으며 민주적으로 되고 있다는 베른슈타인의 주장을 거부했지만, 그 거부의 방식은 카우츠키의 방식과는 아주 달랐다. 룩셈부르크는 베른슈타인과 카우츠키가 공유했던 단순한 진화론적 접근을 거부하고, 자본주의의 모순적 성격과 상호연관된 전체로서의 성격을 강조했다.

베른슈타인은 개량을 위한 부분적 투쟁이 체제의 성격에 객관적 변화를 가져올 수 있다고 주장했으나, 룩셈부르크는 그렇게 될 수 없다고 반박했다. 룩셈부르크는 만약 자본주의가 무정부적인 생산의 결과들을 점진적으로 제거함으로써, 혹은 노동자들의 생활수준을 향상시킴으로써 개량될 수 있다면, 혁명을 위해 투쟁할 어떤 이유도 없다고 주장했다. 그러나 룩셈부르크는 생산의 무정부성과 공황을 본성으로 하는 자본주의에서 그와 같은 개량은 불가능하다고 보았다. 룩셈부르크는 개량을 위한 투쟁의 중요성은 오히려 그것들이 사회주의를 위한 주체적 전제조건, 즉 노동자들의 계급의식을 고양시키는 데 있다고 보았다. 즉, 노동자들은 부분적 개량을 위한 투쟁을 통해 자신들의 힘이 집단적 조직과 투쟁에 있다는 사실을 인식하게 된다는 것이다. 또한 노동자들은 작은 투쟁들의 성공을 통해 체제의 혁명적 변화를 위한 투쟁을 수행할 수 있는 주체적 능력과 그것의 객관적 필요성을 의식하게 된다. 룩셈부르크는 개량의 의의는 그것이 노동자 상태의 개선을 가져오는 데 있는 것이 아니라 투쟁 그 자체가 프롤레타리아트에게 결정적인 투쟁을 위해서 필요한 실천을 제공하는 데 있다고 보았다. 이로부터 룩셈부르크는 권력 쟁취의 수단이 아닌 개량은 무의미하며, 따라서 개량은 그 자체 목적으로 취급되어서는 안 되며, 혁명의 목적에 종속되지 않는 개량을 위한 어떠한 투쟁도 사회주의에 도움이 되기는커녕 방해물이 된다고 주장했다. "최종목표는 아무 것도 아니고 운동이 전부"라는 베른슈타인의 주장을 룩셈부르크는 "그 자체 목적으로서의 운동은 최종적 목표와 연관되지 않는 한 아무것도 아니며, 궁극적인 목표가 전부"라고 받아쳤다. 룩셈부르크는 단기적인 성공을 목적 그 자체로 간주하는 것은 계급적 관점과 상반되며 환상을 낳을 뿐이라고 주장했다.

(4) 당과 계급의 변증법

룩셈부르크는 제2인터내셔널 마르크스주의에서 나타나는 고질적인 경제결정론과 개량주의를 거부했다. 룩셈부르크는 인간 행동의 가능성에 대한 객관적 한계를 부인하지 않으면서도, 사회주의 성취에 있어 노동자계급의 의식적 행동의 결정적 중요성을 망각하지 않았다. 룩셈부르크는 대중파업론에서 고전 마르크스주의의 '노동자계급의 자기해방'의 정신을 사회주의 운동의 중심에 다시 세웠다.

스탈린주의자들은 룩셈부르크를 역사의 법칙이 자동적으로 노동자계급의 반란을 낳는다고 믿는 자생주의자이며, 제2인터내셔널과 마찬가지로 경제결정론의 오류에 빠져 사회주의 조직의 필요성을 과소평가했다고 비판했다. 그러나 혁명적 당의 조직과 개입을 위해 자신의 목숨을 바친 룩셈부르크를 자생주의자라든지 결정론자라고 비판하는 것은 부당하다. 하지만 룩셈부르크가 혁명적 위기가 심화되기 전에 건설해야 할 당의 유형으로 독일 사회민주당 모델에 집착했던 것은 사실이다. 룩셈부르크의 오류는 독일 사회민주당이 혁명적 사회주의 쪽으로 획득될 수 있다는 미련 때문에, 그것을 노동조합관료에 의존하지 않는 독립적 조직으로 대체할 필요를 일찍 깨닫지 못한 데 있다. 룩셈부르크는 수정주의 논쟁에서도 개량주의에 대한 투쟁을 사회민주당 내부에서 이론적 논쟁으로 간주했으며, 결코 독립적 조직에 대한 필요로 연결될 수 있는 조직 문제로 인식하지 못했다.

하지만 이 당시 룩셈부르크만이 조직 문제에서 이와 같은 오류를 범했던 것은 아니다. 레닌조차도 독일 사회민주당과 제2인터내셔널의 타락을 1914년 제1차세계대전 발발 전에는 감지하지 못했다. 레닌 자신이 볼셰비키당의 오랜 경험을 갖고 있었음에도 말이다. 실제로 레닌은 1914년 이전에는 독일 사회민주당 혁명좌파에게 독일 사회민주당을 탈당하여 독립적 조직을 건설하라는 충고를 한 적이 없다. 오히려 룩셈부르크는 레닌보다 먼저 카우츠키의 이른바 '마르크스주의 중앙파'가 구제불능의 개량주의로 타락했다는 사실과 독립적 조직 건설의 필요성을 인식했다. 룩셈부르크는 독일 공산당(KPD)의 전신이 된 스파르타쿠스단의 조직과 1919년 베를린 봉기를 주도했다. 하지만 룩셈부르크는 레닌과는 달리 중앙집중주의와 자생성이 반드시 배반관계에 있는 것은 아니라는 점을 인식하지 못했다. 예컨대 레닌의 당에서 중앙집중주의는 '노동자계급의 자기해방'의 대리자가 아니라 자기해방의 지렛대로서 자생적인 계급투쟁을 확산시키는 수단이었다.

4) 오스트리아 마르크스주의

오스트리아 마르크스주의는 20세기 초 비엔나를 중심으로 활동했던 오스트리아 사회민주당의 마르크스주의를 가리키며, 이는 제2인터내셔널 내에서 독특한 흐름을 형성했다. 오스트리아 사회민주당은 당시 오스트리아 의회의 다수당이었으며, 독일 사회민주당과 마찬가지로 많은 산하 조직을 거느린 대중정당이었다. 오스트리아 사회민주당은 제2인터내셔널의 붕괴 후 '2.5 인터내셔널'이라고 알려진 사회민주주의와 공산주의를 중재하기 위한 희망으로 1921년 결성된 국제노동자 사회주의당 연합의 결성을 주도하기도 했다. 오스트리아 마르크스주의는 경제분석과 혁명전략 문제에 집중했던 제2인터내셔널 마르크스주의의 주된 흐름과는 달리, 인식론이나 과학철학과 같은 문제를 학문적으로 연구했다. 이들은 트로츠키가 "『자본론』이 낳는 이자로 먹고 사는 속물들"이라고 비꼰 데서도 알 수 있듯이, 이른바 '강단 마르크스주의'의 비조라고 할 수 있다.[2] 오스트리아 마르크스주의는

---

2) "오스트리아 마르크스주의자들은 법률을 연구하듯이 마르크스 이론의 이런저런 부분을 배우고 『자본론』이 낳는 이자로 먹고 살았기 때문에 너무나 자주 속물적인 근성을 드러냈다"(Trotsky, 1971b: 215).

수정주의 논쟁에서는 중도주의적 입장을 취했다. 그들은 베른슈타인의 수정주의에 대해서는 마르크스주의의 입장에서 사회주의의 과학적 정당성을 방어하려 했지만, 현실정치에서는 개량주의와 볼셰비즘의 중간적 입장을 취했다. 여기에서는 오스트리아 마르크스주의의 몇 가지 독자적 기여를 애들러(V. Adler)의 신칸트주의적 마르크스주의와 힐퍼딩의 금융자본 분석, 바우어(O. Bauer)의 민족문제론을 중심으로 개관해 보겠다.

(1) 신칸트주의

오스트리아 마르크스주의는 칸트의 도덕과 인식론의 범주를 마르크스주의 역사철학에 도입하려고 노력했다. 특히 애들러는 마르크스주의의 유물론적 기초를 칸트 철학으로 대체할 수 있다고 주장했다. 또한 칸트의 철학에서 기존 체제를 폭력으로 전복하는 것이 부당하다는 결론은 도출되지 않으며, 사회주의혁명은 과학이 아니라 도덕으로만 정당화될 수 있다고 주장했다. 그는 칸트의 도덕철학은 마르크스주의의 기본 가정에 어떤 손상을 주지 않고도 마르크스주의에 도입될 수 있다고 보았다. 그리고 '목적으로서의 사회주의'를 인정하기 위해 칸트의 도덕철학이 과학적 사회주의에 포함되어야만 한다고 주장했다. 애들러는 마르크스의 체계에 남아 있는 사실과 가치, 존재와 당위의 구별의 거부와 칸트의 비역사적인 정언명법(categorical imperative)이나 자유의지의 가정의 거부는 마르크스의 체계에 본질적 손상을 가하지 않고도 제거될 수 있는 헤겔철학의 잔재라고 주장했다.

(2) 힐퍼딩의 『금융자본』

1910년 출판된 힐퍼딩의 『금융자본』(힐퍼딩, 1994)은 콜라코프스키(L. Kolakowski, 1978a)에 따르면 마르크스주의적 관점에서 마르크스 이후의 세계경제의 추세를 과학적으로 분석하려는 사실상 가장 포괄적인 시도였다.

힐퍼딩은 19세기 말 20세기 초 은행의 역할이 크게 증대하면서 나타난

자본주의 발전의 새로운 특징을 자본의 집중과 "카르텔, 트러스트의 형성에 의한 자유경쟁의 지양"과 "은행자본과 산업자본 간의 점점 긴밀한 관계" 및 "가장 추상적인 자본의 현상형태"로서 "은행이 지배하고 산업자본가가 사용하는 자본"인 금융자본의 지배로 파악했다. 힐퍼딩은 금융자본이 지배하는 자본주의의 새로운 국면에서 이윤율의 저하가 저지되고 은행의 압도적 중요성이 새로운 요소로 부각된다고 보았다. 또한 독점이 경쟁적 산업으로부터 카르텔화된 산업으로 이윤을 이전시키고, 대기업의 이윤율을 중소기업의 이윤율보다 체계적으로 높게 하는 이중경제를 성립시킴으로써, 노동가치론의 작용을 손상시킨다고 주장했다. 그는 카르텔의 성장이 산업공황을 완화시킨다는 베른슈타인의 주장을 비판하면서, 카르텔은 오히려 번영을 보장하는 데 필요한 가격과 산출의 조정을 방해함으로써, 산업부문 간 불비례를 악화시켜 공황을 격화시키고 공황의 주요한 부담을 비카르텔화된 산업으로 전가시킨다고 주장했다.

힐퍼딩은, 금융자본의 경제정책은 가능한 한 큰 경제적 영토를 확립하고, 이를 보호관세에 의해 외국의 경쟁으로부터 보호하고 독점적 결합체의 착취영역으로 유지하는 것을 목적으로 하며, 이와 같은 금융자본의 경제정책의 산물이 제국주의라고 주장했다. 또한 관세의 역할이 유치산업에 대한 일시적인 보호 정책 수단에서 국내시장에서 독점가격을 영속적으로 유지하고 외국시장에서 잉여생산물을 덤핑 수출하기 위한 수단으로 전화했다고 주장했다. 그러나 힐퍼딩은 국제적 카르텔은 영속적인 이해공동체라기보다 일종의 휴전에 불과하다고 보았다. 즉, 금융자본의 경제정책은 식민지 쟁탈 경쟁과 정치적 갈등을 필연적으로 결과한다는 것이다. 그는 자본주의가 제국주의 이외에 다른 정책을 추구할 수 없으며, 부르주아지는 반자유주의자, 반사해동포주의자로 되었고, 국가의 점증하는 권력을 지지하고 군국주의를 지향하게 되었다고 주장했다.

카우츠키는 힐퍼딩의 『금융자본』을 『자본론』의 완성이라고 극찬했다.

하워드와 킹(Howard and King)은 힐퍼딩의 『금융자본』을 『자본론』을 제외하면 마르크스주의 경제학의 역사에서 가장 큰 영향을 미친 텍스트로 평가한다. 레닌의 『제국주의론』(1917)에서 다루어진 어떤 주제도 힐퍼딩의 『금융자본』에서 다루어지지 않은 것은 없다. 『금융자본』은 마르크스주의 경제학의 지평을 바꾸었다고 할 수 있다. 사실 힐퍼딩 전에 카우츠키와 엥겔스는 이미 확립된 마르크스의 명제를 재진술한 것에 불과했다. 그러나 힐퍼딩은 새로운 개념, 새로운 분석과 용어를 제공했을 뿐만 아니라, 하나의 종합을 시도했다(Howard and King, 1989). 무엇보다 힐퍼딩의 『금융자본』은 제2인터내셔널 마르크스주의의 기본전제인 19세기 말 20세기 초 자본주의의 변모라는 가설을 자본주의 발전단계론으로 체계화했다.

그러나 힐퍼딩의 『금융자본』의 문제점은 바로 이 점에서 찾을 수 있다. 19세기 말 20세기 초 자본주의의 새로운 양상, 즉 독점과 이윤율의 차별화와 같은 현상을 마르크스의 『자본론』으로는 설명할 수 없기 때문에, 『금융자본』이라는 새로운 이론이 필요하다는 힐퍼딩의 문제제기는 베른슈타인의 수정주의의 문제의식과 사실상 동일한 것이다. 그러나 독점과 이윤율의 차별화 현상은 경쟁과 평균이윤율에 관한 마르크스의 이론의 올바른 적용을 통해서 설명될 수 있기 때문에, 힐퍼딩의 문제제기는 정당한 것이 아니다. '다수자본'의 경쟁이 이윤율의 균등화 경향과 동시에 이윤율의 차별화를 발생시킨다고 본 마르크스의 경쟁 개념에 입각한다면, 힐퍼딩이 주목했던 독점과 이윤율의 차별화와 같은 당시 자본주의에 새롭게 나타난 현상도 경쟁의 부정이 아니라 경쟁과 평균이윤율 법칙의 수정된 관철형태로서 설명할 수 있다. 힐퍼딩의 『금융자본』은 또한 독일 경험을 지나치게 일반화한 것이라고 할 수 있다. 1914년 이전 시기 독일 은행의 경제적 권력은 막강했지만, 영국이나 프랑스에서는 그렇지 못했다. 영국이나 프랑스에서는 힐퍼딩이 말한 금융자본은 산업생산을 지배하지 못했으며, 경제적 권력의 집중은 훨씬 덜 진전되어 있었다. 힐퍼딩은 과소소비설과 불비례설을 오가면서 경제공황에 대해 일관된 설명을 제공하지 못했다. 힐퍼딩의 『금융자본』은 또한 공황 없는, 이른바 '조직자본주의론'으로 연결되었다. 금융자본의 시대에 달성된 조직화된 자본주의 계획기구를 프롤레타리아트가 평화적으로 접수하여 이용할 수 있다는 힐퍼딩의 조직자본주의론은 제2인터내셔널의 개량주의 정치의 경제학적 기초를 제공하였다.

(3) 바우어의 문화적 자치론

오스트리아 마르크스주의의 대표적 인물의 한 사람인 바우어는 룩셈부르크의 붕괴론을 반박한 인물로 널리 알려져 있지만(바우어의 룩셈부르크 비판은 십 수년 후 그로스만에 의해 다시 철저하게 논박된다), 제2인터내셔널 마르크스주의에서 그가 독자적으로 기여한 부분은 오히려 마르크스주의 민족이론이다.

바우어는 사회주의에서도 민족적 공동체에 고유한 가치는 인정되어야 한다고 주장했다. 바우어는 다민족국가에서 국가가 민족적 기초 위에서 조직될 필요는 없지만, 모든 종족 공동체는 자신의 문화적 전통과 언어를 간섭을 받지 않고 유지할 권리가 있다는 문화적 자치론을 주장했다. 바우어는 사회주의는 민족을 자율적으로 하며 민족이 자신의 운명을 자신의 의지로 결정할 수 있게 하기 때문에, 사회주의에서 민족은 점점 세분되며 그들의 특징은 더 분명하게 정의되고 구분될 것이라고 보았다. 사회주의는 민족적 차이를 소멸시키는 것이 아니라 민족적 원칙의 중요성을 극대화한다는 것이다. 바우어는 사회주의 운동 그 자체가 민족성에 따라 분화되는 것이 나쁠 이유가 없으며, 오히려 단일한 유형을 모든 민족에 부과하는 것이 잘못이라고 주장했다. 바우어는 민족적 차이가 사회주의 사회에서 존재하는 것은 나쁜 것이 아니라 좋은 것이라고 생각했다. 즉, 프롤레타리아트 국제주의와 민족적 다양성 간에 어떤 모순도 없다는 것이 바우어의 민족이론의 핵심이다.

그러나 바우어는 문화적 자치의 옹호가 복수의 국민국가들의 노동자계급이 각각 자국의 독립된 국가의 깃발 아래 싸우는 것을 의미하지는 않으며, 독립 국가 건설 투쟁은 노동자를 부르주아지와 한데 묶기 때문에 사회주의에 대해 유해하다고 주장했다. 이에 대해 레닌은 바우어가 각 민족의 탈퇴의 권리를 확고하게 지지하지 않았으며, 목표를 문화적 자치 형태의 자결권으로 제한했다고 비판했다. 물론 레닌도 바우어와 마찬가지로 노동자계급은 민족분리주의의 깃발 아래 투쟁해서는 안 된다고 주장했다. 하지만 레닌은 바우어와는 달리 민족억압에 반대하는 민족자결권이 기존 질서를 전복하는 파괴력에 주목했다. 즉, 레닌은 민족문제를 반러시아 감정을 활용하는 전술적 문제로 간주한 반면, 바우어는 민족이 그 자체로서 가치 있는 것이며, 민족적 차이는 인간의 문화를 풍부하게 한다고 생각했다. 다른 한편 룩셈부르크는 민족독립을 위해 투쟁하는 것은 운동을 부문으로 분단하고 프롤레타리아트의 국제적 연대를 파괴하고 국가건설로 관심을 돌리기 때문에 혁명적 교의에 대해 유해하며, 독립적 문제로서 민족문제를 제기하는 것은 사회주의의 존재이유인 계급적 입장을 침식하는 부르주아적 관점이라고 비판했다. 룩셈부르크는 그녀의 조국인 폴란드를 되찾겠다는 민족자결권의 사상은 차르 제국의 프롤레타리아트와의 연대를 파괴하기 때문에 반동적이라고 비판했다.

3. 제1차세계대전과 제2인터내셔널 마르크스주의의 대응

1914년 제1차세계대전이 발발하면서 제2인터내셔널은 사실상 붕괴하게 된다. 왜냐하면 제2인터내셔널은 전쟁 발발 7년 전인 1907년 슈투트가르트(Stuttgart) 대회 등에서 제국주의 전쟁이 발생할 경우 노동자 국제연대의 입장에서 반전운동을 전개하고 이를 반자본주의 투쟁으로 발전시킨다고 거듭 결의해 놓고도, 실제로 전쟁이 발발하자 독일 사회민주당을 비롯한 제2인터내셔널을 구성하는 각국 노동자 정당이 조국방위주의의 입장에서 자국의 전쟁정책을 지지했기 때문이다.

1914년 8월 4일 독일 사회민주당이 전쟁공채 발행에 찬성표를 던졌던 것은 그 전 여러 해 동안 늘어놓았던 온갖 반전 국제주의 미사여구에 대한 배신 행위였다. 프롤레타리아트의 국제적 연대와 그 이데올로기적 기초가 현실의 검증을 견뎌내지 못한 공문구였음이 판명되었으며, 사회주의 운동은 사상 최대의 패배를 경험했다. 1914년 독일 사회민주당이 조국방위주의로 돌아선 것은 동시대 사회주의자들에게 충격적 사건이었다. 레닌조차도 처음에는 이 소식을 믿지 않으려 했다. 하지만 세기말을 전후한 독일 사회민주당의 진화과정을 감안한다면, 독일 사회민주당의 전쟁공채 발행 지지는 청천벽력의 사건이 아니라 필연적인 사태였다고 할 수 있다. 당시 독일 사회민주당의 지도부는 독일 자본주의의 번영과 제국주의적 팽창을 배경으로 성립한 노동조합관료의 이익을 대변하는 기득권층이 되어 있었으므로, 자신의 합법성과 조직, 지지기반을 위태롭게 할 수 있는 반전 슬로건을 과감히 채택할 능력과 자신이 없었다. 독일 사회민주당은 자신들이 그동안 쌓아놓은 대규모 자산을 몰수당하는 등의 탄압을 감수하면서도 반전 국제주의 원칙을 고수하든지, 아니면 자신들이 그동안 공개적으로 천명했던 노동자 국제연대의 원칙을 저버리고 자국의 제국주의 전쟁을 지지하여 세계대전 참전병의 징집관이 되든지 결단을 내려야 하는 상황에 직면했는데, 이들은 결국 후자를 선택했던 것이다.

카우츠키와 베른슈타인의 경우 전쟁공채 발행안에 찬성했던 것은 사실이지만, 이들이 독일 사회민주당의 다수파처럼 군국주의를 노골적으로 지지했던 것은 아니다. 그들은 반전 평화주의(pacifism)의 입장에서 독일 사회민주당 주류의 조국방위주의와 제국주의 전쟁지지 정책을 비판하고, 1917년 당내 좌파들과 함께 사회민주당을 탈당하여 독립사회민주당(USPD)을 결성했다.

카우츠키는 전쟁은 진보가 승리하는 경로에서 일시적으로 발생한 비정상적 시기일 뿐이며 따라서 가능한 한 빨리 종결되어야 한다고 생각했다. 카우츠키는 전쟁은 노동자계급에 대해 '공포의 재앙'이지만 평화와 군축은 기존 사회 체제의 틀 내에서도 가능하다고 하면서, 구체적으로 '병합 없는 평화'를 호소했다. 카우츠키는 인도주의적 관점에서 전쟁을 진정으로 두려워했다. 카우츠키는 군국주의를 자본주의의 필연적 귀결로 간주하는 룩셈부르크와 같은 당내 좌파에 대해 이들이 자본주의의 산물을 자본주의의 지속적 존속을 위한 필요조건과 동일시했다고 비판했다.

그러나 카우츠키의 평화주의는 전쟁을 일으키는 자본주의체제의 제거를 위해 노력하지 않고 추상적인 평화를 요구하는 것만으로는 평화를 달성할 수 없다는 사실을 인식하지 못한 것이다. 즉, 카우츠키는 자본주의 사회에 고질적인 전쟁을 종식시키는 가장 효과적인 방법은 전쟁의 근원인 자본주의 체제를 끝장내는 것이며, 이는 평화애호운동이 아니라 대중파업과 같은 노동자계급의 행동을 통해서만 가능하다는 사실을 인식하지 못했다. 평화운동이 단순히 평화를 요구하는 것에 스스로를 제한하거나 평화운동을 성공적인 반자본주의 운동으로 성장·전화시키지 못한다면 평화는 달성될 수 없다. 피지배계급의 폭력을 지배계급의 폭력과 동일하게 반대하는 카우츠키의 평화주의는 결국 피지배계급의 무장해제를 요구하는 것으로 귀결되어 지배계급의 이익에 봉사한다고 할 수 있다.

제2인터내셔널이 조국방위주의로 분명히 선회하자, 레닌은 1915년 스위스 치머발트(Zimmerwald)에서 열린 국제사회주의자 대회에서 제2인터내셔널의 파산을 선언하고 새로운 인터내셔널의 건설을 제창했다. 레닌은 사회민주당 지도부의 배신과 기회주의가 제2인터내셔널의 파산을 초래했다고 보았다. 레닌은 전쟁이라는 비정상적 시기를 빨리 종결짓고 정상 상태로 되돌아가자는 카우츠키의 평화주의에 대해 전쟁을 계급투쟁의 일부로 파악하고 전쟁을 혁명적 상황으로의 도약대로 이용해야 한다고 주장했다. 즉,

레닌은 자국의 패전을 선동 조직하여 전쟁을 내전으로 전화시켜 사회주의혁명으로 나아가자는 혁명적 패배주의(revolutionary defeatism)를 주장했다. 레닌은 제국주의 간 전쟁에서 교전하는 각 제국주의 국가의 인민들이 다른 제국주의 국가 인민들로 향해진 총부리를, 그렇게 향하도록 사주하고 있는 자국의 지배계급에게 돌릴 것을 촉구했다. 1917년 볼셰비키혁명의 승리는 이와 같은 레닌의 혁명적 패배주의의 승리였다.

4. 제2인터내셔널 마르크스주의의 쟁점과 한계

1) 제2인터내셔널과 마르크스의 방법론의 폐기

(1) 경제주의

제2인터내셔널 마르크스주의의 방법은 카우츠키에서 보듯이 경제결정론, 즉 기계적 유물론으로 특징지어진다. 꼴레티(Colletti, 1972)가 지적했듯이 제2인터내셔널 마르크스주의는 마르크스 사상에서 '사회적 생산관계'라는 개념의 결정적 중요성을 이해하지 못했다. 제2인터내셔널 마르크스주의는 경제를 인간상호 간의 관계를 포함하지 않는 순전히 물질적 영역으로 간주했다. 그리고 생산은 규정적인 사회적 관계와 독립적인 생산기술로 간주했다. 제2인터내셔널 마르크스주의에서 경제와 생산영역의 개념은 사회적 내용을 상실하고 순전히 기술적인 개념으로 되고 만 것이다. 그리하여 역사적 인간세계의 특수성, 즉 인간관계의 생산인 동시에 사물의 생산으로서의 마르크스의 생산 개념은 완전히 실종되고, 마르크스의 경제적 토대 개념은 자연주의적 물질 개념으로 환원되었다. 예컨대 베른슈타인은 경제를 하나의 본능 혹은 물리적 힘과 유사한 자연력으로 간주했다. 카우츠키와 함께 제2인터내셔널의 철학을 체계화한 플레하노프(G. Plekhanov)도 인간을 물질적·객관적 연쇄의 한 고리 정도로 간주하고, 인간의 행동은 인간보다 우위에 있는 초월적 힘에 의해 결정된다고 보았다. 제2인터내셔널 마르크스주의에서 노동자계급은 물질적 환경의 산물, 즉 수동적 존재로 간주되었다.

(2) 변증법적 방법의 폐기

제2인터내셔널 마르크스주의의 또 하나의 중요한 방법론상의 특징은 변증법적 방법이 폐기되었다는 점이다(Rees, 1998). 제2인터내셔널 마르크스주의에서는 마르크스의 초기 사상을 특징짓고 성숙한 마르크스의 저작에서도 주요한 역할을 하는 헤겔의 변증법적 방법의 적용 흔적은 찾아 볼 수 없다. 제2인터내셔널 마르크스주의에서는 오히려 현대자본주의 사회에 대한 부르주아적 실증주의적 접근이 광범위하게 수용되면서, 엄밀한 인과적 논리와 예측적 경향과 결정론이 마르크스의 변증법적 지양 개념을 대체했다. 제2인터내셔널 마르크스주의의 철학적 세계관에서 헤겔은 칸트로 대체되어 있다. 예컨대 베른슈타인은 카우츠키의 실증주의적 유물론에 맞서 신칸트주의를 옹호했다. 베른슈타인은 마르크스의 사회적 모순의 개념을 이론에서는 협동이라는 개념으로, 실천에서는 계급협조라는 개념으로 대체했다. 베른슈타인이 혁명의 개념을 버린 것은 그가 변증법을 거부한 것과 밀접하게 연관되어 있다.

카우츠키도 마르크스의 변증법에서 내적 모순의 개념 및 사회 발전에서 도약과 혁명의 개념을 제거하고 단지 평탄한 평화적 진화의 과정만을 남겨놓았다. 카우츠키는 변증법을 내적 모순에 의해 추동되는 발전 과정이 아니라 두 가지 독립적 요인들의 상호관계로 이해했다. 카우츠키에서 사실과 가치, 과학과 윤리, 결정론과 자유는 이원론의 관계에 놓여 있다. 제2인터내셔널 마르크스주의에서는 과학과 혁명의 분리, 지식과 세계의 변혁의 분리가 특징적이며, 이는 실증주의적 과학주의와 신칸트주의의 분리로 구체화되어 있다. 카우츠키는 베른슈타인과 마찬가지로 존재로부터 출현하는 당위를 발견함으로써 자유와 필연 간의 허구적 이분법을 극복하려 했던 마르크스의 변증법을 이해하지 못했다. 그리하여 카우츠키는 내적으로 모순적인 총체라는 개념을 포기하고 이를 '상호 영향을 미치는 요인들'이라는 접근으로 대체함으로써, 마르크스와 엥겔스 이전의 철학을 특징지었던 이원론을 사회이론에 재도입했다. 즉, 제2인터내셔널 마르크스주의에서 결정론적 객관주의는 이데올로기적 계기와 혁명적인 정치 프로그램을 포함할 수 없었으며, 다른 한편 과학에서 배제된 이데올로기는 자연적 필연의 세계 옆에 '윤리적 자유'의 세계로 다시 나타나면서, 칸트적인 존재와 당위의 이원론을 재현했다. 그러나 제2인터내셔널 마르크스주의가 분리시킨 과학과 혁명은 이론과 실천의 변증법적 통일을 핵심으로 하는 마르크스 사상에서는 결합되어 있으며, 이는 마르크스 사상의 가장 독창적이며 위력적인 측면이기도 하다.

(3) 가치형태론과 물신성론의 부재

제2인터내셔널 마르크스주의는 마르크스의 가치론을 폐기하려 했던 베른슈타인이나 뵘바베르크이든, 이들의 비판에 맞서 마르크스의 가치론을 방어하려 했던 카우츠키나 힐퍼딩이든, 마르크스의 가치론을 리카도적인 가치의 양적 이론으로 환원했다는 점에서는 공통적이다(Colletti, 1972). 다시 말해서 제2인터내셔널 마르크스주의는 마르크스의 가치론을 가격관계를 규제하는 가치의 양적 이론으로 왜곡함으로써 마르크스의 가치론의 진수는 가치형태론과 물신성론에 있으며, 마르크스의 가치론을 고전 정치경제학의 가치론과 구별해 주는 것은 바로 이 가치형태론과 물신성론이라는 점을 이해하지 못했다. 마르크스 가치론에서 본질적인 문제는 상품의 교환비율 이전에 '왜 노동생산물이 상품의 형태를 취하는지', '왜 인간노동이 사물의 가치로 나타나는지'를 설명하는 것이었다. 바로 이 때문에 마르크스에서는 가치형태와 물신성 및 소외와 물화의 분석이 결정적 의미를 갖게 된다. 가치의 양적 이론과 가치형태론, 물신성론 및 소외론의 변증법적 통일이야말로 마르크스의 정치경제학비판이 고전 정치경제학과 근본적으로 구별되는 지점이다. 고전 정치경제학은 소외론을 생각조차 할 수 없었으며, 마르크스 이후 대부분의 마르크스주의자들과 리카도적 해석가들도 가치의 양적 이론과 가치형태론, 물신성론 및 소외론의 유기적 통일을 이해할 수 없었다. 베른슈타인과 카우츠키, 힐퍼딩은 물론 심지어 룩셈부르크나 레닌조차도 가치형태와 물신성 및 소외를 마르크스 가치론의 중심 개념으로 위치지우지 못했다. 물신성이나 소외 혹은 실천과 같은 범주들은 제2인터내셔널 마르크스주의 문헌에는 거의 등장하지 않는다. 제2인터내셔널 마르크스주의부터 마르크스의 경제학비판이 근대경제학과 대립되는 정치경제학 정도로 왜곡·왜소화되기 시작한 것도 주로 이 때문이다.

(4) 마르크스의 이윤율 저하경향 법칙의 실종

제2인터내셔널 마르크스주의 경제이론에서 공통적인 또 하나의 특징은 마르크스의 이윤율 저하경향 법칙이 자본주의의 모순과 공황 분석에서 부차적인 역할밖에 수행하지 않는다는 점이다. 베른슈타인은 표준적인 마르크스주의 공황론은 과소소비설이라고 전제했다. 또 카우츠키는 베른슈타인과 마찬가지로 붕괴론을 부정했지만 마르크스의 공황론은 인정했다. 그러나 카우츠키는 마르크스의 공황론에서 이윤율의 저하경향 법칙은 공황과 단지 간접적으로만 관계가 있다고 보았다. 카우츠키의 공황론은 제2인터내셔널 마르크스주의 경제이론에서 과소소비설의 지배와 이윤율의 저하경향 법칙의 주변화를 단적으로 보여준다. 룩셈부르크는 붕괴론을 마르크스의 자본주의 분석에서 핵심적이라고 생각했다는 점에서 베른슈타인이나 카우츠키와 구별되지만, 그녀의 붕괴론은 카우츠키와 마찬가지로 과소소비설의 문제설정을 공유하고 있으며, 이윤율의 저하경향은 붕괴론에서 어떤 역할도 하고 있지 않다. 힐퍼딩의 독점이윤율 이론 역시 마르크스의 이윤율의 저하경향 법칙을 기각한 것이다. 제2인터내셔널 마르크스주의 공황론에서 과소소비설의 지배와 마르크스의 이윤율 저하경향의 법칙의 주변화는 각각 케인스주의에 대한 지지와 자본주의 붕괴론의 거부로 연결되어 개량주의 정치의 경제적 기초를 제공했다.

2) 제2인터내셔널과 고전 마르크스주의 전통의 부정

(1) 엥겔스: 제2인터내셔널 마르크스주의의 원조?

서구 마르크스주의자들은 흔히 엥겔스가 제2인터내셔널에 고질적인 개량주의와 기계적 유물론의 요소를 제공했으며 이것이 다시 스탈린주의로 계승되었다고 비판한다. 즉, 엥겔스는 마르크스의 유산을 제대로 집행하지 못했으며, 이 때문에 엥겔스를 매개로 하여 정통을 자처했던 제2인터내셔널 마르크스주의가 마르크스의 본래의 사상으로부터 이탈하게 되었다고 지적된다. 그리고 그 논거로 흔히 제2인터내셔널 마르크스주의의 주역인 베른슈타인과 카우츠키가 모두 엥겔스의 수제자였다는 사실을 든다. 무엇보다 엥겔스 자신이 사망하기 직전인 1895년에 쓴 마르크스의 『프랑스에서의 계급투쟁』 서문(Engels, 1990)에서 개량주의적 해석을 가능하게 하는 주장을 했다는 것이 주요한 논거로 제시된다. 즉, 엥겔스는 그 서문에서 마르크스와 자신이 사회발전과 혁명의 시간 전망을 너무 짧게 잡았고, 소수로 혁명을 수행하려는 생각은 잘못이며, 이미 낡은 봉기 전술을 수정하고 보통선거권의 이용에 기초한 새로운 전술을 강구할 필요가 있음을 인정했다는 것이다. 나아가 엥겔스가 제2인터내셔널 마르크스주의에 특징적인 기계적 유물론을 발명했다고도 주장된다.

물론 엥겔스가 마르크스의 유고를 편집하면서 '청년' 마르크스의 1844년 『경제학 철학 수고』나 '중기' 마르크스의 1857~1858년 『정치경제학 비판 요강』에 주목하지 못한 것, 혹은 무시한 것[3]이 엥겔스 이후 제2인터내셔널

3) 이에 대한 논의로는 1장을 참조하시오.

마르크스주의가 경제결정론으로 편향되게 한 요인을 부분적으로 제공한 것은 사실이다. 그러나 엥겔스의 사상은 제2인터내셔널 마르크스주의와 아무런 공통점도 없다. 무엇보다 제2인터내셔널 마르크스주의의 경제결정론은 개량주의 정치로 귀결되었지만, 엥겔스의 이른바 기계론 유물론이 개량주의 정치의 근거를 제공했다는 어떤 증거도 없다. 엥겔스의 마르크스주의는 수정주의와 개량주의의 선구이기는커녕 그것과 정면으로 대립된다.[4] 엥겔스가 마르크스의 『프랑스에서의 계급투쟁』 서문에서 제시한 것은 수정주의와 개량주의가 아니라, 오히려 그람시(A. Gramsci)의 기동전과 지구전의 개념을 선취한 것이다. 엥겔스는 그 서문에서 혁명 대신 개량을 주장한 것이 아니라, 단지 소수 엘리트가 수행하는 쿠데타를 거부했을 뿐이다. 그리고 그 서문은 독일의 반사회주의법의 검열을 의식하고 쓰였으며, 편집부가 다시 편집했다는 사실도 지적되어야 한다. 제2인터내셔널 마르크스주의의 수정주의와 개량주의의 근원은 엥겔스가 아니라 자본주의의 호황 국면을 배경으로 하여 성립한 노동조합관료라는 물질적 현실에서 찾아야 한다. 요컨대 엥겔스를 숭상 혹은 기각하려는 상반된 의도로 엥겔스를 마르크스로부터 분리시켜 제2인터내셔널 마르크스주의의 원조로 위치지으려는 사회민주주의와 '서구 마르크스주의'의 공통된 시도는 전혀 근거 없는 것이다.

(2) '배반자 카우츠키?'

그동안 제2인터내셔널 마르크스주의는 사이비 마르크스주의 또는 마르크스주의의 배반자로 규정되어 왔다. 여기에는 제2인터내셔널에 대한 스탈린의 비판은 물론 레닌의 비판도 주요한 역할을 했다. 레닌은 1914년 이후 제2인터내셔널의 파산을 선언하고 제2인터내셔널의 지도자 카우츠키를 마르크스주의의 배반자라고 규탄했다. 이후 제2인터내셔널 마르크스주의는 레닌이 창건한 코민테른의 마르크스주의와 근본적으로 대립되는 사이비

4) 이에 대한 상세한 논의로는 Rees(1994)를 참조할 수 있다.

마르크스주의라는 주장이 일반적으로 받아들여져 왔다.

그런데 살바도리(Salvadori, 1990)가 지적하듯이, 이와 같은 '배반자 카우츠키'라는 표현은 1914년 제1차세계대전의 발발을 경계로 하여 카우츠키가 정통 마르크스주의에서 사회민주주의로 결정적으로 전향했음을 전제하고 있는데, 이러한 전제는 옳지 않다. 앞서 살펴보았듯이 카우츠키는 이미 1914년 이전부터, 특히 1905년 러시아혁명 이후부터 고전 마르크스주의 전통의 '아래로부터 사회주의'의 정신을 거부해 왔기 때문이다. 게다가 1914년 카우츠키를 배반자로 규정한 레닌 자신이 1914년 이전에는 카우츠키를 정통 마르크스주의자로 떠받들었던 사실에서 보듯이, 1914년 이전에는 카우츠키와 레닌 사이에 어떤 본질적 차이도 존재하지 않았다. 사실 사회주의 의식은 외부로부터 계급투쟁에 도입될 수밖에 없으며 자생적으로는 형성될 수 없다는 레닌의 『무엇을 할 것인가』(1902)의 주요 결론은 카우츠키의 동일한 주장을 반복한 것이다. 또한 레닌이 1914년 8월 4일 독일 사회민주당이 전쟁공채안에 찬성했다는 소식을 들었을 때 이것을 믿으려 하지 않았던 사실은 당시 레닌이 얼마나 깊이 제2인터내셔널 마르크스주의의 문제설정에 갇혀 있었는지를 잘 보여준다.

(3) 영구혁명론: 제2인터내셔널 마르크스주의와의 단절

1914년 제2인터내셔널이 붕괴되기까지 러시아 사회민주당은 독일 사회민주당과 마찬가지로 제2인터내셔널을 구성하는 정당이었으며, 러시아 사회민주당의 지도자들은 볼셰비키든 멘셰비키든 제2인터내셔널 마르크스주의의 '교황'이었던 카우츠키의 사상을 정통 마르크스주의 사상으로 수용했다. 앞서 보았듯이 레닌 역시 1914년 이전까지는 제2인터내셔널 마르크스주의의 문제설정을 크게 벗어나지 못했다. 실제로 레닌은 자신을 적어도 1914년까지는 '러시아의 카우츠키'인 플레하노프의 철학적 제자로 생각했다. 다른 무엇보다 1917년 혁명 이전 레닌을 포함한 당시 러시아 사회민주당

지도자들은 다가올 러시아혁명이 부르주아혁명이 될 수밖에 없으며, 러시아에서 사회주의혁명은 부르주아혁명을 경과한 후에 수행될 수밖에 없다는 제2인터내셔널 마르크스주의의 단계혁명론을 별 의문 없이 수용했다. 레닌과 볼셰비키가 플레하노프나 멘셰비키와 차이를 보였던 것은 다만 이러한 부르주아혁명을 수행하는 과정에서 어떤 계급이 지도적 역할을 수행해야 하는가 하는 문제를 둘러싼 것이었다. 실제로 1914년 이전 레닌의 가장 중요한 정치 저작의 하나인 『민주주의혁명에서 사회민주주의자의 두 가지 전술』(1905)에서 레닌은 러시아혁명의 부르주아적 성격을 주장하고, 자본주의 발전 이외의 다른 방법에서 노동자계급의 구원을 찾는 생각은 반동적이라고 비판했다. 러시아의 경제발전 수준과 프롤레타리아트의 계급의식과 조직화 수준 때문에 노동자계급의 즉각적인 완전 해방을 이룰 수 없으며, 이 때문에 다가올 혁명은 부르주아적 성격을 가질 수밖에 없다는 것이 당시 레닌의 생각이었다. 이러한 레닌의 주장에서 객관이 주관을 결정하고 경제가 의식의 조건이 된다는 제2인터내셔널 마르크스주의의 기계적 유물론의 영향이 분명하게 보인다.[5)]『민주주의 혁명에서 사회민주주의자의 두 가지 전술』은 파리코뮌이 러시아혁명의 본보기가 될 수 없음을 분명히 하고 있다.

뢰비(Löwy, 1990)가 지적하듯이, 다가올 러시아혁명이 부르주아적 성격을 갖는다는 제2인터내셔널 마르크스주의의 교의에 대해 의문을 던진 처음이자 상당 기간 혼자뿐이었던 마르크스주의자는 트로츠키였다. 1905년 러시아혁명의 경험에 입각하여 정식화된 트로츠키의 영구혁명론은 러시아혁명은 부르주아혁명에서 사회주의혁명으로 연속적으로 성장·전화할 수밖에 없다는 주장으로서, 이는 제2인터내셔널 마르크스주의의 지배적인 경제결정론에 기초한 2단계 혁명론과 근본적인 단절을 뜻하는 것이었다.[6)] 즉, 제2인터내셔널 시기 마르크스주의자들 중 오직 트로츠키만이 다가올 러시

5) 이에 대한 상세한 논의는 뢰비(1990)를 참조할 수 있다.

6) 트로츠키의 사상에 대한 상세한 논의로는 이 책 12장 및 14장을 참조할 수 있다.

아혁명에서 프롤레타리아트의 선도적 역할과 프롤레타리아트의 권력 장악의 필연성 및 부르주아혁명의 사회주의혁명으로의 성장·전화를 전망했다. 이와 같은 트로츠키의 영구혁명론은 제2인터내셔널 마르크스주의와 구별되는 트로츠키에 특유한 비판적·변증법적·반교조주의적 마르크스주의 이해의 산물이었다.

물론 레닌도 1917년 4월 "모든 권력을 소비에트로!"라는 슬로건으로 상징되는 「4월 테제」의 선언과 함께 트로츠키의 영구혁명론과 해후했으며, 이를 통해 '10월로 가는 길'을 열 수 있었는데, 이를 가능하게 했던 것은 1914년 이후 헤겔의 변증법의 재발견이었다(Löwy, 2006: 33~34). 1914년 이후 레닌은 헤겔의 『논리학』을 재영유함으로써 러시아의 물질적·객관적 조건은 사회주의혁명을 수행할 수 있을 정도로 충분하게 성숙하지 못했다는 제2인터내셔널 마르크스주의의 전(前)변증법적인 기계적 유물론과 단절하고 트로츠키의 영구혁명론을 수용할 수 있었다.

(4) 제2인터내셔널의 사후복수: 스탈린주의

알튀세르(Althusser, 1976)는 '스탈린주의 편향'을 '제2인터내셔널의 사후복수(死後復讐)'로서, 즉 제2인터내셔널의 주요 경향인 경제주의의 부활이라고 간주했다. 이와 같은 알튀세르의 정식화는 제2인터내셔널 마르크스주의와 스탈린주의를 객관적인 물질적 현실이 아니라 마르크스주의 이론에서의 편향으로 간주했다는 점에서 이론주의적 해석이라는 문제점을 갖는다. 개량주의나 스탈린주의는 이론에서의 편향에 기인한 것이 아니라 각각 19세기 말 20세기 초 자본주의의 호황과 노동조합관료의 성립 및 1928년 스탈린의 국가자본주의 반혁명이라는 객관적인 물질적 현실을 반영한 것이다. 하지만 제2인터내셔널 마르크스주의의 경제결정론적 해석이 스탈린주의에서 '변증법적 유물론'이라는 극단적 형태로 재현된 것은 사실이다. 실제로 제2인터내셔널 마르크스주의 이론의 상당 부분은 스탈린주의 코민테른(코민테른

이 세계혁명의 지도부로부터 소련 관료의 이익을 국제적으로 방어하기 위한 '소련의 국경수비대'로 전락하기 시작한 1924년 제5차 대회 이후의 코민테른을 가리킨다)은 물론, 심지어 제2인터내셔널의 파산을 선언한 1914년 이후의 레닌에도 남아 있다.

물론 레닌은 이미 1914년 이후 제2인터내셔널 마르크스주의의 개량주의적 본질을 간파했으며 제2인터내셔널 마르크스주의의 경제결정론과 단절함으로써 '10월로 가는 길'을 열었다. 그러나 주식회사, 카르텔과 트러스트의 발전, '소유'와 '통제'의 분리, 점증하는 '생산의 사회화', 및 '자본의 민주화' 등 제2인터내셔널의 힐퍼딩의 『금융자본』에 중심적인 주제들은 여전히 1917년 레닌의 『제국주의론』의 주제이기도 했다. 힐퍼딩은 『금융자본』에서 독점의 발전에 따라 일반적인 평균이윤율의 형성은 불가능하게 되며, 단지 비독점 부문에서만 낮은 수준에서 평균이윤율이 형성된다고 주장했는데, 이와 같은 독점 부문에서의 독점이윤율, 비독점 부문에서의 평균이윤율 형성이라는 힐퍼딩의 독점이윤율 이론은 레닌의 『제국주의론』의 권위하에 승인되고, 스탈린주의 코민테른의 국가독점자본주의론으로 교조화되었다.

그리고 스탈린주의 코민테른에 고질적인 교조주의의 씨앗은 카우츠키가 뿌렸다고 할 수 있다. 예컨대 수정주의 논쟁에서 카우츠키는 베른슈타인이 잘못된 것은 그가 마르크스를 잘못 해석했기 때문이라는 식으로 베른슈타인을 비판했는데, 이는 마르크스 해석학으로 현실 인식을 대체하는 교조주의의 기원을 제공한 것이다. 즉, 마르크스 해석학이 마르크스주의의 정통으로 간주되는 비극은 제2인터내셔널 시기에 이미 탄생했다. 또한 "역사에 대한 유물론적 개념을 믿지 않고서도 훌륭한 동지가 될 수 있지만, 당 대회의 결정에 복종하지 않는 사람은 어떤 의미에서도 훌륭한 동지라고 할 수 없다"라는 주장에서 드러나는 카우츠키의 당의 통일성의 특권화 역시 스탈린주의 코민테른에 특유한 일괴암적 당조직의 한 원천으로 되었다.

(5) '포스트주의'의 선구

제2인터내셔널 마르크스주의는 그 다양한 색조에도 불구하고 대부분 19세기 말 20세기 초 자본주의의 변모에 대한 인식을 공유하고 있었다. 19세기 말 20세기 초 자본주의가 자유경쟁적 자본주의에서 독점자본주의로 단계가 근본적으로 변화했다는 인식이 그것이다. 그리고 이와 같은 인식은 19세기 말 대불황이 종료되고 20세기로 돌입하면서 새로운 시대가 열리고 있다는 시대적 분위기를 반영한 것이기도 했다. 베른슈타인의 수정주의는 이와 같은 시대 변화의 인식에서 비롯된 것이며, 이 점에서는 힐퍼딩의 『금융자본』과 레닌의 『제국주의론』의 문제의식과도 같다고 할 수 있다.

그러나 19세기 말 20세기 초 자본주의가 변모했기 때문에 19세기 자본주의를 배경으로 서술된 마르크스의 『자본론』은 이제 시대에 뒤떨어진 이론으로 되었다는 제2인터내셔널 마르크스주의의 문제설정은 시대의 흐름은 물론 마르크스의 『자본론』을 잘못 읽은 것이다. 20세기 자본주의 역사는 제2인터내셔널 마르크스주의의 주장과는 반대로, 경쟁에서 독점으로의 이행이 아니라 세계적 차원에서 경쟁의 미증유의 격화로 특징지어졌다. 즉, 경쟁은 자본주의가 발전함에 따라 제한되고 위축되는 것이 아니라 더욱 확대되고 격화되었다. 금융자본과 제국주의, 이른바 국가독점자본주의 단계에서 자본주의적 경쟁은 한 나라의 경계를 넘어 세계적 규모로 전개되었다. 자본주의적 축적의 기본추세는 금융자본과 제국주의의 시대에서 그리고 21세기 세계화 국면에서 변질된 것이 아니라 더 분명하게 현재화되고 있으며, 마르크스가 『자본론』에서 서술한 자본의 논리는 수정되기는커녕 더욱 완전한 형태로 작용하고 있다.

자본주의 역사에서 특수한 정황의 출현을 자본주의의 본질적 경향의 변질과 동일시하는 제2인터내셔널 마르크스주의의 착시현상은 오늘도 진보 진영에서 포스트모더니즘, 포스트마르크스주의, 세계화론, 신경제론, 디지털 혁명론 등 각종 '포스트주의'의 형태로 끊임없이 재생산되면서 고전 마르크스주의 전통의 발전에 걸림돌로 작용하고 있다.

5. 맺음말

콜라코프스키(Kolakowski, 1978a)는 제2인터내셔널 시기에 마르크스주의는 지성적 동력의 정점에서 '황금시대'를 구가했다고 평가했다. 1889~1914년 시기에 마르크스주의는 하나의 학파를 구성하기에 충분할 정도로 분명한 모양을 갖추었지만, 토론과 경쟁적 해법을 배제할 정도로 독단적인 정통에 엄격하게 종속되지도 않았다는 것이다. 제2인터내셔널 시기 마르크스주의가 마르크스와 엥겔스의 사후 크게 발전한 자본주의에 대한 인식과 대안을 제시하면서, 체계적인 이론과 실천의 패러다임을 정립하게 된 것은 사실이다. 또한 사회주의를 지향하는 다양한 관점들이 백가쟁명식으로 경쟁했던 시기가 제2인터내셔널 시기였다. 제2인터내셔널 시기 마르크스주의는 수정주의 논쟁, 대중파업 논쟁, 제국주의 논쟁 등 실로 다양한 논쟁으로 점철되어 있다. 이 점에서 제2인터내셔널 시기 마르크스주의는 교조화된 정통 이데올로기와 대립되는 입장들은 모두 이단시되면서 자유로운 연구와 논쟁이 억압된 스탈린주의 이후 마르크스주의와 구별된다. 또한 제2인터내셔널 시기 마르크스주의는 주로 강단 마르크스주의의 형태로 전개된 제2차세계대전 이후의 이른바 서구 마르크스주의와는 달리 노동자 정당의 이론과 정책을 중심으로 하여 노동자운동의 실천과 관련하여 전개되었다.

하지만 고전 마르크스주의 전통의 관점에서는 제2인터내셔널 시기에 마르크스주의는 '황금시대'가 아니라 마르크스주의 내부에서 비마르크스주의적·반마르크스주의적 경향의 대두와 함께 이미 위기 국면으로 들어간 것으로 볼 수 있다. 특히 카우츠키로 대표되는 제2인터내셔널 마르크스주의는 고전 마르크스주의의 전통을 이론에서는 경제주의로 실천에서는 개량주의로 대체하려는 최초의 본격적 시도였으며, 마르크스주의의 위기의 시발이었다. 제2인터내셔널 마르크스주의의 경제주의와 개량주의에서 비롯된 마르크스주의의 위기는 룩셈부르크와 레닌과 트로츠키에 의해 일단 저지되었지만, 볼셰비즘을 유혈로 전복한 스탈린주의에 의해 재현되고 심화되었다.

1989년 소련·동유럽 블록의 붕괴 이후 '마르크스주의의 종언' 담론과 신자유주의가 득세하는 가운데, 제2인터내셔널 마르크스주의에서 진보 진영의 새로운 대안을 찾으려 시도도 나오고 있다. 그러나 이미 '검증된 오류'가 다시 되풀이되어서는 안 된다. 20세기 사회주의의 역사는 제2인터내셔널 마르크스주의가 그 자체로도 일관된 정치경제 체제로 성립할 수 없었으며, 결국 같은 동전의 양면인 스탈린주의(경제주의)와 사회민주주의(개량주의)로 분열되어 해체되었음을 보여준다. 관료적 국가자본주의체제인 스탈린주의나 20세기 전체를 통해 배반과 투항을 반복하며 부르주아 지배체제의 유지에 봉사해 온 사회민주주의가 진보 진영의 대안이 될 수 없음은 분명하다. 진보 진영의 임무는 오히려 제2인터내셔널 마르크스주의에 의해 왜곡되고 스탈린주의에 의해 유혈로 억압되어 온 고전 마르크스주의 전통을 21세기의 조건에서 발전시키는 것이어야 한다.

제4장

레닌의 경제학 비판*

"레닌을 반복한다는 것은 레닌으로 복귀하는 것을 의미하지 않는다. 레닌을 반복한다는 것은 '레닌은 죽었다'는 사실을 인정하는 것, 그의 특정한 해법들이 실패했다는 것, 실패해도 엄청나게 실패했다는 사실을 인정하는 것, 그러나 그 속에 살려낼 가치가 있는 유토피아적 불꽃이 존재한다는 사실을 인정하는 것이다. 레닌을 반복한다는 것은 레닌이 실제로 한 것과 그가 열었던 가능성의 영역, 레닌에서 그가 실제로 한 것과 또 다른 차원, 즉 '레닌 속에 있는 레닌 이상의 것'을 구별해야 한다는 것을 의미한다. 레닌을 반복한다는 것은, 레닌이 한 것을 반복하는 것이 아니라 레닌이 **하지 못한** 것, 그가 놓친 기회를 반복하는 것이다"(Žižek, 2000: 310. 강조는 지젝).

1. 서론

이 장은 레닌의 경제사상의 전개과정에 대한 내재적 검토를 통해 마르크스주의 경제학에 대한 레닌의 기여를 밝히는 것을 과제로 한다. 특히 레닌의 경제사상 전개에서 불연속성과 불균등성에 주목하며 레닌의 철학과 마찬가

* 이 장은 정성진(2004b)을 수정·보완한 것이다.

지로, 레닌의 경제학에도 불연속성과 불균등성이 존재함을 입증할 것이다.[1] 특히 레닌의 경제사상에서 양대 저작이라고 할 수 있는 『러시아에서 자본주의의 발전』(1899)(이하 『발전』으로 줄임)과 『제국주의론』(1916) 간의 불연속성을 강조할 것이다. 이를 통해 고전 마르크스주의 전통의 경제학 비판에 대한 레닌의 진정한 기여는 『발전』이 아니라 『제국주의론』이라는 점을 구명할 것이다. 『발전』과 『제국주의론』 간에는 제1차세계대전 이후 제2인터내셔널 마르크스주의의 기계론적 유물론 및 경제결정론적 문제설정과의 단절이 놓여있다. 이러한 측면에서 『발전』의 이론적·실증적·정치적 문제점, 특히 『발전』에서 레닌의 『자본론』 이해가 리카도주의적 혹은 논리역사주의적 편향을 보이고 있다는 점이 지적될 것이다. 또한 『발전』에서 『제국주의론』에 이르는 레닌의 경제사상의 전개 과정, 즉 '두 가지 길'의 이론에서 '군사적·봉건적 제국주의론'을 거쳐 '자본주의 국가론'으로 변천하는 과정은 『발전』의 자기비판 과정이며, 이는 러시아에서 계급투쟁의 고양에 의해 추동되었다는 점을 밝힐 것이다. 또한 『발전』으로 대표되는 청년 레닌의 경제사상은 높이 평가하면서, 『제국주의론』은 『발전』으로부터 이론적 후퇴라고 평가하는 노브(A. Nove), 워렌(B. Warren), 데사이(M. Desai) 등의 통설적 해석[2]과

1) 김세균은 우리나라 마르크스주의자로서는 드물게 레닌의 철학에서 불균등성과 불연속성에 주목한다. "지금까지의 논쟁에서는 대체로 레닌 이론을 고정적인 것, 불변의 것으로 보는 관점이 지배적으로 나타남으로써 레닌 이론이 어떠한 과정을 거치면서 변화·발전하였는지가 제대로 포착되고 있지 않다. …… 이들(알튀세르와 르쿠르)의 레닌 해석에도 한 가지 결함이 나타나고 있는데, 그것은 적어도 『발전』을 쓴 이후부터, 또 그 저술을 쓰기 위해 『자본론』의 방법론을 철저히 연구한 이후부터 이미 레닌이 유물변증법에 대한 자기 나름의 완성된 구상을 지니고 있었다고 보고 또 『유물론과 경험 비판론』에서의 입장과 『철학노트』에서의 입장을 동일한 것으로 봄으로써 레닌의 철학(유물변증법) 구상의 발전 및 그러한 발전을 가져오게 한 조건들을 포착하지 못하는 점이다"(김세균, 1992: 116).

2) 예컨대 노브는 다음과 같이 주장했다. "경제이론가로서 레닌이 1899년(『발전』이 출판된 해임 — 정성진) 이후 기여한 것은 거의 없다. 제국주의에 대한 그의 책이 특별히 독창적이라고는 할 수 없다"(Nove, 1979: 80).

는 정반대로, 『제국주의론』이야말로 『발전』이 갇혀 있던 제2인터내셔널 마르크스주의의 문제설정을 돌파했다는 점에서 고전 마르크스주의의 전통을 발전시키는 데 중요한 기여를 했음을 보일 것이다. 즉, 제1차세계대전 이전의 레닌의 경제사상은 카우츠키, 플레하노프, 러시아 합법 마르크스주의와 같은 제2인터내셔널 마르크스주의의 문제설정을 벗어나지 못했으며, 고전 마르크스주의 전통의 경제학 비판에 대한 레닌의 진정한 기여는 다른 영역에서와 마찬가지로 제1차세계대전 발발 이후 제2인터내셔널 마르크스주의와의 단절과 함께 탄생했고, 『제국주의론』은 그 도달점이라는 것이 이 장의 핵심적 주장이다. 아울러 이와 같은 레닌의 제2인터내셔널 마르크스주의와의 단절 및 고전 마르크스주의 전통으로의 복귀에서 헤겔 변증법의 연구가 결정적 계기였음이 지적될 것이다.[3] 지젝(Žižek, 2000)이 지적했듯이, 1917년 2월혁명 이후 분출한 혁명적 '광기' 속에서 「4월 테제」(1917.4.)와 『국가와 혁명』(1917.8.)으로 상징되는 레닌 사상의 정수가 탄생했다.[4] 하지만 『제국주의론』에도 제2인터내셔널 마르크스주의의 잔재가 남아 있다는 점, 혁명의 유토피아적 '광기'가 가라앉자, 그동안 억제되었던 제2인터내셔널 마르크스주의의 잔재가 신경제정책(NEP) 등의 형태로 다시 살아난다는 점이

---

3) 1914~1915년 사이에 집필된 『철학노트』는 그 분수령이다. 레닌에서 『유물론과 경험 비판론』 및 『철학노트』 간의 인식론적 단절에 관한 상세한 논의는 Löwy(1990), Anderson(1995)을 참조할 수 있다. 그러나 이처럼 단절을 강조한다고 해서 이것이 레닌의 초기 사상 전체를 기각한다거나, 혁명 정당의 건설이라는 실천적 문제의식을 중심으로 한 레닌 사상의 본질적 연속성을 부정하는 것은 아니다. 이에 대한 논의로는 Rees(1998) 및 Lih(2006)을 참조할 수 있다.

4) 지젝은 다음과 같이 말한다. "우리가 고수해야 하는 것은 이러한 레닌주의적 유토피아의 (엄밀하게 키에르케고르적 의미에서) **광기**이다. 이에 비해 스탈린주의는 현실주의적 '상식'으로의 복귀를 대변한다. …… 레닌의 저작에서 이러한 위대성이 가장 분명하게 드러난 시기는 최초의 혁명이 차르체제를 타도하고 민주주의 체제를 수립한 1917년 2월혁명에서 10월의 두 번째 혁명에 이르는 시기이다"(Žižek, 2000: 5~6. 강조는 지젝).

지적될 것이다. 끝으로 이와 같은 레닌의 경제사상의 문제점들이 레닌 사후 오늘날에 이르기까지 진보 진영에서 스탈린주의적 및 개량주의적 문제설정들, 예컨대 자본주의의 진보성론, 독점자본주의 단계론, 자본주의 유형론('앵글로-아메리카 자본주의' vs. '라인 자본주의') 등을 조장해 왔다는 점을 지적할 것이다.[5)]

2. 『러시아에서 자본주의의 발전』(1899)

레닌의 『발전』은 레닌의 저작 중 가장 본격적인 경제학적 저작이다. 레닌의 『발전』은 청년 레닌의 마르크스의 『자본론』 연구와 러시아 경제사 연구를 집대성한 대작이다. 레닌은 『발전』 이후에는, 『제국주의론』을 제외한다면 『발전』에 비견될 정도의 규모와 깊이, 체계를 갖는 경제학적 저작을 집필하지 않았다. 『발전』은 마르크스의 경제학 비판의 방법을 현상분석에 구체적으로 적용한 저작으로서, 마르크스주의를 지지하는 입장에서든 비판하는 입장에서든 마르크스주의 경제학에 중요한 기여를 한 것으로 이 저작을 인정하고 있다.[6)]

---

5) 이 장을 집필하는 과정에서 레닌의 경제사상에 대한 객관적 평가를 시도한 오타 요시키(太田仁樹, 1989), Howard and King(1989), Zarembka(2000, 2003)를 중요하게 참고했다. 하지만 太田仁樹(1989)는 『발전』과 『제국주의론』 간의 단절을 인정하면서도, 이러한 단절이 제2인터내셔널 마르크스주의와의 단절을 배경으로 한다는 사실을 명확히 하지 않았다는 점에서, Howard and King(1989)은 리카도주의적 편향을 갖는다는 점에서, Zarembka(2000, 2003)는 마르크스주의 경제학에 대한 레닌의 기여를 전혀 인정하지 않는다는 점에서 이 장의 문제의식과 차이가 있다.

6) 알뛰세르는 초기 마르크스와 중기 마르크스 사이의 '인식론적 단절'을 주장하면서도, 레닌에 대해서는 그와 같은 '인식론적 단절'의 존재를 부정하고 『발전』과 같은 레닌의 초기 저작을 대단히 높이 평가한다. "레닌의 『발전』. 세계에서 유일한 과학적 사회학의 저작으로서 사회학자라면 누구든지 주의 깊게 연구해야 할 저작. …… 이 책은

레닌이 『발전』에서 설정한 과제는 나로드니키에 반대하여 러시아에서 자본주의 발전은 가능하다는 것, 자본주의는 이미 러시아에 정착하고 있다는 것을 보여주는 것이었다. 레닌은 러시아에서 자본주의 발전이 가능하다는 것을 '시장이론'으로 증명했고, 러시아에서 자본주의 발전이 실제로 진행되어 왔음을 방대한 통계 자료의 분석을 통해 실증했다.

레닌의 『발전』은 마르크스주의 경제학에 대한 중요한 기여로서, 또한 마르크스주의 역사학의 교과서로 간주되어 왔다. 그러나 『발전』에 이론적·실증적으로, 또한 정치적으로 많은 문제점이 있다는 사실은 기존의 논의에서 별로 지적되지 않았다. 『발전』의 문제점은 그것이 기초하고 있는 시장이론에서 비롯된다. 『발전』이 기초하고 있는 시장이론은 전자본주의 경제로부터 자본주의 경제로의 이행의 시기에 판로 문제가 어떻게 해결되는가를 보여주는 한정된 문제를 해결하기 위한 이론이며, 사회 전체의 구조를 해명하는 이론은 아니다. 그러나 『발전』은 이 제한된 목적을 갖는 시장이론으로 사회 전체의 구조를 해명하려고 시도했기 때문에 많은 문제가 발생했다(太田仁樹, 1989: 제1장).

우선 자본주의적 관계와 전통적인 비자본주의적 관계가 대립적인 것으로만 파악되고, 양자의 상호의존 접합의 관계가 제대로 파악되지 못했다. 전통적 관계들은 자본주의적 생산의 발전의 장애물로서 발전 과정에서 구축되는 것으로 파악되었다. 전통적 관계란 주로 고역제(雇役制)적 지주제도와 차르

레닌이 1894년과 1899년 사이 매우 명료하고 엄밀한 텍스트에서, 또 인민주의자와 '낭만주의적' 경제학자들에 대한 그의 비판에서, 마르크스의 『자본론』 제2권의 기본 명제에 대한 수많은 연구의 핵심을 요약한 것이다. …… 프랑스의 '농업문제' '전문가들'은 매우 현실적인 이 텍스트를 면밀하게 읽고 그것으로부터 공식 통계들을 어떻게 '다루어야' 하는지를 배울 필요가 있다"(루이 알튀세르, 1992: 112~113). 대표적인 레닌 연구자인 하딩(N. Harding)도 『발전』을 매우 높이 평가한다. "『발전』은 마르크스주의 문헌에서 봉건제로부터 자본주의의 발전이라는 결정적 시기에 관한 가장 완전하며 가장 실증적이며 논리적인 검토이다"(Harding, 1977: 107).

체제를 가리킨다. 양자 모두 전자본주의적 관계라고 간주되며, 그 잔존의 정도만이 문제로 된다. 차르체제도 자본주의적 지주경영과 구별되는 고역제적 지주층의 이해를 대표하는 것으로, 정치적으로는 반민주주의적 존재이며 경제적으로는 자본주의 발전을 저해하는 것으로 간주되었다. 러시아의 자본주의는 서구와 동질적인 것으로서, 단지 서구 선진국의 과거의 발전 단계에 위치하는 것으로서 파악되었다. 자본주의적 관계의 발전은 오직 내재적 관점에서부터 파악되고, 그 사회의 특수성은 자본주의적 관계가 전통적 관계를 어느 정도 구축했는가에 의해 파악되었다. 즉, 레닌은 『발전』에서 "선진국은 후진국의 미래상"이라는 관점을 갖고 있었다. 이와 같은 관점으로는 후발자본주의 사회의 특수성을 파악하기 어렵다. 『발전』에서는 정치적으로는 민주주의, 경제적으로는 자본주의를 지향하는 세력들(부르주아지+농민+프롤레타리아트)과 그와 같은 역사의 진보에 대한 장애물인 차르체제와 고역제적 지주층의 대항이 러시아 사회에서 주요한 대립으로 설정되었다. 『발전』 시기 레닌이 구상했던 혁명 전략은 이러한 자본주의 발전의 방해물 제거를 목표로 한 것이었다.

하지만 현실에서는 지주제는 자본주의적 재생산구조의 일환으로 포섭되어 있었으며, 차르체제도 자본주의 발전을 방해했다기보다 추진했다. 레닌은 『발전』에서 자본주의에는 민주주의적인 정치제도가 조응하고, 전자본주의적 관계는 자본주의 발전의 방해물로서 결국 구축된다고 생각했기 때문에, 전제적 국가권력과 자본주의의 결합, 즉 지주제(고역제)를 기초로 하는 독특한 재생산구조를 형성하는 러시아 자본주의의 실태를 제대로 이해할 수 없었다.

『발전』에서 레닌은 시장의 발전과 자본주의 발전을 동일시하여, 자본주의의 발전 정도를 과대평가했다(Howard and King, 1989: 178). 이 점은 특히 농촌의 지주경영의 평가에서 두드러진다. 레닌은 상품화폐경제가 발전하고 있는 지주경영의 상당 부분을 자본주의적 경영으로 간주했다.

『발전』은 농노해방 이후 시기 러시아 농촌경제에 대한 일종의 '스냅 사진'이라고 할 수 있다. 즉, 『발전』에는 수많은 통계자료가 동원되고 있지만, 시계열 분석은 거의 없으며 처음부터 끝까지 횡단면 분석으로 되어 있다. 따라서 러시아 농촌에 이전부터 존재하던 것이 무엇인지, 새로운 것은 무엇인지를 『발전』은 말해주지 않는다.

『발전』은 촌락공동체(obshchina)의 구조와 동학 및 촌락공동체가 1861년 농민해방 이후 농민의 경제상태에 어떤 영향을 미쳤는지를 분석하고 있지 않다. "레닌의 책을 읽으면서 우리는 당시 러시아 농민들 대다수가 촌락공동체에 살고 있었다는 사실을 알 수 없다"(White, 2001: 43). 『발전』은 역사서로서 당시 러시아의 경제상황에 대한 불충분하고 일면적인 관찰이다. 1890년대 이래 레닌은 오로지 농민층 분해의 진전만을 자본주의 발전의 징표로 간주했으며, 러시아에서 농민공동체가 분해되고 있다고 주장해 왔다. 레닌은 그와 같은 생각에 기초해서 자신의 농업정책을 정식화했다. 하지만 최근 러시아 경제사 연구는, 레닌이 그 책을 쓴 지 20년이 지난 뒤인 1917년 혁명 당시에도 농민공동체가 여전히 활력을 지니고 있었고 적대적인 계급들로 분해되어 있지 않았음을 보여준다. 촌락공동체 내부에서 계급분화는 레닌이 주장한 것처럼 진행되지 않았다. 한 연구에 따르면 레닌이 『발전』을 집필하던 시기인 1892년 러시아에서 총경지의 무려 43퍼센트가 공동체 통제하에 있었다(Zarembka, 2003: 285). 즉, 레닌은 러시아 촌락공동체의 견고성을 과소평가한 반면, 농민층 분해의 진전 정도, 농업자본주의 발전 정도를 과대평가했던 것이다(Howard and King, 1989: 179).

또한 『발전』의 문제설정은 매우 일국적이다. 『발전』은 국내 경제발전의 분석에 배타적으로 초점을 맞추고 있으며, 러시아에서 외국자본의 문제는 거의 논의되지 않는다. 『발전』 전체에서 단 두 문장에서만 외국자본이 언급되고 있다(White, 2001: 43). 그 결과 당시 러시아에서 자본주의 발전의 주요 원천의 하나가 무시되었다. 이는 러시아에서 근대 기계공업의 발전 정도를 과소평가하는 것이기도 했다. 당시 기계공업은 대부분 외국자본에 의해 건설되었기 때문이다. 레닌이 『발전』에서 공장·공업의 역할을 경시하고 농촌에서 자본주의 발전과 농민층 분해를 특권화한 것은, 이 시기 논쟁에서 레닌과 대체로 같은 이론적 입장을 보였던 합법 마르크스주의자인 투간 바라노프스키가 『19세기 러시아의 공장』(1898)에서 러시아 자본주의 발전을 공장·공업을 중심으로 설명하고 러시아 자본주의 발전에서 국가의 역할을 중시한 것과 대조된다. 나로드니키인 보론초프조차도 『러시아에서 자본주의의 운명』(1882)에서 러시아 자본주의 발전에서 외국자본과 국가의 역할을 강조했다. 역시 같은 시기 트로츠키가 『평가와 전망』(1905)에서 주장한 불균등결합발전론은 실증적 측면에서는 『발전』보다 빈약하지만, 그 문제설정은 『발전』보다 정확하다. 트로츠키는 러시아에서 자본주의 발전의 불균등성과 국가의 주도적 역할을 강조했다. 그리고 러시아에서는 국가가 적극적으로 공업화를 주도하는 국가주도적 자본주의 발전이 이루어졌다고 보았다. 그는 "러시아 자본주의는 국가의 자식으로 보인다"(트로츠키, 1989: 37)라고 썼다. 레닌의 경우 분석 수준이 다분히 일국적이며, 농촌에서의 농민층 분해, 농업에서의 자본주의 발전에 초점을 맞추었던 것에 비해, 트로츠키는 세계적 시야에서 러시아 자본주의 발전에서 국가와 외국자본이 갖는 역할과 도시 공업에서의 자본주의 발전을 정당하게 강조했다.7) 또한 트로츠키는 『1905년』(1909)에서도 러시아에서 취약한 국내 부르주아지와 차르체제 및 외국자본과의 결합발전, 도시 공장지대에 노동자의 유례없는 고도의 집중에 주목했다(Trotsky, 1971a: 20~23).

1861년 농민해방 이래의 러시아의 전제권력이 그 야만성에도 불구하고 자본주의 발전에서 큰 역할을 했다는 사실에 대한 인식은 『발전』에서는 전혀 보이지 않는다. 레닌은 자본주의가 전통적 관계와 전면적으로 대립하고 자본주의 발전은 전통적인 것을 구축하는 과정이라고 생각했기 때문이다.

7) 트로츠키의 정치경제학 체계에 대한 논의로는 이 책 14장을 참조할 수 있다.

레닌은 『발전』에서 이와 같은 시장이론적 사회인식을 기초로 하여 '절취지(otrezki)' 농업 강령, 즉 지주에 대한 공격을 절취지[8]로 제한하고 부르주아지에 대한 프롤레타리아트의 투쟁을 억제하는 전략을 도출했다.[9] 『발전』 시기 레닌의 농업 강령에서 지주에 대한 공격은 전면적인 것이 아니라 부분적인 것에 그쳤다. 즉, 지주의 소유지 중 절취지만을 반환의 대상으로 요구했다. 레닌은 절취지가 "채무노예적 부역적 노동", 즉 사실상 농노제적 노동을 계속 유지하는 기반이 되고 있다고 보고 절취지의 촌락공동체로의 반환을 요구했다. 절취지를 넘어선 지주적 토지소유에 대한 공격은 제한되었다. 레닌이 이처럼 지주적 토지소유 일반에 반대하지 않고 지주의 절취지 소유에만 반대한 것은 절취지 이외의 토지는 농노제가 아니라 부르주아적 자본주의적으로 이용되고 있다고 생각했기 때문이다. 『발전』 시기 레닌은 당면한 혁명의 성격을 역사의 발전에 대한 '장애물'을 제거하는 것으로 설정했기 때문에, 역사를 발전시키는 측인 부르주아지에 대한 프롤레타리아트의 공격은 억제되어야 한다고 생각했다.

19세기 말 러시아 사회경제상태에 대한 레닌의 『발전』에서의 분석이 마르크스주의적이고, 나로드니키의 분석은 비마르크스주의적이라는 통설적 평가는 정당하지 않다. 만년의 마르크스는 레닌과는 달리 러시아의 촌락공동체를 매우 진지하게 검토했으며 러시아에서 농민층 분해를 자본주의 발전의 중심 지표로 간주하지 않았다. 만년의 마르크스는 「베라 자술리치(Vera Zasulich)에 보낸 편지 초고들」(Marx, 1881b)에서 보듯이 러시아 합법 마르크스주의자들이나 레닌과는 반대로 러시아에 남아 있는 촌락공동체를

8) 절취지란 1861년 농민해방 당시 농민이 그때까지 이용해 온 농민분여지를 지주가 삭감 절취하여 자기의 소유지로 만든 토지를 가리킨다.

9) "우리 농업 강령의 전체적인 핵심은 농촌 프롤레타리아트가 농노제 잔재의 제거를 위해, 즉 절취지를 위해 부농과 함께 투쟁해야 한다는 점이다. …… 프롤레타리아트는 농노제를 일소하는 것 이상으로는, 절취지 반환 이상으로는 부농과 같이 나아갈 수 없으며 또 나아가서도 안 된다"(레닌, 1990: 385).

기반으로 하여 자본주의를 비월(飛越)해 사회주의로 직접 이행하자는 러시아 나로드니키들에 공감을 표시했다. 따라서 화이트(White, 2001)도 지적했듯이, 나로드니키와 마르크스주의를 이분법적으로 대립시키는 것은 당시 러시아 사상의 현실과는 부합되지 않는다. 원래 의미에서 나로드니키가 마르크스의 영향을 받지 않은 적은 없었으며, 플레하노프를 비롯한 초기 러시아의 마르크스주의자들은 나로드니키였다.

3. 『발전』의 『자본론』 해석의 문제점

레닌의 『발전』은 마르크스주의 역사학 연구에서뿐만 아니라 마르크스주의 경제학 연구에서도 이정표적 성취를 이룬 것으로 평가된다. 즉, 『발전』에서 제시되는 시장이론과 I 부문의 불균등발전 법칙은 당시 마르크스주의자들 내부에서 전개되었던 재생산과 공황 논쟁을 마르크스주의적 입장에서 올바르게 해결한 것으로 주장된다.

그러나 실제로는 "소비의 일정한 수준 자체가 비례성의 하나의 요소"라는 경구적 언급[10)]을 제외한다면, 레닌이 마르크스주의 재생산과 공황이론에 독자적으로 기여한 것은 거의 없다. 레닌의 공황이론은 나로드니키의 과소소비설과 합법적 마르크스주의의 불비례설을 변증법적으로 해결한 독창적 공헌이라는 스탈린주의적 레닌 우상화는 거부되어야 한다.

사실 "소비의 일정한 수준 자체가 비례성의 하나의 요소"라는 레닌의 언급 자체가 마르크스의 재생산과 축적 이론을 오해한 것이다. 왜냐하면

10) 레닌은 투간 바라노프스키를 비판하면서 다음과 같이 주장했다. "'사회의 소비력'과 '다양한 생산부문들의 비례적 관계' – 이들은 서로 고립된, 독립적인, 연관되어 있지 않은 조건들이 아니다. 반대로 소비의 일정한 수준 자체가 비례성의 한 요소이다"(Lenin, 1899a: 58~59).

마르크스는 생산과 소비의 괴리를 레닌이 주장하듯이 "자본주의적 생산 전체의 한 부문"(Lenin, 1897: 168)이 아니라, 자본주의적 생산 전체의 중요한 속성이라고 보았기 때문이다.

레닌이 실현 문제에 기인하는 공황의 문제를 불비례 문제로 환원하고 공황론을 재생산표식론으로 대체한 것은, 레닌이 마르크스의 경제학 비판 체계를 잘못 이해한 것이다. 로스돌스키는 레닌이 마르크스를 오독한 결과 로자 룩셈부르크의 『자본축적』을 기각하고 바우어와 같은 오스트리아 마르크스주의자의 룩셈부르크 비판을 수용하게 되었다고 지적한다.[11] 또한 레닌이 룩셈부르크를 비판하면서 제시한 자본의 유기적 구성의 고도화를 고려한 확대재생산표식은 자본주의 경제에서 기술혁신이 조화롭게 진행될 수 있다는 그릇된 인상을 준다.

실현 문제에 대한 이론에서 레닌과 다른 합법적 마르크스주의자들, 즉 투간 바라노프스키, 불가코프, 스트루베 간의 차이는 큰 것이 아니다(Zarembka, 2000: 204).[12] 로스돌스키가 지적하듯이 "생산과 소비의 관계가 균형 개념으

---

11) 로스돌스키는 레닌이 『발전』을 집필할 당시 마르크스의 『잉여가치학설사』와 『정치경제학비판 요강』이 출판되지 않아서 이를 접하지 못했고, 그 결과 『자본론』 제2권 제3편의 중요성을 부당하게 과장하게 되었다고 주장한다(로스돌스키, 2003: 246). "청년 레닌이 실현 문제에 관한 논문을 썼을 때, 그는 마르크스의 『잉여가치학설사』나 『정치경제학비판 요강』에 대해 전혀 알지 못했다. 따라서 그는 마르크스의 경제학 저작의 구조가 지닌 방법론적 복합성에 대해 단지 불충분한 직관 정도밖에 가지고 있지 못했다. …… 레닌은 오히려 『자본론』 제2권 제3편의 분석이 지닌 이론적 타당성과 의의를 과장했다. …… 재생산표식과 『자본론』 제2권의 분석은 그 자체로는 실현 문제에 대한 '완전한 설명'을 제공할 수 없으며, 마르크스의 공황 및 붕괴 이론과의 관련성 속에서만 이 문제에 대해 해답을 제시할 수 있다는 것이다. 결국 우리가 보기에 레닌의 실현 이론의 가장 큰 결함은 바로 이 기본적인 사실을 간과한 데 있다"(로스돌스키, 2003: 246~248).

12) 레닌은 「다시 실현 문제에 관하여」에서 다음과 같이 말했다. "러시아 농민은 자신들 내부에서의 분해에 의해 우리 자본주의를 위한 시장을 창출한다는 스트루베의 주장은 완전히 옳다"(Lenin, 1899b: 90).

로 포섭될 수 있다는 레닌의 가정은 그를 불가코프나 투간 바라노프스키의 불비례설에 위험할 정도로 가깝게 접근시킨다"(로스돌스키, 2003: 243).

레닌은 『자본론』 3권 특히 그 중에서도 이윤율의 저하 경향 법칙을 과소평가한다.[13] 또한 레닌의 자본축적 개념은 생산력의 측면을 절대화하고 생산의 사회적 관계의 측면, 계급관계의 측면을 최소화한다는 점에서 마르크스의 자본축적 개념에 대한 일면적 이해이다(Zarembka 2000: 185). 자본축적을 자본주의적 계급관계의 축적, 프롤레타리아트의 증대로 인식했던 마르크스와 달리, 레닌은 청년 시기에도, 원숙한 경지에 도달한 1915년에도 자본축적을 생산의 확대로만 이해하는 편향에서 벗어나지 못했다.[14]

자렘브카가 지적했듯이 "레닌은 자본주의적 생산의 확대가 자신의 시장을 창출하며 소비재에 대한 수요는 파생수요라고 주장하면서 리카도처럼 생산의 조직자로서의 자본가를 부각한다"는 점에서 리카도와 같은 "생산의 경제학"으로 퇴행했다(Zarembka, 2003: 288~289). 마르크스의 『잉여가치학

13) 이와 같은 레닌의 『자본론』 이해의 문제점을 일찍이 인식한 것은 그로스만(H. Grossmann)이다. 그로스만은 이를 우회적으로 다음과 같이 표현한다. "레닌은 올바르게도 고도로 발전한 자본주의는 내재적인 '정체와 부패' 경향으로 특징지어진다고 말했다. 그러나 레닌은 이 경향을 독점의 성장과 연관시켰다. 그와 같은 연관이 존재한다는 사실은 논란의 여지가 없다. 그러나 단지 그렇게 말하는 것으로는 불충분하다. …… 독점의 성장은 가격을 인상함으로써 수익성을 제고하는 수단이다. 그리고 이러한 의미에서 그것은 표면적 현상일 뿐이며 그 내적 구조는 자본축적과 연관된 불충분한 가치 증식이다"(Grossmann, 1929: 122).

14) 레닌은 1897년 시스몽디를 비판하면서 다음과 같이 말했다. "축적은 정말이지 수입(소비재)을 넘어선 생산의 초과분이다. 생산을 확대하기 위해서는 (용어의 범주적 의미에서 '축적'하기 위해서는) 다른 무엇보다 생산수단을 생산하는 것이 필요하다"(Lenin, 1897: 155). 레닌은 그로부터 18년이 지난 1914년에도 『그라나트(Granat) 백과사전』의 '마르크스' 항목을 집필하면서 "새로운 또 최고로 중요한 것은 마르크스의 자본축적 분석이다. 즉, 잉여가치 일부의 자본으로의 전환, 그리고 그것을 자본가의 개인적 필요나 변덕을 만족시키기 위해서가 아니라 새로운 생산을 위해 사용하는 것"(Lenin, 1914b: 63)이라고 썼다.

설사』에 시스몽디에 대한 어떤 체계적인 비판도 전개되어 있지 않은 것과 달리[15], 레닌은 시스몽디를 나로드니키 경제학의 원조로 간주하여 혹독하게 비판했다. 레닌은 '프티부르주아' 경제학자 시스몽디에 대해서는 무려 133페이지에 달하는 장문의 논설 전체, 즉 Lenin(1897)을 할애하여 비판하면서도, '부르주아' 경제학자 리카도의 오류에 대해서는 침묵하다시피 했다.

레닌은 「소위 '시장문제'에 관하여」(1893)와 『발전』에서 시장 혹은 상품생산 일반을 자본주의와 동일시하고, 시장이 형성 발전되면 자본주의가 자동적으로 성립하는 것처럼 이해하는 유통주의적 편향을 보였다. "레닌은 시장 창출에서 강제의 문제를 과소평가하고 기술진보의 역할을 부각했다"(Zarembka, 2003: 284). 레닌은 전자본주의 경제가 시장의 힘을 통해 자본주의로 자연스럽게 전화한다고 믿었다는 점에서 자본의 시초 축적과정에서의 폭력, 경제외적 강제를 강조한 마르크스와 다르며, 오히려 아담 스미스와 가깝다. 레닌은 상품생산을 창출하는 데서 강제와 폭력에 초점을 맞추기보다, 시장의 규모는 "사회적 노동의 특화의 정도와 불가분하게 연관되어 있다"고 말하고, "이와 같은 특화는 본질적으로 기술진보처럼 무한하다"라고 주장했다(Lenin, 1893: 100).

레닌은 또 제2인터내셔널 마르크스주의와 스탈린주의에 고질적인 『자본론』에 대한 논리역사주의적 이해에 대해 '정통적' 전거를 제공했다. 레닌이 『자본론』을 논리역사주의적으로 이해하고 있음은 다음과 같은 주장에서

15) 마르크스는 오히려 과잉생산공황을 부정한 리카도를 비판하면서, 과잉생산공황을 인정한 시스몽디를 긍정적으로 평가하기조차 했다. 마르크스는 『잉여가치학설사』에서 다음과 같이 말했다. "시스몽디는 자본주의적 생산의 모순을 깊이 인식하고 있었다. …… 그는 특히 근본적 모순을 알고 있었다. 즉, 한편에서 상품으로 이루어져 있고 동시에 화폐로 전화되어야 하는 생산력과 부의 무제한적 발전, 다른 한편에서 생산자 대중이 생활필수품에 한정되어있다는 사실에 체제가 기초하고 있다는 것 간의 모순. 그리하여 시스몽디에 따르면 공황은 리카도가 주장하듯이 우연적인 것이 아니라 내재적 모순의 필연적 폭발 – 이는 점점 더 큰 규모로 또 정기적으로 발발한다 – 이다"(Marx, 1971: 55~56).

분명하다. “어떤 주어진 역사적으로 규정된 사회의 생산관계를 그 발생, 발전 및 소멸 과정 전체에 걸쳐 연구하는 것, 이것이 마르크스의 경제학설의 내용이다”(Lenin, 1914b: 59).[16)]

또한 레닌은 신리카도주의 경제학자들과 마찬가지로 가치형태 및 물신성 범주의 중요성을 제대로 인식하지 못했다. 이는 마르크스 이후 대부분의 마르크스주의자들과 신리카도주의 경제학자들이 마르크스에서 가치의 양적 이론과 가치형태론, 물신성론 및 소외론의 유기적 통일을 이해하지 못했던 것과 마찬가지다. 즉, 레닌은 베른슈타인이나 카우츠키, 힐퍼딩, 로자와 마찬가지로, 가치형태와 물신성 및 소외를 마르크스 가치론의 중심 개념으로 정립하지 못했다. 제2인터내셔널 마르크스주의 문헌에는 거의 등장하지 않는 가치형태, 물신성, 소외와 같은 범주들은 레닌의 문헌에도 등장하지 않는다.

물론 1914~1915년 레닌이 헤겔의 『논리학』을 천착하며 작성한 『철학노트』는 레닌이 마르크스의 경제학비판체계에 대한 자신의 예전의 해석의 틀을 깰 수 있는 방법론을 확보했음을 보여준다. 예컨대 레닌은 『유물론과 경험 비판론』의 반영론과는 달리 『철학노트』에서는 본질과 현상형태의 괴리에 주목했는데,[17)] 이것이 마르크스 경제학비판체계와 접목되었더라면

16) 마르크스의 『자본론』에 대한 레닌과 스탈린의 논리역사주의적 해석을 비판한 것으로는 이 책 1장 및 3장을 참조할 수 있다.

17) 레닌은 『철학노트』에서 다음과 같이 썼다. “헤겔의 『논리학』 **전체**를 철저하게 연구하고 이해하는 것 없이 마르크스의 『자본론』 특히 제1장을 완전하게 이해하는 것은 불가능하다. 그 때문에 반세기가 흘렀지만 마르크스주의자 그 누구도 마르크스를 이해하지 못했다!”(레닌, 1989: 131~132. 강조는 레닌). 위 인용문은 헤겔의 『논리학』 전체를 철저하게 연구하고 이해하지 못한 상태에서 쓰인 『발전』의 『자본론』 이해가 결함이 있었음을 레닌 스스로 자기비판하는 것으로 읽어야 한다. 즉, 위 인용문의 “그 누구도”에는 레닌은 포함되지 않는다는 알튀세르의 우상 숭배적 억지 주장(알튀세르, 1992: 118~119)과는 달리 당연히 레닌 자신도 포함된다. 하지만 이제 레닌은 헤겔의 『논리학』 전체를 철저하게 연구하고 이해했으므로, 『자본론』

가치형태와 물신성, 소외 범주의 중요성을 인식할 수 있었을 것이다. 그러나 1917년 혁명의 발발로 레닌은 이에 필요한 시간을 갖지 못했다.

4. '두 가지 길', '군사적·봉건적 제국주의'에서 '부르주아 국가'로

1) '두 가지 길': 1905~1914년

『발전』에서 레닌은 자본주의적 관계와 전통적 관계의 관계를 오로지 대립적인 것으로만 파악하고 양자의 결합, 상호의존과 접합의 측면을 파악하지 못했다. 그 때문에 이 시기 레닌은 농민의 지주에 대한 투쟁력을 제대로 평가할 수 없었으며, 그가 제기한 절취지 강령은 1905년 혁명에서 농민운동의 실제적 전개를 따라잡지 못했다. 그러나 레닌은 1905년 혁명기에 농민이 지주 토지를 전면 몰수한 현실을 목격하고, 이전에 주장했던 절취지 강령을 거두어들이고, 대신 지주 토지의 전면 몰수를 주장하게 되었다. 레닌은 1905~1907년 제1차 러시아혁명에서 농민운동의 확산, 지주제가 자본주의 발전에 따라 소멸하지 않았다는 사실, 지주의 대표자로 간주되었던 차르체제의 정책이 자본주의화의 추진이었다는 사실 등을 알게 되었다. 레닌은 이를 반영하여 『민주주의 혁명에서 사회민주주의자의 두 가지 전술』(1905)

1장의 가치형태론과 물신성론을 완전하게 이해할 수 있게 되었다. 본질과 현상형태의 구별뿐 아니라 그 연관을 강조하면서 현상형태를 중요치 않은 비현실적인 것으로 간주해서는 안 된다는 다음과 같은 레닌의 언급은 레닌이 마르크스의 가치형태론과 물신성론의 의의를 인식하는 데 가까이 접근했음을 보여준다. "비본질적인, 외관상의, 피상적인 것들 더 잘 사라지며 그렇게 '확실하게' 보존되지 않으며, '본질'처럼 '그렇게 확고하게 정착해 있지' 않는다. (가령) 하천의 운동 — 표면의 물거품과 밑바닥의 깊은 흐름. **그러나 물거품조차도** 본질의 한 표현이다!"(레닌, 1989: 74. 강조는 레닌).

에서 농민계급의 혁명적 능력을 이전보다 높게 평가함과 동시에 부르주아지의 혁명 수행 능력을 평가절하했다. '[차르체제+지주] 대 [프롤레타리아트+농민+부르주아지]'라는 구도 대신 '[차르체제+지주+부르주아지] 대 [프롤레타리아트+농민]'이라는 계급 대항의 구조 인식의 기초 위에서 프롤레타리아트와 농민계급의 권력이 전망되었다. 이와 같은 레닌의 새로운 인식은 『1905~1907년 제1차 러시아혁명에서 러시아 사회민주당의 농업 강령』(Lenin, 1907)에서 '두 가지 길' 이론으로 구체화된다.[18]

'두 가지 길' 이론은 시장이론과 같은 부분적 이론이 아니라, 러시아 사회 전체의 구조에 관한 인식이다. 이 이론에서 레닌은 지주제 및 차르체제와 러시아 자본주의의 결합을 "농업자본주의화의 프러시아형의 길"로 파악하고, 그것에 대항하는 농민적 발전을 '아메리카형'으로 파악했다. '프러시아형'과 '아메리카형'의 대항은 농업 부문에서뿐만 아니라 공업 부문에도 이루어지고, 이처럼 상호 대항하는 '두 가지 길'이 러시아에서 공존하는 것은 러시아 사회의 발전 수준이 낮기 때문이라고 레닌은 생각했다. '프러시아형'의 자본주의 발전과 '아메리카형'의 자본주의 발전이라는 두 가지 자본주의화의 길이 대항하는 상태가 러시아 사회의 현상이라는 것이다. 즉, '아메리카형'의 자본주의 발전을 지향하는 농민 및 프롤레타리아트가 '프러시아

18) '두 가지 길'의 이론의 요점은 레닌이 1907년에 쓴 『발전』 제2판 「서문」에 잘 서술되어 있다. "러시아혁명이 당면한 기초 위에서는 객관적으로는 이 혁명의 발전과 결말의 두 가지 기본선이 있을 수 있다. 하나는 수천 가닥의 실로 농노제도와 결부되어 있는 지주경영이 존속하면서 서서히 순자본주의적인 '융커적' 경영으로 전화해 가는 선이다. 국가의 농업구조 전체는 자본주의적인 것으로 되기는 하지만, 농노제적 특징을 장기간 보존한다. 또 하나는 혁명이 낡은 지주경영을 분쇄하고 농노제의 모든 유물을, 무엇보다도 대토지 소유를 파괴하는 선이다. 고역으로부터 자본주의로의 종국적 이행의 기초로 되는 것은 농민을 위해서 지주의 토지가 수탈되는 데서 거대한 자극을 받은 소농경영의 자유로운 발전이다. 농업구조 전체가 자본주의적으로 된다. 왜냐하면 농노제도의 흔적이 보다 완전하게 파괴되면 될수록 농민층의 분해가 점점 급속하게 진행되기 때문이다"(레닌, 1988a: 19~20).

형'의 자본주의 발전을 지향하는 '차르체제+대부르주아지+지주층'과 대항하고 있다는 것이다. 이 경우 차르체제와 지주층은 정치적인 반민주주의 경향에도 불구하고 경제적으로 진보적 세력으로 파악된다. 다시 말해 대립은 역사의 진보의 추진자와 그 장애물 간의 대립이 아니라, 진보를 둘러싼 두 흐름, 즉 '프러시아형' 길과 '아메리카형' 길 간의 대립으로 파악된다. 레닌은 그 당시 '프러시아형' 자본주의 발전의 길을 걷고 있던 러시아에 대해 '아메리카형' 자본주의 발전의 길을 대안으로 제시했다.[19)]

하지만 '두 가지 길' 이론은 다음과 같은 문제점을 갖고 있다. 우선 '두 가지 길' 이론은 '두 가지 길' 간의 상호 대항의 측면을 과장하는 반면, 상호 접합의 측면은 과소평가한다.[20)] 이는 '두 가지 길' 이론이 『발전』과 마찬가지로 러시아에서 차르체제·지주제와 같은 전자본주의적 관계들이 자본주의와 결합되어 있는 것은 러시아가 근대사회가 성립하기 전의 상태에 있기 때문이라는 논리를 배경으로 하기 때문이다(太田仁樹, 1989: 제3장). 그 결과 '두 가지 길' 이론 역시 『발전』과 마찬가지로 농민의 반(反)지주 투쟁과 노동자의 반자본가 투쟁의 확산을 낳는 근대 러시아 사회의 독자적인 구조, 즉 차르체제에서 지주제를 재생산구조의 일환으로 포섭하면서 발전하는 러시아 자본주의의 독자적인 구조를 파악할 수 없었다.

'두 가지 길'의 이론에서는 반민주주의적 관계의 존재는 자본주의 발전 정도의 낮음에 조응한다는 도식이 아직 극복되지 못했다. 레닌은 차르체제

---

19) 이는 오늘날 일부 진보 진영이 '앵글로-아메리카 자본주의'의 대안을 '프러시아형'의 현재형인 '라인 자본주의'에서 찾는 것과는 대조적이다.

20) 레닌의 '두 가지 길'의 이론을 높이 평가하는 하워드와 킹도 다음과 같이 지적한다. "스톨리핀('프러시아형' – 정성진)과 레닌('아메리카형' – 정성진)을 경쟁자로 간주하는 것도 일리가 있지만, 양자 간에는 이해관계가 합치되는 부분도 있었다. 레닌은 자신의 목적을 달성하기 위하여 스톨리핀이 자신의 목적을 상당히 달성할 것을 요청했다. 그렇게 되어야 촌락공동체가 철저하게 파괴되고 농민 부르주아지가 더욱 확고하게 설 수 있기 때문이다. 따라서 레닌의 마르크스주의는 프러시아형 길의 부분적 성공을 요청했다"(Howard and King, 1989: 215).

주도의 자본주의 발전을 '프러시아형'이라고 부른 데서 보듯이, 프러시아를 선진 서구 자본주의 나라와 다른 발전을 밟은 것으로 간주했다. 그러나 그 사회의 성격은 본질적으로 서구 자본주의 나라와 동일한 것으로 간주되었다. 자본주의가 이미 확립된 프러시아의 군주를 레닌은 "부르주아적=융커적 군주제"라고 불렀다. 레닌은 어떤 사회라도 자본주의가 본격적으로 확립된 후에는 기본 성격에 있어 서구 자본주의국과 차이가 없다고 생각했다.[21]

레닌은 '두 가지 길' 이론에서도 자본주의 발전은 민주주의 발전과 동시에 진행된다고 생각했으며, 후발 자본주의국에서는 전제적인 통치형태가 오히려 자본주의적 공업화에 유리한 형태일 수도 있음을 인정하지 않았다. '두 가지 길' 이론에서 정치적 민주주의의 과제는 어디까지나 자본주의 성립기의 과제였다.

'두 가지 길' 이론은 차르체제·지주제와 결합한 자본주의 발전에 반대하는 광범위한 농민운동의 존재근거를 자본주의의 발전 수준이 낮다는 사실에서 찾았다. 이 때문에 이 이론은 러시아에서 첨예한 노동운동의 존재를 설명하기 곤란하게 되고 1905년 혁명 당시 레닌이 제기했던 "프롤레타리아트와 농민에 의한 혁명적 민주주의 독재" 전략, 즉 프롤레타리아트와 농민의 직접적 정권 획득이라는 정치적 전망과도 모순되었다.

『발전』에 대응하는 농업 강령이 절취지 강령이라면, '두 가지 길' 단계의

---

21) 레닌이 차르체제 지주제가 결합하여 발전하는 자본주의를 '프러시아형'의 길로서 후발 자본주의국의 발전의 독자적 유형으로서 파악했다는 해석도 있지만, 그와 같은 해석은 옳지 않다. 레닌에 있어서는 '프러시아형'의 자본주의도 서구의 그것과 마찬가지로 '순수한 자본주의'였다. 만약 '프러시아형' 자본주의가 러시아에 확립된다면 레닌이 부르주아적 과제로 간주한 농민 문제는 사라질 것이다. 농민 문제를 부르주아적 과제, 농민 운동을 부르주아 민주주의 운동으로 간주하는 레닌에 대해, '프러시아형'의 자본주의의 확립을 인정하는 것은 광범위한 러시아의 농민운동을 정치적으로 견인할 수 있는 이론적 근거를 상실하는 것을 의미했다. 바로 이 때문에 레닌은 '두 가지 길' 이론을 제기한 지 몇 년 되지 않아 이를 포기했다(太田仁樹, 1989: 212).

레닌의 농업 강령은 토지 국유화 강령이었다. 레닌은 '아메리카형'의 자본주의 발전을 지향하는 혁명세력은 '프러시아형' 자본주의화의 담당자인 지주제 전체를 타도하고 지주적 토지소유 일반을 철폐하고 토지를 국유화하자는 전략을 제기했다. 레닌은 토지 국유화의 기초 위에서만 '아메리카형'의 자본주의적 발전이 전망될 수 있으며, 그 의미에서 토지 국유화는 부르주아적인 것이라고 생각했다. 즉, 토지 국유화 강령은 최대강령이 아니라 자본주의의 틀 내에서 성취될 수 있는 강령이며, 절대지대의 제거를 통해 자본주의의 자유로운 발전을 촉진한다.[22] 따라서 토지 국유화는 1단계 혁명, 즉 반봉건 민주주의혁명과 양립가능하다. 이러한 점들로 미루어볼 때 1905년 혁명 이후 1917년 혁명까지 레닌은 여전히 2단계 혁명론자였다(Howard and King, 1989: 201).

2) '군사적·봉건적 제국주의'에서 '자본주의 국가'로: 1914~1917년

제1차세계대전 시기 레닌은 러시아의 전근대적 세력을 '군사적·봉건적 제국주의'라는 개념으로 파악했다. '두 가지 길'의 이론에서는 차르체제·지

22) "자본주의 사회에서 토지 국유화의 문제는 본질적으로 구별되는 두 부분으로 나누어진다: 차액지대의 문제와 절대지대의 문제. 국유화는 전자의 소유자를 변경하며 후자의 존재 자체를 와해시킨다. 따라서 국유화는 한편에서 자본주의의 한계 내에서의 부분적 개혁(잉여가치의 일부의 소유자의 변경), 다른 한편에서 자본주의 전체의 발전을 방해하는 독점을 폐기한다. …… 자본주의의 자유로운, 광범한, 또 급속한 발전, 계급투쟁을 위한 완전한 자유 …… 이것이 자본주의 생산체제에서 토지 국유화가 의미하는 것이다"(Lenin, 1907: 299~300, 316). "국유화는 지대를 국가로 이전시키는 것을 의미한다. …… 국유화는 토지의 이용을 촉진할 것이다. …… 토지 국유화는 부르주아적 조치이다. …… 토지 국유화는 부르주아 사회에서도 가능하며 생각할 수 있다. 토지 국유화는 자본주의 발전을 지체시키는 것이 아니라 촉진할 것이며, 농업 관계 영역에서 최대의 부르주아 민주주의적 개혁이다"(Lenin, 1906: 181, 183).

주와 결합한 자본주의화를 '프러시아형'이라고 규정하고, 그것에 반대하는 농민운동을 '아메리카형'을 지향하는 것으로 규정했지만, '군사적·봉건적 제국주의론'에서는 차르체제·지주에 반대하는 농민운동을 "부르주아적 러시아"라고 불렀다. 레닌은 '군사적·봉건적 제국주의'가 "자본주의적(부르주아적) 제국주의"와 병존하는 것이 제1차세계대전 이후 러시아의 현실이라고 인식했다. 레닌은 「제2인터내셔널의 붕괴」(1915)에서 "주지하듯이 러시아에서 자본주의적 제국주의는 약하지만, 그 대신 군사적·봉건적 제국주의는 더 강력하다"(Lenin, 1915a: 228)라고 썼다.

'군사적·봉건적 제국주의론'은 다른 제국주의 열강과 비교하여 러시아의 전근대성을 강조하지만, 러시아에서 자본주의적 제국주의, 독점자본주의, 나아가 국가독점자본주의의 형성을 인정한다. 즉, '군사적·봉건적 제국주의론'에서는 러시아 사회가 자본주의 이전의 전자본주의 사회라는 논리는 포기된다. 하지만 농민운동을 부르주아 민주주의 운동으로 간주하여 그 에너지를 활용하기 위한 근거로서 제출되었던 '두 가지 길'의 이론의 목적은 '군사적·봉건적 러시아'로부터 '부르주아적 러시아'를 해방한다는 논리로 계승된다.[23] '부르주아적 러시아'에 대항하는 차르체제와 지주제는 『발전』에서와 마찬가지로 '농노주적'인 것으로 간주되었다. 그러나 '군사적·봉건적 제국주의론'에서는 지주와 차르체제가 '농노주적'이라고 지칭되면서도, 『발전』에서와는 달리 자본주의 발전을 저해하는 것으로는 간주되지 않았다. '농노주적' 차르체제·지주는 자본주의의 방해물이라든지 자본주의 발전에 의해 구축되는 것으로서가 아니라, 이미 제국주의로 성장·전화한 자본주의, 즉 '자본주의적 제국주의'와 공존하고 있는 것으로 파악된다.

---

23) "프롤레타리아트는 권력 획득을 위해서, 공화제를 위해서, 토지 몰수를 위해서, 즉 농민을 획득하기 위해서, 농민의 혁명적 힘을 **완전히** 이용하기 위해서, **군사적·봉건적** '제국주의(차르체제)'로부터 **부르주아적** 러시아를 해방하는 것에 '비프롤레타리아트 인민대중'을 참가시키기 위해서, 현재 투쟁하고 있으며 앞으로도 헌신적으로 투쟁할 것이다"(Lenin, 1915b: 420. 강조는 레닌).

'두 가지 길' 이론에서는 차르체제·지주와 결합한 자본주의가 발전하고 있는 러시아 사회를 자본주의가 본격적으로 확립되기 전의 사회로 보았기 때문에, 당시 점점 더 격화되고 있던 노동운동을 설명하는 것이 곤란했다. 하지만 '군사적·봉건적 제국주의론'에서는 차르체제·지주('군사적·봉건적 제국주의')와 공존하는 자본주의를 '최신형의 자본주의적 제국주의' 혹은 '부르주아적 제국주의'로 파악하고, 두 종류의 '제국주의'의 동시 존재로부터 노동자와 농민의 혁명적 에너지의 결합의 근거를 찾을 수 있었다(太田仁樹, 1989: 제6장).

1917년 10월혁명 후 레닌은 근대 러시아의 출발점을 1861년 농민해방의 시점에서 찾고, 이후의 러시아 국가를 자본주의 국가라고 규정했다. "1861년까지는 러시아를 통치했던 국가권력은 농노제적 지주였다는 것을 우리는 알고 있다. 그 이후 통치해 온 권력은 대개의 경우 부르주아지이며 부유한 층의 대표자였다는 것을 우리는 알고 있다"(Lenin, 1919a: 393). 그런데 이와 같은 자본주의 국가론은 1917년 혁명 이전의 차르체제를 '전근대적'인 것으로 간주해 온 자신의 종래 논의를 정면으로 뒤집은 것이다. 차르체제는 부르주아 권력인 임시정부와 동질적인 것으로 간주되었다. 또한 지주제는 "자본에 대한 가장 무자비한 혁명적 조치를 취하지 않고서는" 폐기할 수 없을 정도로 자본주의와 긴밀하게 결합되어 있는 것으로 인식되었다.[24] 즉, 2월혁명 이전의 '농노주적 지주'와 혁명 이후의 '자본주의적 지주'가 실질적으로는 동일한 사회층으로 간주되었다. 즉, '군사적·봉건적 제국주의론'에서 '차르체제=농노주적'이라는 인식은 사라진다. 차르체제는 '농노제

---

24) 레닌은 1917년 7월 「입헌적 환상」에서 다음과 같이 말했다. "러시아의 부르주아지가 지주와 극히 긴밀하게 융합되어 있다는 것은 분명하다. …… 거대한 경제혁명 없이는, 은행을 전 인민의 통제하에 두지 않고서는, 신디케이트를 국유화하지 않고서는, 자본에 대한 가장 무자비한 혁명적 조치를 취하지 않고서는, 러시아에서 토지의 사유를 폐지하고, 또 무상으로 폐지하는 것은 **불가능하다**"(Lenin, 1917a: 197~198. 강조는 레닌).

의 잔존물'인 지주제도 포함한 러시아 자본주의의 재생산을 총괄하는 위치에 서있는 것으로서 다시 규정되었다. 전제적 국가권력은 지주 세력에만 기반을 갖는 것이 아니라 상대적 자율성을 갖는 것으로 파악되었다. '차르체제=부르주아 권력론'에서 전제권력은 자본주의 발전의 추진자로서 인식되었다. 즉, 구러시아의 지주제는 '전자본주의적'인 것이지만 차르체제는 '부르주아적'인 것으로 간주되며, 양자는 더 이상 조응하지 않게 된다. 차르체제에 단지 지주제의 대표자로서의 지위뿐 아니라 지주제를 일환으로 하는 러시아 자본주의의 재생산을 총괄하는 지위가 부여되었기 때문이다.

레닌은 「임박한 파국, 그것과 어떻게 싸울 것인가」(1917.9.)에서 차르체제에서 자본주의가 이미 독점자본주의, 국가독점자본주의로 성장·전화했다고 주장한다. "러시아에서도 자본주의가 이미 독점자본주의로 되었다는 사실은 프로두골, 프로다메트, 설탕 신디케이트 등의 사례에 의해 충분히 입증된다. 이 설탕 신디케이트는 독점자본주의가 국가독점자본주의로 전화하는 방식을 보여주는 좋은 사례이다"(Lenin, 1917b: 361). 레닌은 또한 차르체제와 임시정부의 동질성도 주장했다. "군주제의 통치 형태가 공화제적인 민주주의적 형태로 변한다 할지라도, 자본주의적 착취의 경제적 본질은 조금도 변하지 않는다. 따라서 거꾸로 민주적 공화제하에서도 전제군주하에서와 마찬가지로 자본주의적 이윤의 신성불가침을 수호하기 위한 투쟁의 형태만이 변경될 뿐이다"(Lenin, 1917b: 329). 즉, 1917년 2월혁명으로 통치형태가 변경된 것은 자본가에 대해 본질적인 의미를 갖지 않는다는 것이다. 다시 말해서 차르체제라는 전제 통치가 자본주의에 대해 더 이상 장애물이 아니라는 것이다. 이는 차르체제를 자본주의 발전의 장애물이라고 본 『발전』에서 레닌의 인식과는 완전히 상반된다.

1861년 이후 러시아 국가를 자본주의 국가로 보는 혁명 후 레닌의 관점은 러시아의 상태를 선진자본주의국의 과거의 한 발전단계와 등치했던 종래의 발상과는 아주 다른 것이다. 이제 러시아에서 후진성의 존재는 러시아가

자본주의 이전의 상태에 있음을 보여주는 증거가 아니라, 러시아적 근대의 특질을 보여주는 것으로 인식된다. 또 자본주의에 대해 '무자비한' 타격을 가함이 없이는 토지 사유를 폐지할 수 없을 정도로 지주제가 자본주의적 재생산 메커니즘에 깊숙이 편입되어 있다는 1917년 혁명 후 레닌의 인식은 지주제의 폐지가 자본주의의 순조로운 발전을 촉진한다는 '두 가지 길'의 이론과 상반되며, '군사적·봉건적 제국주의'로부터 '부르주아적 러시아'를 해방하자는 제1차세계대전 시기 레닌의 주장과도 상충된다. 1917년 2월혁명 이후 레닌은 지주제의 폐지가 그 자체로서 자본주의에 대한 타격으로 된다고 생각하게 되었다.

요컨대 레닌의 러시아 사회 인식은 1917년 혁명 후 '구러시아=자본주의 국가론', '차르체제=부르주아지의 권력론'으로 이행했다. 『발전』에서는 러시아에서 자본주의적 관계와 전자본주의적 관계 간의 모순의 측면 및 자본주의의 진보성을 강조했지만, 이제는 양자의 접합의 측면과 자본주의의 반동성을 강조하게 되었다. 1905년 혁명 후 레닌의 '두 가지 길'의 이론이나 '군사적·봉건적 제국주의론'은 이와 같은 이행 과정의 이론들이며 레닌 자신이 1917년 혁명 이후 폐기한 것들로서, 하워드와 킹처럼 그 이론적 의의를 과장해서는 안 된다.[25]

25) 하워드와 킹은 나와는 정반대로 "1905년에서 1914년 사이의 레닌의 이론화가 러시아 마르크스주의에서 진정한 진전"이라고 높이 평가한다. "이 시기에 레닌은 혁명 문제와 밀접하게 연관된 정치경제학을 제출했는데, 그 질은 여태까지 러시아 사회민주당에서 볼 수 없는 높은 수준이었다. …… 레닌은 자본주의의 상이한 유형들을 구분하는 새로운 관점을 제시하고, 자본주의 발전의 형태들을 부르주아 민주주의 혁명의 다양한 변종들과 연관시킴으로써 러시아혁명에 대해 '추상적' 개념밖에 갖고 있지 못했던 플레하노프를 올바르게 비판했다"(Howard and King, 1989: 211). 또 하워드와 킹은 레닌의 경제사상에서 '인식론적 단절'이 1914년 제2인터내셔널 붕괴 이후가 아니라 그 전인 1905년 혁명 이후에 일어났다고 보는 점에서도 나의 입장과 다르다. 그들은 다음과 같이 주장한다. "1905년 이후 볼셰비즘은 자본주의의 발전과 부르주아혁명의 복합적 구조에 대한 (레닌의) 유물론적 분석에 기초할 수

5. 제2인터내셔널의 붕괴와 레닌에서 '인식론적 단절'

레닌은 1914년 이전에는 제2인터내셔널 마르크스주의의 일원이었다. 1914년 이전 레닌은 독일 사회민주당 내 논쟁에서도 로자 룩셈부르크와 같은 좌파의 입장에 동의하지 않았다. 예컨대 1908년에 레닌은 전쟁 발발 즉시 총파업과 폭동을 조직하자는 헤르베(Hervé)의 제안을 "엄청난 오류"라고 비판했던 카우츠키에 대해 "옳았다"고 지지했다(Lenin, 1908: 196). "레닌은 그의 사부였던 칼 카우츠키의 입장과 거의 다르지 않은 비교적 온건한 중도좌파의 입장을 취했다"(Harding, 1996: 72).[26] 물론, 레닌은 1914년 전에도 러시아에서 "차르 왕정과 그 군대의 패전은 …… 차악일 것"(Lenin, 1914a: 18)이며, 혁명적 패배주의의 지지 여부가 진정한 사회주의자를 판별하는 시금석이 되어야 한다고 주장해 왔다. 레닌은 1914년 8월 4일 독일 사회민주당이 전쟁공채안에 찬성했다는 것을 믿으려 하지 않을 만큼 제2인터내셔널 마르크스주의의 문제설정에 깊이 갇혀 있었다.

또한 레닌은 자신을 적어도 1914년까지는 '러시아의 카우츠키'인 플레하노프의 철학적 제자로 생각했다. 레닌의 초기 저작 『인민의 벗은 누구인가?』(1894)는 플레하노프의 영향을 분명하게 보여준다. 1917년 혁명 이전 레닌을 포함한 당시 러시아 사회민주당 지도자들은 다가올 러시아혁명이 부르주아혁명이 될 수밖에 없으며, 러시아에서 사회주의혁명은 부르주아혁명을 경과한 후에 수행될 수밖에 없다는 제2인터내셔널 마르크스주의의 2단계 혁명론을 별 의문 없이 수용했다. 레닌과 볼셰비키가 플레하노프나 멘셰비키와 차이를 보였던 것은 다만 이러한 부르주아혁명을 수행하는 과정에서

있게 되었다"(Howard and King, 1989: 206).

26) "1895년 엥겔스의 사망 이후 그를 대신한 레닌의 영웅은 독일 사회민주당의 이론가 칼 카우츠키였다"(서비스, 2001: 233). 예컨대 레닌은 Lenin(1899e)에서 보듯이 카우츠키의 『농업문제』(1899)를 격찬했다.

어떤 계급이 지도적 역할을 수행해야 하는가 하는 문제를 둘러싼 것이었다. 1914년 이전 레닌의 가장 중요한 정치 저작의 하나인 『민주주의 혁명에서 사회민주주의자의 두 가지 전술』에서 레닌은 러시아혁명의 부르주아적 성격을 주장하고, 자본주의 발전 이외의 다른 방법에서 노동자계급의 구원을 찾는 생각은 반동적이라고 비판했다. 러시아의 경제발전 수준과 프롤레타리아트의 계급의식과 조직화 수준 때문에 노동자계급의 즉각적인 완전 해방을 이룰 수 없으며, 이 때문에 다가올 혁명은 부르주아적 성격을 가질 수밖에 없다는 것이 당시 레닌의 생각이었다. 이러한 레닌의 주장에서 객관이 주관을 결정하고 경제가 의식의 조건이 된다는 제2인터내셔널 마르크스주의의 기계적 유물론, 경제결정론의 영향이 분명하게 보인다(뢰비, 1990: 제2장).

그러나 레닌은 1914년 제1차세계대전의 발발과 함께 제2인터내셔널이 붕괴했다고 선언하고 제2인터내셔널 마르크스주의에 대한 전면적 비판에 착수했다. 레닌은 이를 위한 방법론적 기초를 헤겔의 변증법에서 찾았다. 레닌은 제1차세계대전의 격동기에 베른 공립 도서관에서 헤겔의 『논리학』 연구에 파묻혔다. "레닌을 레닌주의로 끌고 간 것은 바로 제1차세계대전이었다"(Harding, 1996: 78). 레닌은 헤겔 『논리학』의 변증법을 영유함으로써 러시아의 물질적·객관적 조건은 사회주의혁명을 수행할 수 있을 정도로 충분하게 성숙하지 못했다는 제2인터내셔널 마르크스주의의 전(前)변증법적인 기계적 유물론과 단절하고 트로츠키의 영구혁명론을 수용할 수 있었다.[27] 레닌이 1917년 4월 "모든 권력을 소비에트로!"라는 슬로건으로 상징

27) 상세한 논의는 뢰비(1990: 제2장)를 참조하라. 하지만 레닌이 1917년 「4월 테제」를 계기로 하여 트로츠키의 영구혁명론을 받아들였는지에 대해서는 논쟁이 계속되고 있다. 예컨대 White(2001)는 「4월 테제」의 핵심은 러시아에서 사회주의혁명의 가능성을 인정한 것에 있다기보다 소비에트를 유일하게 가능한 혁명 정부 형태로 인정한 것에 있다고 주장한다. 레닌이 트로츠키가 주장한 것처럼 일관된 세계혁명론자였는지도 불확실하다. 또 러시아 자본주의의 불균등결합발전에 대한 인식으로부터 영구혁명론을 도출했던 트로츠키와는 달리, 레닌은 그것을 선진자본주의에 대한 분석,

되는 「4월 테제」를 선언함으로써 트로츠키의 영구혁명론과 해후하고, 이를 통해 '10월로 가는 길'을 여는 도약을 가능하게 했던 결정적 계기는 1914년 이후 헤겔 변증법의 재발견이었다.[28)]

6. 『제국주의론』의 의의와 한계

레닌은 『제국주의론』에서 19세기 중반 산업혁명 이후 영국에서 확립된 자본주의가 19세기 말에서 20세기 초를 경계로 하여 새로운 발전단계로 이행했다고 주장했다. 레닌은 이 자본주의의 새로운 발전단계를 제국주의라고 규정하고, 그 역사적 지위를 독점자본주의, 기생적이고 부패한 자본주의, 사멸하는 자본주의로 요약했다(레닌, 1988b).

레닌의 『제국주의론』의 합리적 핵심은 자본주의의 불균등발전의 진전과 이에 따른 국민적 자본과 국민국가들 간의 경제적·정치군사적 경쟁의 격화로 인한 제국주의 간 전쟁의 필연성과 '약한 고리'[29)]에서 형성되는 혁명적

즉 국가독점자본주의론으로부터 도출했다.

28) 1917년 「4월 테제」의 발표는 레닌주의가 하나의 이데올로기로서 공개적으로 출현한 결정적 순간이었다(Harding, 1996: 82). "1917년 4월부터 10월까지의 시기는 분명히 레닌주의의 발전에서 결정적으로 중요한 시기이다"(Harding, 1996: 106). 사실 1916년 말부터 1917년 초 시기처럼 레닌이 마르크스 연구에 열중한 시기는 없었을 것이다. 이 시기에 레닌은 특히 마르크스와 엥겔스의 국가론을 깊이 연구했다. 『제국주의론』과 『국가와 혁명』은 그 산물이다. 요컨대 "하나의 구별된 이데올로기로서 또 현대 세계에 대한 정신적 지도로서 레닌주의의 구분적 특징이 1917년 4월 이전에 정식화되었으며 또 잘 알려졌다고 주장하는 것은 모든 증거들과 명백히 모순된다. 레닌주의가 모습을 갖춘 다소 일관된 다소 포괄적인 현대 세계 이데올로기로서 출현한 것은 1917년 4월 이후이다"(Harding, 1996: 268).

29) 그러나 레닌의 약한 고리론을 부하린과 스탈린의 약한 고리론과 동일시해서는 안 된다. 이는 부하린이 『과도기경제론』에서 "세계자본주의체제의 붕괴는 가장 취약한 국가자본주의의 조직에서 시작될 수밖에 없다"라고 주장한 것에 대해 레닌이 "틀렸다.

정세를 이론화한 것이다. 레닌의 『제국주의론』은 또한 각각의 사회의 특수성을 자본주의의 발전 수준으로 환원했던 『발전』 시기의 세계 인식의 한계를 극복한 것이다. 레닌은 『제국주의론』에서 자본주의 세계체제를 경제적·정치적으로 타민족을 억압하고 있는 열강과 억압을 당하는 식민지 종속국으로 구성된 위계적 구조로 이해했다. 또 레닌은 『제국주의론』에서 자유경쟁으로부터 독점으로의 전화라는 논리에 의해 고도로 발전한 자본주의와 정치적·사회적 반동성의 결합을 설명하려 했다. 이는 자본주의의 발전을 진보적인 것으로 평가했던 『발전』에서 레닌의 자본주의관과는 상반된다. 자유경쟁으로부터 독점으로의 이행이 민주주의로부터 정치적 반동으로의 전화를 초래한다는 『제국주의론』의 논리는 자본주의 사회에서 비민주주의적인 것을 자본주의적 발전의 미숙함과 결부시켜 이해하려 했던 『발전』 시기의 경제결정론적 발상을 극복한 것이다. 이상과 같은 인식의 전환에 의해 레닌은 제국주의 전쟁의 사회경제적 배경을 설명하고 자국 정부의 패배를 통한 노동자혁명의 수행이라는 '혁명적 패배주의 전략'을 이론화할 수 있었다.

레닌이 『제국주의론』에서 수행한 자본주의 세계체제의 불균등발전의 위계적 구조의 이론화, 자본주의의 반동성의 재인식, 경제결정론의 극복은 고전 마르크스주의 전통의 경제학비판에 대한 획기적 기여라고 할 수 있다. 따라서 레닌의 『제국주의론』이 마르크스주의 경제학에 어떤 독창적 기여도 하지 못했다는 평가[30]는 정당하지 않다.

하지만 레닌의 『제국주의론』은 이와 같은 획기적 의의에도 불구하고 중요

그것은 중간 정도로 취약한 곳에서 시작된다. 일정한 수준으로의 자본주의 발전 없이는 아무 것도 이곳 러시아에서 일어날 수 없다"(レーニン, 1974: 72)라고 논평한 데서도 확인된다. 제국주의의 고리가 가장 취약한 곳에서 끊어진다는 주장은 부하린의 생각이며 이에 대해 레닌은 동의하지 않았다.

30) 예컨대 클리프는 다음과 같이 주장한다. "현대자본주의에 대한 실제적 묘사라는 측면에서 레닌은 전혀 독창적이지 못하며, 실제로 모든 것을 부하린으로부터 차용하고 있다"(Cliff, 1979 Vol.2: 61).

한 결함을 갖고 있다. 이는 상당 부분 『제국주의론』에서도 완전히 청산되지 않고 남아 있는 제2인터내셔널 마르크스주의의 문제설정에 연유한다. 실제로 주식회사, 카르텔과 트러스트의 발전, 소유와 통제의 분리, 점증하는 '생산의 사회화', 및 '자본의 민주화' 등 제2인터내셔널의 힐퍼딩의 『금융자본』에 중심적인 주제들이 1917년 레닌의 『제국주의론』의 주제를 구성하고 있다. 레닌의 『제국주의론』은 힐퍼딩의 『금융자본』의 독점단계로의 이행의 논리를 그대로 받아들여 체계화했다.[31)]

레닌은 제국주의를 자본주의의 한 발전단계, 이른바 독점자본주의 단계의 현상으로 이해했지만, 제국주의는 오히려 자본주의의 역사와 함께 작동하고 있는 자본주의의 고유한 역사적 경향으로 이해되어야 한다. 레닌과 달리 마르크스는 독점과 제국주의를 경쟁의 제한이 아니라 새로운 형태의 격화된 경쟁, 즉 경쟁의 새로운 형태라고 이해했다.[32)] 제국주의의 독점자본주의의 단계론적 해석은 마르크스의 자본주의 개념과 상치될 뿐 아니라, 현대자본주의의 현실과도 부합되지 않는다. 레닌은 힐퍼딩의 금융자본 개념을 거의 전적으로 수용했는데, 이는 생산자본과 화폐자본의 융합이라는 동시대 독일 자본주의의 경험을 특권적으로 일반화한 것으로서 생산자본과 화폐자본의 분리를 특징으로 하는 오늘 금융세계화 조건의 자본주의를 설명하기 힘들다.

레닌의 제국주의론은 자본주의 사회의 정상적 자태는 19세기 중엽의 자본주의라는 사고방식, 즉 '19세기 특권론'을 내포하고 있다(太田仁樹,

31) 레닌이 수용한 힐퍼딩의 『금융자본』은 합법 마르크스주의자 투간 바라노프스키의 불비례 공황론을 그대로 따르고 있다는 사실도 지적해 두자.

32) 원래 마르크스의 정치경제학비판에서 독점 개념은 주로 자본가계급의 생산수단 소유의 독점 또는 경쟁의 한 형태를 지칭하는 것으로 사용되었다. 마르크스주의 문헌에서 독점을 산업자본과 금융자본이 융합된 자본 분파로 정의한 것은 힐퍼딩의 『금융자본』이 처음이며, 이는 레닌의 제국주의론에서 수용되고, 다시 신고전파 경제학 시장조직론의 독점력 개념과 결합되어 스탈린주의 국가독점자본주의론으로 계승되었다.

1989: 제4장). 레닌은 힐퍼딩에 이미 내포되어 있던 '19세기 특권론'을 받아들인 결과, 자본주의의 발전 경향을 올바르게 인식할 수 없었다. 레닌은 독점자본주의론의 이론화에 불가결한 독점과 초과이윤의 이론적 관련의 문제, 독점자본주의에서 가격과 임금이론의 문제를 해명하지 못했으며, 이 때문에 레닌의 노동귀족 이론과 이에 기초한 개량주의 비판은 상당한 이론적 난점을 갖는다. 레닌은 노동운동에서 기회주의, 개량주의의 득세를 자본주의의 종말기에서 노동자계급의 일부가 독점자본의 초과이윤으로 매수된 결과라는, 시대적 계층적인 예외성으로 파악했다.[33)]

또한 레닌의 『제국주의론』에는, 제국주의의 '역사적 지위론'에서 보듯이 자본주의에 고유한 역동성을 과소평가하는 부분이나 파국론적 전망으로 경도된 부분들도 있다. 레닌의 제국주의 분석의 목적은 문명 전체, 역사 시기 전체가 파국에 임박했다는 것이었다. 즉, 자본주의는 더 이상 개량될 수도 없으며 최종적 궁지에 도달했다는 인식이다. 그러나 자본주의의 실제 경향은 생산력의 정체가 아니라 지속적 발전이었다.

그러나 워렌과 데사이가 이와 같은 결함을 이유로 레닌의 『제국주의론』을 마르크스의 『자본론』으로부터의 후퇴라고 주장하는 것은 잘못이다. 워렌은 다음과 같이 주장했다. "독점자본주의가 경쟁자본주의에 비해 기생적이며, 부패하고, 정체했다는 『제국주의론』의 논지는 레닌이 제국주의와 식민지 및 반식민지 간의 관계를 착취와 생산력 확대의 전형적 결합인 자본주의 발전의 양면적인 동태적 과정이 아니라 단순한 약탈의 관계로 파악했다는 인상을 주었다"(Warren, 1980: 82). 그리하여 "레닌의 『제국주의론』은 제국

---

33) 따라서 클리프가 '개량주의의 경제적 기초'는 영구군비경제가 결과한 '자본주의적 호황'이며, "개량주의가 견고하고 노동자계급 전체에 확산되어 있으며 모든 소수 혁명세력을 좌절·고립시키고 있다는 사실은, 개량주의의 경제적·사회적 기초가 레닌이 주장했듯이 '프롤레타리아와 노동자 대중 중 극소수'에 있지 않음을 확연히 보여준다"(Cliff, 1982: 116, 109~110)라고 레닌의 노동귀족론을 비판한 것은 정당하다. 이 책의 13장도 참조하시오.

주의의 진보성에 관한 마르크스주의의 교의를 뒤집었고 …… 마르크스주의로부터 자본주의가 전자본주의 사회에서도 사회경제적 진보의 도구가 될 수 있다는 관점을 남김없이 몰아냈다”(Warren, 1980: 47). 레닌 이후 “제국주의는 제3세계 공업화에 대한 주요한 장애물로 간주되기 시작했다. 자본주의는 그 어디에서도 긍정적인 사회적 기능을 발휘하지 못한다고 선언되었다. 이러한 결론은 레닌의 『제국주의론』에 암암리에 함축되어 있으며 1928년 코민테른 이후 명백하게 표현되었다”(Warren, 1980: 83). 소련·동유럽 블록의 붕괴의 충격을 받아 스탈린주의 경제학자에서 자본주의 옹호자로 전락한 데사이도 20년 전 워렌의 주장을 반복하면서 다음과 같이 주장한다. “『제국주의론』은 힘찬 문체로 쓰이긴 했지만 마르크스의 경제학적 엄밀성을 떨어뜨린다. 사실 레닌이 나로드니키와 벌인 논쟁이 『제국주의론』보다 훨씬 더 엄밀하다고 할 수 있다. …… 전쟁 이전 나로드니키와의 논쟁에서 그리고 혁명 이후 실제적인 정책 입안자로서 레닌이 취했던 자본주의에 대한 매우 긍정적인 태도는 『제국주의론』에서 나타나는 자본주의에 대한 레닌의 매우 부정적이고 어두운 견해와 대조된다”(데사이, 2003: 234, 237).

하지만 마르크스가 제국주의의 진보성을 주장했다는 워렌과 데사이의 주장은 마르크스 사상을 왜곡한 것이다. 왜냐하면 마르크스는 한편에서는 제국주의의 진보성을 이야기하면서도 다른 한편에서는 제국주의를 “유혈적 과정”으로 규정했기 때문이다. 중요한 것은 만년의 마르크스의 제국주의에 대한 견해가 후자 쪽으로 기울었다는 사실이다. 예컨대 마르크스는 1881년 다니엘슨(Nikolai Danielson)에게 보낸 편지에서 다음과 같이 썼다. “영국이 매년 인도로부터 지대, 힌두인들에게는 소용없는 철도에 대한 배당금, 군인 관리들에 대한 수당 등의 형태로 수탈해 가는 것은 …… **인도의 농업 및 공업노동자 6,000 만 명의 소득 총합보다도 더 많다!** 이것은 철저하게 유혈적인 과정이다”(Marx, 1881a: 63. 강조는 마르크스). 마르크스는 같은 해에 「베라 자술리치에 보낸 편지 제3초고」에서도 다음과 같이 썼다. “동인도를 예로

든다면 …… 거기에서는 토지의 공동소유의 폐지가 원주민을 전진시키는 것이 아니라 후퇴시키는 영국의 문명파괴행위(vandalism) 이외에 아무 것도 아니었다는 사실을 알아야만 한다"(Marx, 1881b: 365). 만년의 마르크스는 서구의 근대가 다른 지역에 미치는 영향을 '근대화'로서가 아니라 '문명파괴'로 파악했다. 마르크스는 초기에는 주변에 대한 제국주의의 영향을 진보적이라고 생각한 부분도 있었지만, 만년에는 반동적이라고 생각을 바꿨던 것이다. 그렇다면 제국주의의 반동성을 풍부하게 이론화한 레닌의 『제국주의론』은 워렌이나 데사이의 주장처럼 마르크스의 사상을 뒤집은 것이기는커녕, 만년의 마르크스의 사상을 계승 발전시킨 것으로 평가되어야 한다.

7. 후기 레닌: 경제주의로의 후퇴

전시공산주의와 신경제정책 시기의 레닌, 즉 후기 레닌의 사상은 병석에서의 '최후의 투쟁' 시기의 마지막 불꽃을 제외한다면, 전반적으로 1917년 혁명 직후 분출했던 혁명적 '광기'가 퇴조하는 양상을 보여준다. 그 징후는 레닌이 전시공산주의 시기 상황에서 강제된 소비에트 민주주의 원칙의 후퇴를 내전 후에도 계속 유지했던 데서, 또 신경제정책의 도입에 따른 시장경제의 확대를 이론적으로 정당화한 데서 보인다.

1917년 『국가와 혁명』에서는 모든 것이 투명했다. 대중은 항상 국가권력에 접근할 수 있어야 하며 국가권력은 대중에 의해 행사되어야 했다. 『국가와 혁명』에서는 절차적 규칙이 사회주의 행정의 핵심으로 간주되었다. 또한 사회주의 체제에서 대표자들은 직접 선출되어야 했을 뿐 아니라 언제라도 소환될 수 있어야 했고, 노동자 임금 수준의 급료만을 받아야 했다.[34] 그러나

---

34) 따라서 레닌이 절차적 민주주의를 유린했으며 합법성의 개념이 결여되어 있다는 비판은 사실과 다르다. 레닌은 자신의 견해를 항상 중앙위원회, 당대회의 다수결의를

1917년 10월 이후 전시공산주의 시기부터 이와 같은 『국가와 혁명』의 직접 민주주의 원칙들이 급속하게 퇴조하기 시작했다. 반면 한동안 억제되었던 제2인터내셔널 마르크스주의의 기계론적 유물론, 경제결정론의 요소들이 되살아나기 시작했다.[35] 레닌은 10월혁명 직후부터 노동자와 농민에 의한 회계와 통제에 관심을 집중했다. 『국가와 혁명』에서 천명되었던 국가기구의 파괴와 국가 소멸이 아니라, 경제에 대한 국가 통제로서의 사회주의, 자원을 기업과 개인에 배분하는 기구로서의 국가의 개념이 레닌의 집권 초기부터 러시아 현실을 지배하기 시작했다. 10월혁명 성공 후 얼마 되지 않아 레닌은 소비에트 정부를 "프롤레타리아트 독재"라고 부르기 시작했다. 1918년 4월 쓰인 팸플릿 「소비에트 정부의 당면 과제」에서 레닌은 "소비에트 권력은

통해 관철하려 했다. 레닌 생존 시 당대회는 매년 개최되었다. 절차적 민주주의의 원리를 유린한 것은 스탈린이다. 스탈린은 1927년 15차 당대회에서 권력을 장악한 후 1952년 사망하기까지 25년간 당대회를 단 3회만 개최했다. 농업집산화, 공업화와 같은 중요한 정책들이 당대회에 상정조차 되지 않았다.

35) 나와 정반대의 입장이긴 하지만, 데사이도 혁명 후 레닌의 신경제정책은 『제국주의론』에서 기각되었던 『발전』의 자본주의의 진보성론이 다시 복원된 것이라면서 다음과 같이 주장한다. "10월혁명 후 러시아 경제를 운용하는 문제에 직면하게 되자, 레닌은 적어도 국내 경제에 관한 한 『제국주의론』의 관점을 버렸다고 할 수 있다. 『제국주의론』은 코민테른의 선진 자본주의국 혁명 전략의 기본 텍스트로 되었지만, 레닌은 동시에 국내 경제정책 결정에서는 자신의 초기의(『발전』에서의 – 정성진) 자본주의 발전에 관한 관점을 채택했다"(Desai, 1989: 20). "브레스트-리토브스크 조약 이후 혁명 초기에 넘치던 열정이 가라앉자 레닌은 국가자본주의의 장점을 격찬하고 나선다. 이 체제는 사회주의는 아니었지만, 사적자본주의보다는 나은 것이었다. 목표는 러시아에서 축적을 가속화하는 것이었고, 그러면 제대로 된 회계와 위계제적 경영, 그리고 노동자의 규율이 필요했다. 노동조합은 축적의 필요에 종속되어야만 했다. 그리하여 레닌은 사회주의의 가능성이 현실화하려면 자본주의가 발전해야만 한다는 **고전 마르크스주의**의 시각으로 되돌아온다"(메그나드 데사이, 2003: 234. 강조는 정성진). 바로 위의 데사이로부터의 인용문은 고딕으로 강조된 단어, 즉 '고전 마르크스주의'를 '제2인터내셔널 마르크스주의' 또는 '『발전』'으로 교정하면 올바른 서술이다.

프롤레타리아트 독재의 조직화된 형태에 다름 아니다"(레닌, 1991a: 142)라고 정의했는데 이는 『국가와 혁명』에서는 찾아볼 수 없는 표현이다. 1920~1921년부터 레닌은 '코뮌 국가'나 '소비에트 민주주의'에 대해 더 이상 말하지 않고, 프롤레타리아트 독재를 주장하기 시작했다. 레닌은 "이제부터는 적은 정치가 최상의 정치이다"(Lenin, 1920b: 514)라고도 주장했다. 그러면서 "정치가 뒤편으로 물러나고 정치가 덜 자주 또 더 짧게 논의되고 엔지니어와 농학자들이 주된 토론자로 등장하는 행복한 시대"(Lenin, 1920b: 513~514)를 희구했다. 1921년 제10차 당대회에서 레닌은 "반대의 시기는 끝났다. 이제 반대에 재갈을 물려야 한다. 우리는 반대를 더 이상 원하지 않는다!"(Lenin, 1921b: 200)라고 선언했다.

레닌은 혁명 전인 1913~1914년경부터 테일러주의에 관심을 가졌는데, 1917년 혁명 후 레닌은 이를 당시 러시아 생산과정에 적극적으로 도입하려 했다.[36] 또한 1인 경영, 규율, 위계적 통제와 권력을 지지했다. 1920년 내전이 끝난 후 레닌은 러시아 청년공산주의 동맹에서 연설하면서 공산주의 사회의 기초가 '전화(電化)'라고 주장했다.[37]

레닌은 10차 당대회에서 신경제정책으로의 전환을 선언했다. 레닌은 당시 사회주의 러시아의 국가권력이 견고한 계급적 기반을 결여하고 있음을 인정하고, 경제정책의 전환의 필요성을 이야기했다. 1921년부터 레닌은 당의 주요 과제는 정치적인 것이 아니라 경제적이고 행정적인 것이라고 간주했다. 당의 주요 과제는 노동자계급의 자기해방이 아니라, 소멸한 노동자계급을 재창출하는 것으로 설정되었다.[38] 레닌은 1921년 5월 제10차

36) 레닌은 「소비에트 정부의 당면과제」(1918.4.)에서 다음과 같이 주장했다. "우리는 성과급의 문제를 제기하고 그것을 실제로 적용하고 검증해야 한다. 우리는 테일러 체제에서 과학적이고 진보적인 것 중 많은 부분을 적용하는 문제를 제기해야 한다. 우리는 임금이 생산 총량과 비례하도록 해야 한다"(레닌, 1991a: 133~134).

37) "전 국토와 공업과 농업의 전 부문을 전화한 다음에야 …… 우리는 스스로의 힘으로 공산주의 사회를 건설할 수 있을 것이다"(Lenin, 1920: 289).

당협의회에서 이와 같은 신경제정책이 '진지하게 장기간에 걸쳐' 실시될 것임을 강조했다(Lenin, 1921c: 436). 레닌은 이제 사회주의가 시장관계를 제거함으로써가 아니라 시장관계를 통해서만 도달될 수 있다고 생각하게 되었다. 이와 같은 레닌의 신경제정책을 원조로 하여 훗날 시장사회주의론이 체계화된다. 레닌은 그의 신경제정책을 체계적으로 제시한 「현물세」(1921)에서 당시 러시아에서 시장 관계의 발전이 관료주의의 병폐에 대한 처방이 될 수 있으며(이는 오늘날 신자유주의와 공명하는 주장이다), 또 국가자본주의적 생산관계가 가장 진보적인 생산관계라고 주장했다.[39] 레닌의 신경제정책론에는 『제국주의론』 시기에는 억제되었던 『발전』의 문제설정, 즉 제2인터내셔널의 경제결정론과 자본주의의 진보성론이 재현되고 있다. 하지만 이와 같은 신경제정책 시기 레닌의 사회주의 개념은 마르크스의 사회주의 개념과 부합되지 않음은 물론, 1917년 당시 레닌 자신이 『국가와 혁명』에서 정식화한 사회주의 개념과도 정면으로 배치되는 것이다.

38) "러시아에서 공업 프롤레타리아트는 전쟁과 극심한 궁핍 때문에 탈계급화되었다. 즉, 자신의 계급 기반을 상실했으며, 프롤레타리아트로서 존재하지 않게 되었다. …… 프롤레타리아트는 사라졌다"(레닌, 1991c: 114~115).

39) "대안(그리고 이것은 유일하게 현명하고 최후로 가능한 정책이다)은 자본주의의 발전을 금지하거나 막으려는 것이 아니라, 그것을 **국가자본주의**로 향하게 하는 것이다. …… 우리나라의 관료주의적 관행은 다른 경제적 뿌리를 가지고 있다. 그것은 빈곤, 문맹, 문화의 결여, 도로나, 농업과 공업 간의 **교환**의 부재, 양자 간의 연관 및 상호작용의 부재 등으로 인한 소생산자들의 원자화되고 분산화된 상태이다. …… 교환이란 거래의 자유를 말한다. 그것은 자본주의이다. 우리가 소생산자의 분산성을 극복하고 또한 어느 정도까지는 관료주의의 해악과 싸우는 것을 돕는 정도에 따라서 그것은 우리에게 유용하다"(레닌, 1991b: 73, 82~83, 100~101. 강조는 레닌).

8. 결론

마르크스의 경제학비판체계의 발전에서 레닌이 이룩한 기여와 한계는 상당 부분 제2인터내셔널 마르크스주의와의 관계 속에서 파악될 수 있다. 레닌은 제2인터내셔널 마르크스주의와의 단절을 통해서만 마르크스 경제학비판체계의 발전에 진정으로 기여할 수 있었고 바로 이 지점에서 레닌의 고유한 성취가 발견될 수 있다. 이와 마찬가지로 마르크스의 경제학비판체계의 이해와 적용에서 레닌의 오류는 제2인터내셔널 마르크스주의와의 단절의 불철저성, 레닌에서 완전히 청산되지 못한 제2인터내셔널 마르크스주의의 잔재에 연유한다. 제2인터내셔널 마르크스주의와의 단절 이전의 대표적 저작인 『발전』에서 레닌은 자본주의 발전에 민주주의가 조응한다는 경제결정론과 자본주의의 진보성론의 문제설정으로 러시아의 사회구조를 파악하려 했다면, 제2인터내셔널 마르크스주의와의 단절 이후의 대표적 저작인 『제국주의론』에서는 불완전하기는 하지만 이와 같은 제2인터내셔널 마르크스주의의 문제설정을 극복했다. 전반적으로 레닌의 경제사상은, 『제국주의론』을 제외한다면, 마르크스의 경제학비판체계를 진전시킨 부분은 크지 않다. 오히려 초기 레닌의 경제사상을 지배한 것은 제2인터내셔널 마르크스주의의 문제설정이었으며, 『제국주의론』을 비롯한 성숙한 레닌의 사상에도 제2인터내셔널 마르크스주의의 잔재는 여전히 남아 있었고, 만년에 가서는 신경제정책의 시장사회주의론적 정당화에서 보듯이 도리어 강화되는 경향조차 보였다.

그런데 우리나라 진보 진영은 그동안 레닌의 경제사상에서 제2인터내셔널 마르크스주의와의 단절 시도라는 '합리적 핵심'을 수용·발전시키기보다는, 레닌을 우상화하거나 아니면 정반대로 전면 기각하든지, 혹은 레닌 자신이 극복하려 했던 제2인터내셔널 마르크스주의적 요소들을 레닌의 경제사상의 핵심으로 오해해 왔다. 우리나라 진보 진영에서 레닌의 『발전』과 '두 가지 길'의 이론이 무비판적으로 수용되고, 『제국주의론』이 독점자본주의 단계론으로 동일시된 것은 이를 잘 보여준다. 그중 특히 『발전』과 '두 가지 길'의 이론을 절대화한 폐해는 심각했다. 레닌의 농민층 분해론과 '두 가지 길'의 논리는 일본 강좌파(講座派) 마르크스주의 역사학자 오스카 히사오(大塚久雄)의 자본주의 성립사론을 경유하여 우리나라 진보 진영, 특히 마르크스주의 경제사학에 많은 영향을 미쳤다. 오스카는 레닌의 『발전』에서의 시장이론과 농민층 분해론, '두 가지 길'의 이론을 마르크스 『자본론』 제3권에서의 자본주의 이행의 두 가지 길의 이론과 결합시켜 '소생산자형의 길=혁명적 길=정상적 자본주의 발전', '지주 상인형의 길=보수적 길=파행적 자본주의 발전'으로 도식화했다. 1960~1970년대 당시 오스카와 같은 일본 강좌파의 스탈린주의 경제사이론에 의거하여 한국 자본주의의 파행성을 비판하는 매판적 관료자본주의론, 민족경제론이 유행했다. 그러나 이때 오스카의 이행론이 기초하고 있는 레닌의 농민층 분해론이 일국 자본주의론이며, 소생산자형의 길, 즉 시초 축적의 경제적 과정(가치법칙의 관철에 의한 소생산자층의 양극분해)에 의거한 자본주의의 발생을 자본주의 발전의 '고전적' 이념형으로 절대시하고, 역사적 자본주의 발생과정의 폭력적 성격, 시초 축적의 경제외적 과정을 부차화한 것이라는 사실은 망각되었다. 레닌의 '두 가지 길'의 논리는 다시 1980년대 한국 사회성격 논쟁에서는 민족자본을 중심으로 한 자본주의 발전의 길(소생산자형 자본주의 발전의 코스, '아메리카형'의 코스), 스탈린주의 2단계 혁명론에 대한 역사이론적 정당화로 이어졌으며, '고전적' 자본주의 발전 코스를 미화하고 중진자본주의론으로의 투항을 조장했다. 레닌의 '두 가지 길'의 논리는 1990년대 소련·동유럽 블록 붕괴 이후에는 '자본주의 이외 대안부재론'과 조합을 이루어 '라인 자본주의('좋은 자본주의')'를 '앵글로-아메리카 자본주의('나쁜 자본주의')'에 대립시켜 지지하는 일부 진보 진영에 좌파적 외피를 씌우는 역할을 하고 있다.

이상의 논의는 오늘날 고전 마르크스주의 전통에 선다는 것이 레닌의 사상 전체를 무비판적으로 수용하는 것이 되어서는 안 됨을 보여준다. 특히 초기 레닌의 경제사상은 제2인터내셔널 마르크스주의의 기계적 적용의 측면이 강하며, 고전 마르크스주의 전통을 발전시킨 것이라고 보기는 힘들다. 하지만 청년 시기 레닌의 경제사상의 한계를 이유로 레닌의 마르크스주의 전체를 기각하는 것은 곤란하다. 레닌의 마르크스주의의 정수는 경제이론보다는 제2인터내셔널 마르크스주의와 단절을 통해 이룩한 '전쟁과 혁명의 시대'의 정세분석, 즉 『제국주의론』, 「4월 테제」, 『국가와 혁명』과 그 혁명적 실천에 있기 때문이다.

제5장

소련 사회의 성격

마르크스주의적 설명

1. 서론

소련 사회의 성격을 규정하는 문제는 이제 어떤 직접적인 현실 정치적 함의를 갖지 못하는, 흘러간 시대의 문제로 되었는가? 나는 그렇지 않다고 생각한다. 소련 사회의 성격 문제, 이른바 '러시아 문제(Russian Question)'는 1989~1991년 소련·동유럽 블록의 붕괴 이후 진보 진영에도 광범위하게 유포되고 있는 '자본주의 이외 대안 부재론(TINA)'과 맞물려 있는 여전히 고도로 정치적이며 실천적인 문제이다. 소련 사회 성격 문제를 분명하게 정리하지 않고서는 우리나라 진보 운동의 발전은 한계가 있다. 왜냐하면 1980년대 이후 우리나라 진보 진영의 이론과 정치의 원천이었던 한국사회 성격 논쟁에서 소련이나 북한과 같은 이른바 '소련·동유럽 블록'을 우리가 지향해야 할 대안 사회 모델로 간주했던 진보 진영의 주류 사상, 즉 이른바 'NL'과 'PD'로 대표되는 스탈린주의의 잔재가 21세기 오늘 우리나라 진보 진영의 담론에도 여전히 끈질기게 남아 있기 때문이다. 스탈린주의를 정통 마르크스주의, 진정한 사회주의라고 오인했던 우리나라 스탈린주의자들에게 1989~1991년 소련·동유럽 블록 붕괴의 충격은 엄청났다. 하지만 그 충격은 스탈린주의의 고전 마르크스주의로의 복귀가 아니라, 각종 '포스트주의'와 사회민주주의로의 변신으로 이어졌다. 오늘날 스탈린주의는 진보 진영 담론의 무의식에 오히려 더 깊숙이 침잠 잠복하여 주요 정세에서 진보 운동을 오도하는 데 일조하고 있다. 이는 '러시아 문제'의 근본적 결산, 즉 스탈린주의의 최종적 청산이 우리나라 진보 운동의 발전을 위해서 필수적 전제임을 보여준다.

소련 경제의 구조와 동학의 연구는 21세기 진보적 대안을 모색하는 프로젝트의 출발점이기도 하다. 왜냐하면 1917년 10월혁명과 1920년대 소련에서 노동자국가를 건설하려 했던 볼셰비키의 노력은, 1928년 이후 스탈린의 국가자본주의 반혁명에 의해 전복되었다 할지라도, 또한 많은 한계를 갖고 있었다고 할지라도, 약 10년 동안 시도되었던 인류 최초의 반자본주의·탈자본주의 사회의 역사적 존재형태였기 때문이다. 실제로 1920년대 소련 공업화 정책을 둘러싸고 전개되었던 볼셰비키 논쟁에서 제출되었던 논의들 중에는 21세기 진보 진영의 대안적 프로젝트 구상에서 참고할 수 있는 요소들이 풍부하게 존재한다. 1989~1991년 소련·동유럽 블록의 붕괴에도 불구하고 소련의 노동자 국가 건설 실험은 21세기 오늘날도 대안에 관한 모든 모색들이 발원되고 회귀하고 다시 출발하는 대안 담론의 원천이라고 할 수 있다.

이 장에서는 먼저 최근 소련 국가자본주의론의 새로운 전개[1]에 촉발되어 재개되고 있는 소련 사회성격 논쟁을 비판적으로 검토할 것이다. 특히 다음과 같은 두 가지 쟁점에 집중할 것이다. ① 소련을 세계경제로부터 떼어놓고 보았을 때에도 소련에서 마르크스의 가치법칙이 작동했다고 할 수 있는가? ② 1928년은 소련 역사에서 결정적인 분기점, 질적 단절이었는가? 나는 첫 번째 쟁점과 관련하여 클리프(T. Cliff)와 베뜰랭(C. Bettelheim)의 상반된 접근들을 마르크스의 경제학비판에 대한 새로운 독해를 통해 비판적으로 종합해 볼 것이다. 두 번째 쟁점과 관련해서는 1991년 소련 붕괴

1) Chattopadhyay(1994), Fernandez(1997), Haynes(2002a), Resnick and Wolff(2002)는 그 대표적인 것들이다.

이후 개방된 '크레믈린 문서고'를 이용한 새로운 실증 연구들[2]을 통해 클리프가 1948년 체계화한 1928년 스탈린의 국가자본주의 반혁명 명제(클리프, 1993)의 타당성을 재확인할 것이다. 끝으로 최근 소련 국가자본주의론의 '복권'이 21세기 진보 진영의 이론과 정치에 대해 갖는 함의를 생각해 볼 것이다.

2. 마르크스의 사회주의 개념

소련 사회의 성격을 검토하기 위해 먼저 전제되어야 할 것은 자본주의와 사회주의의 개념 정의이다. 예컨대 생산수단의 국유화와 계획경제, 착취와 소외의 폐지 중에서 무엇이 사회주의의 핵심적 요소인가, 사회주의에서 시장과 국가의 위상은 어떻게 되는가, 사회주의에서 가치법칙은 작용하는가 등의 문제가 선결되어야 한다. 그리고 사회주의 개념 정의에 대한 논의는 다시 사회주의의 반대 개념인 자본주의의 개념 정의에 대한 논의와 직결되어 있기 때문에 자본주의의 본질적 특징이 무엇인지도 분명히 할 필요가 있다. 즉, 생산수단의 사적 소유, 상품생산, 가치, 잉여가치, 소외, 시장과 국가, 경쟁과 독점, 자본축적과 공황 등은 자본주의의 개념 정의에서 어떤 위상을 갖는가 하는 등의 문제가 해명되어야 한다.

이 장에서 나는 마르크스의 사회주의, 공산주의 정의를 채택한다.[3] 물론 마르크스의 사회주의 정의 그 자체에 대해서도 다양한 해석들이 존재한다.

2) Davies et. al. eds.(1994), Gregory and Stuart(2001), Haynes(2002a), Gregory(2004), Lewin(2005) 등은 그 대표적인 것들이다.

3) 주지하듯이 마르크스는 『공산주의자 선언』에서 동시대에 현존했던 다양한 사회주의 조류를 ① 반동적 사회주의(봉건적 사회주의/부르주아적 사회주의/진정한 사회주의), ② 보수적 혹은 부르주아적 사회주의, ③ 비판적 공상적 사회주의 등으로 분류 비판하면서, 자신의 사회주의(공산주의) 개념과 구별한다(마르크스·엥겔스, 1997 제1권).

하지만 나는 마르크스의 사회주의 사상의 핵심은 1879년 마르크스와 엥겔스가 "노동자계급의 해방은 노동자계급 자신의 사업이어야 한다"(Marx, 1974a: 375)라고 정식화한 '노동자계급의 자기해방' 사상, 즉 '아래로부터 사회주의' 사상으로 집약될 수 있다고 본다. 이와 같은 마르크스의 '아래로부터 사회주의' 개념은 "연합한 노동자계급에 의한 생산수단의 영유와 이들에의 복속, 즉 임금노동과 자본 및 이들 상호 관계의 폐지"(Marx, 1974b: 70), 특히 "공동 소유한 생산수단으로 노동하는 자유인들의 연합, …… 의식적 계획적 통제하에서 이루어지는 **자유롭게 연합한 사람들의 생산**"(마르크스, 1989a: 99~100. 강조는 정성진), 혹은 "공동 계획에 따라 국민적 생산을 조절하고", "노동을 노예화하고 착취하는 주된 수단인 생산수단과 토지 및 자본을 **자유로운 연합 노동**의 도구로 전환하여 참된 개인적 소유를 실현하는" "통일된 협동 생산"(Marx, 1974a: 213. 강조는 정성진)으로 구체화될 수 있다.

마르크스의 '아래로부터 사회주의' 개념은 인류의 영원한 이상으로만 남아 있었던 것은 아니었으며, 대중 투쟁의 고양기에서 '코뮌', '소비에트', '평의회' 등으로 실제로 하나의 현실로 나타났다. 1871년 파리 코뮌과 1905년, 1917년 러시아의 소비에트는 그 대표적인 것들이다.

마르크스의 '아래로부터 사회주의' 개념은 소련의 자칭 공산주의와 정면 대립될 뿐만 아니라, 동유럽의 이른바 인민민주주의, 유고슬라비아의 '자주관리' 또는 '시장사회주의' 혹은 최근 중국의 '사회주의적 시장경제'나 북한의 '우리식 사회주의'와 아무런 접점이 없으며, 전후 유럽의 '사회적 시장경제', '개혁적 케인스주의', 혹은 최근 베네수엘라의 차베스 체제 등과도 공통점이 없다. 마르크스는 계획이나 국유화를 사회주의 혹은 공산주의와 동일시한 적이 없다. 계획이나 국유화를 사회주의 혹은 공산주의와 동일시하면서 사적 소유와 국유화 혹은 시장 조절과 계획 간에 만리장성을 쌓는 것은 마르크스의 사상과 아무런 인연이 없는 '계획 물신주의' 혹은 '소유 물신주의'일 뿐이다. 이러한 '계획 물신주의' 혹은 '소유 물신주의'에서는 누가 그와 같은 계획 혹은 국가 소유를 통제하는가 하는 문제는 부차적인 것으로 되고 만다. 1989년 혹은 1991년 이전 소련이나 동유럽에서 사적 소유가 주변화되었던 것은 사실이지만, 그들 나라 인구 대다수는 '국가적 소유' 혹은 '집단적 소유'에 대해 어떠한 효과적인 통제력도 갖고 있지 못했다. "소련에서 연합한 생산자들은 그 사회의 조직에 대해 어떠한 적극적 통제력도 갖고 있지 못했다. 생산의 목표는 엘리트가 정했으며, 무엇을 생산하고 어떻게 생산할 것인가도 마찬가지였다"(Filzer, 1986: 257). "실제로 소련·동유럽에서 통제로부터 소외는 서방 세계보다 더하면 더했지 덜하지는 않았다. 효과적인 통제는 소수의 수중에 놓여 있었다. 즉, 국가가 사회를 통제했다 할지라도, 누가 국가를 통제하는가가 핵심적인 쟁점이다"(Haynes, 1996: 479). 형식적 소유 관계가 아니라 현실적 통제와 권력의 관계에 주목한다면, 국가적 소유와 계획의 지배는 자본주의적 규정성의 폐지를 의미하는 것이 아니라, 단지 그 형태의 변화만을 의미한다. 마르크스의 사회주의 및 공산주의 개념에 의거할 때, 적어도 1930년대 이후 소련 사회가 사회주의 혹은 공산주의가 아님은 분명하다. '소유 물신주의'에서 벗어나야, 1991년 이후 소련 사회의 전환 과정의 성격도 제대로 이해할 수 있다.

이 책에서 내가 채택하고 있는 마르크스의 사회주의 개념은 '노동자계급의 자기해방', '아래로부터 사회주의'를 핵심으로 한다는 점에서, 최근 우리나라 진보 진영에 유행하는 자율주의나 평의회공산주의, '코뮌주의' 등과 상당히 유사하다. 특히 최근 앨버트(2003)가 정식화한 '파레콘(parecon)', 즉 참여 계획경제 모델은 마르크스의 사회주의 개념을 대안 경제모델로 구체화하려는 의미 있는 시도로 보인다. '파레콘'의 주요 특징은 다음과 같다.

① 사적 소유가 아닌 사회적 소유
② 기업적 작업장 조직이 아닌 노동자 평의회 및 소비자 평의회와 균형적 직군(balanced job complex)

③ 소유, 권력 혹은 산출이 아니라 노고와 희생에 따른 보상

④ 시장 혹은 중앙 계획이 아니라 참여 계획

⑤ 계급 지배가 아닌 참여 자주 관리

'파레콘' 모델은 시장과 마르크스적 사회주의 원칙의 양립 불가능성을 강조한다는 점에서, 또 시장의 근본적 초월의 가능성을 입증했다는 점에서, 시장의 불가피성이나 심지어는 '효율성'을 인정하는 시장사회주의론과 본질적으로 구별된다.[4] 올만(Ollman, 2004)이 비유했듯이, 시장은 병따개(opener)처럼 기분 내키는 대로 활용할 수 있는 도구가 아니라, 일단 그 속에 빠지면 사람도 고기 가루로 갈려버리고 마는 육류분쇄기(meat grinder) 같은 것이기 때문에, 시장의 불가피성을 인정할 경우, 국가와 사회로 시장을 통제 조절하겠다는 사회적 의지를 갖고 있다 할지라도, 결국 시장메커니즘에 동화될 수밖에 없다.

4) 21세기 조건에서 시장 폐지는 불가능하다는 가정은 우리나라 진보 학계에서는 거의 '공준'으로 받아들여진다. 예컨대 이병천(2005), 장상환(2005), 신정완(2006), 정건화(2006)를 보라. 물론 사회주의로의 이행기에서 계획은 구 사회의 잔재인 시장과 결합되어 존재할 수밖에 없다. 하지만 이와 같은 결합은 Callinocos(1993: 191)가 정확하게 지적했듯이 어디까지나 계획이 시장을 점차 지배하게 되는 한에서의 결합이며, **"시장으로부터 점차 떠나는 동태적 운동"**으로 특징지어진다. 시장은 본질적으로 착취적이며 무정부적이고 인간을 소외시키고 자유롭지 못하게 하고 환경을 파괴하기 때문이다. 마르크스의 경제학비판의 핵심이 이른바 '시장의 효율성'이라는 도그마의 허구성을 폭로하는 데 있다면, 시장이 사회주의 경제의 불가결한 요소가 되어야 함을 하나의 당위로 주장하는 '시장사회주의론'은 마르크스 경제학비판의 문제설정과 양립할 수 없다. 마르크스 자신이 말했듯이 "연합한 개인들에 의한 그들의 전체 생산의 통제를 **교환가치 및 화폐**의 기초 위에서 상정하는 것 이상으로 잘못되고 당치 않은 것은 없다. …… 모든 노동생산물, 모든 활동 및 모든 부의 **사적 교환**은 …… 생산수단의 공동 소유 및 통제의 기초 위에서 연합한 개인들의 자유 교환과 정면으로 대립된다"(Marx, 1973: 158~189. 강조는 마르크스). 이른바 '시장사회주의론'이란 실제로는 1989~1991년 이전부터 소련·동유럽에서 점진적으로 진행된 **관료적 국가자본주의의 사적자본주의로의 현실적 전화에 대한 사후적인 이데올로기적 정당화**일 뿐이다.

하지만 '파레콘' 모델 혹은 이와 유사한 평의회공산주의, '코뮌주의'는 마르크스의 사회주의 개념과 다음 세 가지 점에서 중요한 차이가 있다. 첫째, 마르크스의 사회주의 개념에서는 노동자계급의 중심성이 강조되는 반면, 자율주의, '파레콘'에서는 이 점이 부정된다. 둘째, 마르크스의 사회주의 개념에서는 사회주의 운동의 조직으로서 당의 역할이 중시되는 반면, 자율주의, 평의회공산주의, '파레콘'은 조직과 당의 역할을 거부한다. 셋째, 자율주의 혹은 '파레콘' 모델은 자본주의 분석에서 마르크스의 노동가치론을 폐기한다. 이 때문에 이들은 마르크스처럼 사회주의, 공산주의를 가치법칙의 폐기로서 개념화하지 못한다. 하지만 나는 마르크스의 노동가치론의 문제설정에서 '파레콘'과 같은 참여 계획, '자유로운 생산자들의 연합'의 구상이 이론적으로 가능하다고 본다.[5)]

3. 소련 국가자본주의론의 이론과 실증

1) 소련 국가자본주의론의 새로운 전개와 주요 쟁점

최근 국제 마르크스주의 학계에서 새로운 양상의 하나는 그동안 주변적 소수설로 무시되었던 소련 국가자본주의론이 다수설의 지위를 획득하고 있다는 사실이다. 샤토파디아(Chattopadhyay, 1994), 페르난데스(Fernandez,

---

5) 이에 대한 최근의 논의로는 Cockshott and Cottrell(2005) 참조. 소련 국가자본주의론에 대한 이들의 비판은 수용할 수 없지만 다음과 같은 결론은 타당하다. "레닌의 『국가와 혁명』이 출간된 지 90년이 된 오늘 우리는 대의제 정부에 대한 레닌의 비판을 다시 쓰고 급진화해야 한다. 가격, 시장 및 의회라는 자유주의 삼위일체에 대한 대안으로서 노동가치론, 사이버네틱 조절 및 참여민주주의라는 세 가지 핵심적 사상을 결합해야만 한다"(Cockshott and Cottrell, 2005: 219). 참여계획경제 모델에 대한 상세한 논의는 이 책 15장을 참조할 수 있다.

<표 5-1> 소련 사회성격론의 유형

정의		대표적 논자
(국가)사회주의		스탈린주의(Dobb, Baran, Zagolow)
관료적으로 퇴보한 노동자국가		제4인터내셔널(Trotsky, Mandel, Samary, Bensaïd)
새로운 계급사회		관료적 집산주의(Shachtman, Rizzi, Burnham)
		Sweezy, Ticktin, Meszaros, Arthur, Filtzer, Brenner, Lewin
자본주의	1917년 이후	알튀세르주의(Bettelheim, Chavance, Sapir, Resnick and Wolff)
		자율주의(Fernandez)
		평의회공산주의(Chattopadhyay, Mattick, 大谷禎之介)
	1928년 이후	국제사회주의(Cliff, Harman, Callinicos, Haynes)
		마르크스주의적 휴머니즘(Dunayevskaya, Kliman, Anderson)

1997), 레스닉과 울프(Resnick and Wolff, 2002), 헤인즈(Haynes, 2002a), 윤소영(2002) 등은 이와 같은 변화를 보여준다. 또 최근 우리나라 진보 진영에서 유행하는 '비교자본주의론' 혹은 '개발자본주의론'도 자본주의의 다양성, 다양한 존재형태를 중시한다는 점에서, 소련 국가자본주의론의 타당성을 역설적으로 입증하고 있다.[6]

최근 전개되는 소련 국가자본주의론을 고려한다면, 기존의 소련 사회성격 논의는 다음 <표 5-1> 및 <표 5-2>와 같이 도식화될 수 있다. <표 5-1>에서 유형화된 소련 사회성격론 중 1989~1991년 소련·동유럽 블록의 붕괴는 스탈린주의자들의 (국가)사회주의론과 함께 정통 트로츠키주의자들의 '관료적으로 퇴보한 노동자국가론'에 대해 가장 치명적이었다. 소련·동유럽 블록이 여러 가지 문제점에도 불구하고 서방 자본주의보다 역사적으

6) "소련을 자본주의의 한 형태로 보는 사람들은 자본주의가 아주 많은 형태로 자신을 치장할 수 있으며 이것이 이행기에 이루어짐을 이해한다. 즉, 소련의 성격에 관한 논쟁에서 직접 제기된 문제인 자본주의 틀 내에서 가능한 경제적 정치적 형태의 다양성은 오늘날 현재적 문제이다"(Haynes, 2002b: 357). 오니시 히로시(大西廣, 1999) 혹은 최근 Derlugian(2005: 132~137)은 스탈린주의 소련을 "발전주의 국가(developmental state)"의 선구자로 해석한다.

<표 5-2> 소련 사회의 시기구분: 1917~1991

		1917	1928	1991
스탈린주의	자본주의	사회주의		자본주의
제4인터내셔널	자본주의	관료적으로 퇴보한 노동자국가		자본주의
새로운 계급사회	봉건사회	새로운 계급사회		자본주의
자율주의 평의회공산주의	봉건사회	자본주의		자본주의
알튀세르주의	사적자본주의	국가자본주의		사적자본주의
IS(국제사회주의)	사적자본주의	관료적으로 퇴보한 노동자국가	국가자본주의	사적자본주의

로 더 진보한 체제라는 이 두 이론의 근본 전제는 소련·동유럽 블록의 붕괴 이후 속속 밝혀진 이들 체제의 실상 앞에서 완전한 허구였음이 드러났다.[7] 이들 논의가 타당하다면, 1989~1991년 이후 소련·동유럽 블록의 붕괴는 노동자 국가의 전복 및 자본주의의 부활로 이해되어야 할 터인데, 그 경우 이 시기 분출한 노동자 대중투쟁이 노동자 자신의 국가를 타도하고 자본주의 부활을 지향했다고 상정해야 하는 논리적 모순에 빠진다. 무엇보다 이와 같은 이론을 따를 경우, 1989~1991년 소련·동유럽 블록의 붕괴 이후 이들 체제에서 구질서의 새로운 질서로의 상대적으로 순탄한 이행 과정, 즉 이른바 '사유화'에도 불구한 구지배체제의 연속성을 논리적으로 설명할 수 없다.[8]

---

7) 1937년 트로츠키는 『배반당한 혁명』에서 다음과 같이 주장했다. "사회주의는 자신의 승리를 『자본론』의 페이지들에서가 아니라, 지구 표면의 1/6을 포괄하는 공업 지대에서 입증했다. 즉, 변증법의 언어가 아니라, 철과 시멘트 그리고 전기의 언어로 입증했다"(트로츠키, 1995: 45~46). 하지만 이와 같은 트로츠키의 논법이 옳다면 이제 우리는, Haynes(2002b: 329)가 비유하듯이, "사회주의는 자신의 실패를 컴퓨터와 광케이블과 햄버거의 언어로 입증했다"라고 결론 내려야 할 것이다.

8) 1990년대 러시아의 시장경제로의 전환은 사회주의의 붕괴 혹은 자본주의의 부활이 아니라 국가자본주의에서 사적자본주의로의 전화로 이해되어야 한다(Harman, 1990; 하먼·헤인즈, 1995; Haynes, 2002a). 정치 지도자들의 권력은 본질적으로 연속적으로

1991년 이후 정통 트로츠키주의의 '관료적으로 퇴보한 노동자국가론'을 포함한 각종의 소련 노동자국가론은 이제 거의 신용을 상실했다. 물론 오늘날도 일부 진보 진영은 신자유주의 사유화에 반대한다는 명목으로 국가적 소유 체제의 진보성을 주장하고 이를 입증하는 사례로 최근 중국의 고도성장에 주목하기도 한다.[9] 하지만 이처럼 중국 모델을 모종의 진보적 대안으로 간주하는 것은 중국 모델이 기초한 초과착취와 반민주적 억압의 현실에 눈감는 것으로서 마르크스주의와는 아무런 인연이 없다.

한편 일부 진보 진영은 소련을 사회주의도 아니라면 자본주의도 아닌, '새로운 계급사회', '혁명 후 사회', '관료적 집산주의', '관료적 절대주의'(Lewin, 2005) 등으로 규정한다. 얼핏 보기에 이와 같은 '새로운 계급사회' 이론은 소련 사회의 계급적 착취의 현실성을 인정하면서도 그 특수성을 강조한다는 점에서 그럴 듯하고 '안전한' 이론으로 보인다. 하지만 이 이론에서는 우선 '새로운 계급'이 구체적으로 무엇을 의미하는지 불분명하다. 소련 사회에서 직접적 생산자들의 기본적 존재형태는, 예컨대 수용소군도와 같은 노예제적 우클라드의 존재에도 불구하고, 임금노동이었기 때문에, 소

유지되고 있다. 사회경제적 권력의 성격에서 구조적 연속성은 다음과 같은 측면에서 확인된다. 우선 소련·동유럽에서 대다수 노동자 농민은 1989년 이후에도 이전과 마찬가지로 어떠한 현실적 통제로부터 배제되어 있다. 또한 이전 사회를 효과적으로 지배했던 계급의 통제가 계속 유지되고 있다. 그뿐만 아니라 이들 나라들은 이전과 마찬가지로 여전히 세계적 규모에서 경쟁에 종속되어 있다. 1989~1991년 이후 소련·동유럽 블록에서 "국가 통제의 약화가 이들 나라의 자본주의로의 복귀를 뜻하는 것은 아니다. 왜냐하면 이전에 존재했던 체제는 국가자본주의의 한 형태였기 때문이다(Haynes, 1996: 479). 1989~1991년 이후 소련·동유럽 블록의 변화는 아래로부터 압력에 의해 부분적으로 촉발된 '협상된 체제 변화'이며 '국가자본주의의 비민주적 형태로부터 보다 민주적 외양을 띤 국가와 사적 자본 간의 새로운 균형으로의 이행'으로 해석될 수 있다(Haynes, 1996: 480).

9) 예컨대 Itoh(2006)는 오늘날 진보 진영의 '중국 모델론'의 단적인 예이다. '중국 모델론'에 대한 마르크스주의적 비판으로는 Hart-Landsberg and Burkett(2006)을 참조할 수 있다.

련 사회의 전체적 사회 성격을 노예제라든지, 봉건제, 혹은 '아시아적 전제주의' 등으로 규정하는 것은 부당하다. 또한 '새로운 계급사회' 이론의 자본주의 개념은 서방 자본주의, 시장주도적 자본주의만을 자본주의라고 간주한다는 점에서 마르크스의 자본주의 개념과 다르다. '새로운 계급사회' 논자인 아서(C. Arthur)는 최근 '형태와 내용의 변증법'의 관점에서 소련에서 자본의 내용(공장)은 잔존하고 있지만, 자본의 형태(가치형태)는 소멸했으므로 자본주의라고 볼 수 없다고 주장한다.[10] 하지만 마르크스에 따를 경우 자본의 본질은 아서(Arthur, 2002)가 주장하듯이 '형태와 내용의 변증법'이 아니라, 자본관계(자본-임금노동 관계)라고 보아야 한다. 자본관계가 존재하는 한 자본의 형태, 즉 가치형태와 상품형태가 출현하는 것은 시간문제일 것이다.

한편 소련 국가자본주의론은 다른 소련 사회성격 논의와는 달리 다음과 같은 점에서 마르크스의 경제학비판 체계에 확고하게 근거하고 있는 것으로 보인다. 우선 소련 국가자본주의론은 소련 사회가 사회주의인지 자본주의인지를 판별하는 기준으로 '국유 대 사유' 혹은 '계획 대 시장'의 이분법에 의존하지 않는다. 그 대신 소련 국가자본주의론은 마르크스가 정식화한 자본주의의 주요 경향들, 즉 착취, 축적을 위한 축적, 생산의 소비에 대한 우위, 생산수단 생산 부문(I 부문)의 불균등 발전 등이 소련 사회에서도 작동했는지를 구명하는 데 노력한다. 나아가 소련 국가자본주의론은 1989~1991년 이후 소련 사회의 변동을 '관료적으로 퇴보한 노동자국가론'이나 '새로운

10) "사회적 형태라는 측면에서는 자본주의는 소련에서 파괴되었다. 소련 체제가 가치, 잉여가치 혹은 자본축적을 갖추고 있다고 이야기하는 것은 무의미하다. …… 하지만 자본의 물질화인 공장 체제는 여전히 남아 있다. …… 그리하여 소련에서 전체 공장 체제는 이와 같은 자본주의 모델에서 출발하였으며 그 핵심적 요소는 밑바닥에서 타인의 명령을 수행하는 이들에서 시작하여 위로는 5개년 계획 과정을 입안하는 이들에 이르는 위계적 분업이다. 자본의 기술의 전체적인 인적 및 물질적 배열은 재현되었다. …… 하지만 자본주의와 가장 큰 차이는 객관적인 가치 조절자의 부재 …… 및 자본축적 드라이브의 부재이다. 자본주의도 사회주의도 아닌 소련은 유기적 정합성을 결여했다"(Arthur, 2002: 208~210).

계급사회' 이론처럼 생산양식의 이행이 아니라, 동일한 자본주의 생산양식 틀 내에서 축적체제의 변화로 이해한다.

소련 국가자본주의론의 이론적 전통은 1917년 10월혁명 직후 좌익공산주의, 평의회공산주의까지 소급될 수 있으며, 최근에도 계속 다양한 형태로 전개되고 있다.[11] <표 5-1>에서 보듯이 현재 소련 국가자본주의론 내부에는 이론과 정치에서 상당한 편차의 스펙트럼을 갖는 다양한 종류의 견해들이 경합하고 있다. 소련 국가자본주의론 내부에서 가장 중요한 쟁점은 국제사회주의 경향(International Socialist Tendency)의 클리프에서 비롯된 '세계체제론적' 소련 국가자본주의론과 베뜰랭, 샤토파디야 등의 '일국적' 소련 (국가)자본주의론 사이에서 형성되고 있는데, 이는 다음과 같이 정리할 수 있다.

첫째 쟁점은 소련에서 마르크스의 가치법칙의 작동 방식과 관련된 이론적 쟁점이다. 클리프는 소련을 세계체제 속에 놓고 보았을 때에만 자본주의라고 볼 수 있다고 주장한 반면, 베뜰랭 등은 소련은 하나의 '폐쇄 모델(closed model)'로 고찰할 경우에도 자본주의라고 규정할 수 있으며, 소련 '일국' 차원에서도 자본주의 운동법칙이 작동한다고 주장한다. 내가 전자를 '세계체제론적' 소련 국가자본주의론, 후자를 '일국적' 소련 국가자본주의론이라고 명명한 것은 이 때문이다. 헤인즈(Haynes, 2002a)가 클리프의 '세계체제론적' 소련 국가자본주의론의 최신 업데이트 판이라면, 베뜰랭(Bettelheim, 1985; 1986; 2001), 샤방스(Chavance, 1977; 2002), 샤토파디야(Chattopadhyay,

11) 소련 국가자본주의론을 포함하여 소련 사회에 대한 마르크스주의적 연구의 오랜 전통을 감안할 때, 다음과 같은 알뛰세르(L. Althusser)의 주장은 전적으로 부당하다. "우리는 결국 마르크스주의의 이름으로 이루어진 역사에 대해 진정으로 만족스러운 마르크스주의적 설명을 제공하는 것이 극도로 어렵다는 사실, 그리고 아마도 현재 우리의 이론적 지식의 상태에서는 거의 불가능하다는 사실에 직면하고 있다" (Althusser, 1979: 226~227). 스탈린주의로 편향된 알뛰세르의 눈에는, 1937년 출판된 트로츠키의 『배반당한 혁명』, 혹은 1948년 출판된 클리프의 『소련 국가자본주의』는 소련 사회에 대한 마르크스주의적 연구로서 언급할 가치조차 없었던 모양이다.

1994), 페르난데스(Fernandez, 1997), 레스닉과 울프(Resnick and Wolff, 2002)는 '일국적' 소련 국가자본주의론으로 분류할 수 있는 최근의 주요 저작들이다.[12)]

클리프의 '세계체제론적' 소련 국가자본주의론에 따르면, 소련에서 마르크스의 가치법칙은 세계체제에서 서방 자본주의와의 정치군사적 경쟁을 매개로 해서만 작동한다. 클리프는 소련을 하나의 단일한 공장이라고 보았다. 따라서 클리프는 소련을 세계체제로부터 고립시켜 '폐쇄 모델'로 간주할 경우에는 마르크스의 가치법칙이 작동한다고 볼 수 없다고 주장했다. 반면 '일국적' 소련 국가자본주의론자들은 소련을 세계체제로부터 분리하여 '폐쇄 모델'로 간주할 경우에도 마르크스의 가치법칙은 작동한다고 주장한다. 이와 연관된 부수적 쟁점은 소련에서 임금노동 범주의 현실성을 인정할 수 있는지의 여부이다. 클리프의 소련 국가자본주의론은 소련에서 임금노동의 실존을 부인하는 반면, 베뜰랭 등의 '일국적' 소련 국가자본주의론은 이를 인정한다.

둘째 쟁점은 소련 국가자본주의의 시기구분과 관련되는 것으로서, <표 5-2>에서 보듯이 베뜰랭 등의 '일국적' 소련 국가자본주의론은 소련이 처음부터, 즉 1917년 10월혁명부터 자본주의였다고 주장한다. 이에 반해 클리프는 소련에서 국가자본주의는 1928년 스탈린의 반혁명을 획기로 하여 수립되었다고 주장한다. 소련 국가자본주의의 시기구분과 관련된 쟁점은 역사적 쟁점인 동시에 1917년 10월혁명의 성격 평가 및 볼셰비즘과 스탈린주의의 관계에 대한 평가와 직접적으로 관련된 정치적 쟁점이기도 하다. 대부분의 '일국적' 소련 국가자본주의 논자들은 1917년 10월혁명의 역사적

12) '일국적' 소련 국가자본주의론은 1980년대에 Bettelheim(1982/83), 즉 *Les Luttes de Classes en URSS: 3ème Période 1930~1941*에서 처음으로 체계화되었으며, Bettelheim(1985; 1986; 2001)은 이의 영문 요약이라고 할 수 있다. 그리고 Chattopadhyay(1994)와 Resnick and Wolff(2002)는 Bettelheim(1982/83)을 정교화한 것으로 볼 수 있다.

단절성을 인정하지 않는다. 즉, 1917년 10월혁명을 전후한 소련 생산관계의 자본주의적 성격의 연속성을 주장한다. 예컨대 레스닉과 울프(Resnick and Wolff, 2002)는 1917년 10월혁명이 공업 부문에서는 사적자본주의를 국가자본주의로 대체하고 농업 부문에서는 사적자본주의를 소농 체제로 대체한 사건이었을 뿐이며, 1980년대에 쇠퇴한 것은 이 국가자본주의였다고 주장한다.[13] 한편 <표 5-2>에서 보듯이 레스닉과 울프(Resnick and Wolff, 2002)와는 달리 1917년 이전 러시아 사회를 자본주의가 아니라 전자본주의적 봉건사회로 파악하는 샤토파디야(Chattopadhyay, 1994)는 1917년 10월혁명을 사회주의혁명이 아니라 일종의 부르주아혁명으로 파악한다.[14]

'일국적' 소련 국가자본주의론자들은 대체로 1917년(또는 1921년) 이후 소련 국가자본주의론을 채택하기 때문에, 당연히 1928년의 단절도 부인한다. 1928년 이후와 마찬가지로 1928년 이전, 즉 1917~1928년의 소련도 노동자국가가 아니라 자본주의였기 때문에 1928년의 단절을 이야기할 수 없다는 것이다. 예컨대 샤토파디야는 "1920년대 말 스탈린의 권력 공고화 이전의 초기 소련 체제는 어떤 방식으로도 (마르크스적 의미에서) 프롤레타리아트 체제로 불릴 수 없다"(Chattopadhyay, 1994: 155)라고 주장하면서, 스탈린의 국가자본주의 반혁명 명제를 기각한다.[15] 이들과 마찬가지로 일부 자율주의자들과 평의회공산주의자들도 스탈린주의가 레닌주의에서 비롯되

13) "위기는 1917년의 방향을 역전시켰다: 최후의 이행은 국가자본주의로부터 사적자본주의로 되돌아 간 것이다"(Resnick and Wolff, 2002: 281).

14) 하지만 이와 같은 Chattopadhyay(1994)의 주장은 19세기 말 20세기 초 러시아 자본주의 발전이라는 경제사학계에서 이미 확립된 통설조차도 무시하는 것이라고 할 수 있다.

15) 레닌 시대 좌익공산주의자였던 보르디가(A. Bordiga)도 1928년의 역사적 단절 명제에 의문을 제기하고 1917년 이후 국가자본주의론을 주장했다. 보르디가는 1917년 당시 러시아에서 전자본주의적 관계의 지배를 고려할 때 10월혁명은 단지 정치적 의미에서만 사회주의혁명이었고 경제적으로는 자본주의 혁명이 될 수밖에 없었다고 주장한다. 보르디가의 사상에 대한 개관으로는 Goldner(1991)를 참조할 수 있다.

었다고 주장하면서 스탈린주의 반혁명을 부인한다.[16] 이들 중 일부는 스탈린주의와 레닌주의(및 트로츠키주의)의 본질적 연속성을 주장하는 데서 한 걸음 더 나아가 스탈린주의의 뿌리는 마르크스의 사상으로까지 소급될 수 있다고 주장한다.

이상 소련 국가자본주의론의 두 가지 주요 쟁점에 관해 나는 역사적 정치적 쟁점에 관해서는 '세계체제론적' 소련 국가자본주의론의 1928년 스탈린의 국가자본주의 반혁명 명제를 채택하면서도, 이론적 쟁점에서는 '일국적' 소련 국가자본주의론의 주요 부분을 수용할 것이다. 이하에서는 이와 같은 나의 가설을 마르크스의 경제학비판에 대한 새로운 독해와 스탈린주의 체제에 대한 최근의 새로운 실증 연구들에 기초하여 논증할 것이다.

2) 소련 국가자본주의에서 마르크스의 가치법칙의 관철

이하에서는 마르크스가 경제학비판에서 자본주의 생산양식의 핵심적 요소들로 정식화한 상품과 화폐, 임금노동, 착취, 경쟁, 자본축적, 공황 등의 범주가 1930년대 이후 소련에서 실제로 존재하고 작동했음을 확인할 것이다.

(1) 상품, 화폐와 사적 소유

마르크스의 가치법칙은 신리카도주의 경제학자들처럼 상품의 교환 비율을 결정하는 법칙이 아니라 자본주의적 잉여가치 생산의 법칙으로 이해해야 한다. 마르크스의 가치 개념의 본질은 임금노동 관계이며 가치 생산을 부과하기 위해 투쟁하는 자본이다. 자렘브카가 말하듯이, "자본주의적 사회관계와 가치 생산이 존재하는지의 여부의 문제에서 결정적인 쟁점은 추상 노동을

---

16) 이는 조정환(2004)에서 보듯이 우리나라 자율주의자들의 입장이기도 하다. 이에 대한 비판으로는 최일붕(2005)을 참조할 수 있다.

획득하는 데 있어 성공의 존재 혹은 수준"(Zarembka, 1992: 133)이다. 이러한 의미에서 마르크스의 가치법칙이 스탈린주의 소련에서 작동했던 것은 분명하다. 왜냐하면 "1930년대 소련 역사를 특징짓는 것"은 "가치 형태를 부과하기 위한, 추상노동을 부과하기 위한 투쟁"(Zarembka, 1992: 134~135)이었기 때문이다.

소련을 자본주의로 볼 수 없다고 주장하는 논자들은 소련에서는 생산수단의 사적 소유의 부재로 인해 생산수단을 포함하여 생산물의 대다수가 탈상품화되었다고 주장한다. 이들은 또 소련에서 상품생산이 존재했다고 할지라도, 이는 비자생적이고 계획적 형태로서, 즉 비자본주의적 형태로서 존재했다고 주장한다. 하지만 마르크스가 "**일반적으로 사용대상이 상품으로 되는 것은 그들이 서로 독립적으로 수행되는 사적 노동의 생산물이기 때문이다**"(마르크스, 1989a: 92. 강조는 정성진)라고 말했을 때, 마르크스는 사적 노동과 생산수단의 사적 소유를 등치하지 않았다. 샤토파디야가 해석한 대로 마르크스가 말한 '사적 노동'이란 기본적으로 특정한 소유 형태와 관계없는 '비직접적인 사회적 노동(non-immediately social labor)'을 의미한다(Chattopadhyay, 1994: 129, 125). 즉, 마르크스가 말한 상품생산의 기초로서 '사적 노동'이란 생산수단의 사적 소유를 전제하는 것이 아니며, 단지 '직접적으로 사회적인 형태의 노동'과 '대립물의 형태'(마르크스, 1989a: 74)인 것으로 충분하다. 즉, "상품의 존재를 말하기 위해 필요한 것은 상이한 생산단위들에서 독립적으로 수행되는 **비직접적인 사회적 생산**이라는 의미에서 사적인 생산일 뿐이다"(Chattopadhyay, 1994: 129).

법률적인 사적 소유의 폐지나 국유화는 상품생산을 제거하지 못한다. 왜냐하면 단지 법률적인 소유 형태가 변경되었다고 해서 사적 노동이 직접적으로 사회적인 형태의 노동으로 되는 것은 아니기 때문이다. "실제로 소련 체제는 그 존재의 특정 단계에서 자신의 경제에서 상품생산의 일반적 성격을 인정해야 했다. 물론 소련 체제는 전적으로 이데올로기적 이유로 상품생산의 현실을 '사회주의적 상품생산'이라는 불합리한 호명으로 계속 합리화했지만 말이다"(Chattopadhyay, 1994: 125).[17] "생산조건이 직접적 생산자들로부터 분리되어 있고 직접적 생산자들이 이들을 소유하지 못하는 한, 이들 생산조건은 가장 근본적인 마르크스적 의미에서 사적 소유이다. 사적 소유는 자본 그 자체(국가자본을 포함하여)와 함께 종식된다. 즉, 사적 소유는 연합(Association)하에서 생산조건이 직접적으로 사회적으로 전유됨으로써만 종식된다"(Chattopadhyay, 1994: 128~129).

마르크스에서 자본주의적 소유는 법률적 범주가 아니라 일련의 자본주의적 생산의 조건을 지시하는 사회적 범주였다. 마르크스는 "근대적 부르주아적 소유는 그 일련의 소유 관계를 그 관계의 법률적 표현에서가 아니라 그 현실적 형태에서, 즉 생산관계에서 포괄하는 분석을 통해서만 이해될 수 있다"(Bettelheim, 2001: 259에서 재인용)라고 말했다.

또한 소련의 화폐는 자본주의적 화폐였다. 안드레프(Andreff, 1983)는 소련에서 루블은 일반적 등가로 기능하지 못했고, 소비재와 교환되는 현금화폐의 순환과 생산수단과 교환되는 비현금 화폐(non-cash money)의 순환이 이원적으로 분리되어 있었기 때문에 자본주의적 화폐로 볼 수 없다고 주장

---

17) 1952년 스탈린은 「소련에서 사회주의의 경제적 문제들」에서 다음과 같이 선언했다. "사회주의 체제하에 있는 우리나라에서 가치법칙이 존재하고 작용하는가 하는 물음이 때때로 제기된다. 그렇다. 가치법칙은 존재하고 작용한다. …… 가치법칙은 자본주의의 기본적 경제 법칙인가? 아니다"(스탈린, 1990: 240, 255). **스탈린의 위와 같은 주장은 한편에서는 가치 범주가 자본주의 생산양식에 고유한 범주라는 마르크스의 기본 명제를 정면으로 부정한 것이며, 다른 한편에서는 역설적으로 소련 체제의 자본주의적 성격을 자인한 것이다.** 실제로 마르크스에서는 "가치 개념은 가장 근대적인 정치경제에 전적으로 특유한 것이다. 왜냐하면 가치 개념은 자본 그 자체와 그것에 기초한 생산의 가장 추상적인 표현이기 때문이다. 가치 개념에서 자본의 비밀이 드러난다"(Marx, 1973: 776). 마르크스는 또 다음과 같이 말했다. "**가치 연구**에서 나는 부르주아적 관계를 다루었으며, '사회적 국가'에 대한 **가치** 이론의 적용을 다루지 않았다"(Marx, 1975: 187. 강조는 마르크스).

한다. 그러나 이러한 주장은 옳지 않다. 샤방스가 지적한 대로 "소비재, 노동력 및 생산수단의 교환의 화폐 형태 간에는 연관이 존재한다. 이는 왜 두 화폐가 실은 하나인지를 설명한다. …… 현금 화폐와 비현금 화폐는 완전히 분리되어 있었던 것은 아니며, 실제로는 하나에서 다른 하나로 서로 오고 갔다"(Chavance, 2002: 270).

(2) 착취와 임금 관계

최근의 소련 사회 성격 논쟁에서는 적어도 1930년대 이후 소련의 노동자들이 서방 자본주의 노동자들과 마찬가지로 착취를 당했다는 사실에 대해서는 대체로 의견의 일치가 이루어지고 있다. 스탈린주의 소련에서 노동자들이 자신들이 생산한 잉여노동에 대한 통제권을 갖고 있지 못했음은 부인하는 논자는 거의 없다. 스탈린주의 소련에서는 당과 국가의 관료가 잉여노동에 대한 통제권을 갖고 있었다. "공업 노동자들이 아니라 내각회의(Council of Ministers)가 이 노동자들이 생산한 잉여를 최초로 수취하고 분배할 수 있는 (계급적) 위치에 있었다. …… 사적자본주의와 국가자본주의의 공통점은 노동자들이 아닌 다른 개인들에 의한 노동자들의 착취이다. 이 개인들이 (소련에서처럼) 국가기구 내에서 지위를 갖고 있는지, 혹은 (미국에서처럼) 그렇지 않은지는 상관없다"(Resnick and Wolff, 2005: 565, 561).

이와 같은 스탈린주의 소련에서 착취의 현실에도 불구하고, 스탈린주의 소련을 자본주의로 볼 수 없다고 주장하는 논자들은 흔히 소련에서 노동시장의 부재 및 완전고용과 고용보장의 존재로 인한 노동력 상품화의 부재를 그 근거로 제시한다. 이들은 노동력의 상품화 여부가 마르크스에서 어떤 사회가 자본주의인지 아닌지를 판별하는 시금석이라면 소련 사회는 이 테스트를 통과하지 못했다고 주장한다. 하지만 나는 상품으로서 노동력 및 노동시장은 노동력의 가격이 결정되는 특정한 방식(예컨대 그것이 자생적으로 결정되든, 국가 행정에 의해 결정되든)과는 상관없이 노동자가 생계를 위해

<표 5-3> 소련에서 노동자 이직률(피고용자 100명 당): 1928~1934

	대규모 공업 전체		석탄업	
	취직	이직	취직	이직
1928			140.4	132.0
1929	122.4	115.2	201.6	192.0
1930	176.4	152.4	307.2	295.2
1931	151.2	136.8	232.8	205.2
1932	121.1	135.3	185.4	187.9
1933			129.2	120.7
1934			90.7	95.4

자료: 노브(1998: 223)

자신의 노동력을 고용주에게 (그가 사적 고용주이든, 국가이든) 판매한다면 존재한다고 생각한다. 따라서 클리프가 스탈린주의 소련에서 임금노동의 존재를 부인하면서도 스탈린주의 소련을 국가자본주의로 규정한 것은 마르크스의 자본주의 개념과 부합되지 않을 뿐만 아니라 사실과도 다르다고 할 수 있다. 나는 이 점에서 클리프와 같은 '세계체제론적' 소련 국가자본주의론의 입장을 채택하면서도 소련에서 임금노동의 존재를 인정한 캘리니코스(Callinocos, 1981)에 동의한다.[18] 사실 마르크스의 자본주의 개념을 채택하면서, 임금노동 없는 자본주의를 말할 수는 없다. 마르크스적 의미에서 자본주의가 소련에서 실존했다고 말하기 위해서는 소련에서 임금노동 범주의 존재가 실증적으로 입증되어야 한다. 실제로 스탈린주의 소련에서 직접적 생산자의 지배적 존재형태는 임금노동이었으며, 이는 소련에서 자본주의의 존재를 입증한다.

클리프를 비롯한 일부 논자들은 소련에서는 노동력의 '자유로운' 매매가 이루어지지 않았으며, '직업 보장'과 '임금 보장'에서 보듯이 노동자들에 대해 고용에 관한 '절대적 권리'가 보장되어 있었기 때문에 마르크스적 의미에서 노동력 상품화를 말할 수 없다고 주장한다.[19] 하지만 샤방스가

18) 이와 관련된 논쟁에 관해서는 하먼·캘리니코스(1995)를 참조할 수 있다.

19) 토니 클리프(1993: 195)는 다음과 같이 주장한다. "만약 고용주가 단 한 명만 존재한

말했듯이 "소련의 노동은 임금노동 체제에 일반적인 자유와 제약이라는 이중성의 원초적 형태를 취했으며, 따라서 역설적으로 소련형의 임금노동이 오늘날 서방 세계의 노동보다도 마르크스의 임금노동 개념에 더 근접한 것으로 보인다(Chavance, 2002: 265)". 이와 함께 후술되듯이 소련에서는 매우 높은 노동이동률과 임금 상승 압력이 국가의 노동시장 통제에 대해 장애로 작용했다는 사실도 지적되어야 한다.

소련 노동자들이 자신의 노동력을 자유롭게 판매할 수 있었음은 다음 <표 5-3>에서 보듯이 매우 높은 노동이동률 지표에서 확인된다. 실제로 소련에서 노동자 이직률은 대단히 높았는데, 이는 소련에서 노동시장이 작동했음을 보여주는 중요한 증거이다. <표 5-3>에서 보듯이 스탈린 시대의 폭압하에서도 소련 노동자들은 직장을 매우 빈번하게 바꾸었다. 예컨대 석탄업 종사 노동자의 경우 1930년 한 해 동안 무려 세 번씩이나 직장을 그만두었다.

(3) '다수자본'과 경제적 경쟁

소련에서 생산이 임금노동 착취에 기초한 것이 사실이라면, 우리는 그것의 필연적 함축으로서 소련에서 '다수자본'의 경제적 경쟁을 인정해야 한다. 즉, 임금노동과 가치법칙의 존재는 '다수자본'의 경쟁의 존재를 자동적으로 의미한다. 왜냐하면 샤토파디아가 말했듯이 "노동자의 이중적 의미의 자유를 수반하는 임금노동은 생산수단의 상호 분리를, 즉 개개의 분리된 자본들을, 다시 말해서 자본들 간의 경쟁을 필연적으로 의미하기(Chattopadhyay, 1994: 129)" 때문이다.

이 점에서 나는 스탈린주의 소련에서 '다수자본'의 경쟁을 부인한 클리프

다면 '사장 바꾸기'는 불가능하며 '자신의 주기적 판매'는 순전한 외양일 뿐이게 된다. 판매자는 많은데 구매자는 단 한 명뿐이라면 계약은 형식에 지나지 않는 것으로 된다."

의 다음과 같은 주장에 동의하지 않는다: "소련 사회에서 분업은 본질적으로 일종의 단일한 작업장 내의 분업이다. …… 그러나 모든 기업들의 소유가 하나의 기구인 국가에 귀속되기 때문에 실질적인 상품 교환은 전혀 존재하지 않는다. …… 만약 소련 경제의 내부 관계를 세계경제와의 관계로부터 떼어 놓고 본다면, 생산의 동력과 조절자로서 가치법칙의 원천은 소련 경제에서 발견되지 않는다는 결론을 내릴 수밖에 없다"(클리프, 1993: 192, 196).

실제로 소련 경제는 중앙집권적 통제의 외양에도 불구하고, '단일한 공장'은 아니었다. 베뜰랭(Bettelheim, 1985)이 분석했듯이, 상이한 생산단위들 간의 관계는 '다수자본'의 경쟁 관계라고 볼 수 있을 정도로 충분히 느슨했다. 스탈린주의 소련에서 각 생산단위들은, 그 생산수단을 누가 법률적으로 소유하고 있는가, 혹은 그것이 중앙 당국에 의해 얼마나 통제되고 있는가의 문제와 상관없이, 상당한 기능적 자율성을 갖고 있었다. 물론 통제의 중앙집권화와 기능적 자율성 간의 현실적 균형은 정세에 따라 변동했지만, 소련의 기업 경영자들이 기업에 대해 효과적인 통제력을 갖고 있었으며 상호 경쟁했다는 사실은 부인될 수 없다. 소련의 기업 경영자들은 임금노동에 기초한 자율적 생산단위들로서, 즉 사회적 총자본의 파편들로서 마주쳤으며, 이들의 생산물은 상품 형태를 취했다. 이들은 생산수단을 법률적으로 소유하고 있지는 않았지만, 마르크스적 의미에서 자본 기능의 담지자들이었다.[20] 실제로 소련 국가 부문 내부에서 상품관계의 존재에 기초한 기업들 간의 상호 독립성의 현실은 소련 정부도 공공연하게 인정하곤 했다. 그리고 소련 기업장들이 자신들이 '관리'했던 기업들에 대해 단지 '관리'만 하고 실질적 통제

20) 실제로 마르크스는 『자본론』 제3권 가치의 생산가격으로 전형 논의에서 개별 자본에 대한 독립적 소유권이 존재하지 않는 조건에서 이루어지는 '다수자본'의 경쟁의 사례를 제시한 바 있다. 여기에서 마르크스는 5개의 독립적 자본들을 '하나의 자본'(사회적 총자본)의 '구성 부분들'로 취급하면서도, 상호 간에 경쟁하여 생산된 잉여가치 총액을 상호 간에 '사회적 총자본의 각각의 구성부분들에 할당'하는 모델을 상정한다(마르크스, 1990: 181~186).

력을 갖고 있지 않았다면, 1991년 소련 붕괴 이후 그들이 그 기업들을 어떻게 그토록 쉽게 '전유' 혹은 '횡탈'할 수 있었는지(이른바 '사유화')를 설명할 수 없을 것이다.

베뜰랭(Bettelheim, 1985: 45, 31, 46)은 다음과 같이 말했다. 소련에서 "사회적 자본은 통일된 모습을 띠지만(이는 주로 계획 체제와 국가 소유의 법률적 형태가 조장하는 환상이다), 현실에서는 사회적 자본은 상대적으로 독립적인 복수의 경제 단위들로 분할되어 있다. 사회적 자본의 파편화가 국가적(혹은 집단적) 소유의 외피하에서 전개된다. …… 개별 기업은 단지 '단일한 국가 트러스트'의 단위들(혹은 거대 국영 공장의 '작업장')이 아니다. …… '당 자본주의(party capitalism)'는 사회적 자본이 파편화되는 특수한 방식이다." 사회적 자본의 '다수자본'으로의 파편화는 이들 간의 경쟁을 필연적으로 함축한다. "소련 경제에서 자본들 간의 경쟁은 분리된 생산단위들과 상업의 존재로 구체적으로 나타난다. 이러한 단위들은 실제로 상당한 자율성을 갖고 있는 기업장들의 관할하에 놓여 있다. …… 투자와 생산 및 혁신과 관련된 모든 결정이 중앙에 의해 '지령'된 것은 아니다. 실제로 이러한 결정의 대다수는 기업장들에 의해 이루어졌다." "소련에서 기업들은 생산을 유지하고 확대하기 위해 필요한 수단들을 확보하기 위해 항상 경쟁을 벌인다. 사회적 자본의 상이한 파편들 간의 경쟁은 너무 '야심적인' 계획과 과잉 축적에 기인한 부족 때문에 더욱 격화된다. …… 각 생산단위들은 계획 달성을 위해서 가능한 최대한의 축적펀드를 확보하려 한다. 수많은 기업들을 관할하고 있는 각 부문들도 펀드를 확보하기 위해 경쟁한다." 또한 페르난데스가 말한 대로, "소련 경제 관료는 하나의 경쟁 기구로서 그 속에서 착취자들은 소외된 권력의 행사에서 더 많은 몫을 차지하기 위해 서로 싸운다. …… 재량, 협상, 교섭, 관료적 명령의 특징적 배합의 기능은 다름 아니라 생산력에 대해 소외된 권력을 행사하는 개인들 간의 필연적 경쟁의 전개이다. …… 경쟁은 소련 체제의 본질이다(Fernandez, 1997: 125, 126)".

요컨대 소련 국내에서는 마르크스가 말한 '다수자본'과 경쟁이 현실적으로 존재 작동하고 있지 않으므로 소련만을 고립시켜 놓고 볼 경우 마르크스가 말한 가치법칙이 작용하지 않는다는 클리프의 주장은 정정되어야 한다. 클리프처럼 세계시장에서 국민국가를 매개로 한 정치군사적 경쟁을 강조한 나머지, 소련 내부에서 경제적 경쟁과 가치법칙의 부재를 주장할 필요는 없다.[21] 나는 오히려 클리프의 '세계체제론적' 소련 국가자본주의론은 베뜰랭 등의 '일국적' 소련 국가자본주의론에서 전개되고 있는 '다수자본'의 경제적 경쟁 이론을 수용함으로써 더 풍부화될 수 있다고 생각한다.

이 밖에 클리프에서 비롯된 '세계체제론적' 소련 국가자본주의론은 소련의 위기와 붕괴를 설명하는 데서도 불충분하다. 예컨대 하먼(Harman, 1990)은 소련 국가자본주의의 위기의 원인을 주로 1970년대 이후 서방 자본주의의 구조변화, 즉 케인스주의 국가자본주의에서 신자유주의 글로벌 자본주의로의 이행에 대한 적응 실패에서 찾는데, 이는 다분히 외인론적이다, 소련 국가자본주의의 위기의 근본적 원인은 축적의 내적 모순의 심화에서 찾아야 할 것이다. 이 점에서도 베뜰랭 등의 '일국적' 소련 국가자본주의론이 중시하는 이윤율의 저하 경향과 공황에 관한 논점은 수용되어야 한다.

'세계시장에서 가치법칙의 수정'에 관한 마르크스의 명제는 스탈린주의 소련에서 가치법칙의 작용 문제를 둘러싼 '세계체제론적' 소련 국가자본주의론과 '일국적' 소련 국가자본주의론 간의 쟁점을 해결할 수 있는 실마리를 제공한다.[22] '세계시장에서 가치법칙의 수정'에 관한 마르크스의 명제는

21) "생산양식으로서의 자본과 관련된 문제는 다수 자본의 경쟁, 즉 상이한 독립적 생산단위들의 경제적 투쟁인데, 이는 다수 국가의 정치군사적 투쟁과 혼동되어서는 안 된다. 다수 국가의 정치군사적 투쟁은 마르크스 시대에도 일상적으로 존재했지만 마르크스는 다수 자본의 경쟁을 분석할 때 이와 같은 다수 국가의 정치군사적 투쟁을 추상했다"(Chattopadhyay, 2004: 114. 강조는 Chattopadhyay).

22) 마르크스가 말한 '세계시장에서 가치법칙의 수정'에 관한 논의로는 정성진(1985), 이채언(2002)을 참조할 수 있다.

'가치법칙의 작용, 아니면 폐기'라는 이분법적 사고의 불모성을 환기해 준다. 예컨대 자본의 국제적 이동의 제약 및 이로 인해 이윤율의 국제적 균등화가 달성되지 않는 조건에서도 부문 내 국제경쟁이 작동한다면, 마르크스가 말한 국제적 시장가치가 성립할 것이며, 이런 의미에서 가치법칙은 수정된 형태로 관철된다고 볼 수 있다. 다시 말해서 자본의 국제적 이동의 자유, 이윤율의 국제적 균등화를 전제하지 않고도, 또 국제적 생산가격의 성립을 전제하지 않고서도, 국제적 시장가치는 성립할 수 있으며, 이 점에서 세계시장에서 가치법칙의 수정된 관철을 이야기할 수 있다는 것이다. 즉, 스탈린주의 소련에서 국가에 의해 자본의 국제적 이동이 통제되고, 세계시장에서 이윤율의 국제적 균등화 과정이 작동하지 않는다 할지라도, 국제무역이 이루어졌고, 불완전하다 할지라도 부문 내 국제경쟁이 작동했다면, 국제적 시장가치는 성립한다. 이러한 관점은 마르크스의 경제학비판의 문제설정에 입각하여 스탈린주의 소련에서 가치법칙의 작용이 논증될 수 있음을 보여준다. 사실 '세계체제론적' 소련 국가자본주의론이 강조하는 세계시장에서 국민국가를 매개로 한 정치군사적 경제적 경쟁 역시 마르크스가 말한 '세계시장에서 가치법칙의 수정된 관철'의 한 형태로 파악될 수 있다.

(4) 정치군사적 경쟁

하지만 소련에서 '다수자본'의 경제적 경쟁과 가치법칙이 작동했다는 사실을 인정한다고 해서, 소련 경제의 전개과정에 결정적 영향을 미친 군비경쟁, 군비생산을 매개로 한 정치군사적 경쟁의 영향을 추상하거나 과소평가해서는 안 된다. 사실 베뜰랭(Bettelheim, 1985), 샤토파디야(Chattopadhyay, 1994) 등에서 보듯이 자본주의적 경쟁을 순경제적인 경쟁 개념으로 환원하는 것은 우승열패, 약육강식의 사활적 투쟁과 부단한 불균형을 특징으로 하는 마르크스의 경쟁 개념과 부합되지 않는 경제주의적 접근이다.

실제로 독일과 소련 간의 정치군사적 경쟁, 군비경쟁을 추상하고서

1930~1945년 소련 사회의 변동을 이해할 수 없듯이, 미국과 소련 간의 정치군사적 경쟁, 핵무기 개발 경쟁을 추상하고 1945~1991년 소련 사회의 변동을 이해할 수 없다. 그리고 소련 내에서 자본의 국지적 자율화의 경향은 자본주의 세계체제에서 소련의 특수한 지정학적 전략에 종속되어 있다. 헤인즈가 지적하듯이, "소련 체제의 중심적 특징은 그 특징들이 단지 그것의 국내적 형태만으로 환원될 수 없다는 점에 있는데, 이는 이 국내적 형태들 자체가 더 넓은 관계의 표현이기 때문이다"(Haynes, 2002b: 340). 즉, 클리프가 말한 대로 "스탈린주의 국가가 내리는 결정은 세계경제나 국제적 경쟁과 같은 통제할 수 없는 요인들에 바탕을 두고 있다. 이런 관점에서 볼 때 소련 국가는 다른 기업들과 경쟁하는 하나의 기업 소유주와 비슷한 처지에 있는 셈이다. …… 따라서 소련을 세계경제의 틀 안에서 바라보면 자본주의의 기본 특징을 식별해 낼 수 있다. …… 가치법칙을 무정부적 세계시장이라는 오늘날의 구체적인 역사적 상황에 비추어 살펴보면 가치법칙이 소련 경제구조의 조정자임을 알 수 있다"(클리프, 1993: 197, 199). 또한 헤인즈가 지적하듯이, "군사화된 경쟁과 더 고전적 형태의 경제 흐름 간의 현실적 균형은 시간에 따라 변동했고 나라에 따라 상이했지만", "1928년 이후 시기에는 군사적 경쟁이 결정적 축이었으며 발전 유형을 결정했다"고 보는 것이 타당하다"(Haynes, 2002b: 337).[23] 소련에서는 "그 동학이 국가 부문 내부의 상품관계로 환원될 수 없는 통합된 핵심도 존재했다. 이는 넓은 의미의 군산복합체로서, 1928년 이후 1991년까지 소련 경제 발전에서 중심적 부분

---

23) 스탈린주의 소련의 동학에서 군사적 경쟁의 결정적 의의에 관해서는 다음과 같은 Temin(1991: 587, 592)의 설명이 적절하다. "소련 계획의 목표는 소비가 아니라 생산을 기준으로 정의되었다. 그것은 중공업 생산을 극대화하기 위한 것이었다. …… 생산은 어떤 목적을 위한 수단인데, 그 목적이 소비가 아니었다면, 다른 어떤 목적이 있었을 것이다. **주된 목표는 군사적인 것이었다.** 볼셰비키는 특히 스탈린은 동방과 서방으로부터의 공격을 두려워했다. 1930년대 나치 독일과 소련에서 사회주의적 계획은 주로 군사적 준비와 동원을 위한 수단이었다"(강조는 정성진).

이었다"(Haynes, 2004: 133).

(5) 자본축적과 공황

소련을 자본주의로 볼 수 없다고 주장하는 논자들은 소련에서는 이윤동기에 기초한 자본축적의 동학이 존재하지 않았다는 점을 또 하나의 주요 논거로 제시한다. 하지만 마르크스의 자본축적 개념의 본질은 화폐적 부 그 자체의 축적이 아니라 자본주의적 생산관계의 확대재생산으로 이해되어야 한다. 즉, "축적 과정은 그 자체 자본주의적 생산과정의 고유한 양상이다. 그것은 가용 자본량을 실현하고 증가시키는 수단인 **임금노동자의 새로운 창출**을 수반한다"(Marx, 1976: 1061. 강조는 정성진). 다시 말해서 "자본축적은 임금노동의 증대된 고용에 초점을 맞추어야 한다"(Zarembka, 1992: 147).

자본축적을 이와 같이 이해한다면, 그것은 스탈린주의 소련에서도 작동했다. 소련에서 자본축적의 동학은 노동자계급의 급속한 증대에서 입증된다. 노브에 따르면 총고용 노동력은 1928년 1,130만 명에서 1932년 2,280만 명으로 배가되었다(Nove, 1998: 217). 또한 뒤의 <표 5-8>에서 보듯이 집단농장 농가수도 1928년 41만 호에서 1932년 1,490만 호로 급증했다. "집단농장 농민들이 결국은 특별한 종류의 관계에 놓인 프롤레타리아트라는 사실을 감안한다면, **4년 동안** (1928~1932) **프롤레타리아트가 거의 3배 혹은 심지어 4배로 증가**했다고 말할 수 있다"(Fernandez, 1997: 301. 강조는 정성진).

<표 5-4>는 급속한 프롤레타리아트화와 함께 1928년 이후 소련 인구 구성의 급격한 변동을 보여준다. 1928~1939년 동안 총인구 대비 독립농민의 비율은 74.9%에서 2.6%로 급감한 반면, 노동자와 피고용자의 비율은 17%에서 50.2%로 급증했다.

이와 같은 소련의 초고속 자본축적은 역사상 유례없는 것이었는데, 이를

<표 5-4> 소련의 인구 구성: 1913~1985

단위: 총인구 대비 비율(%)

연도	농촌 인구	'착취' 계급*	독립 농민	집단농장 노동자	노동자 및 피고용자	노동자
1913	82.3	16.3	66.7	-	17.0	n.a.
1928	84.0	4.6	74.9	2.9	17.6	12.4
1939	67.5	-	2.6	47.2	50.2	33.7
1959	50.1	-	0.3	31.4	68.0	50.2
1970	43.7	-	-	20.5	79.5	57.4
1985	34.7	-	-	12.4	87.6	61.6

주: * 부르주아지, 지주, 상인 및 부농(쿨락)
자료: Zarembka(1992: 148)

규정했던 것은 거센크론(A. Gerschenkron)이 지적했듯이, 경제적 후진성의 조건에서 서방으로부터의 군사적 공격 위협에 대처하기 위해 최단기간에 소련을 공업화하여 서방 수준을 따라 잡으려 했던 소련 지배계급의 충동이었다.[24] 스탈린 집권 이후 체제의 주요 과제는 서방으로의 사회주의혁명의 확산에서 서방 나라 따라잡기로 바뀌었다. 스탈린 자신이 1931년 2월, 다음과 같이 선언했다. "속도를 약간 늦출 수 있는지, 운동에 브레이크를 걸 수 있는지, 이러한 질문이 이따금 제기되고 있습니다. 동지들, 그럴 수는 없습니다. 속도를 늦추어서는 안 됩니다! 아니, 우리는 속도를 더 빨리 해야 합니다. …… 우리는 선진국들보다 50년 혹은 100년 뒤처져 있습니다. 우리는 10년 안에 이 거리를 메워야 합니다. 그렇게 하지 않으면 우리는 파멸할 것입니다"(노브, 1998: 213에서 재인용).

한편 서방 자본주의와 마찬가지로 소련 경제에도 공황이 빈발했다. 베뜰랭은 소련 경제에서 공황의 메커니즘을 다음과 같이 요약한다. "가속적인

24) "축적하라, 축적하라. 이것이 모세고 예언자이다. …… 근대 역사에서 소련 경제 이상으로 이 말이 잘 들어맞는 경제는 없다고 믿을 만한 충분한 이유가 있다"(Chattopadhyay, 1994: 89에서 재인용).

공업화가 종료된 후 소련의 경제발전은 순환적이었다. …… 소련에서 경기순환은 다음과 같은 계기적 국면들로 이루어진다: 가속적 팽창 및 투자-호황-경기 둔화(혹은 정지)-불황-새로운 가속적 성장 국면으로의 이행. 경기순환은 축적률이 증대되었다가 감소하고 다시 증가하는 시기들을 포함한다. 이러한 경기순환은 과잉축적 경향에 근거하며, 이는 다시 기업 경영자들의 자립적 의사결정에서 비롯되는데, 이는 이들이 계획 목표를 달성하거나 자기 확장을 목적으로 물적 및 인적 자원을 전반적 경제 균형을 위해 요청되는 수준 혹은 현실적으로 이용 가능한 수준을 초과하여 배치하려하기 때문이다. …… 과잉축적 경향이 과도하게 되면 금융 및 은행 당국이 투자 고삐를 조인다. 그리하여 일시적이고 부분적인 제약이 과잉투자와 성장에 부과된다. 그러나 가장 현저한 부족 현상이 제거되면 통제가 이완되고 새로운 경기순환의 상승 국면이 다시 시작된다"(Bettelheim, 1985: 48). 샤방스도 말했듯이 "공황은 과잉축적에 의해 야기되고 부족 공황이라는 도착된 형태로 나타난다"(Chavance, 2002: 268). 이처럼 경기순환과 공황이 소련 경제에 빈발했다는 사실은 이른바 '계획'이 소련 경제를 통제하지 못했음을 보여준다.

(6) 완전고용 혹은 강제노동?

스탈린주의 소련에서 이른바 '고용 보장'이나 '완전고용' 현상을 근거로 소련이 자본주의가 아니라 사회주의이며, 서방 자본주의보다 더 진보적인 체제라고 주장하는 것은 터무니없다. 그렇다면 완전고용과 높은 수준의 고용 보장이 상당 기간 지속되었던 황금시대(1945~1973) 대부분의 서방 자본주의 나라들도 자본주의체제가 아니라 사회주의 체제였다고 주장해야 할 것이다.

소련에서 '실업의 부재'는 오히려 전술한 과잉축적 경향의 결과로 해석되어야 한다. 즉, 소위 "고용 보장은 노동시장에서 부족을 야기하는 조절 형태

<표 5-5> 소련에서 강제노동: 1941~1953

	1941	1947	1951	1953
강제노동 수용소 수용자수 합계(백만 명)	1.9	1.7	2.5	2.5
강제노동 수용소 수용자 중 죄수(백만 명)	1.5	0.8	1.5	1.7
수용소 수	76	56	115	158

자료: Gregory (2003: 12)

와 연관되어 있었다"(Chavance, 2002: 265). 다시 말해서 "소련형 '완전고용'은 추후 급속하게 생산을 확대할 때를 대비해 노동력 '재고를 축적'하려는 기업장들의 노력에서 비롯된 것이다"(Bettelheim, 1985: 48). 마르크스가 말한 대로 자본주의에서는 자본축적이 독립변수이고 임금과 고용은 종속변수임을 상기한다면, 소련에서 완전고용 혹은 '실업의 부재'는 자본주의 부재의 증거가 아니라 자본주의적 과잉축적의 증거이다.

또한 클리프가 말했듯이 "스탈린주의 수용소의 노예들은 전통적 자본주의에 존재하는 '실업예비군'의 조야한 변종이다. 즉, 그들은 나머지 노동자들을 '제 자리에 머물러 있게' 하는 데 이바지한다"(클리프, 1993: 46). 헤인즈(Haynes, 2002a: 121)에 따르면, 스탈린의 강제노동 수용소의 '노예'는 1933년 251만 명(총인구의 1.54%)에서 1953년 549만 명(총인구의 2.9%)으로 증가했다. 그레고리(Gregory, 2003)의 추계에 따르더라도 <표 5-5>에서 보듯이 강제노동 수용소의 '노예'는 1941년 190만 명에서 1953년 250만 명으로 증가했다. **당시 소련에서 약 1억 명의 인구가 고용되어 있었음을 감안한다면, 고용 인구 100명 당 2명 꼴로 강제노동 수용소에 수용되어 있었던 셈이다.** 스탈린주의 소련에서 강제노동 수용소는 그 자체 당시 고도축적에 결정적으로 기여했을 뿐만 아니라,[25] 정상 취업 노동력에 대해서도 강제노동 수용

25) "강제노동 수용소에는 난공사, 악천후 및 벽지에서의 노동과 같은 그 당시 경제에서 가장 어려운 과업들이 부과되었다. 이 과업들에 자유노동을 끌어 들이려면 엄청나게 많은 보수와 노력이 필요했을 것이다. …… 강제노동 수용소 노동은 노동력의 약 2퍼센트 정도였지만, 1940~1951년 동안 건설노동자의 경우는 5명 중 1명이 강제노

위협으로 작용하여 이들에 대한 잔인한 노동 규율과 초과착취 체제를 유지할 수 있도록 했다. 즉, 스탈린주의 소련에서 강제노동 수용 위협은 서방 자본주의에서 '산업예비군'을 무기로 한 실업 위협과 유사한 기능을 수행했다고 할 수 있다.

(7) 관리 명령경제

소련 경제에서 이른바 '계획'은 마르크스적 의미의 계획과 아무런 공통점도 없다. 그것은 그레고리(Gregory, 2004)가 적절하게 표현했듯이 '관리 명령경제(administrative command economy)'였을 뿐이다. 소련에서 이른바 계획은 오히려 경쟁의 특수 형태로 이해될 수 있다. 실제로 "국영기업은 '중앙', 각 부서, 은행 등과 교섭하여 자본과 생산수단을 최대한 많이 할당받으려 하며, 자신들이 판매하는 제품에 대해 가장 유리한 가격이 책정될 수 있도록 한다. …… 계획은 더 이상 자율적으로 기능하지 않는 경제에 대해 국가가 자신의 결정을 부과하는 도구는 아니었다"(Bettelheim, 1986: 32). "소련에서 계획은 진정한 의미의 계획이 아니라 (빈번한 갈등을 수반하는) 일종의 우선순위의 체계일 뿐이었다"(Sapir, 1997: 229~230). 노브도 지적했듯이, 소련에서 "체제의 일상적인 작동에서는 많은 부분들이 사람들 사이에 있었던 모든 수준의 비공식적 연계들에 의존했고, 이것이 계획의 수많은 결함과 공백을 극복하는 데 도움을 주었다. 이것들은 종종 불법적인 것들이기도 했다"(노브, 1998: 300).[26] 소련의 이른바 '계획'이 소련 경제를 자본축적과 이에 수반된

동이었다"(Gregory, 2003: 20~21).

26) Temin(1991: 575)도 다음과 같이 지적한다. "계획이 느슨하고 중구난방 식이었기 때문에 경제의 대부분은 계획 밖에서 기능했다. 공식적으로 인정된 시장 거래가 많은 활동에서 사용되었다. 1934년 물적 밸런스는 단지 105개 상품에 대해서만 계산되었다. 다른 많은 재화들은 다른 기관이나 시장에 의해 조금씩 배분되었다. 게다가 기업은 계획과 현실의 괴리를 자신들 간의 연줄(blat)을 통해 물자를 재배분함으로써 처리했다. …… 계획은 이러한 교환 없이는 기능할 수 없었다."

모순의 동학으로부터 면제시켜 주지 못했음은 너무나 당연하다.

3) 1928년의 단절: 스탈린의 국가자본주의 반혁명

이 절에서는 소련 역사에서 1928년을 전후하여 하나의 질적인 단절이 있었으며 그 본질은 스탈린주의 국가자본주의 반혁명이라는 이미 반세기 전 클리프(1993)가 제출한 주장을 최근의 실증연구 성과에 기초하여 재확인할 것이다.[27)]

(1) 1920년대의 소련: 관료적으로 퇴보한 노동자국가

1920년대 소련 사회는 1930년대 소련 사회와 근본적으로 달랐다. 1920년대 소련은 관료적 퇴보의 과정이 진행되고는 있었지만, 여전히 노동자국가의 면모를 유지하고 있었다. 1920년대 소련은 "어떤 분명한 동학은 없었지만 혁명의 요소들이 경제적 사회적 붕괴의 조건에서 상이한 수준과 정도로 존재했고, 이것이 자본주의의 분명한 재확립을 저지하고 있었다"(Haynes, 2004: 145). 노브도 지적하듯이, 1920년대 신경제정책(NEP) 시기 소련의 "국영기업에는 노동조합 위원회의 서기는 경영자 및 당서기와 함께 중요한 역할을 했다. 이러한 일종의 '삼두마차' 경영은 1920년대 동안 존속했다"(노브, 1998: 131). 그리고 "1930년대의 전환점 이전에는 우리는 교정될 수 있는 실수들에 대해 말할 수 있었고, 동일한 전망 내에 위치한 상이한 대안적

---

27) 클리프(1993: 148, 174)는 다음과 같이 주장했다. "5개년 계획의 개시는 분배관계의 발전, 축적과 소비 사이의 관계, 노동생산성과 노동자 생활수준 사이의 관계, 생산에 대한 통제, 노동자의 법적 권리, 강제노동 제도, 생산수단에 대한 농업종사자들의 관계, 총매상고세(turnover tax)의 거대한 증대, 끝으로 국가기구의 구성과 조직 등에 있어서 전환점을 찍는 것이었다. …… 1928년까지 계속되었던 대중의 통제로부터 관료의 점진적 진화적 절연은 제1차 5개년 계획과 함께 혁명적인 질적 변화의 단계에 도달했다."

<표 5-6> 소련의 실질임금: 1913~1926

	월 임금(불변 루블)	시간당 임금(불변 루블)
1913	30.49	14.2
1920~1921	10.15	5.4
1921~1922	12.15	7.3
1922~1923	15.88	8.9
1923~1924	20.75	11.7
1924~1925	25.18	14.3
1925~1926	28.57	16.6

자료: 노브(1998: 129)

지향들에 대해 말할 수 있었다"(Bensaïd, 2005). 무엇보다 1920년대에는 노동자국가의 관료적 퇴보의 길을 대변하는 관료 세력(스탈린주의)에 맞서 볼셰비즘의 원칙과 노동자 민주주의를 수호하려는 세력(트로츠키를 중심으로 한 좌익반대파)이 경합 대립했다. 그뿐만 아니라 <표 5-6>에서 보듯이 1920년대에는 노동자들의 생활수준도 완만하게나마 개선되었다.

1928년 스탈린주의 국가자본주의 반혁명은 "국가기구의 성격의 최종적 변화이며, 관료의 계급으로의 확립이며, 노동자와 농민이 새로운 체제에 정치적·경제적으로 종속되며 자신들의 운명에 대한 최소한의 통제조차도 상실하게 된 명확한 축적 드라이브의 부과였다"(Haynes, 2004: 146). 스탈린주의 반혁명 이후 "소련 사회는 관료의 채찍하에서 철저한 형태변화를 겪게 되었다. 이전에 세계의 다른 어떤 나라도 전제적 관료의 철권이 수행한 그토록 급격한 변화를 경험한 나라는 없다"(Bensaïd, 2005).

1928년 이후 '상전벽해'와도 같은 소련 사회의 변화를 고려할 때, 스탈린주의 소련에 대한 성격 규정인 관료적 국가자본주의를 1928년 이전, 즉 1920년대 소련에 적용하는 것은 부당하다. 1920년대 소련 사회의 성격 규정으로는 관료적 국가자본주의 규정이 아니라 앞의 <표 5-2>에서 보았듯이, 정통 트로츠키주의가 주장하는 '관료적으로 퇴보한 노동자국가' 규정이 적절하다. 내전, 혁명의 고립, 노동자계급의 해체와 같은 주객관적 요인들이 1917년 혁명을 통해 태어난 노동자 국가에 대해 관료적 퇴보를 강제했고, 결국 이를 파괴했다. 이들 주객관적 요인 중에서 결정적인 것은 혁명의 고립, 즉 노동자혁명이 서방 세계로 확산되지 못한 것이라고 할 수 있다. 결국 고전 마르크스주의에 핵심적인 '일국 사회주의의 불가능성' 명제의 타당성이 비극적으로 입증되었다. 노동자계급의 해체 역시 치명적 요인이었다. 실제로 1917년 소련의 대공장 노동자수는 약 250만 명이었는데, 그 중 60%인 약 150만 명이 5년 뒤인 1922년 완전히 사라졌다(Haynes 2002a: 72). 노브에 따르면, 소련의 "임금소득자 총수는 1913년 1,100만 명에서 1921~1922년에는 650만 명으로 감소했다"(노브, 1998: 128).

(2) 볼셰비즘과 스탈린주의 사이에 놓인 '피의 강'

최근 우리나라 진보 진영의 새로운 유행인 자율주의와 평의회공산주의는 스탈린과 레닌, 스탈린주의와 볼셰비즘 간에 아무런 질적 차이가 없으며, 볼셰비즘과 스탈린주의는 본질적으로 연속적이라고 주장하면서 이들을 함께 싸잡아 기각한다. 하지만 이것은 자신들이 볼셰비즘의 정통적 계승자 혹은 완성자임을 강변했던 스탈린주의 역사 날조학을 역으로 반복한 것이다. 하지만 70년 전 트로츠키의 다음과 같은 언명은 이와 같은 날조학에 대한 해독제로서 여전히 유효하다. "**볼셰비즘과 스탈린주의 사이에는 단지 한 줄기 피가 아니라 피의 강이 <u>흐르고</u> 있다.** 볼셰비키 고참 세대 전체, 내전에 참여한 중간 세대의 중요 부분, 볼셰비키 전통을 가장 진지하게 수용한 일부 젊은 세대의 절멸은 볼셰비즘과 스탈린주의가 정치적으로뿐만 아니라 물리적으로도 근본적으로 양립할 수 없음을 보여준다. …… 만약 스탈린주의가 분명히 볼셰비즘으로부터 나왔다면, 그것은 형식논리에 의해서가 아니라 변증법적으로, 하지만 볼셰비즘의 혁명적 긍정이 아니라, 그것의 테르미도르적 부정에 의해 나왔다고 해야 할 것이다"(Trotsky, 1978. 강조는 정성진).

볼셰비즘과 스탈린주의 사이에 흐른 피의 강물은 '역사 다시 쓰기'를

<표 5-7> 소련에서 반혁명행위와 특별위험범죄로 인한 유죄 판결자수: 1921~1953

	유죄판결자수 총계	사형	강제노동	기타
1921	35,829	9,701	23,541	2,587
1922	6,003	1,962	2,822	1,219
1923	4,794	414	4,380	
1924	12,425	2,550	9,875	
1925	15,995	2,433	13,125	437
1926	17,804	990	16,118	696
1927	26,036	2,363	23,502	171
1928	33,757	869	31,851	1,037
1929	56,220	2,109	50,370	3,741
1930	208,069	20,201	173,259	14,609
1931	180,696	10,651	168,952	1,093
1932	141,919	22,728	109,963	29,228
1933	239,664	2,154	193,165	44,345
1934	78,999	2,056	65,445	11,498
1935	267,076	1,229	219,447	46,400
1936	274,670	1,118	243,137	30,415
1937	790,665	353,074	430,677	6,914
1938	554,258	328,618	221,851	3,289
1939	63,889	2,552	58,449	2,888
1940	71,806	1,649	67,869	2,288
1941	75,411	8,011	66,200	1,210
1942	124,406	23,278	95,879	5,249
1943	78,441	3,579	73,674	1,188
1944	75,109	3,029	71,259	821
1945	123,248	4,252	118,328	668
1946	123,294	2,896	119,441	957
1947	78,810	1,105	77,247	458
1948	73,263		72,971	298
1949	75,125		74,825	300
1950	60,641	475	59,691	475
1951	54,775	1,069	52,567	599
1952	28,800	1,612	26,597	591
1953	8,403	198	7,932	273
합계	4,060,306	799,455	3,057,909	215,942

주: 1953년은 상반기 수치임
자료: Lewin(2005: 397~398)

아무리 되풀이 한다 할지라도 홀로코스트처럼 지울 수 없는 역사의 진실이다. 실제로 스탈린주의 테러는 "그때까지 남아 있던 10월혁명의 유산을 박멸했고 당과 군대 대열을 깊숙이 도려내었다. 혁명 시기 지도자들 대부분은 처형되거나 투옥되었다. 1934년 '승리자 대회'에 참석한 대의원 1,900명 중 절반 이상이 대회 후 몇 달 사이에 제거되었다. 우크라이나 공산당 중앙위원 200명 중 단지 3명만 살아남았다. 군 간부 17만 8,000명 중 3만 명이 숙청되었다"(Bensaïd, 2005). 1923년 정치국원 9명 중 단지 3명(레닌, 스탈린, 몰로토프)만이 자연사했고 나머지 6명은 스탈린의 테러에 의해 살해되었다.[28)]

<표 5-7>은 레빈(Lewin, 2005)이 최근 새롭게 발견된 '크레믈린 문서고'로부터 작성한 것인데, 스탈린의 반혁명 후 1930년대 소련에서 얼마나 많은 피가 흘렀는지를 잘 보여준다. 즉, 이른바 '반혁명 및 특별 위험 범죄'로 사형 선고를 받은 사람 수는 1920년대까지는 매년 2,000명 내외였지만, 1930~1932년에는 매년 2만 명대로 급증했고, 1937~1938년 두 해는 매년 30만 명을 넘었다. 1917년 혁명과 내전을 거치면서 반혁명 세력이 정리된 지 10년이 더 지난 뒤에 이와 같은 대량 유혈 사태가 벌어졌다면, 이는 1917년 승리한 노동자혁명 자체를 뒤집는 어떤 근본적 변화가 일어났음을 입증하는 것이라고 밖에는 달리 해석할 길이 없다. 요컨대 "고참 볼셰비키 사회는 스탈린에 의해 해체되었다"(Haynes, 2002a: 119). 다시 말해서 "스탈린주의는 반혁명으로서 10월혁명이 달성하고자 했던 모든 것의 최종적 박멸이었다"(Callinicos, 1991: 2). 게다가 레닌이 1924년 사망하기 전인 1923년 병상에서 전개한 이른바 '최후의 투쟁'의 핵심이 스탈린의 '대러시아 쇼비니즘'과 관료적 퇴보 경향에 대한 비판과 스탈린의 서기장직으로부터의 축출이었음을 감안할 때,[29)] 볼셰비즘 혹은 레닌주의와 스탈린주의 간의 근본적

28) 카메네프(1937년 스탈린에 의해 살해됨), 지노비에프(1936년 스탈린에 의해 살해됨), 부하린(1938년 스탈린에 의해 살해됨), 류코프(1938년 스탈린에 의해 살해됨), 트로츠키(1940년 스탈린에 의해 살해됨), 톰스키(1936년 스탈린에 의해 살해되기 전 자살함).

29) 이에 대해서는 특히 Lewin(2005) 2장을 참조.

<표 5-8> 소련에서 집단농장의 확대: 1918~1938

	집단 농장수(1,000개)	집단 농가수(1,000호)	농가 집단화 비율(%)
1918	1.6	16.4	0.1
1928	33.3	416.7	1.7
1929	57.0	1007.7	3.9
1930	85.9	5998.1	23.6
1931	211.1	12033.2	52.7
1932	211.1	14918.7	61.5
1935	245.4	17334.9	83.2
1938	242.4	18847.6	93.5

자료: Gregory and Stuart(2001: 74)

차이를 부정하는 것은 기초적인 역사적 사실 자체를 외면한 것이다.

(3) 강제집단화

<표 5-8>은 소련에서 농업집단화가 얼마나 단기간에 또 얼마나 급격하고도 완벽하게 이루어졌는지를 보여준다. 노브가 지적하듯이 "1929년 6월 1일 현재 모든 종류의 집단체들에 속한 농민구성원의 총수는 100만 명 정도였으며, 그중 60퍼센트는 (느슨한) 형태의 생산자 협동조합인 TOZ에 참여하고 있었다. …… 오늘날 서방과 동방 거의 모든 역사학자들이 의견일치를 보이는 것은 이때도 압력이 행사되었다는 사실, 또 농민들이 대규모로 집단체에 들어가지는 않았다는 사실이다. 스탈린과 그의 친구들은 조용히 그리고 비밀리에 몇몇 선택된 지역의 간부들에게 무슨 수단을 써서라도 대규모 집단화를 수행하도록 명령을 내렸다. …… 분명한 것은 집단화가 부농 제거(dekulakization)와 동시에 진행되었으며, 부농 제거는 반쯤 위장된 강탈 행위와 나란히 진행되었다는 사실이다"(노브, 1998: 180, 187). "집단화는 내켜하지 않는 농민들에 대해 거친 폭력으로 강제되었다. 350만 명 농민이 강제노동 수용소에 보내졌으며, 또 다른 350만 명 농민은 강제 이주되었으며, 또 다른 350만 명 농민은 집단화 과정에서 사망했다"(Gregory and

<그림 5-1> 소련 농촌에서 곡물 생산과 공출: 1928~1940

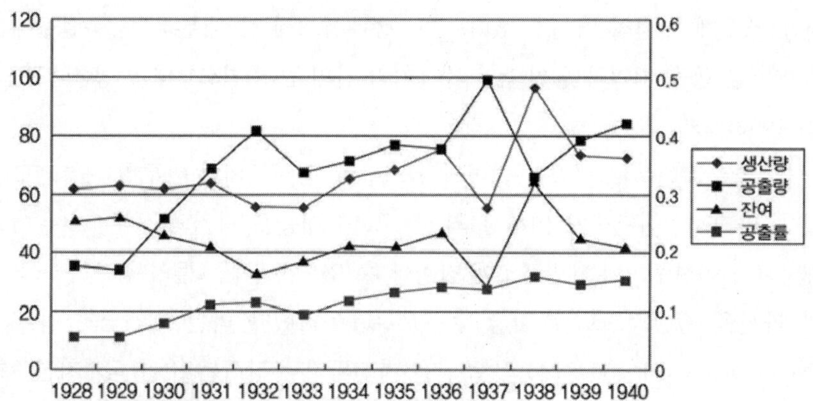

주: 1) 생산량, 공출량 및 잔여량의 단위는 100만 톤임.
2) 공출률=공출량/생산량

자료: Davies et. al. eds.(1994: 290)

Stuart, 2001: 74).

집단화는 농민들을 생산수단으로부터 '자유롭게' 했다. 이러한 점에서 집단화는 마르크스가 말한 '자본의 시초 축적'의 과정이었다. 하지만 "시초 축적 시기 동안 영국보다 훨씬 많은 피가 소련에서 흘렀다. 영국이 수백 년 걸려서 한 것을 스탈린은 단 수백 일만에 이룩했다"(클리프, 1993: 65).

집단농장은 또한 국가자본주의 부문을 위한 곡물 수탈기구였다. 노브가 지적했듯이, "집단화의 주된 이유는 최저 비용으로 농산물을 공출하는 것이었다"(노브, 1998: 206~207). <그림 5-1>에서 보듯이 집단화 이후인 1928~1940년 동안 소련에서 곡물 생산은 거의 증가하지 않은 반면, 국가에 의한 곡물 공출은 지속적으로 증가하여 공출률(이는 공출량을 생산량으로 나눈 비율이다)은 1927년 17.8%에서 1932년 40%, 1937년 49.6%로 급등했고, 1940년에도 42.2% 수준을 유지했다. 요컨대 1930년대 소련 농민은 생산량의 40%를 국가에 수탈당한 셈이다. 노브에 따르면 "1935년 곡물 공출 기구는 국가예산 중 240억 루블을 기여했다. 이 해 총매상고세 징수액은

522억 루블, 국가 총세입은 750억 루블이었다. 그리하여 농업은 계획의 자금 조달에 결정적 기여를 했다. …… 총매상고세 중 대부분은 농산물에 대한 낮은 공출 가격과 훨씬 높은 소매가격 간의 큰 격차로부터 발생한다"(노브, 1998: 238, 285).

강제집단화는 마르크스적 의미의 사회주의, 공산주의와 아무런 공통점도 없다. 따라서 "집단화가 역사상 최초로 농민 대중을 착취와 생존으로부터 해방하여 공산주의적 계급구조에 참여할 수 있도록, 즉 그들의 집단적 노력의 과실을 집단적으로 수취할 수 있도록 조직했다"라는 레스닉과 울프(Resnick and Wolff, 2002: 245)의 주장은 자신들이 주장하는 소련 국가자본주의론의 핵심적 논지와 논리적으로 상충될 뿐만 아니라, 역사적 사실 자체를 완전히 왜곡한 것이다.[30)]

---

30) 레스닉과 울프(Resnick and Wolff, 2002)는 1930년대 집단농장은 집단적으로 잉여를 생산하고 분배했기 때문에 '공산주의적 계급구조(communist class structure)'를 구성했다고 주장한다. 나아가 이들은 1930년대 공업노동자들이 "어느 정도 자신들의 공장 생활의 양상들에 대한 통제력의 증대를 획득했으며", "새로운 공업노동력은 스탈린과 그의 정책을 기본적으로 지지했다"라고 주장한다(Resnick and Wolff, 2002: 243, 263) 하지만 이들의 이른바 '공산주의적 계급구조'라는 개념은 계급의 소멸을 핵심으로 하는 마르크스의 공산주의 개념과 근본적으로 다르다. 이들의 공산주의 정의는 생산수단에 대한 사적 소유와 경쟁적 시장, 경제적 불평등, 및 전제적 정치 형태와도 양립가능하다! 또 이들은 마르크스의 경제학비판에서 분석되는 자본주의는 기본적으로 사적자본주의라고 주장하는데, 이는 마르크스의 자본주의 개념이 소유의 특정한 형태(사적이든 공적이든)를 상정하고 있지 않다는 점을 이해하지 못한 것이다. 나아가 이들이 자신들의 이른바 '계급 이론(class theoretic)', 즉 '잉여의 생산, 전유 및 분배'의 이론을 '권력 이론(power theoretic)' 혹은 '소유 이론(property theoretic)'과 구별하는 것도 지나치게 도식적이다. Thomas(2006: 275)가 지적한 대로 "'누가 전유하는가'하는 문제를 '누가 권력을 갖고 있는가'하는 문제와 분리하는 것은 공허한 법률주의이다". 무엇보다 Resnick and Wolff(2002)의 가장 큰 문제점은 이들과 같은 부류의 알뛰세르주의자들에 공통적인 고질적 이론주의이다. 이들은 실제로 모든 사회 문제를 관련된 이론의 문제로 환원한다. Resnick and Wolff(2002)에 따르면, 소련이 사회주의를 건설하는 데 실패한 가장 큰 이유는

(4) 초공업화

스탈린의 서방 세계 '따라잡기' 프로젝트는 주로 경공업과 농업을 희생으로 한 중공업의 불균형 발전 방식으로 추진되었다. 소련의 국정 경제학 교과서는 이를 다음과 같은 마르크스주의적 용어로 정당화한다. "소련 경제 발전의 모든 단계에서 소련공산당은 일관되게 중공업, 즉 생산수단 생산부문의 우선적 발전 노선을 추구해 왔다. 사회주의에서 소비재 생산에 비교한 생산수단 생산의 우선적 성장은 객관적인 경제 법칙이다"(Kozlov ed., 1977: 365). 그런데 생산수단 생산부문의 우선적 발전의 법칙은 원래 레닌이 『러시아에서 자본주의 발전』(1899)에서 자본주의 발전의 주요 법칙의 하나로 정식화한 것이다. 이를 고려한다면, 위와 같은 소련의 국정 경제학교과서의 주장은, 베뜰랭이 지적한 대로 "축적의 우위 및 노동생산성의 성장에 비교한 실질임금의 느린 성장"에 대한 이데올로기적 정당화일 뿐이며, "자본주의적 생산과 축적의 깊은 경향을 표현한 것이다"(Bettelheim, 2001: 261). 실제로 "계획은 세월이 흐르면서 명백히 철저하게 바뀌었으며, 점점 중공업으로 중점이 이동했다. 그 결과 소비재, 주택, 및 실질임금 목표는 달성하지 못했다"(노브, 1998: 256).

<표 5-9>는 1930년대 소련의 초공업화 과정, 특히 제1부문의 불균형 성장, 즉 대중소비재를 희생으로 한 생산수단 생산부문의 우선 성장을 잘 보여준다. <표 5-9>에서 보듯이 NNP에서 공업생산의 비중은 1928년 28%에서 불과 9년 뒤인 1937년에 45%로 급증했으며, 제조업 순생산물

소련 사람들이 지도자든 보통 시민이든 마찬가지로 무엇이 공산주의인지 또 무엇이 국가자본주의인지에 대한 특별한 이해를 결여하고 있었기 때문이다. 즉, 그들에 따르면 일이 잘못되는 것은 사람들이 잘못된 생각을 갖고 있기 때문이다. 따라서 그들은 가령 흐루쇼프나 브레즈네프가 자신들의 강의를 들었더라면 "공산주의적 계급구조"를 수립하는 데 성공할 수도 있었을 것이라고 생각한다. Resnick and Wolff(2002)에 대한 더 상세한 비판으로는 Thomas(2006) 및 Chattopadhyay(2006)을 참조할 수 있다.

<표 5-9> 소련경제의 구조변화: 1928~1940

단위: %

			1928	1933	1937	1940
A. 제조업구성	중공업/제조업	순생산물비중 (1928 가격)	31	51	63	
		노동력비중	28	43		
	경공업/제조업	순생산물비중 (1928 가격)	68	47	36	
		노동력비중	71	56		
B. 산업구조	NNP구성 (1937 가격)	농업	49		31	29
		공업	28		45	45
		서비스	23		24	26
	노동력구성	농업	71			51
		공업	18			29
		서비스	12			20
C. GNP 구성	가계소비/GNP		80		53	49
	연평균증가율(1928~1937) (%)				0.8	
	공동소비/GNP		5		11	10
	연평균증가율(1928~1937) (%)				15.7	
	정부행정및 국방/GNP		3		26	21
	연평균증가율(1928~1937) (%)				15.6	
	총자본투자/GNP		13		26	19
	연평균증가율(1928~1937) (%)				14.4	

자료: Gregory and Stuart(2001: 79)

중 중공업의 비중 역시 1928년 31%에서 불과 5년 뒤인 1933년 51%로 도약했고, 1937년 63%로 계속 급증했다. 이에 따라 GNP에서 총자본투자가 차지하는 비중은 1928년 13%에서 불과 9년 뒤인 1937년에는 26%로 배증했다. 반면 GNP에서 가계소비가 차지하는 비중은 1928년 80%에서 1937년 53%로 급감했다. 1918~1928년 기간 고정자본투자는 440억 루블(불변가격)이었는데 1928~1932년이라는 단기간에 이 수치는 두 배로 되어 880억 루블이 되었고 1932~1937년에는 네 배로 되어 1,970억 루블이 되었다. 이 수치들은 스탈린의 국가자본주의 반혁명 이후 강행된 강축적의 정도가 얼마나 극단적이었는지를 잘 보여준다.

스탈린주의 시기에는 마르크스적 의미의 착취율이 엄청나게 상승했다.

이는 노동생산성의 급속한 상승에도 불구한 실질임금의 저하에서 분명하게 확인된다. "1932년의 실질임금 지수는 1928년을 100으로 놓았을 때 88.6을 밑돌았다. 또한 1937년의 실질임금은 1937년 가격을 가중치로 사용하면 1928년의 85퍼센트였지만, 1928년의 소비 패턴을 기준으로 하면 1928년의 58퍼센트 정도였을 뿐이다"(노브, 1998: 233). 테민도 다음과 같이 확인한다. "1937년 소련에서 1인당 소비는 1928년보다 3퍼센트 낮았다. 다시 말해서 소득의 증가가 그에 상응하는 소비의 증가로 반영되지 못했다. …… 소련의 실질임금은 1928년에서 1937년 사이 극적으로 저하했다. 1937년 물가를 기준으로 하면 1937년의 실질임금은 1928년의 60퍼센트 밖에 되지 않았다. 소련에서 소비의 안정성은 노력의 증가, 주로 여성의 노동 참가율 제고를 통해서만 달성될 수 있었다"(Temin, 1991: 584). 노브도 다시 다음과 같이 확인한다. "1933년은 가장 급격한 최악의 생활수준 저하를 기록했는데, 이는 평시 생활수준의 저하로는 역사상 유례없는 것이었다. …… 채프만(Chapman)은 세금 증가와 채권 판매 등을 고려한다면 1937년에서 1940년 사이 약 10퍼센트의 실질임금 저하가 있었다고 분석한다. …… 1945년 실질임금은 1940년의 40퍼센트 수준이었다"(노브, 1998: 235, 292, 319).

(5) 평등주의의 부정

1917년 레닌은 「4월 테제」에서 볼셰비키 당의 정책은 "당 간부는 모두 선출되고 언제라도 소환될 수 있어야 하며, 그들의 급료는 유능한 노동자의 평균 임금을 초과할 수 없다"(Lenin, 1977: 31)라고 천명했다. 이것은 1871년 파리코뮌에서 최초로 구현되고 마르크스가 『프랑스 내전』에서 정식화한 평등 정신을 재확인한 것이다.[31] 그러나 1931년 스탈린은 이와 같은 고전 마르크스주의의 전통을 다음과 같이 정면으로 부정했다. "평등주의(uranilovka)는

31) "코뮌 구성원들부터 공공 서비스를 노동자의 임금 수준으로 수행해야 한다"(Marx, 1974a: 209).

<표 5-10> 소련과 서방 세계에서의 가구소득의 분배

단위: %

	최저 10% 가구	최저 20% 가구	최고 20% 가구	최고 10% 가구
소련의 비농업가구 세전(1967)	4.4	10.4	33.8	19.9
소련의 도시가구 세후(1972~1974)	3.4	8.7	38.5	24.1
미국(1972) 세전	1.8	5.5	44.4	28.6
미국(1972) 세후	2.3	6.5	42.5	26.8
영국(1973) 세전	3.5	8.3	39.9	23.9
영국(1973) 세후	4.2	9.7	38.3	22.7
노르웨이(1970) 세전	3.5	8.2	39.0	23.5
노르웨이(1970) 세후	4.7	10.5	35.6	22.4
스웨덴(1972) 세후	3.5	9.3	35.2	20.5

주: 1인당 가구소득을 기준으로 각 범주 가구 소득이 전체 소득에서 차지하는 비중
자료: Gregory and Stuart(2001: 123)

농민적 사고방식, 모든 재화의 평등 분배 심리, 원시적인 농민 '공산주의'의 심리를 그 기원으로 가지고 있다. 평등주의는 마르크스주의적 사회주의와 그 어떤 공통점도 갖고 있지 않다"(클리프, 1993: 78에서 재인용). 스탈린은 당 간부들이 숙련노동자 임금 이상의 급료를 받아서는 안 된다는 레닌 이래 소련 공산당의 원칙을 깨고 당 간부들에게 매우 높은 급료와 각종 특권을 제공했다.

<표 5-10>은 소련의 소득분배 상태가 주요 서방 나라들과 크게 다르지 않았음을 보여준다. 예컨대 1972~1974년 소련의 소득분배 상태는 스웨덴과 노르웨이의 세후(after-tax) 소득분배 상태와 거의 유사했다.[32] 또한 소련에서의 지니계수가 1980년 0.245에서 1989년 0.284로 증가한 데서 보듯이, 소득분배의 불평등 정도는 국가자본주의 말기 국면에 더 악화되었다.

32) Zarembka(1992: 155)가 지적했듯이, "소련 체제를 사회민주주의가 대표하는 자본주의 유형과 비교하면, 소련 체제의 변별적 특징은 진정으로 구별되는 생산양식이라기보다는 자본주의의 또 다른 변종 같은 것으로 나타난다".

또한 서방 세계와 마찬가지로 소련에서도 여성은 저임금 직종에 편중되어 있었으며, 소련에서 성별 임금 격차는 0.7 정도로 미국과 비슷한 수준이었다 (Gregory and Stuart, 2001: 122).

소련 사회의 심각한 병리적 현상은 알콜 중독의 만연에서도 확인된다. "소련 과학아카데미의 비밀 보고에 따르면, 소련 시민 4,000만 명(이는 인구의 거의 1/7에 해당한다)이 알콜 중독자로 분류되었다. …… 1인당 보드카 소비량은 1952년 5리터에서 1983년 30리터로 증가했다. …… 낙후한 공공 보건제도는 알콜 중독의 증가와 결합되어 공업국에서는 아주 예외적인 사망률의 증가를 결과시켰다. 1965~1966년에서 1980년 사이 사망률은 6.7퍼센트에서 10.4퍼센트로 가파르게 증가했다"(Bettelheim, 1985: 55).

(6) 국가의 강화

1933년 스탈린은 제16차 당대회에서 국가의 고사는 국가의 강화를 통해서 이루어진다고 선언했는데, 이는 『공산주의자 선언』에서 『국가와 혁명』으로 이어지는 고전 마르크스주의의 근본 원리를 뒤집은 것이다. 스탈린은 실제로 다음과 같이 주장했다. "국가의 고사는 국가 권력의 약화가 아니라 그것을 최대한으로 강화함으로써 이루어진다." 또한 '스탈린 헌법'이라 불리는 1936년 소련 헌법 제2장은 소련 국가를 어떤 과도기적 이행기적 현상이 아니라 지속적으로 유지되어야 할 현실로 묘사했다. 즉, "'스탈린 헌법'은 소련 국가의 지속적 성격을 공식화하고, 이를 러시아 국가의 연장선상에 있는 것으로 취급함으로써 볼셰비키 전통과 명확하게 단절했다"(Bettelheim, 2001: 254).

1930년대 이후 소련에서 극단적인 억압 체제와 국가화된 경제가 성립하면서 이를 운영하는 관료층도 급증했다. <표 5-11>에서 보듯이 1928년에서 1939년 11년 사이에 소련의 관리직 노동자는 145만 명에서 750만 명으로 무려 5배로 팽창했으며, 이들을 포함한 화이트칼라 총수도 397만 명에서

<표 5-11> 소련에서 관료층의 증가: 1928~1939

	관리직 공무원	지도층 공무원	화이트칼라	전체 노동력에 대한 화이트칼라 비율
1928	1,451,564	600,000	3,974,836	4.8%
1939	7,505,010	1,557,983	13,821,452	15.5%

자료: Lewin(1997: 63)

<표 5-12> 소련 경제에서 국가부문 비중의 증대: 1924~1937

단위: %

	1924	1928	1937
자본(가축 제외) 중 국가부문 비중	58.9	65.7	99.6
자본(가축 포함) 중 국가부문 비중	35.0	35.1	99.0
국민소득 중 국가부문 비중	35.0	44.0	99.1
공업생산 중 국가부문 비중	76.3	82.4	99.8
총농업생산 중 국가부문 비중	1.5	3.3	98.5
소매업 중 국가부문 비중	47.3	76.4	100

자료: Gregory and Stuart(2001: 68)

1,382만 명으로 3배 이상 팽창했다. 이들 새로운 관료층의 대부분은 노동자와 농민으로부터 충원되었는데, 이를 통해 이 시기 대규모로 이루어진 '신분상승' 즉 사회적 계층 이동은 이 시기 가공할 폭압과 착취에도 불구하고 스탈린주의 체제가 유지될 수 있었던 이유 중의 하나이다.[33]

또한 <표 5-12>는 1930년대 소련 경제에서 국가 부문의 비중의 급증을 보여 준다. 1928년 (가축을 포함한) 자본 중 국가 부문의 비중과 국민소득

33) "노동자들과 농민들이 약간의 '책임'과 특권(예컨대 덜 힘든 작업에 배치)을 갖는 소소한 자리로 승진하는 것은 적지 않은 수의 피착취자들에 대해 영향을 미쳤다. 이들의 승진과 특권, 혹은 이것들을 얻을 수 있었다는 희망은 노동자들의 일부를 권력과 이데올로기적으로 연결시키는 데 영향을 미쳤다. …… 일반적으로 복종적인 이들 중 다수는 자신들 위에 있는 경영자들을 끌어내릴 준비가 되어 있었고, 때가 되면 경영자들을 끌어내리고 이들의 자리를 자신들이 차지할 수 있다고 희망했다"(Bettelheim, 2001: 273).

중 국가 부문의 비중은 각각 35.1%, 44%였지만, 1937년에 이들은 거의 100%에 도달했다. 또한 2차 세계 대전 이후에도 소련 정부의 예산이 GNP에서 차지하는 비중은 무려 45%나 된 반면, 미국에서 이 비중은 1929년 이후 10~30% 정도였다(Gregory and Stuart, 2001: 103).

4. 맺음말

최근 진보 진영의 소련 사회성격 논의에서 새로운 양상의 하나는 지난 세기 동안 이단시되었던 소련 국가자본주의론이 적극적으로 재평가되고 있는 점이다. 이와 같은 소련 국가자본주의론의 '복권'은 지난 20세기 동안 고전 마르크스주의 전통의 발전을 저해해 왔던 스탈린주의의 근본적 청산을 촉진한다는 점에서 긍정적 현상이라고 할 수 있다. 소련 국가자본주의론의 관점에서만 스탈린주의가 신자유주의 및 '뉴라이트', 나아가 사회민주주의, '제3의 길', 좌파 케인스주의 등과 공유하고 있는 '사회주의의 몰락'과 '자본주의의 역사적 승리' 및 '자본주의 이외 대안부재론' 에 대한 마르크스주의적 비판과 대안 모색이 가능하기 때문이다.

이 장에서는 최근 새롭게 전개되고 있는 소련 국가자본주의 논쟁에서 주요한 이론적 쟁점인 소련에서 가치법칙의 작용 문제를 둘러싼 '세계체제론적' 소련 국가자본주의론과 '일국적' 소련 국가자본주의론 간의 대립을 마르크스의 경제학비판의 새로운 독해를 통해 비판적으로 종합하려고 했다. 이를 통해 나는 '다수자본'의 경제적 경쟁 등 마르크스의 경제학비판의 범주들의 작동을 소련 경제에서 입증하려 한 '일국적' 소련 국가자본주의론의 시도는 적극적으로 평가되어야 하며, 이는 '세계체제론적' 소련 국가자본주의론에서 수용될 수 있다고 주장했다. 또한 이 논쟁에서 또 하나의 주요한 쟁점인 1928년을 전후한 질적 단절의 여부 문제와 관련하여, 기존의 '세계체제론적' 소련 국가자본주의론의 1928년 스탈린의 국가자본주의 반혁명 명제가 최근의 새로운 실증연구 성과에 의해 더 분명하게 입증될 수 있음을 확인했다. 반면 '일국적' 소련 국가자본주의론에서 주장되는 볼셰비즘과 스탈린주의의 연속성 명제, 즉 1917년 이후 소련 국가자본주의론은 실증적으로 근거가 없는 것으로 판명되었다.

최근 새롭게 전개되고 있는 소련 국가자본주의 논쟁의 주요 쟁점들이 21세기 한국사회의 진보적 변혁을 위한 대안적 사회 프로젝트 구상에서 갖는 이론적 정치적 함의를 더욱 구체적으로 분석하는 것은 추후의 연구 과제이다.

제3부 마르크스주의적 비판의 자원들

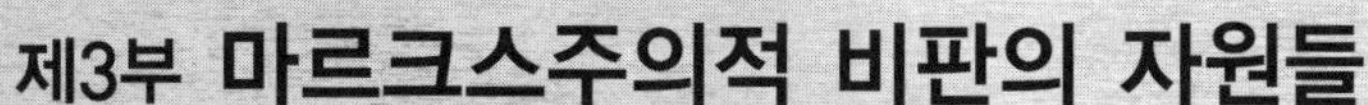

제6장

포스트모더니즘 마르크스 경제학 비판*

1. 서론

포스트모더니즘[1]은 이제 인문학과 사회과학의 주요 영역에서 이른바 '정상과학'의 지위를 획득한 것으로 보인다.[2] 포스트모더니즘을 마르크스주의적 입장에서 통렬히 비판한 바 있는 캘리니코스(Callinicos, 1995: 734)조차도 얼마 전 "포스트모더니즘이 이제 자신을 정상과학으로 확립"했음을 인정했다. 하지만 주류 경제학의 영역에서 포스트모더니즘의 목소리는 아직 흔하

---

* 이 장은 정성진(1996)을 수정·보완한 것이다.

1) 포스트모더니즘의 정의는 다양하게 내려지고 있지만, 이 장에서는 검토 대상인 '포스트모던 마르크스 경제학'의 포스트모더니즘 정의를 따르기로 한다. 포스트모던 마르크스 경제학의 지도적 이론가의 한 사람인 루치오는 포스트모더니즘을 다음과 같이 정의한다. "모더니즘 내부에서 또 그 곁에서 형성된 모더니즘에 대한 다른 관계를 의미하는 담론적 구성을 뜻한다. …… 그리하여 포스트모더니즘은 다양한 형식들의 모더니즘이 인식되고 또 문제시되는 경향들의 집합으로 이해된다. …… 그 결과 포스트모더니즘은 담론으로서의 사상의 사회적 구조와 주체의 탈중심화를 강조하게 되고 …… 주체가 언어, 권력 및 사회생활의 다른 양상들에 선행하여 존재하는 것이 아니라 그것들에 의해 형성된다(Ruccio, 1991: 499~501)."

2) 쿤(Kuhn, 1970)은 연구자들이 특정한 방식의 지적 절차를 그들의 장차의 연구에 기초로 수용할 때 형성되는 상태가 조성될 때 정상과학이 성립하게 된다고 말한 바 있다.

지 않다. 물론 주류 경제학을 포스트모더니즘 입장에서 재조명하려는 시도가 없는 것은 아니지만,[3] "경제학은 다른 학문 영역과는 달리 포스트모더니즘의 도래를 아직 만끽하고 있지 못하다"(Amariglio et al., 1990: 114~115). 주류 경제학에서 포스트모더니즘은 아직 주변부적이다.

하지만 범위를 마르크스 경제학 특히 미국으로 좁혀 보면 이야기는 달라진다. 1990년대 들어 미국의 마르크스 경제학 혹은 급진정치경제학에서 포스트모더니즘은 크게 유행하기 시작하고 있다.[4] 미국 마르크스 경제학에서 포스트모더니즘적 경향의 조직자이며 지도자인 레스닉(S. Resnick)과 울프(R. Wolff)는 자신들의 경향을 '포스트모더니즘 마르크스 정치경제학', '중층결정 마르크스 경제학'(Resnick & Wolff, 1996a: 170, 187) 혹은 '반본질주의적 마르크스주의'(Resnick & Wolff, 1992a: 132)로 명명하면서, 스스로 '새로운 마르크스 정치경제학 연구프로그램'(Resnick & Wolff, 1996a: 188)임을 자처한다. 이 장에서 나는 이들의 명명 방식대로 현재 미국 마르크스 경제학에서 유행하고 있는 포스트모더니즘적 경향을 '포스트모더니즘 마르크스 경제학'이라고 부르기로 한다.

그런데 포스트모더니즘과 마르크스주의의 불편한 관계를 생각한다면, 포스트모더니즘과 마르크스주의를 결합시킨 '포스트모더니즘 마르크스 경

---

3) 비마르크스 경제학에서 이루어진 포스트모더니즘의 성과들로는 McCloskey(1985), Klamer et al.(1988), Samuels(1990) 등을 들 수 있다. 비마르크스 경제학에서 포스트모더니즘적 입장을 테제식으로 제시한 것으로는 Samuels(1991; 1993)를 참조할 수 있다. 미국 제도주의 경제학의 대표적 학자인 사무엘스는 위 글들에서 '결말의 개방성(open-endedness)', '급진적 비결정론(radical indeterminacy)', '허무주의의 옹호' 등을 주장하는데, 이와 같은 포스트모더니즘적 허무주의로의 경사가 그의 종래의 제도주의적인 권력중시 접근과 어떻게 양립할 수 있는지는 의문이다.

4) 미국에서 반주류 경제학의 조직화된 경향으로의 등장은 신좌파운동의 열기 속에서 '급진정치경제학동맹'이 결성된 1968년을 기점으로 잡을 수 있다. 미국에서 급진정치경제학 연구의 역사에 대한 간략한 개관으로는 Reich(1995)와 Hunt(1992)를 참조하라.

제학'이라는 개념의 성립이 가능할 수 있을지가 처음부터 의문스럽다. 포스트모더니즘 마르크스 경제학자들은 자신들이 마르크스주의 혹은 마르크스 경제학이라는 용어 앞에 포스트모더니즘이라는 수식어를 붙이는 이유를 "재구성된 마르크스주의의 특징인 사회적 공간의 다차원성과 개방성을 강조하는 특정한 경향을 포스트모더니즘에서 발견"했기 때문이라고 한다(Callari & Ruccio, 1996b: 3). 이로부터 마르크스주의를 포스트모더니즘과 결합시킨 "포스트모더니즘 마르크스 경제학 혹은 마르크스주의 포스트모더니즘이라고 구별지어 이름 붙일 수 있는 것이 생산"되었다(Resnick & Wolff, 1996a: 189).

포스트모더니즘 마르크스 경제학의 주요 명제들은 1987년에 출판된 레스닉과 울프의 저작 『지식과 계급: 정치경제학의 마르크스주의적 비판』에서 처음 체계적으로 제출되었다(Resnick & Wolff, 1987). 이 저작은 출판 직후에는 혹평을 받았지만, 1990년대 들어 포스트모더니즘 마르크스 경제학 조류에서는 교과서로 읽히고 있다. 포스트모더니즘 마르크스 경제학은 '경제사회분석협회(Association for Economic and Social Analysis)'라는 자신들의 단체를 중심으로 활동하고 있으며, 자신들의 기관지라 할 수 있는 ≪마르크스주의를 다시 생각한다(Rethinking Marxism)≫라는 저널을 간행하고 있다. 포스트모더니즘 마르크스 경제학의 증대하고 있는 영향력은 다음 두 사례에서 엿볼 수 있다. 1996년 1월 미국 샌프란시스코에서 열린 '연합사회과학총회'에서 미국 비주류 경제학의 전국 단일조직이라고 할 수 있는 '급진정치경제학동맹'은 전부 33개의 분과 발표를 할당받았는데, 포스트모더니즘 마르크스 경제학은 그중 6개 분과를 조직·주도했다. 그리고 1996년 12월 5~8일에 포스트모더니즘 마르크스 경제학자들은 자신들의 본거지인 앰허스트의 매사추세츠 대학에서 '현대 마르크스주의에서 언어와 정치'라는 공동주제하에 세 번째 국제마르크스주의 학술대회를 주관했는데, 이 대회에 발리바르(E. Balibar)를 포함하여 무려 1,500여 명에 이르는 세계 각지의 알튀세르주의자가 참가하여 토론을 벌인 '사건'이 있었다. 그런데 흥미로운 점은 이처럼 득세하고 있는 포스트모더니즘 마르크스 경제학이 거의 전부 레스닉과 울프의 제자들로 이루어져 있다는 사실이다. 포스트모더니즘 마르크스 경제학의 주요 논객인 아마리글리오(J. Amariglio), 칼라리(A. Callari), 쿨렌버그(S. Cullenberg), 드마르티노(G. DeMartino), 디스킨(J. Diskin), 프라드(H. Fraad: 울프의 부인), 가넷(R. Garnett), 매킨타이어(J. McIntyre), 노턴(B. Norton), 로버츠(B. Roberts), 루치오(D. Ruccio), 샌들러(B. Sandler) 등은 거의 모두 레스닉과 울프 지도하에 앰허스트의 매사추세츠 대학에서 경제학 박사학위를 받은 30~40대의 대학교수들이다. 이 때문에 포스트모더니즘 마르크스 경제학은 최근 '앰허스트학파'라고도 불린다. 물론 포스트모더니즘 마르크스 경제학이 '학파'라는 명칭에 부합하는 내용을 갖추고 있는지는 더 생각해 보아야겠지만, 이들이 이미 비교적 큰 규모로 조직되어 한 목소리를 내고 있는 점은 부인할 수 없다.

포스트모더니즘 마르크스 경제학의 증대하는 영향력에도 불구하고 이 경향에 대한 본격적인 비판적 검토작업은 아직 이루어지지 않은 듯하다.[5] 미국의 다른 부류의 급진정치경제학자들은 대체로 포스트모더니즘 마르크스 경제학을 무시하고 있다. 예컨대 분석 마르크스주의 경향의 급진정치경제학자들은 포스트모더니즘 마르크스 경제학이 철학 연구자들일지는 몰라도 경제학자는 아니라고 본다. 하지만 급격히 확대되고 있는 포스트모더니즘 마르크스 경제학의 영향력을 감안할 때, 이에 대한 전면적인 비판적 검토는 시급하다. 포스트모더니즘 마르크스 경제학을 그저 무시 또는 수수방관할 경우, 포스트모더니즘은 다른 학문 분야에서 그러했던 것과 마찬가지로 마르크스 경제학 영역에서도 '정상과학'의 지위를 차지할 수 있다.

5) 포스트모더니즘 마르크스 경제학을 지지하는 입장에서 이들의 논의를 정리한 최근 문헌으로는 Shin(1997)이 있다. 포스트모더니즘 마르크스 경제학의 기관지인 ≪마르크스주의를 다시 생각한다≫는 윤소영이 ≪이론≫ 제3호에서 소개한 바 있다.

포스트모더니즘 마르크스 경제학에 대한 진정한 마르크스주의의 응답은 1989년 스탈린주의 체제 붕괴 이후 조성되고 있는 마르크스주의 진영의 위기와 혼돈을 돌파하기 위해서도 긴요하다.

나는 먼저 포스트모더니즘 마르크스 경제학을 레스닉과 울프의 저작을 비롯한 '앰허스트학파'의 논저들을 중심으로 간략히 요약한 다음 그것을 내가 생각하는 마르크스주의적 입장으로부터 비판할 것이다. 나의 작업은 이미 캘리니코스가 철학 영역에서 수행한 포스트모더니즘에 대한 마르크스주의적 비판(Callinicos, 1989a)을 마르크스 경제학 영역에 확장·적용한 것이라고 할 수 있다.

2. 포스트모던 마르크스 경제학의 기본 명제

1) 중층결정의 논리

포스트모더니즘 마르크스 경제학의 기본 주장들은 알튀세르의 '중층결정' 개념과 마르크스의 계급 개념을 포스트모더니즘식으로 재해석하는 것으로 이루어진다. 포스트모더니즘 마르크스 경제학의 이론적 원천은 알튀세르이다. 레스닉과 울프에 따르면 "우리가 읽은 알튀세르는 우리에게 매우 유용한 유산으로서 사회이론과 특히 경제분석의 새로운 출발을 가능하게 하는 새롭고 강력한 개념들을 제공해 주었다"(Resnick & Wolff, 1996a: 170)라고 말한다.[6] 포스트모더니즘 마르크스 경제학은 특히 알튀세르의 '중층결정' 개념을 매우 중시하고 이를 반결정론적으로 재해석한다. 레스닉과 울프는 다음과 같이 주장한다.

---

6) 알튀세르와 포스트모더니즘 마르크스 경제학 간의 관련에 대한 포스트모더니즘 마르크스주의자 자신들의 글로는 Resnick & Wolff(1993)와 Shin(1995) 등이 있다.

> 알튀세르의 유산은 중층결정과 모순이라는 그의 새로운 개념에 기초한, 모든 결정론에 대한 심오한 비판이다. 그의 비판은 여태까지 마르크스주의를 괴롭혀 온 결정론을 쓸어내는 것이다(Resnick & Wolff, 1996a: 170).

레스닉과 울프는 "알튀세르의 중층결정 개념이 그것의 선조인 변증법보다 더 정확하고 유용하다는 점을 발견"했다면서, 마르크스의 변증법을 중층결정의 개념과 동일시한다(Resnick & Wolff, 1992a: 136).

> 변증법은 모든 실체들이 다른 모든 실체들의 형성에 참여하며 따라서 동시적으로 형성적인 인과관계로서 존재한다는 생각을 함축한다. 이를 다른 방식으로 표현한 것이 중층결정이라는 용어이다. 우리가 보기에 사회적 실체들 간의 복수의, 그리고 모순적인 상호작용은 각각의 실체가 다른 실체의 존재와 재생산을 위한 부분적 조건으로 작용하는 혹은 중층결정하는 그러한 상호작용이다. 그러나 동시에 그것 역시 그것이 부분적으로 생성시키는 모든 요소들에 의해 중층결정된다(Amariglio et al., 1990: 136).

레스닉과 울프는 중층결정을 "실체들의 상호형성의 개념"이라고 묘사하고(Resnick & Wolff, 1987: 4), "사회생활과 변화에 대한 주요한 부차적 영향 같은 것은 없으며 모든 사건은 그것이 발생하는 환경의 모든 양상들, 즉 문화적·자연적·정치적 및 경제적 양상들에 의해 중층결정된다. 분석을 위해 선택된 대상들은 그 대상들이 처한 환경의 어떤 한 요소 혹은 요소들의 한 집합에 의해 결정되는 것이 아니라 그 환경에 있는 모든 것들에 의해 중층결정된다"라고 주장한다(Resnick & Wolff, 1992a: 132). 다시 말해, "어떤 사회적 실체도 다른 한 실체 혹은 실체들의 부분집합에 의해 결정되지 않는다. 오히려 사회에 있는 각각의 모든 실체는 항상 다른 모든 실체들의 효과에 의해 동시에 결정된다. 각각의 실체는 다른 모든 실체들의 상호작용의 결과이다. 그것은 어떤 한 실체 혹은 실체들의 부분집합에 의해 결정되는 것이 아니라 다른 실체들 모두에 의해 중층결정된다. …… 각각의 사회적 실체는 항상 필연적으로 다른 사회적 실체들을 결정하면서 또 동시에 그것들에 의해 결정된다. 그것은 다른 모든 실체들에 의해 중층결정되면서 동시에 사회적 총체 내의 다른 모든 실체들을 중층결정하는 데 참여한다"(Resnick & Wolff, 1996a: 174).

여기에서 포스트모더니즘 마르크스 경제학의 중층결정이라는 개념이 널리 알려진 상호작용이라든지 혹은 다중결정이라는 개념과 어떤 점에서 다른가라는 의문이 제기될 수 있다. 하지만 포스트모더니즘 마르크스 경제학은 중층결정이 상호작용 혹은 다중결정과 분명히 다른 개념이라고 주장한다.

> 중층결정의 개념은 사회적 행위자의 형식들이 서로서로 독립적이며 구별되어 존재하는 다양한 과정들에 의해 영향을 받는다는 생각을 핵심으로 하는 다중결정의 개념과는 다르다(Amariglio & Callari, 1993: 199).

포스트모더니즘 마르크스 경제학은 사회가 무수히 많은 과정들로 구성되어 있으며, 그 과정들은 그 존재와 성격이 다른 모든 과정들에 의해 결정된다는 의미에서 중층결정되어 있다고 주장한다. 즉, 모든 것은 다른 모든 것들에 작용을 가함과 동시에 그것들의 작용을 받는다는 것이다. 포스트모더니즘 마르크스 경제학은 이러한 중층결정의 개념에 기초하여 그들이 '본질주의'라고 부르는 것, 즉 어떤 과정이나 관계가 다른 것보다 더 근본적이라고 보는 생각을 배격한다.[7] 경제결정론은 물론 거부된다. 포스트모더니즘 마르

7) 레스닉과 울프는 본질주의를 다음과 같이 정의한다. "본질주의는 어떠한 실체(혹은 사건)를 분석하면 그것의 존재(혹은 발생)에 본질적인 특정한 원인이나 결정요인을 드러낼 수 있다고 보는 생각이다. 이것들은 결정된 효과를 생산하는 최종적인 결정원인이라고 이해된다"(Resnick & Wolff, 1992a: 131).

크스 경제학은 모든 종류의 경제결정론에 반대하면서 급진적인 반결정론을 주장한다. 그들은 경제발전을 어떤 단일한 요인으로 환원하는 것에 반대한다. 포스트모더니즘 마르크스 경제학은 전통적인 마르크스주의의 거시경제적 결정론에 반대하는 것과 마찬가지로 분석 마르크스주의의 미시기초적 결정론에도 반대한다.[8] 포스트모더니즘 마르크스 경제학은 복합적 실체를 분석하면 그 근저에 놓인 단순성을 드러낼 수 있다고 믿는 모든 종류의 환원론과 결정론을 거부하면서 자신들의 중층결정 개념을 대치시킨다. 경제발전이 역사발전의 근본적 과정이라고 보는 고전 마르크스주의가 거부됨은 물론이다. 포스트모더니즘 마르크스 경제학은 어떤 과정이나 관계들의 집합도 다른 것에 비해 더 결정적이라든지 더 중요하다고 볼 수 없다고 주장한다. 포스트모더니즘 마르크스 경제학은 어떤 사건의 본질적 원인을 찾는 노력은 무의미하다고 본다. 왜냐하면 본질적 원인이라는 것 자체가 존재하지 않기 때문이다.

> 우리의 중층결정 논리는 결정론적인 분석의 목표 그 자체, 즉 인과관계들을 각각의 중요도에 따라 위계적으로 질서지우는 것을 배제한다. …… 이론은 영원히 부분적이며 그 결말은 개방적이다(Resnick & Wolff, 1992b: 19).

포스트모더니즘 마르크스 경제학은 중층결정 개념이 어떠한 과정－경제적·정치적·문화적 혹은 자연적－혹은 어떠한 과정의 장소(site)－개인, 기업, 국가 혹은 가계－도 자신이 결과로 되지 않고서는 원인으로 될 수도 없다고 보는 사회이론의 구성을 가능하게 한다고 주장한다(Resnick & Wolff, 1996a: 180). 포스트모더니즘 마르크스 경제학은 중층결정 개념을 사용하여 ① 마르크스주의 이론 내부에서 많은 상이한 종류의 결정론적 주장들을 비판하고, ②

8) 분석 마르크스주의 방법론에 대한 포스트모더니즘 마르크스 경제학의 비판으로는 Amariglio & Cullenberg(1989)를 참조하라.

그 대안으로 비결정론적 마르크스주의를 제시하려 한다(Resnick & Wolff, 1992c: 124).[9)]

또한 중층결정의 개념은 모든 지식의 불완전성의 불가피성과 진리의 복수성을 함축한다. 레스닉과 울프는 다음과 같이 주장한다.

> 중층결정 개념의 또 하나의 함축은 모든 설명이 내재적으로 또 불가피하게 불완전하다는 점을 시인하는 것이다. 모든 사회이론－설명의 형식－은 부분적이며 영원히 부분적일 수밖에 없다. 모든 이론 혹은 설명은 그것이 이론화하는 대상에 영향을 미치는 요인들 중 일부만을 다룬다. 그것은 그러한 요인들을 동원하여 하나의 설명을 구성하므로, 필연적으로 그것이 초점을 맞추는 중층결정 요인들의 특정한 부분집합을 중심으로 형성된 부분적 분석일 수밖에 없다. …… (우리는) …… 유일 진리의 관념을 버리고 복수로서의 진리의 관념을 채택한다. …… 진리는 그 속에서 그리고 그것에 의해 진리가 생산되는 이론들과 함께 변화한다. 이론 간 진리 기준(intertheoretic standard of truth)이라는 것은 존재하지 않는다(Resnick & Wolff, 1996a: 176).

2) '입구': 계급과정

레스닉과 울프는 "사회적 총체는 모든 사회적 과정들의 집합으로 생각될 수 있다. 이러한 것들은 설명의 편의상 네 가지 제목으로 묶을 수 있다. 그것은 자연적·경제적·정치적 및 문화적 과정이다"라고 주장한다(Resnick & Wolff, 1996a: 175). 그런데 포스트모더니즘 마르크스 경제학이 주장하듯

9) 아마리글리오 등도 다음과 같이 주장한다. "중층결정의 개념은 절대적 진리, 경제활동의 본질, 경제적 실체를 정확하게 이론화하는 방식 등을 발견했다는 주장들에 근거한 이론을 헤게모니화하려는 시도를 회피하면서 학파들 간의 차이를 이해할 수 있게 해준다(Amariglio et al., 1990: 137)."

이 이 모든 과정들이 다른 모든 과정들에 의해 중층결정된다면, 어떤 하나의 과정에 대한 설명작업도 다른 모든 과정들 및 그것들과의 상호작용을 남김없이 검토할 것을 요구할 것이다. 그 경우 사회분석은 그야말로 끝없고 종잡을 수 없는 작업으로 될 것이다. 여기에서 이른바 중층결정된 총체성을 어떻게 분석할 수 있는가 하는 의문이 당장 제기된다. 포스트모더니즘 마르크스 경제학은 이러한 의문에 대해 '입구(entry point)'라는 답을 준비해 두고 있다.

포스트모더니즘 마르크스 경제학에 따르면, "입구는 한 이론이 자신의 정식화, 즉 사회적 총체성을 포괄하는 실체와 관계들의 특정한 구성작업을 시작할 때 사용하는 특정한 개념을 의미한다"(Resnick & Wolff, 1987: 25). 혹은 "입구란 특정한 분석대상에 관한 담론을 시작할 때 이론가들이 사용하는 개념 혹은 개념들을 의미한다. …… 모든 입구들이 가지는 공통점은 그것들이 모두 그것들을 통해 어떤 사회적 활동에 대한 하나의 특정한 분석이 시작되는 일차적 개념들이라는 점이다"(Amariglio et al., 1990: 121∼122).

포스트모더니즘 마르크스 경제학은 입구가 이론작업을 조직하고 지도하는 역할을 하지만, 이론구성에서 결정적인 본질의 역할을 하는 것은 아니라고 주장한다. 포스트모더니즘 마르크스 경제학은 본질주의 및 결정론의 가장 큰 문제는 분석의 지침일 뿐인 입구를 분석의 본질로 격상시키는 데 있다고 본다. "만약 입구가 인과적 우위와 같은 성격을 가진다면, 그것은 분석의 지침의 역할(분석의 입구로서의 역할)뿐만 아니라 분석의 최고 지휘자 노릇(즉, 본질주의적이고 결정론적 역할)을 할 것이기 때문에, 분석의 본질이 되고 말 것이다"(Resnick & Wolff, 1992b: 18).

포스트모더니즘 마르크스 경제학에 따르면 "상이한 이론들은 그것들이 특정한 사회분석으로 들어갈 때 초점을 맞추는 결정요인들의 특정한 부분집합에 의해 정확하게 구별된다. …… 상이한 이론들은 상이한 입구들을 가진다"(Resnick & Wolff, 1996a: 176). 예컨대 현대 경제사상의 세 가지 조류는 입구 개념을 이용할 때 다음과 같이 구별될 수 있다. 즉, 신고전파 경제학이

'인간본성으로의 환원주의'이며 케인스 경제학은 '대중심리와 사회제도 구조의 본질화'라면 마르크스 경제학은 '계급을 입구'로 채택한다는 점에서 분명하게 구별된다(Amariglio et al., 1990: 125, 130, 135).

그렇다면 포스트모더니즘 마르크스 경제학의 입구는 무엇인가? 그것은 그들이 마르크스 경제학의 입구라고 파악한 계급이다. 하지만 포스트모더니즘 마르크스 경제학의 계급은 "마르크스가 잉여노동이라고 부른 것을 생산하고 전유하고 분배하는 과정으로 정의된다. …… 마르크스는 그처럼 중층결정된 계급 개념을 입구로 설정했다. 마르크스는 『자본론』에서 계급-잉여노동의 생산, 전유 및 분배-개념을 통해서 상품생산과 유통, 자본축적, 경제공황 및 자본주의 경제에 관한 그 밖의 많은 것들에 대한 분석에 들어갔다"(Amariglio et al., 1990: 135, 136).

여기에서 잠깐 포스트모더니즘 마르크스 경제학이 계급을 특정한 과정(process) 개념으로, 즉 잉여노동의 추출과정으로 정의하고 있다는 점에 주목하자. 계급을 살아 있는 인간들의 집단으로 보는 고전 마르크스주의 전통과는 달리 포스트모더니즘 마르크스 경제학은 그것을 하나의 과정으로 파악하고 있는 것이다. 포스트모더니즘 마르크스 경제학은 계급과정의 형태들을 파악하고 그러한 형태들이 사회총체 내에 존재하는 다른 모든 비계급과정에 의해 중층결정되는 방식, 그리고 계급과정이 다른 모든 과정들을 중층결정하는 데 참여하는 방식 등을 분석하는 것을 자신들의 과제로 설정한다. 예컨대 레스닉과 울프는 "잉여노동의 생산 및 전유과정을 기본적 계급과정이라고 부르며 …… 부차적 혹은 포섭된 계급과정은 잉여노동 혹은 그 생산물의 분배를 뜻한다"면서(Resnick & Wolff, 1996a: 181) 기본적·부차적 계급과정에 대한 그들 나름의 분석을 제시한다.

하지만 전술했듯이 포스트모더니즘 마르크스 경제학은 자신들의 입구인 계급과정을 다른 사회과정들의 본질적 원인이라든지 결정요인이라고는 생각하지 않는다. 그들은 계급은 이론의 입구일 뿐이며 이론의 본질은 아니라고 주장한다. “자본주의 사회에서 계급관계는 마르크스의 분석과 정치에서 주요한 초점이었지만, 사회적 사건의 본질적 결정요인이라든지 다른 어떤 단일한 원인의 현상으로는 생각되지 않았다”(Resnick & Wolff, 1992b: 24). 왜냐하면 현실이라는 그림과 그 그림을 그리기 위해 필요한 개념적 도구들의 구별을 중시하는 포스트모더니즘 마르크스 경제학은 계급이 전자가 아니라 후자에서만 특정한 우위를 가진다고 보기 때문이다. 다시 말해, 포스트모더니즘 마르크스 경제학은 “계급을 분석의 입구로 제시하지만 그 계급이 비계급적 생활부분까지 설명할 수 있는 숨겨진 본질이라고 간주하는 것은 거부한다”(Resnick & Wolff, 1992b: 39).

하지만 포스트모더니즘 마르크스 경제학처럼 계급을 분석의 입구로 설정하면 계급이 결국 사회현상의 본질로 귀결되고 마는 것은 아닐까? 포스트모더니즘 마르크스 경제학은 그렇지 않다고 대답한다. “왜냐하면 중층결정의 논리를 준수하면 사회적 현실의 어느 양상을 본질로 간주할 수 없게 되기 때문이다”(Resnick & Wolff, 1987: 98). 다시 말해, 포스트모더니즘 마르크스 경제학의 방법론인 중층결정의 논리가 계급적 양상을 다른 사회적 양상들에 비해 더 근본적이라고 주장할 수 없게 한다는 것이다. 포스트모더니즘 마르크스 경제학에서 계급은 그저 사회 연구의 입구일 뿐이다.

포스트모더니즘 마르크스 경제학의 주요 명제들은 다음과 같이 요약될 수 있다. ① 마르크스 이론은 기본적으로 사회이론이다. ② 사회는 중층결정된 과정들의 집합이다. ③ 마르크스 이론은 “계급과정에 대한 정의와 그것을 입구로 배치”(Resnick & Wolff, 1987: 26)한다는 점에서 다른 사회이론과 구별된다. 레스닉과 울프는 포스트모더니즘 마르크스 경제학의 기본 주장을 다음과 같이 요약한다.

> 우리의 접근은 설명의 구성에서 잉여노동을 생산, 전유 및 분배하는 계급과정을 강조한다. 그러나 우리는 계급과정을 다른 과정들의 본질적 원인으로

간주하지는 않는다. 오히려 우리는 계급과정이 놓여 있는 인과관계를 정식화하기 위해 노력한다(Resnick & Wolff, 1992c: 126).

혹은 "마르크스주의는 다음 두 조항에 대한 헌신을 결합한다는 점에서 다른 이론과 구별된다: 입구로서의 계급 및 중층결정의 논리"(Resnick & Wolff, 1992b: 24). 즉, 포스트모더니즘 마르크스 경제학은 "분석의 초점을 잉여노동의 전유로 단순히 이동시키는 것이 아니라, 결정론적인 인과 개념을 배격하고 중층적 상호작용과 중층결정의 입장을 채택한다. …… 급진경제학의 스펙트럼 속에서 우리의 입장은 계급 입구와 중층결정의 논리를 확인하는 것이다"(Resnick & Wolff, 1992b: 36).

3) 포스트모던의 정치학

포스트모더니즘 마르크스 경제학에서 알튀세르의 중층결정 개념 해석방식 및 입구 개념은 대단히 포스트모더니즘적이다. 포스트모더니즘 마르크스 경제학은 알튀세르 사상이 모더니즘 및 본질주의와의 불완전한 단절에도 불구하고 그 기조는 포스트모더니즘이라고 주장한다. 레스닉과 울프는 "알튀세르의 비판은 마르크스주의를 새롭게 다시 생각하는 것을 가능하게 했다. …… 마르크스주의는 이제 그 전통적인 모더니즘적 형식을 떠나 새로운 포스트모더니즘적 정식화로 이동할 수 있게 되었다"(Resnick & Wolff, 1996a: 170)고 주장한다. 그리하여 포스트모더니즘 마르크스 경제학의 주된 과제는 "마르크스주의 전통에서 포스트모더니즘적 계기들을 식별해 내고 현대 포스트모더니즘과 마르크스주의 간의 비판적인 철학적 및 전략적 연계를 발견하는 것이다"(Callari & Ruccio, 1996b: 9). 포스트모더니즘 마르크스 경제학은 이른바 마르크스주의의 포스트모더니즘적 계기들을 다음과 같은 데서 찾으려 한다.

마르크스주의의 반체계적 경향, 그 더 정세적인 측면들, 사회적 존재와 정치의 공간들의 이질성에 대한 개방성(Callari & Ruccio, 1996b: 26).

포스트모더니즘 마르크스 경제학은 "중층결정된 사회적 장소들에 대한 정세적 분석이야말로 순전한 마르크스주의적 방법"이라면서, "모더니즘적 마르크스주의에 대항하면서 마르크스주의의 포스트모더니즘적 계기들—무질서, 탈중심화(decentering), 불확실성을 강조하는 마르크스주의 전통의 요소들—이 새로운 마르크스 경제학 담론의 주된 양상들을 구성할 수 있다"고 주장한다(Amariglio & Ruccio, 1994: 28, 27).

또한 포스트모더니즘 마르크스 경제학은 경제학이라는 학문의 존재 자체를 부인한다.

경제학 같은 학문은 존재하지 않는다. 혹은 어떠한 통일된 학문도 존재하지 않는다. …… 언론과 대학, 도서관 및 기타 국가관료기구는 이와 같은 학문에 대한 관점을 수용함으로써 소수의 입장, 예컨대 마르크스주의의 입장을 침묵시킨다. …… 우리가 옹호하는 비본질주의적 마르크스주의는 경제학이라는 학문이 공유하는 내용 및 그것이 식별할 수 있는 한계 같은 것을 중요시하지 않는다. …… 비본질주의적 마르크스주의는 모든 경제학파가 공유하는 방법, 개념, 진리 혹은 담론의 대상의 '핵심' 같은 것은 존재하지 않는다는 관점을 주창한다. …… 다시 말해서 경제학의 본질 같은 것은 없다(Amariglio et al., 1990: 109, 114, 137).

포스트모더니즘 마르크스 경제학은 다른 인문사회과학, 예컨대 철학, 문예비평, 심리학 같은 학문과 연계하는 학제적 연구방법에 특히 관심을 가진다. 이 점에서 포스트모더니즘 마르크스 경제학은 매클로스키(D. McCloskey), 사무엘스 같은 비마르크스주의 포스트모더니즘 경제학에 동의한다.

우리는 단지 인식론적 근거 위에서 이러저러한 학문이 특정 학문에 속하지 않는다고 선언하지 않으면서도 경제학자들 내부의 차이의 이유를 이해하는 데 관심을 갖는다는 점에서 매클로스키 혹은 클래머(A. Klamer)와 견해를 같이 한다(Amariglio et al., 1990: 121).

그렇다면 포스트모더니즘 마르크스 경제학 프로젝트의 정치적 함축은 무엇인가. 내가 보기에 포스트모더니즘 마르크스 경제학이 가장 중요한 정치적 과제라고 여기는 것은 포스트모더니즘과의 동맹 혹은 새로운 정치적 정체 및 주체, 예컨대 "신사회운동"(Callari & Ruccio, 1996b: 4) 같은 것과 동맹을 맺는 것이다. 포스트모더니즘 마르크스 경제학의 지도자인 레스닉과 울프의 말을 직접 들어보자.

계급이론의 주요한 목적은 잉여노동의 실행과 전유에서의 변혁인데, 중층결정의 조건에서 우리는 그와 같은 목적이 착취를 지지하는 비계급적 양상들을 변혁시키지 않고서는 성취될 수 없다는 점을 인정한다. …… 반본질주의는 오랫동안 급진적 세력이 방기해 온 통일을 재구축하는 중요한 원리가 될 수 있다(Resnick & Wolff, 1992b: 37, 39).

이쯤되면 포스트모더니즘 마르크스 경제학의 정치는 포스트모더니즘 본류와 실제에서는 별반 다를 바가 없게 되는데, 무슨 이유 때문에 포스트모더니즘 마르크스 경제학은 포스트모더니즘 본류 혹은 포스트 마르크스주의자들처럼 마르크스주의를 송두리째 내던지지 않고 마르크스주의 진영에 잔류하는 것을 선택하며 나아가 자신들이 진정한 마르크스주의자들이라고까지 자처하는가? 이 물음에 포스트모더니즘 마르크스 경제학은 다음과 같이 대답한다.

포스트모더니즘 내부에서 모더니즘적 잔재의 지속 때문에 (해방의 정치의 관점에서는) 마르크스주의(비록 그것이 재구조화된 마르크스주의라 할지라도)가 필연적으로 지속된다. …… 마르크스주의는 일련의 부르주아 개념들에 대한 해독제(대결양식)를 계속 제공한다(Callari & Ruccio, 1996b: 28, 30).

3. 비판적 평가

1) 고전 마르크스주의 전통의 왜곡

앞에서 요약한 포스트모더니즘 마르크스 경제학의 기본적 주장들은 고전 마르크스주의 전통을 왜곡하고 있다고 볼 수 있다. 나아가 포스트모더니즘 마르크스 경제학은 마르크스주의 사회이론과 인식론의 기본 명제를 대부분 부정하며, 결국 개량주의 정치로 귀결된다고 판단된다.

우선 포스트모더니즘 마르크스 경제학의 마르크스 해석이 타당한지 검토해 보자. 포스트모더니즘 마르크스 경제학은 반본질주의적 계기가 마르크스에서도 발견될 수 있으며, 나아가 마르크스 자신이 반본질주의적 마르크스주의를 정초했다고 주장한다. 하지만 본질과 현상의 구별(이것이 알튀세르가 주장하듯이 마르크스의 헤겔적 잔재인지의 여부는 접어두더라도)을 마르크스가 반복해서 강조했다는 사실만 상기해도 이러한 포스트모더니즘 마르크스 경제학의 주장이 신빙성이 없음을 알 수 있다. 최근 포스트모더니즘 마르크스 경제학의 이론가인 가넷도 마르크스를 이른바 반본질주의의 시조로 보기에는 무리가 있음을 시인한 바 있다. 즉, 그는 "모던 마르크스와 포스트모더니즘 마르크스의 상호구성적 상호작용"을 주장하고 "마르크스가 모던적 사고방식과 포스트모더니즘적 사고방식을 함께 사용했다"는 점을 주장하면서도, 실제의 마르크스를 포스트모더니즘 마르크스 경제학으로 보기는 어렵다고 실토한다.

> 마르크스나 우리 자신이 '순수하게' 포스트모더니즘적이라고 상상하면 마르크스주의의 지적·정치적 프로젝트에서 인간주의와 본질주의가 수행한 긍정적이고 능동적인 역할에 눈을 감을 우려가 있다. 게다가 그것은 마르크스의 비판방법의 결정적 특징을 외면하는 것이다(Garnett, 1995: 53).

마르크스의 방법이 포스트모더니즘 마르크스 경제학류의 반본질주의 혹은 절대적 비결정론으로 경도되지 않았음은 다음과 같은 『자본론』의 문장을 보아도 분명하다.

> 부불잉여노동을 직접생산자로부터 강탈하는 특수한 경제적 형태가 지배예속관계를 결정한다. 왜냐하면 그 특수한 경제적 형태는 생산 그 자체로부터 직접 결과되고 다시 생산을 결정하는 요인으로 작용하기 때문이다. 현실적 생산관계로부터 성립되는 경제적 공동체의 전체 구조와 그것의 특정한 정치적 형태는 이 특수한 경제적 형태에 입각하고 있다. 모든 경우에서 직접생산자에 대한 생산조건의 소유자의 직접적 관계－그 특정한 형태는 당연히 항상 노동방식 그리고 사회적 생산력의 일정한 발전단계에 항상 상응한다－속에서 우리는 전체 사회구조 따라서 또 주권과 종속관계의 정치적 형태, 간단히 말해서 모든 경우에서 특정한 국가형태의 가장 깊은 비밀과 은폐된 토대를 발견한다(마르크스, 1990: 972~973).

엥겔스 역시 역사유물론을 논한 편지에서 기계적 혹은 절대적 결정론에는 반대하면서도 '최종심'에서의 경제결정을 인정한다.

> 역사에 대한 유물론적 개념에 따르면 역사에서 궁극적으로 결정적인 요소는

> 현실 생활의 생산과 재생산이다. 그 이상 마르크스나 내가 주장한 것은 없다. 따라서 만약 어떤 자가 이를 경제적 요소가 유일하게 결정적인 요소라고 비틀어 말한다면, 그는 위 명제를 무의미하고 추상적이며 당치않은 문장으로 왜곡하는 것이다. 경제적 상황은 기초이다. 그러나 상부구조의 다양한 요소들 또한 역사적 투쟁의 경로에 영향을 미치며 많은 경우 그것들의 형식을 결정하는 데 압도적인 영향을 미친다. 이러한 모든 요소들의 상호작용이 존재하며 경제적 운동은 최종적으로 자신의 필연성을 주장한다(Engels, 1978: 760~761).

물론 고전 마르크스주의 전통의 역사유물론은 단선적 '경제주의'와는 아무런 공통점이 없다. 따라서 만약 중층결정 개념을 도입한 목적이 "상호존재조건으로서의 토대와 상부구조의 개념"(Resnick & Wolff, 1996a: 180)을 제공하기 위한 것이라면 굳이 그 개념을 도입할 필요가 없을 것이다. 왜냐하면 고전 마르크스주의의 전통이 그 점을 부인하지는 않기 때문이다. 피트는 다음과 같이 지적한다. 알튀세르의 중층결정 개념을 사용하는 것은 "결정론의 종말을 의미하는 것은 결코 아니며, 단지 결정의 방식이 종전에 생각했던 것보다 더 정교하다는 점을 의미할 뿐이다. …… 결정론과 중층결정은 양립할 수 있다. …… 또, 본질의 추구가 환원론이 되어야 할 필연성은 존재하지 않는다. 왜냐하면 본질적 양상과 구조는 이론화의 종착역이 아니라 현실의 많은 차원들로 들어가는 '입구'이기 때문이다"(Peet, 1992: 125, 120).

나는 특히 사회적 현실에서 모순은 복수적일 뿐만 아니라 불균등하다는 점에 주목하고 싶다. 모순의 불균등성은 마르크스의 모순 개념에서 중심적이며 레닌은 이를 '가장 약한 고리'의 개념으로 발전시켰다. 레닌은 당시 제국주의 국가 체계에서 러시아가 가장 약한 고리라고 전제하고 이로부터 유럽에서 가장 후진적인 러시아에서 사회주의혁명이 가능하다는 테제를 도출했다(Lenin, 1919b). 알튀세르도 레닌을 따라 "모든 역사적 모순들의 축적과 심화 과정에서 가장 약한 고리가 형성된다"(Althusser, 1977: 95)라고 말했다. 모순의 불균등성의 개념 및 '가장 약한 고리'의 개념은 어느 주어진 정세에서 특정한 계기에 이론적·실천적 노력을 집중하는 것이 불가결함을 보여 준다. 알튀세르는 다음과 같이 말했다.

> 일반적으로 어떤 주어진 상황을 통제하고자 하는 사람은 전체 체계를 취약하게 만들 수 있는 약한 지점을 찾아 나설 것이다. 또, 체계를 공격하고자 하는 사람은 외견상 형세가 불리한 것으로 보일지라도 체계의 모든 힘을 불안하게 만드는 이 약한 지점을 반드시 발견할 필요가 있다(Althusser, 1977: 94).

포스트모더니즘 마르크스 경제학에 따르면 '가장 약한 고리' 개념을 중시한 레닌과 알튀세르를 본질주의자들로 분류해야 할 것이다. 레닌과 알튀세르의 '가장 약한 고리' 개념은 포스트모더니즘 마르크스 경제학의 반본질주의적 '입구' 개념과 명백히 다르다. 매킨타이어 같은 포스트모더니즘 마르크스 경제학자는 마르크스주의 이론에서 불균등발전 법칙이 갖는 의의를 인정하면서도, 그 법칙과 불가분한 '가장 약한 고리' 개념에 대해서는 전혀 언급하지 않는다(McIntyre, 1992). 즉 포스트모더니즘 마르크스 경제학이 금과옥조로 받드는 알튀세르의 「모순과 중층결정」이라는 논문에서 알튀세르 자신은 중층결정 개념을 그 개념의 발전 형태인 '가장 약한 고리' 개념과 밀접히 관련시켜 논의하고 있음에도 포스트모더니즘 마르크스 경제학은 이 점에 대해 완전히 침묵한다.

포스트모더니즘 마르크스 경제학이 알튀세르를 포스트모더니즘의 비조(鼻祖)로 간주하는 것 역시 알튀세르에 대한 자의적 해석이다. 포스트모더니즘 마르크스 경제학은 실제로 알튀세르가 말하고자 했던 것을 왜곡하고 있다. 포스트모더니즘 마르크스 경제학은 알튀세르의 중층결정 개념은 경제적 측면이 비경제적 측면을 결정하는 것과 비슷한 정도로 비경제적 측면도 경제적 측면을 결정한다는 사실을 인정한 것이라고 해석한다. 따라서 포스트모더니즘 마르크스 경제학은 알튀세르가 중층결정 개념을 일관되게 밀고 나가지 못하고 엥겔스의 '최종심에서 경제결정'에 안주함으로써 결정론의 문제를 완전히 해결하지 못했으며 이 문제를 해결하는 데 성공한 것이 자신들의 반본질주의 포스트모더니즘 마르크스 경제학이라고 주장한다(Resnick & Wolff, 1987: 91~93). 레스닉과 울프는 알튀세르의 중층결정 개념을 그 논리적 결론으로까지 밀고 나가면 "경제결정론자들이 주장하는 사회의 경제적 토대의 궁극적인 인과적 우위" 같은 것은 설 자리가 없게 된다고 주장한다(Resnick & Wolff, 1996a: 180).

그러나 알튀세르가 "처음부터 끝까지 최종심의 고독한 시간은 결코 오지 않는다"라는 유명한 은유적 표현을 통해 최종심에서의 경제결정 입장에 유보를 달기도 했지만, 알튀세르의 기본 입장은 최종심에서의 경제결정이지 포스트모더니즘 마르크스 경제학 같은 반본질주의 혹은 급진적 비결정론은 아니다. 이 점에서 나는 캘리니코스의 알튀세르 해석이 타당하다고 생각한다.

> 알튀세르는 중층결정 개념을 통해 마르크스주의 변증법의 특징을 요약했다. 사회구성체는 복합적으로 구조화된 통일체이다. 그것이 복합적인 까닭은 상이한 발전양식을 갖는, 구별되면서 상대적으로 자율적인 심급들의 통일체이기 때문이다. 그것이 구조화되어 있는 이유는 그 통일성이 경제의 최종적 결정을 통해 심급들 간에 형성된 위계에서 비롯하기 때문이다. …… 중층결정은 구조의 복합성, 그 요소들의 상호구별과 상호의존이 경제가 구조 내에서의 지배적인 역할을 특정한 심급에 귀속시키고 다른 심급들을 이 지배적 구조에 따라 조직하는 방식을 통해 표현되는 구조에 대한 개념이다(Callinicos, 1976: 46, 51).

지배적 구조라는 개념을 통해 "알튀세르는 경제의 결정적 역할이 행사되는 간접적 방식을 개념화할 수 있었다. 경제는 사회구성체에 대해 직접적으로 작용을 가하지 않는다. 그것은 전체를 지배하는 특정한 심급을 선택함으로써 전체에 특정한 구조를 부여한다"(Callinicos, 1982: 73~74).

알뛰세르를 포스트모더니즘 혹은 반본질주의자로 채색하려는 포스트모더니즘 마르크스 경제학의 시도는 알뛰세르 자신이 자서전에서 털어놓은 다음과 같은 포스트모더니즘에 대한 혐오 앞에서 무색해지고 만다.

> 마르크스가 헤겔 철학의 '해체'라고 표현했던 궤변 철학이 마르크스주의는 매장되었다고 주장했을 때, 또 당치않은 절충주의와 유약한 이론에 근거하여 '물질은 소멸'했으며 의사소통의 '비물질성'이 그것을 대신하게 되었다고 주장하는 (그러나 실은 신기술이라는 인상적 증거에 기초하여 자기를 정당화하려는 최신판 이론적 조합일 뿐인) 미치광이 사상이 소위 포스트모더니즘이라는 구실하에 유행할 때도, 나는 마르크스를 감화시켰던 유물론의 여전히 철저한 신봉자였다(Althusser, 1992: 223).

포스트모더니즘 마르크스 경제학이 고전 마르크스주의 전통을 이해하는 방식에도 중대한 문제가 있다. 포스트모더니즘 마르크스 경제학은 고전 마르크스주의가 "하나의 특정한 경제적 원인을 그 중심에 위치지음으로써 사회의 복합성을 질서지을 수 있다는 생각을 공유하는 가정"이라고 정의한다(Resnick & Wolff, 1992a: 131). "마르크스주의 담론에는 체계와 반체계라는 이중적 담론이 존재한다. …… 체계는 주어진 것, 질서, 구조 및 기능주의를 의미하며 반체계는 정세, 개방성, 변화, 심지어 무질서를 함축한다. 이러한 두 차원 간에는 본질적인 긴장이 존재하며 마르크스주의의 역사는 이러한 두 담론적 고리들이 함축하는 영역들 간에 협상되는 항상 부분적이며 필연적으로 불완전한 일련의 주체들로 이해될 수 있다. …… 고전 마르크스주의가 체계주의적이며 과학주의적 경향에 서 있다면, 포스트모더니즘 마르크스 경제학은 반체계주의적이며 (담론적으로) 행동주의적 경향에 서 있다"(Callari

& Ruccio, 1996b: 9~10). 레스닉과 울프는 다음과 같이 선언한다.

> 마르크스가 출범시켰지만 마르크스주의 전통 내에서 부차적 경향(혹은 경향들)으로 전개된 반본질주의적 마르크스주의는 이제 마르크스주의 전통 내에서 고전 마르크스주의와 패권을 다툴 정도로 충분히 성숙했고 강력해졌다(Resnick & Wolff, 1992a: 132).[10]

하지만 나는 현실 마르크스주의의 역사를 포스트모더니즘 마르크스 경제학처럼 '모더니즘적 마르크스주의와 포스트모더니즘 마르크스 경제학 간의 대결'이라든지 결정론적 마르크스주의와 중층결정 마르크스주의 간의 대결이라고 묘사하는 것은 주관적 왜곡이라고 생각한다. 마르크스주의의 역사는 "본질주의적 마르크스주의와 반본질주의적 마르크스주의 간의 세력균형의 변화"(Resnick & Wolff, 1992a: 138)의 역사 같은 것으로 환원될 수 없다. 포스트모더니즘 마르크스 경제학은 마르크스주의의 역사를 논하면서도 스탈린에 반대한 트로츠키의 투쟁에 대해서는 한 마디 언급도 없다. 하지만 드레이퍼(Draper, 1992: 3)가 말했듯이, 마르크스주의에서 근본적인 분할은 '위로부터 사회주의'와 '아래로부터 사회주의' 간의 분할이며, 마르크스주의 역사는 이 두 종류의 사회주의 간의 투쟁 역사로 이해해야 한다. "사회주의의 역사는 해묵은 전통인 위로부터 해방의 전통에서 벗어나려는 계속된 그러나 대체로 성공하지 못한 노력의 역사로 읽을 수 있다. …… 현재 사회주의의 위기는 사회주의 전통에서 이 근본적인 대분할의 맥락에서만 이해할 수 있다"(Draper, 1992: 3).

10) 포스트모더니즘 마르크스 경제학은 자신들의 현실적인 출현 시점을 중소분쟁기로 잡는다. "중소분쟁과 소련 공산당과 서구 공산당 간의 차이는 고전 마르크스주의 담론이 전개되어오고 그 정치가 실천되어온 정치적 공간에 균열이 생겼다는 신호였다"(Callari & Ruccio, 1996b: 5).

포스트모더니즘 마르크스 경제학은 스탈린주의를 고전 마르크스주의의 전통에 포함시키는데, 나는 이것 역시 잘못되었다고 생각한다. 포스트모더니즘 마르크스 경제학은 실제로 스탈린주의를 "경제대수의 자본주의적 변수를 대체했지만 동질적인 공간으로서의 노동과 생산 공간의 작동은 유지하고 있는 사회주의적 이상"으로 간주한다(Callari & Ruccio, 1996b: 22). 스탈린주의는 반마르크스주의 혹은 비마르크스주의가 아니라 여러 종류의 마르크스주의 중 하나로서 "소련을 지배했던 결정론적인 정통적 마르크스주의 혹은 공식 마르크스주의"(Callari, Cullenberg & Biewener, 1995: 3)라는 것이다. 레스닉과 울프는 소련·동유럽 블록 붕괴의 주요 원인을 그곳의 사회주의자들의 이론적 문제, 즉 경제주의적이고 결정론적으로 편향된 이론과 정책에서 찾는다. "동유럽의 변혁은 생산적 재산의 소유(사유인가 아니면 국유인가)를 자본주의와 대립되는 사회주의의 결정요인 혹은 본질로 간주하는 마르크스주의 이론에 기초한 정책과 실천이 치른 엄청난 대가를 웅변한다"는 것이다(Resnick & Wolff, 1996a: 169). 다시 말해 스탈린주의체제의 붕괴는 심화된 현실적 모순에서 비롯한 것이 아니라 그 체제의 '사회주의자'들이 마르크스주의를 잘못 이해하고 잘못 적용했기 때문이라는 것이다. 이로부터 포스트모더니즘 마르크스 경제학의 사회주의는 '위로부터 사회주의' 중에서도 가장 저급한 종류인 강단사회주의로 분류될 수 있음을 알 수 있다.[11)]

또한 레스닉과 울프가 한편에서는 스탈린주의를 고전 마르크스주의의 한 유형으로 분류하면서, 또 다른 한편에서는 스탈린주의체제의 성격을

11) 미테랑의 이른바 '사회주의 실험'의 실패에 대한 레스닉과 울프의 다음 설명 역시 미테랑 정권의 성격을 부르주아 국가가 아니라 모종의 사회주의 국가로 간주했다는 점에서, 또 그 '실패'의 원인을 미테랑 정권의 사회주의 이론에 대한 오해에서 찾았다는 점에서 이중으로 터무니없다. "프랑스에서 미테랑의 사회주의자들은 계급변혁의 문제를 잉여노동의 생산과 분배의 조직 변혁 문제가 아니라 권력의 재분배 문제로 접근함으로써 유럽 전역에 계급 변혁의 대의를 전파할 수 있는 기회를 놓치고 말았다"(Resnick & Wolff, 1996a: 185).

국가자본주의로 규정하는 것[12]은 명백한 논리적 모순이다. 레스닉과 울프는 최근에 『볼셰비키당사』 류의 스탈린주의 소련사로 되돌아가고 있다. 예컨대 레스닉과 울프는 1930년대 스탈린의 유혈적 농업집단화 과정을 세계사상 유일무이한 진지한 공산주의 실험이었다고 찬양한다.

> 1930년대 초 이후 집단농장에서 짧은 기간 동안 잉여노동을 그 수행자가 집단적으로 전유하는(즉 공산주의적 계급구조) 진지한 실험이 이루어졌다 (Resnick & Wolff, 1996a: 187～188).

> 스탈린은 도시 공업지역에서 '성공한' 혁명을 농촌지역으로 확대하려 했다. 스탈린은 '공산주의'를 공업에서 농업으로 도시에서 농촌으로 확장하려 했다. 1929년과 1930년에 스탈린은 농업을 집단화했으며 그리하여 1917년에 시작된 볼셰비키혁명을 완성했다. …… 소련 공산주의에 관한 우리 이야기의 결론은 다음과 같다. 공산주의적 계급구조는 실제로 소련에서 공업부문을 제외한 농업부문 및 일부 가정에서 확립되었다(Resnick & Wolff, 1996b: 18, 34).

또한 오늘날 구래의 국가자본주의에서 사적자본주의로 급격하게 전환하고 있는 중국 사회에서 공산주의로 진전하는 모습을 볼 수 있다는 레스닉과 울프의 다음 주장은 우리를 아연케 할 뿐이다.

> 농촌지역에서 최근 수십 년 간 개인자영농(마르크스가 '고대적' 계급구조라고 명명한 것)의 성장은 중국의 계급구조의 구성을 변화시켜 공산주의로 향하는 '고대적' 길의 가능성을 높이고 있다(Resnick & Wolff, 1996a: 183).

---

12) 레스닉과 울프의 소련 국가자본주의론은 Resnick & Wolff(1994)에서 처음 정식화되었으며, Resnick & Wolff(2002)로 체계화되었다. 이에 대한 상세한 검토로는 이 책 5장을 참조할 수 있다.

2) 마르크스주의 사회이론의 부정

포스트모더니즘 마르크스 경제학은 마르크스의 주요한 과학적 발견들을 대부분 부정한다. 포스트모더니즘 마르크스 경제학은 마르크스 자신이 자본주의의 운동법칙으로 정식화한 것까지 부정한다. 포스트모더니즘 마르크스 경제학에는 "자본주의의 운동법칙이라든지, 경제과정에서 발견해야 할 본질이라든지, 어떤 경제적 효과의 본질적 결정요인이라든지, 자본주의 경제의 불가피한 예정된 추세 같은 것은 존재하지 않는다"(Amariglio & Ruccio, 1994: 28). 포스트모더니즘 마르크스 경제학은 마르크스주의적인 경제 개념 자체를 부정한다. 그들은 '동질적 공간으로서의 경제라는 개념' 혹은 '동질적인 노동단위의 구조화된 배분으로서의 경제라는 개념'을 수용하지 않는다(Callari & Ruccio, 1996b: 18~19). 포스트모더니즘 마르크스 경제학은 '상상된 동질성으로서의 경제라는 관념은 고전 마르크스주의의 본질주의의 전제조건'이라고 배격하고 '경제적 공간의 다양한 구성부분들과 상이한 장소들이 단일한 경제원리, 즉 고전 마르크스주의가 가치법칙의 작용이라고 명명한 것의 작용으로 환원'될 수 없다고 주장한다(Callari & Ruccio, 1996b: 12).[13]

동질적인 공간으로서의 경제라는 개념을 부정하는 포스트모더니즘 마르크스 경제학은 마르크스의 가치법칙 개념도 부정한다. 포스트모더니즘 마르크스 경제학은 자본주의 사회의 객관적 추세인 노동의 동질화 경향을 부정하기 때문에 노동의 동질화 추세를 전제로 하는 마르크스의 추상노동 개념도 부정하고 추상노동 개념에 기초한 마르크스의 가치법칙 전 체계를 부정한다. 포스트모더니즘 마르크스 경제학은 마르크스의 가치법칙은 내재적으로 본

13) "고전 마르크스주의는 대립의 '체계적' 측면을 지향하는 경향, 사회적 공간을 (유일한 경제논리가 지배하는) 동질적인 것으로 서술하려는 경향, 그리고 (문화적·정치적 과정뿐만 아니라 이론화 과정 그 자체까지 포함하는) 모든 사회적 과정의 동학을 이러한 공간의 '법칙'의 발전논리로 기능적으로 환원시키려는 경향이 있다"(Callari & Ruccio, 1996b: 15~16).

질주의적이며 따라서 기각해야 한다는 것이다. "마르크스의 가치(추상노동) 개념은 모든 인간노동 그 자체가 자연적·보편적으로 평등하다는 인간주의를 주장한 것일 뿐이다"(Garnett, 1995: 46). 포스트모더니즘 마르크스 경제학은 마르크스의 가치와 계급이론의 내용을 자신들처럼 본질주의적이라고 특징지은 것은 자신들이 처음이 아니며, 이와 같은 마르크스 이론 구성의 본질주의적 성격은 다른 이들도 지적한 바 있다면서 자신들과 같은 종류의 마르크스 비판이 실은 커틀러(A. Cutler) 등의 반본질주의를 원용한 것임을 밝힌다(Callari & Ruccio, 1996b: 19).[14] 포스트모더니즘 마르크스 경제학은 여기서 한 발 더 나아가 마르크스의 가치법칙을 부르주아 프로젝트라고 규정한다. 즉, 마르크스의 가치법칙은 "경제적 관계의 내재적 논리의 표현이 아니라, …… 특수하고 다양하고 이질적인 인간의 욕구와 주체들을 (노동, 욕구 및 효율이라는 추상적 개념들의 이름으로) 억압하려는 계속되고 있는 부르주아 프로젝트로 이해되어야 한다"는 것이다(Callari & Ruccio, 1996b: 21).

포스트모더니즘 마르크스 경제학은 노동력 개념도 마르크스와 전혀 다르게 정의한다. "노동력이란 항상 이미 형성되어 있는 경제적 이해관계들 간의 사전적으로 결정된 계급투쟁의 장소가 아니다. …… 오히려 노동력은 현존하는 것(그러나 주어져 있지는 않은)과 추구되는 (항상 가능한 그러나 결코 사전적으로 결정되어 있지는 않은) 근본적으로 새로운 대안 간의 투쟁, 부르주아적 동질화 프로젝트와 욕구 및 공동체에 기초한 경제활동의 사회주의 프로젝트 간의 투쟁의 장소로 생각할 필요가 있다"(Callari & Ruccio, 1996b: 22). 또한 레스닉과 울프는 "계급투쟁, 한 생산양식으로부터 다른 생산양식으로의 이행, 이윤율의 저하 혹은 경제공황과 같은 역사적으로 유명한 마르크스주의적 '불가피성들'은 중층결정된 정세들로 재정식화되어야 한다"고 본다(Resnick & Wolff, 1996a: 180).

14) 커틀러 등의 반본질주의는 Resnick & Wolff(1987)보다 10년 앞서 출판된 Cutler et al.(1977)에서 이미 주장된 바 있다.

최근 일부 포스트모더니즘 마르크스 경제학은 자본주의의 현실성까지 부정하고 있다. 예컨대 매킨타이어는 미국에서 자본주의 생산양식의 지배라는 현실에 의문을 제기한다(McIntyre, 1996). 포스트모더니즘 마르크스 경제학자이자 페미니스트 커플인 기브슨-그레이엄(Gibson-Graham)도 다음과 같이 주장한다. "다른 많은 정치경제학자들처럼 우리도 이제까지 미국 사회구성체와 '세계경제'를 자본주의가 지배하는 장소로 이론화해 왔다. 그러나 이제 (혁명적) 차이를 가져올 다음과 같은 이론적 선택을 할 수 있다. 경제적 담론은 헤게모니화된 것으로 서술하면서도 사회 세계는 분화되고 복합적인 것으로 놓아 둔다. 즉, 자본주의 헤게모니를 사회적 접합이나 구조가 아니라 (지배적) 담론으로 이해하는 것이 가능할 뿐만 아니라 생산적이라는 것이다. 그리하여 경제적 실천을 자본주의 활동과 비자본주의 활동을 포괄하는 풍부한 다양성으로 서술하면서도 비자본주의 활동은 그것을 보이게 하는 개념과 담론이 주변화되고 억압되었기 때문에 여태까지 상대적으로 잘 보이지 않았다고 주장할 수 있다"(Gibson-Graham, 1996: 10~11). 레스닉과 울프도 "미국과 같은 사회구성체를 자본주의라고 규정하는 것은 이제 문제"라고 하면서, "미국 사회구성체는 대기업에서 이루어지는 자본주의적 잉여생산과 개인수공업 혹은 서비스 생산자, 자신의 개인적 잉여를 전유하는 '고대적' 생산자, 남편과 부인을 가정 내부로 연결하는 봉건적 계급구조 등의 특수한 혼합체로 다시 분석될 필요가 있다"(Resnick & Wolff, 1996a: 184, 183)고 주장한다. 이와 같은 포스트모더니즘 마르크스 경제학의 주장은 자본주의 생산양식의 지배적 규정성까지 부정한다는 점을 차치한다면, 1970년대 한때 유행했던 생산양식의 접합이론 혹은 다(多)우클라드론을 반복한 것이다.

또한 포스트모더니즘 마르크스 경제학은 계급을 '입구'로 설정한다는 점에서 마르크스주의임을 자처한다. 그러나 포스트모더니즘 마르크스 경제학의 계급 개념은 마르크스의 계급 개념과 공통점이 없는 것 같다. 전술했듯이 레스닉과 울프는 계급을 "사회생활을 구성하는 많은 과정들 중 직접생산자로부터 부불잉여노동이 착출되는 과정"이라고 정의한다(Resnick & Wolff, 1987: 115). 이처럼 "계급을 독자적인 인간집단이 아니라 사회적 과정으로 사고하는 것은 광범위한 함축을 내포한다. …… 과정으로서의 계급(class-as-process) 접근은 개인들이 일상에서 혹은 생애를 통해 다양한, 기본적이고 포섭된 계급과정에 참여할 수 있다는 점을 시사한다"(Resnick & Wolff, 1996a: 183). 다시 말해, 포스트모더니즘 마르크스 경제학은 계급을 생산관계에서의 지위를 공유하는 인간집단이 아니라, 개인들이 다중적 방식으로 관계하는 사회적 과정으로 간주한다.

이와 같은 포스트모더니즘 마르크스 경제학의 계급 이해는 다음 세 가지 점에서 마르크스의 계급 이해와 다르다. 첫째, 포스트모더니즘 마르크스 경제학이 동일시하는 계급 개념과 잉여가치의 생산·전유과정 개념은 마르크스에서는 상호 밀접히 관계되면서도 엄연히 구별되어 있다. 계급 개념과 잉여가치의 생산·전유 개념은 결코 동일시될 수 없는 상이한 개념들이다. 둘째, 포스트모더니즘 마르크스 경제학은 서로 다른 두 개념을 동일시해 혼동함으로써 마르크스 계급 개념의 가장 중요한 실천적 함축을 제거했다. 만약 계급이 행동하는 인간들의 집합적 주체가 아니라 단지 사회적 과정의 하나로 이해된다면, 인간들의 집합적 주체 상호 간에 발생하는 사회적 모순, 계급투쟁의 개념은 설자리가 없게 될 것이다. 셋째, 마르크스주의 서술방법의 특징이 계급 '입구'라는 포스트모더니즘 마르크스 경제학의 주장 역시 마르크스의 서술방법을 오해한 것이다. 마르크스는 『자본론』을 상품 범주부터 서술하기 시작했으며 계급은 입구가 아니라 서술의 종점에 자리 잡고 있다. 『자본론』 제3권의 마지막 장은 계급이다. 이 점에서 포스트모더니즘 마르크스 경제학의 서술방법은 추상과 구체의 변증법에 기초한 마르크스의 서술방법과는 판이하다.

포스트모더니즘 마르크스 경제학은 역사 주체의 개념, '중심화된 주체의 역사적 가능성'의 개념을 부정한다(Amariglio & Ruccio, 1994: 20). 포스트모더니즘 마르크스 경제학은 "역사의 주체, 목적론적 과정, 어떠한 변화나 이행의 과정에 대한 필연적인 종말 같은 것은 존재하지 않는다"(Amariglio & Ruccio, 1994: 28)라고 주장한다. 레스닉과 울프도 "구래의 두 거대한 계급, 자본가와 프롤레타리아트의 이원론적 모델은 거부되고 개인들이 그들의 생애 동안 사회의 상이한 장소들에서 복수의 상이한 종류의 기본적이고 포섭된 계급과정에 참여할 수 있고, 참여하고 있다는 명제가 그 자리를 대신했다"(Resnick & Wolff, 1996a: 184)라고 주장한다. "새로운 세계질서는 마르크스주의자들이 정치행동을 위해 탈중심적이고 탈집중적인 전략을 인정할 것을 요청한다. …… 그것은 계급문제를 중심으로 투쟁하고 사회주의적 변화를 심화시키는 새로운 길을 열기 위해 계급과 비계급 간의 이분법적 양극화와 대결하는 것을 의미한다"(Callari, Cullenberg & Biewener, 1995: 8). 포스트모더니즘 마르크스 경제학은 노동자계급을 사회주의혁명의 주체로 인정하지 않는다.

> 노동자계급은 대부분의 마르크스주의 전통에서 그것이 누렸던 공간을 더 이상 차지할 수 없다. 노동자계급을 역사의 유일 주체로 설정한 것이 오히려 엄청난 폭력을 낳았고 노동자계급 자신도 그 희생자가 된 것은 역설이다. …… 여기에서 전진할 수 있는 하나의 길은 노동자계급을 공통적 존재의 표현이자, 자신과 일치하는 주체, 또 단일한 경제논리의 표현으로 간주하는 고전 마르크스주의에서 물려받은 노동자계급 개념을 포기하는 것이다(Callari & Ruccio, 1996b: 44).

포스트모더니즘 마르크스 경제학은 부르주아지와 프롤레타리아트 간의 계급투쟁을 자본주의의 발전과 변혁의 원동력으로 보지 않는다. 그리하여 노동자계급이 자본가계급에 대항하는 계급투쟁은 여성, 소수인종, 동성연애자 등의 운동과 같은 많은 상이한 운동의 하나일 뿐으로 되고 만다. 이것은 포스트모더니즘 일반의 전형적 특징인 다원주의 정치이다. 포스트모더니즘 마르크스 경제학은 최종심에서의 경제결정을 부정함으로써 경제적 차원에서의 대립, 즉 계급투쟁의 결정적 중요성을 부정한 것이다.

3) 마르크스주의 인식론의 부정

포스트모더니즘 마르크스 경제학은 유일한 진리 같은 것은 존재하지 않는다고 주장한다. 포스트모더니즘 마르크스 경제학은 모든 이론은 그 자체가 중층결정되기 때문에 원래부터 부분적이라고 주장한다. 또한 그들은 원인과 결과의 구별 같은 것도 있을 수 없으며, 현실의 질서에 어떤 우선순위도 매길 수 없다고 주장한다. 그리고 과학과 이데올로기 간의 구별 같은 것도 있을 수 없기 때문에 현실의 개념의 질서에도 어떤 우선순위를 부여할 수 없다고 본다. 레스닉과 울프는 다음과 같이 주장한다.

> 우리들까지 포함한 어떤 이론가들도 항상 무수한 설명요인 혹은 요소들의 집합 중 어느 하나 혹은 몇몇이 '가장 중요한 혹은 가장 영향력이 큰' 것인지를 알 수 없다. …… 우리는 어떤 본질이나 본질적 원인 같은 것도 존재하지 않는다고 생각한다. …… 우리의 설명에서도 우리가 어떤 것의 본질적 원인을 발견했다고 주장하지 않는다(Resnick & Wolff, 1992c: 125).

> 모든 이론은 진리와 허위에 대한 자기 나름의 색인을 가지고 있다. 진리는 복수이며 각각의 구별되는 이론에 따라 그리고 그 내부에서도 상이하게 개념화된다(Resnick & Wolff, 1987: 6).

과학과 이데올로기 간의 어떠한 구별도 부정하는 레스닉과 울프는 "마르크스주의 이론 자체가 (절대적) 과학이라고, 또 비마르크스주의 이론은 (단지 상대적인) 이데올로기라고 더 이상 주장할 수 없다"라고 주장한다(Resnick & Wolff, 1996a: 171). 포스트모더니즘 마르크스 경제학은 "과학적 지식 개념을 부정하고 그 대신 담론적 구성으로서의 지식이라는 개념을 지지"하면서(Callari & Ruccio, 1996b: 16), "존재하는 것은 각각 그 나름의 진리 기준을 가지고 있는 상이한 형태의 사고, 상이한 이론들이다. 이론 간 진리 기준은 인정될 수 없다"라고 주장한다(Resnick & Wolff, 1996a: 171).

하지만 과학과 이데올로기의 구별은 마르크스주의 인식론의 핵심이기 때문에 이 구별을 부정하는 것은 결국 마르크스주의 인식론을 거부하는 것이다. 포스트모더니즘 마르크스 경제학의 진리의 복수성 주장은 상대주의적 불가지론과 큰 차이가 없어 보인다. 어떤 요인(들)을 다른 요인(들)보다 중요하게 취급하는 것을 부정하고, "유형들을 식별할 수 있고 예측을 할 수 있다는 생각을 부정"하는(Hunt, 1995: 164) 포스트모더니즘 마르크스 경제학은 결국 불가지론으로 귀착될 수밖에 없다. 이 점에서 우드(E. Wood)의 다음과 같은 포스트모더니즘 비판은 포스트모더니즘 마르크스 경제학에도 그대로 적용될 수 있다.

> 최근 포스트모더니즘 이론들은 구조 혹은 구조적 연관의 존재 자체 그리고 '인과분석'의 가능성 자체를 부정한다. 구조와 원인은 부분과 정세로 대체된다. 자신의 체계적 통일성과 '운동법칙'을 갖는 사회체제 (즉 자본주의체제) 같은 것은 존재하지 않는다. 많은 상이한 종류의 권력, 억압, 정체성, '담론' 같은 것들만 존재한다. 진보에 대한 계몽주의적 개념 같은 구래의 '거대 담론'은 거부해야만 할 뿐 아니라 인식가능한 역사과정과 인과관계라는 생각 그리고 그와 함께 '역사를 만든다'는 생각도 거부해야 한다. 인간지식이 접근할 수 있는 구조적 과정 같은 것은 없어진다. …… 단지 무정부주의적이며 연관되지 않은 그리고 설명될 수 없는 차이만이 존재할 뿐이다(Wood, 1995a: 5~6).

마르크스주의는 기계적 경제결정론은 거부하지만 확률적 결정론까지 부정하지는 않는다. 다음과 같은 확률적 의미에서 결정론적인 명제의 타당성은 부인될 수 없다: 이윤율이 저하하고 경쟁이 격화되는 경제공황기에 십중팔구 자본가들은 노동자계급의 생활 수준에 대한 공격을 강화한다. 포스트모더니즘 마르크스 경제학류의 절대적 비결정론은 사회경제적·계급적 위치가 교육, 범죄 및 보건 등에 결정적인 차별적 영향을 미친다는 상식적 사실만을 상기해도 금방 논박될 수 있다. "일정 정도의 규칙성, 예측가능성이 존재해야만 한다. 그렇지 않으면 우리의 사회생활은 불가능해질 것이다. 일정 정도의 예측가능성은 일정 정도의 결정론을 인정할 것을 요청한다"(Molyneux, 1995: 44).

또한 사회구성체의 복합적 실체를 인정하는 것이 마르크스주의 인식론이 중시하는 결정관계의 위계를 부정하는 것으로 비화될 논리적 필연성은 없다. "상이한 실천, 제도 및 주체들의 상대적으로 차별적인 인과적 비중에 주목하지 않는 사회이론은 전략적으로 무가치하며 개념적으로 공허하다"(Callinicos, 1993: 44). 사회과정은 포스트모더니즘 마르크스 경제학의 주장과는 달리 엄연히 위계적으로 구조화되어 있다. 따라서 우리는 "불균등한 과정들이 상호구성될 수 있다는 점을 부정할 수 없다"(Peet, 1992: 117). 사회분석의 주요한 목적은 많은 사회적 요인들 중에서 그럴 듯한 인과관계를 찾아내는 것이고 사회과학에서 설명의 주된 목적은 어떤 사회현상을 발생시키는, 배후에 있는 과정을 찾아내는 것이다. 따라서 "모든 형태의 본질주의를 배척하는 것은 설명가능성 자체를 부정하는 것이다. …… 레스닉과 울프의 입장은 사회과학 자체가 불가능하다는 함축을 가지고 있는 것으로 보인다"(Little, 1991: 212). 사회이론은 사회 현실의 본질적 성격의 파악을 위해 노력해야 하며 이 본질적 성격은 사회적 재생산의 필연성에 의해 구조화된다. "사건은 요인들의 복수성에 의해 중층결정될 뿐만 아니라 근본적 필연성에 의해서 결정된다"(Peet, 1992: 114). 소피아누(E. Sofianou)의 다음과 같은 평가는 정당하다.

> 사건에 대한 예측가능성의 한계가 인간행동의 설명에 관한 완전한 비결정론과 더 이상 (잘못) 동일시되어서는 안 된다. …… 다시 말해, 사건의 예측불가능성이 항상 작동하고 있는 메커니즘에 대한 지식의 가능성을 부정하는 것은 아니다. …… 세계는 많은 상이한 힘들이 동시에 작용하고 있다는 점에서는 '개방적'이며 따라서 사건의 예측가능성이 극소화되거나 불가능할 수도 있다. 그러나 이것이 '자연의 법칙'이 더 이상 작용하지 않는다는 것을 뜻하지는 않는다. …… 같은 원인은 같은 사건을 야기한다는 규칙적 결정론은 포스트모더니즘적 우연지상주의를 옹호함이 없이도 거부될 수 있다(Sofianou, 1995: 380, 386).

포스트모더니즘 마르크스 경제학은 지식의 가능성 자체를 부정한다는 점에서 이를 인정하는 마르크스주의 인식론과 전혀 다르다. 그런데 레스닉과 울프의 주장대로, "그들 이론을 포함하여 어떤 이론이든 자신이 현실과 더 잘 부합된다고 주장할 수 없다"(Resnick & Wolff, 1992a: 134)고 한다면, 사활을 건 정치적 계급투쟁은커녕 진정한 의미의 이론투쟁조차도 수행할 수 없을 것이다.

포스트모더니즘 마르크스 경제학은 고전 마르크스주의를 거부하면서도 계급과정을 '입구'로 선택하는 자신들은 급진좌파의 일원이며 상대주의와는 관계없다고 주장한다. 하지만 포스트모더니즘 마르크스 경제학의 반본질주의에서는 계급과정에 다른 사회적 과정보다 더 큰 사회적 결정력을 부여할 수 없기 때문에, 사회이론은 어떤 과정으로부터도 출발될 수 있다. 그렇다면 왜 하필 계급과정이 '입구'가 되어야 하는가 하는 의문이 제기된다. 이 의문점은 포스트모더니즘 마르크스 경제학 이론체계의 급소라고 할 수 있다. 내가 보기에 포스트모더니즘 마르크스 경제학은 이 의문에 대해 설득력 있는 답변을 내놓고 있지 못하다. 실제로, 레스닉과 울프는 그들이 계급과정을 입구로 선택한 것은 "분석적으로 무시되어 온 바람직한 사회변화의 계급적 구성 부분을 정말 다시 강조할 필요가 있다는 느낌 때문"(Resnick & Wolff, 1987: 27)이며, 또 "우리가 계급을 입구로 선택한 것은 우리가 가장 이야기하고 싶어하는 것이 계급착취이며 계급착취가 우리가 가장 변혁하고 싶은 대상이기 때문이다. …… 우리가 계급을 강조하고자 하는 것은 우리 이전의 다른 많은 마르크스주의자들처럼 우리는 사회에서 계급의 존재에 분노를 느끼기 때문이다. 계급 입구에 우리가 매달리는 것은 이러한 강한 감정 때문이다"(Resnick & Wolff, 1992b: 36, 39)라고 매우 감성적으로 답한다. 또한 일부 포스트모더니즘 마르크스주의자는 "우리가 교환의 경제적 과정에 초점을 맞추는 이유는 우리가 직업적으로 경제학자로 훈련받았기 때문이다. 또는 마르크스주의 내에서 경제결정론 전통의 한 결과이다"(Amariglio & Callari, 1993: 208)라고 매우 일화적으로 혹은 숙명론적으로 답변한다. 그렇다면 포스트모더니즘 마르크스 경제학에 대해 "계급은 우연하게도 무시되었던 상호구성적 부분들의 한 체계 중 한 측면일 뿐이다"(Peet, 1992: 119). 그러나 마르크스가 계급과 경제를 그토록 중시했던 것은 포스트모더니즘 마르크스 경제학이 주장하는 것처럼 마르크스 이전의 사회연구에서는 계급이 무시 또는 경시되었다든지 마르크스가 우연히 경제학 공부를 많이 했기 때문이 아니다. 마르크스가 『정치경제학 비판을 위하여』 서문에서, "인간은 그들 생활의 사회적 생산에서 불가결하면서 그들의 의지에서 독립적인 특정한 관계, 즉 생산관계를 맺는다"고 말한 데서 보듯이, 마르크스가 생산관계나 계급관계를 강조했던 이유는 다름 아니라 그것이 '생활의 사회적 생산에서 불가결한' 결정적 중요성을 가진다고 생각했기 때문이다.

게다가 포스트모더니즘 마르크스 경제학은 정작 그들이 사회 현실을 분석하기 시작할 때는 그들이 그토록 거부했던 본질주의로 다시 되돌아가는 것 같다. 예컨대 "특정한 개념적 입구를 선택하는 것은 그렇게 지시된 사회

양상에 자본주의를 서술하는 데 고유한 우위를 부여한다"(Resnick & Wolff, 1992b: 22)라는 레스닉과 울프의 주장이 그 단적인 예이다. 이것이 본질주의적 주장이 아니라면 도대체 무엇이 본질주의인가? 게다가 포스트모더니즘 마르크스 경제학은 자신들의 마르크스 혹은 알튀세르 독해 방식만이 옳으며 종전의 혹은 기타 이론가들의 독해 방식은 잘못되었다는 식으로 주장하는데, 이는 그들의 신조인 진리의 복수성 테제를 스스로 부정하는 것이다. 코트렐(Cottrell, 1981: 235)이 지적했듯이 반본질주의의 원리는 다른 특정 이론들을 본질주의라는 이유로 기각하는 본질주의적 주장이라는 모순을 가지고 있다. 또한 계급과정을 근본적 계급과정과 포섭된 계급과정으로 구분하는 레스닉과 울프의 방식 자체가 전형적인 본질주의적 방법으로 보인다. '근본적'과 '포섭적'이라는 용어법 자체가 본질주의적이라는 말이다.

실제로 포스트모더니즘 마르크스 경제학은 자신들의 입장을 상대주의나 포스트모더니즘과 동일시하지 말아 달라고 호소한다. 그 이유는 자신들은 계급과정을 '입구'로 선택하기 때문이라는 것이다. 레스닉과 울프는 최근 '이론에 대한 당파적 태도'라는 또 하나의 이유를 새로 도입하면서, 이론에 대한 마르크스주의의 당파적 태도에 입각하면 "모든 진리와 모든 이론은 다 같이 타당하거나 모두 수용할 수는 없으므로" 자신들의 인식론이 "푸코나 료타르를 연상하게 하는 상대주의나 포스트모더니즘은 아니다"라고 주장한다(Resnick & Wolff, 1996a: 179). 이 같은 레스닉과 울프의 최근 주장은 그들 원래의 급진적인 반본질주의 입장에서 크게 후퇴한 것으로 판단된다. 반본질주의에 필연적인 논리적 자기모순에 직면하여 레스닉과 울프는 이제 자신들의 체계에도 '본질주의적 계기'가 존재한다는 사실을 인정하기 시작한다. 중층결정 분석을 구성하는 작업은 즉각적으로 그리고 불가피하게 애초의 본질주의적 계기에 의한 자신의 지양을 수반한다(Wolff, 1996: 156). 울프는 이 같은 반본질주의로부터의 후퇴를 정당화하기 위해 헤겔의 모순 개념을 부활시키고 그것을 알튀세르의 중층결정 개념과 관련시키려 한다.

그러나 이것이 무리한 시도라는 것은 자타가 공인하는 알튀세르의 '공헌'이 다름 아닌 마르크스주의에서 헤겔 잔재와의 단절이라는 사실만을 상기해도 알 수 있다. 포스트모더니즘 마르크스 경제학의 이 같은 논리적 자기모순 그리고 그것을 해결하기 위해 동원되고 있는 여러 궁여지책들은 포스트모더니즘 마르크스 경제학이 라카토스(Lakatos)가 말한 '퇴보적 연구프로그램'에 해당함을 보여주는 징후들이다.

4) 개량주의적 정치

포스트모더니즘 마르크스 경제학은 미국 내 다른 급진정치경제학자들에 비하면 자본주의에 대해서는 그다지 비판적이지 않은 것으로 보인다. 그들의 주된 적은 자본주의체제나 부르주아 이데올로기가 아니라 다른 마르크스주의 분파들이다. 나아가 포스트모더니즘 마르크스 경제학은 고전 마르크스주의의 자본주의 비판과 사회주의 찬양에 강력한 유보조건을 단다.

> 모더니즘적 마르크스주의자들은 시장의 무질서의 부정적 귀결들을 과장하면서 시장의 특징인 부조화 중 오직 한 측면만을 보려는 경향이 있다. …… 우리는 계획이 시장보다 일반적으로 더 질서가 있고 질서는 항상 무질서보다 낫다는 생각에 반대한다(Amariglio & Ruccio, 1994: 22, 27).

포스트모더니즘 마르크스 경제학은 포스트모더니즘 일반과 마찬가지로 자본주의 때문에 고통받는 사람들의 입장보다는 자본주의의 혜택을 즐기고 있는 사람들의 시각에서 자본주의의 실상을 애매모호하게 만든다. 우드가 지적했듯이 "오늘의 포스트모더니즘은 자본주의의 '황금시대'에 뿌리를 둔 세계관을 가지고 있는 것으로 보이며 그 지배적 양상은 소비주의이다. …… 그들은 '황금'의 순간 이후 도래한 자본주의의 구조적 위기에 아무런 주의도 기울이지 않는다는 점에서 자신들의 근본적인 비역사주의를 드러내고 있다”(Wood, 1995a: 6).

포스트모더니즘 마르크스 경제학의 정치는 비관주의로 특징지어진다. 포스트모더니즘 마르크스 경제학은 인과분석을 할 수 있는 체계라든지 역사라는 개념 자체를 부정하기 때문에 억압 세력의 뿌리를 찾아낸다든지 전면적인 인간해방의 기치를 들 수 없게 된다. 반결정론은 결국 개량주의나 공상적 사회주의로 연결될 수밖에 없다. 만약 사회집단의 이데올로기가 그들의 경제적 위치와 계급이해에 의해 결정되지 않는다면 사회주의 사회의 미덕을 지배계급에도 설득할 수 있다는 공상적 사회주의 프로젝트가 창궐하게 된다(Molyneux, 1995: 45). 포스트모더니즘 마르크스 경제학의 정치의 본질이 개량주의임은 다음과 같은 레스닉과 울프의 주장에서도 확인된다.

> 마르크스주의는 인식론에서의 반본질주의(모든 근본주의에 대한 비판)에 대한 기본적 헌신을 사회이론에서의 반본질주의(모든 결정론에 대한 비판과 중층결정 관점의 채택)와 결합시켜야 한다. 마르크스주의는 모든 근본주의(과거 자신의 그것도 포함하여)를 거부함으로써 자신의 특정한 사회변혁 프로젝트의 실현을 가능하게 하는 동맹을 위해 다른 이론들과 함께 투쟁하는 하나의 이론이 된다. 포스트모더니즘 마르크스 경제학은 어떠한 거대 담론도 거부하면서 자신의 부분성과 당파성을 완전히 인정한다. 또한 이를 통해 다른 종류의 포스트모더니즘과 동맹을 추구한다. 이것은 다른 동반자들의 관심과 함께 계급에 대한 마르크스주의자들의 관심을 포함하는 광범위한 사회변혁을 위한 일정을 공유하는 동반자들 간의 동맹일 것이다(Resnick & Wolff, 1995: 12~13).

포스트모더니즘 마르크스 경제학의 개량주의는 드마르티노와 쿨렌버그(DeMartino & Cullenberg, 1995) 같은 이들이 최근 세계화에 대한 포스트모더니즘 마르크스 경제학의 대안으로 이른바 ‘사회지수 관세구조(social index tariff structure)'와 같은 보호관세정책의 도입을 주장하고 있는 데서도 분명히 입증된다. 세계화에 대한 마르크스주의적 대안이 고작 보호관세라니!

이제 다음과 같은 질문이 포스트모더니즘 마르크스 경제학에 제기될 수 있다. 모든 이론이 그 나름의 부분성·당파성이 인정될 수 있고, 유일 진리란 존재하지 않으며 복수의 진리가 존재한다면, 왜 부르주아 이데올로기의 타당성은 인정되지 않는가? 왜 상호 인정의 범위가 부르주아지까지 확대될 수 없는가? 왜 포스트모더니즘 마르크스 경제학의 대안적 정치의 기본 원리인 동맹과 연대가 '급진파' 혹은 포스트모더니즘까지만 추구되고 부르주아지까지는 확대될 수 없는가? 이에 대한 포스트모더니즘 마르크스 경제학의 답은 '우리는 부르주아지를 증오하기 때문에' 혹은 '마르크스가 그렇게 했기 때문에'라는 식으로 다분히 감성적이다.

5) 문제설정의 새로운 전환?

포스트모더니즘 마르크스 경제학은 어떠한 이론적 혁신도 이루어낸 것이 없어 보인다. 자신들이 마르크스 경제학 연구방법론에서 문제설정의 새로운 전환을 이룩했다고 주장하는 것은 터무니없는 과장이다. 포스트모더니즘 마르크스 경제학이 최근 10년간 쏟아 낸 상당량의 지적 생산물에도 불구하고 이론적으로나 경험적으로 새로운 발견은 거의 없는 듯하다.

포스트모더니즘 마르크스 경제학은 자신들도 인정하듯이 포스트모더니즘적으로 해석된 알튀세르주의일 뿐이다. 레스닉과 울프는 자신들이 알튀세르의 중층결정 개념을 발전시켜 마르크스주의 사회이론의 새로운 정식화를 가능하게 했으며, 알튀세르를 따르는 경제학자들은 새로운 마르크스 경제학을 만들어냈다고 주장한다(Resnick & Wolff, 1996a: 169). 또한 포스트모더니즘 마르크스 경제학은 알튀세르에 대한 자신들의 반본질주의적 해석이 새로운 것이며, 자신들은 알튀세르가 출범시킨 포스트모더니즘 프로젝트를 완성했다고 주장한다. 그러나 알튀세르에 대한 포스트모더니즘적 독해 혹은 비판은 앞서 언급한 커틀러 등과 라클로(E. Lacalau), 무프(C. Mouffe)가 시도한 바 있다.[15] 우리가 이들의 저작들을 레스닉과 울프의 『지식과 계급』과 대조해 보면 전자에서 이미 주장된 반본질주의가 후자에서 반복되고 있음을 알 수 있다. 포스트모더니즘 마르크스 경제학은 어떤 의미에서도 마르크스 경제학의 새로운 문제설정으로 간주될 수 없다. 그것은 유럽에서는 한참 전에 사라진 알튀세르주의가 미국에서 뒷북치고 있는 것일 뿐이다. 뭔가 새롭게 보이는 것도 낡은 개념이 다시 분장한 것일 뿐이다. 예컨대 포스트모더니즘 마르크스 경제학자인 가넷이 마르크스 가치론에서 모더니즘적 계기와 포스트모더니즘적 계기가 공존하고 있다고 주장할 때 그는 마르크스 『자본론』에서 논리적인 것과 역사적인 것 간의 관계에 관한 해묵은 논쟁을 다른 말로 이야기하고 있는 것이다.

셔먼은 다음과 같이 포스트모더니즘 마르크스 경제학을 평가한다. "만약 우리가 변증법과 같은 전통적인 용어가 자주 부정확하게 쓰이고 있다고 확신한다면 이 문제는 두 가지 방식으로 해결될 수 있다. 첫째는 레스닉과 울프의 방법으로 같은 개념에 새로운 이름을 붙이는 것이다"(Sherman, 1992: 1944). 리틀의 평가는 한층 신랄하다. "계급, 기업 및 국가와 같은 주제들은 물론 마르크스주의 이론의 중심적 관심사이다. 레스닉과 울프는 이들에 대해 새로운 해석을 내렸는가? …… 그렇지 않다. 반본질주의, 중층결정 및 철저한 상대주의로 무장한 그들의 철학은 허황한 장광설일 뿐이다. 그리고 계급, 기업 및 국가의 내용에 대한 논의도 진부하든지 그렇지 않으면 전혀 그럴듯하지 않은 주장들의 반복이다"(Little, 1991: 214). 브루어 역시 매우 비판적이다. "레스닉과 울프의 작업에 도대체 어떤 의미가 있는지 알기 힘들다. 말이 되는 주장들은 전부 진부한 주장들이다"(Brewer, 1990: 774). 포스트모더니즘에 대한 다음과 같은 우드의 비판적 평가는 포스트모더

15) Lacalau & Mouffe(1985)를 참조하라.

니즘 마르크스 경제학에도 그대로 적용될 수 있다. “또한 주목할 만한 것은 포스트모더니즘에 대한 가장 최신의 분석도 놀랄 정도로 자기 자신의 역사에 대해 무지하다는 점이다. 그들은 자신들이 과거와 근본적으로 단절했다고 주장하지만, 이는 그들이 예전의 무수한 논의들에 대해 무지함을 보여준다” (Wood, 1995a: 4).

4. 결론

포스트모더니즘이 비마르크스 경제학에 처음 도입되기 시작했을 때 그것은 주류 경제학에 신선한 비판을 제공해 줄 수 있을 것으로 기대되었다. 하지만 소피아누가 지적했듯이 그 비판의 위력은 별것 아닌 것으로 밝혀졌다.[16] 포스트모더니즘 마르크스 경제학은 마르크스주의 문제설정의 새로운 전환을 상상하며 포스트모더니즘을 마르크스 경제학과 결합시켰지만, 결과는 전환은커녕 재난으로 판명되었다. 마르크스주의가 때로 우익 사상에 맞서 포스트모더니즘, 페미니즘, 환경운동 등을 변호하는 것은 가능하고 필요하며 유익할 수 있다. 그러나 이 본질적으로 융화될 수 없는 경향들을 포스트모더니즘 마르크스 경제학처럼 하나의 유기체로 화학적으로 합성하는 것은 전혀 바람직하지 않을 뿐만 아니라 불가능하다. 개량주의와 혁명적 마르크스주의가 양립할 수 없는 것처럼 포스트모더니즘은 마르크스주의와 화학적으로 결합될 수 없다. 마르크스주의와 포스트모더니즘의 강압적 합성 시도는 마르크스주의의 재흥이라는 우리의 프로젝트에 아무런 도움도 되지 않는다. 포스트모더니즘 마르크스 경제학의 경우 더 문제가 되는 것은 그들이 포스트모더니즘 일반과 손잡고 혁명적 마르크스주의를 타격하는 것을 주업으로 삼고 있다는 점이다. 하지만 그들이 공격하는 고전 마르크스주의

16) Sofianou(1995: 380, 386)를 참조하라.

란 역사적으로 실존하는 고전 마르크스주의와는 조금도 닮지 않은 자신들이 만든 가공의 대상일 뿐이다. 포스트모더니즘 마르크스 경제학의 마르크스는 실제의 마르크스가 아니라 상상된 마르크스이다.

1968년 이후 미국에서 본격적으로 출범한 마르크스 경제학 연구 혹은 급진정치경제학 연구는 1980년대 말 분석 마르크스주의 및 미국판 조절이론이라고 할 수 있는 사회적 축적구조 이론에서 하나의 정점에 도달한 것으로 보인다. 분석 마르크스주의 혹은 사회적 축적구조 이론이 많은 문제가 있는 것은 사실이지만 그것들이 마르크스 경제학의 문제설정 전환을 위한 진지한 시도들이라는 점은 부정될 수 없다. 리피에츠(Lipietz, 1993)와 캘리니코스는 포스트모더니즘 마르크스 경제학이 아니라 조절이론 또는 분석 마르크스주의를 후기 알튀세르주의 마르크스 경제학의 후보들로 간주하고 있다.[17] 조절이론 혹은 분석 마르크스주의도 1990년대 이후 정체성의 위기 국면을 맞이하고 있는 것으로 보이지만, 포스트모더니즘 마르크스 경제학이 21세기 마르크스 경제학에 혈로를 제공할 것 같지는 않다. 포스트모더니즘 마르크스 경제학은 그 현란한 포스트모더니즘적 수사에도 불구하고 마르크스 경제학 연구에 아무것도 새로운 것을 기여하지 못했다. 포스트모더니즘 마르크스 경제학은 유럽에서 한물간 알튀세르 유행이 미국에서 재탕되고 있는 것일 뿐이다. 포스트모더니즘 마르크스 경제학은 어떤 점에서도 라카토스적 의미에서 '문제설정의 진보적 전환'으로 간주될 수 없다.[18]

17) "분석 마르크스주의가 후기 헤겔적 마르크스주의라고 말한다고 해서 그리 과장은 아닐 것이다. 우리는 그것이 후기 알튀세르 마르크스주의라고까지 이야기할 수 있을 것이다"(Callinicos, 1989b: 3). "분석 마르크스주의는 후기 알튀세르 마르크스주의로서 헤겔주의가 타파된 후 형성된 이론적 공간을 탐색했다"(Callinicos, 1993: 45).

18) 21세기 들어 대안세계화·반자본주의·반전운동이 고조되면서 포스트모더니즘 마르크스 경제학이라는 지적 유행은 퇴조하는 듯하다. 실제로 1990년대 초 요란하게 출발한 '앰허스트학파'는 그동안 항간의 기대와는 달리 이렇다 할 성과를 내지 못하고 세력이 위축되고 있다. 가장 최근 성과인 Resnick & Wolff(2006)도 새로운 글들이 아니고 대부분 이 장에서 검토된 1990년대 발표된 글들을 모은 것이다.

제7장

세계체제론: 마르크스주의적 비판*

1. 머리말

이 장은 세계체제론을 마르크스주의적 관점에서 비판적으로 검토하는 것을 목적으로 한다. 주지하듯이 이매뉴얼 월러스틴(I. Wallerstein)의『근대 세계체제 I』에 의해 정초된 세계체제론은 오늘 인문사회과학의 하나의 학문 분과의 위치에 오를 정도로 성장한 것으로 보인다. 우리나라에서 세계체제론은 1970년대 말에 종속이론과 함께 수입되어 비판적 사회과학 분야에서 상당히 유행했지만, 1980년대 중반 스탈린주의가 득세하면서 진보 진영에서 밀려났다. 그러나 세계체제론은 그 후 학계에서 역사학·정치학·사회학 연구자들 사이에서 꾸준히 연구되어왔으며,[1] 1989~1991년 소련·동유럽 블록 몰락 이후 스탈린주의의 파산이 분명해지자 다시 관심을 끌고 있다. 특히 1990년대 후반 이후 이른바 세계화가 시대의 화두가 되고, 1997~1998년 아시아 금융위기 이후 세계경제위기가 사회과학의 주요 연구주제가 되면서 세계화와 세계경제위기 문제를 일찍부터 다루어온 세계체제론에 대한 관심은 더욱 높아지고 있다. 세계체제론의 창시자인 월러스틴의 주요

* 이 장은 정성진(1999b)을 수정·보완한 것이다.

1) 예컨대 한국서양사학회 편(1996), 이수훈(1993).

저작들이 대부분 번역 출판되었으며, 세계체제론에 대한 연구논문들이 계속 쓰이고 있다.[2] 이와 같은 정황, 즉 세계체제론이 국내외 인문사회과학 분야에서 일종의 '정상과학'의 지위에 접근할 정도로 성장한 것, 그리고 최근 일부 진보학계가 세계체제론을 새로운 대안으로 고려하고 있는 상황은 세계체제론에 대한 엄밀한 마르크스주의적 평가를 요구하고 있다.

주지하듯이 세계체제론에 대한 고전 마르크스주의적 비판은 브레너(R. Brenner)가 이미 수행한 바 있다.[3] 월러스틴을 마르크스주의라기보다 '신스미스주의(Neo-Smithianism)'라고 분류한 브레너의 비판이 여전히 타당한 것으로 보인다. 그러나 브레너의 비판은 주로 1974년 출판되어 세계체제론의 기초를 세운 월러스틴의 『근대세계체제 I』에 대한 비판이며, 그중에서도 봉건제에서 자본주의로의 이행 문제에 한정된 비판이다. 그런데 『근대세계체제 I』 이후 약 25년 동안 세계체제론은 단지 자본주의 세계체제의 역사적 분석에 머무르지 않고 현대자본주의론, 사회주의론, 비교세계체제론, 사회과학방법론 등에 이르기까지 스스로 '역사사회과학(historical social science)' 혹은 '통일사회과학(unidisciplinarity)'을 자처할 정도로, 즉 하나의 학파 또는 학문분과를 구축할 정도로 크게 성장했다.[4] 따라서 이처럼 하나의 학문분과 혹은 적어도 하나의 패러다임으로 성장한 세계체제론의 이론체계 자체에 대한 마르크스주의적 검토가 필요할 것이다. 하지만 세계체제론 학파 전체의 방대한 문헌을 검토하는 것은 능력을 넘어서는 일이므로, 이 장에서는 우선 우리나라 진보 진영에서 세계체제론의 수용의 역사를 검토한 후, 주로 최근 월러스틴의 현대자본주의와 사회주의 논의를 중심으로 마르크스주의적 평가를 시도할 것이다.

---

2) 최근에 출간된 세계체제론의 교과서적 해설로는 백승욱(2006)이 있다.

3) Brenner(1977) 참조.

4) 세계체제론의 최근 연구성과를 개관한 글로는 Chase-Dunn & Grimes(1995), Martin (1994) 참조.

2. 세계체제론과 한국 진보 진영의 관계

오늘날 '세계화'라든지 '세계체제'라는 개념은 거의 일상용어가 되어 있다. 그러나 이러한 개념은 적어도 1970년대 중반까지 한국 진보 진영에게는 생소했다. 그 당시 반체제운동의 이념을 주도했던 것은 부르주아민주주의와 민족주의였다. 하지만 1970년대 중반이 되면서부터 이들 반체제운동 이념의 한계가 인식되기 시작했다. 1960~1970년대 한국에서 자본주의 발전은 비록 그것이 군부독재 치하의 대외종속적 발전이라 하더라도 자본주의에 고유한 모순을 발전시켰으며, 이와 같은 자본주의적 모순의 인식과 극복은 기존 반체제운동의 이념인 부르주아민주주의와 민족주의의 틀을 뛰어넘을 것을 요청했다. 이러한 상황에서 1970년대 말 종속적 자본주의에 대한 비판적 분석과 사회주의적 대안을 주장하는 종속이론과 함께 수입된 월러스틴의 세계체제론은 진보 진영에 신선한 충격으로 받아들여졌다. 그리하여 젊은 '비판적 사회과학' 연구자들을 중심으로 세계체제론이 종속적 자본주의 사회로서 한국 사회의 모순을 분석하고 사회주의적 대안을 추구하는 사회구성체론의 일환으로 수용되기 시작했다. 이들은 세계체제론을 단지 하나의 새로운 학문 조류로서가 아니라 변혁적 함의를 갖는 사회구성체론의 차원에서, 종속이론 혹은 주변부자본주의 사회구성체론의 주요한 구성요소로서 받아들였다.

그러나 한국 진보 진영에서 세계체제론 혹은 종속이론의 수용은 단명했다. 1980년대 중반 이후 소련·동유럽 블록 몰락에 이르기까지 한국의 진보 진영에 경쟁적으로 수입되었던 것은 스탈린주의의 변종들('정통' 마르크스-레닌주의를 자처했던 옛 소련의 스탈린주의와 북한의 주체사상)이었으며 세계체제론을 한 구성요소로 하는 종속이론 혹은 주변부자본주의 사회구성체론은 '족보 없는' '프티부르주아적 일탈'이라고 규정되어 진보 진영의 담론세계에서 축출되었다. 그런데 이는 세계체제론 혹은 종속이론의 반스탈린주의적 성격을 감안한다면 당연한 것이었다. 스탈린주의 변종들의 경쟁 무대였던 1980년대 중반 이후 한국 사회구성체 논쟁에서 스탈린주의에 대한 첨예한 비판의식에서 출발한 종속이론과 세계체제론은 처음부터 용인될 수 없었던 것이다.

한국의 진보 진영에서 세계체제론 혹은 종속이론이 '이단'으로 추방된 것은 한국의 진보 진영에게는 불행이었다. 왜냐하면 세계체제론 혹은 종속이론은 후술되듯이 전체로서는 고전 마르크스주의에 기초한 이론체계라고 볼 수 없지만 그 주요 요소들을 불철저하게나마 포함하고 있었으며, 무엇보다도 '정통' 마르크스-레닌주의로 가장한 옛 소련·동유럽 블록의 국가자본주의 지배계급의 이데올로기인 스탈린주의에 대한 '좌익적' 비판이었기 때문이다. 따라서 1980년대 중반 한국 사회구성체논쟁에서 스탈린주의가 득세하면서 세계체제론과 종속이론이 기각된 것은, 고전 마르크스주의 전통의 '복원'이 아니라 봉쇄였으며, 한국의 진보 진영이 진정한 고전 마르크스주의 전통과 결합할 수 있는 기회를 놓친 것을 의미했다.

고전 마르크스주의로 가는 길은 소련 경제학 교과서의 국가독점자본주의론이나 북한의 주체사상이 아니라 종속이론과 세계체제론 쪽에 있었다. 종속이론과 세계체제론의 정치적 결론인 사회주의혁명론은 1980년대 한국 사회구성체논쟁에서 국가독점자본주의론과 식민지 반봉건사회론이 공유하고 있던 스탈린주의의 2단계 혁명론을 비판하고 고전 마르크스주의의 영구혁명론이 타당함을 확인하는 것이었기 때문이다. 라틴 아메리카가 16세기부터 자본주의였다고 주장하는 종속이론 및 세계체제론의 관점에서는 20세기 라틴 아메리카 사회혁명의 과제가 모종의 민주주의혁명이 아니라 사회주의 혁명이 되어야 한다는 것은 자명했다. 만약 이와 같은 종속이론과 세계체제론의 반스탈린주의적 영구혁명론의 문제의식이 당시 한국의 진보 진영에 수용되었더라면 한국의 진보 진영은 1989~1991년 소련·동유럽 블록의 붕괴로부터 그렇게 결정적인 타격을 받지는 않았을 것이다. 이와 함께, 세계체제의 위계적 구조의 역사적 견고성에 관한 아리기(G. Arrighi)의 명제[5]가 진보 진영에 수용되었더라면 1990년대 이후 득세한 중진자본주의론, 자립화론 혹은 순수국가독점자본주의론의 일국개량주의 정치로 진보 진영이 급속하게 경도되었던 사태도 저지될 수 있었을 것이다. 그리고 세계자본주의를 분석단위로 설정하는 세계체제론의 시각이 수용될 수 있었다면 소련·동유럽 블록 몰락 이후 1990년대 중반부터 가속된 세계화 추세 앞에서 진보 진영이 "세상이 변했다"라며 포스트주의로 넘어갔다가 'IMF 위기'라는 '근대적' 모순이 폭발하자 다시 "마르크스로 돌아가자"라는 등 우왕좌왕하는 사태는 피할 수 있었을 것이다. 그러나 한국의 진보 진영은 세계체제론에 내재한, 스탈린주의에 대한 해독제를 수용하기를 거부하고 진보 진영 밖으로 몰아냄으로써 스탈린주의와 그 붕괴의 부정적 효과를 더욱 증폭시키고 말았다.

한국에서 진보 진영과 세계체제론의 분리는 진보 진영뿐만 아니라 세계체제론 자체의 발전에 대해서도 유해한 결과를 초래했다. 즉, 세계체제론은 진보 진영에서 분리된 후 학술가들의 전유물이 되었다. 초기 세계체제론이 담지하고 있던 강렬한 비판적인 정치적 함축은 진보 진영의 실천과 결합되지 못하고 추상적인 담론 수준에 머물게 되고 세계체제론은 제도화된 공식 인문사회과학의 한 분야로 자리 잡게 된다. 1990년대 중반 이후 세계화 추세와 함께 세계체제론은 학계에서 다시 유행하게 되었다. 1997~1998년 'IMF 위기'는 그 당시 유행했던 포스트주의에 대해서는 결정적 타격을 가했지만, 'IMF 위기'의 원인 중 하나로 논의된 국제금융자본 주도 세계화를 이미 20년 전부터 분석해 왔던 세계체제론에는 호기를 제공했다. 그런데 이와 같은 세계체제론의 '정상과학'화 현상 혹은 탈급진화 현상은 사실

---

5) 예컨대 Arrighi & Drangel(1986)에서 제시되고 실증된 세계체제의 3층구조(중심-반주변-주변)의 역사적 견고성에 관한 명제를 보라. 이 명제를 한국 자본주의 분석에 적용하여 자립화론을 비판한 것으로는 정성진(1993)을 참고할 수 있다.

세계체제론의 발원지인 미국의 사회과학계에서는 1980년대 이후 이미 시작된 현상이었고 한국에서는 그것이 뒤늦게 되풀이되고 있을 뿐이다. 진보 진영의 무기였던 월러스틴의 세계체제론은 이제 제도권 학계의 공식이론이 되었다.

1970년대 말 세계체제론이 한국의 진보 진영에 처음 도입되었을 때, 그것은 월러스틴 자신이 말했듯이 하나의 완성된 이론체계가 아니라 '비판적 관점' 혹은 '분석시각'으로 도입되었다. 그러나 그와 같은 비판적 관점은 1980년대 한국 진보 진영에서 곧 거부되고, 세계체제론은 1990년대 이후 학계에서 공식 학문분과로 자리 잡게 된다. 그러나 이는 세계체제론이 초기에 지녔던 비판적 혁명적 문제의식이 소멸하는 과정이었다. 물론 최근 1980년대 사회구성체논쟁 당시 세계체제론과 종속이론을 '이단'으로 매도했던 스탈린주의자들 일부가 세계체제론으로 전향하고 있지만,[6] 이들은 월러스틴의 세계체제분석이라는 비판적 관점보다는 아리기 등의 '체계화된' 세계체제론을 선호한다. 이들은 세계체제론을 고전 마르크스주의를 회피하기 위한 방편으로 수용하고 있다.

3. 세계체제론에 대한 마르크스주의적 비판

이 절에서는 앞에서 개관한 한국 진보 진영과 세계체제론의 관계를 염두에 두면서 고전 마르크스주의의 관점에서 세계체제론의 주요한 이론적 요소들을 자본주의 이행론, 장기순환과 위기론 및 사회주의론을 중심으로 비판적으로 검토할 것이다. 나의 주장은 다음 두 가지로 요약된다. 첫째, 비판적 관점으로서 혹은 분석시각으로서 세계체제론은 고전 마르크스주의와 공통되는 부분이 있다. 둘째, 이론체계로서 세계체제론은 고전 마르크스주의와

---

6) 예컨대 윤소영(1998).

근본적으로 상이하다.

1) 분석단위

세계체제론은 사회분석의 단위가 일국이 아니라 세계가 되어야 한다고 주장한다. 그리고 일부 마르크스주의를 포함한 기존 사회과학은 세계체제로서만 존재하는 자본주의 사회를 일국 단위로 분석했다는 점에서 잘못되었다고 비판한다. 자본주의 사회의 분석단위가 일국이 되어서는 안 된다는 세계체제론의 주장은 타당하다. 그리고 부르주아 사회과학뿐만 아니라 일부 마르크스주의적 사회과학도 일국 분석의 문제점을 갖고 있다는 비판 역시 타당하다. 자본주의체제는 하나의 전체인 세계체제를 분석단위로 할 때 제대로 분석될 수 있다.

그러나 모든 마르크스주의적 사회과학의 자본주의 사회분석이 일국 단위의 분석이었던 것은 아니다. 스탈린주의 경제학 교과서의 자본주의 사회분석은 확실히 일국적이었다. 그러나 고전 마르크스주의의 전통에서 자본주의 사회 분석의 기본 단위는 국민경제가 아니라 세계경제였다. 즉, 세계를 사회분석의 기본 단위로 해야 한다는 입장은 세계체제론의 독창적 주장이 아니며, 19세기 말 20세기 초 트로츠키, 부하린, 로자 룩셈부르크 등이 발전시킨 고전 마르크스주의 전통에 고유한 것이다.[7] 자본주의 사회를 일국 단위가 아니라 하나의 세계단위로 분석할 때만, 세계적 규모에서 전개되는 생산력과 생산관계의 모순 및 불균등결합발전의 변증법, 이에 기초한 후진국 사회주의혁명의 가능성, 그리고 세계혁명에 의해 보완되지 않는 후진국 사회주

7) 다음과 같은 트로츠키의 언급은 세계체제론보다 40년 이상 앞선 것이다. "마르크스주의는 출발점을 세계경제로부터 잡고 있다. 세계경제는 개별적인 민족경제들의 단순한 합이 아니라, 국제분업과 세계시장으로 이루어진 하나의 강력한 독자적 실체로서 그것은 우리 시대에 있어서는 일국적인 시장들을 전체적으로 지배하고 있다"(트로츠키, 1989: 152).

의혁명의 유지 불가능성에 관한 고전 마르크스주의의 세계혁명론이 도출될 수 있다. 마르크스주의적 자본주의 분석이 일국 자본주의 분석으로 변질된 것은 러시아에서 혁명의 성과가 스탈린주의 관료에 의해 모두 파괴된 1928년 이후 스탈린의 '일국 사회주의론'이 '정통' 마르크스-레닌주의로 확립되고 난 후의 일이다. 바로 이 점에서 일국이 아니라 세계가 분석단위가 되어야 한다는 세계체제론은 스탈린주의 일국 사회주의론에 대한 결정적 비판이라고 할 수 있다.

그러나 일국이 아니라 세계가 분석단위가 되어야 한다는 세계체제론의 기본 명제는 고전 마르크스주의 입장에서 자본주의 사회구성체와 사회주의 혁명의 전망을 분석하는 경우에만 한정해 적용해야 한다. 왜냐하면 하나의 유기적 전체로서 세계경제는 자본주의 이후에야 비로소 성립했기 때문이다. 그러나 최근 세계체제론이 '정상과학'으로 정착하면서, 전에는 자본주의 사회에 적용했던 세계체제분석을 이제는 전자본주의 사회에까지 소급 적용하는 연구가 계속 생산되고 있다.[8] 이 경우 유럽중심주의 비판이라는 정당한 문제의식은 그 반대 편향으로서 일종의 아시아중심주의 내지 역사철학으로 전락하고 만다.

고전 마르크스주의 전통이 자본주의 사회구성체의 분석단위를 세계경제로 설정했다고 하여 마르크스 『자본론』의 분석단위가 일국 자본주의가 아니라 세계자본주의라고 생각하는 것은 잘못이다. 마르크스의 『자본론』의 분석단위는 일국 자본주의(흔히 오해되듯이 영국 자본주의)도 아니지만, 그렇다고 하여 세계자본주의도 아니다. 마르크스의 『자본론』의 분석대상 혹은 분석의 추상수준은 특정한 나라 혹은 나라들의 총합으로서의 자본주의 사회구성체가 아니라 자본주의적 생산양식이다. 마르크스의 자본주의 사회분석이 추상적인 자본주의 생산양식에서 출발하여 구체적인 자본주의 사회

8) 예컨대 Frank(1998), Frank & Gills(1993). 프랭크의 전자본주의 세계체제론에 대한 검토로는 강성호(2004)를 참조할 수 있다.

구성체 분석으로 상향하는 중층적 분석임에 비해, 세계체제론의 사회분석은 분석단위가 세계체제이기 때문에 언뜻 거창하게 보여도 실은 단순한 평면적 분석이다.

2) 자본주의의 개념

세계체제론과 고전 마르크스주의가 결정적으로 분기하는 지점은 다름 아닌 자본주의의 개념 규정 부분이다. 주지하듯이 마르크스에게 자본주의의 본질은 노동력의 상품화이다. 그러나 세계체제론은 노동력 상품화가 아니라 이윤추구, 축적을 위한 축적, 세계체제에의 상품사슬(commodity chain)을 통한 포섭을 자본주의의 본질이라고 간주한다. 월러스틴은 “자본주의와 세계경제는 동전의 양면”이라면서, 자본주의를 “시장에서 이윤을 위한 생산, 생산양식”이라고 정의한다(Wallerstein, 1979: 6, 16). 월러스틴은 노동력 상품화, 즉 임금노동을 자본주의의 본질로 여기지 않는다. 월러스틴은 ‘역사적 자본주의’라는 용어를 사용하면서, 자본주의의 역사적 고유성은 ‘만물의 상품화’에 있다고 주장한다. 그런데 이와 같은 ‘만물의 상품화’는 노동력의 상품화라는 조건에서만 가능하기 때문에, 노동력의 상품화, 즉 임금노동체제의 등장이야말로 자본주의의 본질적 특징이라고 보아야 할 것이다.

월러스틴은 임금노동이 자본주의의 본질이 아니라고 할 뿐만 아니라 자본주의는 임금노동체제를 원하지 않는다고 주장한다. 월러스틴은 또한 “장기적인 안목으로 볼 때 프롤레타리아트화는 자본주의 세계경제 안에서 이윤수준의 감소를 가져온 것이 사실”(월러스틴, 1995: 40)이라면서, 프롤레타리아트화가 자본주의를 위기로 몰아넣는다고 주장한다. 월러스틴은 전 세계 노동인구가 프롤레타리아트로 바뀌는 순간 자본주의는 최후를 맞이하게 된다고 주장한다. 그러나 이처럼 자본주의와 프롤레타리아트화가 모순된다는 월러스틴의 주장은 이론적으로도 실증적으로도 잘못된 것이다. 마르크스의 자본주의 생산양식 분석은 비자본주의 환경을 전제하지 않고서도 잉여가치생산이 증대될 수 있음을 보여준다. 자본주의 발전에 따라, 다시 말해 프롤레타리아트화의 진전에 따라 착취율이 낮아지는 것이 아니라 높아진다는 것은 마르크스의 자본주의 생산양식 분석의 주요한 결론이며, 이는 각국 자본주의 경제의 착취율 추세에 대한 엄밀한 실증연구들에 의해 뒷받침되고 있다. 착취율의 획기적 증대는 노동시간의 연장에 기초한 절대적 잉여가치생산에서 소비재산업의 노동생산성의 증대를 통한 소비재의 가치 저하(노동력의 가치 저하)에 기초한 상대적 잉여가치생산으로 이행하는 것을 통해 이루어지는데, 상대적 잉여가치생산은 그 개념 자체가 '2중의 의미에서 자유로운 노동자', 즉 노동력상품의 존재, 다시 말해 프롤레타리아트화를 전제하는 것이다. 월러스틴은 프롤레타리아트화에 기초한 상대적 잉여가치생산을 자본주의의 본질적 특성으로 보는 마르크스의 자본주의 분석의 기초를 부정함으로써, "노동생산성의 성장에 기초한 상대적 잉여노동의 체계적 발전이라는 사실을 자본주의의 일상적이고 지배적인 양상으로 간주하지도 설명하지도 못했다"(Brenner, 1977: 31).

또한 월러스틴은 자본주의의 핵심은 시장경제를 억압하는 독점에 있다는 브로델(F. Braudel)의 자본주의 개념을 그대로 받아들인다. 브로델은 시장과 자본주의를 구별한다. 자본주의는 기본적으로 독점이므로 자유경쟁을 원리로 하는 시장과는 다른 개념이라는 것이다. 브로델은 넓은 의미의 경제를 일상생활로서의 물질문명과 시장경제 및 자본주의라는 3층집 모델에 비유하면서 시장경제와 자본주의를 구별하여, 시장경제를 지배하는 독점이 자본주의라고 정의했다. 월러스틴은 자본주의 내부에 경쟁적 시장과 독점 사이에 일종의 긴장이 있다는 브로델의 명제를 받아들이고 체제의 규칙적 팽창을 독점의 우위로 설명한다.

그런데 브로델처럼 시장경제와 자본주의를 각각 경쟁과 독점에 대응시키고 이들을 이분법적으로 구별하는 것은 경쟁과 독점의 상호작용의 변증법을 무시하는 것이며, '시장경제=경쟁의 세계'를 부당하게 미화하는 것이다. 하지만 시장경제가 아닌 자본주의가 존재할 수 없는 것과 마찬가지로 자본주의가 아닌 시장경제 역시 존재할 수 없기 때문에 시장경제와 자본주의를 이분법적으로 분리하는 것은 잘못이다. 현실적으로 일반화된 상품생산은 자본-임금노동관계를 조건으로 해서 이루어진다. 즉, 국지적 시장이나 원격지 시장이 아닌 '경제'의 시장화는 노동력의 상품화, 즉 자본-임금노동 관계의 성립과 함께 이루어진다. 브로델과 월러스틴의 시장경제와 자본주의의 구별은 일견 새로운 것처럼 보이나 실은 스탈린주의의 논리역사주의적 『자본론』 해석의 고질적인 단점인 단순상품생산과 자본주의적 상품생산의 이분법에 대응하는 것이라고 볼 수 있다.[9)]

3) 봉건제에서 자본주의로의 이행

월러스틴은 자본주의 이행 문제를 분석하는 단위는 하나의 세계체제가 되어야 한다면서, 봉건제에서 자본주의 이행은 여러 이행들이 있었던 것이 아니라 세계체제가 겪은 단 한 번의 세계적 이행이 있었을 뿐이라고 주장한다. 월러스틴은 봉건제가 지배하고 있던 지역이 교역과 분업의 네트워크 속에 편입되면 그 지역은 축적과 혁신이 강제되어 자본주의적 생산으로 전화된다고 주장한다. 즉, 월러스틴은 자본주의 이행의 가장 중요한 원동력은 봉건제의 위기에 직면한 지배계급의 생존전략과 그 위기의 해결책을 마련해 준 유럽의 지리적 팽창과 세계시장의 창출이라고 주장한다. 세계시장의 압력에 따른 지배계급의 선택이 세계시장에서의 이윤극대화에 적합한 상이한 노동통제방식(임금노동체제, 소작제, 노예제 플랜테이션)을 낳았고 이와 함께 세계시장에서의 위상과 역할이 상이한 계급구조와 국가 간 체제가 생성되었다는 것이다.

9) 논리역사주의적 『자본론』 해석에 대한 비판으로는 이 책 1장을 참조할 수 있다.

하지만 마르크스가 보기에 자본주의 이행의 관건은 세계시장에의 포섭이 아니라 자본관계의 형성, 즉 자본-임금노동 관계라는 자본주의적 계급관계의 창출이다. 그러나 월러스틴은 자본주의에 고유한 기술혁신을 통한 자본축적의 동학을 시장에서 교환의 강제와 특화의 생산적 효과로 이해한다. 월러스틴은 자본주의 이행을 설명하면서 계급관계의 변혁이라는 결정적 문제를 사상하고 자본주의적 계급관계의 출현을 자본주의 발전의 기초가 아니라 결과로 간주한다(Brenner, 1977: 39). 하지만 월러스틴처럼 기존의 계급관계 및 갈등을 무시하고 모든 것을 시장기회와 지배계급의 합리적 선택의 문제로 환원하는 것은 경제결정론이다. 계급구조가 세계시장에서 그 나라의 위상을 결정지은 것이지 그 반대는 아니며 특정한 계급구조의 발전은 단순히 지배계급의 선택이나 일방적인 강요의 산물이 아니라 계급갈등의 결과이다. 월러스틴은 아담 스미스(A. Smith) 또는 스위지와 마찬가지로 시장-교환 및 분업의 확대라는 양적인 관점에서 이행과 발전을 보는 탓에 자본주의적 생산관계의 발생 자체는 물론 그 결과로서 기술혁신 및 상대적 잉여가치생산에 기초한 질적인 경제발전 과정을 제대로 설명하지 못했다. 월러스틴의 자본주의 이행론은 마르크스의 자본주의 분석보다는 부르주아 신고전파 경제학과 가깝다(Brenner, 1977: 56, 59).[10]

결국 월러스틴을 비롯한 세계체제론자들은 자본주의 이행 및 부르주아혁

10) 스카치폴(Skocpol, 1977: 1079)도 월러스틴과 마르크스의 접근의 차이를 다음과 같이 지적한다. "여기에서 이상스런 점은 월러스틴이 세계자본주의의 주요 지역의 계급구조를 대단히 강조하고 있는 것처럼 보임에도 실제로 그는 체계의 기본적인 경제적 동학을 자유주의 경제학자들이 통상적으로 강조하는 변수들을 사용하여 설명하고 있으며, 사회적 생산관계와 잉여착취가 경제체계의 기능과 발전을 해명하는 사회학적 열쇠가 된다는 마르크스주의의 기본적 통찰을 무시하고 있다는 사실이다. 왜냐하면 마르크스주의적 사고가 생산계급과 잉여착취계급 간의 제도화된 관계와 아래로부터 집단적 저항의 항존하는 잠재력에 대해 주의를 기울일 것을 요구하는 데 반해, 월러스틴은 '노동통제'를 주로 지배계급만의 시장극대화 전략으로 다루고 있기 때문이다."

명의 문제설정 자체를 부정하게 된다.[11] 이는 세계체제론의 몰역사적 자본주의 개념을 고려한다면 당연한 것이다. 자본주의 자체를 역사적으로 고유한 생산양식으로 간주하지 않을 경우 자본주의로의 역사적 이행이라는 문제 자체가 제기될 수 없기 때문이다. 세계체제론에서 자본주의 이행의 문제설정의 부정은 프랭크(A. G. Frank)의 경우 아주 명확하다.[12] 그는 16세기 유럽에는 봉건제에서 자본주의로의 이행 같은 것은 없었다고 하면서, 세계체제는 지난 5,000년간 동일한 자본-제국주의적 양식으로 되어왔다는 거창하면서도 황당한 주장을 늘어놓는다. 프랭크는 월러스틴과 브로델까지 유럽중심주의라고 비판하고, 자본주의는 1,000년 동안 유라시아 세계체제의 중요한 측면이었으며, 서기 1800년까지 유라시아 세계체제의 중심은 중국이었고 유럽은 주변부였으며, 유럽은 중국에서 비단과 도자기를 수입하고 금을 수출했다고 주장한다. 그러나 이처럼 자본주의의 역사적 고유성을 부정하고 자본주의 이행의 문제설정을 부정하는 것은 고전 마르크스주의와 아무런 관련도 없다.

4) 콘드라티예프의 장기순환론

세계체제론은 세계체제의 역사, 즉 자본주의 세계경제의 장기적 변동을 설명하는 이론으로서 콘드라티예프(N. Kondratiev)의 장기순환론을 원용한다. 콘드라티예프의 장기순환론은 그 자체로서는 마르크스 공황론의 기초 위에서 전개되지 않은 통계분석이지만, 1920년대 소련에서 득세하기 시작

11) "(월러스틴에게는) 자유 임금노동은 생산단위 내부에서 기술적·경제적 적응의 결과로서 출현한다. 자유 임금노동의 계급체제는 잉여를 극대화하고 시장에서 경쟁하기 위해 생산을 재조직하는 생산단위들(사실상의 자본가)의 개별적 행위들의 부산물로서 출현한다. 그 결과 자본주의로의 이행은 순탄한 단선적 과정으로 일어나는 것으로 보인다. 이는 본질적으로 어떠한 이행도 아니다"(Brenner, 1977: 39).

12) 예컨대 Frank(1994).

한 스탈린주의의 전반적 위기론에 대한 비판이라는 점에서, 또한 자본주의에서 이른바 시간의 다차원성을 포착했다는 점에서 고전 마르크스주의 입장에서도 중요한 문제제기이다. 그러나 세계체제론은 마르크스의 공황론이 아니라 콘드라티예프의 장기순환론 자체를 자본주의 세계경제의 장기적 변동을 설명하는 이론으로 무비판적으로 원용한다. 이로부터 월러스틴은 콘드라티예프의 장기순환의 주기가 대개 50~60년인데, 1973년 이후 이미 30년 넘게 장기불황이 계속되었기 때문에 장기호황으로 반전될 날이 얼마 남지 않았다는 등의 주장을 하게 된다.[13]

세계체제론은 콘드라티예프의 50~60년 장기순환 주기를 역사적 경험으로부터 입증된 일종의 경험법칙으로 신봉하지만, 마르크스의 공황론에 50~60년의 어떤 고정된 장기주기 같은 것은 없다. 또한 콘드라티예프의 장기순환론은 장기호황의 장기불황으로의 반전뿐만 아니라 장기불황의 장기호황으로의 반전도 필연적이라고 간주하지만, 콘드라티예프의 장기순환론을 마르크스의 공황론의 입장에서 비판적으로 정정·발전시킨 만델(Mandel, 1975; 1980)은 자본주의에서 콘드라티예프 A 국면(장기호황)은 필연적으로 콘드라티예프 B 국면(장기불황)으로 반전되지만, 그 반대 과정, 즉 장기불황의 장기호황으로의 반전은 그 여부가 경제적 요인뿐만 아니라 인간의 주체적 실천과 자본주의체제 외부로부터의 충격에 의해 중층결정되기 때문에, 우연적이고 예정되어 있지 않은 과정이라고 파악한다. 즉, 고전 마르크스주의 입장에서 콘드라티예프의 '대칭적' 장기순환론은 '비대칭적' 장기파동론으로 정정되어야 한다.

5) 자본주의 위기론

월러스틴은 오늘 자본주의 세계체제가 단지 정세적으로만 콘드라티예프

13) 월러스틴 외(1999: 21, 280~281) 참조.

B 국면, 즉 순환적 장기불황에 빠져 있는 것이 아니라 구조적 위기에 처해 있고 나아가 체제 자체의 존속 위기, 즉 체제이행기에 직면해 있다고 주장한다. 구체적으로 월러스틴은 콘드라티예프 B 국면, 즉 장기불황의 원인을 아담 스미스처럼 경쟁 격화에 따른 이윤율 저하에서 찾고, 구조적 위기의 원인으로는 아메리카 헤게모니의 위기, 그리고 자본주의 세계체제 자체의 위기의 원인으로는 자본주의의 전일화에 따른 비자본주의 영역[반(半)프롤레타리아트]의 소멸경향을 제시한다. 이와 같은 월러스틴의 자본주의 위기론의 구성은 언뜻 정교하게 보일 수 있지만, 실은 잡다한 비마르크스주의 위기론의 조합일 뿐이다. 마르크스의 위기론도 자본주의 시간의 다중성을 반영하여 중층적으로 구성되어 있지만, 세계체제론과는 달리 이윤율의 경향적 저하법칙에 기초한 이윤율의 순환적·장기적·만성적 저하의 이론으로 구성되어 있다.

월러스틴은 콘드라티예프 B 국면, 즉 정세적 위기의 원인을 경쟁 격화에 따른 이윤율 저하에서 찾는다(월러스틴, 1995: 149~150; 1994: 144~155). 여기에서 월러스틴은 다시 마르크스에서 스미스로 후퇴하고 있다.[14] 마르크스는 공황의 원인을 이윤율 저하에서 찾지만 그 이윤율 저하의 원인은 스미스나 월러스틴이 주장하는 경쟁 격화 또는 독점 약화가 아니라 축적과정에서 자본의 유기적 구성의 고도화에 있다고 보았다.

또한 오늘 미국 헤게모니의 쇠퇴가 자본주의 세계체제의 위기와 동시에 진행되고 있고, 그것이 오늘 자본주의 세계체제의 위기를 격화시키는 요인으로 작용하고 있는 것은 사실이지만, 미국 헤게모니의 쇠퇴 자체는 미국 자본주의의 축적위기가 지속되면서 미국 자본주의의 경쟁 우위가 약화된 결과이다.

---

14) 20년 전 월러스틴을 '신스미스주의'라고 비판했던 브레너가 최근 세계경제위기를 분석한 글에서 경쟁을 이윤율 저하의 원인으로 간주하는 스미스의 접근으로 회귀하고 있는 것은 역설적이다. 이와 관련한 논의로는 이 책 8장을 참조할 수 있다.

월러스틴은 또한 오늘 자본주의 세계체제가 단지 정세적·구조적 위기뿐만 아니라 체제 자체의 위기에 직면하고 있다면서, 이는 자본주의의 전지구화, 전 세계 노동인구의 프롤레타리아트화에 따른 저비용 노동력의 고갈에서 비롯하고 있다고 주장한다(월러스틴, 1995: 116, 156, 174; 1994: 149~150). 이와 같은 월러스틴의 체제위기론은 로자 룩셈부르크와 스탈린주의에 고질적인 파국론을 되풀이한 것이다. 물론 월러스틴은 로자 룩셈부르크나 스탈린처럼 과소소비설(비자본주의 시장의 소멸론 혹은 사회주의 세계체제의 성립에 따른 자본주의 세계시장 축소론, 즉 전반적 위기론)이 아니라, 자본주의적 생산양식은 비자본주의적 생산양식과의 접합 속에서만 존속할 수 있다는 일종의 생산양식 접합론의 견지에서 비자본주의적 생산양식의 소멸에 따른 자본주의의 최종 붕괴를 주장하고 있다. 그러나 마르크스 자신은 비자본주의 시장이나 비자본주의 생산양식 또는 반프롤레타리아트 노동력을 사상한, 자본 일반과 다수 자본의 추상 수준에서 자본주의의 동학과 위기를 분석했다. 월러스틴의 파국론은 그의 잘못된 자본주의 개념, 특히 자본주의 생산양식의 역동성에 대한 과소평가에서 비롯한다.

5) 동아시아의 경제기적 및 금융위기

월러스틴을 비롯한 세계체제론자들은 21세기 세계체제의 중심은 일본 혹은 중국을 중심으로 한 동아시아가 될 것이라고 전망한다. 세계체제론자들은 먼저 동아시아 경제기적의 동인을 동아시아 계급구조나 국가가 아니라 세계체제에서 찾는다. 동아시아 경제기적은 콘드라티예프 B 국면에서 이윤율이 저하하는 중심부로부터 자본이 저비용 노동력이 존재하는 동아시아로 이동한 결과로 나타났다는 것이다. 이들은 또 동아시아 경제기적은 기본적으로 일본 경제의 기적이며, 이른바 아시아의 네 마리 용은 "일본 하청제도의 국경을 넘어선 팽창"[15] 과정에서 출현했다고 주장한다.

세계체제론자들은 1997~1998년 아시아 금융위기 폭발 직전까지도 아시아가 21세기 세계경제의 중심이 될 것이라고 예측하다가, 위기가 폭발하자 이는 동아시아 경제기적의 파탄이나 아메리카 헤게모니의 재확립을 뜻하는 것이 아니라 동아시아가 세계경제의 새로운 중심으로 부상하는 과정에서 발생한 "크게 중요하지 않은 사소하고 일시적인 사건일 뿐이며, 아마 그 바탕 위에서 진행되고 있는 일본 또는 일본·중국 또는 일본·동아시아의 부상을 조금도 변화시키지 못할 것"[16]이라고 주장한다.

그런데 이와 같은 세계체제론의 동아시아 경제기적에 대한 외인론적 분석은 1984년 커밍스(B. Cumings)의 문제제기[17]와 비교할 때 아무것도 새로운 점이 없다. 무엇보다 세계체제론의 동아시아 경제위기 분석은 마르크스의 공황론에 바탕을 두고 있지 않다. 1990년대 이후 10년 이상 계속되었던 일본의 경제불황의 원인이 무엇인지 엄밀하게 구명하지는 않고, 일본이(혹은 중국이) 21세기 머지않은 장래에 세계체제의 새로운 중심이 될 것이라고 장담하는 대목에서 일종의 미래학으로 전락하는 세계체제론의 모습을 본다.

6) 아리기의 자본주의 위기론

아리기의 『장기 20세기(The Long Twentieth Century)』(1994)는 브로델의 장기지속 개념에 기초하여 20세기 자본주의 위기의 역사를 서술한 것인데, 세계체제론의 가장 체계화된 위기론이라고 할 수 있다. 아리기는 '축적의 체계적 주기(systemic cycles of accumulation)'를 화폐자본의 투자가 생산활동에 종속되는 실물(산업)의 팽창 국면과 금융이 생산으로부터 분리되어 투기적 이득을 추구하는 금융의 팽창 국면으로 구분하고, 체계적 주기의 확장

15) Arrighi et al.(1993: 63), 월러스틴 외(1999: 308~309) 참조.

16) 월러스틴 외(1999: 309~310), Arrighi et al(1999: 274~275) 참조.

17) Cumings(1984).

국면은 실물(산업)의 팽창이 지배하고 위기 국면에서는 금융의 팽창이 지배한다고 주장한다. 또한 아리기는 자본주의의 팽창은 외적인 '헤게모니적 조절'을 필요로 하고 헤게모니적 조절이 없을 경우 자본주의는 위기에 빠진다고 주장한다.

아리기의 위기론에서 경청할 부분은 1980년대 이후 금융 세계화를 중심으로 한 세계화가, 일부 세계화론자들이 주장하듯이 자본주의 발전의 새로운 단계 또는 새로운 '역사적 획기'가 아니라, 500년 자본주의 역사에서 네 번 되풀이된 '축적의 체계적 주기' 중 마지막 주기인 미국 헤게모니 축적의 체계적 주기의 위기 국면에서 나타난 현상이라고 파악하는 부분이다. 아리기의 위기론은 1980년대 이후 금융세계화가 자본주의 발전의 새로운 단계라고 주장하는 세계화론을 논박하는 강력한 논거가 될 수 있다.

하지만 아리기의 자본주의 위기론은 마르크스의 공황론에 기초하고 있지 않다. 우선, 아리기는 자본주의가 발전 없이 금융적 팽창을 절정 국면으로 하는 순환만을 되풀이하는 것으로 묘사하고 있는데, 자본주의는 순환하는 가운데 발전한다는 것이 마르크스의 관점이다. 또한 자본주의 발전의 모순은 자본이 생산을 장악함으로써 생겨난다는 마르크스의 기본 인식이 아리기에는 없다. 자본주의 축적에 내재한 모순의 폭발 혹은 자본주의체제에 대한 정치적 도전 없이도, 헤게모니적 조절의 부재만으로도 자본주의의 존속이 위협받을 수 있다는 아리기의 주장은 마르크스 공황론의 관점과 양립할 수 없다. 그리고 아리기에서 근대 세계 역사는 국가와 자본 간의 경합 또는 산업자본과 금융자본 간의 투쟁의 역사로 변형되어 있다. 자본주의의 기본 모순인 노자모순은 아리기의 자본주의 위기론에서 어떠한 역할도 하지 않는다. 아리기는 월러스틴이 마르크스 사상의 제1의 기본적 요소라고 강조한 계급투쟁(Wallerstein, 1995a: 226)을 무시하고 있다. 아리기는 '고도금융(high finance)'의 모순이 어떻게 반체제운동, 즉 계급투쟁을 낳는지 설명하고 있지 않다(Pollin, 1996: 116). 그러나 외채위기, 구조조정 프로그램, 그리고 IMF·

WTO와 같은 국제금융자본의 세계기구에 대항하여 주변부에서 전개되었던 계급투쟁을 무시하는 것은 초기 세계체제론의 비판적 문제의식에서 크게 후퇴한 것이다. 아래로부터 대중투쟁의 의의를 무시하는 아리기가 향후 세계를 비관적으로 전망할 수밖에 없는 것은 당연한 것이다.

7) 절대적 궁핍화

월러스틴은 자본주의에서 "세계인구의 50~85%에 해당하는 이들의 경우 그들이 아는 세계는 전에 그들과 같은 처지에 있던 사람들이 알았던 세계보다 확실히 더 나빠졌다"면서 대중의 절대적 궁핍화를 주장하고, "정통 마르크스주의자들조차 부끄러워서 덮어버리려 하는 마르크스주의의 한 명제, 즉 프롤레타리아트의 (상대적이 아니라) 절대적 빈곤화 이론을 옹호"한다(월러스틴, 1995: 146, 106). 그리고 월러스틴은 자본주의에서 심화되는 대중의 절대적 궁핍화는 자본주의를 역사적으로 조금도 진보적인 체제로 볼 수 없게 한다고 주장한다.

이와 같은 월러스틴의 절대적 궁핍화론은 언뜻 보면 매우 급진적인 자본주의 비판처럼 보이기 때문에, 일부 논자들이 월러스틴을 마르크스주의자로 분류하는 근거가 되기도 한다. 하지만 절대적 궁핍화론은 마르크스의 자본주의 분석과 아무런 공통점도 없는 파국론적 인식이며 자본주의의 역사 현실과 경험적으로 합치되지도 않는다. 마르크스의 상대적 잉여가치 개념은 노동자의 실질임금이 상승하는 가운데서도, 즉 노동자의 생활수준이 향상되는 속에서도 착취율이 상승할 수 있음을 함축한다. 마르크스의 궁핍화론은 실질임금 수준의 불변이나 저하의 가정을 전제하는 것이 아니며 실질임금 수준이 상승하는 조건에서도 성립하는 법칙이다. 물론 1970~1990년 동안 미국에서 노동자의 시간당 실질임금이 절대적으로 감소한 것은 사실이다. 그러나 이와 같은 특정 조건들에서 비롯한 현상을 특권화하여 절대적 궁핍화가 자본주의의 장기적 경향이라고 주장하는 것은 잘못이다.

8) 양극화

세계체제론의 주요 명제 중 하나는 자본주의 세계체제의 중심부와 주변부의 양극화 명제이다. 세계체제의 양극화론은 부르주아 사회발전론, 근대화론의 단선적 역사발전론 내지 수렴론에 대한 비판으로서 중요한 공헌을 했다. 세기말 자본주의의 현실은 확실히 양극화 경향을 보이고 있다. 일국적 차원에서 빈부격차가 확대되고 있으며 세계적 규모에서도 부국과 빈국 간의 격차는 계속 확대되고 있다.

그런데 세계체제론은 세계자본주의의 주변부에서 중심부로 잉여 이전과 부등가교환이 이와 같은 양극화, 즉 중심부 번영과 주변부 빈곤의 원인이라고 주장한다. 하지만 주변부에서 중심부로 잉여 이전은 중심부 자본주의 발전을 이룩하는 데서도, 또 주변부 자본주의의 저발전을 초래하는 데서도 단지 부차적인 역할을 했을 뿐이다. 자본주의 생산양식의 발전을 결정하는 것은 잉여의 이전이 아니라 생산과정에서의 잉여가치 생산이다. 세계체제론의 잉여 이전에 기초한 양극화 명제는 자본주의 발전에 관한 일종의 "수량모델"(Brenner, 1977: 56)이며, 노동생산성 증대를 통한 생산력의 질적 발전을 핵심으로 하는 마르크스의 자본주의 발전이론과는 공통점이 없다. 오늘 세계자본주의 주변부의 저발전이 이들 지역이 세계체제에 포섭되었기 때문인 점도 있지만 자본의 세계적 축적에서 배제된 결과라고도 볼 수 있는데, 세계체제론은 이 점을 설명할 수 없다.

그리고 세계체제론은 종종 고전 마르크스주의가 근대화론과 마찬가지로 단선적 역사발전론 혹은 수렴명제를 지지했다고 주장하는데, 이는 억측이다. 마르크스는 단지 후진국에서도 자본주의가 발전할 것이라고 전망했을 뿐이며, 선진국과 후진국의 경제적 격차가 좁혀질 것이라고 주장하지 않았다. 자본주의 생산관계의 전 지구적 확산은 마르크스의 예측이 옳았음을 입증하고 있다. 자본주의 발전에 대한 마르크스의 변증법적 인식은 부르주아 근대화론의 변호론적 수렴명제와 아무런 공통점도 없다.

9) 소련·동유럽 블록의 사회 성격

세계체제론은 소련·동유럽 블록을 자본주의 세계체제의 일부라고 파악한다. 월러스틴은 소련·동유럽 블록이 "역사적 자본주의의 사회적 분업체계의 일부"로서 "끊임없이 자본을 축적해 나가야 하는 무자비한 압력 아래" 움직여 왔고, "노동력 착취"와 "만물의 상품화 과정"이 촉진되었던, 즉 "가치법칙의 지배"를 받은 "역사적 자본주의의 현상"이었다고 본다(월러스틴, 1993: 76, 92, 99, 114; 1999a: 102).

소련·동유럽 블록의 사회 성격을 마르크스적 의미의 사회주의 사회가 아니라 자본주의 세계체제의 일부라고 파악한 세계체제론의 관점은 스탈린주의에 대한 비판으로서 높이 평가되어야 한다. 그러나 세계체제론은 소련·동유럽 블록의 사회 성격이 자본주의인 이유를 자본주의 세계체제로의 포섭에서 찾는다는 점에서 다시 그 유통주의적 한계를 드러낸다. 세계체제론은 구소련이 적어도 1920년대 말까지는 비록 관료적으로 퇴보하긴 했지만 노동자국가였다는 사실, 즉 1917년 혁명은 세계 역사상 최초의 승리한 사회주의혁명이라는 사실, 그런데 이 사회주의혁명을 통해 성립한 노동자국가가 1928년 스탈린의 반혁명에 의해 붕괴되고 국가자본주의로 전화되었다는 사실을 인정하지 않는다. 하지만 소련 노동자국가의 자본주의로의 전화는 자본주의 세계경제에의 편입 때문이 아니라 소련 노동자국가 내부에서 전개된 계급투쟁의 귀결(노동자계급의 패배, '배반당한 혁명')이었다. 소련의 역사에는 1920년대 말 하나의 거대한 질적 단절이 있다. 그러나 이러한 단절을 인정하지 않는 월러스틴은 1917년 혁명을 사회주의혁명·노동자혁명이 아니라 "세계체제의 반주변부에서 일어난 최초의, 그리고 아마도 가장 극적인 민족해방봉기"(Wallerstein, 1999a: 11)라고 간주한다. 그런데 1917년 러시아 혁명이 사회주의혁명이 아니라 일종의 부르주아혁명이었고 소련은 1917년부터 자본주의체제의 일부였다는 주장은 세계체제론이 처음 주장한 것이 아니다. 예컨대 카우츠키는 이미 1917년 러시아혁명 당시부터 소련 자본주의론을 주장했다.

월러스틴은 레닌, 트로츠키 및 스탈린 사상의 연속성 내지 동일성을 주장하며 볼셰비즘·레닌주의 자체를 거부한다. 그는 예컨대 레닌주의 '전위당 이론'이 스탈린주의 '일당체제'와 '숙청과 수용소군도 그리고 철의 장막'을 낳았다는 반공주의 역사가들의 상투적 선전을 되풀이한다(Wallerstein, 1999a: 11). 나아가 월러스틴은 마르크스-레닌주의와 그에 기초한 반체제운동이 "혁명적이기는커녕 오히려 자본주의 문명을 공고히 해주는 접착제"로서 사회주의 건설의 이데올로기가 아니라 민족적 발전의 이데올로기 구실을 해 왔다"(월러스틴, 1995: 161; Wallerstein, 1991: 97)고 주장한다.

마르크스-레닌주의에 대한 월러스틴의 이와 같은 비판은 스탈린주의에 대한 비판으로서는 정당하다. 월러스틴이 말한 대로 "스탈린주의는 세계체제에서 미국의 헤게모니를 이데올로기적으로 정당화하고 공고히 하는 데 이바지했다. 스탈린주의의 영향은 전 세계 반체제운동세력을 강화시킨 것이 아니라 완화시킨 것이었다. …… 소련은 미국을 위해 '아제국주의' 역할을 수행했다"(Wallerstein, 1991: 90).

그러나 월러스틴의 문제는 스탈린주의 폐해의 기원을 레닌으로까지 소급하여 마르크스-레닌주의와 스탈린주의를 혼동하는 데서 발생한다. 그러나 고전 마르크스주의와 스탈린주의 사이에는 트로츠키가 말했듯이 '피의 강물'이 흐르고 있다. 스탈린은 고전 마르크스주의의 전통의 계승자가 아니라 파괴자이다.[18)]

---

18) 이에 대한 상세한 논의로는 이 책 5장을 참조할 수 있다.

월러스틴은 마르크스-레닌주의와 원래의 마르크스 사상을 분리할 것을 요구하며 원래의 마르크스 사상에 대해서는 긍정적으로 평가한다. 월러스틴은 마르크스 사상의 핵심을 계급투쟁, 양극화, 이데올로기 및 소외 네 가지로 요약한다(Wallerstein, 1995a: 226~231). 그러나 마르크스 사상에 대한 월러스틴의 이와 같은 평가는 불충분하고 부정확한 것이다. 우선, 그의 목록에 마르크스의 진정으로 위대한 발견인 잉여가치 개념은 빠져 있다. 마르크스의 가치론, 잉여가치 개념 및 이에 기초한 이윤율의 경향적 저하법칙 등은 월러스틴의 자본주의 세계체제 분석에서 어떠한 역할도 수행하지 않는다. "어떤 생산물을 생산하기 위해 비용이 x만큼 들고 y에 판매된다고 하자. y에서 x를 뺀 것이 이윤이다. y가 높을수록 그리고 x가 낮을수록 이윤은 커진다"(Wallerstein, 1998: 140~141)라는 식의 월러스틴의 자본주의 이윤 개념은 마르크스의 잉여가치론과 아무런 관계도 없는 부르주아 경제학의 회계학적 이윤 개념에 권력 개념을 결합시킨 것이다. 그리고 계급투쟁이 마르크스 사상에서 매우 중요한 요소인 것은 사실이지만, 그것은 잉여가치 개념과 결부되었을 때만 진정한 의미를 획득한다. 계급투쟁은 마르크스 사상의 결론이 아니라 출발점이다.

10) 대안 체제

이상의 논의에서 세계체제론은 고전 마르크스주의와 판이한 이론체계라는 점이 명백해졌다. 그렇다면 정치적으로 세계체제론은 고전 마르크스주의의 사회주의를 지향하고 있는가? 세계체제론이 지향하는 대안 체제가 무엇인지는 논자들마다 차이가 있기 때문에 일률적으로 말하기 어렵지만, 월러스틴의 경우 일국적 발전모델(민족주의)을 거부하고 국제주의를 지향하고 있다. 월러스틴의 국제주의적 전망은 고전 마르크스주의의 입장에서 긍정적으로 평가될 수 있다. 그러나 월러스틴의 국제주의는 고전 마르크스주의의 노동자 국제주의는 아니며, 오히려 '인권의 정치'와 상통하는 부분이 많다. 물론 월러스틴은 국가권력의 장악이라는 기존 반체제운동의 노선(스탈린주의, 사회민주주의, 민족해방운동)을 비판하면서, 명시적으로 '반국가주의'를 주장하고 있기 때문에 개량주의라고 분류하기는 어렵다. 월러스틴은 확실히 대부분의 세계체제론자들의 노골적인 개량주의와는 선을 긋고 있다. 그러나 월러스틴의 반국가주의는 노동자혁명에 의한 국가파괴가 아니라 신사회운동론이나 데리다(J. Derrida)류의 '새로운 국제주의'와 생디칼리슴의 결합에 가깝다. 월러스틴은 국가변혁이 아니라 직접생산자들이 임금인상투쟁을 통해 생산지점에서 최대한의 잉여를 확보하는 것을 향후 반체제투쟁의 목표로 내걸고 있다. 즉, "잉여의 생산지점에서 그 잉여의 흐름을 공격하는 것", "직접생산자들의 노동가격이나 판매가격을 올리려고 노력하는 것", 즉 "생산자들의 잉여 보유"를 대안으로 제시한다(월러스틴, 1994: 158~162). 여기에서 국가권력의 장악을 목표로 했던 기존의 반체제운동을 비판하는 월러스틴의 반국가주의는 국가의 파괴가 아니라 국가의 회피로 귀결되고 있다. 그런데 자본주의 세계체제에서 국가의 중요성이 감소하는 것이 아니기 때문에, 그리고 세계체제론도 인정하듯이 자본주의 세계체제는 국가 간체제로서만 존재할 수 있기 때문에, 국가변혁의 정치를 추상한 생산지점에서 생산자투쟁만으로 자본주의 세계체제를 뒤엎을 수는 없다. 국가권력의 장악이 아닌, 레닌적 의미의 국가의 전복·파괴가 반체제운동의 '최대강령'이 되어야 할 것이며, 또한 '최소강령'으로서 개량을 자본주의 국가에 요구하는 투쟁의 중요성도 무시될 수 없다.

월러스틴의 생디칼리슴은 때로는 시장사회주의와 연결되기도 한다.[19] 월러스틴은 브로델의 시장과 자본주의 구별을 받아들여, 자본주의는 나쁘지만 시장 자체는 자유롭고 평등한 개인들의 경쟁의 세계이기 때문에 나쁠 것이 없으며, 자본주의 이후 체제에서도 이용할 수 있다는 입장을 취한다.

19) Wallerstein(1994: 280~282) 참조.

월러스틴은 시장에서 수탈은 "은폐되기보다는 오히려 분명하게 드러나게 마련"이고, "잉여의 흐름이 점점 더 뚜렷이 보이게" 되며, "시장은 본래부터 반독점적"이라고 주장한다(월러스틴, 1995: 97, 150).

그러나 시장의 세계는 자유와 평등과 기회의 세계가 아니라 강제의 세계이며, 시장경쟁이 독점을 낳고 독점은 다시 경쟁을 격화시키는 가운데 노동자의 착취가 강화되는, 경쟁과 독점과 착취의 세계이다. 월러스틴에게는 시장과 유통은 자본주의의 '표층'으로서 '심층'인 생산과 분리되어 존재할 수 없다는 인식이 결여되어 있다. 또한 이 인식을 핵심으로 하는 시장과 자본주의의 불가분성에 대한 마르크스의 관점도 존재하지 않는다. 고전 마르크스주의 전통에서 시장사회주의란 형용모순이다.

월러스틴의 사회주의는 마르크스의 과학적 사회주의가 아니라 공상적 사회주의에 가깝다. 이는 월러스틴이 모든 자본주의 세계체제에 대한 기존의 모든 반체제운동을 체제 내 운동이라고 비판하고 사회주의를 자본주의라는 역사적 조건의 객관적 산물이 아니라 타락하고 반동적인 자본주의 세계체제 외부의 이상향으로서 대치시키는 데서 나타난다. 이처럼 윤리적 관점에서 자본주의를 거부하고 사회주의를 지지하는 것은 고전 마르크스주의 전통의 과학적 사회주의와는 다른 것이다.

게다가 월러스틴을 제외한 나머지 세계체제론자들의 경우 사회주의혁명의 전망은커녕 월러스틴에서 볼 수 있는 자본주의 초월에 대한 문제의식조차 찾아볼 수 없다. 예컨대 아리기는 동아시아 경제가 21세기 세계체제의 새로운 중심으로 등장할 것이라고 예측하는 데서 더 나아가, 동아시아 경제의 성과를 긍정적으로 평가하고 "동아시아의 경제적 지도력에 적응하는 것이 세계의 다른 지역의 정부와 운동에 대해 가장 유망한 행동방침"이라고 권고하고 있다(Arrighi, 1998: 75). 여기에서 이른바 '좋은' 자본주의(라인형 자본주의)와 '나쁜' 자본주의(앵글로아메리카형 자본주의)를 구별하는 암스덴(A. Amsden), 웨이드(R. Wade)류의 비교자본주의론의 개량주의와 세계체제론의 차이는 사라진다. 소련형 '사회주의', 유럽형 사회민주주의, 제3세계의 민족해방혁명과 같은 모든 일국발전 모델이 파산했다고 주장하는 세계체제론이 동아시아의 소위 '발전주의 국가'라는 일국발전 모델을 21세기 세계의 대안적 체제로 간주하고 있는 것은 역설이다.

4. 맺음말

세계체제론은 제2차세계대전 후 진보 진영에서 스탈린주의와 개량주의와 근대화론의 문제점을 비판하는 데 중요한 기여를 했다. 특히 스탈린주의와 개량주의의 일국적 사회분석과 일국적 변혁론, 즉 국가를 매개로 한 국민적 발전의 한계를 비판하고 세계자본주의론과 세계혁명의 필요성을 강조한 것, 그리고 소련·동유럽 블록을 자본주의 세계체제의 일부로 파악한 것 등은 고전 마르크스주의의 전통에 대한 소중한 기여이다.

그러나 세계체제론이 스탈린주의와 개량주의와 근대화론에 대한 비판에서 더 나아가 자신을 하나의 새로운 사회과학체계로서 더구나 고전 마르크스주의와 구별되는 이론체계로 정립하려 했을 때부터 세계체제론의 타락은 시작되었다. 하지만 세계체제론의 창시자라고 할 수 있는 월러스틴은 이와 같은 세계체제론의 '물상화' 경향에 비판적이었다. 월러스틴은 세계체제론자들에 대해 세계체제론의 과도한 일반화, 예컨대 체이스 던(C. Chase-Dunn)의 과도한 '법칙정립(nomothetic)' 경향과 혹은 반대로 예컨대 프랭크에서 보여지는 과도한 '개성기술(idiographic)' 경향, 요컨대 세계체제론을 물상화하는 경향에 유혹되지 말라고 촉구하고, 세계체제분석은 원래 "이론 혹은 이론화 방식이 아니라 하나의 관점이며 동시에 다른 관점들에 대한 비판"이었다는 사실을 상기하고, "우리가 우리를 흉내내는 것처럼 보이는 사람들을 치켜세움으로써 우리 자신의 원래의 비판적 입지를 망각하는 경향"을 질타

했다(Wallerstein, 1995b; 1999a: 197∼198).

실제로 월러스틴의 저작은 아직도 우리에게 상당한 혁명적 영감과 통찰을 제공한다. 사실, 월러스틴의 주저인 『근대세계체제 I』은 사회주의 투쟁에 대한 기여로 쓰인 것이다. 이에 비해 본격적인 비교세계체제론을 구성하는 체이스-던의 논문이나, 세계체제의 역사를 기원전 3000년까지 소급하여 지난 5,000년간 세계체제의 통사를 서술하는 한때 급진 종속이론가였던 프랭크의 글 혹은 20세기 역사를 브로델의 '장기지속' 개념에 기초하여 재구성한 아리기의 책으로부터는 초기 세계체제분석에서 받았던 감동을 느낄 수 없다. 아리기와 같은 세계체제론자들이 최근 시도하는 것은 일종의 세계사회학의 구성이다. 하지만 월러스틴의 세계체제론은 세계사회학이 아니라 19세기 이후 사회과학에 대한 비판으로 제기된 것이라는 사실을 다시 상기해야 한다.

그러나 가장 급진적인 월러스틴의 세계체제론조차도, 자본주의에 대한 유통주의적 이해, 자본주의 분석에서 가치론과 잉여가치 개념의 부재, 콘드라티에프의 장기순환론의 무비판적 수용, 고전 마르크스주의 전통과 스탈린주의의 단절에 대한 몰이해, 고전 마르크스주의의 사회주의혁명론 부정 등에서 보듯이 고전 마르크스주의와는 근본적으로 상이하다. 따라서 세계체제론이 "'경제학 비판'을 위한 마르크스의 '플랜' 후반부(국가-국제무역-세계시장)를 '역사적 자본주의' 분석으로 구체화하려는 새로운 세계사의 문제설정"(윤소영, 1998: 21)이라는 평가는 잘못된 것이다.

요컨대 세계체제론은 하나의 비판적 시각으로서 고전 마르크스주의 전통을 방어하고 발전시키는 데 활용될 수 있는 유용한 통찰을 제공한다. 그러나 세계체제론이 거기에서 더 나아가 하나의 독자적 패러다임을 지향할 경우 그것은 고전 마르크스주의와는 근본적으로 상이한 이론체계가 될 수밖에 없다. 스탈린주의에 대한 급진적 비판이었으며 고전 마르크스주의 전통을 재발견할 수 있는 계기가 될 수 있었던 초기 세계체제분석의 문제의식이

1980년대 중반 한국 사회구성체 논쟁을 지배했던 스탈린주의에 의해 진보 진영에서 밀려나 학계에서 '정상과학'으로 '물상화'된 것은 세계체제론뿐만 아니라 진보 진영에게도 불행이었다. 그러나 오늘 스탈린주의 붕괴의 조건과 세계화의 추세에 편승하여 세계체제론을 일부 진보학계가 '복권'시키려는 것은 고전 마르크스주의의 발전에 바람직하지 않다.

제8장

세계경제위기와 마르크스주의 공황론*

브레너 비판을 중심으로

1. 서론

자본주의의 구조적 위기가 폭발했던 1968~1973년의 시기는 공황론을 비롯한 마르크스주의 이론이 '백화제방'한 시기이기도 했다. 근본주의, 신리카도주의 같은 마르크스의 공황론에 대한 새로운 해석들이 제출되었던 것도 이 시기이다. 그러나 1997~1998년 동아시아 경제위기에서 시작된 세기말 세계경제위기는 지난 30년 전 같은 마르크스주의의 르네상스로 이어지고 있지 않다. 세기말 세계의 정치경제 정세는 150년 전 마르크스가 『공산주의자 선언』에서 묘사한 세계와 닮은꼴로 되돌아가고 있는데도,[1] 1989~1991년 소련·동유럽 블록의 붕괴 후 득세한 '자본주의외 대안 부재론'의 효과는 아직 계속되고 있다. 그래서 오늘 세계경제위기와 관련해서 제기되는 논의들은 자본주의 자체에 대한 근본적 문제제기가 아니라 자본주의의 특정한 조직형태인 신자유주의에 대한 지지와 반대를 중심으로 한 비마르크스주의적 구도 속에서 이루어지고 있다. 사실, 동아시아 경제위기 이후 지배적인 경제담론 구도는 위기 전과 마찬가지로 신자유주의 대 제도주의의 쟁점을

*이 장은 정성진(1999a)을 수정·보완한 것이다.

1) 『공산주의자 선언』의 현재적 의의에 대한 논의로는 이 책 2장을 참조할 수 있다.

중심으로 형성되어 있다. 최근 진보 진영에서 '새로운 통념'으로 정착되고 있는 제도주의는 마르크스주의와 아무런 공통점도 없을 뿐만 아니라 그 자체로도 많은 문제점을 갖고 있다. 암스덴(A. Amsden), 웨이드(R. Wade) 같은 대표적 제도주의자들 역시 신자유주의자들과 마찬가지로 동아시아 경제위기의 도래를 전혀 예측하지 못했다. 제도주의자들은 위기의 폭발 직전까지 동아시아 경제 '기적'의 설명을 둘러싸고 신자유주의자들과 다투었을 뿐이었다. 제도주의자들은 동아시아 경제위기 폭발 직전까지 세계화와 신자유주의 추세에 대해 근본적 비판을 제기하기는커녕 이를 새로운 대세로 추종하다가 위기 폭발 후 위기의 책임을 세계화와 신자유주의에 묻는 기회주의적 속성을 여실히 드러냈다. 이들은 경제에 대한 제도적 이해를 강조하지만 동아시아 경제위기에 대한 역사구조적 이해가 결여되어 있는데, 이는 동아시아 경제위기의 전개과정을 서술한 웨이드(Wade, 1998a)에서 위기의 전사가 공백으로 되어 있는 데서도 드러난다. 이들은 동아시아 경제위기를 '청천벽력'식으로 묘사하면서 위기의 책임을 동아시아 경제 밖, 즉 신자유주의와 세계화에 묻고 위기에 대한 대안을 이른바 '국가 되찾기(Reclaiming the State)'에서 찾고 있다.

이러한 와중에 ≪신좌파평론(New Left Review)≫지가 1998년 5·6월호(통권 229호) 한 권 전체를 할애하여 게재한 미국의 저명한 마르크스주의 역사학자 로버트 브레너(Robert Brenner, 1998b)의 세계경제위기 분석은[2] '신자유주의 대 제도주의'라는 오늘의 지배적 경제담론의 구도를 깨고 세계경제위기에 대한 마르크스주의적 논의의 부활을 위한 좋은 기회를 제공해 주었다.[3]

캘리포니아대학(UCLA) 역사학과 교수인 브레너는 주로 봉건제에서 자본주의로의 이행논쟁의 신전개를 주도한 역사학자로 알려져 있으나, 사실은

---

2) 이는 2006년 Brenner(2006)로 대폭 수정·증보되어 단행본으로 출판되었다.

3) 1997~1998년 우리나라 공황기 정세에 대한 마르크스주의적 개입의 시도로서는 정성진(1998b)을 참조할 수 있다.

미국의 트로츠키주의 그룹인 '연대(Solidarity)'그룹의 정력적인 활동가이기도 하며, 그 그룹의 기관지인 ≪시류를 거슬러(Against the Current)≫지에 현대 미국 정치경제에 관해 다수의 논문을 발표한 바 있다. 그리고 브레너가 1991년 ≪신좌파평론≫지에 글릭(M. Glick)과 공저한 조절이론 비판 논문(브레너·글릭, 1992)은 우리나라에도 소개된 바 있다. 브레너는 그 논문에서 당시 진보 진영에서 유행했던 조절이론이 현대자본주의의 역사에 대한 올바른 서술이 아니라고 비판하고, 경쟁론과 이윤율 저하론에 입각하여 현대자본주의의 역사가 재서술되어야 한다고 주장한 바 있다. 브레너는 그 논문에서 이미 임금상승이나 생산성 저하가 이윤율 저하의 원인이 될 수 없다는 사실을 지적했지만, 경쟁과 이윤율 저하를 명시적으로 연결시키거나 그것을 현대자본주의 위기의 분석으로 구체화하지는 않았다. 세계경제위기를 다룬 이번 논문에서는 바로 그 작업, 즉 경쟁론과 이윤율 저하론에 입각하여 제2차세계대전 후 세기말에 이르는 반세기 동안 세계경제의 번영과 위기에 대한 총괄적 서술을 시도하고 있다.

브레너는 자본주의 이행논쟁에서 봉건영주와 농민 간의 계급투쟁의 효과를 중심으로 봉건제에서 자본주의로의 이행을 설명할 것을 주장했다. 그런데 브레너는 세계경제위기를 다룬 이 논문에서는 자본가와 노동자 간의 수직적 계급투쟁이 아니라 자본과 자본 간의 수평적 경쟁을 중심으로 세계경제위기를 해명할 것을 주장하며 노자 간의 모순과 계급투쟁에 주목했던 기존의 공황론에 전면적 비판을 제기했다. 당연하게도 이 매우 야심적인 브레너의 논문은 즉각 활발한 논쟁을 야기했는데, 아직 진행 중인 논쟁은 현재까지는 전적으로 마르크스주의 이론 진영 내부에서 전개되고 있고,[4]

4) 현재 브레너의 세계경제위기론에 대한 논쟁은 브레너 논문의 요약이라고 할 수 있는 Brenner(1998a)와 브레너에 대한 비평 논문들인 Walker(1999), Malloy & Post (1999), Ticktin(1999), Camejo(1999), Goldner(1999) 등이 게재된 ≪시류를 거슬러≫지에서 먼저 전개되었으며, ≪역사유물론(Historical Materialism)≫지 1999년 봄·여름호(no.4)도 브레너의 세계경제위기론 관련 논쟁을 특집으로 다루면서 캘리니코스(A.

대체로 브레너의 세계경제위기론을 고전 마르크스주의의 분석이라고 보기 어렵다는 쪽으로 기울고 있다. 나 역시 브레너의 세계경제위기론이 세계경제위기에 대한 많은 유익한 통찰과 분석을 제공하고 있음에도 불구하고, 세계경제위기에 대한 진정한 마르크스주의적 분석으로는 실패했다고 주장할 것이다.

2. 브레너의 세계경제위기론의 의의

브레너는 전후 세계경제의 번영과 위기를 이윤율의 동향을 중심으로 분석한다. 브레너는 전후 황금시대는 1965~1973년을 경계로 종식되었는데 그 원인은 이윤율의 저하에 있다고 주장한다. 이처럼 이윤율 저하를 세계경제위기의 원인으로 지목한다는 점에서 브레너의 논의는 과소소비설과 불비례설의 대립구도로 이루어진 기존의 전통적 마르크스주의 공황론과 분명하게 구별된다. 그러나 브레너는 이윤율 저하의 원인을 자본의 가치구성 상승에서 찾는 마르크스주의 공황론을 '신맬서스주의'라고 비판한다. 또한 그는 이윤율 저하의 원인을 임금상승-이윤압박이나 생산성 둔화에서 찾는 신리카도주의 공황론과 조절이론 및 사회적 축적구조론도 비판한다. 오히려 기존의 이윤율 저하 공황론에 대한 비판이야말로 브레너 논문의 주요 목적

Callinicos), 카르체디(G. Carchedi), 클라크(S. Clarke), 뒤메닐(G. Duménil), 프리맨(A. Freeman), 하먼(C. Harman), 레보비츠(M. Lebowitz), 레비(D. Lévy), 모슬리(F. Moseley), 샤이크(A. Shaikh), 윅스(J. Weeks) 등 일급 마르크스주의 이론가들의 비판과 이에 대한 브레너의 답변을 게재했다. ≪월간평론(Monthly Review)≫지도 1999년 6월호에서 맥날리(D. McNally)와 포스터(J. B. Foster)의 논평을 게재했고, 그밖의 비평논문으로는 Callinicos(1998), Henwood(1998), Kilmister(1998), Hoveman(1999), Laibman(1999)이 있다. 국내에서는 ≪읽을꺼리≫ 제4호가 Brenner(1998a)와 Walker(1999)를 번역 소개한 바 있다.

중 하나이다.

브레너의 이윤율 저하 공황론은 기존의 이윤율 저하 공황론과 마찬가지로 이윤율 저하를 공황의 원인으로 간주하지만, 이윤율 저하의 원인을 자본 간의 국제경쟁 격화가 초래한 과잉설비와 과잉생산으로 말미암은 가격저하 압박에서 찾는다는 점에서 이들과 구별된다. 과잉생산을 강조하지만, 과잉생산의 원인으로 대중의 구매력 부족이 아니라 자본 간의 국제적 경쟁을 강조한다는 점에서, 그리고 공황의 원인을 과잉생산 자체가 아니라 과잉생산에서 비롯하는 가격저하 압박 및 이로 말미암은 이윤율 저하에서 찾는다는 점에서 전통적 과소소비설과 구별된다.

브레너는 "이윤은 노동자의 증대된 세력 행사로 말미암은, 비용에 대한 상방 압력의 증대가 아니라 제조업 제품 시장에서 과잉설비와 과잉생산을 초래하는 격화된 국제경쟁을 반영하는, 가격에 대한 증대된 하강 압력 때문에 압박되었다(Brenner, 1998b: 95)"라고 주장한다. 다시 말해서, "제조업 부문 수익성이 저하한 것은 단지 생산자들이 그들의 기존 수익률을 유지하기에 충분할 정도로 가격을 비용 이상으로 인상할 수 없었기 때문이다. 1965~1973년 미국의 이윤율 저하를 야기한 주된 요인은 가격에 대한 하방 압력이었다. 장기침체의 개시는 저비용의 일제 및 독일제 제품이 세계시장에 갑작스레 대거 유입한 것과 이것이 초래한 제조업 부문 과잉설비와 과잉생산에서 비롯한 것이다"(Brenner, 1998b: 96). 즉, "명목임금 상승의 가속화나 생산성 상승의 둔화가 1970~1973년 제조업 부문에서 이윤압박을 초래한 것은 아니다. 제조업자들이 수익성 저하를 경험한 것은 그들이 과거처럼 비용 이상으로 인상할 수가 없게 되었기 때문이다"(Brenner, 1998b: 135).

브레너의 핵심적 주장은 아래와 같이 요약될 수 있다. 제2차세계대전 후 1965년경까지 지속된 장기호황은 주로, 후진성의 이득에 기초한 일본과 독일의 수출주도적·투자주도적 발전에 힘입은 것이었다. 그러나 일본과 독일의 수출 공세는 미국 제조업 제품의 가격에 대한 저하 압력을 가중시켜 미국 제조업의 이윤율을 저하시킴으로써 미국의 경제위기를 유발하였다. 그리고 미국의 무역수지 적자 누적과 독일과 일본의 국제수지 흑자의 누적은 달러화의 가치저하와 마르크화와 엔화의 가치상승을 초래하여 독일과 일본 제품에 대한 가격저하 압력을 낳으면서 독일과 일본으로 이윤율 저하와 경제위기가 확산되었다.

브레너의 논문은 후술되듯이 많은 문제점에도 불구하고 다음과 같은 점에서 현재 우리나라 진보 진영의 위기론을 지배해 온 스탈린주의적 전반적 위기론이나 조절이론을 동시에 비판하고 IMF 위기 후 진보 진영에 '새로운 통념'으로 되고 있는 '신자유주의 책임론'과 '개혁적' 케인스주의의 지평을 넘어설 수 있게 하는 중요한 요소들을 제공하고 있는 것으로 보인다.

첫째, 브레너의 논의는 독점자본의 지배가 아니라 경쟁의 격화를 세계경제위기의 원인으로 간주한다는 점에서, 독점과 정체 경향의 연관을 핵심으로 하는, 한동안 우리나라에서 정통적 마르크스주의 공황론으로 통용되었던 스탈린주의 전반적 위기론과 과소소비설 및 국가독점자본주의론에 대한 근원적인 내재적 비판이라고 할 수 있다. 사실, 스탈린주의 전반적 위기론은 데이(Day, 1981b; 1995)가 면밀하게 입증했듯이, 마르크스의 이윤율 경향적 저하 법칙론과 주기적 산업순환론의 의의를 사실상 부정하고, 조야한 세계시장 축소론류의 과소소비설을 지지한다는 점에서 마르크스의 공황론으로부터 결정적으로 이탈한 것이다. 그럼에도 우리나라에서 스탈린주의 전반적 위기론은 정통 마르크스주의 공황론과 부당하게 동일시되어 왔다. 브레너는, 세계경제위기를 자본주의 발전단계로부터 도출하거나 혹은 공황론을 자본주의 발전단계에 상응하여 구체화하는 전반적 위기론 혹은 국가독점자본주의 단계론의 시도와 달리, 자본주의 일반이론에서 공황을 도출하며 그렇게 도출된 공황론을 오늘 세계경제위기의 현상분석에 적용한다.[5] 이

5) 브레너는 이미 Brenner & Glick(1992)에서 국가독점자본주의론과 조절이론이 공유하고 있는 독점자본주의 단계론에 대한 비판을 제기한 바 있다. 자본주의 발전에 따라

점에서 브레너의 세계경제위기론은 마르크스주의 공황론의 새로운 출발을 위한 중요한 요소를 제공한다고 할 수 있다.

둘째, 브레너의 논문은 소련·동유럽 블록의 붕괴로 국가독점자본주의론과 전반적 위기론의 신용이 땅에 떨어지자, 새로운 정치경제학적 현대자본주의론으로 정착되었던 조절이론, 사회적 축적구조론, 혹은 신리카도주의 공황론에 대한 전면적 비판이기도 하다. 브레너는 신리카도주의적 임금상승-이윤압박론이나 조절이론의 공황론이 공황의 원인을—과소소비설처럼 수요측 요인에서 찾는 것이 아니라—공급 측 요인에서 찾는다는 점에서 그것을 '공급 측 이론'이라고 명명하고, 그중 생산성 위기를 강조하는 견해는 '신맬서스주의'로 분류한다.

브레너는 전후 '황금시대'의 사회적 기초라고 공급 측 이론이 주장하는 노자 간의 타협은 사실 존재한 적이 없다고 주장한다. 브레너는 전후의 이른바 산업평화란 노동자계급 운동의 철저한 패배 위에 선 것이었다고 본다. 브레너는 또한 '황금시대'의 종언이 노동자계급 투쟁의 고양 때문에 초래되었다는 공급 측 이론도 사실과 부합하지 않는다고 주장한다. 브레너는 노동자 계급의 투쟁 때문에 이윤율이 저하했다고 보지 않는다. 오히려 노동자계급에 대한 착취 증대를 통해 이윤율 저하를 상쇄하려는 자본의 시도가 노동자계급 투쟁을 격화시켰다고 본다. 즉, "노동자계급 저항의 증대는 수익성 문제의 원인이 아니라 결과"(Brenner, 1998b: 94)이며, "노동자 전투성의 증대와 소위 '임금폭발'은 선행한 '이윤폭발'에 대한 보상적 반작용"(Brenner, 1998b: 125)이라는 것이다. 브레너는 또한 1980년대 이후 노동

자본이동이 더 자유로워지고 경쟁이 더욱 격화되므로, 독점자본주의 단계론이 주장하는 독점이윤은 장기적 안정적으로 유지될 수 없으며, 현대자본주의에서도 경쟁과 평균이윤율 범주의 현실성이 부정되지 않기 때문에 경쟁자본주의 단계와 구별되는 독점자본주의 혹은 국가독점자본주의 단계 같은 것은 존재하지 않는다는 것이다. 독점자본주의 단계론에 대한 마르크스주의적 비판으로는 하비(1995), 제5장도 참조할 수 있다.

자계급 운동이 퇴조하고 실질임금의 저하가 지속되었는데도 구조적 위기가 계속되었다는 사실은 임금상승-이윤압박설을 논박하는 가장 강력한 논거가 된다고 주장한다.

셋째, 세계경제위기의 원인으로 금융의 문제가 아니라 생산의 문제, 즉 국제금융자본의 투기적 운동이 아니라 국제적 과잉생산의 문제에 주목하는 브레너의 논의는 그 자체로 IMF 위기 후 진보 진영을 지배하고 있는 '신자유주의 책임론'에 대한 강력한 논박이다. 브레너에 따르면 "금융자본과 신자유주의의 발흥은 — 비록 그것이 위기를 상당히 악화시켰다고 할지라도 — 국제적 경제위기의 원인이라기보다 결과라고 보아야 한다. …… 금융으로 자본의 전환은 적절한 수익률을 제공하지 못하는 실물경제 특히 제조업 부문의 무능의 결과"였으며, "1970년대 말부터 시작된 신자유주의로의 전환은 케인스주의적 유효수요 관리정책이 이윤율을 회복하고 자본축적을 재개할 수 없음이 판명된 후에야 진행되었다. 자본의 입장에서 볼 때, 통화주의와 신자유주의는 케인스주의적 적자지출이라는 첫 번째 정책선택이 실패한 것에 대한 대응이었다"(Brenner, 1998a).

넷째, 브레너는 전후 황금시대가 케인스적 경제정책에 힘입은 것이었다는 케인스주의자들의 주장이 사실과 다름을 입증했는데, 이는 IMF 위기 후 제도주의와 '신자유주의 책임론'이 대안으로 제시하고 있는 이른바 '개혁적' 케인스주의에 대한 강력한 비판의 논거가 될 수 있다. 브레너에 따르면 케인스주의적 유효수요 관리정책이 전후 황금시대를 지탱한 주요 지주의 하나라는 '상식'은 아무런 근거가 없다. 브레너는 전후 황금시대를 가능하게 한 독일과 일본 경제의 고도성장은 케인스주의적 유효수요 관리정책이 아니라 국가-기업-은행 간의 네트워크와 같은 특유한 공급 측 요인들에 결정적으로 힘입은 것이었으며, 미국에서도 케인스주의적 유효수요 확대정책은 미국 경제의 자본축적을 촉진한 것이 아니라 독일·일본과 같은 경쟁국의 자본축적을 조장하는 결과를 초래했다고 주장한다. "이 시기 미국, 일본 및 독일 경제의 경험은 이 같은 예외적인 성장의 분출이 복지국가, '노자협약' 및 케인스주의적 수요관리를 통한 유효수요의 지속적 증가를 가능하게 하는 새로운 제도의 출현에 기인한다고 결론짓게 하는 어떤 근거도 제공하지 않는다. …… 가장 급속한 성장이 이루어진 독일과 일본에서 경제적 역동성을 낳은 것은 명백히 공급 측 조건들이었다"(Brenner, 1998b: 90, 91). "1960년대 중반까지 일본 정부는 독일 정부처럼 항상 균형예산을 유지했으며 케인스주의적 재정정책은 그 어느 종류의 것도 배척했다. 그리하여 국내수요를 실제로 억압했다"(Brenner, 1998b: 88).

3. 브레너의 세계경제위기론 비판

브레너의 세계경제위기 분석은 매우 독창적이며 오늘 세계경제위기를 이해하는 데 많은 유용한 자료와 통찰을 제공해 준다. 그럼에도 불구하고 브레너의 세계경제위기론은 마르크스 공황론의 올바른 적용이라고 보기 힘들며, 따라서 오늘 세계경제위기에 대한 진보 진영의 대응방안을 브레너의 논의에서 도출하기는 곤란하다는 것이 나의 생각이다. 마르크스의 공황론의 입장에 설 때 드러나는 브레너 논의의 주요한 문제점들을 간략히 살펴보자.

1) 실증의 문제

첫째, 브레너는 오늘 세계경제위기를 초래한 1965~1973년경부터 시작된 이윤율 저하의 원인을 자본의 국제적 경쟁이 낳은 과잉설비·과잉생산에서 비롯한 가격의 하방 압력에서 찾는다. 그러나 브레너 자신이 제공하는 통계를 보면 세계시장에서 주요 제품 가격의 하락은 이윤율이 저하하기 시작한 1965~1973년 전후가 아니라 그보다 훨씬 뒤인 1980년대 후반 특히 1990년대 들어 시작되었다는 것을 알 수 있다. 이는 과잉설비·과잉생산 및 가격의 저하 압력이 이윤율 저하의 원인이 아니라 반대로 그 결과임을 보여 준다. 실제로, 미국에서 이윤율 저하는 국제경쟁이 격화되기 전에 이미 시작되었다. 샤이크가 이미 지적했듯이, 만약 국제경쟁이 이윤율 저하의 원인이라면 국제경쟁에서 상대적으로 보호되어 있던 일본과 독일에서 왜 이윤율이 더 급속하게 저하했는지도 설명할 수 없으며, 세계화와 함께 국제경쟁이 격화되기 시작한 1990년대 이후 미국에서 이윤율이 왜 다시 상승하고 있는지도 설명할 수 없을 것이다(Shaikh, 1987).

둘째, 브레너는 자본의 가치구성 상승에서 이윤율 저하의 원인을 찾는 근본주의 공황론을 '신맬서스주의'라고 기각해 버리지만, 브레너 자신이 제시하는 통계는 이윤율 저하의 배후에 자본의 가치구성의 상승이 있음을 보여 주고 있다. 실제로 브레너는 자본의 가치구성의 역수의 대용변수라고 할 수 있는 '산출/자본 비율'의 저하가 이윤율 저하의 중요한 요인이었다는 사실을 인정하고 있다. "원료 비용의 증대를 별도로 하면, G7 선진 7개국 총이윤율 저하는 전적으로 명목적 '산출/자본 비율'의 저하에 의해 결정되었다"(Brenner, 1998b: 136). 실제로, 샤이크와 토낙(Shaikh & Tonak, 1994), 모슬리(Moseley, 1997), 뒤메닐과 레비(Duménil & Lévy, 1993)는 부르주아 통계의 엄밀한 마르크스주의적 재구성을 통해 미국 경제에서 이윤율의 저하를 확인하고 이것이 잉여가치율의 상승을 압도한 자본의 가치구성 고도화에서 비롯한 것임을 입증했다.

셋째, 브레너는 자본의 국제경쟁이 이윤율 저하의 원인이라는 자신의 주장을 입증하기 위해 자본의 국제경쟁 영역이라고 할 수 있는 제조업 부문을 비제조업 부문에서 분리하여 가격, 임금, 생산성, 단위노동비용 및 이윤율 등의 지표를 계산한다. 하지만 제조업과 비제조업 부문의 구별은 제조업과 비제조업의 상호침투가 본격화되고 있는 오늘 단지 통계상의 자의적 구별일 수 있기 때문에, 이러한 구분에 기초한 분석에 큰 의미를 두는 것은 곤란하다. 또한 브레너와 같은 제조업과 비제조업 부문의 이분법으로는 오늘 세계경제에서 급속하게 이루어지고 있는 '정보화', '금융화', '소프트화' 추세에 대한 정당한 분석을 기대할 수 없을 것이다.

넷째, 세계화와 신자유주의 및 초국적 금융자본의 운동과 세계경제위기의 관련에 대한 분석이 전적으로 누락되어 있는 것은 세계경제위기론으로서 중요한 결함이다. 신자유주의와 초국적 금융자본의 지배 그리고 세계화를 세계경제위기의 원인이 아니라 결과라고 해석하는 것은 옳다. 하지만 오늘 세계경제위기의 전개과정을 구체적으로 서술하기 위해서는 세계화, 신자유주의 및 초국적 금융자본 등의 문제와 세계경제위기의 관련을 구체적으로 해명해야 한다.

다섯째, 브레너는 트로츠키의 불균등결합발전론 및 후진성의 이득론을 원용하여 일본과 독일의 미국 경제 추격이 전후 황금시대의 기본 과정이었다고 주장한다. 물론 후진성의 이득론은 19세기 말 독일, 러시아, 일본과 같은 후발 자본주의 나라들의 경제발전이나 제2차세계대전 종전 이후 신흥공업국의 출현 배경을 설명할 수 있는 유력한 논리이다. 하지만 패전 후 독일과 일본의 경제 부흥은 후진성의 이득보다는 전후 이들 나라에서 혁명적 노동자운동의 분쇄와 냉전체제의 성립 및 영구군비경제의 효과에 기인한 측면이 많다.[6] 브레너의 세계경제위기론에서 옛 소련·동유럽 블록은 제3세계와 함께 마치 지구상에 존재도 하지 않은 것처럼 아무런 이론적 역할도 부여받지 못했다. 아울러 트로츠키의 불균등결합발전론은 후진국에서도 부르주아민주주의혁명이 아니라 영구혁명을 통한 사회주의 이행이 가능하다는 것을 논증한 것이지, 자본주의 발전의 가능성을 입증하기 위한 것은 아니다. 브레

6) 틱틴(Ticktin, 1999)과 호브만(Hoveman, 1999)은 냉전과 영구군비경제가 전후 자본주의의 장기호황의 도래에 결정적 역할을 했다고 보고, 냉전의 종식에 따른 영구군비경제 효과의 소진이 오늘 세계경제위기의 주요 요인이라고 주장한다.

너는 불균등결합발전이 생산력의 발전만큼이나 사회적 모순의 중첩·심화를 초래한다는 사실을 간과하고 있다.

2) 이론의 문제

첫째, 경쟁이 이윤율 저하의 원인이라는 브레너의 핵심 명제 자체가 마르크스의 이론과 양립할 수 없다는 점이 먼저 지적되어야 한다. 브레너는 이윤율을 결정하는 것은 경쟁, 구체적으로 국제경쟁력이라고 본다. 즉, 국제경쟁력이 강화되면 이윤율이 상승하고 국제경쟁력이 약화되면 이윤율이 저하한다는 것이다. 브레너는 실제로 다음과 같이 주장한다. "제조업 부문에서 저하하는 경쟁력과 저하하는 수익성 간의 밀접한 상관관계는 전자가 후자를 결정하는 데 중요한 역할을 했음을 시사한다"(Brenner, 1998b: 72). 그리고 국제경쟁력을 결정하는 가장 중요한 요소는 가격경쟁력이며 이는 다시 달러화로 표시한 단위노동비용에 의해서 결정되기 때문에 환율과 임금수준에 의해서 좌우된다. 이러한 경쟁과 이윤율 이해 방식은 부르주아 경제학의 그것과 크게 다르지 않다. 임금경쟁력이 국제경쟁력의 원천이라는 브레너의 주장은 결국 국제경쟁력 강화를 위해서 노동자는 임금인상투쟁을 자제해야 한다는 부르주아 이데올로기 공세를 정당화하는 것이다.

브레너처럼 경쟁을 이윤율 저하의 원인으로 규정하는 것은 마르크스의 관점을 완전히 전도시킨 것이다. 마르크스는 이윤율의 저하경향을 다수자본(경쟁)을 사상한 자본 일반의 추상수준에서 이미 논증했다. 마르크스는 경쟁이 특정한 생산부문에서는 이윤율을 저하시킬 수 있지만, 일반적 이윤율은 자본의 가치구성이 상승할 때에만 저하한다고 보았다.

> 경쟁은 상이한 생산영역에서 이윤을 균등화할 수는 있다. …… 그러나 경쟁은 일반적 이윤율을 저하시킬 수는 없다(Marx, 1968: 438).

경쟁은 자본가들로 하여금 가치 이하로 판매하도록 강제하기 때문에 일반적 이윤율은 이러저러한 생산부문에서 저하할 수 있다. …… 그러나 일반적 이윤율은 이러한 방식으로는 저하할 수 없다. …… 경쟁은 일반적 수준 자체를 억압할 수 없으며, 단지 그러한 수준을 만들어낼 뿐이다"(*MECW*, Vol.28: 363~364).

경쟁이 과잉생산에 의한 가격저하라는 메커니즘을 통해 이윤율을 저하시키는 것은 아니다. 경쟁은 오히려 신기술의 경쟁적 도입과정에서 필연적인 자본의 가치구성 고도화를 통해 이윤율을 저하시키는 것이다. 그리고 그러한 이윤율 저하는 다시 자본 간 경쟁을 격화시키는 것이다. 마르크스는 다음과 같이 말했다.

자본의 과잉생산에서 비롯하는 경쟁이 이윤율 저하를 일으키는 것은 아니다. 오히려 그 반대이다. 동일한 원인에서 발생하는 이윤율의 저하와 자본의 과잉생산 때문에 경쟁전이 시작되는 것이다. …… 축적과 결부된 이윤율의 저하는 필연적으로 경쟁전을 야기한다. …… 그러므로 이윤율의 저하는 자본 사이의 경쟁전을 야기하는 것이지 그 반대가 아니다(마르크스, 1990: 300, 305).

이윤율 저하경향을 다수자본(경쟁)의 추상수준으로까지 하향하여 구체화한다고 해서 경쟁을 이윤율 저하의 원인으로 여겨서는 안 된다. 오히려 마르크스는 리카도를 빌어 경쟁을 이윤율 저하의 주요 요인으로 간주했던 스미스를 비판했다. 즉, 점증하는 자본이 제한된 출구에 직면하면서 격화되는 자본 간 경쟁이 가격을 저하시켜 이윤율을 저하시킨다고 주장한 스미스에 반대해 마르크스는 경쟁은 자본가들 상호 간에 이윤을 재분배할 뿐이며 이윤율 수준 자체를 저하시킬 수는 없다는 리카도의 비판을 수용했다.[7]

7) 파인 등(Fine et al, 1999: 56)도 다음과 같이 지적한다. "스미스와는 달리 마르크스와 리카도는 경제 전체에서 격화된 (투자) 경쟁이 이윤율을 경향적으로 균등화시키는

브레너는 세계경제위기론에서 경쟁이 이윤율 저하의 원인이라고 주장함으로써 자신이 월러스틴과 벌인 자본주의 이행논쟁에서 '신스미스주의'라고 비판했던 유통주의로 회귀하고 있다.

또한 브레너의 경쟁 개념은 대단히 협소하며 마르크스의 경쟁 개념과 다르다. 브레너는 경쟁을 단순히 가격경쟁(부문 내 경쟁)으로 환원한다. 그러나 자본주의에서 경쟁은 부문 내 경쟁과 부문 간 경쟁의 결합으로 이해해야 한다. 부문 간 경쟁에서는 자본운동과 이윤율의 균등화 과정에 대한 분석이 불가결하다. 그러나 브레너는 경쟁을 그토록 강조하면서도 부문 간 자본이동에 대한 분석을 누락시키고 있다.

둘째, 마르크스의 이윤율 경향적 저하법칙에 '맬서스적 잔재'가 남아 있다는 브레너의 주장은 마르크스를 완전히 잘못 읽은 것이다. 브레너는 신리카도주의자들의 공황론을 비판하면서도 마르크스의 공황론에 대한 오키시오 같은 신리카도주의자들의 비판을 무비판적으로 받아들인다. 브레너는 자본의 가치구성의 고도화로 인한 이윤율 저하이론을 생산성위기론과 동일시하여 '신맬서스주의'라고 비판한다. 그러나 마르크스는 이윤율의 저하를 생산성 저하와 관련시키기는커녕 반대로 생산성 상승의 결과라고 보았으며, 이 점에서 마르크스의 이윤율 저하이론은 맬서스 및 리카도의 이윤율 저하이론과 다르다. 마르크스는 다음과 같이 말했다.

> 일반적 이윤율의 점진적인 저하경향은 노동의 사회적 생산력의 점진적 발달의 표현-자본주의적 생산양식에 특유한 표현-에 불과하다. 노동의 사회적 생산력의 발달은 자본주의적 생산양식의 진전에 따라, 한편에서는 이윤율의 점진적 저하경향으로 표현되고, 다른 한편에서는 취득되는 잉여가치(또는 이윤)

메커니즘일 뿐이라는 점을 명확하게 이해했다. 경쟁은 이윤율을 저하시킬 수 없다. 만약 시장가격이 저하한다면 한 무리의 자본가들은 다른 무리의 자본가들이 손실을 본 것만큼 이득을 본다."

의 절대량의 끊임없는 증대로 표현된다. …… 노동이 덜 생산적이 되기 때문에 이윤율이 저하하는 것이 아니라, 노동이 더 생산적이 되기 때문에 이윤율이 저하하는 것이다. 잉여가치율의 증가와 이윤율의 저하는 노동생산력의 증대를 자본주의적으로 표현하는 특수한 형태에 지나지 않는다"(마르크스, 1990: 253, 265, 285).

셋째, 브레너는 신리카도주의, 조절이론 및 사회적 축적구조 학파의 이윤압박설을 비판하지만, 그 이론구조는 임금상승-이윤압박설과 동일하다고 할 수 있다. 신리카도주의 등의 이윤압박설에서는 이윤압박의 원인이 아래서부터 치고 올라오는 임금상승이라면, 브레너의 경우 이윤압박은 위에서 내리누르는 가격저하 압력이므로, 이윤압박의 방향만 다를 뿐 문제설정의 구조는 동일하다. 게다가 신리카도주의의 임금상승-이윤압박설도 브레너와 마찬가지로 국제경쟁이라는 요인을 중요하게 고려하고 있다. 예컨대 글린 등은 자본가들이 임금상승을 가격인상으로 전가하여 이윤압박을 회피할 수 없는 까닭을 국제경쟁이라고 보고 있다(글린 외, 1993: 269). 브레너는 또한 클린턴 시기 미국에서 이윤율이 상승하게 된 가장 중요한 요인은 1980년대 이후 미국에서 '저임금경제'의 출현, 즉 실질임금의 저하라고 간주하고 있으며, 향후 세계경제가 장기불황에서 장기호황으로 반전될 수 있을지 여부도 이와 같은 '저임금경제'를 계속 유지할 수 있는지 여부, 즉 임금억압을 계속할 수 있을지의 여부에 달려 있다고 주장한다.[8] 결국 임금상승-이윤

8) 그러나 말로이와 포스트(Malloy & Post, 1999)는 브레너와는 달리 오늘 미국 경제에서 이윤율의 상승과 호황이 저임금 노동의 착취가 아니라 1980년대 이후 자본의 구조조정과 산업구조 고도화에 기인한 측면이 더 많다고 주장한다. 그리고 샤이크와 마찬가지로 오늘 미국 경제의 호황은 1990년대 중반 이후 시작된 세계적 장기호황의 한 국면으로 해석한다. 이들에 따르면 1968~1973년 시작된 세계자본주의의 장기불황은 1990년대 중반 장기호황 국면으로 반전되었으며, 1997~1998년 동아시아 경제위기는 새로운 세계대공황의 징후가 아니라 이미 시작된 세계적 장기호황 국면에서의

압박은 부정하지만 임금억압-이윤증대는 인정하는 셈이며, 이는 브레너의 이론구조가 임금상승-이윤압박설의 문제설정과 동일함을 보여준다.

넷째, 고정자본과 이윤율의 저하경향에 관한 브레너의 논의도 문제가 있다. 브레너는 경쟁 격화에 따라 저하한 이윤율이 평균 이하 생산성의 자본이 폐기되면서 다시 상승하는 것이 아니라 계속 저하하는 이유를 고정자본의 제약에서 찾는다. 고정자본의 제약 때문에 신기술의 도입은 이윤율의 상승이 아니라 저하를 초래하고 또 이윤율의 저하를 상당 기간 지속한다는 것이다. 브레너는 고정자본에 대한 이윤율과 유동자본에 대한 이윤율을 구별한 다음, 단기 혹은 중기에 자본축적의 직접적 지표가 되는 것은 '유동자본에 대한 이윤율'이라고 한다. 브레너는 평균 이하 생산성의 자본도 고정자본 비용은 이미 지불했다고 보기 때문에, 유동자본에 대해서 평균이윤율을 취득할 수 있는 한 계속 존속할 수 있다고 주장한다. 우선, 이처럼 유동자본에 대한 이윤율이란 개념 자체가 분석적으로 의미 있는 개념이 될 수 있는지가 의문시될 수 있다. 또한 총자본이 평균 이하의 이윤율밖에 수취하지 못하는 조건에서는 유동자본에 대한 이윤율도 중장기적으로 평균이윤율 수준을 유지할 수 없다고 보는 것이 타당하다. 아울러, 자본축적의 관건은 평균이윤율이라기보다는 '플러스'의 이윤율이다. "중요한 것은 이윤율이 저하한다 하더라도 플러스이기만 하면 이윤이 전혀 없는 것보다는 낫다는 점이다"(Fine et al., 1999: 56). 즉, 이윤율이 '마이너스'가 아니라 '플러스'인 한 자본축적은 계속될 수 있다고 보아야 한다. 신기술·저비용 기업의 진입에도 불구하고 유동자본에 대해 평균이윤율을 획득할 수 있는 한, 구기술·고비용 기업이 중장기까지 존속할 수 있다는 브레너의 주장은 기업의 부단한

한 에피소드로 간주된다. 그러나 모슬리는 브레너를 지지하면서 미국의 이른바 '신경제'는 실물적 기초가 결여된 거품경제적 성격이 강하며, 이는 특히 세계의 불황 지역에서 미국으로 화폐자본이 집중된 결과 나타난 일시적 현상이라고 주장한다(Moseley, 1999). 샤이크 등의 장기불황 종식론에 대한 비판적 검토로는 이 책 9장을 참조할 수 있다.

흥망과 진입 퇴출이 이루어지는 자본주의 경쟁의 현실에 대한 정확한 묘사가 아니다. 신기술·저비용 기업의 진입에 따라 구기술·고비용 기업의 퇴출·폐기가 이루어지는 가운데서도, 기술적으로 차별화·계층화된 자본의 불균등 발전 때문에 이윤율 저하경향은 필연적이다.[9] 혹은 역으로, 불황기의 낮은 이윤율은 잔존 기업의 경쟁을 격화시키면서 낡은 고정자본의 폐기를 촉진하는 경향이 있다.

다섯째, 브레너는 세계경제위기의 원인으로 환율변동의 역할을 지나치게 과장하고 있다. 브레너는 주로 '엔고(高)'와 마르크화의 가치상승 때문에, 미국에서 시작된 경제위기가 일본과 독일 경제의 위기로 파급되고 나아가 세계경제위기를 초래한다고 파악한다. 즉, '엔고'와 마르크화의 가치상승이 일본과 독일 제품에 가한 엄청난 가격 저하 압력 때문에 일본과 독일에서 이윤율 저하와 경제위기가 시작되었다는 것이다. 요컨대 환율변동이 미국에서 시작된 이윤율 저하를 독일과 일본으로 확산시켜, 세계경제위기가 초래되었다는 것이다. 하지만 환율은 본질적으로 가치의 국제적 이전 및 재분배 기구일 뿐이기 때문에 가치생산의 모순에 기인한 공황의 원인을 환율변동에서 찾을 수는 없다. 1995년 이후 엔-달러화 환율의 역전['엔저(低)', '달러고(高)']에서 동아시아 경제위기의 근본 원인을 찾는 것도 피상적인 분석이다.

3) 방법의 문제

브레너는 마르크스의 경제학 범주들이 아니라 부르주아 경제학의 범주 및 통계 들을 그대로 이용하여 세계경제위기를 분석하고 있다. 마르크스 노동가치론의 범주들은 찾아볼 수 없다. 외관상 마르크스 경제학의 주요 범주 중 하나인 이윤율이 핵심 개념으로 사용되고 있지만, 브레너의 이윤율은 마르크스의 이윤율과 전혀 다르다. 예컨대 마르크스 이윤율의 결정요인

9) 이에 대한 논증으로는 Reuten(1991)을 참조할 수 있다.

은 자본의 가치구성, 잉여가치율 및 가변자본의 회전수인 데 반해, 브레너 이윤율의 결정요인은 '이윤몫'과 '산출/자본 비율'이다(Brenner, 1998b: 6). 브레너 논문에서 생산/비생산 노동의 구별은 물론 잉여가치라는 개념은 찾아볼 수 없는 반면, 부르주아 경제학에 특유한 이데올로기적 개념인 '인적 자본', '자본의 생산성' 등의 개념은 무비판적으로 사용되고 있다.

브레너는 또한 국제경쟁의 격화에 따른 국제적 과잉설비와 과잉생산의 누적이 세계경제위기의 근본 원인이라고 보고 있는데, 이는 결국 국민경제적 수준에서 보면 외인론이라고 할 수 있다. 각국 경제위기의 근본 원인이 각국 국민경제 내부가 아니라 세계시장에서의 경쟁과 과잉생산에 있다고 보기 때문이다. 브레너는 1968~1973년 이후 세계경제위기는 미국 경제의 불황에서 시작되었는데 이는 독일과 일본 상품의 미국 시장 침투에서 비롯했다고 주장한다. "미국 제조업 부문 수익성 문제의 원인은 절대적 의미에서 비용의 증가율이 아니라 그들의 주요 경쟁국들에 의해 세계시장에 부과되는 가격과 비교한 비용의 증가율이다"(Brenner, 1998b: 103). "비용 효율이 낮은 미국 생산자들이 겪은 수익성 저하는 선진 자본주의 경제 전체에서 과잉설비와 과잉생산 증대의 표현이다"(Brenner, 1998b: 111). 결국 브레너는 독일과 일본 및 동아시아 신흥공업국의 수출지향적 공업화가 세계경제위기의 근본 원인이라고 주장하는 셈인데, 이러한 공황외인론은 마르크스의 공황론과 아무런 관계도 없다.

4. 맺음말

이상에서 브레너의 세계경제위기론이 마르크스의 공황론과 크게 다르다는 사실이 확인되었다. 그렇다면 브레너의 논문에서 "마르크스의 기획이 진정으로 계승자를 발견했다"든지 브레너의 이 논문이 노벨 경제학상감이라는 ≪신좌파평론≫의 편집자 블랙번(R. Blackburn)의 평가는 지나친 과찬이다. 내가 보기에, 브레너의 논문에 명시적으로 혹은 묵시적으로 함축되어 있는 것은 마르크스주의와 무관한 제도주의와 개량주의의 정치이다.

브레너의 제도주의적 입장은 일본과 독일에서 그리고 동아시아 신흥공업국에서 후진성의 이득이 구현될 수 있었던 이유를 계급모순이 아니라 이들 나라에 특유한 '발전주의 국가'에서 찾는 데서 분명하게 드러난다. 예컨대 브레너는 동아시아 신흥공업국의 출현배경을 설명하는 과정에서 국가-기업-은행의 네트워크와 산업정책 등의 요인을 강조하는 암스덴과 웨이드의 제도주의적 논의를 무비판적으로 받아들이고 있다(Brenner, 1998b: 150). 브레너는 전에도 미국에서 산업자본과 금융자본의 대립을 강조하면서 클린턴이 집권한 후 그의 공약인 일본식 산업정책의 도입을 실행에 옮길 수 없었던 이유를 금융자본의 헤게모니에 대한 그의 굴복에서 찾고 이를 안타까워한 적이 있었다(Brenner, 1995). 자본주의 이행 논쟁에서 브레너 자신이 제기했던 계급투쟁의 관점은 세계경제위기론에서는 완전히 빠져 있다. 이는 브레너가 임금상승-이윤압박설의 비판에 주력한 나머지, 자본주의에서 노동자들의 경제투쟁이 체제 자체에 대한 어떠한 위협도 될 수 없다고 주장하는 데서도 입증된다. 브레너에게는 불황 국면에서 노동자들의 생존권 사수를 위한 경제투쟁이 체제 자체를 문제시하는 이행기 투쟁으로 나아갈 수 있다는 레닌과 트로츠키의 이행기 강령에 대한 문제의식이 완전히 결여되어 있다.[10)]

10) 다음과 같은 브레너의 서술에는 자본주의에서 노동자계급의 투쟁이 갖는 의의에 대한 불신과 비관주의마저 엿보인다. "경제투쟁에서 노동자들의 승리는 상대적으로 국지화되는 경향이 있다. 따라서 노동자의 힘의 성공적 행사로부터 발생하는 수익성의 저하 역시 국지화된다. 그런데도 고용주들에게는 살아 남기 위해서는 평균이윤율을 취득해야 한다는 전반적인 체제 전체 규모적 압박이 가해진다. 따라서 노동자들의 이득이 그들의 고용주의 이윤율을 평균 이하로 저하시키는 한, 그것은 자본축적을 둔화시키게 되고, 그리하여 중기적으로는 노동자들의 이전에 쟁취한 이득을 소멸시

브레너는 세계경제위기의 원인을 금융부문이 아니라 생산부문, 즉 국제적 과잉생산에서 찾기 때문에 위기에 대한 그의 대안은 국제적 생산 통제 같은 것으로 될 것이다. 파인 등(Fine et al., 1999)도 지적했듯이 "브레너의 접근은 순전히 (매우 소수의) 초거대 자본가들 간의 조절의 실패(coordination failure)를 문제 삼는 것"이며, "공황은 단지 자본가들의 투자계획이 시장을 통해서 어느 정도 조절되는가 하는 문제"이기 때문에, "브레너의 설명이 분명하게 함축하고 있는 정책적 의미는 수요를 충분히 높은 수준으로 설정하여 고정자본의 갱신투자를 가능하게 하는 국제적 케인스주의 정책의 부재를 개탄하는 것이다". 물론 브레너의 국제적 생산통제 접근은 세계경제위기의 원인을 국제금융자본의 투기적 운동이라고 주장하면서 국제단기자본의 투기적 운동에 대한 일국적 통제를 주장하는 '개혁적' 케인스주의자들의 자본통제론보다는 더 진보적인 것이라고 할 수 있다. 그런데도 이러한 국제적 생산통제, 결국 '일국 사회주의'로의 회귀는 마르크스주의 정치와는 상관없는 것이다. 오히려 이와 같은 국제적 생산통제는 세계적 조절을 통한 공황 회피 가능성을 인정하는 '개혁적' 케인스주의의 입장과 공명하는 것이다. 미국 경제위기의 원인을 독일과 일본 및 동아시아 신흥공업국의 수출 공세에서 찾는 브레너의 논의는 노동자계급 국제주의와는 무관한 사회애국주의에 이용될 위험조차 있다. 그래서 다음과 같은 킬미스터(Kilmister, 1998)의 비판은 정당하다.

> 브레너의 논문에서 도출될 수 있는 최상의 정치적 결론은 개량주의적인 것이다. 즉, 미국과 유럽연합 및 일본은 잘 협력해서 생산을 조절하고 시장을 평등하게 나누어야 한다는 따위의 것이다. 하지만 최악의 정치적 결론은, 각국

키는 조건들을 만들어낸다. 노동자들의 행동은 주어진 지역에서는 확실히 수익성을 감소시키지만, 일반적으로는 공황을 야기할 수 없다. 왜냐하면 노동자들의 행동은 일반적으로 공간적으로 일반화된(즉 체제 전체 규모의) 그리고 시간적으로 장기간의 수익성 저하를 초래할 수 없다"(Brenner, 1998b: 21).

경제의 문제는 자본주의의 본성 자체에서 유래하는 것이 아니라 다른 나라의 생산자들 때문이라는 반동적인 것이다. 애석하게도 브레너의 논의는 현재 경제 위기에 대한 유일한 해결책인 국제적 노동자계급 연대의 형성을 방해하고 있다.

브레너의 세계경제위기론에서 세계자본주의의 주변부에 아무런 역할이 부여되지 않은 것 역시 이러한 일국 사회주의적·개량주의적 편향의 반영일 수 있다.

제9장

21세기 자본주의의 위기 종식론 비판*

"1929년의 미국, 1931년의 독일과 영국이 거대한 붕괴가 아니라면 도대체 무엇인가? 그런데 노동자계급은 이에 대한 준비가 되어 있지 않았다. [독일과 영국의] 노동자계급은 그와 같은 순간을 기다리며 일해왔던 레닌을 갖고 있지 않았다. 그 대신 노동자계급은 수십 년 동안 힐퍼딩과 헬렌 바우어로부터 붕괴는 불가능하다고 들었다. 노동자계급이 이렇게 잘못 인도되었기 때문에 지배계급은 공황을 극복하고 붕괴를 이겨낼 수 있었다"(그로스만. Kuhn, 2004: 208에서 재인용).

1. 머리말

최근 미국경제는 5년 만에 다시 불황에 빠져들고 있는 것 같다. 얼마 전 발표된 2006년 2/4분기 미국경제 지표는 명백한 경기둔화 조짐을 보이고 있다. 그래서인지 미국 연방준비제도이사회 의장 버냉키(B. Bernanke)는 2006년 8월 8일 예상되었던 연방기금 금리 추가 인상을 하지 않았다. 크루그만(P. Krugman), 루비니(N. Roubini), 드용(B. DeLong), 팰리(T. Palley), 로우치

* 이 장은 정성진(2006c)을 수정·보완한 것이다.

(S. Roach) 등 세계의 유수한 경제예측 전문가들은 2006년 말 혹은 2007년 미국경제와 세계경제의 불황을 점치고 있다. 크루그만은 세계경제에 불황 혹은 최소한 경기둔화가 임박했다면서, 미국의 경우 "5년 전(2001년) 불황을 야기했던 힘들이 아직 사라지지 않았다는 사실이 중요"하며, "기업 지출이 기술주 거품 붕괴 이후 침체에서 회복되지 못했고, GDP에 대한 비주거 투자의 비율이 바닥에서 약간 상승하긴 했지만 1990년대 말의 수준에는 여전히 한참 미치지 못하며, 2000년 이후 무역적자가 두 배로 되었다"는 점에 주목한다. 또한 루비니도 세계경제가 2006년 중 미국의 부동산 거품 붕괴에 따른 '소비 위축(consumer burnout)'에서 시작하여 미국으로부터 '자본 이탈(foreign flight)'로 이어지면서 불황에 빠져들 확률이 70퍼센트 이상 된다고 예측한다(Roubini, 2006).

그럼에도 불구하고 뒤메닐(G. Duménil), 레비(D. Lévy), 파니치(L. Panitch), 진딘(S. Gindin), 글린(A. Glyn), 샤이크(A. Shaikh), 페트라스(J. Petras) 등 상당수 저명한 좌파 정치경제학자들은 세계경제가 지난 1970년대 이후 구조적 위기에서 벗어났다고 주장한다. 파니치와 진딘, 페트라스는 오늘날 좌파가 대중의 지지를 받지 못하고 있는 이유 중의 하나는 좌파들이 현실을 직시하지 못하고 습관적으로 위기론을 되풀이해 온 때문이라고도 주장한다.[1)]

이 글은 이처럼 최근 좌파 일각에서 제기되고 있는 구조적 위기 종식론을 비판적으로 검토한 다음 마르크스의 자본주의 위기론의 타당성을 이윤율의 저하이론을 중심으로 재확인할 것이다. 그리고 일부 좌파가 주장하듯이 케인스주의가 21세기 자본주의 위기에 대한 대안이 될 수 있을지도 검토할 것이다.

---

1) "지속적인 성장을 마주하면서도 종말론적으로 거대한 몰락을 전망하는 것 이상으로 미국 좌파들의 신용을 떨어뜨리고 있는 것은 없다"(Petras, 2006). "좌파들은 자본주의가 얼마나 위기에 잘 빠지는지를 확인하는 데 열중한 나머지(물론 의심할 나위 없이 이렇게 하는 것이 체제에 대한 반대를 동원하는 것을 쉽게 할 것이라는 기대하에), 그들은 국가가 위기를 봉쇄할 수 있는 능력의 문제에 너무 관심을 기울이지 않았다"(Panitch and Gindin, 2002: 34).

2. 구조적 위기 종식론의 검토

1) 뒤메닐과 레비

뒤메닐과 레비는 다음과 같이 주장한다. "자본 수익성 추세의 회복은 실제로 아주 뚜렷하다. 1997년 미국경제의 이윤율은 1970년대 초의 수준을 다시 회복했고 유럽에서는 이윤율이 1960년대 중반 수준에까지 도달했다. …… 지난 20년 동안 나타난 이윤율의 상승은 자본생산성의 증가와 임금 증가의 둔화라는 두 가지 변화에 기인한다. …… 우리는 (노동, 특히 생산량과 관련된) 생산에 필요한 고정자본량의 증가를 본질적인 특징으로 하는 마르크스가 분석한 궤적을 이미 넘어서 있다. …… 1970년대의 위기가 극복된 것은 이윤율의 상승에서 뚜렷이 알 수 있다. 그 이면에는 임금비용의 정체와 자본생산성의 상승이 함께 작용해 고정자본(건물과 기계)의 절약을 촉진한 것이 중요했다. 특히 자본생산성의 상승이 가장 두드러졌으며, 그로 인해 이윤율 하락이 역전되어 새로운 성장의 길로 들어 설 수 있었다"(Deménil and Lévy, 2006: 93~94, 201~202).

뒤메닐과 레비가 마르크스의 이윤율 이론을 체계화하고 실증 분석으로 구현한 공헌은 인정되어야 한다. 그러나 이들은 마르크스의 가치론의 현실 분석에의 직접 적용을 배제한다. 그리고 마르크스의 생산노동과 비생산노동의 구별의 중심적 의의를 부정한다. 이들은 또한 이윤율의 저하의 원인을 마르크스가 말한 자본의 유기적 구성의 고도화에서 찾기보다 생산성의 저하에서 찾는다. 이들은 1970년대 이후 시작된 세계경제의 구조적 위기는 1979년 '신자유주의 쿠데타('볼커' 쇼크)'를 분수령으로 극복되기 시작했으며, 1980년대 이후 자본주의 세계는 이른바 '마르크스의 시대(á la Marx)'를 넘어섰다고 주장한다. 게다가 이들은 후술하듯이 최근 점차 케인스주의로 후퇴하고 있다.

뒤메닐, 레비와 달리 마르크스의 가치론은 현실 분석에 직접 적용될 수 있으며, 생산노동과 비생산노동의 구별은 마르크스 이론에 핵심적일 뿐만 아니라 여전히 유효하다고 판단된다. 그리고 이윤율은 생산성의 저하 때문이 아니라 마르크스가 논증했듯이 자본의 유기적 구성의 고도화 때문에 저하한다. 그리고 21세기도 19세기, 20세기와 마찬가지로 여전히 '마르크스의 시대'이며, 21세기 오늘 세계경제는 1970년대 이후 시작된 구조적 위기에서 여전히 벗어나지 못하고 있는데, 이는 이윤율의 장기적 저하가 지속되고 있는 사실에서 확인될 수 있을 것이다. 실제로 뒤메닐과 레비의 이윤율 계산 결과 자체가 오늘날 위기가 종식되었다는 그들의 주장을 입증해 주지 못하는 것으로 보인다. 즉, 뒤메닐과 레비(Deménil and Lévy, 2006: 44. <그림 3>)에서 보듯이, 미국의 이윤율은 2000년이 되어도 그동안 저하한 것 전체의 절반도 회복하지 못했으며, 1948년 이윤율의 절반밖에 안 되며, 1956~1965년 이윤율의 60~70퍼센트 수준 정도였다. 뒤메닐과 레비의 이윤율 계산 결과는 오히려 브레너(R. Brenner)의 이윤율의 장기적 저하의 지속 명제와 부합된다.

2) 파니치와 진딘

파니치와 진딘도 오늘날 미국경제를 중심으로 한 세계경제는 이미 1970년대 이후의 구조적 위기에서 벗어났다고 주장한다. "지난 20년간(1984~2004년) 미국의 성장률은 3.4퍼센트였다. 이는 황금시대 이전 모든 시기, 1830~1970년, 1870~1913년 및 1913~1950년의 성장률보다 높을 뿐만 아니라 이 시기 다른 G7 국가들의 성장률보다도 높았다. …… 미국 기업이 국내외 활동에서 수취하는 세금 공제 후 법인이윤이 미국 GDP에서 차지하는 비중은 1945년 이후 가장 높다"(Panitch and Gindin, 2005: 113~114).

파니치와 진딘은 또한 21세기 세계정치경제 정세는 미국이라는 최강제국주의를 중심으로 안정적으로 유지되고 있다면서, 미국의 헤게모니가 약화되고 있다는 월러스틴(I. Wallerstein)이나 아리기(G. Arrighi)의 견해, 혹은 미국과 유럽, 일본, 중국, 러시아 간에 새로운 지정학적 경쟁이 격화되고 있다는 캘리니코스(A. Callinicos)의 견해를 거부한다.

파니치와 진딘이 월러스틴, 아리기 등의 미국 헤게모니의 쇠퇴론을 비판하는 부분은 타당한 점이 있다. 특히 브레턴우즈 체제의 붕괴를 미국 헤게모니의 퇴조가 아니라 재편성 전략, 예컨대 고완(P. Gowan)이 말하는 '달러-월스트리트 체제'로의 이행으로 해석한 것은 마르크스주의적 제국주의 분석에 대한 중요한 기여이다. 그럼에도 불구하고 이들이 미국 헤게모니의 취약성 및 지정학적 경쟁의 중요성을 경시하는 것은 오늘날 미국 제국주의 지배의 현실과 부합되지 않는다. 무엇보다 오늘날 미국경제의 구조적 위기가 종식되었다는 이들의 주장은 뒤에서 보듯이 미국에서 이윤율의 장기적 저하가 지속되고 있다는 사실에 의해 논박된다.

3) 글린

'이윤압박설(profit squeeze)'로 유명한 글린도 최근 "자본주의의 힘과 안정성에서 결정적 회복"이 이루어졌다면서 다음과 같이 주장한다. "2000년이 되면 주가는 이전의 하락을 전부 만회했다. 파업은 거의 사라졌다. 인플레 압력은 억제되었으며 실질임금도 전혀 위협적이지 않은 속도로 증가하고 있다. 이윤은 상당히 회복되었다. …… 사적 자본의 지배를 위협하는 급진적인 운동은 없어졌다. 새로운 위협이 나타나긴 하지만 1970년대의 도전은 결정적으로 격퇴되었다. …… 미국의 세금 공제 전 이윤율은 1997년 피크에 도달했는데 이는 1970년대 이후 달성했던 그 어떤 수준보다도 높았다. 세금 공제 후 이윤율은 1960년대의 짧은 시기를 제외하면 어떤 전후 시기보다도 높았다. …… 2004년이 되면 이윤율은 이전 30년 평균 수준을 회복했으며 세금 공제 후 이윤율로 보면 이를 넘어섰다. 즉, 무자비한 비용 삭감은 급속한 생산성 증가로 반영되었으며, 수익성을 상당히 회복시켰다. …… 전체적으로 경제성과가 괄목할 만하지 못하다는 사실이 체제가 위기에 있음을 의미하지는 않는다. 현재 부유한 나라들에서 체제로서 자본주의를 심각하게 위협하는 어떤 경쟁자들도 존재하지 않는다"(Glyn, 2006: 22~23, 136, 151).

글린은 오늘날 자본주의의 모순을 주로 신자유주의로 인한 분배의 악화, 불균형에서 찾으면서 사회민주주의, 개량주의적 입장을 분명히 한다. 그러나 이러한 글린의 주장과는 달리 오늘 세계경제는 단지 양극화, 혹은 불균형만이 아니라 위기가 여전히 문제적으로 나타난다. 즉, 세계경제는 1970년대 이후 이윤율 저하의 위기를 아직 극복하지 못하고 있다는 것이다. 글린이 강조하듯이 1980년대 이후 자본의 반노동 공세가 강화되면서 계급 역관계가 자본의 우위로 재편되었음에도 불구하고, 21세기 들어서도 이윤율의 온전한 회복이 이루어지지 못하고 구조적 위기가 계속되고 있다는 사실은 글린의 지론인 '이윤압박설'이 타당치 못함을 보여준다.

4) 페트라스

페트라스는 최근 미국경제의 이윤율 상승을 주된 근거로 하여 미국 자본주의 위기론을 다음과 같이 비판한다. "지난 열두 번의 연속 사분기 동안 미국 기업의 이윤은 최소한 10 퍼센트씩 증가해 왔다. 이윤율은 2007년에도 계속 증가할 것이다. …… 수년 동안 계속되는 두 자리 수 이윤 증가는 쇠퇴하는 자본주의의 지표가 아니다"(Petras, 2006).

페트라스는 세계경제위기 분석보다는 미국 제국주의와 남미의 정치경제 상황에 대한 통찰력 있는 분석으로 잘 알려져 있다. 최근의 수익성 개선이 주로 노동 착취 강화에 기초한 것이라는 주장이나, "자본주의의 핵심적 문제는 착취 강화로부터 결과된 불평등의 증가"(Petras, 2006)라는 주장은 물론 타당하다. 그리고 "자본주의 혹은 다른 어떤 생산양식도 새로운 계급이 그것을 전복하고 그것을 사회주의 체제로 대체할 수 있지 못한다면 숱한 위기에도 불구하고 살아남을 수 있다"(Petras, 2006)는 주장도 타당하다. 또 "새로운 사회정치 운동, 지도자와 활동가들이 '자본주의의 임박한 붕괴'를 예언하는 이들에 영합하지 않고 '국부'(아담 스미스)의 '더러운 비밀'(마르크스)인 노동 착취와 계급투쟁에 대한 심층적 분석에 착수할 때에야 비로소 자본주의의 붕괴와 대체를 향한 출발을 할 수 있다"(Petras, 2006)는 결론도 타당하다.

하지만 페트라스가 최근 주장하는 구조적 위기 종식론은 사실과 부합되지 않는다. 또한 최근 세계정세는 자본의 위기가 아니라 '노동의 위기'라는 페트라스의 주장은 얼마 전 노무현 대통령의 '경제위기설'에 대한 공격, 그리고 우리나라 진보 진영 일각에서 오래 전부터 제기되어 온 '노동운동 위기론'과 닮은꼴이다. 페트라스가 이윤율의 일시적 반등을 구조적 위기의 종식과 동일시하고, 노동 착취의 강화를 '노동의 위기'라고 표현하는 것은 명백히 잘못된 것이다.

5) 샤이크

샤이크는 브레너의 1970년대 이후 장기불황론을 비판한 논문(Shaikh, 1999)에서 전후의 장기호황 혹은 황금시대라는 관념 자체에 의문을 제기하고, 이윤율의 장기적 저하 추세는 1970년대 이후 새롭게 나타난 현상이 아니라, 전후 계속 지속되어 온 현상이었다고 주장한다. 샤이크에 따르면, "1965~1970년 미국 제조업 부문의 수익성의 저하는 진행 중인 장기적 저하 추세가 선행 시기인 1958~1965년 순환적 상승의 정상적 반전과 결합된 결과"로 해석되어야 한다. 또한 샤이크는 전후 계속된 이윤율의 "이러한 장기적 저하 추세는 1982년 레이건이 주도한 노동에 대한 공격 이후 폭력적으로 반전되기까지 계속되었다"(Shaikh, 1999: 111)고 주장한다. 요컨대 전후 자본주의의 구조적 위기가 1980년대 초 이후 종식되었다는 것이다.

프랑스의 제4인터내셔널 계열 경제학자 위송(M. Husson)도 샤이크와 비슷한 맥락에서 1980년 이후 이윤율의 장기적 상승을 주장한다. "마르크스주의 경제분석에서 기묘한 점의 하나는 실제로 이윤율이 15년 이상 지속적으로 상승하고 있는데 이윤율의 저하를 논의한다는 것이다. 이윤율은 1981~1982년 경부터 분명하게 상승하기 시작했다. …… 1975년에서 1980년까지 짧은 케인스주의적 과도기 후 오늘날과 같은 신자유주의 국면이 시작되었는데, 이는 이윤율의 상승 경향과 계속 정체 상태인 다른 변수들 간의 점증하는 괴리가 특징이다. 다시 말해서 현대자본주의는 높은 수준의 수익성과 보잘것 없는 생산성 및 성장의 새로운 조합이 특징이다"(Husson, 1999: 84, 97).

샤이크는 몇 년 전부터 케인스주의 경향의 레비 연구소(The Levy Economic Institute of Bard College)에 가담하고 있는데, 이는 그가 구조적 위기 종식론으로 선회한 것과 무관하지 않은 듯하다.

3. 21세기 자본주의의 현황과 전망

1) 이윤율의 장기 저하 추세의 지속

앞에서 검토한 구조적 위기 종식론자들은 뉘앙스의 차이는 있지만, 1980년 경을 경계로 하여 세계경제 특히 미국경제에서 이윤율이 상승 추세로 반전되었다고 보는 점에서는 공통적이다. 하지만 <그림 9-1>에서 제시한 계산 결과 이들의 견해와 다르게 나타난다. <그림 9-1>에서 보듯이 2004년 현재 미국 자본주의 경제의 핵심이라고 할 수 있는 비금융 법인부문

<그림 9-1> 미국의 비금융 법인부문 세금 공제 전 이윤율, 1950~2004

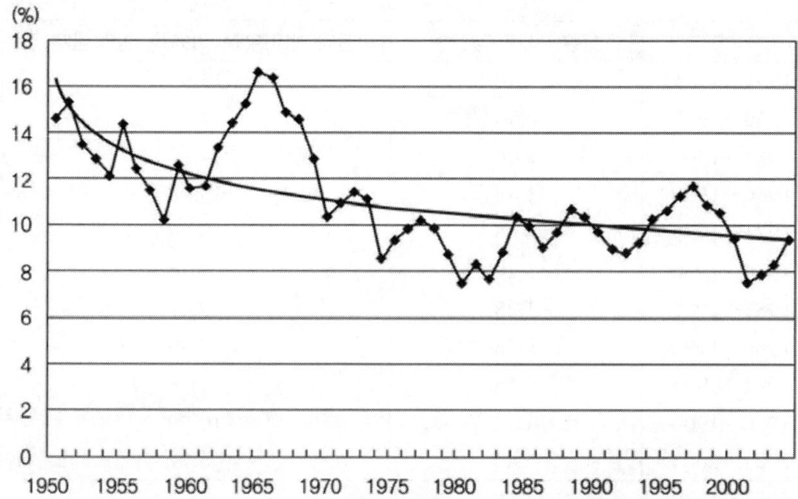

주: 1) 비금융 법인 세금 공제전 이윤율은 비금융 법인 세금 공제전 영업잉여에서 '기업 경상 이전지출'을 뺀 값을 비금융법인 '비주거 순고정자본스톡'으로 나누어 계산.
2) 추세선은 로그 추세선.

자료: 1) 비금융 법인 세금 공제전 영업잉여: "U.S. Department of Commerce Bureau of Economic Analysis," *National Income and Product Accounts*, Table 1.14. line 24(net operating surplus)-line 26 (business current transfer payment), www.bea.gov
2) 비금융 법인 '비주거 순고정자본스톡': "U.S. Department of Commerce Bureau of Economic Analysis, Fixed Asset Table", Table 4.1. line 28(non-financial), www.bea.gov

(non-financial corporate sector)의 이윤율은 1970년대 이후 장기적 저하 추세에서 아직 벗어나지 못했다. <그림 9-1>은 오히려 2004년 현재 미국경제가 아직도 1970년대 이후 시작된 이윤율의 장기적 저하의 연장선상에 있음을 분명히 보여준다. 즉, 비금융 법인부문의 세금 공제 전 이윤율은 1950~1960년대 '황금시대' 동안 평균 13퍼센트의 높은 수준에서 등락하다가, 1965년 16.59퍼센트를 피크로 저하하기 시작하여 1980년 7.48퍼센트(이는 1965년 피크에서 반 토막 난 것이다)로 바닥을 친 후 다시 완만히 상승하여 1997년 11.73퍼센트까지 회복되었지만(이는 1965년 피크 대비 70퍼센트 수준에 불과하다), 그 후 다시 저하하여 2001년에 7.56퍼센트(이는 1980년 바닥과

<표 9-1> 미국의 연평균 실질 GDP 성장률 및 비금융 법인부문 이윤율, 1951~2005

단위: %

	실질 GDP 성장률	비금융 법인부문 이윤율(세금 공제 전)
1951~1955	4.50	13.63
1956~1960	2.50	11.65
1961~1965	5.00	14.26
1966~1970	3.42	13.78
1971~1975	2.76	10.28
1976~1980	3.70	9.23
1981~1985	3.28	9.01
1986~1990	3.28	9.89
1991~1995	2.46	9.59
1996~1900	4.12	10.79
2001~2005	2.40	8.27
1951~1970	3.86	13.33
1971~1980	3.23	9.75
1981~2005	3.11	9.56

주: 비금융 법인부문 이윤율은 2005년 자본스톡 수치가 제공되지 않아, 2001~2005년 및 1981~2005년 평균은 2001~2004년 및 1981~2004년 평균으로 계산함.

자료: 1) 실질 GDP 성장률: "U.S. Department of Commerce Bureau of Economic Analysis", *National Income and Product Accounts,* Table 1.1.1. line 1(Gross domestic product) www.bea.gov

2) 비금융 법인부문 이윤율: <그림 9-1>과 동일.

같은 수준이다)까지 내려갔다가, 다시 2001~2004년 회복과 함께 반등하여 2004년 9.42퍼센트를 기록했다(하지만 이는 1965년 피크 대비 57퍼센트 수준, 전고점 1997년 대비 80퍼센트 수준에 불과하다).

또한 <표 9-1>에서 보듯이 2001~2005년 미국의 연평균 실질 GDP 성장률과 비금융법인 부문 이윤율의 평균치는 1951년 이래 5년 단위로 계산한 모든 기간 중 가장 낮았다. 특히 구조적 위기 종식론자들이 미국경제가 회복되기 시작했다고 주장하는 1980년대 이후 시기, 즉 1981~2005년 동안 미국의 연평균 실질 GDP 성장률은 3.11퍼센트로서 1950~1960년대 장기호황기의 3.86퍼센트보다 낮을 뿐만 아니라, 구조적 위기가 폭발한 1970년대 3.23퍼센트보다도 낮았다. 이와 마찬가지로 1981~2004년 미국의 비금융 법인부문의 이윤율의 평균치도 9.56퍼센트로서 1950~1960년대의 13.33퍼센트에서 비해 낮았을 뿐만 아니라, 이윤율이 급락했던 1970년대의 9.75퍼센트보다도 낮았다. 이는 1980년대 이후 이윤율이 장기적으로 상승하고 있다는 구조적 위기 종식론자들의 주장이 사실과 부합되지 않음을 분명히 보여준다. 2001년 이후 이윤율의 상승은 장기적 상승의 일부가 아니라 장기적 저하가 지속되는 가운데 순환적 반등에 불과했으며, 이조차 2006년 말 불황이 임박하면서 다시 저하국면으로 들어선 듯하다.

파니치와 진딘 등 구조적 위기 종식론자들의 주장과는 정반대로 21세기 세계경제는 아직 1970년대 이후 장기불황을 극복하고 있지 못하다. 이는 1970년대 이후 장기불황을 초래한 근본 문제, 즉 "체제 전체 규모에서의 제조업 과잉설비로 인한 수익성 감소"(Brenner, 2005: 238)를 극복하지 못하고 있기 때문이다. 브레너가 말한 대로, "미국, 유럽 및 일본에서 전후 호황의 시작 및 지속을 가능하게 했던 것은 1940년대 말 이윤율의 상승과 그 다음 20년 동안 이의 유지였다. 전후 호황을 종식시켰던 것은 1965년과 1973년 사이 총이윤율의 급락이었다. 2000년이 되어도 세계경제와 미국에 어떤 분명한 회복이 없는 까닭은 수익성이 회복되지 않았기 때문이다"(Brenner, 2005: 214).

2) 취약한 회복, 혹은 임박한 불황과 모순

세계경제는 단기적으로 새로운 장기호황을 맞이하기 어려울 것으로 전망된다. 이는 세계경제의 가장 큰 엔진인 미국경제의 지난 2001년 이후 회복이 매우 취약하고 불안정하기 때문이다. 부시 정권하에서 미국경제의 회복은 미국 노동자계급에 대한 착취 강화와 전 세계 노동자계급으로부터의 제국주의적 잉여가치 이전에 기초한 것이었으며, 또 역사상 유례없는 규모로 누적된 부채 — 가계 부채와 정부 부채 및 대외 부채 — 위에 이루어진 것이었다. 특히 이라크 전쟁 수행을 위한 군비지출 증가와 부유층에 대한 감세 및 저금리하에서 '부동산 가격 거품 → 부동산 담보 대출 증가 → 소비지출 증가'의 메커니즘이 지난 2001년 이후 미국 경제의 회복을 뒷받침했다. 이와 같은 가계 부채와 정부 부채는 대외 부채, 특히 경상수지 적자의 누적 (2005년 말 현재 8,049억 달러로 GDP의 7퍼센트)으로 반영되었다(Shaikh et al., 2005: 59). 또한 이와 같은 엄청난 규모의 경상수지 적자와 저금리가 동시에 유지될 수 있었던 것은 중국, 일본, 한국과 같은 대미 수출 흑자 국가들이 자국 수출에 타격을 줄 수 있는 자국 통화 가치 절상을 회피할 목적으로 미국 정부 채권을 대량 구입했으며, 이 과정에서 달러화가 미국으로 다시 환류되었기 때문이다(Glyn, 2005: 12～13). 요컨대 2001년 이후 미국경제의 회복은 '폰지 게임'과도 같은 "불균형한 세계의 인위적 회복"(Roach, 2006)으로서 조만간 종식될 수밖에 없는 취약한 회복이었다.

2006년 말 혹은 2007년에 불황이 닥칠 경우 이는 지난 2001년 불황보다 더 심각할 것이다. 그 이유는 우선 대처할 정책 수단이 마땅치 않기 때문이다(Palley, 2006). 2001년 불황 때는 클린턴 시기 '균형예산' 정책 등으로 조성된 재정흑자를 재원으로 정부지출을 증대시켜 불황의 확산을 막을 수 있었지만,[2] 지금은 그동안 부시의 이라크 전비 지출, 부유층 감세 등으로 재정적자가 2006년 중 무려 4,230억 달러(GDP 대비 3.3퍼센트 규모)로 누적될 전망이어서, 정부지출의 추가적 증대를 통해 대처하기가 쉽지 않다. 또 2001년 불황 시에는 그린스펀(A. Greenspan)이 연방기금 금리를 2001년 1월 6.5퍼센트에서 2003년 6월 1퍼센트까지 무려 13번이나 연속적으로 인하한(2001년

2) 2000년 미국 연방재정은 2,360억 달러 흑자였지만 3년 뒤에는 3,780억 달러의 적자를 기록했다. 즉, 총 6,140억 달러의 연방정부 지출(이는 GDP의 약 6퍼센트에 해당된다)이 불황의 심화를 막고 경기 회복을 가져오는 데 중요한 역할을 했다(Palley, 2006).

한 해에만 11차례 인하) 데서 보듯이 금리 인하 정책을 효과적으로 운용할 수 있었지만, 2006년에는 유가 앙등과 원자재 가격 급등으로 인해 인플레 압력이 가중되고 있기 때문에 금리 인하 정책 운용의 여지가 거의 없다. 게다가 다음 불황은 미국의 부동산 거품 붕괴에서 시작될 공산이 큰데, 이 경우 소비지출과 거시경제에 미칠 위축 효과는 2001년 주식시장 거품 붕괴가 미친 효과보다 훨씬 광범위하고 심각할 것이다(Roubini, 2006). 또 2001년 불황이 닷컴 기업 주가 폭락에서 시작되었기 때문에, 세계 다른 나라들의 미국에 대한 수출 수요의 위축 효과는 상대적으로 적었지만, 다음 불황은 미국에 대한 다른 나라들의 수출 수요와 직결된 미국의 소비 위축에서 시발될 공산이 크기 때문에, 세계경제에 미칠 위축 효과는 훨씬 클 것이다(Palley, 2006).

한편 21세기에도 계속 가속화될 세계화, 금융화, 정보화, '신경제' 혹은 '지식기반경제'는 부르주아와 일부 좌파의 기대와는 달리 자본주의 위기에 대한 처방이 되지 못할 것이다. 우선 세계화는 지구적 규모에서 양극화를 심화시키고 있다. 프리만(A. Freeman)이 지적했듯이, 양극화 경향은 이윤율의 저하 경향과는 달리 저하와 상승이 주기적으로 반복되는 것이 아니라, 양극화 일변도로 진행된다는 점에서 더 심각한 문제이다(Freeman, 2003: 114, 116). 중국과 소련, 인도 등의 사적 개방적 자본주의로의 전화는, 프리드만(T. Friedman)이 『평평한 세계』에서 강변하듯이, 세계를 "평평하게" 하는 것이 아니라 세계적 양극화를 더욱 심화시키고 있다.[3] 프리만(R. Freeman)에 따르면 지난 세기말부터 중국과 인도, 소련 등이 세계경제에 본격적으로 참가하면서 세계노동력은 정확히 두 배나 증가했으며, 이에 따라 '자본/노동 비율'은 무려 55퍼센트 내지 60퍼센트나 저하했다(Freeman, 2005). 즉, 2000년 중국과 인도, 소련을 제외하고 세계노동력을 계산하면 14억 6,000만 명이었지만, 이들을 포함할 경우 세계노동력은 정확히 그 두 배인 29억

3) 최근 세계적 양극화 현상에 대한 논의로는 정성진(2006a)을 참조할 수 있다.

3,000만 명이나 되었다. 이처럼 엄청난 규모의 산업예비군이 세계경제에 유입되면서 세계적 차원에서 자본의 유기적 구성의 고도화에 브레이크가 걸리고 있다. 이는 선진국에서도 노동의 교섭력을 약화시켜 임금 몫을 대폭 저하시킬 수 있다(Glyn, 2006: 153~154). 하지만 이로 인한 세계적 차원에서 이윤율 상승 요인은 이들 지역(특히 중국)에서 진행되고 있는 급속한 불균등 결합발전 과정에서 격화되는 모순에 의해 이내 상쇄될 것이다.[4] 또한 세계화는 네그리(A. Negri)나 파니치, 진딘과 같은 금융세계화론자들의 예상과는 달리 지구적 규모에서 지정학적 경쟁을 격화시키고 있다. 캘리니코스가 지적했듯이, "대부분의 자본주의 국가들이 신자유주의를 표방한다는 사실이 그들 간에 잠재적으로 불안정적인 이해관계의 갈등이 존재하지 않음을 의미하는 것은 아니다"(Callinicos, 2006a: 201).

한편 파니치와 진딘은 금융화를 미국경제의 취약성, 기생성의 표현이 아니라 미국경제의 새로운 경쟁력을 보여주는 것으로 해석해야 한다고 주장한다.[5] 이와 같은 맥락에서 코닝스(M. Konings)는 흔히 미국경제의 취약성의 지표로 이야기되는 미국의 천문학적 채무도 오히려 미국의 자산으로 재해석되어야 한다고 주장한다. 왜냐하면 "미국의 채무는 미국의 금융체제와 달러의 변덕에 대해 다른 나라들을 더(덜이 아니라) 취약하게 하기 때문이다"(Konings, 2005: 202).[6] 그러나 1990년대 이후 금융화는 파니치와 진딘 등의 주장과는 반대로 자본을 합리적으로 배분하는 데 기여했기는커녕 주식

4) 중국경제의 고도축적 과정에서 격화되는 모순에 대한 최근의 논의로는 이정구(2006)를 참조할 수 있다.

5) 같은 맥락에서 위송은 "금융의 지배는 자본주의가 적절하게 기능하는 것을 방해하는 기생성의 형태"가 아니며, 오히려 "금융 덕분에 현대자본주의는 자신을 포위하고 규제했던 모든 것들로부터 해방되어 더 '순수하게' 기능하게 되었다"라고 주장한다(Husson, 2005).

6) 이와 비슷한 맥락에서 페트라스도 "미국 금융부문의 역동적인 팽창은 쇠퇴의 신호가 아니라 고도로 효율적인 직접적 및 간접적 착취 형태의 신호"임을 강조한다(Petras, 2006).

거품과 부동산 거품의 엄청난 팽창과 붕괴를 초래했을 뿐이다. 금융화란 이른바 '금융주도적 축적체제'와 같은 자본주의의 새로운 국면을 지시하는 것이 아니라, 마르크스가 『자본론』 제3권에서 이미 체계적으로 분석한 과잉 축적 위기 국면에서 나타나는 화폐자본 축적과 생산자본 축적의 괴리 현상일 뿐이다.[7)]

또한 정보화, 디지털혁명, '신경제' 혹은 '지식기반경제'의 도래와 함께 세계가 마침내 마르크스의 가치법칙의 경계를 넘어서게 된 것은 아닌가 하는 주장이 좌파 일각에서, 특히 네그리(A. Negri) 등 자율주의자들에 의해 제기되고 있다.[8)] 하지만 지난 2001년 불황 과정에서 드러난 IT 부문의 엄청난 과잉축적과 주가 거품에서 확인되었듯이, 정보화, 디지털혁명, '신경제' 혹은 '지식기반경제'는 마르크스가 말한 생산성 향상과 가치 감소 및 과잉축적과 거품 붕괴의 메커니즘이 오히려 가장 고전적 방식으로 작동한 영역이었다. 그리고 미국경제에서 생산성 상승률은 최근 현저하게 둔화되고 있는데,[9)] 이는 지난 세기말 이후 IT 투자와 인터넷 보급에 주로 기인했다는 이른바 '생산성 기적(productivity miracle)'도 거의 소진되었음을 보여준다 (Guha, 2006).

4. 마르크스의 자본주의 위기론과 이윤율 저하이론

오늘날 마르크스주의자들 사이에서는 마르크스의 자본주의 위기론의 핵

7) 마르크스 공황이론에서 화폐와 신용, 금융의 역할에 대한 최근의 논의로는 Evans(2004)를 참조할 수 있다.

8) 예컨대 들뢰즈·네그리 외(2005).

9) 미국 비농업 사업부문(non-farm business sector)의 연평균 생산성(시간당 산출) 증가율은 2002년 4.1퍼센트를 고점으로 2003년 3.7퍼센트, 2004년 3.0퍼센트, 2005년 2.3퍼센트로 계속 저하하고 있다. www.bls.gov

심이 『자본론』 제3권의 이윤율의 저하이론에 있다는 점은 대체로 승인되고 있다. 하지만 그렇게 되기까지는 상당한 우여곡절이 있었다. 주지하듯이, 『자본론』 제3권이 출판된 1894년에서부터 1929년 그로스만의 『자본주의 체제에서 축적과 붕괴의 법칙』(Grossman, 1992)이 출판된 1929년까지 35년 동안 제2인터내셔널은 물론이고 1920년대 코민테른에서도 마르크스주의 자본주의 위기론의 '정통'을 경쟁했던 것은 과소소비설과 불비례설이었다. 게다가 『자본론』 제3권의 이윤율의 저하이론은 그로스만에 의해 마르크스의 위기론의 핵심임이 분명하게 논증되었음에도 불구하고, 이는 1970년대 마르크스주의 공황 논쟁에서 이른바 '근본주의자'들[로스돌스키(R. Rosdolsky), 마틱(P. Mattick), 야페(D. Yaffe) 등]에 의해 '재발견'될 때까지 마르크스주의 경제학의 주변부에 박제된 상태로 방치되어 있었다. 스탈린주의자들이 '정통' 자본주의 위기론으로 교조화한 것은 제2인터내셔널 마르크스주의의 과소소비설과 불비례설의 희화적 절충이었다.[10]

이윤율의 저하이론을 중심으로 자본주의 위기를 설명해야 한다는 사실에 대체로 공감대가 이루어진 계기는 1970년대 마르크스주의 공황 논쟁이었다.[11] 그리고 마르크스의 이윤율의 저하이론은 지난 세기말 '제2차 브레너 논쟁'[12]에서 실증 분석으로 구체화되고 있다. 오늘날 좌파라면 이윤율 개념의 중심적 의의에 관한 다음과 같은 브레너의 정식화에 대체로 동의할 것이다.

> 이윤율은 자본가들이 주어진 양의 자본스톡으로부터 추출할 수 있는 잉여의

10) 제2인터내셔널 마르크스주의와 스탈린주의의 관계에 대한 논의로는 이 책 3장을 참조할 수 있다.

11) 1970년대 마르크스주의 공황 논쟁에 대한 개관으로는 김수행(1986)을 참조할 수 있다.

12) 브레너의 『혼돈의 기원』(Brenner, 2001) 출간을 둘러싼 '제2차 브레너 논쟁'에 대한 검토로는 이 책 8장 및 정성진(2001)을 참조할 수 있다.

규모를 표현하고 미래 이윤에 대한 최상의 이용 가능한 예측치를 제공하기 때문에, 투자와 고용의 증가 및 경제성장의 핵심적 결정요인이다(Brenner, 2005: 212).

마르크스의 이윤율의 저하이론에 대한 비판은 물론 오늘도 계속되고 있다. 그중 대표적인 것은 주지하듯이 '오키시오 정리(Okishio Theorem)'인데, 그 요지는 마르크스의 이윤율의 저하이론은 논리적으로 모순이며, 자본주의에서 기술혁신은 이윤율을 상승시킨다는 것이다. '오키시오 정리'는 로머(J. Roemer), 스티드만(I. Steedman)과 같은 신리카도주의자들의 금과옥조이고, 브레너와 같은 마르크스주의자들에 의해서도 수용되고 있지만, 카르체디(G. Carchedi), 프리만, 클리만(A. Kliman)을 비롯한 '시점 간 단일체계(Temporal Single System, TSS)' 해석에 따르면 마르크스의 이론에 대한 철저한 무지와 오해의 산물일 뿐이다. 여기에서는 주로 TSS 해석을 원용하면서 마르크스의 이윤율 저하이론의 타당성을 재확인할 것이다.[13]

신리카도주의자들에 따르면 이윤율 저하는 기술혁신, 즉 생산성 상승 때문이 아니라 생산성 저하나 실질임금 상승 때문에 발생한다. 그러나 이는 자본주의에서 이윤율의 저하는 생산성 저하가 아니라 생산성 상승의 결과라는 마르크스의 다음과 같은 언명과 정면으로 배치된다. "노동이 보다 덜 생산적으로 되기 때문에 이윤율이 저하하는 것이 아니라, 노동이 좀 더 생산적으로 되기 때문에 이윤율이 저하하는 것이다"(마르크스, 1990: 285). 생산성의 상승이 수익성을 악화시킨다는 논리는 불합리한 것처럼 보이지만, 이와 같은 불합리는 자본주의적 생산양식의 불합리의 표현이다. 자본주의의 기본모순은 상품생산에서 사용가치와 가치의 모순인데, 자본주의에서 생산력의 발전은 사용가치량은 증대시키지만 사용가치 단위당 가치는 감소시킨

13) TSS 해석을 '전형문제'를 중심으로 우리나라에 소개한 것으로는 김창근(2005)이 있으며, 이 책 1장을 참조할 수 있다.

<그림 9-2> 자본순환과 이윤율 저하

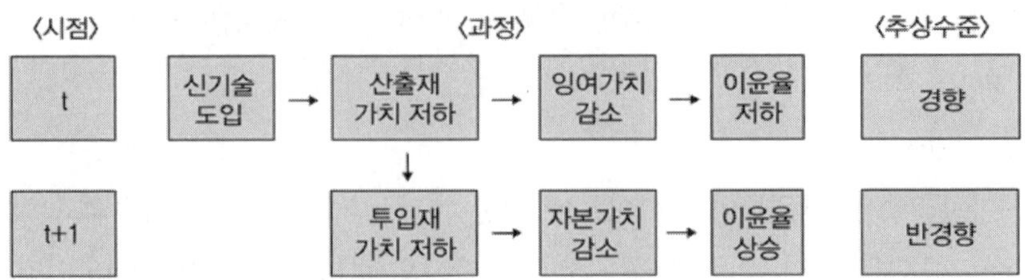

다. 즉, 노동생산성의 향상은 상품 가치를 증가시키는 것이 아니라 감소시킨다. <그림 9-2>에서 보듯이 자본주의에서 생산성의 상승은 가치의 감소, 따라서 잉여가치의 감소를 초래하며, 결국 투하자본에 대한 잉여가치의 비율로서 이윤율의 저하를 초래한다.

그런데 신리카도주의자들은 자본주의에서 신기술 도입 경쟁은 자본의 유기적 구성을 증대시켜 이윤율을 저하시키는 요인으로 작용하지만, 신기술 도입 경쟁에 따른 사회적 노동생산성의 향상은 이윤율을 상승시키는 요인으로 작용하기 때문에, 이 상반된 요인들의 종합적 결과로서 이윤율의 최종적 향방은 확정될 수 없다고 주장한다. 즉, 사회적 노동생산성의 향상은 한편에서는 소비재의 가치 감소, 따라서 노동력의 가치 감소를 가져와 필요노동시간의 단축 및 이에 따른 상대적 잉여가치 생산의 증가, 잉여가치율의 상승을 결과하여 이윤율을 상승시키고, 다른 한편에서 불변자본(기계, 원자재)의 가치, 특히 고정자본의 가치를 감소시켜 이윤율을 상승시킨다는 것이다.

이와 같은 주장은 언뜻 그럴듯하게 들린다. 그러나 이러한 주장은 TSS 논자들이 지적하듯이 '시간 차원(time dimension)'을 고려하지 못한 '비교정학' '균형 분석'이라는 한계를 갖는다. <그림 9-2>에서 보듯이 신기술 도입에 따른 산출재 가치의 감소, 즉 잉여가치 생산의 감소에 따른 이윤율의 저하(경향)와 투입재 가치의 감소에 따른 자본 가치(불변자본 및 가변자본)의 감소의 결과로서의 이윤율의 상승(반경향)은 시점이 t기와 (t+1)기로 분리되

<그림 9-3> 다수자본과 이윤율 저하

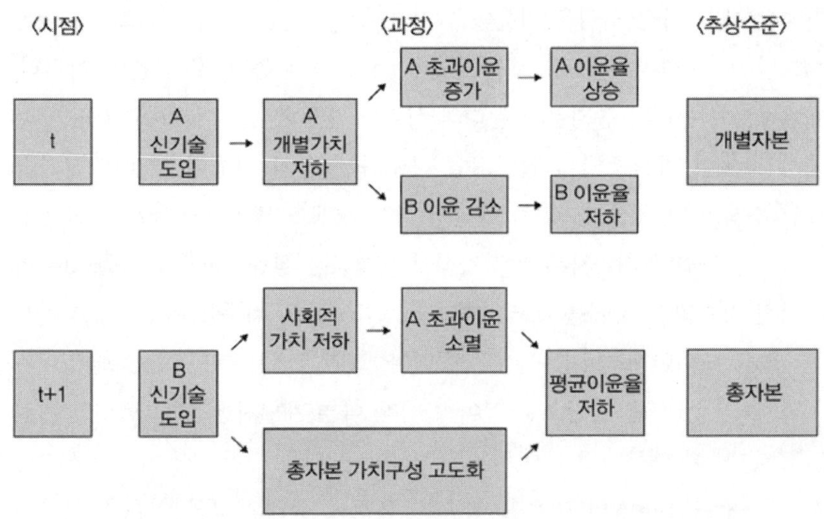

어 있기 때문에, 양자를 단순 합산하여 이윤율의 향방을 논의하는 것은 이론적으로는 큰 의미가 없다.[14] 카르체디가 말하듯이 "만약 두 개의 시간적으로 구별되는 운동이 동시적인 것으로 간주된다면, 이 둘 중 어떤 것이 경향적인 것이고 어떤 것이 반경향적인 것인지를 분별하는 것은 불가능하다. 그러나 한 운동이 시간적으로 다른 운동에 선행한다면, 후자는 전자의 실현의 결과, 반작용, 혹은 일시적 장애물일 뿐이다. 평균이윤율의 경우 기술혁신은 먼저 생산된 총(잉여)가치를 감소시킨다. 그리고 기술혁신이 생산수단의 생산에 적용된다면 이는 특정 기간의 결과로서 생산수단의 가치를 감소시킨다. 그리하여 기술혁신은 **먼저** 평균이윤율을 감소시키고, **다음 시기에** 평균이윤율을 증가시킨다. 시간적 관점에서 보면 평균이윤율의 저하가 경향이고, 평균이윤율의 상승은 반경향이다"(Carchedi, 2006: 67. 강조는 카르체디).

14) 파인(B. Fine)도 다음과 같이 말한다. "마르크스의 이윤율의 저하 경향 법칙과 그 반대 경향들은 대수적으로 합산되어 둘 중 어느 쪽이 우연히 강한가에 따라 이윤율의 상승이나 저하를 낳을 수는 없다"(파인·새드-필호, 2006: 143).

한편 '오키시오 정리'에 따르면 이윤율을 상승시키는 신기술만이 도입되기 때문에 신기술 도입은 이윤율을 저하시킬 수 없다고 한다. 그러나 이는 <그림 9-3>에서 보듯이 시간 차원의 상위를 혼동한 것일 뿐만 아니라, 개별자본의 논리와 총자본의 논리의 상위도 혼동한 것이다.[15] <그림 9-3>에서 보듯이 자본주의에 필연적인 다수자본 간의 경쟁적 투쟁은 신기술 도입 경쟁, 기술혁신 경쟁, 즉 생산성 향상 경쟁을 필연적인 것으로 하는데, 신기술을 도입한 개별자본 A는 자신이 생산하는 상품의 개별가치를 낮추어 사회적 가치와의 차이를 특별잉여가치(초과이윤)로 취득할 수 있다. 따라서 신기술을 도입한 A의 이윤율은 상승한다. 그런데 A가 취득하는 특별잉여가치(초과이윤)는 새롭게 창조된 것이 아니라 다른 개별자본, 즉 B로부터 이전된 것이다. 이 때문에 B의 이윤율은 저하한다. 다른 모든 조건이 동일하다면 신기술을 도입한 A의 이윤율 상승은 구기술 상태의 B의 이윤율 저하에 의해 상쇄될 것이므로 평균이윤율은 불변일 것이다. 그러나 A가 신기술을 도입한 조건에서 B가 살아남을 수 있는 방법은 A와 동일한 혹은 더 우수한 신기술을 도입하는 방법뿐이다. 그리하여 (t+1) 기에는 B도 신기술을 도입하여 신기술이 경제 전체에 보급되면 사회적 가치 자체가 저하한다. 그 결과 신기술을 앞서 도입했던 A가 취득했던 특별잉여가치(초과이윤)는 소멸한다. 그 대신 경제 전체에는 신기술이 보편화되고, 마르크스가 말한 생산과정에서 '살아있는 노동'에 대한 '죽은 노동'의 비율, 즉 자본의 유기적 구성이 고도화된다. 이에 따라 경제 전체의 평균이윤율은 저하한다. 여기에서도 생산성의 상승이 이윤율의 상승이 아니라 저하를 가져오는 메커니즘을 확인할 수 있다.

그런데 이와 같은 신리카도주의자들의 마르크스의 이윤율의 저하이론 비판에 자율주의도 가세하고 있다. 자율주의는 마르크스의 이윤율의 저하

15) '오키시오 정리'의 오류 및 '반오키시오 정리'에 대한 엄밀한 논증으로는 강남훈(2006)을 참고할 수 있다.

이론과 같은 자본주의 사회형태의 법칙의 객관적인 전개를 통해 자본주의 위기를 분석하기보다는 '노동자계급의 구성과 재구성' 혹은 '계급 역관계'의 논리를 통해 자본주의 위기를 분석한다. 예컨대 판치에리(R. Panzieri)에 따르면, "자본의 운동에는 어떤 내재적 모순도 존재하지 않는다. 자본의 발전에 대한 유일한 한계는 자본 그 자체가 아니라 노동자계급의 저항이다"(Marramao, 1975에서 재인용). 클리버(H. Cleaver)도 다음과 같이 주장한다. "노동자계급을 자본 내에 있지만 자율적인 힘을 발휘할 수 있는 존재로 이해한다면 …… 공황은 신비한 보이지 않는 경쟁의 법칙에 의해 발생하는 맹목적인 '붕괴'로는 더 이상 생각될 수 없다. …… 공황은 계급 역관계(power relations between the classes)의 맥락에서 재해석된다"(Cleaver, 1979: 62). 네그리의 『제국』은 마르크스의 가치론과 노동의 중심성을 거부한다는 점에서 이를 인정하는 클리버와 다르지만, 그의 위기론은 과소소비설과 계급 역관계론의 절충이다.[16] 자율주의 위기론의 맹점은 1980년대 이후 신자유주의의 반노동 공세하에서 노동자계급의 투쟁이 퇴조했음에도 불구하고 자본주의가 아직도 구조적 위기에서 벗어나고 있지 못한 데서도 잘 드러난다.

자율주의자들처럼 마르크스의 이윤율 저하이론을 자동붕괴론이라고 오해해서는 안 된다. 자본주의체제가 자신의 내적 모순으로 인해 필연적으로 붕괴하는 메커니즘을 이론적으로 구명하는 것이 곧 자동붕괴론은 아니기 때문이다.[17] 또한 마르크스의 이윤율의 저하이론은 이윤율의 영구적 저하이

16) 네그리의 『제국』에 대한 상세한 비판적 검토는 이 책 10장에서 이루어진다.

17) 그로스만 자신도 다음과 같이 자동붕괴론을 명시적으로 부인했다. "나는 힐퍼딩이나 다른 사회주의자들(브라운탈)이 내 책에 대해 시비를 걸듯이, 자본주의가 저절로 혹은 자동적으로 붕괴하도록 운명지워져 있다고 주장한 적이 결코 없다. …… 나의 붕괴 이론은 프롤레타리아트의 능동적 개입을 배제하는 것을 목적으로 한 것이 아니며, 언제 어떤 조건에서 객관적으로 주어진 혁명적 상황이 도래할 수 있을지를 보이고자 한 것이다"(Marramo, 1975에서 재인용).

론과 동일시되어서도 안 된다. 마르크스가 말한 이윤율의 경향적 저하 법칙은 실제 이윤율의 영구적 저하로 나타나기보다, 이윤율의 주기적인 변동 및 되풀이하여 발생하는 공황으로 표현된다. 마르크스가 말한 대로 "이윤율의 저하는 …… 공황에 의해 항상적으로 극복된다"(마르크스, 1990: 307). 이는 공황 과정에서 진행되는 자본의 가치 파괴가 이윤율의 저하를 상쇄하여 새로운 확장의 기초를 마련하기 때문이다. 따라서 마르크스의 이윤율의 저하이론은 영구공황론이 아니다. 클리만이 말한 대로 "만약 자본가치가 충분히 파괴된다면(이는 단지 충분히 장기간의 또 심각한 공황을 필요로 한다) 수익성은 언제든 회복될 수 있기 때문에 어떤 공황도 영구적이지 않다"(Kliman, 2003: 126). 마르크스 자신이 아담 스미스를 비판하면서 이른바 영구공황이란 관념을 분명하게 거부했다. "아담 스미스가 이윤율의 저하를 자본의 과잉에서 유래하는 것으로 설명했을 때 …… 그는 **영구적** 결과에 대해 말한 것인데, 이는 틀렸다. …… 영구공황은 존재하지 않는다"(Marx, 1968: 497n. 강조는 마르크스).

마르크스의 이윤율의 저하이론은 일부 좌파들이 오해하듯이 평의회공산주의(Council Communism)와 같은 반레닌주의 정치를 함축하지 않는다. 마르크스의 이윤율의 저하이론의 정치가 마틱이나 판네쿠크(A. Pannekoek)와 같은 반레닌주의 정치로 이어질 필연성은 없다. 실제로 마르크스와 그로스만의 이윤율의 저하이론에 기초한 자본주의 위기론은 로스돌스키(2003), 하먼과 같은 트로츠키주의자들에 의해서도 수용되고 있다. 쿤(Kuhn, 2004; 2005)이 고증하듯이 그로스만은 기본적으로 볼셰비키였다.[18]

---

18) "그로스만은 레닌의 마르크스의 정치의 혁신과 루카치의 마르크스주의 철학의 재발견을 수용했다. …… 그로스만의 책은 성공적 혁명을 위한 경제적 정황의 중요성을 강조했다는 점에서 좌익 맹동주의에 대한 비판이었다. …… 루카치가 모순적인 계급 이해와 전망을 마르크스주의 철학의 중심에 두었던 것과 마찬가지로 그로스만은 마르크스의 경제이론의 중심을 재천명했다. 루카치와 그로스만은 모두 레닌에 의존했다"(Kuhn, 2004: 188, 198).

5. 21세기 자본주의의 위기와 대안

마르크스의 자본주의 위기론은 자동붕괴론이나 파국론, 영구공황론이 아니다. 자본주의 위기론은 자본주의에서 위기가 불가피하다는 것, 즉 자본주의는 내적인 모순과 적대로 인해 위기가 내재적 필연일 수밖에 없음을 논증하는 것이지, 자본주의가 항상적으로 위기에 처해 있다든가, 위기와 파국이 임박했음을 주장하는 종말론과는 아무런 인연이 없다. 마르크스의 자본주의 위기론을 자동붕괴론, 파국론, 영구위기론과 동일시한 다음, 경기회복, 이윤율 상승, 호황과 같은 '경험적 증거'를 들이대며 이제 마르크스의 위기론은 폐기되어야 한다고 주장하는 것은 한 마디로 허수아비에 대한 공격이다.

하지만 마르크스의 자본주의 위기론의 핵심이 자본주의에 내적인 모순과 적대에 대한 인식이기 때문에, 무슨 이유에서건 마르크스의 자본주의 위기론을 폐기하는 것은, 결국 마르크스주의 자체의 부정, 반자본주의 입장의 포기, 자본주의로의 투항, 사회민주주의, 민족주의, 개량주의로의 퇴행으로 인도되고 만다. 이는 지난 세기 마르크스주의와 사회주의 운동의 역사에서 되풀이하여 증명되었다. 앞서 검토한 구조적 위기 종식론자들이 이와 같은 '우경화' 코스를 밟고 있음은 전혀 우연이 아니다.

예컨대 뒤메닐과 레비는 최근 갈수록 케인스주의로 경도되고 있다. 뒤메닐과 레비는 케인스주의에 대해 다음과 같이 매우 긍정적으로 평가한다. "케인스의 아이디어는 그의 시대의 문제에 훌륭하게 적용되었다. 우리는 구조적 위기이며 금융위기인 20세기 말의 위기에 관한 분석을 통해 케인스의 진단이 옳았고 중요했음을 다시 한 번 확인했다. 거시경제 상황과 금융기관에 대한 규제가 사적인 손, 다시 말해 금융에게 맡겨져서는 안 된다는 것이다. …… 집중화되고 국가적인 혹은 국제적인 개입의 필요성에 관한 케인스의 의견은 오늘날에도 타당하다. …… 1980년대와 1990년대의 국제

통화금융 위기는 케인스주의의 신뢰성을 다시 환기시켰다. …… 그의 훌륭하게 개방적인 관점은 지난 수십 년 동안 도처에서 실패한 보다 급진적인 길, 즉 현실사회주의와 사회민주주의에 대한 유일한 대안이었다"(뒤메닐·레비, 2006: 267, 269, 271).

파니치와 진딘도 이제 사회주의가 아니라 국가주의적 민족자립경제 건설, 혹은 '진보적 민족주의'를 자신들의 대안으로 천명하고 있다. 이들은 "국가의 정당화 기능을 추구하기 위한 국내 공간"의 확보를 통해서 "법의 지배의 출현과 가치법칙의 국내적 작동을 위한 결정적 조건인 국민적 응집성의 발전"을 자신들의 대안으로 주장한다(Panitch and Gindin, 2005: 123).[19]

글린도 이제 반자본주의가 아니라 반파리우스(P. Van Parijs)가 주장하는 '기본소득(basic income)' 보장 정책 도입을 대안으로 주장한다. 글린은 최근 중국경제의 고성장에 대해서도 다음과 같이 긍정적으로 평가한다. "중국 내에서 불평등의 상당한 증가에도 불구하고, 수백만 명의 가난한 중국인들의 생활수준의 향상은 세계적 규모에서 소득 격차를 감소시키는 데 중요한 기여를 했다"(Glyn, 2006: 90). 글린은 신자유주의적 자본주의가 문제가 되는 것은 위기가 아니라 양극화(분배의 악화)나 국제적 불균형이라고 생각하는 듯하다.[20]

---

19) 본펠드가 적절하게 지적했듯이 파니치와 진딘의 "진보적 민족주의"는 "국가의 목적이 경쟁하는 다원적 이해관계나 계급세력의 균형에 의존한다는 가정에 근거"하고 있으며, 이들은 자본주의 국가를 "다원주의자들이 애호하는 일종의 블랙박스로, 혹은 계급세력의 균형에 따라 자본주의 국가로도 사회주의 국가로도 작용할 수 있는 것"으로 간주하며, 결국 "자본주의적 사회관계의 사회적 구성으로부터 추상된 강력한 국민국가를 지지한다"(Bonefeld, 2006: 46).

20) 관련하여 글린은 또 신자유주의에서 경제적 불안정성이 심화된 것이 아니라 도리어 완화되었다고도 주장한다. "1993년 이후 시기는 전후 가장 안정된 시기였다. 즉, 선진국과 저개발국의 산출은 1950년대와 1960년대에 비해 1/3 정도 덜 불안정하게 되었다. …… 이는 아마도 금융체제로부터 유래하는 불안정성의 증대가 경제의 공급 측면에서의 문제 해결, 예컨대 임금 상승 압력의 해소에 의해 상쇄된 때문이거나

하지만 구조적 위기 종식론자들이 추구하는 케인스주의 혹은 좌파 민족주의가 자본주의 위기에 대한 진정한 진보적 대안이 될 수 없다는 것은 지난 세기 진보운동의 이론과 역사에서 입증되었다. 사실 1970년대 이후 시작된 자본주의의 구조적 위기가 21세기 들어서도 계속되고 있는 것은 케인스주의 때문이라고 해도 과언이 아니다. 케인스주의는 자본의 대량 파괴를 지연시켜 오늘까지 장기불황이 계속되게 한 주범이다. 즉, 오늘 위기는 신자유주의에 기인한 위기가 아니라 자본주의의 위기이며,[21] 케인스주의는 위기에 대한 대안이기는커녕 위기를 지속시킬 뿐이다.

흔히 오해되듯이 1980년대 이후 신자유주의 체제의 지배계급이 케인스주의를 폐기하고 시장근본주의로 갈아 탄 것은 아니다. 신자유주의 구조조정, 세계화 시대에도 케인스주의는 지배계급의 '양수겸장'식 정책 패키지의 하나로 항상 적용되어 왔다. 예컨대 1980년대 레이건의 경기를 지탱해 준 것은 레이건의 '군사적 케인스주의'였으며, 1990년대 클린턴의 호황은 '주식시장 케인스주의'에 힘입은 바가 컸고, 2001년 이후 부시의 경기회복은 '군사적 케인스주의'와 '민간부문 소비자주도 케인스주의'에 크게 빚진 것이었다. 또 우리나라에서도 'IMF 위기' 이후 경기회복에 일조했던 것은 역설적이게도 김대중 신자유주의 정권이 채택했던 케인스주의 정책이라는 해석도 있다.[22]

이제 좌파는 케인스주의 정책과 같은 총수요 진작 정책이 자본주의 위기를 타개할 수 있을 것이라는 관념과 단호하게 절연해야 한다. 카르체디가 지적하듯이 "케인스주의 정책은 단기 및 장기불황의 발발의 형태와 시점을 변경할 수 있을 뿐이며, 이들 불황을 야기한 것도 아니며 이들을 제거할

정책이 모든 충격에 대해 경제를 더 잘 완충했기 때문일 것이다"(Glyn, 2006: 149).

21) 자본주의의 문제를 신자유주의의 문제로 환원하는 것에 대한 마르크스주의적 비판으로는 김공회(2006)를 참조할 수 있다.

22) 예컨대 신장섭·장하준(2004)을 보라.

수도 없다. 공황으로부터의 유일한 출구는 자본 파괴이다"(Carchedi, 2005). 자본주의 경제는 자본이 충분히 파괴된 다음에야 공황에서 빠져 나올 수 있다.[23] 자본주의가 존재하는 한 위기와 파괴, 즉 불황과 파산, 실업과 빈곤, 전쟁과 야만은 필연적이다. 자본주의에서 위기와 모순의 극복은 자본주의의 형태 변화(신자유주의에서 케인스주의로의 왕복 운동)가 아니라 자본주의 자체의 근본적인 폐절을 통해서만 가능하다.

23) 케인스주의에 대한 마르크스주의적 비판으로는 김성구(2005), 김수행(2006a) 및 이 책 11장을 참조할 수 있다.

제10장

『제국』: 마르크스주의적 비판*

1. 머리말

2000년 출간된 마이클 하트와 안토니오 네그리의 『제국』은 세계적으로 고조되고 있던 반세계화 운동의 시류를 타면서 전 세계적 베스트셀러가 되었다. 『제국』은 현재 세계 주요 대학의 인문사회과학 분야 강좌 교재로도 채택되고 있다. 세계의 주요 인문사회과학 학술지들도 『제국』을 다룬 특집을 펴냈다.[1]

하트와 네그리의 『제국』은 '21세기의 『공산주의자 선언』'으로 운운될 정도로 단지 그들을 추종하는 자율주의자들에 대해서뿐 아니라 오늘날 진보 진영 전체에 엄청난 영향력을 끼치고 있다.[2] 『제국』은 어떤 점에서는 21세기 진보 진영 전체의 새로운 패러다임으로 부상하고 있는 듯이 보인다.

그러나 나는 하트와 네그리의 『제국』은 이론적으로는 1990년대 이후

* 이 장은 정성진(2004a)을 수정·보완한 것이다.

1) 예컨대 *Rethinking Marxism*(Vol.13, No.3/4, 2001), *Historical Materialism*(Vol.10, No.1, 2002), *Actuel Marx*(No.33, 2003) 등이 그것들이다. 『제국』 비판 주요 논문을 편집한 단행본으로는 Balakrishnan(2003)이 있다.

2) 『제국』의 주요 내용과 쟁점을 자율주의 입장에서 방어한 국내 논의로는 조정환(2003) 참조.

부르주아 사회과학의 지배적 담론인 세계화론을 포스트구조주의 방식으로 재서술한 것일 뿐이며, 실천적으로는 고전 마르크스주의 전통을 명백하게 부정한 것으로서 개량주의 정치의 헤게모니를 강화하는 데 봉사하고 있다고 비판할 것이다.

2. 마르크스의 가치론과 공황론의 부정

하트와 네그리는 포스트포드주의 사회이론과 포스트모더니즘 방법에 기초하여 오늘날 세계는 자본주의를 넘어서 탈자본주의·탈근대 단계로 가고 있다고 주장한다. 하트와 네그리는 다음과 같이 주장한다. "마르크스주의와 포스트구조주의는 양립할 수 없으며 심지어 경쟁적인 담론들이라고 종종 주장된다. 하지만 우리는 정반대로 이러한 두 담론과 사조 사이에 어떠한 갈등도 볼 수 없으며 양자는 서로 접촉함으로써만 풍요롭게 될 수 있다고 생각한다. 마르크스주의와 포스트구조주의 간의 연계를 넘어서 우리는 유물론적 정치사상에 흥미를 갖고 있는데, 이는 스피노자와 마키아벨리로까지 소급 확장될 수 있다"(Hardt and Negri, 2002: 185).

하트와 네그리는 포스트모더니스트들과 마찬가지로 오늘날 서비스화, 정보화에 따라 이른바 '비물질적 노동(immaterial labor)'의 중요성이 증대한다고 주장한다. 하트와 네그리는 비물질적 노동을 다음과 같이 정의한다. "서비스의 생산은 어떠한 물질적 및 내구적 재화를 결과하지 않기 때문에, 우리는 이러한 생산에 수반되는 노동을 비물질적 노동이라고 정의한다. 즉, 서비스, 문화, 지식, 의사소통과 같은 비물질적 재화를 생산하는 노동이 비물질적 노동이다"(Hardt and Negri, 2000: 290). 하트와 네그리는 비물질적 노동의 의의가 결정적으로 되면서 마르크스의 노동가치론과 가변자본 개념은 이제 유효성을 상실하게 되었다고 주장한다. "비물질적 노동은 즉각적으로 사회적 상호작용과 협업을 수반한다. 다시 말해 비물질적 노동의 협업적 양상은 종전의 노동형태들처럼 외부로부터 부과되거나 조직된 것이 아니다. 비물질적 노동에서 협업은 노동활동 그 자체에 완전히 내재적이다. 이러한 사실은 노동력을 '가변자본'으로 간주하는, 즉 자본에 의해서만 가동되고 일관적으로 될 수 있는 힘으로 간주하는(고전 정치경제학과 마르크스 정치경제학에 공통적인) 낡은 관념에 의문을 제기한다"(Hardt and Negri, 2000: 294). 즉, IT와 서비스가 경제에서 중심적 역할을 하게 된다는 이른바 '신경제'에서는 "사적 소유가 점차 …… 무의미하게 되며" 생산에 들어가는 사회적 필요노동시간의 양을 측정하는 것이 어렵게 되었다는 것이다(Hardt and Negri, 2000: 302, 354~359).

하트와 네그리는 비물질적 노동의 비중 증대에 따라 소외된 노동이 아닌 '정서노동(affective labor)' 혹은 로버트 라이시(Robert Reich)가 말하는 '상징분석가(symbolic analyst)'의 비중이 증대할 것이기 때문에 정보화의 진행 자체가 자본주의의 극복과 공산주의의 도래를 가능하게 할 것이라고 전망한다. "오늘날 생산성, 부 및 사회적 잉여의 창조는 언어적·의사소통적 및 감정적 네트워크를 통한 협업적 상호작용의 형태를 취한다. 그리하여 자신의 창조적 에너지를 표현하는 비물질적 노동은 자발적이고 초보적인 공산주의의 잠재력을 제공하는 것으로 보인다"(Hardt and Negri, 2000: 294).

그러나 이상과 같은 하트와 네그리의 주장은 21세기 현실과 부합되지 않는다. 우선 정보화에도 불구하고 물질적 노동이 여전히 압도적이라는 사실이 지적되어야 한다. "하트와 네그리는 오늘날 미국에서도 트럭 운전수 수가 컴퓨터 기술자 수보다 훨씬 더 많다는 사실을 모른다"(Henwood, 2001). "미국에서도 정보기술 직종은 2010년에 가서도 직업 전체의 2.4% 이하 정도밖에 되지 않을 것으로 추정된다"(Panitch and Gindin, 2002: 34에서 재인용).

같은 자율주의자인 다이어-비데포드(N. Dyer-Witheford)도 하트와 네그리가 제국의 노동의 상층부의 비물질적 노동을 특권화하면서 여전히 제국의 노동의 저변에서 확대재생산되고 있는 물질적 노동과 '궁핍노동(immiserated labor)'의 현실을 무시하고 있는 점을 다음과 같이 비판한다.

> "지구 노동자들의 다양성을 범주화하는 여러 가지 방법이 있겠지만, 우리는 매우 도식적으로 '비물질적 노동'에 대한 강조가 다른 두 집단의 노동자, 즉 '물질적' 노동과 '궁핍노동'에 대한 동등한 강조로 균형되어야 한다고 제안한다. …… 일단 우리가 지구적 노동을 이런 집단들로 구별한다면, 비물질적 노동의 투쟁이 하트와 네그리가 주장하듯이 다른 두 집단의 투쟁이 '수렴'될 정도로 중심적인 것인지는 결코 분명하지 않다"(Dyer-Witheford, 2001: 76).

또한 '상징분석' 노동 혹은 '정서노동' 등 소외되지 않은 노동은 극히 일부에 국한되며 이들의 소외되지 않은 노동, '정서노동'은 압도적 다수의 소외된 혐오스런 노동의 희생을 바탕으로 한 것이기 때문에 그 자체 바람직한 것이 아니라 변혁되어야 할 성질의 것이다.

오늘날 사적 소유가 무의미하게 되고 있다는 하트와 네그리의 주장도 얼마 전 냅스터 사태에서 보듯이 '신경제'에서도 지적 재산권을 중심으로 한 사적 소유 문제가 여전히 결정적임을 감안한다면 옳지 않다.

하트와 네그리는 오늘날 세계화를 고대 로마 제국에 비유하면서, 세계화의 자본주의적 본질을 부정한다. 하트와 네그리는 오늘날 세계에서 작동하고 있는 가치와 공황의 메커니즘도 부정한다. 그들의 『제국』에는 마르크스의 정치경제학비판의 핵심인 공황론이 전적으로 부재하다.[3] 『제국』에는

---

3) 하트와 네그리는 제국의 위기를 부인할 뿐 아니라, 제국의 선행 단계로 설정한 제국주의의 성립과 위기를 마르크스의 공황론의 핵심인 이윤율의 저하경향 이론이 아니라 과소소비설로 설명한다. "하트와 네그리의 정치경제학은 자본주의의 과소소비 경향에 크게 의존하고 있다"(Panitch and Gindin, 2002: 21).

위기가 없다.

> "하트와 네그리는 자본주의 발전의 이러한 국면에 고유한 공황 경향에 대해 거의 아무것도 말하지 않는다. ……『제국』은 자본주의 공황의 메커니즘이 오늘날 작용하고 있는 정도를 알려고 하는 이들에 대해 아무런 지침도 제공해 주지 않는다"(Callinicos, 2001: 51).

그러나 하트와 네그리가 주장하는 것처럼 오늘날 세계는 마르크스의 노동가치론의 경계를 넘어선 세계, 즉 자본주의를 넘어선 세계가 아니다. 오늘날 세계화는 무엇보다도 자본의 세계화이기 때문에 세계화 조건의 제국주의는 자본주의 모순의 문제설정으로, 즉 자본과 노동의 모순관계로 분석해야 한다. 실제로 세계화와 함께, "국가는 '침식'되는 것이 아니라 자본주의적 발전 프로젝트에 따라 재구조화되고 있으며, 이 과정에서 가난한 사람들과 나라들이 희생되면서 사적 이윤이 증대되고 있다. 세계화는 자본의 세계화로서 고삐 풀린 국제금융자본의 운동이 지구를 휩쓸면서 자본의 논리를 세계 인민에게 강요하는 과정일 뿐이다. 따라서 오늘날 세계의 분석으로서 마르크스의 노동가치론을 중심으로 한 자본주의의 비판적 분석은 여전히 유효하다.

3. 재판(再版) 카우츠키 초제국주의론

하트와 네그리의『제국』은 그 자체로 마르크스주의 제국주의론의 명시적 부정이다. 오늘날 세계를 이해하는 개념으로 제국주의 대신 제국을 제안하기 때문이다. 마르크스주의의 통상적인 용어법에서는 제국은 제국주의와 대동소이한 용어로 취급되지만, 하트와 네그리는 현 국면의 세계를 제국이라고 명명하고 이는 제국주의를 넘어선 단계의 세계라는 점에서 제국주의와 구별된다고 주장한다. “제국주의는 국민국가의 주권에 기초했으며, 기본적으로 국경을 넘어선 주권의 확장으로 구성되어 있다”면, “제국은 전적으로 상이한 형태를 취하며 상이한 유형의 주권을 통해 작동하며 민족과 국경에 기초하지 않는다”는 것이다. 그리고 “이 제국은 미국 제국 같은 것으로는 될 수 없는데, 이는 영국 제국주의 프로젝트가 영국적이고 프랑스 제국주의 프로젝트가 프랑스적인 것과 다른 점이다. 왜냐하면 제국은 국민국가의 주권에 기초하고 있지 않기 때문이다. 이 제국은 어떤 중심도 없고 어떤 외부도 없다. …… 제국은 외부를 갖지 않으며 미국이 그 중심이 아니다”(Hardt and Negri, 2002: 180).

하트와 네그리는 마르크스주의 제국주의론의 현재성을 명시적으로 부정한다. 하트와 네그리는 마르크스주의 제국주의론은 제국주의 간 경쟁과 전쟁의 시대였던 19세기 말 20세기 초 국면에서는 타당했지만 오늘날은 더 이상 타당성을 갖지 못한다고 주장한다. 그 가장 큰 이유는 지난 세기말부터 본격화된 세계화 속에서 고전적 제국주의론의 핵심 지표인 제국주의 간 경쟁과 전쟁 경향이 사라지고 있기 때문이라고 본다. 바로 이 점에서 하트와 네그리의 『제국』은 카우츠키의 초제국주의론(ultra-imperialism)의 재판이다(Chingo and Dunga, 2001; Callinicos, 2002). 그들이 말하는 제국에서는 국민국가와 국민국가 내부의 권력관계가 “새로운 주권적 초국민적 세계권력”에 의해 침투되어 “몇몇 제국 권력들 간의 갈등과 경쟁은 중요한 측면에서 단일한 권력 개념으로 대체되어, 이것이 그들을 모두 중층결정하고, 통일적 방식으로 구조화하며, 이들을 결정적으로 포스트식민주의적이며 포스트제국주의적인 공통적 권리 개념으로 취급하고 있다”(Hardt and Negri, 2000: 9~10). 즉, 경쟁적인 권력 중심을 갖는 제국주의 대신, 비인격적이고 분권화된 권력의 네트워크가 나타난다는 것이다.

하트와 네그리의 『제국』에는 국민국가를 매개로 한 다수자본 간 경쟁의 정치군사적 투쟁으로의 전화가 부재한 것은 물론이거니와, 마르크스주의 제국주의론의 핵심인 국가에 의한 매개 그 자체가 존재하지 않는다.[4] 하트와 네그리는 이른바 '다중(multitude)'이 국가를 건너뛰어 제국과 직접 대결하는 구도를 제시한다. "자본주의 발전은 지구적 수준을 획득하면서 '다중'과 매개 없이 직접 대면하게 된다. 그리하여 변증법, 혹은 현실적으로 한계와 그 조직의 과학은 증발해 버린다. 계급투쟁은 국민국가를 그것이 폐지되도록 몰고 가면서 국민국가에 의해 설정된 경계를 넘어서 제국의 헌법을 분석과 갈등의 장소로 제안한다. 그 경계가 없어지면, 투쟁의 상황은 완전히 개방된다. 자본과 노동은 직접 적대적 형태로 대립한다. 이것은 모든 공산주의 정치이론의 기본조건이다"(Hardt and Negri, 2000: 237).

그러나 하트와 네그리의 초제국주의론은 오늘날 세계의 현실과 부합되지 않는다. IMF, 세계은행, WTO, UN, NATO와 같은 국제기구도 주도적인 서구 자본주의 열강에 의해 지배되고 있기 때문에, 하트와 네그리가 주장하듯이 초국민적인 '지구적 지배구조(global governance)'라기보다 지구적 권력 위계의 일부이다. 미국과 일본, EU 간에 주요한 정치적·경제적 경쟁이 심화되고 있을 뿐 아니라, 미국과 중국, 러시아 간에 지정학적 갈등이 전개되고 있다. "이와 같은 자본주의 열강의 경쟁적 중심들 간의 적대의 깊이를 인식하지 못하는 것은 현대 세계의 성격을 아주 잘못 이해하는 것이다"(Callinicos, 2001: 52).[5]

---

4) 정성진(2003)에서 논의했듯이, 마르크스주의 제국주의론의 합리적 핵심은 자본주의 발전단계론이나 전반적 위기론이 아니라 자본주의 국가론의 확장으로 이해해야 한다. 즉, "자본주의적 제국주의는 경제적 단계의 이론이나 위기론으로부터 직접 도출되기보다 자본주의 국가론의 확장을 통해 이해될 필요가 있다"(Panitch and Gindin, 2004: 7).

5) 아리기(G.Arrighi)는 부분적으로는 하트와 네그리의 『제국』을 비판하지만, 제국주의 간 경쟁의 부재를 이유로 마르크스주의 제국주의론을 기각한다는 점에서는 하트와 네그리와 동일하다. 아리기는 다음과 같이 주장한다. "20세기 전반기의 추세를 예측하는 데서 매우 성공적이었던 '제국주의' 이론들은 이제 완전히 무용지물로 되었다.

21세기 세계는 20세기보다도 더 강한 의미에서 국민국가의 시대이다. 세계화의 정치형태는 하트와 네그리가 주장하듯이 지구적 주권이 아니라 "복수의 국가들의 지구적 체제"이다(Wood, 2003: 69).

하트와 네그리는 레닌의 제국주의론의 핵심인 '가장 약한 고리'의 이론도 거부한다. 그들은 모든 것이 다 같이 지구적으로 되는 제국의 시대에는 레닌이 말한 '가장 약한 고리' 같은 것은 존재하지 않는다고 주장한다. "제국의 헌법에는 더 이상 권력에 대한 어떠한 '외부'도 존재하지 않으며 따라서 어떠한 약한 고리도 존재하지 않는다. …… 모든 투쟁은 의미를 갖기 위해서는 제국의 심장, 그것의 강한 부분을 공격해야 한다. 하지만 사실은 어떤 지리적 지역에도 우선권이 주어져 있지 않다. …… 제국의 가상적 중심은 어떤 곳에서든 공격할 수 있다"(Hardt and Negri, 2000: 58~59). 그러나 지구의 상이한 부분들이 자본에 대해 상이한 중요성을 갖는다는 사실은 부정될 수 없다. "트로츠키가 '불균등결합 발전'이라고 부른 과정은 현대자본주의에서도 작용하며, 체제의 특정 지점에 부와 권력을 거대하게 집적시킨다. 이러한 불균등성은 적의 취약점과 우리의 주요한 강점을 식별하기 위해 전략적 분석과 논쟁을 요청한다"(Callinicos, 2001: 55). 2001년 9·11 대미테러, 2001년 12월 아르헨티나의 봉기, 2003년 2월 부시의 이라크 침략 등의 사태는 오늘날 세계에서 '가장 약한 고리'가 엄연히 존재함을 입증한다.

하트와 네그리의 『제국』은 그들이 기각하는 레닌의 제국주의론과 마찬

제국주의론이 무용지물로 된 이유는 간단하다. 미국 헤게모니하의 세계자본주의가 더 이상 자본주의 열강들 간의 전쟁 경향을 낳고 있지 않기 때문이다"(Arrighi, 2002: 10). 21세기 미국 제국주의의 구조와 모순을 대체로 잘 설명하고 있는 파니치와 진딘도 레닌의 제국주의 간 경쟁 명제의 현재성을 부정한다는 점에서는 마찬가지다. "제1차세계대전 이전 '제국주의 간 경쟁'이라는 개념이 가졌던 고유한 의미는 오늘날 미국의 압도적인 군사적 지배의 조건에서는 분명히 결여되어 있다. …… EU의 발전도 제국주의 간 경쟁 이론을 타당하게 하는 것은 아니다"(Panitch and Gindin, 2004: 24).

가지로 자본주의 발전의 특정 단계에 대한 이론화, '패러다임화'를 시도한다. 하트와 네그리의 『제국』의 단계론적 '패러다임화'에 대해서는 '범'자율주의로 분류될 수 있는 '열린 마르크스주의(Open Marxism)' 그룹의 홀로웨이(J. Holloway)의 다음과 같은 비판이 적절하다. "자율주의적 충동(autonomist impulse)은 여전히 살아 있다. 하지만 그것은 실증주의 이론의 중압 때문에 거의 질식될 지경이다. '패러다임' 개념 속에 계급투쟁과 계급구성에 관한 실증주의적 개념이 집약되어 있다. …… 패러다임화된 접근은 불가피하게 시간을 동결시킨다"(Holloway, 2002b: 83, 86). "『제국』은 자율주의적 충동을 배반했다. 그것은 주체를 구조 속에 감금했으며, '함(doing)'을 '존재(being)'에 종속시켰으며, 조절이론의 방법을 '좌파적'으로 비틀어 확장했기 때문이다. …… 지배의 패러다임이라는 관념 자체가 자본가라면 누구든지 알고 있는 사실, 즉 자본의 존재는 항상적이며 일상적으로 반복되는 투쟁이라는 사실을 은폐한다. 가장 나쁜 점은 아마도 다중 개념을 전개하면서 '함'의 중심성이 완전히 몰각된 것이다"(Holloway, 2002c).

4. 미국 제국주의 지배 현실의 부정

마르크스주의 제국주의론에 의거할 때, 오늘날의 세계는 미국 제국주의가 지배하는 자본주의로서 이해될 수 있으며, 이른바 세계화는 미국 제국주의의 세계적 지배의 확장과정으로서 이해될 수 있다.[6] 그런데 하트와 네그리의 제국에는 중심적 헤게모니가 존재하지 않는다. 그들에 따르면 제국의 권력은 일종의 '네트워크 권력'이다.

하트와 네그리는 마르크스주의 제국주의론을 부정할 뿐 아니라 미국

---

6) 21세기 미국 제국주의의 특징적 경향에 대한 상세한 논의는 정성진(2003)을 참조할 수 있다.

제국주의 지배의 현실도 부정한다. 그들은 오늘날 세계에는 어떤 중심도 존재하지 않는다고 주장한다. "제국주의와 달리 제국은 어떠한 영토적 권력의 중심도 설정하지 않으며, 고정된 경계나 장애물에 기초하지 않는다. 제국은 개방되고 확장되는 경계 속으로 전 지구 영역을 점진적으로 포함시켜가는 탈중심화되고 탈영토화된 규칙의 기구이다. …… 이처럼 매끈한 제국의 공간에 권력이 들어설 자리는 없다. 권력은 모든 곳에 존재하는 동시에 아무 곳에도 존재하지 않는다. 제국은 유토피아라는 단어의 어원이 뜻하는 '존재하지 않는 장소(non-place)'이다"(Hardt and Negri, 2000: xii, 190).

하트와 네그리는 미국 제국주의 지배의 현실을 명시적으로 부정한다. "오늘날 미국은 그리고 어느 나라도 제국주의 프로젝트의 중심을 형성하지 못한다. 제국주의는 끝났다"(Hardt and Negri, 2000: xiv.). "미국 제국주의는 현대의 지구적 질서를 이론화하기 위해 적절한 개념이 아니다"(Hardt and Negri, 2002: 191). 하트와 네그리는 미국이 설사 제국주의적이라 할지라도 그것은 약화되고 있고 곧 제국의 질서에 포섭될 것이라고 주장한다. "미국은 곧 제국주의적이기를 중지할 것이며 제국 속에서 자신을 발견하게 될 것이다"(Negri and Zolo, 2003: 27).

오늘날 세계에 아무런 중심이 없다는 하트와 네그리의 핵심 주장은 너무나 현실과 동떨어진 주장이다. 하트와 네그리가 주장하듯이 오늘날 자본의 권력은 모든 곳에 존재하는 동시에 아무 곳에도 존재하지 않는 것이 아니라 국가에 집중되어 있다(Wood, 2003: 82). 21세기 세계화의 본질은 미국의 자본과 국가의 세계적 지배력의 강화 과정이다. 이러한 현실을 외면, 왜곡하고 있는 "『제국』은 구체적인 역사적 분석이라기보다 포스트구조주의 철학의 응용"(Callinicos, 2001: 51)일 뿐이다.

5. 제3세계의 차별성의 부정

마르크스주의 제국주의론의 현재성을 부정하는 하트와 네그리는 당연히 민족주의 혹은 제3세계 개념의 의의도 부정한다.

하트와 네그리는 제국의 시대에는 제1세계, 제2세계, 제3세계와 같은 구별이 사라진다고 주장한다. 제3세계는 "제1세계 안으로 들어가 그 중심에 게토, 판자촌, 슬럼으로 자리 잡았으며" 제1세계는 "제3세계에 이전되어 주식거래소, 은행, 초국적기업, 돈과 명령의 마천루 형태로 되었다. …… 중심과 주변, 남과 북은 더 이상 국제질서를 정의하지 못하게 되었으며 서로 가까이 접근했다"(Hardt and Negri, 2000: 254, 336). 그러나 이처럼 세계의 양극화 현실을 부정하는 것은 대표적인 신자유주의 이데올로그인 토마스 프리드만(T. Friedman)의 『평평한 세계』(2005)와 공명하는 것으로서 아리기의 다음과 같은 비판이 적절하다. "1999년 이전의 '제3세계'의 1인당 평균 소득은 이전의 '제1세계'의 1인당 평균 소득의 4.6%밖에 되지 않았다. 이는 1960년(4.5%)과 1980년(4.3%)의 수치와 거의 같다. …… 따라서 남북 분할의 소멸이 진행되고 있다는 하트와 네그리의 주장은 틀렸다"(Arrighi, 2002: 7).

하트와 네그리는 제국의 시대에는 제3세계가 현실적으로 소멸했기 때문에 제3세계주의 혹은 민족해방운동의 진보적 역할도 소멸했다고 주장한다. "제3세계주의적 전망은 종전에는 좀 쓸모가 있었을지 몰라도 이제는 완전히 무용지물로 되었다. …… 우리는 민족국가의 권력에 향수를 느끼는 것, 혹은 민족을 찬양하는 정치를 부활하는 것은 중대한 실수라고 생각한다. …… 민족국가의 권력 쇠퇴와 국제질서의 해체는 '제3세계'라는 용어의 효과성을 결정적으로 종식시켰다"(Hardt and Negri, 2000: 264, 336, 333).

나아가 하트와 네그리는 제국의 시대에는 국민국가 자체가 의미를 상실했기 때문에 세계화에 대해 국민국가를 대립시키는 것은 반동적이라고 주장한다. "혹자는 생산적인 '생정치(biopolitics)'의 세계가 이에 대한 어떤 지배 형태를 여전히 요청한다고, 또 현실적으로 우리는 거대 정부를 파괴하는 것을 목적으로 할 것이 아니라 그것을 우리 수중에서 통제할 것을 목표로 해야 한다고 반박할지도 모르겠다. 우리는 그토록 오래 사회주의와 공산주의 전통을 괴롭혔던 이러한 환상에 종지부를 찍어야 한다"(Hardt and Negri, 2000: 349).

하트와 네그리는 제국의 세계는 국민국가들과 경쟁하는 제국주의 국가들의 세계와 비교한다면 거대한 진보이기 때문에 제국으로 향하는 경향에 대항하는 것은 반동이라고 주장한다. 하트와 네그리는 제국의 헌법에 대항하여 국민국가의 역할을 다시 주장하는 것은 "잘못되고 유해한" 이데올로기라고 주장한다.

미국 제국주의 지배의 현실을 부정하는 하트와 네그리가 '반미주의'에 반대하는 것은 당연하다. 네그리는 최근 다닐로 졸로(Danilo Zolo)와의 대담에서 다음과 같이 주장했다. "반미주의와 국민국가에 대한 신앙은 항상 같이 붙어 다닌다. 이것은 제3세계주의적 사회주의로부터 물려받은 가장 최근의 진흙탕이다. 나는 이것은 소비에트 마르크스주의와 마찬가지로 심각한 일탈이라고 생각한다. …… 반미주의는 미국이 이탈리아나 남아프리카와 마찬가지로 세계 시장에 삽입되어 있다는 사실, 그리고 부시의 정책이 다국적 자본주의의 지구적 귀족정 내에서의 소수의 정책이라는 사실을 인식하지 못한다. 반미주의는 위험한 정신 상태이며 이데올로기로서 분석적 데이터를 신비화하고 집합적 자본의 책임을 은폐한다"(Negri and Zolo, 2003: 26, 27).

사회주의 정치의 관점에서 볼 때 제3세계 민족주의와 반미주의의 한계는 분명하지만, 그렇다고 해서 하트와 네그리처럼 제3세계 민족주의와 반미주의가 오늘날 미국 제국주의가 제3세계 지역에서 벌이고 있는 침략전쟁에 항거하는 투쟁에서 갖는 일정한 변혁적 의의를 부정하는 것은 진보 진영으로서 지켜야 할 마지노선을 넘어선 것이다.

6. 세계화 찬가

하트와 네그리가 말하는 제국은 세계화의 다른 말에 불과하다. 이는 네그리가 최근 제국 개념을 다음과 같이 정의한 데서도 분명하다. "제국은 지국적 자본의 도구들—이 도구들에는 주권적·경제적·군사적·문화적 등의 도구들이 있다—이 지향하는 극한이다. 이 국면에서 제국은 근본적으로 제도적 비장소성(non-place)과 집합적 자본이 사용하는 일련의 지구적 도구들 간의 커다란 긴장으로 특징지어진다"(Negri and Zolo, 2003: 26).

물론 하트와 네그리는 자신들이 주장하는 제국 개념은 오늘날 세계의 질적으로 새로운 측면을 강조한다는 점에서, 또 세계화의 정치적 측면, 즉 세계화가 주권에 미친 결정적 영향을 강조한다는 점에서, 세계화 개념과 차이가 있다고 주장한다(Hardt and Negri, 2002: 181). 하지만 두 담론의 차이는 본질적이라기보다 수사학적이다. "하트와 네그리는 종종 초세계화론자(hyperglo-baliser)의 관점이라고 불리는 것을 수용한다. 즉, 경제적 세계화가 국민국가를 지구적 자본의 단순한 도구로 전화시킨다는 관점을 수용한다"(Callinicos, 2001: 48).

또한 하트와 네그리는 진보 진영이 세계화의 흐름에 맞설 것이 아니라 그것을 이용해야 할 것이라고 권고한다. "제한된 국지적 자율성을 목적으로 하는 프로젝트로는 제국에 저항하지 못한다. …… 자본의 세계화에 저항할 것이 아니라 그 과정을 가속시켜야 한다. …… 제국은 오직 자신의 일반성의 수준에서 그것이 제공하는 과정을 현재의 한계를 넘어서도록 압박을 가함으로써만 효과적으로 맞설 수 있다. 우리는 세계화의 흐름을 수용해 글로벌하게 사고하고 생각하는 법을 배워야 한다. 세계화에는 '대항-세계화(counter-globalization)'로 대처해야 하고 제국에는 '대항-제국(counter-Empire)'으로 대처해야 한다"(Hardt and Negri, 2000: 206~207). 요컨대 하트와 네그리는 진보 진영은 세계화 추세에 반대해서는 안 되며, 오히려 세계화 추세를 가속시키는 데 복무해야 한다고 주장한다.

하트와 네그리는 제국을 찬양하기조차 한다. "우리는 제국이 다중의 관점에서 보았을 때 이전의 권력 패러다임에 비해 덜 나쁘다고, 혹은 더 좋다고 생각한다"(Hardt and Negri, 2000: 353). 하트와 네그리에서 "네트워크라는 은유법은 현대자본주의에 대한 다소 변호론적 설명을 위해 많이 사용된다. 왜냐하면 네트워크라는 은유법은 위계와 권력의 집중의 부재를 암시하는 데 봉사하기 때문이다"(Callinicos, 2001: 48). 하트와 네그리는 제국이 베스트팔렌적 주권국가 체제에 대한 긍정적 지양이라고 주장한다. 제국은 국가들과 민족주의, 식민주의와 제국주의에 종지부를 찍고 사해동포주의적 전망을 열었기 때문에 환영해야 한다는 것이다. 즉, 제국은 "근대적 권력의 잔혹한 체제들을 제거"했으며, "창조와 해방을 위한 더 큰 가능성을 제공"하기 때문에 이전 시대에 비해 "더 좋다"는 것이다((Hardt and Negri, 2000: 218). 이로부터 하트와 네그리는 제국에 대항하는 것은 제국의 길에 동참하는 것을 통해서만 가능하다고 주장한다.

하트와 네그리는 제국에서는 전쟁 경향이 억제되므로 전쟁광 부시의 '네오콘'에 비하면 클린턴 시기의 금융 제국이 훨씬 좋다고 주장한다. 하트와 네그리는 다국적기업은 부시 갱들을 타도하는 것에 이해관계를 가질 것이라고까지 주장한다. "오늘날 부시의 갱들을 몰아내는 유일하게 구체적이고 현실적인 방도는 다국적기업의 귀족정적 권력을 통하는 길뿐이다. 이것은 바람직하다. 왜냐하면 이것은 지구적 다중의 운동에게 제국 내에서의 민주적 권력의 형성과정을 진전시키기 위한 시간과 공간을 제공할 것이기 때문이다"(Hardt and Negri, 2003: 29).[7]

---

7) 하트는 다국적 기업이 미국 제국주의의 지배가 아니라 제국적 통합을 원한다고 하면서 다음과 같이 주장한다. "지구의 기업 지도자들은 제국주의가 기업에 대해 나쁘다는 것을 알고 있다. 왜냐하면 제국주의는 지구적 흐름을 방해하는 벽을 쌓기 때문이다. 장기적으로 지구의 엘리트들은 현실적 이해관계로부터 제국을 지지할 것이며 그 어떤 미국 제국주의 프로젝트도 거부할 것이다"(Hardt, 2002).

하트와 네그리의 『제국』은 현실적으로는 1990년대 클린턴 시기의 신자유주의적 금융제국과 다자주의(귀족정, 제국, '좋은 자본주의')를 부시의 '네오콘', 일방주의(왕정, 제국주의, '나쁜 자본주의')에 대한 대안으로 제시하는 자본주의 유형학으로 귀결된다. 실제로 하트와 네그리는 최근 부시의 '네오콘', 일방주의를 견제하여 클린턴 시기와 같은 다자주의적 금융세계화 국면으로 복귀하기 위한 EU 중심의 '마그나 카르타(Magna Carta)'를 제안하기조차 했다.[8)]

7. 조직 노동운동의 '다중'으로의 해소

자본주의, 제국주의와 같은 마르크스주의의 핵심 개념의 현실성을 부정하는 하트와 네그리가 마르크스주의 정치의 핵심인 노동자운동의 중심성을 부정하는 것은 당연하다. 그들은 다음과 같이 주장한다. "오늘날 우리는 19세기와 20세기 주요한 부분을 통해 발전해온 제도적 노동자 조직들과 같은 전통적 저항 형태들이 힘을 잃고 있음을 본다. 다시 한 번 새로운 저항의 유형이 발견되어야 한다"(Hardt and Negri, 2000: 308). 그들은 전세계 노동자운동이 새로운 공세로 전환하는 획기적인 시기라고 이야기되는 1990년대 후반 프랑스와 한국에서의 총파업도 다음과 같이 폄하한다. "파리와 서울에서의 총파업은 우리를 대공장 노동자 시대로 되돌아가게 하는

8) "미국의 군사적 정치적 및 경제적 명령을 중심으로 한 지구적 질서의 일방주의적 혹은 '왕정(monarchical)' 구조가 바람직하지 않고 지속될 수도 없다는 것이 점점 분명해지고 있다. 이러한 구조의 위기는 다국적기업, 초국적 기구들 및 다른 지배적 국민국가들로 이루어진 '지구적 귀족정'이 주도하는 새로운 지구적 질서를 제안할 수 있는 기회를 제공한다. …… 우리는 다자주의적 마그나 카르타를 필요로 한다. …… 미국은 지구적 귀족정을 구성하고 있는 다른 지배적 국민국가들, 다국적기업, 초국적 기구들과 협력해야만 한다"(Hardt and Negri, 2004).

것 같다. 이는 죽어가는 노동자계급이 마지막 숨을 몰아쉬는 것 같은 형국이다. 이들 투쟁은 처음부터 이미 늙었고 시대에 뒤떨어진 것으로 보인다"(Hardt and Negri, 2000: 56).

하트와 네그리는 제국을 변혁하는 주체가 노동자계급이나 인민이 아니라 '다중'이라고 주장한다. 하트와 네그리는 '다중'은 제국의 시대에서 세계화가 만들어낸 새로운 해방의 기회를 포착했는데, 그중 중요한 것은 이민이라고 주장한다. "속박에 대한 다중의 저항 — 민족, 하나의 정체성, 민중에 노예처럼 귀속되는 것에 대한 투쟁, 따라서 주권과 그것이 주체성에 부과하는 제약으로부터의 도망 — 은 전적으로 긍정적이다. …… 오늘날 제3세계 해방의 진정한 영웅은 구래의 그리고 새로운 경계를 파괴하는 이민자들과 인구의 흐름이다"(Hardt and Negri, 2000: 361~363).

그러나 하트와 네그리가 이처럼 '다중' 개념으로 계급분석을 대체·해소하려는 것에 대해서는 자율주의에 대해 친화적인 마르크스주의자들로부터도 비판이 제기되고 있다. 이는 하트와 네그리의 '다중' 개념이 '다중' 내부에서의 계급적 차이를 무시하고 노동 개념의 중심성을 명백하게 부정하고 있기 때문이다. 예컨대 레스닉(S. Resnick)과 울프(R. Wolff) 같은 대표적인 '포스트모던 마르크스주의자'들도 하트와 네그리의 '다중' 개념을 다음과 같이 비판한다. "우리는 하트와 네그리가 제국이 생산하는 다차원적이고, 무정형적이고, 끊임없이 변하는 주체들을 강조하려 한 것에 이의를 제기하지 않는다. 우리는 이러한 복잡성을 단순성으로 환원할 어떤 의도도 없다. 하지만 우리는 계급적 차이가 누락된 것에 항의한다. 왜냐하면 계급적 차이는 다중과 제국에 반대하는 효과적 통일을 위한 다중의 능력을 분석하는데 포함되어야 하기 때문이다. …… 다중에 대한 제국의 이론화는 너무 집계적이어서 다중 내부에서 계급적 차이의 문제가 극소화되거나 주변화되었다"(Resnick and Wolff, 2001: 68~69).

'열린 마르크스주의자'인 홀로웨이도 하트와 네그리가 노동자계급을

'다중'으로 해소한 것에 대해 다음과 같이 비판한다. "아마도 가장 나쁜 사태는 '다중' 개념을 개발하는 과정에서 '함(doing)'의 중심성이 완전히 몰각된 것이다. '노동자계급'이라는 개념은 그 모든 문제점, 그 모든 물신숭배적 왜곡에도 불구하고, 최소한 인간의 합목적 활동, '사회적 함(social doing)'의 중심성을 우리에게 환기해 주는 큰 장점을 갖고 있다. 다중 개념에는 이것이 완전히 빠져 있다. 만약 '함'이 우리 사상의 중심에 있지 않다면, 남는 것은 모두 반대일 뿐이며 희망은 없을 것이다"(Holloway, 2002c).[9)]

하트와 네그리의 '다중' 개념의 절대화는 조직 노동계급의 중심적 의의에 대한 공격으로 이어진다. 하트와 네그리의 '다중' 개념은 1970년대 말 자율주의 운동 쇠퇴기에 그들이 주장한 '사회적 노동자(social worker)' 개념 — 이는 자본주의의 억압을 받는 모든 사람들, 피고용자와 실업자 모두를 포함한다 — 과 '노동 거부' 전략의 연장선상에 있다. "하트와 네그리의 분석에서 노동자계급은 무정형적인 다중으로 해소되거나 특권적인 노동귀족으로 규탄된다"(Callinicos, 2001: 57). 그리하여 하트와 네그리의 '다중' 중심 변혁전략은 반자본주의 운동에 기여하기는커녕, "지구적 정의를 위한 새로운 투쟁의 장기적 성공을 위해 결정적인 반자본주의 청년과 노동자

9) 그러나 홀로웨이의 노동자계급에 대한 이해 역시 고전 마르크스주의 전통의 그것과는 다르다. 예컨대 그는 다음과 같이 주장한다. "노동자계급은 정의됨으로써 특정한 인간 집단으로 식별된다. …… 대학에서 일하고 있는 우리는 노동자계급에 '속하는가'? 마르크스와 레닌은? 치아파스의 반란군은 노동자계급의 부분인가? 동성애 운동 활동가들은 노동자계급의 부분인가? 경찰은 어떤가?" 홀로웨이에 따르면, 노동자계급에는 "축적에 의해 그들의 삶이 뒤집혀진 사람들(치아파스의 원주민들, 대학 강사들, 석탄 광부들, 사실상 거의 모든 사람들)"이 포함된다(Holloway, 2002a: 145). 그러나 이처럼 상이한 사회계급을 모두 노동자계급이라고 총칭하는 것은 실제로는 노동자계급의 중심성을 부정하는 것이다. Holloway(2002a)에 대한 마르크스주의적 비판으로는 D'Amato(2003), Gonzalez(2003), 홀로웨이를 비롯한 '열린 마르크스주의'의 주요 쟁점에 대한 논의로는 박승호(2004)를 참조할 수 있으며, 자율주의자의 변호로는 조정환(2003: 348~356)이 있다.

대중 간의 연대 구축에 관한 진지한 전략적 사고를 방해한다"(Post, 2002).

하트와 네그리는 2001년 12월 아르헨티나의 봉기를 제국에 대한 '다중'의 투쟁의 분출로서 『제국』의 타당성을 입증한 것이라고 주장하기도 했다. 그러나 주지하듯이 아르헨티나 봉기가 실패로 끝난 주요 이유 중의 하나는 국가권력의 문제를 회피한 것과 함께 실업자운동이 중심이었던 '다중'의 투쟁이 조직 노동자계급의 투쟁과 결합되지 못했기 때문이다.[10)]

8. 개량주의의 정치학

하트와 네그리는 고전 마르크스주의 전통의 자본주의 분석과 함께 그 혁명론도 거부한다. 하트와 네그리는 고전 마르크스주의 혁명론의 핵심인 레닌주의 정치를 거부한다. 하트와 네그리는 운동에서 조직과 지도의 개념을 거부한다. 그들은 조직과 지도가 취약한 것은 운동의 약점이 아니라 강점이 될 수 있다고까지 주장한다. 예컨대 그들은 미국 노동자들의 투쟁력은 다른 선진국 노동자들의 그것보다 강한데 그 이유는 미국에서는 노동조합 조직률이 낮고 노동자 정당이 부재하기 때문이라는 황당한 주장을 늘어놓는다.

하트와 네그리는 1960년대와 1970년대의 대항문화 운동을 찬양하고, 강령 없이 행동하고 조직적 중심과 규율 있는 전위를 결여한 '다중'을 찬양하고, 아나코-생디칼리즘적 조직이었던 IWW를 운동 모델로 치켜세우는데 여기서 그들의 아나키즘적 편향이 분명히 드러난다(Nimtz, 2002: 54).

그러나 자본주의 발전의 불균등성과 노동자계급 의식 상태의 불균등성 때문에 자본주의의 혁명적 변혁운동은 혁명적 조직을 필요로 한다는 레닌의

10) 2001년 12월 아르헨티나 봉기에서 자율주의가 끼친 부정적 영향에 대한 비판적 평가로는 Harman(2002), Petras(2003)를 참조할 수 있다.

당조직론은 21세기 세계화 국면에서도 여전히 유효하다.[11)]

하트와 네그리의 급진적 아나키즘의 수사학은 실제 대안을 제시하는 단계에 이르면 상투적인 개량주의 정치로 합류한다. 하트와 네그리가 결론에서 제안하는 이른바 제국에 대한 세 가지 대안, 즉 ① 세계시민권, ② 사회적 임금수령권, ③ 지식정보 공유권은 실제로는 이들이 부정하는 국민국가를 전제 혹은 매개로 하지 않고서는 실현될 수 없는 것들이다.[12)] 무엇보다 이들 요구는 제국에 전혀 무해한 체제내적 요구들이다. 즉, 이 요구들은 마르크스주의적 사회주의적 대안이 아니라 사회민주주의적 개량주의 프로젝트일 뿐이다.[13)] "하트와 네그리의 '대항-제국'은 제국에 대한 저항에 관한 것이지 제국을 변혁하는 것이 아니다. …… 이처럼 저항으로 제한되어 있다는 사실 때문에 『제국』은 좌파와 주류 모두로부터 인기를 누리고 있는지 모른다. 좌파에 대해서는 『제국』이 저항 이상으로 나아가지 않았다는 사실은 어떤 이들로부터는 즉각 환영을 받았고 다른 이들에게는 안도감을 갖게

11) 지젝(S. Žižek)은 하트와 네그리의 『제국』을 다음과 같이 비판한다. "『제국』은 전 마르크스주의적(pre-Marxist) 책이다. 하지만 아마도 해결책은 마르크스로 되돌아가는 것, 마르크스의 분석을 반복하는 것으로는 불충분하며, 레닌으로 되돌아가야만 한다는 것이다. …… 오늘날 '레닌주의'의 핵심적 교훈은 다음과 같다. 즉, 당의 조직 형태 없는 정치는 정치 없는 정치라는 것이다. 따라서 단지 (아주 절절하게 명명되었듯이) '신사회운동'만을 원하는 이들에게 대한 대답은 자코뱅이 지롱드주의적 타협자들에게 한 대답과 같다. '당신들은 혁명 없는 혁명을 원한다'"(Žižek, 2001: 193, 198).

12) "이러한 요구들의 문제점은 예컨대 사회적 임금 요구에서 보듯이 그것들이 국민국가의 정부에 대해 요구될 때에만 의미를 가질 수 있다는 점에 있다. 한편에서는 국민국가가 투쟁의 장소가 될 수 없다고 기각하면서, 다른 한편에서 국가 수준에서의 입법을 통해서만 실현될 수 있는 요구를 제출하는 것은 모순이다"(Proyect, 2001).

13) 사실 "제국을 '매끈한 공간'으로서, 또 권력이 '어느 곳에나 존재하고 어느 곳에도 존재하지 않는' 분권화된 네트워크로서 파악하는 것은 앤소니 기든스(Anthony Giddens) 같은 제3의 길의 이론가들이 애호하는 사상, 즉 경제적 지구화가 '정치적 지구화'를 동반하며, 세계시장을 민주적인 '지구적 지배구조' 형태에 종속시킨다는 사상과 그리 거리가 먼 것이 아니다"(Callinicos, 2001: 52).

했다. …… 주류에 대해서는 『제국』은 간지럽기는 하지만 결국은 안전한 모험을 제공한다. 즉, 지구화란 머물 만하다는 것이다"(Panitch and Gindin, 2002: 41).[14)]

물론 하트와 네그리의 『제국』은 의회나 선거를 통한 국가를 매개로 한 변혁을 근본적으로 부정하고, '다중'의 아래로부터의 변혁을 지향한다는 점에서, 전통적 사회민주주의 정당류의 개량주의보다는 일종의 초좌익 아나키즘과 더 가깝다고 할 수 있다. 하지만 『제국』은 고전 마르크스주의의 자본주의와 제국주의 개념의 현실성을 부정하고, 잉여가치의 착취와 국가폭력의 철폐를 추구하지 않는다는 점에서, 결국 혁명적 사회주의와 대립하는 개량주의로 귀착한다. 최근 하트와 네그리가 제안한 이른바 새로운 '마그나 카르타'는 조지 소로스(George Soros)와 같은 국제금융자본도 동참하는 부시 낙선운동과 실제로 차이가 없다. 하트와 네그리가 『제국』에서 미국 헌법 정신(!)의 실현을 진보 진영의 대안으로 제시한 것은 결코 우연이 아니다.

---

14) 하트와 네그리를 비롯한 '범'자율주의 정치의 개량주의적 본질은 '열린 마르크스주의자' 홀로웨이의 최근작인 (Holloway, 2002a)에서도 분명하게 보여진다. 『권력을 장악하지 않고 세상 바꾸기』라는 책 제목이 말해주듯이, 홀로웨이는 "우리 자신의 세계(즉 사회주의-정성진)가 단지 혁명 이후에만 존재할 수 있을 것이라고" 생각해서는 안 된다고 주장한다. 그것은 만약 우리가 "자본의 조건에 따라 자본과 씨름하지 않도록" 주의한다면 지금도 존재할 수 있다는 것이다(Holloway, 2002a: 213). 즉, 사회주의혁명 없이도 사회주의 세계에 도달할 수 있다는 것이다.

제11장

케인스주의인가, 21세기 사회주의인가?*

1. 머리말

요즘 세계 진보 진영의 화두는 2005년 세계사회포럼에서 베네수엘라의 차베스가 제창한 '21세기 사회주의'이다. 소련·동유럽 블록 붕괴 이후 역사의 쓰레기통 속으로 들어가 버린 것 같았던 사회주의라는 단어가 다시 인구에 회자되고 있다. 사실 소련·동유럽 블록이 붕괴하면서 세계의 담론을 석권한 듯했던 '자본주의 이외 대안 부재론(There is no alternative: TINA)'에 근본적인 문제제기가 시작된 것은 1999년 시애틀 전투부터였다. 그런데 이때는 "반자본주의 정서(anti-capitalist sentiments)"의 부활이 이야기되고 "또 다른 세계가 가능하다(Another World Is Possible)"라는 슬로건이 나오기는 했지만, 이 "또 다른 세계"가 사회주의임을 표방하는 목소리는 드물었다. 최근 베네수엘라를 비롯한 남미 혁명에서 새로운 점은 이 "또 다른 세계"가 사회주의라는 점을 공공연하게 천명하면서 21세기 인류의 과제가 지난 세기와 마찬가지로 사회주의라는 점을 확인한 데 있다.

그런데 우리나라에서 진보 진영은 아직도 지난 세기말 유행했던 '자본주의 이외 대안 부재론'의 늪에서 헤어나지 못하고 있다. 자본주의 시장경제,

* 이 장은 정성진((2006d)을 수정·보완한 것이다.

세계화, 경쟁력 논리를 피해갈 수 없는 숙명으로 받아들이고, 그 안에서 어떻게 하면 '깨끗한', '차악'의, 혹은 '진보적인' 또는 '분배에 기초한 성장'을 할 수 있을까를 놓고 논란을 벌이고 있다. 이는 ≪한겨레≫ 같은 이른바 진보 언론에서도 그렇지만,[1] 민주노동당의 상당수 정파를 비롯한 진보 정치세력은 물론이고, 이른바 진보학계에서는 더 심하다. 예컨대 정치경제학 분야의 경우 1980년대만 해도 NL이니 PD니 하면서 한국에서 사회주의혁명의 전략 전술을 놓고 논쟁했던 이병천(2005), 정건화(2006), 신정완(2006) 같은 이들은 이렇다 할 '과거사 청산'이나 전향 절차도 거치도 않고 느닷없이 시장경제 지지자로 되어 '협력적 자본주의'니 '개방적 민족경제'니 '사회적 시장경제'니 하는 그 자체가 형용모순인 주장들을 늘어놓고 있다. 물론 이들 간에 약간의 스펙트럼은 있지만 이들을 함께 묶어주는 공통분모는 신자유주의를 반대한다는 점, 그러면서도 자본주의 시장경제는 인정한다는 점, 대안으로 모종의 케인스주의를 추구한다는 점이다.[2]

그런데 적어도 나처럼 박정희 시대에 마르크스주의에 입문했던 세대에게 케인스주의는 대안이 아니라 박정희 군부독재와 함께 타도해야 할 적이었다. 당시 주류경제학의 표준적 교과서가 케인스주의자이며 노벨 경제학상 수장자인 사무엘슨(P. Samuelson)의 『경제학(Economics)』이 아니면 케인스주의자로 자처한 조순 교수의 『경제학원론』이었다는 사실에서 알 수 있듯이, 케인스의 경제학은 부르주아 경제학 그 자체였다. 유효수요, 총수요곡선, 자본의

1) 예컨대 ≪한겨레≫가 올 초부터 연재한 기획 특집 '선진 대안 포럼'을 보라.

2) 여기에서 케인스주의란 케인스가 체계화한 경제 이론과 경제 정책의 체계로서 "사회의 상이한 이해관계들이 자본주의적 축적 체제 내에서 동태적으로 균형을 유지할 수 있게 하는 사회적 제도적 틀에 기초한 팽창적 성장 전략"이며 구체적으로 "새로운 경제학을 전개하는 새로운 문제를 실업으로 정의했고, 그 문제에 대한 해결 수단을 성장으로 정의했으며, 그와 같은 성장이 관리되고 성취되는 도구 집합을 재정 금융 정책으로 정의했다. 이와 같은 문제와 수단 및 도구라는 3중 구조야말로 세계가 경험한 바 케인스주의 혁명을 정의한다"(De Angelis: 2000: 2, 3).

한계 효율, 필립스곡선 등과 같은 케인스 경제학에 고유한 개념들은 한계 효용, 한계 비용, 한계 수입, 일반 균형과 같은 다른 신고전파 주류경제학의 명제들과 어떤 모순도 일으키지 않고 하나의 통일된 부르주아 이데올로기 체계(이른바 '신고전파 종합')의 일부를 이루고 있는 것으로 간주됐다. 이 때문에 요즘 진보 진영 상당수 인사들이 신자유주의 경제학(신고전파 경제학)과 케인스 경제학 사이에 마치 만리장성이라도 놓여 있는 듯이 케인스 경제학을 진보적 대안으로 간주하는 것은 격세지감을 느끼게 한다. 이와 같은 진보 진영의 케인스주의로의 경도는 전술한 '자본주의 이외 대안 부재론'의 효과이기도 하지만 우리나라 진보 진영의 스탈린주의적 뿌리와도 무관하지 않다.[3)]

하지만 1970년대와 마찬가지로 지금도 케인스주의는 마르크스주의, 사회주의와 양립할 수 없다고 생각한다. 또 최근 케인스주의가 진보 진영의 새로운 통념으로 정착될 정도로 확산되는 것은 반자본주의 사회주의 운동의 발전에 중대한 걸림돌로 작용할 것으로 보인다. 이 장에서는 케인스주의의 위기 이론이 대단히 피상적이며, 제2차세계대전 이후 자본주의의 장기호황이나 1970년대 이후 구조적 위기 등 20세기 자본주의의 전개과정에 대한 설명이 중요한 부분에서 잘못되어 있고, 신자유주의 세계화 국면에서 자본 통제나 진보적 경쟁력 등과 같은 케인스주의 경제 정책은 실행 불가능하거나 자본주의 헤게모니를 강화하는 데 기여할 뿐임을 입증할 것이다. 그리고 21세기 진보 진영의 대안은 여전히 사회주의라고 주장할 것이다.

---

3) 케인스주의에 대한 진보 진영의 유화적 태도는 사실 뿌리 깊다고 할 수 있는데, 1930년대 후반 스탈린주의 코민테른이 반파시즘 인민전선 전술을 채택하면서 케인스와 같은 개량주의 경제학에 대한 비판을 자제하고 이들과의 연합을 도모했던 데까지 거슬러 올라갈 수 있다. 당시 저명한 마르크스주의 경제학자 돕(M. Dobb)이 케인스에 대한 비판을 자제했던 것이라든지(Howard and King, 1992: 97), 케인스 이론과 마르크스 이론 간의 이른바 유사성에 대한 연구가 마르크스주의 경제학자들이 애호하는 연구 주제의 하나로 된 것도 이와 무관하지 않다.

2. 케인스주의 분석의 오류

여기에서는 먼저 케인스주의 경제학을 무엇보다 자본주의 위기의 경제학이며 그 위기에 대한 지배계급의 대응 전략의 경제학으로 간주하고, 마르크스 경제학의 관점에서 케인스주의 경제 분석의 피상적 성격과 자본주의 발전에 대한 설명의 오류를 짚어볼 것이다.[4)]

1) 피상적인 경제위기론

케인스주의의 핵심은 경제위기의 원인은 유효수요 부족이며 이는 재정정책 등 정부지출 증대를 통해 극복할 수 있다는 신념이다. 그러나 유효수요 부족을 위기의 근본적 요인으로 간주하는 것은 징후를 원인과 혼동하는 매우 피상적 관점이다. 유효수요가 부족해서 경제가 위기에 빠지는 것이 아니라, 경제위기로 인해 실업자가 증가하고 임금이 삭감되어 대중의 구매력이 감소한 결과 유효수요 부족 문제가 생긴다. 자본주의에서 경제위기의 근원은 잉여가치의 유통 영역이 아니라 생산 영역에서 발생한다. 즉, 잉여가치 생산의 애로가 경제위기를 낳는 것이다. 또 자본주의에서 정부 지출은 이윤의 원천인 다름 아닌 잉여가치를 유출시키는 것이기 때문에 경제위기에 대한 장기적 해결책이 되지 못한다. "공황은 잉여가치를 충분히 생산하지 못하게 됐기 때문에 발생한다. …… 국가 자신은 자본가가 아니기 때문에 독자적으로는 잉여가치를 생산하지 못한다. 국가의 활동은 민간 이윤 형성 산업에서 생산적 노동이 생산한 잉여가치를 쓰는 것이다. 국가개입은 민간 자본이 이용할 수 있는 잉여가치량을 감소시켜 문제를 더 악화시킨다. …… 공황의 깊은 원인은 다른 곳에 있는데, 그것은 잉여가치 실현의 어려움이

4) 경제 이론에서 마르크스와 케인스의 차이에 대한 전반적 개관으로는 김수행(2006a)을 참조할 수 있다.

아니라 잉여가치의 생산이다"(Howard and King, 1992: 103). 바로 이 때문에 "그 장단점이 무엇이든 마르크스의 이윤율 저하이론은 주류 케인스주의에 대한 분명한 분석적 대안을 제공한다"(Howard and King, 1992: 102).[5]

또한 공황의 문제는 케인스주의자들이 주장하듯이 금융의 문제가 아니라 생산의 문제, 과잉생산의 문제이다. "구체적인 경기순환은 실물 부문과 금융 부문의 상호작용을 통해 전개되지만, 금융적 투기적 거래도 금융제도도 잉여가치 생산을 증대시킬 수 없다. 잉여가치 감소야말로 공황의 궁극적 원인이다"(Carchedi, 2006: 66).

케인스주의자들은 1930년대 대공황을 과소소비 공황으로 이해하고 이 점에서 케인스 경제학의 분석의 타당성이 입증된다고 주장한다. 그러나 1930년대 대공황은 뒤메닐 등(Duménil, Glick and Rangel, 1987)이 입증했듯이, 과소소비 공황이 아니라 이윤율 저하 공황이었다. 이들의 실증 분석에 따르면 과소소비는 1930년대 공황을 촉발하는 요인이긴 했지만 원인은 아니었다.

또 케인스 경제 정책을 통해서 1930년대 대공황이 극복됐다는 주장 역시 타당성이 적다. 1930년대 대공황은 제2차세계대전 개전까지도 극복되지 않았으며 전쟁을 겪으면서 극복됐다는 것이 경제사학계의 통설이다. 예컨대 "미국에서 뉴딜 정책 기간 동안 정부 지출은 1929년 102억 달러에서 1939년 175억 달러로 증가했지만 같은 기간 GDP는 1044억 달러에서 911억 달러로 감소했으며 실업률은 3.2%에서 17.2%로 증가했다. 미국이 참전한 1941년 12월에서야 비로소 미국 경제는 대공황을 탈출했다"(Carchedi, 2006: 78).

케인스주의자들은 1970년대 이후 세계경제의 구조적 위기의 원인을 신자유주의 탓으로 돌린다. 즉, 케인스주의 시대는 경제가 잘 돌아갔는데 신자유

5) 마르크스의 이윤율 저하경향 법칙의 관점에서 케인스주의를 비판한 고전으로는 마틱(Mattick, 1969)을 참조할 수 있다.

주의로 전환되면서 경제침체가 시작됐다는 것이다. 그런데 이와 같은 논법은 원인과 결과를 완전히 혼동한 것이다. 신자유주의가 위기를 낳은 것이 아니라, 이미 시작된 위기에 대한 대응으로 신자유주의가 출현한 것이다. 즉, 케인스주의의 위기가 먼저 있고 그 다음에 신자유주의가 대두한 것이다. 물론, 이 신자유주의가 문제를 해결하기는커녕 더 악화시켰지만 말이다. 1970년대 이후 구조적 위기와 케인스주의 및 신자유주의 3자의 상호연관성에 관해서는 다음과 같은 브레너(R. Brenner)의 설명이 옳다.

> 금융자본과 신자유주의의 발흥은 — 비록 그것이 위기를 상당히 악화시켰다고 할지라도 — 국제적 경제위기의 원인이라기보다 결과라고 보아야 한다. …… 자본의 금융으로의 전환은 적절한 수익률을 제공하지 못하는 실물경제, 특히 제조업 부문의 무능의 결과였다. …… 1970년대 말부터 시작된 신자유주의로의 전환은 케인스주의적 유효수요 관리정책이 이윤율을 회복하고 자본축적을 재개할 수 없음이 판명된 후에야 진행됐다. 자본의 입장에서 볼 때, 통화주의와 신자유주의는 케인스주의적 적자지출이라는 첫 번째 정책선택이 실패한 것에 대한 대응이었다(Brenner, 1998).

또한 일찍이 칼레츠키(M. Kalecki)가 갈파했듯이 자본주의체제에서 완전고용 체제는 완전 고용이 낳는 이윤압박 때문에 장기적으로 존속할 수 없다. 즉, 케인스주의적 호황의 지속은 산업예비군 풀의 고갈과 이에 따른 노동규율의 이완을 초래하여 이윤압박을 낳는데, 이는 불황 과정에서 산업예비군 풀의 보충, 즉 실업률 증대 방식을 통해서밖에 해결될 수 없다(Glyn, 1995: 54).

케인스주의 경제 정책이 이윤율 저하를 반전시키는 데 무용하다는 점은 최근 카르체디(Carchedi, 2006)가 마르크스의 가치론을 적용하여 논증한 바 있다. 케인스주의 정책 중 자본가, 즉 잉여가치로부터 재원이 조달되는 케인스주의 공공사업 부문 투자 정책은 경제 회복(즉, 평균이윤율의 일시적 상승)을 위한 직접적 조건을 만들어낼 수 있고 고용과 임금을 증가시킬 수 있지만, 이는 노동자들이 충분히 착취당하는 것을 조건으로 하며, 무엇보다 유휴자본이 투자되는 공공사업 부문에서 자본의 유기적 구성이 기타 산업 부문보다 낮을 것을 조건으로 하기 때문에, 장기적으로 민간 산업 부문의 경쟁력을 약화시키는 결과를 낳는다는 것이다. 이 때문에 "민간 케인스주의 정책은 지속적인 경기회복과 호황의 조건을 만들어낼 수 없다"(Carchedi, 2006: 76).

케인스주의자들은 1997~1998년 한국의 'IMF 위기'도 어떤 '펀더멘털'의 문제, 혹은 이윤율 저하에 기인한 것이 아니라, 준비되지 않은 신자유주의적 세계화의 결과라고 주장한다.[6] 하지만 정성진(2005)에서 입증했듯이, 한국의 'IMF 위기'는 이윤율의 분명한 장기적 저하 뒤에 발생했다.

2) 제2차세계대전 이후의 황금시대: 케인스주의 덕택인가?

제2차세계대전 이후의 장기호황, 이른바 황금시대는 케인스주의가 이룩한 업적으로 거론되는 단골 메뉴이다. 그러나 전후 황금시대가 케인스적 경제 정책에 힘입은 것이었다는 케인스주의자들의 주장은 사실과 다르다. 우선 황금시대 자체가 예외적 시기였으므로 이를 일반화하는 것은 부당하다.[7] 아울러 황금시대 동안 주요 자본주의 국가들에서 케인스주의적 수요 보조, 즉 적자재정이 이루어졌다는 증거가 없다. 암스트롱 등(P. Armstrong et al. 1993)에 따르면 제2차세계대전 후 선진 자본주의 6개국(미국, 영국,

---

6) 예컨대 웨이드(R. Wade)는 다음과 같이 주장한다. "한국은 자유로운 자본운동이 어떻게 '펀더멘털'은 양호하지만 국내외 부채가 많은 경제를 불안정화시킬 수 있는지를 보여주는 전형적 사례이다"(Wade, 1998c: 31).

7) "1948년과 1973년 사이의 서구 자본주의의 '황금기'는 위대한 예외였음이 입증됐고, 그 기간은 세계체제로서 자본주의의 긴 역사에 비추어 볼 때 흔하지 않았던 만큼 짧았던 기간이었다"(코우츠, 2003: 394).

독일, 이탈리아, 프랑스, 일본) 전체를 총합해서 계산해 보면, 이들 나라의 정부 재정은 대체로 균형 상태에 있었음이 확인된다.[8] 카르체디가 적절하게 지적하듯이 케인스주의 정책 덕분에 전후 장기호황이 지속될 수 있었던 것이 아니라, 반대로 전후 장기호황이 케인스주의 정책을 가능하게 했다고 보아야 한다.[9]

전후 황금시대를 가능하게 한 것은 브레너(Brenner, 2001)가 잘 입증했듯이, 미국의 호황이라기보다는 독일과 일본의 부흥 및 미국 따라잡기, 즉 독일과 일본 경제의 고도성장이었는데, 이는 케인스주의적 유효수요 확대 정책이 아니라 국가-기업-은행 간의 네트워크와 같은 특유한 공급 측 요인들에 결정적으로 힘입은 것이었다. 또 당시 미국이 채택했던 약간의 케인스주의적 유효수요 확대 정책조차도 미국경제의 자본축적을 촉진한 것이 아니라, 독일, 일본과 같은 경쟁국의 자본축적을 조장하는 결과를 초래했다. 이와 관련하여 브레너는 다음과 같이 설명한다.

> 이 시기 미국, 일본 및 독일 경제의 경험은 이 같은 예외적인 성장의 분출이 복지국가, '노자협약' 및 케인스주의적 수요관리를 통한 유효수요의 지속적 증가를 가능하게 하는 새로운 제도의 출현에 기인한다고 결론짓게 하는 어떤 근거도 제공하지 않는다. …… 가장 급속한 성장이 이루어진 독일과 일본에서 경제적 역동성을 결과시킨 것은 명백히 공급 측 조건들이었다. 1950년대 미국 경제는

8) "총정부 적자는 1958년과 1967년과 같은 경기 후퇴의 연도에는 총생산의 1%와, 1955년, 1960년, 1969년과 같은 호황의 연도에는 총생산의 마이너스 1% 사이에서 변동했다. …… **따라서 케인스주의적 정책에 커다란 중요성을 부여하는 사람들의 주장과는 반대로 호황은 결코 정부 적자에 의거한 것이 아니었다**"(Armstrong et al., 1993: 197. 강조는 정성진).

9) "제2차세계대전 이후 케인스주의 정책이 장기 호황을 가능하게 했다는 주장은 인과관계를 뒤집은 것이다. 즉, 제2차세계대전 이후의 장기 호황이 케인스주의 정책을 가능하게 한 것이다. 그리고 장기 호황의 동력이 소진되고 이에 따라 잉여가치 생산도 둔화되면서 케인스주의 정책의 기초도 약화됐다"(Carchedi, 2006: 75).

재정 적자에 의한 수요 보조와 임금 몫의 증가에도 불구하고 정체했으며 1960년대 전반 반짝 호황은 주로 임금의 증가를 억제함으로써 가능했다. 수요의 독립적 성장이 투자와 성장을 확대하는 데 진정으로 강력하게 작용한 곳은 역설적이게도 국민국가 내부보다는 국민국가들 사이에서였다. 독일과 일본의 제조업자들은 급속도로 성장하고 있던 세계시장의 큰 부분을 미국과 영국으로부터 탈취함으로써 자신들의 활력을 이끌어냈다(Brenner, 2001: 178~179. 강조는 정성진).

미국 정부의 케인스주의적 수요 보조는 국제경제에 대한 자유무역 및 자유투자 정책과 함께 미국 제조업자의 주도적 경쟁자들(독일과 일본 - 정성진)의 수출과 자본축적에 박차를 가하는 데 상당한 역할을 했다(Brenner, 2001: 106).

독일 정부도 케인스주의적 접근을 채택하기는커녕 국가예산을 흑자로 운영하고 고금리를 유발하는 신용긴축을 강화함으로써 국내 수요를 삭감했다(Brenner, 2001: 142).

1960년대 중반까지 일본 정부는 독일 정부처럼 항상 균형예산을 유지했으며 케인스주의적 재정 정책은 그 어느 종류의 것도 배척했다. 그리하여 국내수요를 실제로 억압했다(Brenner, 2001: 175).

전후 황금시대는 케인스 경제 정책의 성과가 아니다. 전후 황금시대의 배경으로 됐던 것은 영구전쟁경제(permanent war economy)였다.[10] 황금시대는 전 세계적 규모에서 대중투쟁의 분쇄, 동서방 국가자본주의의 대결구도의 창출, 즉 냉전체제의 성립 및 영구전쟁경제의 작동을 통해서만 성립할 수 있었다. 냉전은 1947년 3월 트루먼 독트린으로 공식 개시되고, 유럽에 대한 마셜원조의 제공과 함께 본격화되고 1950년 한국전쟁 이후 전 세계적 규모에서 격화됐다. 트루먼 독트린과 함께 시작된 냉전체제는 동방과 서방의 국가자본주의 지배계급에 대해 혁명적 노동자운동을 억압하는 데 유리한

10) 영구전쟁경제에 대한 논의로는 하먼(1995)을 참조할 수 있다.

환경을 조성했다. 냉전이 개시되면서 세계적 규모에서 자본과 노동의 "계급 역관계"는 급속하게 자본 우위로 굳어지기 시작했다(박승호, 2004: 332~362).

전후 영구전쟁경제를 주도한 것은 미국의 군비지출이었다. 미국의 군비지출은 1939년까지는 GNP의 1% 이하였는데, 제2차세계대전 중 이 수치는 1943년과 1944년 45%까지 급격하게 상승했다. 종전 직후에는 평화경제가 재개됐지만 군비지출은 1939년 이전 수준으로 되돌아가지 않았다. 1948년 미국의 군비지출은 GNP의 4.6%였다. 미국의 군비지출은 냉전과 함께 다시 증대하여 한국전쟁 시기인 1951년 GNP의 14.4%에 이르렀다(하먼, 1995: 130).

군비지출과 전쟁은 자본의 유기적 구성의 상승경향을 억제하여 이윤율의 저하경향에 대해 상쇄요인으로 작용했다.[11] 제2차세계대전 후 황금시대 동안 이윤율은 매우 제한된 저하 경향만을 보였다. 생산수단이 아니라 파괴수단의 축적이 이윤율 저하를 저지하는 데 기여했다는 사실은 얼핏 보기에는 불합리한 것처럼 보이지만 이러한 불합리는 자본주의체제 전체의 더 큰 불합리, 즉 그 모순적 성격의 일부일 뿐이다.[12]

소련·동유럽 블록에서도 군비지출은 생산적인 산업에 대한 세계적인 투

11) 하지만 무기 생산, 즉 군사적 케인스주의 역시 그 자체로는 민간 케인스주의와 마찬가지로 이윤율을 상승시킬 수 없다. 군사적 케인스주의가 이윤율 상승에 기여하는 것은 이것이 제국주의적 잉여가치 이전 기구로 작동하는 한에서이다. "민간 케인스주의에 기인하는 평균이윤율에 대한 긍정적 효과는 부분적으로는 외국자본을 거쳐 군사적 케인스주의에 기인한 세계 노동자계급으로부터 잉여가치 전유의 결과이다"(Carchedi, 2006: 77).

12) "전시에 무기 사용은 평화 시에는 실현될 수 없는 상품 형태로의 과잉자본과 가치를 파괴하는 강력한 수단이다. 전쟁은 고용 증가나 잉여가치의 추가적 생산보다는 과잉자본의 파괴를 통해서 경기회복에 기여한다. 더 많은 상품자본(무기 및 그 무기에 의해 파괴되는 다른 상품)이 파괴되면 더 많은 상품자본이 다시 생산될 수 있기 때문이다. 또 전시의 착취율 상승과 이윤율 상승은 이와 같은 확대재생산에 더 박차를 가한다. 전쟁은 경제회복의 조건을 창출한다. 자본주의는 무기와 전쟁을 요구한다"(Carchedi, 2006: 77).

자를 감소시켜 자본의 유기적 구성의 고도화를 억제하고 이윤율의 저하 경향을 상쇄하는 데 기여했다. 제2차세계대전 후 동방과 서방의 국가자본주의의 황금시대는 영구전쟁경제 없이는 상상할 수 없다. 케인스주의 정책이 아니라 영구전쟁경제가 전후 황금시대의 기본적 과정이었다. 사실 군비지출과 전쟁만이 자본가 관점에서 수용될 수 있는 국가의 불황 타개책이다. 케인스 자신도 1940년 자신의 정책이 실제로는 전쟁 상황에서만 실현될 수 있다고 말했다. **"자본주의적 민주주의가 나의 주장을 입증할 대규모의 실험을 하는 데 필요한 규모로 지출을 조직하기란 정치적으로 불가능한 것으로 보인다. 전쟁 상황을 예외로 하고 말이다"**(Negi and Hardt, 1996: 103에서 재인용. 강조는 정성진). 케인스는 『일반이론』에서도 다음과 같이 말했다. "**피라미드의 건설, 지진, 심지어는 전쟁도 부를 증가시키는 데 기여할 수 있다**"(케인즈, 1985: 128. 강조는 정성진).

케인스주의자들은 대체로 한국경제의 고도성장의 원인에 대해서는 발전주의 국가론의 관점을 채택한다. 그러나 최근에는 발전주의 국가론도 케인스주의와 마찬가지로 자본 통제의 필수성을 주장한다는 점을 근거로 해서 1960~1980년대 한국경제의 고도성장도 케인스주의 덕분임을 암시하는 주장들이 제기되고 있다. 그러나 이와 관련하여 발전주의 국가론의 원조인 암스덴(A. Amsden) 자신이 한국과 같은 신흥공업국 경제성장은 조절이론과 같은 케인스주의적 수요 측면 이론으로는 설명될 수 없고, 공급 측면에서 경쟁력의 창출 문제라고 지적한 것은 시사적이다.[13] 또 보울즈(S. Bowles)와 긴티스(H. Gintis)가 지적한 대로 케인스주의적 총수요 관리정책은 기껏해야 단기적인 안정화 정책으로서만 유효할 뿐이며, 장기적인 생산성 상승전략으

13) "포드주의 모델은 과소소비를 경제성장에 대한 주요한 장애물로 간주한다. 반면 **제3세계에서 공업화의 문제는 유효수요가 아니라 생산성을 향상시키고 국제경쟁력을 창출하는 문제이다.** …… 포드주의의 문제가 과소소비라면, 후발 공업화의 문제는 국제경쟁력의 창출 문제이다"(Amsden, 1990: 10, 14. 강조는 정성진).

로는 무력하다(Bowles and Gintis, 1995).

신장섭·장하준(2003)은 최근 1997~1998년 경제위기의 주범은 신자유주의 금융자유화이고 IMF의 신자유주의 구조조정 정책을 무시한 케인스주의 정책으로 전환하지 않았다면 1997~1998년 경제위기로부터 회복이 어려웠을 것이라고 주장한다. 이들은 "한국경제가 회복한 것은 IMF가 1998년 중반 이전에 실행한 거시경제 긴축정책의 신뢰복구능력 덕분이라기보다는 종종 비방을 받아온 케인스주의적 거시경제 정책 패키지가 이때 채택된 덕분이었다"고 하면서 "한국의 회복을 케인스주의적 회복이라고 부른다" (신장섭·장하준, 2003: 112, 137). 그러나 이들 케인스주의자들은 'IMF 위기' 이후 한국경제 회복의 본질적 과정이 노동자계급에 대한 초과착취를 통한 이윤율의 회복이었음을 무시한다.[14] 이들 케인스주의자들의 시야에는 시장과 국가만이 들어가 있으며, 그 근저에 놓인 생산관계, 자본과 노동의 계급관계는 철저히 배제되어 있다.

3. 케인스주의 대안의 모순과 한계

오늘날 개혁적 케인스주의 경제 정책은 '금리생활자의 안락사', '투자의 사회화' 및 '토빈세'의 도입과 같은 자본 통제와 사회복지 확충, 노동자 교육훈련 투자 증대를 통해 '분배에 기초한 성장(즉 진보적 경쟁력 강화)', 다시 말해서 '인간의 얼굴을 한 자본주의(스웨덴 모델)'를 구현하자는 주장으로 요약될 수 있다. 이하에서는 이와 같은 케인스주의 경제 정책이 사회주의적 대안과 양립할 수 없을 뿐만 아니라 그 자체로도 실행 불가능함을 보일 것이다.

14) 이에 대한 상세한 논의는 정성진(2005)을 참조할 수 있다.

1) 세계화와 자본 통제의 불가능성

케인스주의가 실행될 수 있기 위해서는 다음과 같은 조건들이 필요하다. 우선 케인스주의를 성장과 고용을 창출하기 위한 수요 확장 정책으로서 이해한다면, 이것이 실행되기 위해서는 사회적 갈등을 봉합하고 생산성과 임금의 간격을 관리할 수 있는 노자협약 및 국제적 자본 이동의 제한이 필요하다(De Angelis, 2000: 157). 그러나 21세기에는 세계화와 노동시장의 성격 및 노동력 구성의 변화로 말미암아 이 두 조건이 모두 성립하지 않기 때문에 이를 필수적 전제로 하는 케인스주의도 작동할 수 없다. 사실 케인스주의가 신자유주의에 자리를 내준 것도 이와 같은 사태 변화 때문이다. 자본의 국제적 이동이 비약적으로 증대한 조건에서 케인스주의적 수요 진작 정책을 시행할 경우 이는 자본 파업과 자본 유출의 위협에 직면하여 실패할 수밖에 없다. "낮은 수익성으로부터 체계적인 케인스주의로의 복귀하기 위해서는 자본 이동을 규제하여 국민 정부가 확장 정책을 추진할 수 있는 여지를 제공할 수 있어야 한다"(De Angelis, 2000: 162).

오늘날 케인스주의자들이 토빈세(Tobin Tax)와 같은 국제 투기자본에 대한 규제 정책을 요구하는 것은 이 때문이다. 토빈세는 국제투기자본의 단기 이동에 대해 약 0.05% 정도의 거래세를 부과하는 것을 골자로 한다. 그러나 토빈세는 국제적 공조가 이루어져야 한다는 비현실적 조건은 접어두더라도, 그 자체로도 자본의 단기 이동 규제에 한계가 있다. 왜냐하면 토빈세가 자본 이동에 대한 제한으로 작용할 수 있기 위해서는 투기자본이 기대하는 자산 가격의 변화가 토빈세보다 작아야 하는데 0.05% 정도의 토빈세율 가지고서는 투기 자본의 이동을 막을 수 없기 때문이다. 실제로 데이비슨(Davidson, 1997)은 1994~1995년 멕시코 페소화 위기 때 페소화는 60% 폭락했는데, 이를 막기 위해서는 토빈세율이 자그마치 23%나 되어야 했다고 계산한다.

케인스주의는 또한 생산 활동을 하는 산업자본은 아무런 잘못이 없으며 국제 카지노 판을 벌이는 투기적 금융자본만이 문제라고 본다. 즉, 산업자본이 금융자본에 비해 진보적이라고 보는 것이다. 하지만 이는 마르크스의 자본 이해와 아무런 공통점도 없다. 금융자본이 비생산적 투기적 자본인 것은 물론이다. 하지만 잉여가치를 노동자로부터 착취해내는 자본은 금융자본이 아니라 산업자본이다. 자본주의의 핵심은 산업자본이기 때문에 금융자본만 규제하고 산업자본은 육성한다면 자본주의 착취체제는 더 강고하게 될 것이다. 마르크스의 자본 개념에서는 금융자본과 산업자본의 이분법이 아니라 양자 간의 상호작용과 모순적 통일의 측면이 강조된다. 따라서 자본주의적 착취와 축적의 본거지인 산업자본은 손보지 않고 금융자본만 통제하는 것으로는 자본주의적 착취와 축적에 내재한 모순의 발현인 과잉생산공황의 발발을 막을 수 없다. 오늘 케인스주의들이 주장하는 금융자본과 산업자본의 이분법에 기초한 자본통제, 즉 '금융억압'의 논리는 실은 1980년대 한국사회 성격논쟁에서 스탈린주의자들이 주장했던 독점자본과 중소(민족)자본의 이분법에 기초한 반독점동맹론이 변신 재현한 것이다. 과거 반독점동맹론의 경우 단계론적 개량주의적 편향이 있었지만 그래도 근본적 변혁의 지향을 포기하지는 않았다. 이에 비해 오늘날 케인스주의자들은 1990년대 이후 득세한 '자본주의 이외 대안 부재론'을 배경으로 하여 반자본주의 변혁의 전망을 전적으로 거부하고 이른바 '인간의 얼굴을 한 자본주의'를 노골적으로 지지한다. 사실 케인스가 1936년 『일반이론』에서 지나가는 식으로 언급한 '금리생활자의 안락사'나 '투자의 사회화'도 어떤 구체적 내용이나 혁명적 함의를 갖기는커녕, 오히려 그 자체가 그 당시 고양되고 있던 노동자계급 투쟁, 특히 노동자계급의 생산 통제 요구에 대한 지배계급의 대응으로서, 즉 '예방 혁명'적 수준에서 언급된 것이다.

2) 세계화와 국민적 계급 협약의 불가능성

노자 간의 계급 타협을 핵심으로 하는 케인스주의를 가능하게 했던 조건들은 1970년대 이후 자본주의가 장기불황에 접어들면서 그 존립이 위협받기 시작했다.15) 장기불황 아래서 케인스주의와 같은 사회민주주의적 개량주의 프로젝트는 장기간 지속될 수 없었다. 왜냐하면 불황으로 인해 개량을 제공할 수 있는 물질적 여지가 크게 줄어들었기 때문이다. 불황 속에서 이윤율이 저하하고 정부의 공공지출이 감소하자 노동조합 지도부와 사회민주주의 정당은 사회적 협약을 통해 평조합원들의 임금과 노동조건의 개선을 보장하기 힘들게 됐다. 장기호황기에 임금과 이윤의 동반 상승을 가능하게 했던 케인스주의적 국민적 계급 협약은 장기불황기에 자본가들이 모든 형태의 노동조합주의와 단체교섭에 대해 적대적으로 공격하게 되면서 더 이상 가능하지 않게 됐다.

게다가 세계화에 따른 전 세계적 수준에서 작동하는 산업예비군의 논리와 비정규직 노동의 팽창이 케인스주의 작동을 위해 필수적 조건인 국내적 수준에서의 노사협약의 제도화를 불가능하게 하고 있다. 세계화가 가속되면서 국내적 수준에서 노사협약의 주체가 되어야 할 국민적 자본가계급과 국민적 노동자계급을 정의하는 것 자체가 점점 어려워지고 있다. 자본 이동은 단지 이동의 위협(threat)만으로도 노동자운동에 상당한 규율을 가할 수

15) 사회적 코포라티즘은 그 전성기에서조차도 노동자 경영참가, 혹은 노사 공동결정이 노동자들에게 제공하는 것은 "대안적 능력이 아니라 자본을 흉내 내는 실천(예컨대 자본가들처럼 기업과 펀드를 경영하는 방법을 배우는 것 등) 뿐이다. 그리고 이조차도 극소수 노동자 대표와 간부들에게 제한되며, 이들은 자신들이 자본으로부터 얻은 정보를 '기업비밀' 등을 이유로 동료 노동자들과 공유하지 않는다. 따라서 실제로 접근하여 의사결정에 영향을 미치는 것은 극히 제한된다. 왜냐하면 그것이 운동을 통해서 쟁취된 것이 아니라 운동을 제한하기 위해 주어진 것이기 때문이다"(Panitch and Gindin, 2000: 18).

있다. 또한 세계화가 되면서 각국의 수출의존도가 높아지면서 각국 자본은 국내 노동자들의 구매력의 제약으로부터 벗어나고 있다. 또한 세계화에 따라 전 세계적 수준에서 작동하는 산업예비군뿐만 아니라 소비재 시장의 세계적 경쟁 격화에 따른 소비재의 저렴화가 노동력의 가치를 저하시키는 작용을 하고 있다.

또한 1980년대 이후 세계화의 진전 속에서 국민적 자본의 상당 부분이 세계화되고 주요 기업이 사회적 동반자 관계(social partnership)의 국민적 체제에서 이탈하게 되자 본래 국민국가 단위의 경제운용을 기본으로 하는 케인스주의는 더욱 존립하기 어렵게 됐다. 세계화 속에서 자본의 증대된 힘과 불황에 따른 이윤 압박의 현실은 이해당사자와 작업장에서의 공동결정을 주요 요소로 하는 케인스주의와 공존하기 힘들게 됐다. 또한 국가경쟁력 강화 요구가 고용주들의 전국적 수준에서의 단체교섭에 대한 필요성과 전국적 수준의 협의 기구를 유지할 의지 및 노동비용에 대한 공동적인 전국적 규제에 대한 유인을 감소시켰다.

스웨덴의 경우 주요 기업들이 기업 차원의 고용 정책과 국제화된 고용 정책을 선호하게 되면서 고전적인 중앙집권적 노사관계 모델인 스웨덴 모델은 붕괴했다(Hyman, 1999: 102). 물론 산업별 단체교섭에서 다시 전국적 수준에서의 단체교섭으로 되돌아가려는 시도도 이루어졌지만 1990년대 초가 되면 사용자단체(SAF)는 전국적 수준에서의 단체교섭에서 결정적으로 이탈했다. 1990년대 중반의 임금 교섭에서 사용자단체와 노동조합 간의 핵심적인 쟁점은 더 이상 전국적 수준에서의 교섭 여부가 아니라 산별 교섭이 기업 수준에서의 교섭의 여지를 얼마나 남겨둘 수 있는가 하는 것이었다. 스웨덴의 고용주들은 임금 유연성이 생산성과 경쟁력 향상에 도움이 된다는 이유로 더욱 분권화된 임금 교섭 형태를 추진했는데, 이는 1980년대 초 이후 선진 자본주의 국가들에서 나타난 공통적 추세라고 할 수 있다.

그럼에도 불구하고 케인스주의자들은 신자유주의적 세계화 조건에서도 사회적 합의 모델이 존속하고 있으며 또 존속할 수 있다고 미련을 갖는다. 하지만 그 존속하고 있다는 것은 영미식 자본주의의 '해체된 분권화(dis-organized decentralization)' 모델과 대비되는 독일식 자본주의의 '조직된 분권화(organized decentralization)' 모델로 이해하는 것이 적절하다. 실제로 1990년대 독일에서 자본가들은 과거의 공동결정 기구에서 대거 이탈하기 시작했다. 독일 자본가들은 산업별 단체협약에서 이탈해서 기업별 수준에서 근로 협약을 수정했으며 그 결과 노동자들의 임금 수준이 저하했다 (Upchurch, 2000: 73). 산업별 수준에서 단체협약이 기업별 수준에서 양보교섭(concession bargaining)에 의해 사실상 사문화됐으며, 비용을 절감하고 생산성을 향상시키기 위한 수많은 기업별 수준의 교섭이 이루어졌다. "이러한 과정은 단체협약이라는 메커니즘을 통한 사회적 퇴보로서, 즉 '양보교섭'의 특수한 독일적 변종으로서 간주될 수 있다. 사회적 개선이 아니라 고용주에 대한 양보가 협상된다. 단지 이것이 작업장 수준의 협약이나 개인적인 계약을 통해서가 아니라 집중화된 산업별 단체협약을 통해서 이루어질 뿐이다"(Mahnkopf, 1999: 163).

1980년대 이후 서유럽 경제의 장기불황이 심화되는 속에서 사회적 코포라티즘이 존속하고 있다든지 혹은 부활하고 있다면, 이는 제2차세계대전 이후 자본주의의 장기호황기에 융성했던 코포라티즘과 다른 성격의 것으로 될 수밖에 없다. 따라서 "만약 코포라티즘적 구조가 아직도 남아 있다면, 그것은 단지 자유주의적인 자본주의 모델에서와 같은 초토화 작전 식의 고용 정책보다는 점진적이고 협력적 방식으로 임금과 노동권을 삭감하기 위해 사용될 뿐이다. 우리는 '신용에 기초한' 자본주의는 그 제도적 구조가 남아 있다 할지라도 그 내용은 더 이상 남아 있지 않다는 사실을 인정해야 한다. 즉, 모델의 형태들은 남아 있다 할지라도, 그들이 한때 노동자의 권리와 임금을 옹호하는 데서 보여주었던 내용적 차이는 사라지기 시작했다"(코우츠, 2003: 437).

3) 공급 측면 코포라티즘 혹은 진보적 경쟁력론의 반노동적 본질

1990년대 이후 신자유주의 시대에 존속하고 있다고 이야기되는 코포라티즘은 제2차세계대전 이후 황금시대 자본주의에 기능했던 수요 주도적 코포라티즘, 즉 케인스주의적 코포라티즘과 구별하여 흔히 "코포라티즘의 공급주의적 형태"(Panitch, 2001: 373)라고 불린다. 본래적 신자유주의가 노동자의 권리를 직접 공격함으로써 경쟁 우위를 추구하는 정책을 지지한다면, 신자유주의적 세계화 조건에 적응한 케인스주의인 공급 측면 코포라티즘은 노동자 숙련 향상을 위한 국가의 지원에 기초하여 경쟁 우위를 추구하는 정책을 지지한다.[16] 수요 측면 코포라티즘이 케인스주의적 복지 지출 증대 및 임금 인상을 통한 총수요 관리를 통해 노사타협과 사회적 통합을 도모한다면, 1990년대 등장한 새로운 공급 측면 코포라티즘은 신자유주의적 세계화 국면에서 노사타협을 통해 공급 측면의 혁신과 경쟁력 강화를 이룩하여 경제위기를 타개하려 한다(Panitch, 2001: 373). 또 케인스주의적 수요측면 코포라티즘이 상대적으로 봉쇄된 국민경제의 맥락에서 주로 수요를 관리하는 것에 중점을 두었다면, 공급 측면 코포라티즘은 경쟁 우위를 위한 협력적 길을 추구하는 생산적 공조(concertati1on), 세계시장에서의 경쟁력 강화, 적극적 복지국가 정책과 민관 합작(public-private partnerships), 사회적 기업가 정신 등과 같은 수사학을 애용한다.

공급 측면 코포라티즘은 이른바 진보적 경쟁력(progressive competitiveness)을 지향하는데, 이는 노동 참여적 노사관계가 생산력 향상과 경쟁력 강화에 기여한다는 주장이다. 진보적 경쟁력론은 중도좌파 정부와 이른바 민족자본

16) "촉발될 정책의 변화는 '경쟁적 긴축'으로부터 '진보적 경쟁'으로의 변화일 것이다. 즉, 노동자의 권리를 직접적으로 삭감하여 경쟁 우위를 찾던 정책에서 노동의 재훈련을 국가가 지원하여 경쟁 우위를 추구하는 정책으로의 변화이다"(코우츠, 2003: 440).

가가 참여하는 사회적 합의 체제에 노동자들도 참여하여 국가경쟁력 강화에 기여하자는 제안이다. 진보적 경쟁력론은 생산에서 노동자들의 협동과, 동반자 의식, 노동자들의 기업경영 참여를 통한 경쟁력 강화를 주장하며, 이와 같은 노동 참여적 진보적 경쟁력 강화 방안이 신자유주의의 노동배제적 구조조정, 즉 반노동자적 반동적 경쟁력 강화 방안보다 생산성과 경쟁력 향상에서 우수하다고 주장한다.

진보적 경쟁력론은 또 클린턴 시기 미국 노동부장관 라이시(1994)처럼 세계화 조건에서 국부의 증진은 세계화된 자본에 대한 투자가 아니라 여전히 국민국가의 경계 내에 있는 노동에 대한 교육훈련 투자를 증대시킴으로써만 가능하다고 주장한다. 아글리에타(M. Aglietta) 같은 조절이론가들도 진보적 경쟁력론에 동조한다. 그는 임금노동자 연금기금의 제도화 및 이른바 투자 국가가 임금노동자의 교육수준을 제고하는 사회적 투자의 확대 등을 요소로 하는 새로운 임금노동자 사회, "기관투자가의 중재를 통한 통합된 개인기금과 기업의 사회적 소유에 기초한 자본주의"를 대안으로 제시한다(Aglietta, 1998: 80).

그런데 진보적 경쟁력론은 외관상으로는 자본에 대한 지원이 아니라 노동에 대한 지원, 노동자 교육 훈련 투자의 증대를 강조한다는 점에서 노동 우호적으로 보이지만, 실은 자본주의 위기 및 경쟁력 약화의 책임을 자본이 아니라 노동에 전가한다는 점에서 신자유주의와 마찬가지로 부르주아적 반노동 이데올로기이다. 사실 "경제적인 저성과에 대한 해결책을 교육 훈련에서 찾는" 진보적 경쟁력론은 "유럽 사회민주주의 정당들이 자본을 통제하려 했던 시도로부터의 일반적인 후퇴"라고 할 수 있다(코우츠, 2003: 210). 진보적 경쟁력론은 결국 "노동에 대한 이념적인 공격"으로서 "자본의 규제와 개혁을 요구하는 힘을 약화시키는 데 기여"한다(코우츠, 2003: 207).

또한 "진보적 경쟁력론은 거리의 굶주리고 집 없는 이들을 보고 이 체제가 무엇인가 잘못됐다고 생각하는 것이 아니라 이들이 일자리를 가지려는 동기를 갖고 있지 않다거나, 게으르다거나, 기술이 없다는 식으로 생각"(Panitch, 2001: 373)하는 것으로서 결국 신자유주의자들과 마찬가지로 시장경쟁의 비윤리를 승인하기 때문이다. 또 "성장의 전략으로서 '노동의 재숙련화'가 수행하는 것은 투자로 하여금 국내의 노동력이 (그리고 국가가) 창녀처럼 글로벌 이동 자본의 호의를 얻기 위해 입찰에 임하는 역경매장에 참가하게 만드는 일이다. 이런 전략은 신자유주의적 대안과 마찬가지로 자본을 규제받지 않는 상태로 두는 것을 바탕으로 하고 있다"(코우츠, 2003: 427~428). 이것은 "세계경제 전체의 수준에서는 사회적으로 진보적이지 못하며 …… 결국 각국의 경제를 재훈련화가 피하려고 했던 경쟁, 실업과 사회 비용의 삭감 위기에 끊임없이 영향을 받도록 내버려두는 것이다"(코우츠, 2003: 428).

요컨대 오늘날 케인스주의가 추구하는 진보적 경쟁력론은 경쟁력 강화의 반동적 방식인 신자유주의와 마찬가지로 경쟁력 담론, 성장 담론, 비용 편익 분석을 중심으로 한 효율성 담론을 공유하고 있으며, 결국 자본의 노동 지배와 착취의 강화에 봉사한다.[17]

4) 스웨덴 모델: 벤치마킹 가능한가?

케인스주의자들의 대안론은 한 동안 독일 모델론, 네덜란드 모델론, 덴마크 모델론 등으로 방황하다가 최근에는 스웨덴 경제성과가 좋아지는 것에

17) 예컨대 독일에서 케인스주의적 신념을 갖는 정치가나 학자들은 신자유주의자들과의 세계화 논쟁에서 그들과 같이 '산업 입지로서 독일(Standort Deutschland)'의 경쟁력이라는 문제 설정을 공유했다. 즉, 신자유주의자와 케인스주의자 간의 "논쟁은 주로 산업 입지로서 독일의 경쟁력을 어떻게 하면 가장 잘 확보할 수 있을 수 있을 것인가에 관한 것이었다"(Mahnkopf, 1999: 150). 즉, 비용 삭감을 통해서 경쟁력을 강화할 것인가[이른바 저가도(low-road)], 아니면 제품과 공정의 근본적인 혁신을 통해서 경쟁력을 강화할 것인가[이른바 고가도(high-road)]에 관한 것이었다. 케인스주의자들은 산업 입지로서 독일의 경쟁력은 임금과 복지를 삭감하는 '저가도'로는 강화될 수 없다고 주장하고 기술혁신과 생산성 향상 정책, 즉 '고가도'를 지지했다.

편승해서 다시 스웨덴 모델론으로 수렴하는 듯하다. 그러나 스웨덴 모델론에 대해서는 다음과 같은 점들이 지적될 수 있다.

첫째, 스웨덴 모델은 제2차세계대전 시기 역사상 미증유 규모의 군비경제와 자본 파괴를 조건으로 한 전후 국가자본주의적 국면에서의 장기호황, 전후 세계적 규모로 고양된 노동자계급의 혁명투쟁과 이의 분쇄 혹은 봉쇄와 같은 역사적으로 매우 특수하고 예외적인 조건에서 성립했던 자본주의 모델이다. "스웨덴의 역사적 타협의 성공은 전후 자본주의의 황금 시기, 즉 포드주의적 축적과 높은 수준의 국민경제의 자율성의 시기에 지배적이었던 생산조건과 깊게 관련되어 있다"(코우츠, 2003: 177~178). 이 때문에 케인스주의자 제도주의자 자신들이 중시하는 '경로의존성', '제도적 보완성' 등의 문제를 고려할 때, 스웨덴 모델을 오늘 조건에서 재현하는 것은 매우 어렵다고 할 수 있다.

둘째, 전술했듯이 신자유주의적 세계화 과정에서 스웨덴 모델 자체가 급속하게 해체되고 신자유주의, 미국식 자본주의로 수렴되고 있다는 사실이 확인되어야 한다. "향상된 자본의 이동성과 이를 보호하는 국제적인 법률적 규제적 구조는 아직 광범위하게 산업화되지 않은 경제의 신생 민족 부르주아지가 새로운 발전국가적 성장 궤도를 형성할 수 있는 공간을 상당히 축소시켜 버렸다. 그리고 새로운 코포라티즘적인 급속한 경제성장의 사례가 등장할 공간도 확실히 사라져 버렸다. 새로운 세계질서는 신자유주의적 자본주의 운영 처방이 확고하게 뿌리를 내린 질서이다"(코우츠, 2003: 436~437). "산업자본가 모두에게 유일한 새로운 경기는 노동 비용의 저하이며 그와 함께 그들의 일부가 이제까지 참여해야만 했던 비자유주의적 자본주의 모델의 해체이다"(코우츠, 2003: 435). "독일과 스웨덴식의 복지 자본주의는 그 절정에 있었을 때 사회적으로 가장 진전된 형태를 대변했으며 그 절정은 이제 지나갔고, 사회적으로 진전된 자본주의의 형태는 이제 점증하는 국제 경쟁과 고조된 자본수출의 연결된 영향력하에서 내적인 해체의 위험에 처해

있다"(코우츠, 2003: 410).[18]

셋째, 스웨덴 모델을 비롯한 북유럽 복지국가 모델은 대부분 수출주도형 개방경제 모델이기 때문에, 복제가 되면 될수록 더 이상 복제하기 어려워지는 한계, 즉 '구성의 오류(fallacy of composition)'를 갖고 있다. 예컨대 모든 나라들이 수출을 증대시키려고 하면 세계적 과잉생산 문제가 더욱 악화되는 것은 불을 보듯 뻔하다.

넷째, 스웨덴 모델은 결국 진보적 경쟁력 강화를 통해 실업을 세계시장경쟁에서 열패한 나라들로 수출하는 '근린궁핍화' 모델이기 때문에, 연대와 평등을 지향하는 진보 진영의 모델로서 자격이 없다.

다섯째, 케인스주의자들은 스웨덴 모델을 비롯한 황금시대 복지국가를 계급협약의 산물로 이해하려 한다. 그러나 실은 복지국가는 달성한 것은 자본과 노동 간의 계급적 소득재분배가 아니라 기껏해야 노동자계급 내부의 소득분배의 평등화였다. 이는 복지국가의 재원이 자본가계급의 잉여가치가 아니라 노동자계급의 임금으로부터 조달됐다는 사실에서 분명하게 확인된다. 샤이크(A. Shaikh, 2003)에 따르면 노동자가 수령하는 사회 복지 총액에서 노동자가 납부하는 조세를 뺀 값으로 정의되는 '순사회적 임금(net social wage)'은 제2차세계대전 이후 미국의 경우 마이너스로 계산됐으며 다른 OECD 국가들의 경우도 단지 미소한 플러스 값을 보였다. 즉, 노동자가 수령한 사회 복지가 증가했다 할지라도 이는 자본가계급으로부터의 가치 이전이 아니라 노동자들 자신이 창출한 가치를 재원으로 한 것이었다.[19]

---

18) 신자유주의적 세계화 과정에서 스웨덴 모델의 해체 과정에 대한 상세한 논의로는 Ryner(2002) 참조.

19) "임금소득자들이 납부한 세금은 그들로 향한 사회 지출과 거의 같았다. 1960~1987년 사이 선진자본주의 국가들에 대해 계산해 보면 임금소득자들이 수령한 사회 복지와 이들이 납부한 세금의 차이('순사회적 임금')는 GDP의 1%에서 2% 사이였다. …… 이는 OECD 5개 국가에서는 대체로 플러스 값이었지만 미국에서는 대체로 마이너스 값을 보였다. …… 스웨덴에서 이 '순사회적 임금'은 거의 제로였는데, 이는

다시 말해 스웨덴 모델이 이룩했다는 분배의 평등의 본질은 노자 간의 소득분배의 평등화가 아니라 노동자계급 내부 불평등의 완화였다.

5) '자본주의 이외 대안부재론'의 파산

케인스주의자들은 사회주의는 21세기 조건에서 실행가능하지 않다고 주장한다. 그때 그들은 보통 다음과 같은 논거를 제시한다. 첫째, 사회주의는 20세기의 실패한 실험으로 21세기적 조건에서 다시 되풀이할 이유가 없다. 둘째, 21세기적 세계화 조건에서 시장과 세계경제를 떠난 경제를 운영하는 것은 불가능하다. 셋째, 사회주의 대안을 추구할 주체인 노동자계급 자체가 소멸했다. 넷째, 설령 사회주의 과제가 가능하다 할지라도 그것은 먼 장래에서나 가능할 것인데, '장기에서는 우리 모두가 죽으므로' 장기적 과제를 추구하는 것은 무의미하고 비현실적이다.

우리는 케인스주의자들의 이와 같은 논거가 모두 근거가 없다고 생각한다. 우선 사회주의 실험의 역사적 실패론은 최근 진보 진영에서도 통설로 되고 있는 소련 국가자본주의론을 고려한다면 그 근거가 박약하다.[20] 또 케인스주의자들은 시장을 떠난 어떤 대안도 비현실적이라고 하면서 시장사회주의론자들과 함께 시장 폐지 불가능론, 혹은 시장의 사회적 조절론, 사회적 규제론, 요컨대 시장 활용론을 주장한다. 21세기 조건에서 시장 폐지는 불가능하다는 가정은 우리나라 진보학계에서는 거의 공준으로 받아들여진다. 예컨대 이병천(2005), 신정완(2006), 정건화(2006) 등 자칭 개혁적 케인스주의('협력적 자본주의')자들은 물론이고, '민주적 사회주의'를 주장하는 장상환(2005)도 시장 폐지는 불가능하다고 주장한다.[21] 그런데 21세기의 변화된

그 관대한 사회복지 지출의 재원이 실제로는 노동자 자신으로부터 조달됐음을 보여준다"(Shaikh, 2003: 537~538, 강조는 정성진).

20) 이에 대한 논의로는 이 책 5장을 참조할 수 있다.

조건이란 무엇인가? 한마디로 세계화, 정보화, 지식경제로의 이행 등이다. 그런데 세계화 조건에서 한 나라에서 혁명이 성공할 수 없다는 주장은 다름 아니라 고전 마르크스주의의 세계혁명론의 ABC이다. 세계화가 실행 불가능하게 하는 것은 스탈린주의 일국혁명이지 고전 마르크스주의의 세계혁명이 아니다. 세계화는 오히려 고전 마르크스주의의 세계혁명의 조건을 더욱 성숙하게 만들고 있다. 또 세계적 규모로 정보와 복잡성이 증대한 조건에서 시장이 아닌 계획에 의거해서 자원 배분을 수행하는 것은 불가능하며 가능하다 하더라도 엄청난 비용을 수반한다고 주장된다. 하지만 칵샷과 코트렐(Cockshott and Cottrel, 2005)이 입증했듯이 정보화의 핵심인 네트워크 경제의 발전에 따라 아래로부터 참여 계획의 실행 가능성이 20세기보다 오히려 더 높아졌다.[22] 그리고 올만(Ollman, 2004)이 비유했듯이 시장은 병따개처럼 기분 내키는 대로 활용할 수 있는 도구가 아니라 통제 불가능한 기계이다. 이 때문에 시장의 불가피성을 인정할 경우, 국가와 사회로 시장을 통제 조절하겠다는 정치 사회적 의지를 갖고 있다 할지라도 결국 시장의 논리, 메커니즘과 타협하고 그것에 포섭될 수밖에 없다.

한동안 각광을 받았던 논거인 사회주의 실현 주체의 소멸론(이른바 '노동자계급 안녕론')도 21세기 들어 세계적 규모에서 노동자계급의 폭발적 팽창의 현실 앞에서 종적을 감추었다. 프리맨(Freeman, 2005)의 추계에 따르면, 지난 세기말 중국과 인도, 소련이 세계경제에 본격적으로 참가하면서 '세계노동력(global labor force)'은 정확히 두 배나 증가했으며 이에 따라 자본/노동

---

21) "시장은 경쟁적 환경에서 효과적인 물적 동기를 창조하고, 그에 따라 경제활동에 필요한 규율을 부과함으로써 효율성을 높이는 데 기여하는 능력이 있음을 부정할 수 없다. …… 한편 시장 철폐와 계획에 의한 국가사회주의적 경제 운영의 오류와 한계는 분명하다. 규모가 크고 복잡한 경제에서는 계획의 한계가 명확하다. 정확한 정보 수집의 불가능과 동기 유발의 어려움, 개인의 개성적 발전의 저해 등의 문제가 있는 것이다"(장상환, 2005: 138).

22) 참여계획경제론에 대해서는 이 책 15장을 참조할 수 있다.

비율은 무려 55% 내지 60%나 저하했다. 즉, 2000년 중국과 인도, 소련을 제외하고 세계노동력을 계산하면 14억 6,000만 명이었지만 이들을 포함할 경우 세계노동력은 정확히 그 두배인 29억 3,000만 명이나 됐다.

케인스주의자들이 마지막에 기대는 논거는 단기주의이다. "장기에서 우리는 모두 죽는다"는 케인스의 말은 케인스의 분석의 단기성을 단적으로 보여준다. 케인스주의자들은 예컨대 신정완(2006)은 사회주의 대안을 장기에서만 논의될 수 있다는 이유로 대안적 체제에 대한 구상에서 배제한다.[23] 그러나 오늘날 세계화된 자본주의 조건에서는 케인스주의 대안을 실행하기가 오히려 더 어렵다는 점이 지적되어야 한다. 오늘날 세계화된 조건에서 케인스주의를 구현한다는 것은 세계화 조건에서 토빈세와 같은 자본 통제를 실시하고, 세계적 수준에서 자본과 노동 간의 생산성 협약을 체결하는 것인데, 이는 사회주의를 하는 것보다 더 어려울 것이다.[24] 즉, 역설적이게도 외관상 현실적이고 실행가능하다는 이유로 지지를 받고 있는 케인스주의가 실은 사회주의보다 더 어렵고 더 실현 불가능하다. 반면 모순과 적대를 특징으로 하는 자본주의에서는 외관상 불가능한 것으로 보이는 사회주의를 주장하고 추구하는 것이 오히려 현실적이다. 다시 말해, 자본주의 개혁 정책이 아니라 사회주의혁명 운동이 더 현실적인 프로젝트이다.[25] 또 역사적으

23) "대안적 체제나 제도에 대한 구상을 제시할 때에는 그것이 전제로 하고 있는 시지평의 차원과 그것이 가정하고 있는 제약조건들을 명시해야 한다. 우선 이 글이 전제로 하는 시지평은 아주 장기는 아니다. 이는 우선 모종의 사회주의 체제나 생태주의적 공동체주의적 대안 등 자본주의체제와 원리적으로 다른 체제에 대한 구상을 배제한다는 것을 의미한다"(신정완, 2006: 14).

24) 이 문제와 관련하여 캘리니코스(A. Callinicos)는 나와의 대담에서 다음과 같이 말한 적이 있다. "토빈세를 실제로 도입하려면 세계적 규모에서 자본의 활동을 제약하기 위한 정치세력의 엄청난 동원, 다시 말해서 노동자계급의 대규모 동원이 필요합니다. 그런데 노동자계급 운동이 토빈세를 부과할 수 있을 정도로 강력하다면 아예 자본주의 자체를 제거할 수 있을 것입니다"(캘리니코스, 1999: 332).

25) 이병천(2005: 26)이 자신의 모토로 인용한 "현실적이 되려면 불가능한 것을 요구하

로도 케인스주의 자체도, 즉 개혁적 자본주의 혹은 사회적 시장경제 자체도 노동자계급의 혁명적 대중투쟁의 성과로서 얻어진 것이라는 사실이 상기되어야 한다.

4. 맺음말

케인스주의는 시장의 필수성을 주장한다는 점에서, 또 국가의 중립성과 국가의 강화를 주장한다는 점에서, 시장의 초월과 국가의 폐지를 지향하는 마르크스주의와 정면으로 대립된다. 케인스주의는 마르크스의 노동가치론을 거부하고 신고전파 가격이론을 수용하며, 공황의 필연성을 부정한다는 점에서 마르크스주의 경제학과 근본적으로 다르다. 케인스주의자들은 신자유주의 경제학에 대한 비판으로서는 자신들의 이론이 마르크스주의보다 더 강력하다고 주장하지만, 케인스가 자유주의 경제학에 대해 제기한 비판들, 예컨대 세이의 법칙(Say's Law)에 대한 비판이라든지, 화폐수량설 비판은 마르크스가 이미 더 철저하게 제기한 바 있다(Lapavistas, 2005). 케인스가 말하는 '금리생활자의 안락사'라든지 '투자의 사회화'도 조금도 새로운 이야기가 아니다. 그리고 케인스는 그것을 언급만 했을 뿐 이론과 정책으로 구체화한 적이 없다. 또 이것은 어디까지나 자본주의를 구원하자는 주장이지 혁명하자는 주장이 아니다. 이런 케인스의 주장이 세간의 주목을 끈 것은 얼핏 반자본주의적으로 들리는 주장이 저명한 부르주아 경제학자의 입에서 나왔기 때문이다. 이는 최근 신자유주의적 세계화에 대한 스티글리츠(J. Stiglitz)의 비판이 주목을 받는 것과 마찬가지다.

1980년대만 하더라도 부르주아 이데올로기의 하나였던 케인스주의가

라"는 1968년 5월 혁명의 표어가 타당하다면, 이병천은 자신의 '가능주의(개혁주의)'의 비현실성, 따라서 사회주의혁명론의 현실성을 인정해야 할 것이다.

오늘 진보 진영의 한 대안으로 고려되고 있다는 것은 1989~1991년 소련·동유럽 블록 붕괴 이후 득세한 '자본주의 이외 대안 부재론'의 이데올로기적 효과가 얼마나 강력했는지를 잘 보여준다. 물론 오늘날 케인스주의자들이 주장하는 노동자 경영참가, 자본 통제, 복지 지출 증대 등 각종 개량적 요구의 의의를 부정할 필요는 없다. 개량은 노동자계급의 정치경제적 상태를 개선하는 데 기여하는 한, 지지되어야 하고 추구되어야 한다. 하지만 사회주의 대안 전략에서는 개량이 노동자 대중 투쟁에 기초하여 제기되고 또 개량이 사회주의혁명으로 성장·전화되는 전망 속에서 제기되는 반면, 케인스주의에서 개량은 자본주의 국가를 중심으로 제기되며 이른바 '개혁적 자본주의', '사회적 시장경제' 등의 문제설정의 구성요소로서 제기된다는 점에서 근본적 차이가 있다.[26] 또한 문제는 케인스주의 정책으로는 실질적 의미의 개량도 성취하기 어렵다는 점이다. 예컨대 신자유주의적 세계화가 초래한 세계적 양극화 문제는 케인스주의자들이 제안하는 '민족경제의 강화'나 '세계적 거버넌스', 이른바 '포스트 워싱턴 콘센서스',[27] 혹은 최근 하비(D. Harvey)가 주장하는 '새로운 뉴딜(new New Deal)'의 수립[28]으로

26) 비교자본주의론, 개혁적 케인스주의의 경우 최소강령만이 존재하고 최대강령이 부재하다면, 자율주의, 평의회공산주의의 경우 최대강령, 예컨대 연합(Association)만이 존재하거나, 최소강령(개혁요구)이 존재한다 할지라도, 『제국』에서 보듯이 최대강령과 분리되어 따로 논다. 즉, 고전 마르크스주의 전통의 이행기 강령의 개념이 존재하지 않는다. 이는 이들 자율주의, 평의회공산주의가 조직의 의의와 정치의 중요성, 국가를 매개로 한 투쟁의 중요성을 부정하기 때문이다.

27) 최근 주로 '포스트 케인스주의'자들이 주장하는 '포스트 워싱턴 컨센서스'는 금융규제, 건전성 감독, 거버넌스, 반부패, 행정개혁, 사회적 안전망 등의 제도 도입의 중요성을 강조한다는 점에서는 본래의 신자유주의적 '워싱턴 컨센서스'와는 차별적이지만, 이들 제도의 도입을 통해 자유무역과 세계화, 시장을 더욱 확대 발전시키는 것을 목적으로 한다는 점에서는 신자유주의적 '워싱턴 컨센서스'와 동일하게 부르주아 무역이론에 기초하고 있으며, 동일하게 세계화 담론, 경쟁력 담론을 공유하고 있다.

28) "자본주의적 생산양식의 규칙들 내에서 이 문제에 대한 일시적이고 유일한 해답은

해결될 수 없다. 케인스주의의 전성시대인 전후 황금시대에도 세계적 양극화가 계속 진전됐다는 사실은 세계적 양극화에 대한 처방을 케인스주의로의 회귀에서 찾는 관점에 대해 의문을 제기하게 한다. 양극화 경향이 자본주의 세계체제 그 자체에서 가치법칙의 작용의 결과이기 때문에, 양극화 경향의 근본적 해결 역시 국가나 시장이 아닌 국가와 시장 간의 교대 운동, 혹은 '진자 운동(oscillation)'(Wolff, 1999) 자체의 혁명적 전복, 가치법칙의 작용 그 자체의 지양, 즉 사회주의 대안의 실현을 통해서만 가능하다.[29]

케인스주의 대안론에서 더 문제인 것은 그와 같은 개량적 요구가 제기되는 '자본주의 이외 대안 부재론'이라는 문제설정, 즉 '좋은(혹은 '덜 나쁜') 자본주의(=스웨덴 모델)'와 '나쁜 자본주의(=신자유주의, 미국식 자본주의)'의 이분법이다. 케인스주의는 오늘 세계경제의 모순과 위기의 원인을 자본주의 그 자체가 아니라 자본주의의 특정한 형태에서 찾으려 한다. 그러나 "결국 문제는 모델 만들기가 아니라 자본주의에 있다"(코우츠, 2003: 393). 다시 말해서 "문제인 것은 자본주의적 생산관계의 존재이다"(De Angelis, 2000: 173).

세계적 영향력을 가지는 새로운 뉴딜과 같은 것이다. 이 점은 자본순환과 축적의 논리를 신자유주의적 사슬로부터 해방시킴을 의미하며 국가권력을 훨씬 더 개입주의적이고 재분배적인 노선으로 재구축하고 금융자본의 투기적 힘을 제어하고 그리고 국제무역의 조건에서부터 우리가 대중매체를 통해 보고 듣고 읽게 되는 것에 이르기까지 모든 것을 지배하는 과점 및 독점의 압도적 권력(특히 군산복합체의 극악한 영향)을 탈중심화하고 민주적으로 통제하는 것이다"(Harvey, 2005: 197~198, 강조는 정성진). 그동안 고전 마르크스주의 입장을 견지해 왔던 하비가 이처럼 케인스주의로의 경도되고 있음은 유감스런 일이다. 하비의 최근 논의에 대한 마르크스주의적 비판으로 김공회(2006)를 참조할 수 있다.

29) "세계화의 해체 작업은 현재 노동자의 권리에 대한 세계적 공세의 핵심에 자리 잡은 국가 정책과 자본가 이해의 융합에 성공적으로 대항하고 이를 극복할 수 있는 매우 급진적이고 확신에 찬 좌파의 정치를 요구한다. 그리로 이와 같은 국가 정책과 자본가 이해의 융합의 존재는 노동자는 자신의 권리를 방어하기 위해서는 자기 자신의 힘에 의존해야 한다는 사실을 의미한다"(코우츠, 2003: 439).

오늘 진보 진영에 요구되는 것은 케인스주의자들처럼 '나쁜 자본주의'를 '좋은 자본주의'로 대체하자고 제안하는 것이 아니라, 자본주의 착취 체제 그 자체를 거부하는 것이다. 즉, 자본주의의 상이한 형태들 사이에서 방황하는 것이 아니라 "사회적 불연속을 수행하여 자본주의와 단절하고 다른 예컨대 공산주의적인 계급구조"로 나아가는 것이다(Wolff, 1999: 81). 진보 진영의 대안은 자본 중심의 반동적 경쟁력 강화 공세를 노동 중심의 진보적 경쟁력 강화 방안으로 대체하는 것이 아니라, 경쟁력의 논리, 성장 논리, 시장 논리, 즉 자본주의 그 자체를 전면 거부하는 것이 되어야 한다.

케인스주의에 반자본주의적 요소가 있다고 해서 반자본주의 운동이 케인스주의와 동맹하는 것은 반자본주의 운동에 득보다는 실이 더 많을 것이다. 반자본주의 운동이 케인스주의와 무원칙적으로 연대하는 것은 연대의 폭을 넓히고 운동에 현실성을 더해 주는 것이 아니라, 오히려 시장 논리, 경쟁력 논리, 성장 담론을 암묵적으로 수용하는 결과를 초래할 것이며, 이는 반자본주의 운동의 원칙과 가치를 훼손하여, 자본주의 헤게모니 강화로 귀결될 것이다.[30]

역사적으로 실패한 실험으로 입증된 것은 사회주의가 아니라 케인스주의이다. 진보 진영의 관점에서 볼 때 역사의 쓰레기통으로 들어가야 할 것은 사회주의가 아니라 케인스주의이다. 케인스주의는 20세기 자본주의 발전의 특정한 정세 국면에서 자본주의체제를 수호하기 위해 고안 적용됐던 지배계급의 대응 전략이며, 지난 1970년대 이후 효용이 다 되어서 지배계급 자신이 폐기 처분한 것이다. 이것을 21세기에 우파도 아닌 좌파가 자신의 대안이라고 다시 부여잡는 것은 희극이다. 진보 진영은 케인스주의의 부르주아적

30) "'장기에서는 우리는 모두 죽는다'고 주장하는 것은 가능한 단기적 이득이 동시에 장기적으로 추구해야 할 경제의 원칙과 자본주의를 대체하는 노동자들의 급진적 대안을 전망할 수 있는 능력을 약화시킨다는 점을 무시하는 것이다"(Carchedi, 2006: 79).

반노동적 본질을 정확히 인식해야 한다. 즉, 오늘날 진보 진영에 주어진 선택은 "마르크스인가, 아니면 케인스인가"이다(Carchedi, 2006: 80). 21세기 세계가 20세기와 마찬가지로 자본주의이고, 세계화가 다름 아닌 자본의 세계화, 세계적 프롤레타리아트화인 한, 반자본주의·탈자본주의·노동해방의 프로젝트로서 사회주의는 21세기에도 여전히 현재성을 갖는다. 21세기에도 자본주의가 존속하는 한 사회주의는 여전히 진보 진영의 대안이다.

제4부 트로츠키주의와 대안

제12장

트로츠키 사상의 재평가*

1. 소련·동유럽 블록 붕괴 전후 트로츠키 연구의 재흥

글라스노스트가 시작된 1980년대 말부터 1991년 소련 공산당이 해산되기까지 비교적 짧은 기간 구소련을 비롯해서 세계적으로 트로츠키 재평가 움직임이 있었다. 고르바초프는 페레스트로이카를 수행하면서 스탈린주의에 대한 자기 식의 비판을 강화하고 스탈린에 의해 희생된 볼셰비키 지도자들을 복권하기 시작했다. 상이한 맥락이 언급되지 않은 채로, 트로츠키는 고르바초프 시기 페레스트로이카를 예견한 인물로 부각되었으며, 트로츠키가 1920년대 초에 주장했던 신경제정책은 고르바초프 시장개혁의 역사적 선구로 평가되었다.

하지만 고르바초프는 페레스트로이카의 관점에서 스탈린주의를 비판한다는 자신의 이데올로기적 목적에 봉사하는 한에서만 트로츠키를 언급했다. 트로츠키의 진정한 복권은 고르바초프를 비롯한 페레스트로이카 추진자들의 일정표에 올라 있지 않았다. 왜냐하면 트로츠키의 복권은 트로츠키의 혁명적 사상에 의해 지도되는 대중운동의 복원가능성을 제기할 것이며 이는 소련 공산당 관료의 지배체제에 위협이 되기 때문이었다. 그래서 트로

* 이 장은 정성진(1997b)을 수정·보완한 것이다.

츠키의 저작들이 다시 출판되기 시작했지만 『영구혁명론』 같은 '혁명적' 저작은 출판되지 않았다. 고르바초프 시기에 트로츠키에 대한 소련 공산당의 전반적 평가는 여전히 부정적이었다. 시장개혁을 주장했던 부하린의 사상은 페레스트로이카의 지향과 정확히 일치했지만 반관료 정치혁명을 주창했던 트로츠키는 여전히 경계 대상이었다. 고르바초프가 1987년에 10월혁명 70주년 기념연설에서 트로츠키를 부정적으로 언급한 것은 그 단적인 예이다. 고르바초프는 1920년대 트로츠키가 소련 공산당의 분열 책동을 벌이고 레닌주의를 공격했으며, 스탈린을 중심으로 한 당의 지도 핵심이 이를 분쇄함으로써 레닌주의를 수호할 수 있었다고 강변했다. 그래서 1987년판 소련 백과사전에도 트로츠키라는 항목은 없다. 고르바초프의 소련 공산당은 부하린을 비롯한 대부분의 볼셰비키 지도자들을 복권시켰지만 트로츠키에 대해서는 끝내 복권을 부여하지 않은 채 1991년 깃발을 내렸다. 소련 연방최고법원은 1990년 제출된 트로츠키 복권신청에 대해 트로츠키는 소련 당국으로부터 어떤 '법률적 판결'도 받은 바가 없기 때문에 복권심사의 대상이 되지 못한다는 이유로 이를 기각했다. 1991년 소련 붕괴 후에는 트로츠키 복권이라는 쟁점 자체가 사라졌는데 이는 복권의 주체가 소멸했기 때문이다. 소련 붕괴 후 러시아에서 반공주의, 자유주의, 극우 민족주의가 득세하면서 트로츠키는 스탈린의 선구자 또는 쌍둥이라든지 혹은 러시아 민주주의를 말살하고 러시아 인민의 무덤을 판 레닌의 공범이란 누명을 쓰고 다시 역사의 뒤안길로 밀려나고 있는 듯하다.

그러나 1989~1991년 소련 민간 차원에서 이루어진 트로츠키 사상에 대한 역사적 재평가 작업은 괄목할 만한 것이었다.[1)] 우선 다수의 트로츠키 저작들이 다시 출판되기 시작했다. 1989년에는 62년 만에 처음으로 소련에서 트로츠키의 저작이 출판되었다. 『새로운 노선』과 『스탈린의 날조 학파』가 그것이다. 그에 이어 『배반당한 혁명』, 『나의 생애』, 『문학과 혁명』도

1) 이에 대한 소개로는 Danilov(1990), Thatcher(1990; 1992; 1994; 1996)를 참조하라.

출판되었다. 트로츠키의 저작은 글라스노스트 시기에 복권된 다른 어느 볼셰비키 지도자들의 저작보다 더 많이 출판되었다. 1991년에는 아이작 도이처(I. Deutscher)의 트로츠키 전기 중 제3권이 러시아어로 번역 출판되었다. 스탈린주의에 의한 트로츠키의 왜곡을 정정하는 중요한 시도들이 로고빈(Rogovin), 판초프(Pantsov) 등에 의해 이루어졌다. 트로츠키의 전기도 새롭게 쓰여지기 시작했다. 그중 볼코고노프(D. Volkogonov)의 『트로츠키: 정치적 초상화』(1992; 영역판, 1996)[2]는 소련·동유럽 블록 붕괴 후 트로츠키에 대한 소련 지배계급의 변화하는 평가를 잘 보여준다. 볼코고노프의 『트로츠키』(1992)는 『스탈린』(1990), 『레닌』(1994)과 함께 그의 3부작 중 하나이다. 볼코고노프는 1995년 사망하기 직전까지 옐친 대통령의 군사문제 고문과 구소련 정부 문서조사위원회 위원장을 맡고 있었으며, 고르바초프 시기까지는 소련군 고위장성으로 전사편찬위원장 등을 역임했다. 그는 이와 같은 지위를 이용하여 모스크바의 이른바 '중앙당 서고'(현재는 러시아 현대사기록보존연구소), '크레믈린 문서고'(현재는 '대통령 서고')를 비롯한 소련 공산당의 각종 비밀문서에 접근할 수 있었다. 그의 3부작은 이전까지 공개되지 않았던 비밀자료를 이용하여 쓴 것들이라는 점에서 세계적인 관심의 대상이 되었다. 이 장에서는 주로 볼코고노프의 트로츠키 전기를 평주하는 방식으로 트로츠키의 생애와 사상을 간략히 검토하고자 한다.[3]

---

2) 볼코고노프의 트로츠키 전기에 대한 우호적 서평으로는 Pipes(1996), Conquest(1996), Falcoff(1996) 등이 있고, 비판적 서평으로는 Thatcher(1994), Broué & Pantsov(1995), Singer(1996)를 참조하라.

3) 이 책 14장은 트로츠키의 사상을 주로 경제사상에 초점을 맞추어 재검토하고 있다.

2. 1917년 혁명 이전의 트로츠키

1879년 11월 7일 러시아 우크라이나의 야노브카에서 부농의 아들로 태어난 트로츠키의 본래 이름은 레프 다비도비치 브론스타인이었다. 같은 해 12월 트로츠키의 숙적 스탈린이 태어난 것은 흥미로운 역사의 우연이다. 브론스타인은 1897년 '남부러시아 노동자동맹'을 조직했으며 1898년 그 죄목으로 차르 경찰에 의해 체포되어 1900년 시베리아로 유형을 갔다. 유형을 떠나기 전 모스크바 감옥에서 그때까지 활동을 같이해 온 연상의 마르크스주의자 소콜로브스카야와 결혼했다. 그러나 브론스타인은 1902년 소콜로브스카야의 권유로 그녀와 두 딸(지나이다와 니나)을 남겨둔 채 이르쿠츠크로 탈출했다. 이때 브론스타인은 신분을 감추기 위해 자신의 이름을 오뎃사 감옥에서 알았던 교도관의 이름인 트로츠키로 바꾸었다.

트로츠키는 1902년 10월 런던에 가서 레닌을 처음 만났으며 레닌의 추천으로 러시아 사회민주당의 기관지인 ≪이스크라≫의 편집위원으로 활동했다. 1903년 트로츠키는 파리에서 나탈리아 세도바를 만나 다시 결혼을 했으며, 그들 사이에 두 아들(세도바와 세르게이)이 태어났다. 트로츠키는 1903년 7월 30일에서 8월 20일에 걸쳐 브뤼셀과 런던에서 열린 러시아 사회민주당 제2차 대회에서 처음에는 레닌을 지지하는 데 앞장서 '레닌의 곤봉'이라는 별명까지 얻었지만, ≪이스크라≫ 편집진에서 악셀로드, 베라 자술리치, 포트레소프를 제외시키려는 레닌의 냉혹함에 실망하고 멘셰비키에 가담했다. 1904년 트로츠키는 제2차 당대회의 경험을 바탕으로 레닌의 당조직론을 '대리주의'라고 비판하는 팸플릿 『우리의 정치적 과제』를 악셀로드에게 헌정했다.

1905년 러시아혁명이 일어나자 트로츠키는 러시아로 돌아가 26세의 나이에 페트로그라드 소비에트 의장으로 활약했다. 트로츠키는 이 죄목으로 차르 정부에 체포되어 다시 시베리아 유형에 처해졌지만 곧 다시 탈출했다.

트로츠키는 투옥 중 집필한 『평가와 전망』에서 1905년 혁명의 교훈을 토대로 하여, 러시아에서 노동자계급이 권력을 장악하여 부르주아혁명의 과제를 수행하고 영속적으로 사회주의혁명의 과제를 완수해야 하며, 이는 혁명의 세계화를 통해서 가능하다는 영구혁명론을 정식화했다. 1910년 트로츠키는 비엔나에서 ≪프라우다≫를 창간했지만 재정문제로 이 신문은 실패했다. 레닌은 같은 제목의 신문을 이듬해부터 페트로그라드에서 발행했다. 1912~1914년 트로츠키는 발칸전쟁의 종군기자로 활동했으며 1915~1916년에는 멘셰비키와 협력하여 파리에서 ≪나셰 슬로보≫를 발행했다.

1917년 혁명 이전 트로츠키의 활동은 레닌의 볼셰비키 당조직론에 반대하는 것으로 주로 채워져 있기 때문에 트로츠키주의자들도 거론하기를 꺼리는 시기이다. 그러나 볼코고노프는 트로츠키 저작 중 최상의 부분들은 1904~1917년 사이에 쓰였다고 주장하고, 특히 레닌의 조직론은 결국 1인 독재로 귀결될 수밖에 없다고 주장한 『우리의 정치적 과제』를 높이 평가했다. 콕스(Cox, 1992: 90)도 비슷한 맥락에서 트로츠키가 1917년 이후 레닌주의로 다시 회귀한 것은 결정적인 오류라고 주장한다.

3. 10월혁명과 1920년대 당내 투쟁기의 트로츠키

미국 뉴욕에서 1917년 2월혁명의 소식을 들은 트로츠키는 5월 러시아로 귀국한다. 볼코고노프는 러시아로 돌아온 트로츠키가 당시 상황에 대해 제대로 인식하지 못하고 갈팡질팡했다고 쓰고 있는데, 이는 사실과 다르다. 1917년 2월혁명 발발 시 뉴욕에 머물고 있던 트로츠키가 쓴 글들은 같은 시기 레닌의 「먼 곳으로부터의 편지」와 기본적으로 동일한 취지의 주장들로 채워져 있다. 트로츠키는 귀국 후 '메즈라욘카(Mezhrayonka)'라는 지식인 중심의 소규모 단체인 '러시아사회민주당 지구간 조직'에서 반전과 임시정부 타도를 선동하다가 케렌스키 임시정부에 의해 투옥된다. 1917년 8월 볼셰비키 제6차 대회는 옥중에 있던 트로츠키를 볼셰비키당에 재영입하고 볼셰비키 중앙위원으로 선출했다. 출옥한 트로츠키는 1917년 9월 페트로그라드 소비에트 의장으로 선출되었다.

1917년 11월 7일 트로츠키는 페트로그라드 소비에트 군사혁명위원회 의장으로 무장봉기를 조직하여 케렌스키의 임시정부를 타도했다. 이 날은 마침 트로츠키의 38세 생일이기도 했다. 무장봉기 일자의 확정을 포함한 10월혁명의 세부 준비와 관련하여 레닌과 트로츠키 간에 의견 차이가 전혀 없었던 것은 아니지만, 볼셰비키가 즉각 권력을 장악해야 한다는 레닌의 결의안을 트로츠키가 지지했다는 점은 이제 부정할 수 없는 역사적 사실이 되었다. 볼코고노프는 트로츠키가 10월 무장봉기에 반대했다는 스탈린주의의 신화가 아무런 근거가 없다고 지적한다.

> 10월혁명에 관해 아직 끈질기게 남아 있는 신화의 하나는 트로츠키가 10월 무장봉기를 지연시키려 했다는 주장이다. …… 하지만 실제로 트로츠키는 레닌이 집착했던 무장봉기에 반대하지 않았다. 오히려 트로츠키는 그 꿈을 실현시키기 위해 전력을 다했다. 다만, 트로츠키는 봉기가 볼셰비키 중앙위원회의 주도하에서 소비에트 대회의 결정에 따라 수행되기를 바랐을 뿐이다. …… 트로츠키는 소련 역사가들이 반복해서 주장해 온 바와 달리, 봉기를 지연시키려 하지 않았다. 트로츠키는 봉기를 더 광범위한 인민의 지지에 기초지음으로써 '정당화'하려 했던 것이다(Volkogonov, 1996: 76, 78).

아울러 볼코고노프는 10월봉기를 조직한 것은 스탈린의 이른바 '당중앙'이라는 주장을 논박하고, 10월봉기는 실제로 트로츠키의 '페트로그라드 소비에트 군사혁명위원회'에 의해 조직되었음을 재확인했다.

이른바 '당중앙'이란 군사혁명위원회의 부서로 만들어진 순전히 명목상의 조직이었다. 그 활동에 대해서는 어떠한 기록도 남아 있지 않다. 사실 그러한 기록이 발견될 수도 없다. 왜냐하면 그것의 활동이란 것이 있었다 해도 그것은 실제로 군사혁명위원회에 의해 수행되었기 때문이다(Volkogonov, 1996: 79).

스탈린 자신도 1918년 10월혁명 1주년 기념논문에서 트로츠키가 10월혁명에서 수행한 결정적 역할을 시인한 바 있다.

트로츠키는 10월혁명 직후 케렌스키와 함께 크라스노프의 반란 진압을 지휘했을 뿐만 아니라 혁명정부에 볼셰비키 이외의 정파도 참여시키자는 지노비에프와 카메네프의 제안을 논파하여 레닌으로부터 "트로츠키보다 더 나은 볼셰비키는 없다"라는 격찬을 듣기까지 했다. 10월혁명 성공 후 레닌은 트로츠키에게 내무인민위원직을 제안했지만 트로츠키는 자신이 유태인이라는 이유로 이를 사양했다. 만약 트로츠키가 '레닌주의에 대한 악마 같은 적'이라는 스탈린의 중상이 사실이라면, 당장 레닌이 왜 10월혁명 직후 트로츠키에게 소련 정부의 장관직을 맡을 것을 권유했는지가 중대한 의문으로 남는다. 트로츠키는 소련 정부의 초대 외무인민위원에 취임하여 1918년 1월 브레스트 리토브스크에서 독일과의 휴전협상을 주도했다. 이 직전 레닌은 독일의 휴전조건을 수용하자고 주장하고 부하린은 반대로 혁명전쟁을 주장했지만, 트로츠키는 강화와 전쟁을 동시에 반대했다. 트로츠키의 주장은 독일 노동자들이 혁명을 일으킬 때까지 시간을 벌면서 그들에게 선동하자는 것이었다. 1918년 트로츠키는 다시 전쟁인민위원과 최고전쟁위원회 의장에 임명되어 적군을 창건하고 내전을 승리로 이끄는 데 결정적 역할을 했다. 레닌은 막심 고리키에게 "트로츠키말고 단 1년에 모범적인 군대를 조직할 수 있는 사람이 있으면 내게 한번 말해보시오"라고 할 정도였다. 1919년 3월 코민테른 창립대회에서 트로츠키는 코민테른 집행위원으로 선출되었으며 코민테른 선언문을 기초했다.

1920년 말 백군의 궤멸과 함께 내전이 사실상 끝났다. 1921년 1~2월 노동조합의 자율성 문제를 둘러싸고 벌어진 논쟁에서 지노비에프와 스탈린은 레닌 편을 들어 트로츠키의 노동조합 국가기관화론에 반대했다. 이 당시 레닌은 노동조합은 관료적으로 왜곡된 국가에 대항하여 자신을 방어할 수 있어야 한다고 옳게 주장했다. 트로츠키는 내전 후 레닌보다 앞서 신경제정책의 도입을 주장했다. 1921년 2월 크론슈타트에서 수병들이 반볼셰비키 반란을 일으켰지만 3월 유혈진압되었다. 트로츠키에 비판적인 사람들은 크론슈타트 봉기의 진압을 트로츠키가 직접 지휘했다면서 트로츠키의 잔인성을 강조하지만, 이것은 아무런 근거가 없다. 트로츠키는 비극이지만 크론슈타트 봉기를 불가피하게 진압해야 한다는 중앙위원회의 결의안에 찬성했을 뿐이다. 크론슈타트 봉기가 진행되는 중에 열렸던 소련 공산당 제10차 대회는 레닌의 신경제정책 채택과 함께 분파결성 금지를 결의했다. 라이만(Reiman, 1992)은 1920년대 트로츠키의 반스탈린 투쟁이 패배한 원인은 제10차 당대회의 분파결성 금지규정 때문이었다고 분석한다. 이미 당을 장악한 스탈린 분파에 대한 투쟁을 분파결성 금지규정을 준수하면서 수행할 수는 없다는 것이다.

1922년 3~4월에 열린 제11차 당대회에서 트로츠키는 '노동자반대파'에 맞서 레닌을 지지했다. 이 대회에서 스탈린은 공산당 서기장이 되었다. 레닌은 이 당시 트로츠키에게 자기 다음 가는 서열의 직책이며 레닌의 권력승계가 보장되는 소비에트 인민위원회(Sovnarkom) 부의장을 맡으라고 권유하지만 트로츠키는 이를 다시 자신이 유태인이라는 이유로 고사했다.[4] 이러한 사실에 비추어 볼 때 트로츠키의 반스탈린 투쟁을 단순한 권력투쟁으로 이해하는 것은 잘못이다. 1922년 11월 레닌은 트로츠키에게 반관료·반스탈

4) 이를 입증하는 획기적 문서인 1923년 10월 26일 중앙위원회와 중앙통제위원회의 합동회의에서의 트로츠키 연설은 1990년 다닐로프(Danilov, 1990)에 의해 처음으로 발견되어 공개되었다.

린 투쟁을 위한 '레닌-트로츠키 블록'을 형성하자고 제안했다. 레닌은 1922년 12월 25일자 유언장에서 "트로츠키 동지는 현재 중앙위원회에서 가장 유능한 사람이다"라고 평가하고, 1923년 1월 4일 스탈린을 서기장직에서 축출하라는 권고를 그의 유언장에 첨가했다. 1923년 10월 트로츠키는 지노비에프-카메네프-스탈린의 이른바 '3두마차'가 주도하고 있던 당의 관료제화를 비판하는 서한을 당에 보냈다. 트로츠키의 『새로운 노선』을 지지하는 '46인 서한'이 발표되었다. 모스크바 당조직 선거에서 좌익반대파가 승리했음에도 선거결과는 그들의 패배로 조작되었다. '3두마차'는 스스로 고참 볼셰비키, 즉 레닌주의자를 자처했으며 이에 대립되는 경향에 '트로츠키주의자'라는 딱지를 붙이기 시작했다. 1923년 안토노프 오브센코와 무랄로프 등 몇몇 군 고위장성들은 트로츠키에게 스탈린 도당을 타도하고 당내 민주주의를 회복하기 위한 제한된 군부쿠데타를 제의했으나, 트로츠키는 비합법적 폭력을 사용하여 당내 문제를 해결하려 해서는 안 된다는 이유로 이에 응하지 않았다(Broué, 1992: 20). 1924년 1월 제13차 당대회에서 스탈린은 트로츠키가 무정부주의적 멘셰비키이며 볼셰비키의 조직노선을 부정했다고 비판했다. 제13차 당대회 결의안은 좌익반대파가 볼셰비즘을 수정했으며 레닌주의로부터 이탈한 프티부르주아적 편향이라고 비판했다.

1924년 1월 21일 레닌이 사망했다. 스탈린은 계략을 써서 당시 그루지야에 있던 트로츠키가 26일 거행된 장례식에 참석하지 못하게 했다(Broué, 1992: 20). 레닌 사후 '3두마차'의 입지는 더 강화되었다. 1924년 11월 발표된 트로츠키의 『10월의 교훈』은 '3두마차'가 오래 전부터 준비한 트로츠키 제거를 위한 공격이 개시될 수 있는 빌미를 제공했다. 그들은 레닌의 저작들로부터 거두절미하여 발췌한 문구를 조합하여 트로츠키가 1904~1917년 노동자계급 내부에 침투한 멘셰비키 노릇을 했다고 규탄했다. 또한 트로츠키는 농민의 혁명역량을 과소평가했으며 '공업의 독재'를 옹호했다고 비판했다. 스탈린은 더 나아가 10월혁명에서 트로츠키의 역할에 의문을 제기하면서 10월봉기의 핵심은 자신이 주도한 이른바 '당중앙'이었다고 강변했다. 스탈린은 트로츠키주의는 빈농의 역할을 무시하는 영구혁명론으로 특징지어지며 볼셰비키의 철의 규율을 거부하고 레닌을 폄하하는 것을 목적으로 하는 레닌주의에 적대적인 사상이라고 비판했다. '3두마차'는 이러한 반트로츠키 캠페인을 벌이면서 트로츠키를 정부 주요 직책에서 몰아내고 당정치국에서도 고립시켰다. 1925년 트로츠키는 군사혁명위원회 의장과 전쟁인민위원 직책에서 해임되고 한직인 '양허위원회(Chief Concessions Committee)' 의장으로 밀려났다. 트로츠키는 1926년 초 스탈린과 결별한 지노비에프와 카메네프가 제안한 통합반대파의 결성에 동의했다. 통합반대파는 1926년 7월, '12인 선언'과 '83인 정강'을 발표했고 10월에는 트로츠키를 지지하는 '16인 선언'이 발표되었다. 하지만 당의 출판물에는 오로지 스탈린 일파의 목소리만 게재되었다. 트로츠키는 내부의 적이며 당에 패배주의 정신을 유포시키고 분열 선동을 하면서 사회민주주의적인 제2의 당조직을 획책했다고 규탄받았다. 스탈린은 '챔벌린에서 트로츠키에 이르는 단일 전선'이 형성되어 있으며 트로츠키는 반볼셰비키 연합을 지도하는 야전사령관이라고 공격했다. 반면, 통합반대파는 처음부터 트로츠키와 지노비에프-카메네프 간의 심각한 견해 차이 때문에 강력한 반스탈린 투쟁을 전개할 수 없었다. 1926년 지노비에프는 정치국원과 코민테른 의장직에서 해임됐고 트로츠키와 카메네프도 정치국원에서 해임됐다. 1927년 중국혁명에 대한 당지도부의 정책과 중국 공산당의 국민당 탈당 지체를 비판한 트로츠키는 코민테른 집행위원과 소련 공산당 중앙위원직에서 해임됐다. 1927년 11월 15일 트로츠키와 지노비에프는 당의 통일에 반대하는 분파투쟁을 지도하고 부르주아 지식인들과 연계하여 새로운 반레닌주의 정당을 결성하려 했다는 죄목으로 출당당했다. 1928년 1월 트로츠키는 중앙아시아의 알마아타로 유배되었다. 그 해 6월 둘째 딸 니나가 폐결핵으로 사망했다. 1929년 스탈린은 트로츠키를 소비에트 권력에 대항하는 반혁명 시위를 주도하고 무장투쟁을 준비했다는 죄목으로 소련에서 추방했다. 트로츠키는 그해 4월 터키의 마르마라 해의 프린키포 섬에 도착했다. 이때부터 소련 각 도서관에서 트로츠키의 저작들이 사라졌으며 각종 사진·그림·영화에서 그의 얼굴이 삭제되었고 역사책에서 그의 이름이 지워졌다. 이제 트로츠키는 오로지 악의 화신으로만 언급되기 시작했다.

4. 1940년 멕시코에서 살해되기까지 트로츠키의 반스탈린 투쟁

1929년 4월 제16차 당대회는 제1차 5개년계획을 결정했으며 12월 스탈린은 신경제정책의 종언을 선언하고 강제집산화를 시작했다. 트로츠키는 소련 국외추방에까지 이른 스탈린의 탄압에 굴복하지 않고 반스탈린주의 투쟁을 국제적으로 조직하기 시작한다. 그래서 스탈린은 트로츠키를 죽이지 않고 국외추방한 것은 자신의 최대 실수였다고 실토했다. 1929년 7월 트로츠키가 편집한 ≪반대파 회보(Bulletin of the Opposition)≫ 제1호가 베를린에서 출판되었다. 1930년 4월에는 반대파 국제사무소가 파리에 설치되었다. 트로츠키는 그해에 자서전 『나의 생애』를 베를린에서 출판했다. 1930년 11월 중국 공산주의자 첸뚜슈가 트로츠키를 옹호하는 편지를 썼다. 트로츠키는 1931년 『러시아혁명사』를, 1932년 『스탈린주의 날조 학파』를 출판했다. 1932년 2월 스탈린은 트로츠키 가족 모두의 소련 국적을 박탈했다. 1933년 1월 히틀러가 집권했으며 트로츠키의 첫째 딸 지나이다가 베를린에서 자살했다. 1933년 7월 트로츠키는 히틀러의 집권을 조장한 코민테른 정책의 파산을 보고 제4인터내셔널이 창건되어야 한다고 주장했다. 1933년 7월 트로츠키는 터키에서 쫓겨나 프랑스로 망명지를 옮겼다. 1934년 6월 트로츠키는 그의 측근들에게 프랑스사회당(SFIO)에 입당하라는 이른바 '프랑스 전환'이라고 불리는 '입당전술'을 권유했으며 이 문제를 놓고 국제좌익

반대파는 분열했다. 1935년 트로츠키는 프랑스에서 쫓겨나 노르웨이로 망명지를 다시 옮겼다. 1936년 스페인에서 인민전선이 선거에서 승리했지만 프랑코의 쿠데타로 내전이 시작되었다.

트로츠키는 1936년 그의 최후 명저 『배반당한 혁명』을 탈고했다. 러시아어로 집필된 『배반당한 혁명』은 탈고 후 먼저 프랑스어로 번역되어 1937년 출간되었다. 트로츠키의 측근에까지 침투한 스탈린의 첩자는 『배반당한 혁명』의 원고 일부를 몰래 복사하여 스탈린에게 보냈다. 스탈린은 그 책에서 트로츠키가 소련 인민에게 '정치혁명'을 선동하는 데 경악하여 트로츠키와 트로츠키주의자들을 물리적으로 절멸시키기로 결심했다.

> (스탈린의 첩자) 지보로브스키의 간계로 『배반당한 혁명』의 원고는 1937년 여름 파리에서 출판되기 전에 스탈린의 책상 위에 있었다. …… 그 책에서 트로츠키의 '정치혁명'에 대한 호소가 스탈린에 준 효과를 상상하는 것은 어렵지 않다. 이는 스탈린이 대숙청을 단행하게 한 하나의 요인이었다. …… 『배반당한 혁명』은 스탈린에게 트로츠키가 진정한 위협이라는 것을 최종적으로 확신시켜주었다(Volkogonov, 1996: 370~371).

1936년 8월 모스크바에서 첫 번째 조작재판이 열려 지노비에프, 카메네프, 스미르노프 등이 처형당했다. 이 재판에서 검사 비신스키는 트로츠키가 백군의 앞잡이이며 '소비에트' 권력의 최악의 적이며 소련에 아직 남아 있는 착취계급의 찌꺼기들을 조직하려 했다고 주장했다. 트로츠키의 첫 번째 처 소콜로브스카야는 시베리아 유형에 처해져 몇 해 뒤 처형당했다. 1936년 10월 뉴욕에서 트로츠키 방어위원회가 열렸으며 같은 시기 보르쿠타에 유배된 트로츠키주의자들은 넉 달간 계속된 단식농성에 들어갔다.

1937년 1월 트로츠키 부부는 멕시코 대통령 라사로 카르데나스(Lazaro Cardenas)가 발급한 비자로 노르웨이를 떠나 멕시코 코요아칸에 있는 화가 디에고 리베라(D. Rivera)의 집으로 망명지를 옮겼다. 1937년 1월 모스크바에서 열린 두 번째 조작재판에서 라테크, 피아타코프, 무랄로프 등이 처형당했고 소련에 있던 트로츠키의 둘째 아들 세르게이와 조카가 체포되어 처형당했다. 1937년 3월 미국의 저명한 교육학자 존 듀이(J. Dewey)를 위원장으로 하는 모스크바 재판 합동조사위원회가 조직되었다. 1937년 6월 적군 총사령관이었던 투하체프스키가 반란음모죄로 처형당했고, 2만 5,000명 이상의 군간부들이 숙청당했다. 1937년 12월 듀이 위원회는 트로츠키와 그의 첫째 아들이며 국제좌익반대파의 주요 지도자인 세도바에게 모스크바 재판이 뒤집어씌운 죄목들에 대해 그들이 무죄라고 평결했다. 그러나 1938년 2월 트로츠키의 첫째 아들 세도바가 파리에서 트로츠키주의자로 위장한 스탈린의 첩자에 의해 독살당했으며, 트로츠키의 형 알렉산더 브론스타인은 모스크바에서 처형당했다. 1938년 3월 세 번째 모스크바 조작재판에서 부하린, 르이코프, 야고다가 처형당했다. 같은 시기 보르쿠타에 유형을 가 있던 트로츠키주의자 수천 명이 집단처형을 당했다. 보르쿠타에서 트로츠키주의자들이 벌인 처절한 투쟁은 솔제니친의 『수용소군도』에도 기록되어 있다. 1938년 9월 트로츠키의 동지들은 제4인터내셔널의 창립을 선언했다. 1939년 트로츠키는 디에고 리베라의 처 프리다 칼로(Frida Kahlo)와의 염문 때문에 리베라의 집을 나와 비에나로 거처를 옮겼다. 1939년 8월 독소 불가침조약 발표 후 일부 트로츠키주의자들이 소련 사회의 성격을 '관료적으로 퇴보한 노동자국가'로 규정한 트로츠키를 비판하고 그 대신 국가자본주의론, 관료집산주의론 등을 주장하면서 국제 트로츠키주의 운동의 분열은 더욱 심화되었다.

1940년 5월 스탈린의 비밀경찰은 멕시코의 스탈린주의 화가 시케이로스(Siqueiros)를 앞세워 트로츠키 부부가 잠자고 있던 침실에 200발 이상의 기관총 세례를 퍼부었다. 이튿날 스탈린에게 보내진 전문에는 다음과 같이 적혀 있었다. "작전 수행. 결과는 후에 보고." 1940년 8월 20일 트로츠키의 여비서 실비아 아겔로프를 이용하여 트로츠키에 접근한 스탈린의 자객 라몬 메르카데르(Ramon Mercader)는 서재에 있는 등산용 도끼로 트로츠키의 머리를 찍었으며 트로츠키는 이튿날 사망했다. 1940년 8월 24일자 ≪프라우다≫는 트로츠키의 사망을 다음과 같이 보도했다.

> 트로츠키는 자신의 지지자 중의 한 사람에 의해 자신이 그동안 가르쳐온 암살과 배반의 방법에 의해 살해되었다. 트로츠키는 노동자계급의 적으로 죽었다.

그러나 볼코고노프는 이와 같은 트로츠키 사망에 관한 소련 공산당의 공식 주장을 부정하면서 트로츠키 살해를 교사한 것은 바로 스탈린 자신임을 많은 미공개 비밀자료에 근거하여 입증했다. 볼코고노프에 따르면, 메르카데르는 스탈린의 보안경찰(게페우)로부터 거사 후 안전도피 보장을 받고 트로츠키를 살해했으며 당일 트로츠키의 집 대문 옆에는 메르카데르를 미국으로 태우고 도피할 자동차가 시동을 건 상태로 대기하고 있었다(Volkogonov, 1996: 468).

볼코고노프에 따르면 스탈린은 이미 1931년 트로츠키를 없애라는 지령을 내렸다. 1931년 스탈린은 트로츠키가 자신에게 보낸 편지에 붉은 잉크로 다음과 같이 휘갈겨서 정치국원들에게 회람시켰다.

> 수신: 몰로토프, 카가노비치, 포스티세프, 세르고, 안드레에프, 쿠이비세프, 칼리닌, 보로실로프, 루즈타크. 나는 트로츠키, 그 흉악한 갱 두목, 멘셰비키 협잡꾼의 머리를 ECCI(코민테른 집행위원회)를 통해 짓뭉개야 한다고 생각한다(Volkogonov, 1996: 439에서 재인용).

트로츠키의 '머리를 짓뭉개' 죽이라는 스탈린의 지령은 9년 뒤 멕시코 코요아칸에서 정확하게 실행되었다. 스탈린의 지령을 받아 트로츠키 암살을 총지휘한 소련 보안경찰 수도플라토프(Sudoplatov)는 1939년 봄 스탈린이 자신에게 직접 다음과 같이 지령했다고 증언했다.

> 전쟁이 다가오고 있다. 트로츠키주의는 파시즘의 공범이 되었다. 우리는 제4인터내셔널에 일격을 가해야 한다. 어떤 방법으로? 그 머리를 잘라야 한다(Volkogonov, 1996: 456에서 재인용).

볼코고노프는 스탈린이 1930년대 그의 정적들을 트로츠키주의로 몰아 대량 학살하고 트로츠키까지 살해한 것은 트로츠키에 대한 단순한 보복 차원에서 그랬던 것이 아니라 스탈린이 트로츠키와 그의 추종세력을 진정으로 두려워했기 때문이라고 주장한다.

5. 평가와 전망

볼코고노프의 트로츠키 전기는 소련 붕괴 후 러시아에서 새로운 지배이데올로기로 등장한 자유주의와 민족주의 입장에서 쓰였음에도, 구소련 지배계급의 심장부에 보관된 방대한 미공간 자료에 입각하여 트로츠키가 레닌주의에 대한 악마 같은 적이라는 스탈린주의 신화를 논파했다는 점에서 자료적 가치가 있다. 특히 스탈린의 게페우에 대한 지령 및 게페우의 스탈린에 대한 보고문건 등을 인용하면서 스탈린이 트로츠키 살해를 직접 지령했다는 사실을 설득력 있게 입증한 것은 볼코고노프의 트로츠키 전기가 이룬 공헌이라 할 수 있다.

그러나 볼코고노프의 이 전기는 스탈린주의자들의 날조를 폭로했다는 점 말고는 전기로서 성공했다고 보기 힘들다. 볼코고노프의 전기는 기존의 고전적 트로츠키 전기들, 즉 아이작 도이처의 3부작이나 피에르 브루에(Pierre Broué)의 전기 또는 토니 클리프(Tony Cliff)의 4부작과는 비교가 안 될 정도로 그 질이 떨어진다. 사실, 나는 볼코고노프의 전기가 미공개 비밀자료를 동원해서 쓴 것이라고 광고되어서 뭔가 획기적인 사실이 있지 않을까 기대했지만, 뚜껑을 열어본즉 별것이 없었다. 볼코고노프가 새로운 또는 중요한 사실이라고 주장한 것은 트로츠키주의자들에게는 이미 익숙한 것들이었다. 볼코고노프가 동원하고 있는 비밀문서들에는 트로츠키에 대한 기존의 고전적 해석을 근본적으로 수정하게 하는 어떤 결정적으로 새로운 사실이 없었다. 사실 더 찾아낼 수 있는 새로운 사실 자체가 없을지도 모른다. 스탈린의 국가자본주의 반혁명이 최종적으로 승리하기 전인 1920년대 소련에서 언론·출판은 비교적 자유로웠으며, 이때 트로츠키는 자신의 저술들을 수집·정리하여 저작집을 간행했다. 트로츠키만큼 자신과 관련된 문서와 자료를 잘 관리·보관한 혁명가는 흔하지 않다. 또 트로츠키는 러시아에서 추방당할 때 그때까지 보관해 온 문서들을 가지고 나갈 수 있었으며, 이를 포함하여 트로츠키가 쓴 문서들은 현재 하버드 대학의 후톤 도서관 등에 보관되어 있다. 기존의 고전적 트로츠키 전기들은 모두 이러한 1차 자료에 근거하여 쓰였기 때문에 트로츠키와 관련된 기본적 사실들은 이미 대부분 밝혀졌다고 할 수 있다. 볼코고노프가 기여한 것이 있다면, 트로츠키주의자들 사이에서는 이미 상식으로 되어 있는 사실(예컨대 트로츠키와 레닌 사상의 근본적 동일성, 스탈린이 트로츠키 살해를 직접 지령했다는 사실 등)을 크레믈린 자신의 입으로 시인하게 한 점이라고 할 수 있다.

볼코고노프는 자신이 이용한 자료들을 혼자서 독점하고 다른 트로츠키 연구자들과 이를 공유할 것을 거부했는데(Broué & Pantsov, 1995), 이는 볼코고노프가 제시하고 있는 자료의 진위, 나아가서 그 존재 자체까지 의문시하게 만든다. 볼코고노프의 전기는 사실고증에서도 정확성을 결여하고 있다. 예컨대 트로츠키가 마지막으로 살았던 멕시코 코요아칸의 집이 콘크리트

벽이라고 묘사하는가 하면 트로츠키의 프랑스인 경호원 하이예누(Jean van Heijenoort)를 네덜란드인이라고 주장한다(Volkogonov, 1996: 328, 451~452). 볼코고노프의 전기는 지난 반세기 동안 축적된 방대한 트로츠키 연구성과를 제대로 흡수한 듯하지도 않다. 1920~1930년대 각국 혁명운동에 대한 트로츠키의 정교하고 치밀한 분석도 단지 피상적으로만 소개된다. 그래서 피에르 브루에는 볼코고노프가 "성공한 장군이며 정치가일지는 모르지만, 진지한 역사가라고는 결코 볼 수 없다"(Broué & Pantsov, 1995: 58)라는 결론을 내린다.

볼코고노프의 전기에서 무엇보다 문제가 되는 것은 트로츠키를 스탈린과 한통속으로 취급하는 자유주의적 반공주의 입장이다. 볼코고노프는 레닌이 러시아혁명을 고무했으며 트로츠키는 그것을 선동했고 스탈린은 이를 집행했다는 식으로 쓰고 있다. 『스탈린』에서는 비판의 표적이 스탈린에 국한되고 그 비판의 기준도 그 나름으로 이해한 레닌주의였던 데 비해, 『트로츠키』에서는 10월혁명 자체가 비판의 대상이 되고 있다. 예컨대 볼코고노프는 트로츠키가 1917년 10월혁명 이후 볼셰비즘의 본질을 실현하기 위해 민주주의를 짓밟았으며 레닌과 함께 전체주의 사회 건설을 무자비하게 추진했다는 낡아빠진 근거 없는 중상을 반복한다.

> 나는 레닌, 트로츠키 및 스탈린에 대한 연구를 통해 이들 세 인물은 역사적으로 서로를 보완하고 있다는 결론에 도달했다. 혁명사에서 레닌은 혁명의 고취자로서, 트로츠키는 선동가로서, 스탈린은 집행자로서 나타났다. …… 러시아에서 마르크스주의의 존재가 세 단계로, 즉 레닌주의, 트로츠키주의 및 스탈린주의로 발전해 왔다는 사실은 모든 이들에게 분명하지는 않은 것 같다. 그러나 이 세 가지는 모두 하나의 뿌리로부터 자라난 것들이다. 몇 가지 주요한 차이들에도 불구하고 세 사람은 다음 것들을 공유했다. 사회적 폭력에 대한 의존, 단 하나의 이데올로기만이 절대적으로 옳다는 신념, 그리고 국민들의 운명을

마음대로 요리할 수 있는 권리를 자신들이 가지고 있다는 확신(Volkogonov, 1996: xxxii, xxxv).

그러나 볼코고노프의 이러한 주장은 1920년대 트로츠키의 사회주의적 민주주의 실현을 위한 투쟁[5]에 비추어 볼 때 아무런 근거가 없다.

트로츠키가 스탈린의 자객에 의해 살해된 지 50주년이었던 1990년 트로츠키를 주제로 한 국제학술심포지엄이 부퍼탈(독일), 애버딘(영국), 멕시코시티(멕시코), 상파울루(브라질), 도쿄(일본) 등에서 열렸다. 이 심포지엄에는 과거에 열린 트로츠키 심포지엄과는 달리 소련, 중국, 폴란드 등지의 트로츠키 연구자들이 다수 참석하여 글라스노스트 이후 새롭게 이루어진 트로츠키 연구 성과를 발표했다. 오늘도 트로츠키에 대한 국제적 연구 성과들은 프랑스 그레노블 대학에 소재한 '레온 트로츠키 연구소'의 피에르 브루에[6]가 편집·간행하는 계간 ≪레온 트로츠키 연구(Cahier Leon Trotsky)≫, ≪레온 트로츠키 연구≫의 영국판이라고 할 수 있는 '사회주의 강령(Socialist Platform)' 그룹이 간행하는 ≪혁명적 역사(Revolutionary History)≫, 1990년 창립된 일본 동경의 '트로츠키 연구소'가 간행하고 있는 계간 ≪트로츠키 연구≫, 영국 글래스고 대학에서 이언 새처(I. Thatcher)가 편집하여 간행하고 있는 ≪트로츠키 연구(Journal of Trotsky Studies)≫ 등을 중심으로 활발하게 발표되고 있다.

비록 단명하긴 했지만 1989~1991년 트로츠키 연구의 '르네상스' 이후 트로츠키에 대한 기존의 스탈린주의적 날조와 중상들은 자취를 감추게 되었다. 이것은 소련·동유럽 블록 붕괴 후 트로츠키 연구의 중요한 성취이다.

---

5) 이에 대한 더 상세한 논의는 이 책 14장을 참조하라.

6) 제4인터내셔널 계열의 트로츠키주의 역사가인 브루에(1926~2005)가 1988년 출판한 트로츠키 전기(Broué, 1988)은 아이작 도이처의 3부작 전기 이후 연구성과와 새로 발견·공개된 자료에 기초한 트로츠키 전기의 결정판이라고 할 수 있다.

새처는 다음과 같은 이유로 트로츠키에 대한 관심과 연구가 향후에도 계속될 것이라고 전망한다.

첫째, 트로츠키라는 이름은 20세기의 가장 중요한 사건 중 하나인 러시아 혁명과 불가분하게 연결되어 있다. 둘째, 트로츠키는 볼셰비키 지도자 중 유일하게 관료적으로 퇴보한 소련 공산당에 대항하는 국제적 투쟁을 조직했다. 셋째, 소련 붕괴 후 트로츠키 관련 자료들에 대한 접근이 자유로워졌다. 넷째, 다른 무엇보다도 소련·동유럽 블록 붕괴 후에도 고전 마르크스주의 전통을 실천적으로 구현하려는 트로츠키 사상에 근거한 혁명운동 조직이 강력하게 존재하고 있다. 그래서 새처는 "앞으로도 당분간 트로츠키 관련 업종은 유망 업종이 될 것이다"(Thatcher, 1992: 93)라고 전망한다.[7)] 부하린에 대한 관심은 고르바초프 시기 '반짝 호황'으로 끝났지만, 스탈린주의와 반공주의의 엄청난 폭압을 뚫고 20세기 전체를 통해 이어져 온 트로츠키에 대한 관심과 트로츠키가 계승·발전시킨 고전 마르크스주의에 기초한 혁명운동은 세계자본주의의 모순이 미증유로 격화되고 있는 21세기에도 계속될 것이다.

7) 하지만 새처는 최근 간행한 트로츠키 전기에서 "트로츠키가 마르크스주의 사상에 어떤 영속적인 기여를 했는지 의문이다(Thatcher, 2003: 215)"라고 결론내리고 있어, 트로츠키주의와 거리를 두고 있다.

제13장

국제사회주의의 정치경제학*

토니 클리프(1917~2000)를 중심으로

1. '정통' 트로츠키주의와의 결별

토니 클리프(Tony Cliff)라는 이름은 『레닌』의 저자로 우리에게 이미 상당히 알려져 있다. 그러나 클리프의 『레닌』이 수많은 레닌 해설서의 하나 정도로 치부되고 있는 데서 알 수 있듯이, 그의 사상의 진면목은 제대로 이해되고 있지 못한 것이 사실이다. 이 장에서는 최근 이른바 '마르크스주의의 위기' 정세에서 새롭게 주목받고 있는 클리프 사상의 전모를 개괄적으로 소개할 것이다.[1)]

이가엘 글룩스타인(Ygael Gluckstein)이 본명인 클리프는 1917년 러시아에서 시온주의자 유태인 부모 사이에서 태어났다. 그의 아버지는, 1927년 트로츠키가 출당당한 것에 항의하여 자살한 좌익반대파의 핵심 인물 아돌프 요페(Adolf Yoffe)의 조카라고 한다. 클리프의 부모는 러시아에서 동유럽 지역으로 전전하다가 팔레스타인 지역에 정착했다. 그는 마르크스의 『공산주

---

* 이 장은 정성진(1992b)을 수정·보완한 것이다.

1) 클리프 사상에 대한 입문적인 해설로는 정성진(1991) 및 클리프(2002)가 있으며, 2000년 클리프의 사망 직후 출판된 자서전 Cliff(2000b)는 클리프 사상의 배경을 이해하는 데 큰 도움이 된다. 클리프의 저작 중 현재까지 Cliff(1959; 1975; 1984; 1988a; 2000a)가 각각 클리프(2001; 1995; 1993; 2002)로 국내에 번역 출판되었다.

의자 선언』과 『자본론』을 읽고 공산주의에 눈을 떴다. 그는 곧 스탈린주의에 환멸을 느끼고 트로츠키주의자가 되었다.[2] 그는 1930년대 중반부터 약 10년간 팔레스타인에서 트로츠키주의 조직 건설에 종사했다. 그는 1946년 영국으로 건너갔고 당시 '정통' 트로츠키주의 조직이었던 제4인터내셔널 영국지부인 혁명적 공산주의자당(Revolutionary Communist Party)에 가입했다. 하지만 제4인터내셔널의 정치노선에 회의를 느낀 클리프는 제4인터내셔널 지도부와 일대 논쟁을 벌인 후, 1950년 이로부터 축출되었다. 그는 축출과 동시에 ≪사회주의 평론(Socialist Review)≫ 그룹을 조직하여 독자적인 트로츠키주의 운동을 시작했다. 이 ≪사회주의 평론≫ 그룹이 1960년 국제사회주의자(International Socialists) 그룹으로 개편되고, 1976년 사회주의 노동자당(Socialist Workers Party: 이하 사노당)으로 발전한 것이다.

클리프가 주도하여 창건한 영국 사노당은 2006년 현재 당원 수가 약 8,500명이고 1991년 영국 공산당 해산 후 영국에서 가장 강력한 좌익정당으로 부상했으며, 30여 개국에서 합법적으로 활동하고 있는 '국제사회주의 경향(International Socialist Tendency)'[3]의 중심이기도 하다. 클리프는 2000년 83세로 사망하기 까지 이 당의 실질적인 지도자로 활동했다. 영국 사노당으로 대표되는 정치적 경향은 통상 국제사회주의 경향(IS)으로 불리운다. 이

2) 클리프는 그 경위를 다음과 같이 회고했다. "히틀러의 승리는 세계에서 벌어지고 있는 사태에 대해 나의 눈을 뜨게 했다. 국제정치에 대해 내가 쓴 최초의 글은 코민테른 제7차 대회에 관한 것이었다. 나는 그 글에서 인민전선을 비판했다. …… 나는 트로츠키의 『러시아혁명사』와 그의 자서전을 읽었다. 1934년 혹은 1935년에 나는 독일에 관한 트로츠키의 글들을 읽었다"(Cliff, 1987a: 14).

3) '국제사회주의 경향' 홈페이지에 따르면 2006년 현재 오스트레일리아, 오스트리아, 보츠와나, 브라질, 영국, 캐나다, 키프로스, 체코, 덴마크, 핀란드, 독일, 가나, 그리스, 인도네시아, 아일랜드, 이탈리아, 말레이시아, 네덜란드, 뉴질랜드, 노르웨이, 파키스탄, 폴란드, 남아프리카공화국, 스페인, 스웨덴, 태국, 터키, 우루과이, 짐바브웨 등 29개국에서 국제사회주의 조직이 활동하고 있다. 현재 우리나라에서 국제사회주의 경향의 정치조직으로는 '다함께'가 활동하고 있다.

국제사회주의 경향은 만델을 중심으로 하는 제4인터내셔널[정확한 명칭은 제4인터내셔널 통합서기국(United Secretariat of the Fourth International)이다]과 함께 오늘날 세계 트로츠키주의 운동의 양대 산맥을 이루고 있다. '정통' 트로츠키주의를 자임하는 제4인터내셔널은 트로츠키의 사상이 오늘날에도 거의 그대로 마르크스주의 정치의 기본 원리로 채택될 수 있다고 주장한다. 이에 반해 국제사회주의 경향은 트로츠키 사상의 기본적인 타당성을 인정하면서도 트로츠키가 몇몇 오류를 범했다고 생각한다.[4]

클리프의 사상은 제4인터내셔널과의 사상적 투쟁 속에서, 그리고 영국 사노당 정치와의 밀접한 관련 속에서 형성되었다. 클리프의 이론 중 독자적인 것이라고 할 수 있는 국가자본주의론, 영구군비경제론, '일탈한 영구혁명'론은 모두 제4인터내셔널의 정치노선에 대한 비판적 대안으로 제출된 것이다. 이 장에서는 이 세 가지 이론들과 이들에 입각하여 전개된 국제사회주의의 정치를 중심으로 클리프의 사상을 살펴보기로 한다.

2. 국가자본주의론

1) 형성배경

클리프의 이론 중 가장 중요한 것은 물론 국가자본주의론이다. 1948년

4) 제4인터내셔널과 사노당 간에 전개된 최근의 중요한 논쟁으로는 Mandel(1990)에 대한 사노당의 크리스 하먼(Chris Harman)의 비판이 야기한 논쟁(Harman, 1990a; 1990b; Mandel, 1990)이 있다. 또 알렉스 캘리니코스(Alex Callinicos)의 『트로츠키주의(Trotskyism)』(1990)에 대한 제4인터내셔널의 서평(Paul Clarke, 1992)도 참조하라. 1999년 시애틀 이후에는 반전·반자본주의 운동의 조직문제, 혁명전략 문제로 논쟁의 초점이 이동하고 있는데, 주요 문건으로는 Callinicos(2006d)를 참조할 수 있다.

클리프가 제기한 국가자본주의론[5]은 원래는 소련이 아니라 제2차세계대전 직후 생겨난 동유럽 '인민민주주의' 나라들의 사회성격을 해명하기 위해 제출된 이론이다. 동유럽 나라들의 사회성격을 어떻게 규정할 것인가는 제2차세계대전 종전 직후 제4인터내셔널에 제기된 중요한 과제였다. 그 체제들은 노동자혁명을 통해서가 아니라 소련군의 엄호하에 위로부터 이식된 것들이었으며, 1947년경까지는 사적자본주의 부문이 광범위하게 남아 있었다. 그리하여 제4인터내셔널도 그때까지는 동유럽 국가들을 소련과 같은 '퇴보한(degenerated)' 노동자국가가 아니라 국가자본주의라고 규정했었다.

클리프는 그 당시 소련을 퇴보한 노동자국가로 보는 제4인터내셔널의 견해에 동조하는 입장이었다. 그러나 1945년 이후 제4인터내셔널이 동유럽 제국을 국가자본주의로 규정하자 클리프는 의문을 갖기 시작했다. 클리프가 보기에 소련과 동유럽 나라들의 사회성격은 질적으로 다르지 않았다. 그리하여 클리프는 1946년 트로츠키의 『배반당한 혁명』을 모델로 하여, 동유럽 역시 소련과 마찬가지로 퇴보한 노동자국가임을 증명하는 작업에 착수했다. 그러나 연구가 진행되면서 클리프는 자신의 처음 생각과는 정반대의 결론, 즉 소련 사회의 성격은 여태까지 트로츠키와 제4인터내셔널이 규정한 바와 같이 퇴보한 노동자국가가 아니라 국가자본주의라는 결론에 도달했다.[6]

---

5) 이는 1948년 6월 「스탈린주의 러시아의 성격(The Nature of Stalinist Russia)」이라는 제목으로 혁명적 공산주의당 내부문건에 처음으로 발표되었다. 클리프의 『러시아에서의 국가자본주의(State Capitalism in Russia)』(1988)는 이 1948년 논문이 몇 차례에 걸쳐 수정·보완된 것이다. 즉, 이 논문은 1955년에 『스탈린주의 러시아: 마르크스주의적 분석(Stalinist Russia: A Marxist Analysis)』이라는 제목의 소책자로 보완되고, 1964년에는 스탈린 사후 러시아 사회에 대한 분석이 추가된 『러시아: 마르크스주의적 분석(Russia: A marxist Analysis)』이라는 제목의 책으로 확장되었다. 1955년판 소책자는 플루토(Pluto) 출판사에서 『러시아에서의 국가자본주의(State Capitalism in Russia)』(1974)로 출판되었으며, 이를 약간 보완한 것이 1988년 북막스(Bookmarks)에서 같은 제목으로 출판되었다.

이와 같은 클리프의 결론은 제4인터내셔널의 정치노선과 양립될 수 없는 것이었다. 게다가 1948년 티토주의의 대두 이후 제4인터내셔널이 동유럽 제국은 국가자본주의라는 종전의 주장을 철회하고, 이들도 '왜곡된(deformed)' 노동자국가라고 주장하게 되자, 제4인터내셔널과 클리프는 소련 사회에 대한 성격 규정에서뿐만 아니라, 동유럽 나라들의 사회 성격 규정에서도 첨예하게 대립하게 되었다. 이로부터 클리프와 제4인터내셔널의 분리는 필연적인 것으로 되었다. 클리프는 동유럽 나라들이 소련 제국주의에 종속된 국가자본주의임을 실증한 논문인 「인민민주주의의 계급적 성격」[7]을 발

6) 클리프는 다음과 같이 회고했다. "내가 유럽에 가기를 원했던 이유 중의 하나는 동유럽에 대한 책을 쓰기 위해서였다. 무엇인가 사태가 이론과 부합되지 않는다는 점이 나에게는 분명했다. 6개국이 스탈린주의 통치하에 있었다. 트로츠키는 스탈린주의 관료가 반혁명적이라고 말했다. 따라서 나의 책은 트로츠키가 옳음을 입증하는 것, 즉 퇴보한 노동자국가 이론을 동유럽에 적용하는 것을 목적으로 했다. …… 만델(과) 제4인터내셔널(은) …… 러시아를 퇴보한 노동자국가로 특징지으면서도 동유럽은 자본주의로 특징짓고 있었다. 이것은 앞뒤가 맞지 않는 것이었다. 그리하여 나는 러시아와 동유럽이 모두 퇴보한 노동자국가임을 증명하는 작업에 착수했다. 그들 간에는 명백히 유사점이 있었다. …… 나는 약 6개월 동안 트로츠키가 옳음을 증명하기 위한 책을 쓰는 작업에 매달렸다. …… 그러나 나는 이론에 무엇인가 잘못이 있다는 결론에 도달했다. 만약 혁명정당도 존재하지 않았으며 국가기구를 분쇄하지도 않았고 노동자계급의 자기활동도 없었던 그 나라들이 노동자국가라면, 마르크스주의는 도대체 무엇이란 말인가? 이것이 내가 국가자본주의론에 도달하게 된 경위이다"(Cliff, 1987a: 15).

7) 클리프는 이 논문에서 다음과 같이 말했다. "스탈린주의 지도자들이 동유럽 제국에서 대규모 국유화를 감행하기로 결정했을 때 – 불가리아는 1947년 12월, 헝가리는 1948년 3월, 루마니아는 1948년 6월 – 그들은 대중의 독립적 활동 혹은 왜곡된 대중활동에 조차도 의존할 필요가 없었다. 그들은 순전히 관료적인 국가기구를 통해 국유화를 수행했다. …… 만약 불가리아, 루마니아, 헝가리가 노동자국가라면 그 이유는 단지 스탈린주의자들이 옛 국가기구를 장악했기 때문일 것이다. 그리하여 마르크스의 테제와는 정반대로 프롤레타리아혁명이 부르주아지의 관료적·군사적 국가기구를 분쇄해야만 하는 것이 아니라, 단지 그것을 접수하는 것만으로도 충분한 것으로 된다. …… 동유럽과 '인민민주주의'체제에서 발생한 혁명은 마르크스가 혁명과 프롤레타리아

표한 직후인 1950년 제4인터내셔널로부터 축출되었다.

2) 이론

클리프처럼 소련을 자본주의의 한 형태인 국가자본주의라고 규정하기 위해서는 논리적으로 다음과 같은 순서를 밟을 필요가 있다. 먼저 소극적으로 소련이 노동자국가가 아님을 보이는 것이다. 그 다음에는 적극적으로 소련이 자본주의임을 논증하는 것이다.[8)]

소련이 노동자국가가 아니라면 다음과 같은 의문이 제기될 수 있다. 생산수단의 국유화와 계획경제가 실시되고 있는 사회를 어떻게 사회주의가 아니라고 할 수 있을까? 그러나 클리프는 국유화의 진전 정도를 노동자국가의 판별 기준으로 삼는 것은 "생산관계와 독립하여 소유형태를 고찰하는 것"으로서 "하나의 형이상학적 추상"이며 "형식주의"라고 본다(Cliff, 1988a: 314, 331). 클리프는 국유화 자체가 중요한 것이 아니라 그 국가의 주인이 누구인가가 결정적이라고 본다. 단순히 국유화의 진전 정도를 노동자국가의 지표로 삼는다면, 대부분의 전시 자본주의 경제나 전후 제3세계의 국가자본주의도 모두 노동자국가로 간주해야 하는 넌센스가 발생한다는 것이다.[9)]

또한 클리프는 소련은 엄밀한 의미의 계획경제로 볼 수 없다고 주장한다.

> 만약 우리가 계획을 중앙 지시로 이해한다면 스탈린주의 공업화정책은 계획

독재에 관해서 말한 것의 부분 부정이나 왜곡이 아니다. 그것은 그것의 **총체적 부정**이다. '인민민주주의'는 마르크스의 자본주의 국가 규정에 완전히 부합된다"(Cliff, 1982: 53~54, 63. 강조는 클리프). 클리프의 동유럽론은 Gluckstein(1952)에서 더 구체적으로 전개되며 Harman(1984a)으로 이어진다.

8) 소련 국가자본주의론에 대한 보다 엄밀한 논증은 이 책 5장을 참조할 수 있다.

9) "러시아 경제와 나치 경제의 차이는 나치 경제와 아담 스미스 시대 경제의 차이보다 훨씬 적다"(Cliff, 1988a: 170).

된 것이라고 할 수 있다. …… 그러나 만약 '계획경제'라는 용어를 모든 구성요소들이 조정되고 단일한 리듬으로 조절되어 마찰이 최소화하는 경제로 이해한다면, 그리고 무엇보다도 경제적 의사결정에서 예측이 지배하는 경제로 이해한다면, 러시아 경제는 결코 계획되어 있지 않다. …… 요컨대 러시아에서는 진정한 계획 대신에 경직적인 정부지시 방식이 바로 그 정부의 결정과 활동에 의해 경제에 야기된 공백을 메우기 위해 전개되었다. 따라서 소비에트 계획경제라고 말하는 대신 관료적으로 지시되는 경제라고 말하는 것이 훨씬 정확할 것이다(Cliff, 1988a: 103).

그리고 소련 경제에서 "노동자는 계획의 주체가 아니라 그 대상에 불과"하다(Cliff, 1988a: 200).

클리프는 한 사회가 노동자국가인지 아닌지를 판별하는 가장 중요한 기준은 국유화나 계획이 시행되고 있는지 여부가 아니라 노동자계급의 자기해방이 이루어져 있는지 여부라고 주장하면서, 소련에서 노동자계급은 "생산의 통제권"을 전혀 갖고 있지 못하며, "자신들의 이익을 지키기 위해 조직"하는 것조차 허용되어 있지 않고, 생산수단의 주인이 아니라 "생산수단에 종속"되어 있음을 실증했다.[10)]

클리프는 소련이 노동자국가가 아니라 자본주의의 한 형태인 국가자본주의임을 논증하기 위해 다음과 같은 명제들을 제시했다. 첫째, 1928년을 분수령으로 하여 스탈린이 주도한 자본주의 반혁명이 수행되었다. 둘째, 세계자본주의로부터 가해지는 군사적 경쟁의 압력하에서 소련에도 가치법칙이 관철되고 있다. 셋째, 1928년 이후 소련에서 관료는 노동자계급에 기생하고 있는 '신분'으로부터 '인격화된 자본'으로, 지배계급으로 전화했다.

클리프는 제1차 5개년계획과 강제집단화가 개시되고 볼셰비키에 대한

10) 특히 Cliff(1988a)의 제1장을 보라.

물리적 절멸이 준비되었던 1928년을 스탈린의 반혁명의 해로 규정했다. "1928년까지 계속되었던 관료의 대중통제로부터의 점진적이며 진화적인 괴리는 제1차 5개년계획과 함께 혁명적인 질적 변화의 단계에 도달했다"(Cliff, 1988a: 194).[11] 그는 또 강제집단화를 자본의 시초 축적과정으로 해석했다. 강제적인 "집단화는 공업발전의 필요를 위해 농산물을 해방하고, 농민을 그의 생산수단으로부터 자유롭게 했으며, 농민 중 일부를 공업을 위한 예비노동력으로 전화시켰고, 나머지는 집단농장에서 반농반공(半農半工), 반농노로 전화시켰다. 러시아에서의 시초 축적 기간에는 영국에서보다 훨씬 많은 피가 흘렀다. 스탈린은 영국이 수백 년 걸려서 했던 것을 단 수백 일만에 해치웠기 때문이다"(Cliff, 1988a: 66).[12]

또한 클리프는 "만약 우리가 러시아 경제 내부의 관계들을 세계경제와의 관계들을 추상한 다음 검토한다면, 우리는 생산의 동력과 조정자로서의 가치법칙의 원천은 발견되지 않는다고 결론을 내려야만 할 것"(Cliff, 1988a: 220~221)이지만,[13] "국제경제 속에서 러시아를 고찰하면 자본주의 기본적 양상들이 식별될 수 있다"(Cliff, 1988a: 221)라고 지적한다. 즉, 소련 경제의

11) 캘리니코스도 클리프에 따라 1928년을 반혁명으로 간주하는데, 그는 특히 강제집단화, 강제적 공업화, 대숙청, 일종의 '문화혁명' 등 네 가지 획기적인 변화가 이 시기에 시작되었음에 주목한다(Callinicos, 1991a: 29~40).

12) 캘리니코스도 다음과 같이 말했다. "농업집단화는 많은 측면에서 마르크스가 『자본론』 제1권 제8편 '자본의 시초 축적'에서 분석한 영국의 농민수탈과 흡사하다. 두 경우에서 모두 직접생산자는 그들의 토지로부터 추방되었으며, 새로운 공업부문의 노동자로 되는 것밖에는 선택의 여지가 없는 상태로 전락했다"(Callinicos, 1991a: 38).

13) 그러나 샤를 베틀랭과 베르나르 샤방스 같은 논자들은 세계자본주의로부터 떼어놓고 본 소련에서도 다수 자본의 논리, 자본들 간의 경쟁의 논리가 관철되고 있다고 주장한다(Bettelheim, 1985; 1986; Bettelheim & Chavance, 1979; Chavance, 1977). 소련 국내에서 가치법칙의 관철문제, 임금노동범주의 실존문제는 국제사회주의 경향 내부에서도 논쟁이 계속되고 있다. 이 논쟁에 대해서는 Callinicos(1981), Howl(1990) 및 이 책 5장을 참조하시오.

국내적 작동을 나머지 세계로부터 떼어놓고 보면, 마치 "러시아가 하나의 중심으로부터 직접 관리되는 하나의 거대한 공장"(Cliff, 1988a: 221)인 것처럼 보이지만, 소련은 실제로는 세계자본주의의 일부이며 그 속에서 서방 자본주의와의 군사적 경쟁이라는 형태로 작용하는 경쟁 압력에 종속되어 있다는 것이다. 세계자본주의로부터 작용하는 가치법칙은 소련 경제를 지배하는 원리를 축적을 위한 축적으로 강제한다. 이로부터 축적이 소비에 종속되는 것이 아니라, 거꾸로 소비가 축적에 종속되는 자본주의에 고유한 양상이 나타난다.[14)]

클리프는 또한 1928년 이후 소련을 지배하는 관료가 분배에서 특권을 누리는 계층으로부터 생산관계에 거점을 확보한 지배계급으로 전화했다고 본다.

> 관료는 5개년계획 시행 전의 시기에는 특권적인 지위를 향유하기는 했어도, 많은 경우에 관료가 타인의 노동으로부터 잉여가치를 수취했다고는 말할 수 없다. 하지만 5개년계획의 개시 이래, 관료의 소득은 대부분 잉여가치로 이루어지게 되었다고 결론적으로 말할 수 있다(Cliff, 1988a: 93).

> 국가를 '소유하고' 있으며, 축적과정을 통제하고 있는 **러시아 관료는 그 가장 순수한 형태에서 자본의 인격화이다. …… 전통적 자본가계급의 부분적 부정으로서의 러시아 관료는 동시에 자본가계급의 역사적 사명의 가장 진정한 인격화이다** (Cliff, 1988a: 181~182. 강조는 클리프).

3) 보론: 국가자본주의론의 역사

클리프가 국가자본주의론을 주장한 최초의 인물은 아니다. 클리프 전에

---

14) 특히 Cliff(1988a: 46~50)를 보라.

도 후에도 소련을 국가자본주의로 규정하려는 시도는 계속 있어왔다.[15] 예컨대 앤더슨(Anderson, 1983: 55)에 따르면, "국가자본주의론의 아버지"는 카우츠키이다. 하지만 카우츠키의 국가자본주의론은 1917년 10월혁명을 사회주의혁명이 아니라 자본주의혁명이라고 주장하고, 소련에서 국가자본주의의 기원을 1917년까지 소급한다는 점에서 클리프의 국가자본주의론과 본질적으로 다르다. 또한 트로츠키가 1936년에 출판된 『배반당한 혁명』에서 국가자본주의론을 비판하고 있는 것을 볼 때, 그 당시에도 국가자본주의론자들이 있었음을 알 수 있다(Trotsky, 1991: 208~210).[16]

그리고 미국의 제임스(C. L. R. James)와 두나예브스카야도 1940~1950년대에 국가자본주의론을 주장했다.[17] 그러나 캘리니코스에 따르면, 이들의 국가자본주의론은 "국가자본주의를 생산과정 자체에만 전적으로 위치" 지었기 때문에, "왜 소련 관료가 작업장에 전제주의를 강제하는지를 설명할 수 없었다. 자본주의는 노동자와 공장관리자 간의 의지의 충돌로 환원되고 말았다. 이와는 대조적으로 클리프는 군사적 경쟁에 지배되는 국제적 국가체제라는 범세계적 맥락 속에 스탈린주의체제를 위치지음으로써 소련에서 노동자계급이 자본축적의 동학에 예속되는 현상을 설명할 수 있었다"(Callinicos, 1990: 77). 또한 클리프 후에 국가자본주의론을 주장하는 주요 논자로는 베뜰랭을 들 수 있다. 그러나 베뜰랭의 소련 국가자본주의론은 소련에서 '자본주의 부활'의 원인을 '부르주아 이데올로기'의 힘에서 찾고,

---

15) 국가자본주의론의 역사에 대해서는 Callinicos(1990)를 참조하라. 제4인터내셔널의 입장에서 쓰인 국가자본주의론의 역사에 대한 비판적 개관으로는 Bellis(1979)를 보라.

16) 힐퍼딩도 1940년대에 쓴 논문에서 국가자본주의론을 비판했다(Hilferding, 1970).

17) James(1950)와 Dunayevskaya(1942)에서 국가자본주의론이 주장되었다고 한다. 이 두 사람의 필명은 각각 존슨(Johnson)과 포레스트(Forest)였으며, 그래서 이들을 중심으로 한 1940년대 미국 트로츠키주의 분파를 '존슨·포레스트 경향'이라고 부른다. 이에 대해서는 Callinicos(1990: 61~66)를 보라.

국가자본주의의 역사가 1928년이 아니라, 1956년 제20차 당대회(혹은 최근에는 아예 1917년 혁명)부터 시작된다고 주장하는 데서 보듯이, 주의주의적인 마오주의적 소련 비판이라고 할 수 있다.

3. 영구군비경제론

1) 형성배경

클리프가 제4인터내셔널과 결별하게 된 또 하나의 계기는 1945년 종전 직후 자본주의 발전에 대한 제4인터내셔널의 파국론적인 전망이었다. 제2차세계대전 중 제4인터내셔널은 트로츠키의 『이행기 강령』에 따라 서방 자본주의는 제1차세계대전 때와 마찬가지로 또 한 차례 세계대전의 와중에서 사회혁명의 소용돌이에 빠지게 될 것이며, 소련에서도 정치혁명이 일어나 스탈린주의 관료가 타도될 것이라고 전망했다. 그러나 이와 같은 트로츠키의 전망은 적중하지 못했다. 우선 서방 자본주의에서 혁명적 위기 국면은 조성되지 않았다. 제2차세계대전 직후 미국·프랑스·영국에서 그리고 잠시 후에는 서독과 이탈리아·일본과 같은 여러 발전한 자본주의 나라들에서 호황이 시작되었다. 게다가 이 호황은 1949년의 일시적 경기후퇴 이후 세계적 규모에서의 지속적인 경기회복으로 이어졌다. 스탈린주의 관료 또한 노동자계급의 정치혁명을 통해 타도되기는커녕 제2차세계대전의 승전국으로 군림하면서 동유럽지역에 다수의 위성국을 확보했다.

그럼에도 만델을 비롯한 제4인터내셔널은 제2차세계대전 후 서방 자본주의의 경기회복 현실을 부정하면서 세계대전은 아직 끝나지 않았다든지, 자본주의의 혁명적 위기가 임박했다는 비현실적인 주장을 되풀이했다. 만델은 그 당시 제르맹(E. Germain)이라는 필명으로 쓴 「ABC로부터 현실 읽기」

라는 논문에서 전후 경제가 경기회복 국면에 들어섰다는 사실 자체를 부정하고, 자본주의의 재흥은 불가능하다고 주장했다. 제4인터내셔널의 이와 같은 파국론은 사실 스탈린주의 경제학에 고질적인 전반적 위기론과 그 본질에서 다를 바 없는 주장이었다.

클리프가 1947년에 혁명적 공산주의자당 내부문건으로 발표한 「반짝인다고 다 금이 아니다」라는 논문은 만델의 이 같은 견해를 비판한 것이었다 (Cliff, 1982). 클리프는 그 논문에서 전후에도 불황이 계속되고 있다는 만델의 견해가 사실과 다름을 입증하고 전후 세계자본주의가 경기회복 기미를 보이고 있음에 주목했다. 그 이후에 전개된 사태는 클리프가 옳았으며 만델과 제4인터내셔널이 틀렸음을 입증했다. 즉, 제2차세계대전 종전 후 10년이 경과되자, 장기호황은 서방 자본주의에서 하나의 확립된 그리고 부정할 수 없는 현실이 되었던 것이다.

하지만 던컨 핼러스가 지적했듯이 "제2차세계대전 이후 시작된 호황이 얼마나 큰 규모로 그리고 얼마나 오래도록 지속될 것인지에 대해서는 그 당시 논쟁 참가자 그 누구도(클리프까지도) 예견하지 못했다는 점은 인정되어야 한다. 논쟁의 진정한 의의는 현실을, 그것이 아무리 환영할 만하지 못한 것이라 할지라도 정면으로 볼 준비가 되어 있는 사람과 환영할 만하지 못한 현실을 합리화하고 존재하지 않는 것처럼 설명해 치우는 사람들 간의 차이였다"(Hallas, 1982: 8).

2) 이론

1957년에 ≪사회주의 평론≫에 발표된 클리프의 「영구전쟁경제의 전망」은 「반짝인다고 다 금은 아니다」에서는 다루지 못한 전후 장기호황의 기원과 한계의 문제를 해명한 것이었다(Cliff, 1982).[18] 이 논문에서 클리프는 제2차

---

18) 물론 클리프 발표 전인 1940년대 중반에 오크스(W. Oakes)와 밴스(T. Vance)가

세계대전을 거치면서 서방 자본주의와 동방의 국가자본주의는 평시에도 엄청나게 증대한 군비지출에 힘입어 자본주의에 고유한 경기순환 현상을 일정 기간 소멸시키면서, 장기호황을 구가할 수 있었다고 주장했다. 클리프는 다소 과소소비설적인 용어로 군비지출에 의한 유효수요의 진작이 자본주의에 고유한 과잉생산공황의 경향을 억제하는 효과가 있다고 주장했다.

그러나 클리프는 군비지출의 불황저지효과는 단지 단기간으로 끝난다고 보았다. 즉, 군비지출은 노동자의 생활수준을 저하시켜 사회불안을 증대시키고, 군비지출로 유발된 기술혁신과 세계시장에서의 경쟁력 강화를 위해 불가피한 군비축소는 과잉생산의 경향을 도리어 강화시킴으로써 불황 압력을 증대시킨다는 것이다.

> 전쟁경제는 점점 과잉생산에 대한 치유책과 자본주의적 번영에 대한 안정화 장치 구실을 하지 못하게 된다. 전쟁경제가 소모적인 것이 되면 자본주의적 호황의 조종이 반드시 울릴 것이다(Cliff, 1982: 107).[19]

영국 사노당의 이론가인 키드론(Kidron, 1967)과 하먼(Harman, 1984b)은 마르크스의 이윤율 저하경향의 이론을 원용하여 클리프의 영구군비경제론을 더 정교한 형태로 발전시켰다. 이들은 군수산업 부문을 보르트키에비치(L. Bortkiewicz)처럼 제Ⅲ부문(사치재 부문)으로 간주하거나, 스라파(P. Sraffa)에 따라 비기초재(non-basics) 부문으로 분류하여, 군수산업 부문에 대한 투자가 국민경제 전체의 자본의 유기적 구성을 고도화하는 효과가 없고 따라서 이윤율을 저하시키는 효과도 없음을 논증했다(Kidron, 1967: 7~8; Harman, 1984b: 38~43 참조). 군수산업 부문에 대한 투자는 과잉생산 압력을 완화할

영구군비경제론을 주장한 바 있다. 이에 대해서는 Harman(1984b: 77)을 참조하라.

19) 따라서 영구군비경제론이 "왜 호황이 불황으로 전화되는지를 설명할 수 없는 이론"(Clarke, 1992: 134)이라는 제4인터내셔널의 주장은 사실과 다르다.

뿐만 아니라 이윤율 저하경향을 상쇄하는 힘으로 작용한다는 것이다.

클리프는 또한 영구군비경제론에 기초하여 전후 서방 자본주의 나라들에 만연했던 개량주의의 배경을 해명했다. 클리프는 1957년에 발표된 「개량주의의 경제적 기초」라는 논문에서 서방 자본주의 경제는 식민지 또는 신식민지에 대한 수탈이 아니라, 영구군비경제를 통해 자체의 모순을 잠정적으로 해소하고 있다고 보았다(Cliff, 1982). 클리프는 또 이와 같은 영구군비경제의 결과인 '자본주의적 호황'이 '개량주의의 경제적 기초'[20]라고 파악하고 (Cliff, 1982: 116) "개량주의가 견고하고 노동자계급 전체에 확산되어 있으며 모든 소수 혁명세력을 좌절·고립시키고 있다는 사실은 개량주의의 경제적·사회적 기초가 레닌이 주장했듯이 '프롤레타리아와 노동자 대중 중 극소수'에 있지 않음을 확연히 보여 준다"(Cliff, 1982: 109~110)면서 레닌의 '노동귀족'론을 비판했다.

영구군비경제론은 국제사회주의자들로 하여금 1950년대와 1960년대에 호황의 현실을 인식할 수 있게 하고, '정통' 트로츠키주의의 특징인 환상적인 파국론과 변호론적 궤변에 빠지지 않으면서도, 자본주의가 단지 일시적인 안정화만을 경험할 것임을 예견할 수 있게 했다. 클리프는 영구군비경제론의 의의를 다음과 같이 요약했다.

> 영구군비경제론의 기초는 자본주의가 기본적으로 항상 비합리적이며 낭비적이지만 동시에 번영한다는 것을 말하기 위한 것이다(Cliff, 1987a: 16).[21]

---

20) "전쟁과 영구전쟁경제는 많은 서방 자본주의 나라들에서 자본주의와 개량주의에 새 생명을 불어넣었다"(Cliff, 1982: 117).

21) 그러나 영구군비경제론에 대해서는 많은 비판이 제기되고 있다. 블리니(Bleaney, 1976: 236)는 영구군비경제론이 "과소소비설의 중심 사상의 정교화가 아니라 재진술에 불과하다"고 폄하했다. 그리고 스미스(Smith, 1977)는 1945년 이후 1970년대 후반까지 군비지출과 경제성장 간에 의미 있는 양의 상관관계가 존재하지 않는다는 경험적 연구결과를 제시했다. 또한 만델은 이윤율 저하이론과 결합된 키드론과

4. '일탈한 영구혁명'론

1) 형성배경

트로츠키의 영구혁명론에서 후진 자본주의 나라들의 부르주아지는 취약하고 반동적이기 때문에 민주주의혁명을 지도할 수 없는 존재로 이해된다. 또 트로츠키의 영구혁명론은 사회주의혁명으로 연속적으로 '성장전화'되는 민주주의혁명에서 노동자계급만이 농민 대중과 도시 프티부르주아지를 지도할 수 있다고 주장한다. 트로츠키의 이와 같은 영구혁명론은 1917년 러시아혁명의 과정에서 완전히 올바른 것으로 판명되었다. 또 1927년 중국혁명의 실패에서도 부정적인 의미에서 올바른 것으로 입증되었다.

그러나 제2차세계대전 종전 이후 1949년 중국혁명과 1958년 쿠바혁명 같은 제3세계 혁명은 중요한 측면에서 트로츠키의 영구혁명의 동학과는 다른 방향으로 전개되었다. 영구혁명론은 제국주의에 종속되어 있고 자신의 노동자계급을 두려워하는 식민지 부르주아지가 제국주의에 대한 투쟁을 지도할 수 없으며, 따라서 노동자계급이 부르주아 민주주의혁명과 사회주의혁명의 과제를 동시에 안고 있다고 상정했다. 이 중 민족부르주아지가 혁명운동을 발전시킬 수 없다는 트로츠키의 통찰은 제3세계 혁명의 현실에서도 올바른 것으로 입증되었다. 그러나 노동자계급만이 혁명운동을 지도할 수

하먼의 영구군비경제론에 대해서도 군수산업 부문에 대한 투자는 Ⅰ·Ⅱ부문에 대한 투자와 마찬가지로 자본의 유기적 구성을 고도화시켜 이윤율의 저하 경향을 가속화할 뿐이라고 비판했다(Mandel, 1973: 10～12). 만델은 "장기적으로 영구군비경제는 자본주의적 생산양식의 어떤 기본모순도 해결할 수 없다는 결론"을 내렸다(Mandel, 1975: 306). 하지만 최근 하워드와 킹은 마르크스의 이윤율 저하경향의 이론 자체를 인정한다면 이에 기초하여 전개된 키드론과 하먼의 영구군비경제론은 그 자체로서는 논리적으로 문제가 없다고 하면서, 만델의 비판이 잘못되었음을 지적했다(Howard & King, 1992: 157～158). 이 책 11장의 논의도 참고하시오.

있다는 트로츠키의 예견은 중국과 쿠바혁명에서는 빗나간 것처럼 보였다. 제2차세계대전 후 제3세계 혁명의 주체는 명백히 노동자계급이 아니었다.

1963년 ≪국제사회주의≫에 처음으로 발표된 클리프의 '일탈한(deflected)' 영구혁명론(Cliff, 1963)은 이처럼 트로츠키의 영구혁명론으로는 설명될 수 없는 제2차세계대전 후 제3세계 혁명의 성격을 해명하기 위해 제출된 것이다.

2) 이론

클리프는 중국혁명과 쿠바혁명을 부르주아지도 프롤레타리아도 아닌 중간계급 지식인들이 지도한 혁명으로 이해했다. 이들 나라에서 지식인들은 제국주의의 억압과 수탈로 인해 급진화되고 소련의 자력갱생적 공업화의 '성공'에 고무되었다. 게다가 노동자계급이 너무나 취약하고 혁명을 수행하는 데 필요한 의식과 조직을 갖추지 못한 상태에서는 반제민족주의 혁명의 과제를 수행할 수 있는 주체가 지식인들밖에 없었다. 이들 급진적 인텔리겐치아는 주로 농민을 동원한 게릴라 전쟁을 통해 제국주의와 매판부르주아지를 추방했다. 그 후 그들은 소련을 모델로 하여 강력한 국가 개입하에 급속한 공업화와 농업집단화를 추진했다.

그러나 중국혁명과 쿠바혁명은 자본주의를 파괴하는 노동자혁명은 아니었다. 클리프는 이들 나라의 혁명은 노동자국가가 아니라 "제국주의의 약화, 국가계획의 점증하는 중요성 그리고 소련이라는 본보기 사례와 공산당의 조직되고 훈련된 작업을 통해 국가자본주의"(Cliff, 1963: 23)[22]를 결과했을

22) 또한 "사회가 하나의 역사적 과제에 직면하고 있고 전통적으로 그 과제를 수행해 온 계급이 부재할 때, 인민 중 다른 어떤 집단, 매우 흔하게는 국가권력이 그것을 수행한다. 그러한 조건에서 국가권력은 매우 중요한 역할을 한다. …… 민족의 지도자로서 그리고 통합자로서 무엇보다 대중조작자로서 인텔리겐치아는 점점 중요해진다"(Cliff, 1963: 22). "인텔리겐치아는 자기의식적이고 자유롭게 연합한 인민들의

뿐이라고 주장했다. 즉, 중국·쿠바에서 반제민족주의혁명 후 성립된 체제는 노동자국가가 아니라 국가자본주의일 뿐이라는 것이다.

클리프는 이처럼 노동자국가가 아니라 국가자본주의로 비껴나간 혁명을 '일탈한 영구혁명'이라고 묘사했다.

> 트로츠키의 이론에 따르면 사회주의적 노동자혁명을 가져왔어야 할 힘들이 혁명주체인 프롤레타리아트가 부재한 상태에서는 그 반대물인 국가자본주의로 귀결될 수 있다. 트로츠키의 이론에서 보편타당성이 있는 부분과 정세적인 부분(즉 프롤레타리아의 주체적 활동 여하에 의존하는 것)을 감안한다면, 우리는 적절한 명칭이 없기 때문에 '일탈한 국가자본주의적 영구혁명'으로 불릴 수 있는 한 변종과 만나게 된다(Cliff, 1963: 25).[23]

결국 클리프의 '일탈한 영구혁명'론은 트로츠키의 영구혁명론의 비판적 정정인 동시에 자신의 국가자본주의론의 확장이라고 할 수 있다.

중국과 쿠바를 국가자본주의로 규정하는 클리프의 '일탈한 영구혁명'론은 이 나라들을 사회주의의 이상향으로 신비화했던 마오주의와 카스트로주의에 대한 근원적인 비판이기도 했다.[24] 클리프는 노동자국가는 아래로부터

해방투쟁이 그들을 위한 새로운 세계를 창출하는 것을 지켜보기보다는 위로부터의 개혁을 희망한다. 그들은 그들의 민족을 정체로부터 끌어내기 위해 많은 조치들을 취하지만, 민주주의를 위해서는 거의 아무것도 하지 않는다. 그들은 공업화의 추진과 자본축적과 민족갱생을 체현하고 있다. 그들의 권력은 다른 계급의 유약성과 그들의 정치적 공백상태에 정비례한다. 이러한 모든 것이 인텔리겐치아들에 대해 전체주의적 국가자본주의를 매우 매력적인 목표로 보이게 한다"(Cliff, 1963: 24).

23) 캘리니코스도 일탈한 영구혁명을 "마르크스주의 정당에 의해 지도되는 노동자계급 운동의 부재 속에서 트로츠키가 분석한 사회동학이 특수한 종류의 부르주아혁명으로 귀결된 것"으로 이해한다(Callinicos, 1990: 84).

24) 클리프는 이미 1957년에 마오주의를 극단화된 스탈린주의에 불과한 것으로 규정한 바 있다. Cliff(1982), Gluckstein(1957) 참조.

의 노동자혁명을 통해서만 수립될 수 있으며 혁명적 노동자당이 지도하는 노동자계급의 자기해방 과정을 수반해야만 하는데, 마오의 중국혁명과 카스트로의 쿠바혁명에서는 이와 같은 과정이 존재하지 않았다고 본다. 그는 중국·쿠바 어디에서도 노동자계급은 생산수단을 통제하지 못했으며, 새로운 체제가 성립하는 과정에서 지도적 역할은 물론 능동적 역할도 수행하지 못했음을 입증했다. 따라서 이 같은 체제를 노동자 해방이 이루어진 체제로 간주하는 것은 "노동자계급의 해방은 노동자계급 자신의 행동"이라는 마르크스의 명제에 정면으로 배치된다는 것이다.

클리프의 '일탈한 영구혁명'론은 또, 제2차세계대전 후 제3세계의 혁명을 대부분 영구혁명으로 간주하고 그를 통해 성립한 체제를 '노동자와 농민의 정부' 또는 동유럽 나라들과 마찬가지로 '왜곡된' 노동자국가라고 규정하는 제4인터내셔널의 대리주의적 경향에 대한 결정적인 비판이기도 하다. 현재 제4인터내셔널의 주요 이론가의 한 사람인 뢰비(Löwy, 1981)[25]는 마오의 중국혁명, 카스트로의 쿠바혁명, 호치민의 베트남혁명을 이론적으로는 스탈린주의를 따랐지만 실천에서는 스탈린주의를 극복한 최신판 영구혁명으로 해석했다. 그러나 캘리니코스는 이러한 뢰비의 주장이 얼마나 그릇된 것인지를 입증했다. 그는 어떤 한 혁명을 노동자혁명으로 규정할 수 있기 위해서는, 그 혁명을 지도하는 당의 이데올로기가 마르크스주의이어야 하는 것은 물론이거니와, 그 당의 구성이 노동자 중심적일 것 그리고 가장 중요하게는 그 당이 노동자운동과 항상 실천적으로 관련되어 있을 것 등 세 가지 조건이 충족되어야 한다고 본다.[26] 그런데 제2차세계대전 후 제3세계의 모든 자칭 '사회주의'혁명은 기껏해야 첫 번째 조건 정도만, 그것도 스탈린주의라는 왜곡된 형태로 갖추었을 뿐이며, 나머지 조건들은 전혀

25) 트로츠키의 영구혁명론을 해설한 이 책의 전반부는 그런대로 쓸만하지만, 제3세계 혁명을 영구혁명의 틀에 끼워 맞추는 후반부는 상상과 강변의 연속뿐이다.
26) 같은 책에 대한 서평인 Callinicos(1982: 105)를 참조하라. Callinicos(1984a)도 보라.

충족시키지 못했기 때문에 결코 사회주의혁명으로 볼 수 없다는 것이다.[27)]

5. 국제사회주의 정치

1) 미국도 소련도 아닌 국제사회주의

주지하듯이 트로츠키와 제4인터내셔널의 '퇴보한 노동자국가'론은 동방나라들에서 요청되는 변혁의 성격을 노동자혁명의 성과인 국유화된 생산관계는 그대로 두고 관료층만을 제거하는 정치혁명으로 제시한다. 하지만 클리프의 국가자본주의론에서는 관료계급의 정치적 지배는 물론 국가자본주의적 착취관계까지 전복하는 새로운 사회혁명, 즉 노동자혁명이 동방나라들의 변혁 전망으로 제출된다. 그리하여 클리프의 『소련 국가자본주의』는 다음과 같은 문장으로 끝난다.

> 스탈린주의 러시아에서의 계급투쟁은 수백만 인민의 거대한 자생적인 폭발로 자신을 불가피하게 표현할 것이다. …… 그것은 승리하는 프롤레타리아혁명의 제1장이 될 것이다. 그 마지막 장은 스스로 동원되고 사회주의 목적과 그것의 성취방법을 의식하고 있는, 그리고 혁명적인 마르크스주의 당에 의해 지도되는 대중에 의해서만 쓰일 수 있을 것이다(Cliff, 1988a: 276).

국가자본주의론이 함축하는 정치적 결론은 소련·동유럽 블록 붕괴 전까지 영국 사노당의 기관지 ≪사회주의 노동자(Socialist Worker)≫가 표어로 삼았던 "워싱턴도 모스크바도 아닌 국제사회주의(Neither Washington Nor Moscow, But International Socialism)"라는 문구에서 보듯이, 동·서방 모두에

---

27) 쿠바혁명에 대한 보다 상세한 분석으로는 Binns & Gonzalez(1983)를 보라.

서 자본주의의 타도를 통한 세계혁명으로 요약된다. 이로부터 미국과 소련이 전쟁을 벌일 경우 이는 제국주의 간 전쟁으로 규정되며, 소련에 대한 비판적 지지가 아니라 레닌이 제1차세계대전 시 취했던 혁명적 패배주의가 올바른 전술로 제시된다. 실제로 1950년 한국전쟁 시 제4인터내셔널은 한국전쟁을 미제국주의에 대항하는 민족해방전쟁으로 간주하여 북한과 중국을 지지하는 입장을 취했던 반면, 클리프는 이를 미소 양대 제국주의 간의 대리전쟁으로 규정하여 혁명적 패배주의를 주장했다.[28] 클리프와 영국 사노당의 논리가 "항상 궁극적으로 그러한 해석의 지지자들을 우익으로 이동시키는 경향이 있다"(Anderson, 1983: 55)는 등의 주장, 즉 국가자본주의론은 결국 반공주의적 '소련주적론'으로 귀결된다는 주장은 전혀 근거 없는 스탈린주의적 중상일 뿐이다. '소련주적론'은 소련을 비롯한 동방 제국을 서방 자본주의보다 역사적·문화적으로 열등한 관료적 집산주의로 규정하는 막스 샤하트만(Max Shachtman) 류의 노선이며, 국제사회주의의 정치와는 무관하다.[29]

2) 레닌주의적 당

이상에서 살펴본 클리프의 이론들은 탁상에서 만들어진 이론들이 아니고 '정통' 트로츠키주의를 자임하는 제4인터내셔널과의 격렬한 사상 투쟁 속에서, 그리고 영국 노동자운동과의 유기적인 관련 속에서 형성된 이론들이다. 클리프의 사상은 이러한 투쟁의 중심이었던 영국 사노당을 떠나서는 아무것도 이야기할 수 없을 정도로 그것과 밀접하게 결합되어 있다.

클리프가 창건한 영국 사노당의 정치는 아래로부터 사회주의 사상, 즉

---

28) 이에 대해서는 Bellis(1979: 115), Bornstein & Al Richardson(1986: 231)을 보라.

29) 클리프는 이미 1948년에 샤하트만류의 관료적 집산주의론을 비판하는 논문을 발표한 바 있다(Cliff, 1982).

노동자계급의 해방은 노동자계급 자신의 행동에 의해서만 가능하다는 사상을 모토로 한다. 이는 특히 ≪사회주의 평론≫ 그룹 단계에서 그러했다. 클리프의 1958년 논문인 「트로츠키의 대리주의론」과 1959년 간행된 『로자 룩셈부르크』는 모두 노동자계급의 해방은 노동자계급 자신의 행동에 의해서만 가능하다는 고전 마르크스주의의 전통을 복원하기 위해 쓰인 것이었다.[30] 이 논저에서 그는 『무엇을 할 것인가』에서 제시된 "레닌의 당조직 개념에 대리주의의 위험이 내재"(Cliff, 1982: 193)해 있다고 비판하고, 로자 룩셈부르크의 대중파업론을 적극적으로 평가했다.

그러나 1968년 전 세계적인 대중투쟁의 고양 속에서 노동자운동과의 결합 강화라는 과제가 제기되자, 그때까지 선전 그룹에 불과했던 국제사회주의 그룹은 레닌주의적 전위당으로 전화되지 않으면 안 되었다. 즉, 선전 그룹 단계에서는 느슨한 연방주의적 조직으로도 충분했지만, 산업현장에서 선동과 전투를 수행하기 위해서는 중앙집권적인 전위당이 필요하게 되었다. 클리프는 1968년 국제사회주의 그룹 내부문건으로 발표한 「민주집중제에 관한 노트」에서 민주집중적 당조직의 필요성을 강조했다.[31] 4부작으로 간행된 『레닌』도 "조직이 직면하고 있던 당 건설 문제의 산물이자 그것에 대한 기여였다"(Hallas, 1982: 10). 이는 그가 『레닌』 제2권에서 트로츠키의 『러시아혁명사』의 가치를 높이 평가하면서도, 그 책의 결정적인 약점은 1917년 러시아혁명에서 볼셰비키당의 역할이 누락되어 있는 것이라고 말한

30) "로자 룩셈부르크에 관한 책은 주로 대리주의 사상에 반대하여 쓰인 것이다. 그것은 노동자계급의 자기행동에 관한 그녀의 사상을 구출하기 위해 노력했다"(Cliff, 1987a: 17).

31) "마르크스는 자본주의하에서 지배적인 이데올로기는 지배계급의 이데올로기이기 때문에, 혁명적 정치는 계급의 현재 사상을 반영하지 않는다고 주장했다. 혁명이론 없는 혁명운동은 있을 수 없기 때문에, 국제주의자들의 지도부는 반드시 노동자일 필요가 없고, 연방주의적 원리에 따른 대표자일 수도 없다"(Cliff, 1982: 215. 강조는 클리프).

데서도 알 수 있다.[32] 클리프는 전위당의 혁명적 대중정당으로의 발전 필연성을 인정하면서도, 혁명의 초기에는 정치적 명확성에 기초한 전위당의 건설, '간부의 시초 축적'이 필요하다고 역설했다.

클리프는『트로츠키』제1권에서도 당과 계급의 구별에 관한 레닌 사상의 중요성을 강조한다(Cliff, 1989: 3~5장). 당은 계급의 일부이지, 전부일 수는 없다는 것이다. 클리프는 자본주의 사회에서 지배적인 사상은 지배계급의 사상이기 때문에, 노동자계급의 사상 역시 지배계급의 사상에 의해 지배되고 있으므로, 자본주의의 혁명적 타도를 목적으로 하는 혁명적 노동자당은 어디까지나 노동자계급의 가장 선진적 부분만을 포함해야 하며, 그 전부가 되어서는 안 된다고 강조한다. 노동자계급 의식 발전의 불균등성이라는 조건하에서 당은 노동자계급 중 혁명적인 부분의 의식의 결정체여야 한다는 것이다. 그런데도 자본주의하에서 당과 계급의 구별을 무시하고 당과 계급을 동일시하거나, 또는 당이 계급의 일부라는 점을 망각하고 당이 계급을 대표하려는 경우, 사회민주주의적 개량주의나 스탈린주의적 일당독재로 귀결될 수밖에 없다.[33]

1976년 국제사회주의 그룹은 이 같은 레닌주의적 당조직 원리에 입각하여 사노당으로 개편되었다. 사노당이 레닌주의적 당의 정치를 고수하고 있다는 사실은 그 당의 강령[34]에서도, 그리고 레닌이『무엇을 할 것인가』에

---

32) "트로츠키는 당 전체를 과소평가했다. 그의『러시아혁명사』전체를 통해 당은 거의 언급되지 않았다 …… 트로츠키의『러시아혁명사』에서 대중-노동자, 병사, 농민-은 그 모든 정열, 용감성과 함께 나타난다. 그러나 슬프게도 당은 거의 실종되어 있다"(Cliff, 1975~1979 vol.2: 10).

33) 클리프의 당과 계급의 구별 필요성에 대한 강조는 Harman(1968), Molyneux(1978), Callinicos(1984b)에서 부연설명되고 있다.

34) "당원이란 사회주의 노동자당의 정치에 동의하고, 그 강령을 받아들이며, 당비를 납부하고, 적절한 조직체 속에서 그리고 그 지도 밑에서 일하는 사람이다. 모든 당원은 동시에 적절한 노동조합원이 되는 것이 바람직하다. 모든 당원은 ≪사회주의 노동자≫를 수령하고 판매해야만 한다"(Socialist Workers Party, Constitution,

서 천명한 정치신문을 통한 조직을 조직 확대의 기본 방침으로 고수하고 있는 점에서도 확인된다.[35] 사노당은 의회를 통해서 노동자국가를 쟁취할 수 있다고 생각하지 않는다. "현재 체제는 개량될 수 없다. 그것은 완전히 변혁되어야 한다. 의회, 군대, 경찰 및 사법 구조는 노동자들에 의해 접수될 수도 사용될 수도 없다. 선거는 민중의 생활의 실질적인 개선을 위해 선동하고, 우리가 살고 있는 체제를 폭로하기 위해 사용될 수 있지만, 오로지 노동자 자신들의 대중 행동만이 체제를 변화시킬 수 있다."[36] 사노당은 노동자당을 지향하기 때문에, 영국 노동자계급에 상당한 지지기반을 갖고 있는 노동당과 경합 관계에 설 수밖에 없다. 클리프는 사노당의 당원이며 자신의 아들이기도 한 도니 글룩스타인(Donny Gluckstein)과 공저로 낸 『노동당』에서 노동당을 "자본주의적 노동자당"일 뿐이며 이들의 노선은 한마디로 "개량 없는 개량주의"라고 규정한 바 있다(Cliff & Gluckstein, 1988a: 2, 4).[37]

Clause 2a). 이는 레닌의 유명한 당규약 제1조를 상기시킨다. 1992년 사노당은 자신들의 기관지 ≪사회주의 노동자≫에서 자신들의 입장을 '독립적인 노동자계급 행동', '개량이 아닌 혁명', '의회적 길은 없다', '국제주의', '혁명정당' 등 다섯 가지 항목으로 요약했다("Where we stand," *Socialist Worker*, 18 July 1992, p.12). 그런데 2006년 사노당은 자신들의 '입장(Where we stand)'을 '자본주의와 전쟁을 종식시키기 위한 투쟁', '사회주의', '국제주의', '인종주의, 제국주의 및 억압에 대한 반대', '혁명정당' 등 다섯 가지 항목으로 개정하면서, 반전과 반제국주의 투쟁을 전면에 내세우는 한편 개량주의와 의회주의에 대한 비판의 강도는 다소 약화시킨다. 사노당 홈페이지 www.swp.org.uk 참조.

35) 예컨대 1974년 국제사회주의 그룹 내부문건으로 쓰인 「조직자로서 ≪사회주의 노동자≫의 사용」(Cliff, 1982)을 보라. 그는 또 1974년에 "우리는 1912~1914년 레닌이 ≪프라우다≫를 조직자로 사용한 것에서 많은 것을 배울 수 있다"고 썼다(Harman, 1984c: 38에서 재인용). 그리고 1977년 ≪사회주의 노동자≫에 발표한 글에서 클리프는 "우리가 ≪사회주의 노동자≫를 파는 목적은 10페니를 받기 위한 것도 아니며 단지 선전을 하기 위한 것도 아니다. 무엇보다 그 목적은 우리의 정책을 중심으로 조직하기 위한 것이다"라고 말했다(Cliff, 1982: 276).

36) "Where we stand," 사노당 홈페이지 www.swp.org.uk.

6. 클리프의 트로츠키주의와 그 현대적 의의

클리프를 모종의 트로츠키주의자로만 생각하고 있는 사람들은, 클리프의 독자적인 사상의 대부분이 트로츠키 사상에 대한 비판과 '정통' 트로츠키주의와의 대항 속에서 형성되었다는 점에 놀라지 않을 수 없을 것이다. 이미 살펴보았듯이 클리프의 국가자본주의론은 트로츠키의 관료적으로 퇴보한 노동자국가론을 정면으로 비판한 것이다. 이 때문에 제4인터내셔널을 비롯한 '정통' 트로츠키주의자들은 클리프를 트로츠키주의자로 볼 수 없다고 주장한다. 하지만 클리프의 국가자본주의론은 아래로부터의 사회주의를 그 기본 원리로 삼는다는 점에서 트로츠키의 정신을 따르고 있다는 것은 분명하다. 그리고 클리프는 트로츠키 자신도 말년에는 관료적으로 퇴보한 노동자국가론의 용어를 여전히 사용하면서도 정치적으로는 국가자본주의론의 입장, 즉 사회혁명에 의한 스탈린주의체제의 타도 쪽으로 기울었다고 해석한다(Cliff, 1988b).[38] 제4인터내셔널은 그럼에도 트로츠키의 사상을 자구 그대로 추종한 결과 도리어 트로츠키 사상의 혁명적·과학적 내용을 거세하고 말았다는 것이다.[39] 국제사회주의자들은 제4인터내셔널처럼 트로츠키 사

---

37) 클리프와 글룩스타인의 공저로는 이 책 이외에 영국의 1926년 총파업을 분석한 Cliff & Gluckstein(1986)도 있다. 클리프는 1992년 노동당의 총선 패배를 분석한 인터뷰에서도 노동당을 "개량을 제공할 수 없는 개량주의당"이며 "두 개의 주요 계급과 노동자의 상이한 부문들 사이에서 동요하고 그것들을 조절하는 노동조합관료의 정치적 표현"이라고 규정하고, "노동당의 패배는 당 건설로의 문을 열어 주게 될 것"이라고 전망한다(Cliff, 1992: 69~71).

38) 또한 Harman(1990a)도 참조. 제4인터내셔널도 1991년 소련 쿠데타 실패 이후에는 소련과 동유럽 사태를 '퇴보한 노동자국가의 해체'와 '자본주의의 부활'이 가속화되는 국면으로 규정하면서, 자신들의 기초 이론인 퇴보한 노동자국가론을 폐기할 준비를 하고 있다. 예컨대 "The Soviet Union after 19 August 1991: Resolution of the Fourth International," *International Marxist Review*, Spring 1992를 보라.

39) 앞서 인용된 클리프와 캘리니코스의 저작 이외에 국제사회주의 입장에서 쓰인 트로츠키 사상에 대한 해설서로서 대표적인 것은 Hallas(1979)와 Molyneux(1981)가

상의 모든 항목들을 무비판적·교조적으로 추종하는 것은 트로츠키가 수호하고 발전시킨 고전 마르크스주의의 전통과 무관하다고 본다. 오히려 진정한 트로츠키주의자는 트로츠키 사상의 근원적 원리인 노동자계급의 자기해방 사상을 보존하기 위해 정통 트로츠키주의의 도그마들을 거부하는 사람이라는 것이다(Callinicos, 1984a: 139). 이러한 관점에서 볼 때 클리프의 사상은 트로츠키의 문구에 집착하지 않고서도 트로츠키가 수호하고 발전시킨 고전 마르크스주의의 전통을 어떻게 올바르게 이어갈 수 있는지를 보여준 하나의 모범이라고 할 수 있다.

그러므로 클리프는 '정통' 트로츠키주의와의 결별에도 불구하고 여전히 트로츠키주의자이다. 그는 『레닌』에서도 영구혁명론에 관한 한 트로츠키가 옳았다고 평가하고 있으며,[40] 고령에도 불구하고 4부작으로 구성된 트로츠키 전기를 집필했다.[41] 클리프는 『트로츠키』 제1권 서문에서 다음과 같이

있다.

40) 클리프는 레닌의 「4월 테제」가 『민주주의혁명에서 사회민주주의자의 두 가지 전술』에서 전개된 노동자와 농민의 혁명적 민주주의 독재론을 폐기하고 트로츠키의 영구혁명론을 수용한 것이라고 해석했다(Cliff, 1975~1979 vol.2: 124~128).

41) 우리나라에서는 트로츠키의 전기로 아이작 도이처의 3부작이 널리 알려져 있다(Deutscher, 1955; 1959; 1936). 그리고 도이처의 트로츠키 해석을 불편부당한 반스탈린주의적 해석으로 받아들이는 경향이 강하다. 그러나 클리프는 도이처의 트로츠키 해석은 본질적으로 반(半)스탈린주의적이라고 비판했다. "(도이처의) 3부작을 지배하고 있는 정신은 그 주인공인 트로츠키의 그것과 완전히 대립된다. …… 트로츠키의 사회주의는 아래로부터 사회주의인데, 도이처의 사회주의는 위로부터의 사회주의이다. …… 도이처의 견해에서는 스탈린주의는 혁명의 적자이다. …… 도이처에 따르면 스탈린주의는 혁명의 성과를 보호했을 뿐만 아니라 그것을 심화시키고 확장했다. …… 도이처의 저작의 본질은 트로츠키주의와 스탈린주의를 화해시키는 것이다"(Cliff, 1989: 13~17). 클리프는 이미 1964년 논문에서 도이처가 "스탈린주의에 투항했다"라고 비판한 바 있다. "도이처는 1953년 6월 동독에서 시작하여 1956년 10월 폴란드와 헝가리에 이르는 동유럽의 모든 인민봉기에 반대했다. 그는 동유럽의 인민봉기는 '고의는 아니더라도 시계바늘을 거꾸로 돌리는' 반혁명이라고 선언했다. 그는 노동자봉기를 분쇄한 러시아의 탱크에 갈채를 보냈다"(Cliff, 1982:

말했다.

> 이 전기는 반세기 이상 트로츠키의 사도(使徒)인 사람이 쓴 것이다. 나는 오늘날 그 전 어느 때보다도 더 그의 사상의 정확성에 대해 확신하고 있다. 그의 사상의 일반적 핵심, 특히 영구혁명론은 시간의 검증을 이겨냈다. 국제공산주의혁명을 위한 그의 투쟁, 사회민주주의와 스탈린주의에 대한 그의 반대는 역사적 사건들 속에서 완전하게 타당한 것으로 입증되었다(Cliff, 1989: 18).[42]

그는 트로츠키 사상의 많은 부분을 비판하면서도, 그 이유를 "트로츠키는 비판으로부터 보호되기에는 너무나 위대한 혁명가"이기 때문이라고 했다(Cliff, 1989: 19). 또한 클리프는 레닌이라고 하여 결코 무비판적으로 추종하지 않았다. 그는 레닌의 노동귀족론을 오류라고 비판했으며 레닌의 초기 전위당 개념에 대리주의적 요소가 있다고 비판했었다. 바로 이와 같은 끝없이 비판적이고 창조적인 정신이야말로 클리프로 하여금 스탈린주의와 개량주의의 '폭풍우를 뚫고'[43] 고전 마르크스주의 전통의 수호자로 우뚝 서게 한 원천이라고 생각된다.

하지만 오늘날 스탈린주의체제가 전면적으로 붕괴되고 세계화가 급진전

---

186).

42) 클리프는 다음과 같이 말하기도 했다. "스탈린 치하 러시아의 계급적 성격에 대한 우리의 분석은 레온 트로츠키의 분석과 다르다. 그러나 우리의 분석의 근원은 트로츠키의 일반적 사상에 있다. 즉, 그의 국제주의, 스탈린주의 관료에 대한 그의 혐오, 노동자계급의 창발성과 힘에 대한 그의 혁명적 신뢰, 이러한 것들이 우리의 영감이다. 거인의 어깨를 짚고 서면 시야가 넓어져 멀리 볼 수 있다"(Cliff, 1987b: 12). 캘리니코스도 "혁명적 사회주의자가 되기 위해서는 트로츠키주의자가 되어야만 한다"라고 언명한 바 있다(Callinicos, 1984a: 137).

43) 캘리니코스는 자신의 1991년 저작 『역사의 복수(Revenge of History)』를 "폭풍우를 뚫고 온 조타수, 토니 클리프에게(To Tony Cliff, the pilot who weathered the storm)" 헌정했다.

되고 있는 현실, 그리고 제3세계 일각에서 급속한 자본주의 발전에 따라 노동자계급이 기본 계급으로 대두하고 있는 현실은 앞에서 살펴본 국가자본주의론, 영구군비경제론, '일탈한 영구혁명'론 등 클리프의 이론 전반에 대해 철저한 재검토를 요구하고 있다.

그리하여 하먼과 캘리니코스 같은 클리프 다음 세대의 국제사회주의 이론가들은 급변하는 세계에 대한 구체적 분석을 통해 클리프의 이론을 계속 수정·보완하고 있다. 오늘 소련과 동유럽 나라들의 사태를 "관료적 국가자본주의가 민영화되고 국제화된 자본주의로 전화"하는 과정이라고 규정한 하먼의 '국가자본주의의 재편' 테제(Harman, 1989)는 그 대표적인 것이다.[44] 또한 캘리니코스와 하먼은 영구군비경제론에 한정되었던 종전의 서방 자본주의에 관한 이론을 자본의 국제화와 국가화라는 양면적 경향에 관한 논의를 중심으로 발전시키고 있다(Callinicos, 1991b; Harman, 1991). 특히 캘리니코스는 최근 클리프의 사상을 철학, 경제학, 정세분석 등 모든 영역에 걸쳐 세련화시키는 작업에 몰두하고 있다.[45] 그리고 빈스(Binns, 1984)가 제시한 '이중으로 일탈한(doubly deflected)' 영구혁명론[46]과 해리스(Harris, 1986)의

44) 하먼의 '국가자본주의의 재편성' 테제는 Haynes(1992; 1996; 2002a)에서 더 구체적으로 전개되고 있다.

45) 캘리니코스는 처음에는 우리나라에서 철학자 캘리니코스를 중심으로 소개되었다. 하지만 이미 살펴보았듯이 캘리니코스는 철학자이기에 앞서, 국제사회주의 정치이론가이자 활동가다(캘리니코스는 현재 영국 사노당의 중앙위원이자 ≪국제사회주의≫ 지의 편집위원이다). 캘리니코스는 마르크스주의 경제학 이론에 정통할 뿐만 아니라 남아프리카 문제의 전문가이기도 하며, 최근 유행하는 포스트모더니즘에 대해 결정적인 비판을 제기하기도 했다(Callinicos, 1988; 1989 참조). 우리나라 진보학계에서는 캘리니코스는 높이 평가하면서도 클리프는 무시하는 경향이 있는데, 이들은 캘리니코스의 논저들이 상당 부분은 클리프의 사상의 해설과 선전에 바쳐지고 있다는 사실을 알 필요가 있다. 캘리니코스 사상의 개관으로는 나와의 대담인 캘리니코스(1999)를 참조할 수 있으며, 최근작으로는 Callinicos(2006b)가 있다.

46) '이중의 일탈'에서 1차의 일탈은 클리프의 '일탈한 영구혁명'론에서 설명된 반제민

신흥공업국론[47]은 클리프의 '일탈한 영구혁명'론만으로는 설명되지 않는 니카라과, 모잠비크, 그레나다 등 1970년대 이후의 혁명과 제3세계 일부에서의 자본주의적 공업화의 성공이 갖는 정치적 함축을 과학적으로 해명한 것이었다. 무엇보다 클리프의 사노당을 중심으로 한 국제사회주의 경향은 1999년 '시애틀 전투'와 '9·11 대미 테러' 이후 고조되고 있는 대안세계화 운동과 반전운동의 이론과 실천을 전 세계적으로 주도하고 있다.[48] '21세기 사회주의'가 세계 진보 진영의 화두로 되고 있는 오늘 우리에게 요구되는 것 역시 클리프가 트로츠키의 어깨를 딛고 트로츠키의 사상을 발전시켰듯이, 클리프의 어깨를 딛고 클리프의 국제사회주의 사상을 우리의 당면 정세에 창조적으로 접목시키는 작업이 아닌가 한다.

족주의혁명의 국가자본주의로의 일탈이며, 2차의 일탈은 1979년 이후 니카라과 혁명의 전개과정에서 전형적으로 보이는 국가자본주의의 사적자본주의로의 일탈이다.

47) 하지만 해리스는 자본의 국제화 경향을 과대평가하고 민족문제를 과소평가한 편향이 있는 것이 흠이다(Harris, 1986). 예컨대 이에 대한 서평인 Callinicos(1987)를 참조하라.

48) 캘리니코스(2003) 및 Rees(2006)는 이를 집약한 것이라고 할 수 있다.

제14장

트로츠키의 정치경제학 체계*

1. 서론

그동안 우리나라에서 트로츠키는 보통 마르크스-레닌주의로부터 프티부르주아적 일탈 또는 좌익 모험주의적 일탈이거나, 아예 미 제국주의의 스파이라고 모함받아 왔다. 그러나 이처럼 트로츠키 사상이 반마르크스주의적 레닌주의라고 그릇되게 취급받아 온 것은 우리나라에 특수한 풍토인데[1] 이는 그만큼 우리나라에 고질적인 스탈린주의의 뿌리와 우리나라 마르크스주의의 후진성을 반영하는 것이다.

그러나 소련·동유럽 블록의 몰락 이후 정통 마르크스-레닌주의를 자처해 온 우리나라의 스탈린주의자도 사상적 혼란 속에서 그간 자신이 비난하고 외면해 온 트로츠키의 사상의 일부를 부지불식중에 받아들이고 있는 듯하다. 예컨대 과거에는 골수 스탈린주의자였던 어떤 이들도 요즘은 소련·동유럽 블록이 몰락한 이유는 사회주의가 국가사회주의로 변질되었기 때문이라고 주장하는데, 이는 실은 트로츠키가 이미 60~70년 전에 주장했던 '관료적으

---

* 이 장은 정성진(1993a)을 수정·보완한 것이다.

1) 국제운동사에서 트로츠키주의는 마르크스주의의 주요한 사조로 인정되고 있다. 예컨대 페리 앤더슨(1986)의 제5장을 보라.

로 퇴보한 노동자국가'론의 껍데기만을, 판권을 밝히지 않은 채 표절한 것이다.

그러나 트로츠키의 사상은 아직 우리나라에서 제대로 이해되고 있지 못하다. 소련·동유럽 블록이 잘 굴러가는 듯하고 스탈린주의가 득세했을 때만 해도, 트로츠키의 사상은 마르크스-레닌주의와는 아무런 인연이 없는 사상으로 매도되었다. 소련·동유럽 블록의 몰락 이후 '마르크스주의의 위기'를 운운하고 포스트마르크스주의가 유행하는 상황에서 트로츠키의 사상은 이제 마르크스주의, 레닌주의, 스탈린주의와 한통속으로 취급되어 도매금으로 버려지고 있다. 트로츠키의 사상은 과거에는 마르크스와 레닌과 스탈린에 반대하는 사상이라고 매도되었는데 오늘날에는 거꾸로 스탈린으로 통하는 모종의 마르크스-레닌주의라고 매장되는 것이다. 부하린은 고르바초프 덕택에 복권이라도 된 후에 다시 무덤으로 보내졌지만 트로츠키는 '부관참시' 되고 있다(Berthier, 1991: 165).

이와 비슷한 맥락에서 알튀세르주의자들은 "이론적 수준에서 트로츠키주의에 고유한 입장은 없으며 이론적 트로츠키주의는 불가능"하다면서[2] "스탈린과 트로츠키 또는 트로츠키주의자들 사이에는 이론적으로 차이가 없다"고 주장한다. "스탈린의 선택과 좌익반대파의 대안은 실천적으로 동일"하다[3]고도 주장한다. 트로츠키는 '서기장이 되지 못한 스탈린'일 뿐이라는

2) 윤소영(1987: 18; 1988: 1459) 참조. 트로츠키에는 독자적인 이론이 없다는 주장은 전향한 스탈린주의자 콜라코브스키가 다음과 같이 개진한 바 있다. "트로츠키는 마르크스주의의 이론적 정교화에 기여한 바가 전혀 없다"(Kolakowski, 1978b: 217).

3) 윤소영(1992: 158), 사회과학연구소(1991: 192) 참조. 그런데 이는 로크(G. Lock) 혹은 베뜰랭(C. Bettelheim) 같은 마오주의자의 다음과 같은 주장을 되풀이한 것이다. "스탈린에 대해 트로츠키가 수행한 정치투쟁에도 불구하고 트로츠키의 이론적 입장은 스탈린의 그것과 일치한다"(Lock, 1976: 23). "트로츠키는 스탈린과 마찬가지로 생산수단의 국유화 혹은 집산화 이후에는 사적 소유가 더 이상 존재하지 않을 것이기 때문에, 소유계급들도 존재하지 않을 것이라고 생각했다. …… 또 트로츠키에는 공산주의 계획이 주로 생산의 발전법칙에 따라 수행되어야 한다는 스탈린의 정식이 희화화

것이다. 트로츠키에는 독자적 이론이 없다는 주장은 이 장 전체를 통해 논박될 것이지만 그러한 주장이 그다지 신빙성이 없음은, 트로츠키의 저작의 양이 마르크스·엥겔스·레닌의 그것에 못지않다는 사실만을 보아도 알 수 있다. 예컨대 총 23권으로 계획(그중 12권이 1927년까지 소련에서 러시아어로 출판)된 트로츠키의 1920년대 초까지 저술을 망라한 『전집(Sochineniya)』에 얼마 전 프랑스에서 총 24권으로 출판된 1933~1940년 저작집(Trotsky, 1978~1988)만을 더해도 이미 50권에 육박한다. 게다가 하버드 대학 후톤 도서관의 '트로츠키 서고(The Trotsky Archives)'에는 아직 출판되지 않은 방대한 분량의 문서가 보관되어 있다.

이 장에서 나는 트로츠키와 관련해 우리나라에 만연해 있는 각종 오해와 왜곡을 바로잡고,[4] 트로츠키의 사상이 아래로부터 사회주의, 노동자계급의 자기해방으로서의 혁명적 마르크스주의 전통에 대한 독창적 기여이며, 현재의 마르크스주의 위기 국면을 돌파하기 위해 반드시 통과하지 않으면 안 되는 가교임을 밝힐 것이다. 아울러 나는 트로츠키의 사상이 그동안 '정통' 이론으로 여겨진 소련 정치경제학 교과서 체계를 대체할 수 있는 대안적인 마르크스주의 정치경제학 체계(영구혁명의 정치경제학, 사회주의 건설의 정치경제학, 스탈린주의 전복을 위한 정치경제학)로 재구성될 수 있음을 보임으로써, 트로츠키에는 이론이 없다든지, 경제학이 없다든지 하는 주장이 근거 없음을 입증할 것이다.

된 형태로 나타난다"(Bettelheim, 1976: 27~28). 알튀세르 자신은 어처구니없게도 아예 반공주의적 부르주아 이데올로기와 트로츠키주의의 반스탈린주의 이론 사이에 어떠한 차이도 없다고 본다(Althusser, 1976: 82).

4) 이에 대한 선구적인 글로는 김민권(1988: 7~26)이 있다.

2. 영구혁명의 정치경제학

1) 세계자본주의론

영구혁명론의 요소들은 마르크스와 엥겔스의 저작 곳곳에서 발견되지만,[5] 이것이 체계적인 형태로 정식화된 것은 1906년 트로츠키의 『평가와 전망』에서이다. 1917년 10월혁명이 발발하자 그람시(Gramsci, 1977: 34)는 이를 "『자본론』에 반(反)한 혁명"이라고 주장했다. 『자본론』에서 마르크스가 말한 바에 따르면 사회주의혁명은 영국·프랑스와 같은 선진자본주의 나라에서 먼저 일어나야 했을 터인데, 전(前) 자본주의적인 차르체제가 온존하고 있는 러시아에서 먼저 일어났다는 것이다. 이는 그 당시 그람시가 아직 단절하지 못했던 제2인터내셔널의 이론적 전통에서는 이해할 수 없던 사태였다.

제2인터내셔널의 마르크스주의자들은 대개 마르크스가 1859년 『경제학 비판』 서문과 『자본론』에서 정식화한 생산력과 생산관계의 모순에 기초한 이행의 변증법을 일국적인 단위에서 전개되는 것으로 이해했다.[6] 그러나 트로츠키는 마르크스가 말한 생산력과 생산관계의 모순의 변증법은 일국적 규모가 아니라 세계적 규모에서 전개되는 것으로 이해해야 한다고 주장했다. 트로츠키는 자본주의 분석의 출발점은 국민경제가 아니라 세계경제가 되어야 한다면서, 19세기 말 20세기 초 자본주의를 먼저 세계자본주의론의 시각에서 분석했다.

> 마르크스주의는 출발점을 세계경제로부터 잡고 있다. 세계경제는 개별적인 국민경제들의 단순한 합이 아니라, 국제분업과 세계시장으로 이루어진 하나의

5) 이에 대해서는 뢰비(1990)의 제1장을 참조할 수 있다.

6) 제2인터내셔널 마르크스주의에 대한 검토로는 이 책 3장을 참조하시오.

강력한 독자적 실체로서 그것은 우리 시대에서는 일국적인 시장들을 전체적으로 지배하고 있다(트로츠키, 1989: 152).[7)]

제국주의는 개별적인 국민적·대륙적 단위들을 매우 긴밀하고 결정적으로 상호 의존하게 하고 그들의 경제적 방법, 사회적 형태와 발전 수준을 점점 동화시키면서, 그들을 전과는 비교할 수 없을 정도로 급속하게 또 점차 깊숙이 하나의 단일한 실체로 연결시키고 있다(Trotsky, 1974a: 16).

트로츠키의 이와 같은 세계자본주의론 관점에서는 생산력과 생산관계의 모순은 세계적 규모로 전개되며, 따라서 사회주의혁명의 물질적·사회적 조건의 성숙 여부도 일국 자본주의가 아니라 세계자본주의 규모에서 고찰된다.[8)] 그리하여 트로츠키는 세계자본주의에서 전개되는 생산력과 생산관계의 모순에 대한 이해를 기초로 하여 러시아에서 일어날 혁명이 사회주의혁명일 것임을 1917년 10월혁명이 있기 10년 전에 예견할 수 있었으며, 이는 "1917년 혁명에서 놀랄 정도로 정확하게 입증되었다"(Daniels, 1991: 14). 1917년 혁명이 사회주의혁명이 될 것이라는 점은 1906년 당시 레닌도 전혀 상상하지 못했다. 레닌은 1917년 「4월 테제」에 가서야 이 같은 생각에 비로소 도달했다.[9)] 따라서 1906년 트로츠키의 영구혁명론은 그 당시 어떤

7) 트로츠키는 1905년에 이미 다음과 같이 썼다. "자본주의는 모든 나라들의 생산양식과 상업을 한데 묶음으로써 전 세계를 단일한 경제적·정치적 유기체로 전화시켰다"(미셸 뢰비, 1990: 71에서 재인용).

8) "'그러나 당신은 러시아가 사회주의혁명을 할 수 있을 정도로 성숙되어 있다고 정말로 믿고 있는가?' 이러한 질문에 나는 언제나 다음과 같이 대답해 왔다. 아니다. 그렇게 믿지 않는다. 그러나 하나의 전체로서 세계경제는 그리고 특히 유럽경제는 사회주의혁명을 위해 충분히 성숙되어 있다. 러시아의 프롤레타리아 독재가 사회주의로 나아갈 것인가 아니면 그렇지 못할 것인가, 어떠한 속도로 그리고 어떠한 단계를 거쳐서 사회주의에 도달할 것인가 하는 문제들은 유럽과 세계자본주의의 운명에 달려 있게 될 것이다"(트로츠키, 1989: 133).

마르크스주의자도 상상하지 못했던 진정으로 새로운 내용이었다.

트로츠키의 이와 같은 세계자본주의론을 고려하면 트로츠키에는 제국주의론이 없다든지, 경제학이 약하다든지 하는 일부의 평가(Molyneux, 1981: 196, 246)[10]는 잘못이다. 체이스 던도 인정하듯이 트로츠키의 세계자본주의론은 오늘날 월러스틴 등의 세계체제론에 중요한 이론적 시사를 제공했다(Chase-Dunn, 1990: 8~9). 트로츠키의 제국주의 인식은 힐퍼딩의 『금융자본』과 같은 일국 자본주의 발전의 독점적 단계로 제국주의를 정의하는 제2인터내셔널의 독점자본주의 단계론과 단절한 것이었다. 트로츠키는 제2인터내셔널의 독점자본주의 단계론이 아니라, 제국주의를 세계적 시야에서 포착하려 한 파르부스(Parvus)의 자본주의론과 로자 룩셈부르크의 세계자본주의론을 적극 수용하고 발전시켰는데, 이것이 트로츠키로 하여금 영구혁명론이라는 사상적 혁신을 가능하게 한 배경이 되었다.

2) 불균등결합발전론

자본주의의 동학을 단순히 불균등발전법칙으로 설명하는 『소련 공산당사』나 소련 정치경제학 교과서와는 달리, 트로츠키는 세계자본주의의 동학을 불균등결합발전의 법칙으로 설명했다.[11] 트로츠키는 불균등발전의 필연인 선진적 요소들과 후진적 요소들의 공존에서 더 나아가 이들 간의 결합발전

---

9) 「4월 테제」는 레닌이 영구혁명론의 시각을 받아들였음을 보여준다(뢰비, 1990: 83; Daniels, 1991: 15). 레닌의 「4월 테제」가 트로츠키의 영구혁명론을 수용한 것이 아니라, 이른바 '민중민주주의혁명론(PDR)'을 정식화한 것이라는 우리나라 'PD'의 주장을 비판한 것으로는 문영호(1990)를 참조할 수 있다.

10) 하지만 몰리뉴(Molyneux, 1981: 9~10)도 레닌의 『제국주의론』보다 1년 반 전에 쓰인 트로츠키의 『전쟁과 인터내셔널』이라는 책이 레닌의 『제국주의론』의 주요 부분을 선취하고 있음을 인정하고 있다.

11) 스탈린주의 불균등결합발전론과 트로츠키의 불균등결합발전론의 차이에 대해서는 한석원(1993)을 참조할 수 있다.

역시 필연이라고 보았다. 러시아에서 후진적 요소는 세계경제의 통합성 때문에 불가피하게 선진적 요소와 결합된다는 것이다. 트로츠키는 이 같은 결합과정에서 국가가 주도적 역할을 했다고 강조한다. 트로츠키는 러시아에서는 국가가 적극적으로 공업화를 주도하는 국가주도적 자본주의 발전이 이루어졌다고 보았다. 그는 『평가와 전망』에서 "러시아 자본주의는 마치 국가의 자식처럼 보인다"(트로츠키, 1989: 37)라고 썼다. 트로츠키는 선진 외국에서 수입된 자본과 기술이 농노제가 엄존하고 있는 러시아의 후진적 조건과 결합되면서 자본주의가 발전했다고 보았다. 트로츠키는 이 같은 러시아에서 자본주의의 불균등결합발전은 사회적 모순을 미증유의 수준으로 격화시켰으며 이것이 후진적인 러시아에서 사회주의혁명이 일어날 수 있었던 배경이라고 보았다.

러시아에서 자본주의의 발전이라는 테제는 포퓰리스트들인 나로드니키의 자본주의 발전 불가능론을 논박했던 합법적 마르크스주의자들과 레닌의 『러시아에서의 자본주의 발전』에서 이미 제시된 것이며, 트로츠키의 독자적인 주장은 아니다. 하지만 분석 수준이 다분히 일국적이며, 농촌에서의 농민층 분해와 농업에서의 자본주의 발전에 초점을 맞추고 그것을 과대평가했던 합법적 마르크스주의자들이나 레닌의 러시아 자본주의 분석과는 달리,[12] 트로츠키의 러시아 자본주의 분석은 세계적 시야에서 조망되고 있고 또 러시아 자본주의 발전에서 국가와 외국자본이 행한 역할과 도시 공업에서의 자본주의 발전에 초점을 맞추고 있다.[13] 또한 트로츠키는 러시아에서 자본

12) 청년 레닌의 경제사상에 대한 비판적 검토로는 이 책 4장을 참조할 수 있다.

13) 이와 관련하여 가미지마 다케시(上島武, 1985)는 트로츠키의 러시아 자본주의론이 러시아 자본주의의 특수성을 적극적으로 해명했다는 점에서 레닌의 러시아 자본주의 분석보다 우수하다고 평가한다. Howard & King(1989: 225~228)도 보라. 또한 크네이-파즈(Knei-Paz, 1978: 98~99)는 트로츠키의 불균등결합발전론이 알렉산드라 거센크론(Alexandra Gerschenkron)의 '후진성의 이득' 명제에 중요한 시사를 제공했다고 해석한다. 또 Rosenberg(2006)에 따르면, 트로츠키의 불균등결합발전론

주의가 불균등결합발전한 탓에, 상대적으로 취약한 국내 부르주아지가 차르 국가 및 외국자본과 유착했고 도시 공장지대에 노동자가 유례없이 고도로 집중되게 됐다는 사실에 주목했다(Trotsky, 1971a: 20~23).

러시아에서 자본주의의 불균등결합발전은 상대적으로 취약한 부르주아지와 불비례적으로 강대한 프롤레타리아의 대립구도를 낳았다. 이로부터 트로츠키는 당면한 러시아혁명에서 변혁 주체가 도시의 공장 프롤레타리아가 될 것임을 예견할 수 있었다. 트로츠키는 토지문제의 해결, 차르의 타도와 같은 민주주의혁명의 과제를 해결하는 임무도 부르주아지가 아니라 프롤레타리아의 어깨에 떨어진다고 보았다.

3) 2단계 혁명론 비판

트로츠키의 영구혁명론은 또한 제2인터내셔널의 2단계 혁명론에 대한 명확한 단절을 뜻하는 것이었다. 2단계 혁명론에서는 식민지 종속국과 같은 후진국에서는 전자본주의적 토지소유관계의 일소, 민족해방, 의회민주주의 제도의 확립과 같은 역사적 과제를 해결하는 부르주아 민주주의혁명 후에야 사회주의혁명이 가능하다고 주장해왔다.

2단계 혁명론은 이에 대해 마르크스와 엥겔스가 매우 비판적이었음에도 제2인터내셔널 이후 마르크스주의자들의 기본 교의로 정착되었다. 레닌 역시 1917년 「4월 테제」 이전까지는 이와 같은 2단계 혁명론의 전통과 명확하게 결별하지 못했다. 예컨대 레닌은 1906년에 집필한 『민주주의혁명에서 사회민주주의자의 두 가지 전술』에서 러시아의 혁명은 노동자와 농민의 민주주의적 독재를 수립하는 부르주아혁명 후에 프롤레타리아 독재를 수립하는 사회주의혁명으로 나아갈 수 있다고 주장했다. 2단계 혁명론은 멘셰비키에서

은 오늘날 국제관계론(IR) 및 국제역사사회학(International Historical Sociology)의 핵심 범주들을 제공했다.

순수한 형태로 제시되는데, 예컨대 플레하노프는 러시아에서 사회주의를 빨리 오게 하려면 자본주의를 빨리 발전시켜야 한다고까지 주장했다.

볼셰비키도 멘셰비키도 당면 혁명의 성격이 사회주의혁명이 아니라 부르주아 민주주의혁명이라고 보았던 점, 즉 2단계 혁명론에 입각했다는 점에서는 동일했다. 차이점은 당면 혁명의 주체를 부르주아지로 본 멘셰비키와는 달리, 레닌은 러시아 부르주아지가 차르체제와 한통속이므로 당면한 혁명의 주체가 될 수 없다고 본 점이었다. 요컨대 볼셰비키와 멘셰비키는 혁명의 과제는 동일하게 보면서도 혁명의 주체를 달리 보았다. 트로츠키는 러시아가 당면한 혁명의 성격이 부르주아 민주주의혁명이 아니라 사회주의혁명이라고 선언함으로써 볼셰비키와 멘셰비키가 공유하고 있던 2단계 혁명론과 분명하게 단절했다.[14] 그리고 트로츠키는 자본주의 사회에서 농민은 독자적 정치세력이 될 수 없기 때문에, 『두 가지 전술』에서 레닌이 주장한 노동자와 농민의 독재 테제는 잘못이라면서, "지도세력은 프롤레타리아 자체이며, 이것은 프롤레타리아와 농민의 독재가 아니라 오히려 농민의 지지를 받는 프롤레타리아 독재"(뢰비, 1990: 66에서 재인용)라고 주장했다.

하지만 트로츠키의 영구혁명론은 러시아가 당면한 혁명의 성격이 부르주아 민주주의혁명이라는 점을 부정한 것이지, 러시아혁명이 수행해야 할 과제에 부르주아 민주주의혁명의 과제가 포함되어 있다는 점까지 부정한

14) "1905년 혁명에 대한 트로츠키의 테제는 러시아 계급투쟁의 앞날에 대한 제2인터내셔널의 지배적 신념들과의 근본적 단절을 포함하고 있었다. …… 트로츠키는 제2인터내셔널의 신성불가침적 교의에 대해 의문을 던진 처음이자 상당 기간은 혼자뿐이었던 마르크스주의자였다"(뢰비, 1990: 48). 트로츠키와 제2인터내셔널의 관계에 관한 한 뢰비의 평가가 정당하며, 몰리뉴처럼 "트로츠키는 제2인터내셔널의 근본적 방법론, 즉 기계론적 유물론 철학과 단절하지 못했다"(Molyneux, 1981: 11)라고 주장하면서, 트로츠키의 모든 오류를 제2인터내셔널의 전통과 단절하지 못했음에 연결시키는 정반대의 해석은 무리인 것 같다. 제2인터내셔널의 기계론적 유물론에 대한 트로츠키의 철학적 단절에 대해서는 Trotsky(1986)와 Rees(1990)를 참조할 수 있다.

것은 아니다. 트로츠키는 러시아 자본주의의 후진적 조건과 관련하여 부르주아 민주주의혁명의 과제가 존재한다는 점을 인정한다. 트로츠키가 주장한 것은 그와 같은 부르주아 민주주의혁명의 과제가 2단계 혁명론이 주장하듯이 사회주의혁명에 앞서는 하나의 독립적 단계에서 해결되는 것이 아니라, 사회주의혁명으로 연속적으로 '성장·전화'되는 과정에서 사회주의혁명의 과제와 동시적으로 해결된다는 점이었다.[15]

혁명이 단계적으로 진행되는 것은 불가능하다. 만약 혁명이 단계적으로 진행되려면, 레닌이 『두 가지 전술』에서 주장했듯이 민주주의혁명 이후 수립된 노동자와 농민의 독재체제에서도 노동자계급이 자본주의적 착취관계를 침범해서는 안 되는 상황이 생겨날 것이다. 이는 노동자와 농민이 정치권력을 장악했음에도 전과 마찬가지로 자본가의 착취와 억압을 감수해야 하는 모순된 상황이다. 그러나 트로츠키는 이와 같은 모순적 상황이 계속될 수 없다고 보았다.

> 프롤레타리아의 정치적 지배는 그들의 경제적 예속과 양립할 수 없다. …… 프롤레타리아가 처한 객관적인 입지 자체의 논리로 인해서 프롤레타리아는 어쩔 수 없이 집산주의적 조치들로 즉각 이행해 나가게 될 것이다. …… 최대강령과 최소강령 사이의 장벽은 프롤레타리아가 권력에 도달하자마자 그 즉시로 사라져 버린다(트로츠키, 1989: 102~104).

2단계 혁명론은 인위적으로 제한할 수 없는 혁명의 동학을 만리장성으로 가로막는 것이다. 그러나 '피억압자들의 축제'인 혁명은 인위적인 만리장성을 허물고 앞으로 전진할 수밖에 없다는 것이 트로츠키의 영구혁명론이며,

15) "내가 혁명의 부르주아적 성격을 부정했던 것은 단지 혁명의 추동력과 전망이라는 의미에서였으며, 결코 당면한 역사적 과제의 의미에서는 아니었다"(트로츠키, 1989: 190).

이는 1917년 혁명에서 정확하게 입증되었다.

공식 『소련 공산당사』는 2월혁명은 부르주아혁명이고 10월혁명은 사회주의혁명이기 때문에, 러시아혁명은 트로츠키의 영구혁명론을 논박하고 레닌의 2단계 혁명론을 입증했다고 강변한다. 하지만 2월혁명 후 수립된 체제는 레닌이 말한 노동자와 농민의 민주주의 독재가 아니라 케렌스키의 부르주아 정부와 소비에트의 이중권력이며, 2월혁명과 10월혁명은 상이한 단계의 혁명들이 아니라 사회주의혁명에 이르는 하나의 연속적 과정으로 보아야 한다. 2월혁명은 부르주아혁명이고 10월혁명은 사회주의혁명이라는 도식은 스탈린주의자들이 조작해낸 허구일 뿐이다.[16]

혁명의 동학이 단계들로 단절될 수 없는데도 혁명을 단계에 따라 진행시키려 하는 자기제한적 전략은 최선의 경우에는 자본주의의 개량화로 귀결되고, 최악의 경우에는 민중의 엄청난 희생을 초래하는 파멸적 결과를 초래했음을 그간의 운동사는 보여준다. 1927년 4월 상해에서 일어난 장개석의 쿠데타는 스탈린이 교조화한 2단계 혁명론이 초래한 최초의 참극이었다. 스탈린은 1925~1928년 중국의 2차혁명기의 중국 공산당에 레닌의 노동자와 농민의 민주주의 독재론보다도 우경적인 멘셰비키적 2단계 혁명 노선을 지령했다. 스탈린은 당시 중국에서 요청되는 혁명은 반제반봉건 민주주의혁명이라고 하면서 소비에트 권력은 시기상조라고 주장했다.[17] 스탈린은 중국 공산당에 '4계급 동맹'에 기초한 반제반봉건 혁명에 동참할 것을 지시하면서, 장개석의 국민당에 입당하여 국민당의 강령들을 비판하지 말 것을 요구했다. 그 결과는 장개석의 쿠데타였다. 상해에 입성한 장개석 군대는 스탈린

---

16) 좌익반대파의 핵심 인물이었던 아돌프 요페(Adolf Yoffe)는 1927년 자살 직전에 쓴 유언장에서 다음과 같이 증언했다. "나는 레닌이 1905년에도 그(레닌)가 아니라 당신(트로츠키)이 옳았다고 말한 것을 분명히 들었다. 죽기 직전의 사람은 거짓말을 하지 않는다"(Trotsky, 1971b: 560에서 재인용).

17) 이에 대해 트로츠키는 1927년 "중국혁명은 프롤레타리아 독재로 승리하든지, 아예 승리하지 못하든지 둘 중의 하나이다"(Trotsky, 1976: 269)라고 썼다.

의 지령에 따라 무장해제한 상해의 노동자 5만 명을 살육했다. 이 과정에서 전투적인 혁명적 노동자계급이 괴멸되고 이로써 수십 년에 걸쳐 형성된 중국 노동자혁명의 기본 동력이 붕괴되었다.

2단계 혁명론이 초래한 재앙의 최근 사례는 칠레 인민연합의 경우이다. 칠레 인민연합은 반제반독점 2단계 혁명론을 고집한 결과 피노체트의 쿠데타를 자초하고 말았다. 노동자 소비에트를 통해 권력을 유지·강화해야 할 터인데 아옌데는 현 단계의 혁명은 반제반독점 민주주의혁명이지 사회주의 혁명이 아니라는 구실로 칠레판 소비에트인 코르돈(cordones)의 성장을 도리어 탄압했다.[18] 이는 자신의 권력 기반을 스스로 허무는 것을 의미했으며 결국 피노체트의 반혁명에 속수무책일 수밖에 없었다.

4) 세계혁명론

트로츠키는 한 나라에서 사회주의혁명은 가능하지만 그 사회주의혁명이 완성되기 위해서는 세계혁명이 필요하다고 주장했다. 트로츠키는 1906년 다음과 같이 전망했다.

> 유럽 프롤레타리아들로부터의 국가적인 차원의 직접적인 지원이 없이는 러시아의 노동자계급이 권력을 계속 유지할 수 없으며, 또한 자신들의 일시적인 지배를 지속적인 사회주의 독재로 전환시켜 갈 수 없다(트로츠키, 1989: 107).

트로츠키는 러시아의 후진적 조건, 특히 물질적 제약이 러시아가 완성된 사회주의로 나아가는 데 장애가 된다고 보고, 이 장애물은 혁명의 국제화를 통해서만 제거될 수 있다고 주장했다.

트로츠키의 세계혁명론은 세계동시혁명론이라는 스탈린주의자들의 주장은

18) 이에 대해서는 Gonzalez(1987; 1993)를 참조하라.

완전한 날조이다. 트로츠키는 일국에서 사회주의혁명이 가능하다는 사실을 단 한 번도 부정하지 않았다. 트로츠키가 주장한 바는 한 나라에서 시작된 사회주의혁명이 완성되는 것은 혁명의 국제화를 통해서만 가능하다는 점이다.

> 사회주의혁명은 일국적 기반 위에서 시작된다. 그러나 그것은 결코 일국적 기반 내에서 완성될 수 없다. …… 사회주의혁명은 국민적 범위에서 시작되어 국제적 범위로 전개되고 세계적 범위에서 완성된다. 그리하여 사회주의혁명은 더 새로운 그리고 더 넓은 의미에서 영구혁명이 된다. 사회주의혁명은 전 지구적 범위에서 새로운 사회의 최종적 승리 속에서만 완성된다(트로츠키, 1989: 137, 291～292).

이와 같은 세계혁명론은 트로츠키가 처음 주장한 것이 아니며 마르크스·엥겔스가 이미 제시한 바 있다.[19] 레닌도 프롤레타리아혁명은 세계혁명을 통해서만 완성될 수 있다고 보았다. 한 나라에서 사회주의의 완성이 가능하다는 이른바 일국 사회주의론은 1920년대 초까지 어떤 마르크스주의자에게도 생소한 것이었다. 심지어 일국 사회주의론의 최초 발명자인 스탈린조차도 1924년 초까지는 세계혁명론자였다. 스탈린은 『레닌주의의 기초』(1924)라는 책의 초판에서 "사회주의의 주요한 과제－사회주의적 생산의 조직－는 아직 우리 앞에 놓여 있다. 이러한 과제의 성취와 일국에서의 사회주의의 최종적 승리가 몇몇 선진국 프롤레타리아의 공동 노력 없이 가능할까? 아니다. 이것은 불가능하다"(Trotsky, 1974a: 28에서 재인용)라고 세계혁명론을 주장했다. 그러나 스탈린은 같은 책의 개정판에서 그 구절을 삭제했다. 스탈린은 1924년 11월 처음으로 일국 사회주의론을 주장했다. 그가 주장한 일국 사회주의론의 핵심은 후진성도, 자본주의의 포위도 러시아에서 사회주

19) 일국 사회주의라는 관념에 대한 마르크스와 엥겔스의 비판은 캘리니코스(1993: 225～234)에 잘 요약되어 있다.

의의 완성을 방해할 수 없다는 것이다.

여기서 잠깐 주의하자. 일국에서 사회주의혁명이 가능하다는 사실을 인정하는 것이나, 일국에 고립된 노동자국가가 '역사적으로 일정 기간' 살아남을 수 있는 가능성과 필요성을 인정하는 것이 일국 사회주의론이 아니다. 전술한 트로츠키의 영구혁명론은 일국에서 사회주의혁명이 가능하다는 전제 위에 구성된 것이었으며, 뒤에서 살펴볼 1920년대 소련 사회주의 건설과 관련된 트로츠키의 투쟁은 일국에 고립된 노동자국가가 역사적으로 일정 기간 살아남을 수 있는 가능성과 필요성의 인정 위에서 전개된 것이었다. 트로츠키가 비판한 일국 사회주의론이란 한 나라에서 완전한 사회주의 사회를 구현할 수 있다는 관념이다.

스탈린은 일국 사회주의론을 레닌의 말씀으로 정당화하기 위해 총 50권에 이르는 레닌의 저작과 어록을 샅샅이 뒤졌지만, 단 두 군데에서 비슷한 구절을 발견했을 뿐이었다.[20] 그러나 스탈린이 문맥을 무시하고 거두절미한 레닌의 구절들은 실은 몇몇 나라, 특히 선진국이 사회주의혁명을 주도할 준비가 되어 있다는 것을 언급한 것일 뿐이므로, 러시아 일국에서 사회주의의 완성이 가능하다는 스탈린의 주장의 전거가 될 수 없다(Daniels, 1991: 38).

트로츠키가 견지했던 혁명적 마르크스주의의 정수인 국제주의적 입장에서는 일국 사회주의론은 용납될 수 없는 민족주의적·사회애국주의적 일탈이다. 트로츠키는 다음과 같이 말했다.

---

20) 첫째는 1915년에 쓰인 「유럽 합중국 슬로건에 대하여」(Lenin, 1915c: 342)이고, 둘째는 1923년에 쓰인 「협동조합에 관하여(레닌, 1991d: 184, 192)이다. 『레닌전집』을 뒤져보면 오히려 일국 사회주의론을 명백히 부정하는 구절들이 더 많이 발견된다. 예컨대 다음과 같은 언급들을 보라. "단지 일국에서만의 사회주의혁명의 완전한 승리는 생각할 수 없으며 그러기 위해서는 적어도 몇몇 선진국들의 아주 적극적인 협력이 필요하다. 그런데 러시아는 그러한 선진국들에 포함되어 있지 않다" (Lenin, 1918: 151). "우리는 적어도 몇몇 선진국들에서 프롤레타리아의 승리가 있을 때만 사회주의혁명의 최종적인 승리가 있을 수 있다고 항상 말해 왔다"(Lenin, 1919c: 207~208).

국민국가의 방어는 말의 온전한 의미에서 반동적 과제이다. …… 프롤레타리아의 과제는 국민국가의 방어가 아니라 그것의 완전하고도 최종적인 청산이다(Trotsky, 1975a: 304).

혁명적 전위는 자신의 '민주적' 정부에 대항하여 다른 노동자계급 조직과 공동전선을 추구해야 하지만, 어떤 경우에도 적대국에 대항하여 자신의 정부와 통일해서는 안 된다(Trotsky, 1975a: 307).

트로츠키는 스탈린의 일국 사회주의론은 "반동적 공상을 추구하는 것"이라고 비판하고,[21] 일국 사회주의론은 "관료의 정서를 반영하는 것으로서 그들이 말하는 사회주의의 승리는 실은 관료의 승리를 의미하는 것"일 뿐(Trotsky, 1991: 250)이라고 보았다.

레닌과 마찬가지로 트로츠키는 혁명이 세계혁명으로 전화되지 않을 때, 일국에서 고립된 노동자국가는 관료적으로 타락할 수밖에 없다고 보았다.

고립과 후진성이 낳은 가장 유해한 결과는 문어발 같은 관료주의였다(Trotsky, 1991: 257).

선진국의 프롤레타리아트가 조만간 신속한 승리를 거두지 못할 경우, 러시아의 노동자정부는 살아남을 수 없을 것이다. 고립된 소련 체제는 붕괴되거나 타락할 것이다. 더 정확히 말하면 소련 체제는 우선 타락할 것이며 그 다음에 붕괴할 것이다(Trotsky, 1978: 421).

---

21) "세계라는 통일체의 한 부분을 이루고 있는 한 나라의 지리적·문화적·역사적 발전 조건들을 무시한 채로 일국적인 틀 내에서 경제의 모든 분야들 간의 폐쇄적인 균형상태를 실현시키겠다는 생각이야말로 반동적인 공상을 추구하는 것이다"(트로츠키, 1989: 152).

3. 사회주의 건설의 정치경제학

1) '노동의 군대화'와 '노동조합의 국가기관화'의 합리적 핵심

노동의 군대화와 노동조합의 국가기관화를 주요 내용으로 하는 전시공산주의 시기의 트로츠키의 정책은 많은 논자들이 트로츠키와 스탈린 간에는 정책면에서 본질적으로 차이가 없다는 주장의 근거로 내세우는 부분이다. 예컨대 크네이-파즈(Knei-Paz, 1978: 368)는 "권좌에 있을 때의 트로츠키는 스탈린주의하에서 채택된 접근과 방식이나 정도가 같지는 않을지라도, 그 원리에서는 동일한 짓을 저질렀다"라고 주장한다.[22)]

당시 트로츠키가 전시공산주의체제에서 불가피했던 지령경제·현물경제를 사회주의로 오해했던 것은 사실이다. 그리고 노동조합을 국가기관으로 전화시켜야 한다든지, 노동과정을 내전기의 군대식 규율에 따라 재편성하자는 트로츠키의 주장이 노동조합의 자율성을 완전히 부정하고 전 인민의 노동과정을 병영으로 편제한 1930년대 스탈린의 정책들을 연상하게 하는 측면도 있다. 그러나 그 당시 트로츠키뿐만 아니라 레닌·부하린을 비롯한 볼셰비키 지도자 대부분이 전시공산주의를 진정한 공산주의라고 착각하고 권위주의적 조치들을 옹호했다. 하지만 트로츠키가 『테러리즘과 공산주의』와 같은 그 당시 쓰인 책자에서 임시적·필요악적 조치였을 뿐인 노동의 군대화와 같은 조치들을 "자본주의에서 사회주의로의 이행기에 불가피한 노동력 조직방법과 규율방법"(Trotsky, 1975b: 54)이라고 하나의 규범으로까지 승격시켰던 것은 물론 비판되어야 하며, 트로츠키 자신도 후에 전시공산

---

22) 콜라코브스키도 1920~1921년 트로츠키의 노동의 군대화론을 근거로 하여 다음과 같이 주장한다. "트로츠키가 묘사하고 있는 프롤레타리아트 독재국가는 거대한 영구적 강제수용소이다. …… 그 속에서 개인은 노동단위일 뿐이다. 강제가 일상화되어 있으며 국가조직이 아닌 어떤 조직도 모두 국가의 적이며 따라서 프롤레타리아트의 적이다"(Kolakowski, 1978b: 512).

주의 시기 자신의 정책이 잘못이었음을 인정했다.

그러나 전시공산주의 시기 트로츠키의 노동 군사화, 노동조합 국가기관화라는 주장의 동전의 반대 면에 국가의 '노동자화'라는 정당한 문제의식이 포함되어 있다는 점을 무시하고, 트로츠키의 주장을 권위주의적이라고 매도하는 것은 일방적이다. 트로츠키는 노동조합의 국가화와 국가의 노동자화라는 두 과정이 변증법적으로 상호 관련되어 있으며 동시에 진행되는 과정으로 이해했다. 트로츠키 주장의 의도는 외관상 양립 불가능한 국가통제와 노동자통제를 변증법적으로 통합하는 것이었다(Day, 1988: 10~11).[23] 그리고 크론슈타트 반란의 진압을 포함하여 1920~1921년 시기 레닌을 비롯한 볼셰비키가 취했던 권위주의적 조치들은 혁명의 존속 자체가 백척간두에 놓여 있던 상황에서 불가피한 것이었다(Mandel, 1979: 125; Rees, 1991: 61~65). 하지만 트로츠키는 그와 같은 권위주의적 조치들이 혁명과 노동자계급에 장기적으로 유해한 영향을 미쳤다고 평가했으며, 따라서 추후 다른 나라 프롤레타리아혁명이 이를 모방해서는 안 된다고 생각했다.

2) 트로츠키의 대안: 계획과 시장의 변증법

트로츠키는 신경제정책(NEP)의 반대자라는 주장도 만연해 있다. 하지만 레닌보다 1년 앞서 1920년 2월 전시공산주의의 문제점을 지적하면서, 곡물 강제징발의 중지와 현물세로의 전환, 사적인 곡물거래의 허용을 골자로

---

23) 데이(R. B. Day)는 전시공산주의 시기 트로츠키의 사상은, 통념과는 달리 부하린이나 프레오브라젠스키보다 레닌에 가까웠다고 지적한다. "레닌과 트로츠키는 이행에 대한 필요성을 인정한 반면, 완전한 '자연' 경제(프레오브라젠스키)로의 '도약'이나 완전한 '국유' 경제로의 '도약'이라는 관념은 그와 같은 이행의 필요성을 암묵적으로 부인했다. 트로츠키가 몇몇 문제들에서 프레오브라젠스키와 부하린에 동의했던 것은 사실이지만, 그는 과거의 '파편들'과 미래의 '맹아들' 간의 불가피한 이행적 상호작용에 대해 레닌과 인식을 같이했다"(Day, 1988: 15).

하는 새로운 경제정책으로 이행하자고 제안한 인물이 바로 트로츠키였다.[24]

트로츠키는 흔히 오해되듯이 시장의 필요성을 부정하고 계획만을 일방적으로 주장하지는 않았다. 1920년대 사회주의 건설에서 트로츠키는 노동자 국가를 자본주의에서 사회주의로의 이행기로 옳게 파악했기 때문에 이행기에는 시장의 요소가 불가피하게 잔존할 수밖에 없다고 보고, 계획과 시장의 결합을 주장했다(Cliff, 1990: 237~247). 트로츠키는 1922년 코민테른 제4차 대회에서 다음과 같이 주장했다.

> 각 기업이 단일한, 계획적으로 기능하는 사회주의적 유기체를 구성하는 세포가 되기 위해서는 여러 해에 걸쳐 시장을 통한 경영의 대규모적인 과도기적 활동이 필요하다. 그리고 이 과도기에 각 기업과 각 기업 그룹은 시장 속에서 어느 정도 독립적 지위를 가지고, 시장을 통해 자신을 점검하지 않으면 안 된다. …… 필요한 것은 각 국영공장, 그 기술담당 중역, 영업담당 중역이 위로부터의, 즉 국가기관의 통제에 따를 뿐만 아니라 동시에 아래로부터의 통제, 즉 장기간에 걸쳐 국가경제의 규제자 구실을 하는 시장의 통제에 따라야 한다는 것이다(Trotsky, 1974b: 236~237).

하지만 트로츠키는 신경제정책의 필요성을 인정하면서도 그것에 수반되는 위험을 항상 강조했다. 트로츠키는 신경제정책이 시행되면 공업보다 농업이 불비례적으로 성장하고 농촌에서 쿨락이 발호함으로써 소련 노동자

---

24) 하지만 "중앙위원회는 트로츠키의 제안을 부결시켰다. 전시공산주의의 실패가 비극적으로 명확하게 입증된 뒤, 즉 1년 이상 지난 뒤에야 비로소 레닌은 똑같은 제안을 받아들여 신경제정책으로 이행했다"(도이처, 1985: 550). 그렇지만 트로츠키의 현물세 제안은, 도이처가 주장하듯이 "경제를 자유시장의 위태로운 조류로 되돌려 보내자"(도이처, 1985: 549)는 제안은 아니었다. 트로츠키는 농민이 현물세를 지불하고 남은 잉여를 지방공업의 생산물과 현물로 교환하는 구조를 구상했다. 이에 대해서는 Day(1988: 11~14)를 참조하라.

국가가 자본주의의 수렁에 빠지게 될 수도 있다고 보았다. 트로츠키는 스탈린과 부하린의 방식대로 추진되는 신경제정책은 도시와 농촌의 자본주의 세력(네프맨과 쿨락)의 무제약적 발전을 허용함으로써 자본주의의 부활을 조장한다고 비판했다. 또한 트로츠키는 "시장관계로의 이행이 전시공산주의의 행정관료가 여태껏 상상하지 못한 규모의 새로운 당·정치관료로 전화되는 조건을 창출할 것"(Day, 1988: 14)이라고 우려했다.[25] 그는 1923년 『새로운 노선』에서 "전시공산주의 시기의 관료주의는 평화시에 성장한 오늘날의 관료주의에 비교한다면, 어린애 장난"(Trotsky, 1965: 15)이라고 지적했다.

트로츠키는 신경제정책에 수반되는 이 같은 위험을 방지하기 위해 국가계획을 확대하여 더 급속한 공업화를 추진해야 한다고 주장했다. 1923년 트로츠키는 다음과 같이 말했다.

> 시장이 자생적으로 발전한다 할지라도 국영공업이 시장에 적응하는 것은 결코 자생적인 형태로 이루어지지 않는다. 반대로, 경제 건설의 영역에서 우리의 성공은 …… 분명한 계획에 따라 국영공업과 농업을 조화시키는 데 얼마나

25) 데이는 전시공산주의에서 신경제정책의 시장경제로의 이행이 스탈린주의 관료의 권력을 약화시킨 것이 아니라, 도리어 강화시킨 이유를 다음과 같이 설명한다. "스탈린주의는 시장관계의 산물인데, 시장관계는 관료에 대한 우려를 늦추는 효과를 가진다. …… 전시공산주의의 직접적인 실물계획 시도는 권위와 종속의 관계를 인격적이고 명료하고 가시적으로 만들기 때문에, 정치적 반대에 직면하게 된다. 하지만 시장경제는 상이한 효과를 가진다. 시장경제는 보이는 손이 아니라 보이지 않는 손에 의해 지배되는 것처럼 나타나기 때문에, 권력이 감추어지는 결과를 낳는다. …… 소비에트 국가는 기업을 시장의 판단에 종속시킴으로써 노동자계급에 대한 직접적 책임을 덜게 되었다. 관료는 덜 가시적으로 되고, 바로 그 이유 때문에 계속 발호하게 되었다"(Day, 1988: 16). 이 점을 감안하면 계획은 그 실현을 위해 관료제의 성장을 필요로 하며, 관료제의 폐해는 시장경제의 도입을 통해서만 시정할 수 있다는 시장사회주의론자들의 주장[예컨대 Nove(1983: 77)를 보라]은 역사적으로 근거가 없음을 알 수 있다.

성공하는가에 달려 있다(Trotsky, 1965: 3).

트로츠키는 선진적인 공업경제가 사회주의의 기초가 된다고 보았으며, 사실상 해체된 노동자계급을 복원하기 위해서도 공업화가 필요하다고 생각했다. 트로츠키가 주장한 공업화는 스탈린의 강제적 중공업화와 구별되는 균형 잡힌 공업화였다. 데이(Day, 1977: 80)가 지적했듯이 "1925~1927년 트로츠키 주장의 핵심은 과도한 중공업집중을 회피하고, 농민에게 경제적 유인을 보장하는 더 다변화된 접근을 지지하는 것이었다." 공업화에 대한 트로츠키의 이 같은 균형 잡힌 접근을 감안할 때, 트로츠키가 반농민적 '초공업화론자'라는 스탈린주의자들의 비난은 근거가 없음을 알 수 있다.

트로츠키는 신경제정책을 항구적인 타협책이라기보다는 "차후에 더 성공적으로 전진하기 위한 일시적 후퇴"(Trotsky, 1980a: 307)로 이해하면서, 이를 노동자국가에서 작동하고 있던 두 모순적 경향, 즉 사회주의적 경향과 자본주의적 경향 간의 투쟁의 장소로 인식했다. 즉, 트로츠키는 신경제정책이 사회주의 공업과 농민 경영이라는 대립물의 통일을 의미한다고 보았다. 트로츠키는 부하린과는 달리 이 관계 속에서 프롤레타리아와 빈농·중농 간의 통일의 측면뿐만 아니라 이들과 쿨락 간의 대립의 측면을 보았으며, 대립의 측면은 공업의 발전 및 농업의 공업화를 통해 해결될 수 있다고 생각했다(Day, 1988: 21; 1982: p.lv).

따라서 트로츠키가 노농동맹을 파괴한 자라는 비난 역시 근거 없는 것이다. 트로츠키는 노농동맹 혹은 농민과의 제휴(smychka)를 부인한 적이 없다. 오히려 트로츠키는 노농동맹의 견지에서 1920년대 사회주의 건설 방안을 모색했다.[26] 그러나 트로츠키가 보기에, 쿨락과의 동맹까지 고려한 부하린 방식의 노농동맹은 노동자계급의 사실상의 해체라는 조건에서는 결국 관료와 쿨락 간의 동맹으로 귀결될 수밖에 없는 것이었다. 한편, 트로츠키가

26) 이 점에 대해서는 특히 Day(1981a)를 참조하라.

농업집단화를 주장한 것은 사실이지만, 그것은 어디까지나 농업생산의 대규모 기계화를 조건으로 한 농민들의 자발적 집단화로서, 곡물 징발을 목적으로 총칼을 앞세워 강행되었던 스탈린의 강제적 농업집단화와는 분명하게 구별된다.

그리고 트로츠키는 공업과 농업 간 모순이 지양되려면 농업의 공업화가 필요하다고 보았다.[27] 트로츠키가 보기에, 농민의 진정한 적은 일국 사회주의론의 주창자들인 스탈린과 부하린이었다. 스탈린은 중공업 건설만을 주장했으며, 부하린은 농민들에게 "부자가 되라"고 촉구했지만 이는 농민들의 저축이 지출될 수 있는 소비재가 생산되어야 한다는 점을 진지하게 고려하지 않은 것이었다.

이 점에서 트로츠키는 부하린의 농공균형발전론보다는 프레오브라젠스키의 공업화론을 지지했다.[28] 부하린은 공업의 발전이 농민 수요의 성장과 소비재 시장에 의존한다고 보았다. 그러나 프레오브라젠스키는 국가 부문의 산출에 초과수요가 존재하는 것이 문제이지, 부하린이 상상하는 것처럼 구매력의 잠재적 부족이 문제가 되는 것은 아니라고 보았다. 프레오브라젠스키는 장기적으로는 과소투자가 재화기근의 문제를 극복하지 못하게 하고 노농동맹을 파탄낼 것이라고 보았다. 부하린은 농산물 생산의 증가는 농민

27) "농업의 공업화는 도시와 농촌 간의, 따라서 또 노동자와 농민 간의 현재의 근본 모순을 제거함을 뜻한다. 농민과 노동자 간의 경계가 소멸함에 따라, 그들은 나라 경제에서 수행하는 역할과 생활상태, 문화 수준의 측면에서 더욱 가까워질 것이다. 기계화된 경작이 계획경제의 동등한 부분을 구성하고 도시가 농촌의 장점(널찍한 공간과 신록)을 흡수하는 한편, 농촌은 도시의 장점(포장도로, 전기조명, 상하수도)으로 부유해지는 사회, 즉 도시와 농촌 간의 대립 자체가 소멸하고 농민과 노동자가 하나의 생산과정에서 동등한 가치와 동등한 권리를 갖는 참여자로 전환되는 사회, 그와 같은 사회야말로 진정한 사회주의 사회일 것이다" Trotsky, Sochineniya(1927), vol.21, p.436. Day(1981a: 57~58)에서 재인용.

28) 하워드와 킹(Howard & King, 1989: 301~304)은 프레오브라젠스키의 불균형발전론이 부하린의 농공균형발전론보다 논리적으로 더 설득력이 있다고 지적한다.

의 구매력을 향상시킬 것이고, 이는 경공업을 발전시킬 것이며, 이것이 다시 중공업 생산물에 대한 수요를 증대시킨다고 생각했다. 그러나 프레오브라젠스키는 그와 반대로 중공업의 팽창이 경공업의 팽창보다 더 빨라야만 한다고 주장했다. 그때에만 재화기근을 제거하는 데 필요한 공산품 소비재 산출의 장기적인 증대가 있을 수 있다는 것이다. 프레오브라젠스키는 체계적인 계획의 즉각적 필요성을 강조한 반면, 부하린은 시장의 자율성을 선호했다. 부하린은 농공 간의 부등가교환을 골자로 하는 프레오브라젠스키의 사회주의적 시초 축적론에 반대했다. 하지만 프레오브라젠스키가 보기에 1920년대 중반 부하린과 스탈린이 추진했던 낮은 공산품 가격정책의 수혜자는 공업 부문으로부터 싸게 사서 농민에게는 훨씬 비싸게 파는 네프맨(신경제정책의 수혜자들로, 도시 상공업자들과 농촌의 부농)일 뿐이었다.

또한 트로츠키는 신경제정책과 함께 도입된 시장은 계획과 결합되고 또 계획에 의해 통제되면서 작용해야 하고, 경제 전체에서 시장이 차지하는 비중은 장기적으로 줄어들어야 한다고 보았다. 트로츠키는 1923년 제13차 당대회에서 다음과 같이 주장했다.

> 우리는 궁극적으로 계획원리를 시장 전체에 확대할 것이고 그리하여 시장을 흡수하고 제거할 것이다. 다시 말해, 신경제정책의 기초 위에서 우리의 성공은 자동적으로 신경제정책의 청산과 더 새로운 경제정책, 즉 사회주의정책에 의한 신경제정책의 대체로 나아갈 것이다.[29]

트로츠키의 이와 같은 계획과 시장의 모순적·동태적 결합에 대한 변증법

29) Trotsky(1923), p.313. Day(1973: 82)에서 재인용. 따라서 블랙번(1992: 409~414)이나 노브(Nove, 1986: 90; 1990a: 71)처럼 트로츠키의 대안이 "부하린의 그것과 다르지 않다"고 하면서 시장사회주의론과 동렬에 놓거나 '동유럽 개혁의 선구'로 간주하는 것은 명백히 아전인수식 해석이다.

적 인식이 1930년대 스탈린의 광적인 계획 물신주의나 반대로 시장의 항구적 존속을 주장하는 정태적인 시장사회주의론과 구별됨은 물론이다.

트로츠키는 계획과 시장의 변증법적 통일을 일국적 수준에서뿐만 아니라 국제적 수준에서도 추구했다. 그는 "자본주의 유럽과 사회주의 러시아는 대립물의 통일이며 그들의 통일 때문에 그들의 상호 작용은 필연이 된다"(Day, 1977: 75)고 생각했다. 세계경제에 대한 러시아의 역사적 의존성을 잘 알고 있던 트로츠키는 경제 문제들을 특히 국제적 맥락 속에서 조망했다. 트로츠키는 자신이 예상했던 소련을 구원하는 국제혁명이 지체되자, 소련의 공업화는 세계시장의 자원에 의존해야 한다고 주장했다. 트로츠키는 그 당시 어느 누구보다 수입정책을 통해 농민의 필요와 공업의 필요 사이에 균형을 맞춤으로써 강제적 공업화의 위기를 피하려고 노력했다.

또한 트로츠키는 외국무역의 독점체제를 유지하기 위해서도 세계시장이라는 자원을 일정하게 활용할 필요가 있다고 보았다. 1923년 트로츠키는 "국제가격과 국내가격 간의 차이가 특정 한계 이상으로 확대되면 밀수가 불가피하며, 밀수는 무역독점을 와해시킬 것"[30)]이라고 경고했다. 트로츠키는 엄격한 우선 순위에 따른 외국무역의 확대를 사회주의적 보호무역(외국무역의 독점)과 양립시키고자 했다. 트로츠키는 소련의 공업은 수요가 최대인 생산물의 생산에 특화해야 하고, 산출을 표준화하고 비용을 감소시키면서, 나머지 필요는 비용이 적게 드는 수입으로 보충해야 한다고 보았다. 그리고, 이를 위해 계획 당국은 소련 생산물의 비용과 품질을 외국 경쟁자들의 그것과 비교해야 한다고 보았다. 트로츠키는 그와 같은 비교 결과 소련 생산물의 비용이 높고 품질이 조악하면, 단기적으로는 수입하는 것이 바람직하고 장기적으로는 생산설비를 갱신해야 할 필요가 있다고 주장했다.

트로츠키는 스탈린의 일국 사회주의론에 반대하면서, "자본주의 나라들과의 적절하게 조절된 수출과 수입의 성장은 유럽 프롤레타리아가 권력을

30) Trotsky, *Dvenadtsatyi s'ezd RKP*(1923), p.372. Day(1973: 84)에서 재인용.

장악하고 생산을 통제하게 될, 장래의 상품과 생산물 시장의 요소들을 준비"[31]할 것이라고 주장했다. 트로츠키는 스탈린의 자력갱생론이 국내의 저급한 생산력과 낙후된 기술에 의존할 수밖에 없다고 비판하면서, 서방에 대한 소련의 관계는 소련이 외국무역을 통해 자본주의에 대한 의존을 조절할 수 있는 협력과 투쟁의 변증법을 수반해야 한다고 생각했다. 트로츠키가 보기에, 스탈린처럼 세계시장을 뛰쳐나가려는 시도는 세계적 규모에서 자본주의와 사회주의 간에 존재하는 대립물의 통일을 무시한 것이다. 스탈린의 "자력갱생론은 히틀러가 추구하는 것이며 마르크스와 레닌의 이상은 아니다. 사회주의와 국민국가는 상호 배타적이다"(Trotsky, 1973a: 232).

1930년대 트로츠키는 사회주의 계획에서 시장의 역할을 다시 강조했다. 제1차 5개년계획 기간 중 그는 기업들이 도산하는 희생이 초래된다 할지라도 중공업의 인플레적 자금조달을 제한하고 금융을 엄격히 규제해야 한다고 주장했다. 통화가 안정되어야 대중들이 아래로부터 민주적으로 생산을 통제할 수 있는 조건이 마련되기 때문이다. 트로츠키는 1932년에 다음과 같이 썼다.

> 국가든 민간이든, 집단이든 개인이든, 경제의 수많은 살아 있는 참여자들은 자신의 필요 및 그 필요의 강도를 계획 당국의 통계적 계산을 통해서뿐만 아니라, 수요와 공급의 직접적 압력을 통해서도 표명할 수 있어야 한다. 계획은 시장을 통해 검증되어야 하고, 중요한 부분에서는 시장을 통해 성취되어야만 한다. …… 시장관계 없이는 경제적 계산은 생각할 수 없다(Trotsky, 1973b: 274, 276).

즉, 트로츠키는 계획의 합리성과 적합성을 점검하기 위해 시장을 이용해야 한다고 주장했다.

31) Trotsky, *Archives,* no.T-3034(1927). Day(1973: 171)에서 재인용.

트로츠키의 정책이 채택되었다면, 1930년대 스탈린의 강제 중공업화와 강제 집단화와 같은 비극적 결과가 회피될 수 있었을지 여부는 아직도 역사가들의 논란거리이다. 스탈린에 대해 비판적인 사람들도 1920년대의 엄혹한 객관적 조건에서 스탈린적 방식밖에 달리 대안이 없었을 것이라고 주장한다. 예컨대 다니엘스(Daniels, 1991: 47)는 트로츠키가 정권을 잡았어도 스탈린과 유사한 정책을 집행하지 않을 수 없었을 것이라고 주장한다. 하지만 스탈린의 자력갱생론이 마르크스보다는 차라리 히틀러와 유사하다는 트로츠키의 결론은 옳다. 그리고 1920년대는 각종의 대안들이 경쟁하던 국면이었으며, "이행기의 경제는 국가계획, 시장 그리고 소비에트 민주주의라는 세 가지 요소의 상호 작용을 통해서만 정확하게 통제될 수 있다"[32]는 명제로 집약될 수 있는 트로츠키의 대안은, "분명 스탈린이 수행했던 정책에 대한 일관된 정치적·경제적·사회적 대안"(Mandel, 1979: 82)이었다.

하지만 1920년대 트로츠키의 대안에 약점이 없는 것은 아니다. 1920년대 트로츠키는 국영공업 부문의 발전을 사회주의의 발전과 동일시하는 경향이 있었는데,[33] 이는 트로츠키가 "생산관계를 소유관계와 혼동했음"(Molyneux, 1981: 196)을 보여준다. 이로부터 트로츠키는 1920년대 노동자계급의 상태를 저임금과 같은 분배 문제로만 간주하고, 생산관계 측면에서 노동자통제의 문제를 제기하지 못했다(Cliff, 1991: 248).

3) 사회주의적 시초 축적론 비판: 국제가치법칙

트로츠키가 1920년대 공업화 논쟁에서 부하린에 반대하여 프레오브라젠스키를 지지하고 그 자신이 때때로 프레오브라젠스키의 사회주의적 시초

32) Trotsky, *Biulleten' Oppozitsii*, no.30(1932), p.8. Nove(1990a: 77)에서 재인용.

33) "이행기 경제에서 사회주의 발전 정도를 점검하는 기본적 방법은 국영공업의 경영상태를 통계적으로 연구하는 것이다"(Trotsky, 1975c: 334).

축적 개념을 사용했다는 사실, 그리고 프레오브라젠스키가 1928년 대전환 이후 스탈린에 투항한 사실을 근거로 트로츠키와 스탈린 간에는 정책에서의 차이가 없다는 주장이 제기된다. 그러나 프레오브라젠스키의 사회주의적 시초 축적론은 스탈린의 강제적 중공업화정책과 다르며, 트로츠키의 1920년대 경제정책도 프레오브라젠스키의 그것과 동일하지 않다. 우선 프레오브라젠스키의 사회주의적 시초 축적론은 사회주의적 공업화에 필요한 자원을 농공 간의 부등가교환을 통해 농촌에서 도시로 경제 잉여를 이전시키는 경제 메커니즘에 기초한 방식인 반면, 스탈린의 강제 중공업화에 필요한 자원은 농민에 대한 폭력적인 강제 수탈을 통해 동원되었다.[34] 또한 프레오브라젠스키는 소비재 공업화에 역점을 두었던 것에 반해서, 스탈린은 중공업 건설에 모든 자원을 총동원했다.

그리고 트로츠키의 1920년대 경제정책을 프레오브라젠스키의 사회주의적 시초 축적론과 동일하다고 보는 것[35] 역시 잘못이다.[36] 무엇보다 트로츠키는 프레오브라젠스키에 비해 시장에 덜 적대적이었으며, 따라서 차라리 신경제정책에 더 우호적이었다. 트로츠키는 프레오브라젠스키의 사회주의적 시초 축적론이 공업화를 강조하고 공업화에 필요한 자원을 경제적 방식을 통해 조달하려 한다는 점에서 합리적 핵심이 있음을 인정하면서도, 그것이 스탈린의 일국 사회주의론과 연루될 수 있음을 이미 1920년대 중반부터 경계했다. 사회주의 공업화에 필요한 자원을 가격기구의 조작을 통해 농민으로부터 추출할 수 있다는 주장은, 고립된 러시아 상황에서도 사회주의 건설이 가능하다는 일국 사회주의론으로 쉽게 연결될 수 있기 때문이다.

트로츠키는 프레오브라젠스키의 사회주의적 시초 축적론은 세계적 규모에서 작용하는 가치법칙의 존재를 부정함으로써 일국 사회주의론으로 귀결

34) "프레오브라젠스키의 제안에는 어떠한 억압적 요소도 없었다"(Mandel, 1995: 63).
35) 예컨대 김윤자(1989: 98~106).
36) 이에 대해서는 Day(1977)를 참조하라.

될 수밖에 없다고 보았다. 트로츠키는 현대자본주의는 국경을 넘어 창출되는 세계적 분업구조로 특징지어진다고 생각했으며, 이는 세계적 규모에서 작용하는 가치법칙에 의해 조절된다고 보았다. 그는 또 사회주의혁명 후에도 세계적 규모에서 작용하는 가치법칙이 이행기 소련 경제에 영향을 미칠 것으로 보았다. 하지만 프레오브라젠스키는 독점자본주의 시대에는 세계적 규모에서 작용하는 가치법칙이 더 이상 작동하지 않으며 이윤율의 균등화 경향도 관철되지 않는다면서, 소련에서도 "(투자) 순위를 결정하는 기준은 세계경제의 가치법칙이 아니다"(Preobrazhensky, 1965: 163)라고 주장했다. 프레오브라젠스키는 소련 경제에서 가치법칙의 작용을 부인함으로써, 세계경제 전체의 통일과 상호 의존을 부정하고 국제분업에 어떠한 지속적 의미를 두기를 거부했다. 그러나 트로츠키는 국제분업이 프롤레타리아트 국제주의의 객관적 기초가 된다고 생각했다. 트로츠키는 세계적 규모에서 작용하는 가치법칙이 프레오브라젠스키가 말하는 사회주의적 축적에 객관적 한계를 설정한다고 보았지만, 프레오브라젠스키는 이를 부인했다. 트로츠키는 1926년 다음과 같이 말했다.

> 국내 가치법칙과 사회주의적 축적법칙의 상호작용은 세계경제 속에서 고찰되어야만 한다. 그 경우 가치법칙은 신경제정책의 한계 내에서 세계시장에서 출현하는 외부 가치법칙의 점증하는 압력에 의해 보완된다는 점이 분명해질 것이다. …… 우리는 세계경제의 일부이며 자본주의에 포위되어 있다. 이는 우리의 사회주의적 축적의 법칙과 우리의 가치법칙의 결투가 이 두 법칙의 세력관계에 심각한 영향을 주는 세계가치법칙에 둘러싸여 있음을 뜻한다.[37]

37) Trotsky, *Archives*, no.T-2984(1926). Day(1973: 147)에서 재인용. 데이는 다음과 같이 설명한다. "프레오브라젠스키는 농민의 문제와 농공간의 관계 문제를 거의 전적으로 러시아 국내경제만을 고려하여 이해했다. 트로츠키는 동일한 문제를 보다 큰 국제적 맥락에서 고찰하면서, 그 문제를 밀수의 위협과 러시아의 국경 바깥에서부터 작용하는 압력과 관련지었다"(Day, 1973: 148). Cliff(1991: 253~254)도 보라.

프레오브라젠스키는 1928년 스탈린의 대전환 이후, 스탈린의 공업화정책과 부농 공격정책이 자신의 사회주의적 시초 축적론을 채택한 것이라고 착각하고 스탈린파에 투항한 다음, 트로츠키 공격에 앞장섰다.

4) 1920년대 트로츠키의 당내 투쟁 평가

1920년대 소련에서, 혁명을 국제화할 수 없는 상황 속에 고립된 노동자국가를 수호하기 위해 진정으로 마르크스주의적 고민을 하고 마르크스주의적 대안을 제출했던 것은 트로츠키를 중심으로 한 좌익반대파였다.[38] 1920년대 상황은 트로츠키와 좌익반대파를 중심으로 한, 진정으로 노동자국가를 유지·발전시키려는 세력과, 다른 한편으로는 관료적으로 퇴보한 노동자국가의 경향에 편승하여 그것을 국가자본주의적 착취체제로 전화시키려는 스탈린을 중심으로 한 관료들 간의 정치투쟁으로 점철된 시기였다. 1920년대 트로츠키는 한편으로 코민테른을 통해 혁명을 국제화시키려고 노력하면서, 다른 한편에서 또한 고립된 노동자국가에 불가피한 관료적으로 퇴보하는 경향에 감연히 맞서 싸웠다. 『새로운 노선』에서의 당내 민주주의 호소, 『통합반대파 강령』에서 보이는 계획과 시장의 변증법적 결합 등은 일국에 고립된 노동자국가의 활로를 제시한 유일한 마르크스주의적 대안으로 생각된다.

그러나 1920년대 트로츠키의 반관료주의와 반일국 사회주의 투쟁은 실패로 끝났다. 트로츠키가 올바른 마르크스주의적 대안을 제시했음에도 패배한 이유는 무엇인가? 물론 주체적 측면에서 많은 전술적 오류들이 지적될 수

38) 따라서 "반대파들이 절대적인 의미에서는 물론이고 다수파와 비교한다는 상대적인 의미에서도 레닌의 유훈을 올바르게 계승한 것은 **아님**을 알 수 있을 것이다"(서울사회과학연구소, 1991: 179)라는 문장을 말이 되게 교정하려면 고딕 부분을 삭제해야 한다.

있다. 트로츠키는 자신의 주된 적이 부농을 중심으로 한 '테르미도르 반동'에서 온다고 잘못 생각했다. 트로츠키는 소련에서 반동의 주된 세력은 부농이 아니라 관료라는 사실을 충분히 인식하지 못했다. 트로츠키는 자신의 투쟁의 표적을 부하린에 맞추었으며, 은밀하게 세력을 강화하고 있던 스탈린에 주목하지 못했다. 그는 스탈린을 중도주의 세력으로 여겼다. 즉, 스탈린주의 관료를 잠재적인 새로운 지배계급으로 인식하지 못했다.[39] 그리하여 트로츠키는 1928년 스탈린의 대전환을 좌선회로 간주하여 한때 좌선회에 대한 '비판적 지지'를 촉구하기도 했다.[40]

스탈린 분파가 당의 요직을 독점하고 있던 상황에서는 트로츠키가 제기한 당의 제반 문제는 당내 투쟁 방식으로는 해결될 수 없었다. 소련 공산당에 대한 트로츠키의 투쟁은 당내 민주주의 부활 요구를 중심으로 한 당내 투쟁 방식으로 일관되었다. 트로츠키는 당내 분파결성 금지규정을 준수했으며 일당독재원칙에 대해서도 문제를 제기하지 않았다. 심지어 트로츠키는 1924년 "누구도 당을 거역해서는 올바를 수 없다. 당과 함께 그리고 당을 통해서만 올바를 수 있다"(Trotsky, 1975d: 61)라고 선언하기까지 했다. 트로츠키는 노동자 대중에 직접 호소하여 당 자체를 전복할 방안을 생각하지 못했다. 트로츠키의 동요와 타협, 주저, 요컨대 '화해주의'가 1920년대 상황에서 트로츠키가 진정으로 마르크스주의적 입장에 서 있었음에도 스탈린 반동에 패배한 이유 중 하나였다(Cliff, 1991: 13).

39) "트로츠키는 네프맨과 쿨락의 성장이 제기하는 자본주의 부활의 위험에 대해서는 날카롭게 인식했다. 그러나 국가적 소유의 기초 위에서 관료 그 자체에 의한 자본주의 부활의 가능성은 인식하지 못했다. 즉, 트로츠키에는 국가자본주의 개념이 결여되어 있었다. 또 트로츠키는 관료가 하나의 지배계급으로서 노동자계급과 농민에 모두 근본적으로 적대하면서, 자신의 이해관계를 추구한다는 성격을 이해하지 못했다. 트로츠키는 관료를 그저 노동조합관료나 사회민주당 관료와 같은 성격으로 이해했다"(Cliff, 1991: 15).

40) 이에 대해서는 Deutscher(1959: 407~408, 459), Nove(1979)를 보라.

하지만 트로츠키가 패배한 가장 중요한 이유는 주체적 측면에서의 오류라기보다는 그 당시 소련 노동자계급의 해체와 그에 기인한 노동자계급의 수동성이라는 객관적 조건이었다. 당시 소련 노동자국가는 고립되었을 뿐만 아니라, 노동자국가의 토대가 되어야 할 노동자계급이 혁명과 내전을 거치면서 대다수가 전사하거나 관료로 신분이 상승하는 것을 통해 사실상 해체된 상황에 있었다. 1921년 레닌은 다음과 같이 말했다.

> 전쟁과 절망적인 궁핍, 피폐 때문에 공장노동자는 탈계급화(declassed)되었으며 …… 자신의 계급의 궤도로부터 이탈되어 더 이상 프롤레타리아로서 존재할 수 없게 되었다. …… 자본주의 대공업이 파괴되었으며 공장이 놀고 있기 때문에, 프롤레타리아는 사라졌다(레닌, 1991c: 114~115).

소련의 공장노동자 수는 1917년 302만 명에서 1921~1922년 124만 명으로 58.7% 감소했다(Cliff, 1990: 187). 이처럼 노동자계급이 사실상 해체된 상황에서는 아무리 올바른 대안이라 할지라도, 아무리 훌륭한 전술을 구사한다 할지라도, 스탈린주의 반동을 패퇴시키기 어려웠을 것이다.

5) 보론: 당이론에서 레닌과 트로츠키의 '차이'에 대하여

트로츠키가 볼셰비키적 당이론을 받아들인 적이 없으며, 그가 1917년 2월혁명 후 볼셰비키당에 입당하여 레닌과 손을 잡았던 것은 권력을 노린 기회주의적 행동이었다는 비난이 흔히 쏟아진다. 그러나 이 역시 날조이다. 트로츠키는 1902년 시베리아 유형지로부터 탈출한 후 레닌을 찾아가 ≪이스크라≫에 많은 글을 썼으며, 레닌은 트로츠키의 능력을 인정하여 그를 ≪이스크라≫의 편집위원으로 추천했다. 트로츠키는 1903년 제2차 러시아 사회민주노동당 대회에서 레닌과 결별했는데, 이 결별은 어떤 이론적 차이로부터 야기된 것이 아니었다. 제2차 당대회 전반부에서 트로츠키는 '레닌의 곤봉'이라는 별명이 붙을 정도로 경제주의에 대한 레닌의 투쟁에 앞장섰다. 트로츠키는 그 당시 자신이 레닌과 결별한 이유는 편집위원 재편 제안에서 보인 레닌의 무자비함에 대한 인간적 환멸 때문이었다고 회상했다(도이처, 1985: 100~106).

그러나 트로츠키는 레닌과의 이 같은 우발적 결별을 1904년 『우리의 정치적 과제』에서 이론적 차이로 정식화하는 오류를 범했다. 그는 레닌의 전위당이론에 따르면 "당의 조직이 당을 대행하고, 중앙위원회가 당의 조직을 대행하고, 그 다음에는 독재자가 중앙위원회를 대행하는 사태"(トロツキ, 1990: 117~118), 즉 대리주의가 초래된다고 주장했던 것이다. 그러나 트로츠키가 멘셰비키적 조직관을 가지고 있었던 것은 아니다. 트로츠키는 1904~1915년 멘셰비키와 볼셰비키와의 통합을 목적으로 활동했는데, 이 같은 비현실적인 화해주의에 대해 그는 후에 자기비판을 했다.

레닌은 1917년 「4월 테제」를 통해서 트로츠키의 영구혁명론을 받아들였으며 트로츠키는 1917년 7월 레닌의 볼셰비키당에 합류했다. 레닌은 "멘셰비키와의 통합이 불가능함을 깨달은 후의 트로츠키보다 더 나은 볼셰비키는 없다"(Molyneux, 1981: 51에서 재인용)고 말했다. 트로츠키는 1917년 9월 페트로그라드 소비에트 의장으로 활동하고 군사혁명위원회 의장으로 수도의 10월 무장봉기를 직접 지휘했다. 트로츠키는 외무인민위원으로 브레스트-리토브스크 강화를 성사시켰고, 다시 군사인민위원으로 적군을 창설하고 내전을 지휘했다.

레닌은 1922~1923년 당과 국가의 관료적 퇴보를 주도하는 스탈린의 위험을 깨닫고 스탈린에 대해 '최후의 투쟁'을 시도했으며, 이 투쟁을 위해 트로츠키에게 자신과 '블록'을 맺자고 제안했다. 레닌은 1922년 말 스탈린과의 모든 인간적 관계를 끊고, "스탈린을 서기장직에서 해임하는 방법을 생각해볼 것을 제안"했다(레닌 외, 1989: 45). 또, 레닌은 유언장에서 트로츠키의 1917년 이전의 비볼셰비키적 언행을 문제 삼아서는 안 된다고 말했다. 이러한 모든 사실들, 그리고 앞서 언급했듯이 1920년대 투쟁에서 트로츠키가 악조건 속에서도 볼셰비키의 당규율을 준수했던 사실 등은 트로츠키가 레닌의 당이론에 대한 충실한 옹호자였음을 보여 준다.

나아가 트로츠키는 소비에트 민주주의 개념을 발전시킴으로써 레닌의 당이론을 확충했다. 이와 관련하여 트로츠키가 노동자계급의 자기조직의 중요성을 레닌보다 앞서 깨달았다는 사실이 환기되어야 한다. 『무엇을 할 것인가』(1902)의 레닌은 1905년 혁명에서 볼셰비키당이 지도하지 않은 소비에트의 출현을 예견할 수 없었을 뿐만 아니라 즉각 인정하지도 못했다. 하지만 트로츠키는 이미 이 당시에 전위당의 중요성과 함께 아래로부터의 대중의 자생적 힘과 노동자계급의 자기조직의 중요성을 이해하고 소비에트의 분출을 예견했으며, 소비에트가 출현하자 다른 어떤 볼셰비키도 이를 인정하지 않는 상황에서 실천적으로 개입할 수 있었다. 레닌이 전위당의 중요성을 강조한 나머지 때때로 대리주의적 경향을 보였던 것과 비교하여, 이 당시 트로츠키가 노동자계급의 자기조직의 중요성을 강조한 것은 로자 룩셈부르크의 대중파업론과 함께 오늘날 재평가될 필요가 있다.

1920년대 트로츠키는 스탈린주의 관료에 대항한 투쟁에서 당내 민주주의 개념과 소비에트 민주주의 개념을 더욱 발전시켰다. 1923년 트로츠키는 『새로운 노선』에서 당내 민주주의의 부활을 촉구했다.

> 당의 공식적 견해는 의견의 대립과 차이 속에서 형성될 수밖에 없다. 이런 과정을 슬로건이라든가 명령 등의 형태로 당을 위해 봉사하는 어떤 기구 안에서만 이루어지도록 한다면 당은 이념적으로나 정치적으로 황폐화되고 말 것이다 (Trotsky, 1965: 8).

그는 1927년 『통합반대파 강령』에서 "당내 민주주의가 쇠퇴하면 노동자

민주주의도 전반적으로－노동조합, 기타 당 밖의 모든 대중조직에서도－쇠퇴해 버린다"라고 진단하고, "당기구 전체의 노동자화를 단호하게 지향하는 노선을 채택할 것"을 요구했다(Trotsky, 1980a: 353, 360). 1933년 그는 "노동조합의 상대적 독립은 소비에트 국가체제에 필수적인 교정력이다. …… 계급이 폐지될 때까지는 노동자들은 노동자국가에서도 자신의 직업조직으로 스스로를 방어해야 한다. 다시 말해, **국가가 국가로서, 즉 강제기구로서 남아 있는 한, 노동조합은 노동조합으로 남아 있어야 한다. 노동조합의 국가화는 국가 자체의 비국가화와 병행해서만 이루어질 수 있다**"[41]라고 주장했다. 1935년 그는 "프롤레타리아 독재는 그 본질에서 노동자 민주주의의 최상의 표현일 수 있으며, 또 그렇게 되어야만 한다. …… **독재의 기초는 노동자 민주주의이다**"(Trotsky, 1979a: 121~122)라고 말했다.

트로츠키는 1936년『배반당한 혁명』에서 드디어 볼셰비키 일당독재원칙을 폐기하고 다당제를 주장했다.

> 볼셰비즘은 분파를 허용하지 않는다는 현재의 정강은 쇠퇴의 시대의 신화일 뿐이다. 사실상 볼셰비즘의 역사는 곧 분파투쟁의 역사이다. …… 반대당의 금지는 명백히 소비에트 민주주의의 정신에 위배되는 조치이므로, 볼셰비키 지도자들은 이 조치가 원칙에 입각한 것이라고는 결코 생각하지 않았고, 다만 방위를 위한 일시적인 고육지책일 뿐이라고 생각했다(Trotsky, 1991: 94~96).
>
> 현실에서 계급은 이질적이다. 계급은 내적인 적대 때문에 분열되어 있다. 경향, 집단, 정당의 내적 투쟁을 통하지 않고 계급의 공동 문제를 해결할 수 있는 방도는 없다. …… 하나의 계급이 많은 '부분들'－어떤 부분은 선진적이고 어떤 부분은 후진적이다－을 포함하고 있기 때문에, 동일한 계급이 여러 정당들을 만들 수 있다. 마찬가지 이유로 하나의 정당이 상이한 계급들의 부분들로 이루어질 수 있다(Trotsky, 1991: 227).

41) Trotsky, *Archives*, no.T-3542(1933). Day(1973: 186~187)에서 재인용.

오늘 스탈린주의자, 부르주아 정치학자, 포스트마르크스주의자, 사회민주주의자, 아나키스트, 자율주의자들은 레닌의 당이 스탈린주의적·획일체적 전체주의 독재정당으로 귀결될 수밖에 없다고 합창한다. 이 같은 주장의 허구성을 폭로하고 스탈린주의 당이 레닌의 당과 아무런 공통점도 없음을 보이기 위해서는, 그리하여 오늘 레닌의 당이론이 여전히 유효함을 입증하기 위해서는 레닌의 당이론에서 당내 민주주의와 소비에트 민주주의의 개념을 더욱 발전시킨 트로츠키 당이론의 재발견이 필수적이다.

4. 스탈린주의 전복을 위한 정치경제학

1) 관료적으로 퇴보한 노동자국가 이론

'관료적으로 퇴보한 노동자국가' 개념은 트로츠키가 체계화하기는 했지만 그 개념을 처음으로 사용한 사람은 레닌이다. 레닌은 노동조합 논쟁이 진행되고 있던 1921년 1월 「당의 위기」라는 글에서 다음과 같이 말했다.

> 노동자국가는 하나의 추상이다. 우리가 실제로 가지고 있는 것은 다음과 같은 특징을 갖는 노동자국가이다. 첫째, 이 나라를 지배하고 있는 것은 노동자계급이 아니라 농민 대중이다. 둘째, 그것은 관료적으로 왜곡된 노동자국가이다 (Lenin, 1921a: 48).

트로츠키는 1936년 노르웨이에서 집필한 『배반당한 혁명』에서 관료적으로 퇴보한 노동자국가론에 기초하여 스탈린주의체제의 사회성격을 분석했다. 『배반당한 혁명』에서 트로츠키는 소련의 관료적 경찰국가의 현실적 기초가 소비재의 부족과 빈곤에 기인한 분배과정에서의 '줄서기'임을 입증했다.

> 사회에 소비물품이 부족하다는 사실, 그로 인해 만인에 대한 만인의 투쟁이 일어난다는 사실이 관료 지배의 기초가 된다. 상점에 물품이 충분할 경우에는 구매자들이 자기가 오고 싶을 때 와서 물품을 구입하면 그만이다. 그러나 상점에 물품이 별로 없을 때에는, 구매자들이 줄을 서서 기다리지 않으면 안 된다. 그리고 그 줄이 점점 더 길어질 경우에는, 질서유지를 위해 경찰을 세워야 할 필요가 생긴다. 이것이 바로 소련 관료 권력의 출발점이다(Trotsky, 1991: 96).

그런데 트로츠키는 이 책의 제목이 보여주듯이, 스탈린에 의해 혁명이 배반당했다고 생각했다. 트로츠키는 스탈린을 "관료적 테르미도르의 살아 있는 구현"이라고 규정했다(Trotsky, 1977: 119). 원래 테르미도르 반동은 부르주아혁명 내부에서의 반동이라는 뜻이다. 즉, 반동이 있기는 했지만 혁명 전의 상황으로, 예컨대 1789년 대혁명 전의 구체제로 상황을 역전시키는 것은 아니라는 뜻이다. 트로츠키는 이와 같은 관점에서 스탈린주의체제가 관료적으로 퇴보하고 역사적으로 반동적인 체제이기는 하지만, 자본주의로 완전히 회귀한 것으로는 보지 않았다. 즉, 스탈린주의는 1917년 노동자혁명 내부에서의 테르미도르 반동이기 때문에 1917년 혁명의 주된 성과는 여전히 남아 있는데, 그것은 국유화된 생산체제라는 것이다. 트로츠키는 스탈린주의 반동 이후에도 토대에서는 노동자국가의 본질이 유지되고 있다고 보았다. 이로부터 트로츠키는 스탈린주의 관료를 노동자계급으로부터 성장하여 그것에 기생하고 있는 노동자계급 내의 특권적이고 부패한 계층으로 간주했으며, 그것을 결코 자본가계급과 같은 지배 계급, 착취 계급으로 보지는 않았다.

트로츠키는 관료적으로 퇴보한 노동자국가라는 규정에 기초하여, 스탈린주의 체제를 전복하는 혁명의 성격은 토대를 변혁하는 사회혁명이 아니라, 관료적으로 퇴보한 상부구조를 변혁하는 정치혁명이라고 주장했다. 자본가계급을 타도하는 새로운 사회주의혁명이 소련에 필요하지는 않다는 것이다. 트로츠키는 또한 소련은 관료적으로 퇴보하기는 했지만 노동자국가이기 때문에 미국·독일과 같은 자본주의 나라보다는 역사적으로 진보한 사회라고 보았다. 그래서 서방 자본주의와 소련 간에 전쟁이 발발할 경우 사회주의자들은 소련을 군사적으로 방어해야 한다는 것이 트로츠키의 생각이었다.

하지만 트로츠키는 스탈린주의체제가 개혁이 아니라 오직 혁명을 통해서만 타도될 수 있다고 주장했으며, "볼셰비즘과 스탈린주의 사이에는 단지 한 줄기의 피가 아니라 피의 강물이 가로놓여 있다"(Trotsky, 1978: 423)[42]라고 생각했다. 즉, 트로츠키가 1933년 이후 주장한 정치혁명은 페레스트로이카와 같은 위로부터의 개혁과는 아무런 공통점도 없는 아래로부터의 대중의 혁명이라는 사실에 유의해야 한다.

하지만 트로츠키의 '관료적으로 퇴보한 노동자국가' 이론은 1940년 멕시코에서 트로츠키가 스탈린이 보낸 자객에 의해 피살된 후 오늘날에 이르기까지 트로츠키주의자들 사이에서 커다란 쟁점이 되어 왔다. 토니 클리프(1993)를 비롯한 국제사회주의 계열의 트로츠키주의자들은 소련이 관료적으로 퇴보한 노동자국가라는 트로츠키의 생각에 의문을 제기하면서, 1928년 이후 소련은 국가자본주의로 전화되었다고 본다.[43] 클리프는 마르크스가 의미한 사회주의는 노동자계급의 자기해방으로 규정되기 때문에, 트로츠키처럼

42) 하지만 우리나라에서는 볼셰비즘과 스탈린주의 사이에 가로놓여 있는 '피의 강물'의 존재를 부인하고, 스탈린주의 "공업화의 성공은 프롤레타리아의 권력을 강화하기 위한 물적 조건을 창출"했고 "국제혁명운동의 발전에 공헌"했다면서, "현재 지금의 시점에서 스탈린 노선이 잘못되었는가 아닌가라는 질문은 무의미하다"라고 운운하는 스탈린주의 날조와 강변이 '과학'으로 받아들여지고 있다(서울사회과학연구소, 1991: 196, 198).

43) 이에 대한 상세한 논의는 이 책 5장 및 13장을 참조할 수 있다.

소유관계가 국유화되어 있다고 해서 그 체제를 노동자국가로 보는 것은 잘못이라고 비판한다. 클리프는 1928년 스탈린의 위로부터 대전환의 본질은 트로츠키가 주장하듯이 단지 테르미도르 반동 정도가 아니라, 반혁명의 획기라고 본다. 1928년 이후 이미 관료적으로 퇴보해 가고 있던 노동자국가는 결정적으로 자본주의로 복귀했는데, 이는 사적자본주의의 부활이 아니라 노동자국가가 국가자본주의로 내적으로 전화되는 방식을 취했다. 클리프는 스탈린의 강제 농업집단화를 토지로부터 농민이 강제적으로 분리되고 무산 프롤레타리아가 창출되는 자본의 시초 축적과정으로 이해했으며, 강제 중공업화 이후 자본주의에 고유한 '축적을 위한 축적'의 논리가 관철되었다고 본다. 또한 클리프는 소련 관료의 뿌리는 트로츠키가 주장하듯이 분배과정에 대한 독점적 통제가 아니라 생산과정에서 노동자계급에 대한 착취와 억압에서 비롯하는 것이기 때문에, 소련 관료는 단지 노동자계급에 기생하는 특권적 계층이 아니라 새로운 계급, 국가자본주의적 지배계급이라고 규정한다(클리프, 1993: 282~284).

스탈린의 강제 농업집단화 과정에서 1,000만 명 이상의 농민이 총살당하거나 아사했다는 사실(Nove, 1990b: 372), 그리고 스탈린의 피의 숙청과정에서 10월혁명에 참여했던 볼셰비키 거의 전부를 비롯한 500만 명이 체포되어 그중 100만 명이 처형되고 200만 명이 옥사했으며, 수용소군도에 수감된 노예적 노동자가 한때 1,000만 명이 넘었다는 사실(Howard & King, 1992: 25)만을 보더라도, 스탈린주의 소련을 어떤 의미에서도 노동자국가로 볼 수 없다는 클리프의 주장이 타당한 것으로 생각된다. 그리고 클리프는 스탈린주의 체제를 트로츠키의 텍스트에 충실하게 모종의 노동자국가로 간주하는 만델과 같은 제4인터내셔널 계열의 '정통' 트로츠키주의자들이 오히려 트로츠키가 평생 견지했던 노동자계급의 자기해방의 정신으로부터 이탈했다고 비판한다.

2) 스탈린주의 코민테른 비판

코민테른 하면 디미트로프나 1930년대 중엽 이후 반파시즘 인민전선만을 생각하고 레닌과 트로츠키가 지도했던 제1~4차 대회까지의 초기(1919~1922) 코민테른의 차별성과 역사적 의의를 망각하는 경우가 많다. 트로츠키는 레닌과 함께 코민테른, 즉 제3인터내셔널의 창건을 주도했으며 코민테른 제1~2차 대회 선언문을 기초하고 제3~4차 대회에서는 기조연설을 했다. 레닌과 트로츠키는 제3차 대회(1921년)에서 혁명투쟁의 쇠퇴기에 노동자계급이 일상적 요구를 중심으로 통일·단결해야 할 필요성을 역설한 공동전선을 제창했다. 1923년 독일 혁명 실패의 원인 중 하나가 코민테른의 관료적 타락이라고 생각한 트로츠키는 제5차 대회(1924년) 이후부터 코민테른은 세계혁명의 지도부로부터 소련 관료의 이익을 국제적으로 방어하기 위한 소련의 국경수비대로 전락했다고 비판했다(Trotsky, 1974a).[44)]

1928년 코민테른 제6차 대회에서 스탈린은 느닷없이 '3기'(새로운 혁명적 공세기) 운운하면서, 터무니없게도 공산당의 주적은 파시즘이 아니라 사회민주주의 당이라고 규정하는 '사회파시즘'론을 주장했다. 사회파시즘론의 핵심은 사민당도 파시스트 도당이라는 어처구니없는 주장이다. 사회파시즘론은 그 당시 정권 장악을 목전에 두고 있는 히틀러의 나치가 아니라 사민당에 대한 타격에 독일 공산당이 몰두하도록 부추겼다. 스탈린주의 코민테른의 이 같은 과도 '좌선회'의 본질은 1928년 스탈린이 국내에서 자행한 국가자본주의 반혁명을 초좌익적 언사로 호도하기 위한 술책일 뿐이다.

트로츠키는 당시 독일에서 대두되던 파시즘에 대해 마르크스주의적·유물론적 분석을 시도했다.[45)] 트로츠키는 제6차 코민테른 대회의 사회파시즘

---

44) 스탈린주의 코민테른에 대한 트로츠키의 비판을 훌륭하게 개관한 책으로는 Hallas (1985)를 참조할 수 있다.

45) 트로츠키의 파시즘론은 제4인터내셔널 계열의 트로츠키주의자들은 물론, 1930년대

론에 맞서서, 파시즘의 위협에 맞서 싸우기 위해 노동자계급의 단체들, 특히 사민당과 공산당의 단결투쟁을 내용으로 하는 공동전선을 호소했다. 트로츠키가 주장한 공동전선은 파시스트를 격퇴하기 위한 실천적인 투쟁협정일 뿐이며, 통일을 위해서 공산당이 정치 강령을 양보하는 것을 뜻하지는 않는다.

> 사회민주당과 혹은 독일 노동조합 지도자들과 어떠한 공동 강령도 불가능하며, 어떤 공동 출판물, 깃발, 플래카드도 내걸어서는 안 된다. 행진은 따로, 투쟁은 함께!(Trotsky, 1971c: 138~139)

이와 관련하여 트로츠키가 레닌과 함께 1921년 공동전선론의 창안자였다는 사실, 특히 1934년 트로츠키가 자신의 프랑스 지지자들을 프랑스사회당에 입당하도록 권유한 '입당전술(entryism)' 이른바 '프랑스 전환(French turn)' 등을 고려할 때, 트로츠키주의가 공동전선에 항상 반대하는 분파주의나 종파주의라는 비난 역시 날조임을 알 수 있다.

트로츠키는 파시즘이 자본주의의 첨예한 위기 국면에서 대두되는 절망에 빠진 프티부르주아의 대중운동을 대자본가가 노동자계급의 조직을 파괴하기 위해 이용하는 것이라고 규정했다(Trotsky, 1971e: 155~156). 트로츠키의 이와 같은 파시즘 규정은 우리나라 좌파에서 일반화된 파시즘 정의, 즉

트로츠키에 대해 비판적인 국제사회주의 계열의 트로츠키주의자들 역시 극찬하는 부분이다. "조금도 과장하지 않고, 우리는 가령 마르크스의 『루이 보나파르트의 부르메르 18일』과 『프랑스 내전』을 빼놓는다면, 사회·정치문제에 대한 그 어떤 마르크스주의적 분석도 그 깊이와 통찰력에서 트로츠키의 1929~1933년 독일에 관한 저술에 필적하지 못한다고 이야기할 수 있다"(Mandel, 1979: 88). "트로츠키의 파시즘 분석은 세월이 많이 흘렀음에도 여전히 놀라울 정도로 타당하다. 트로츠키의 파시즘 분석을 이론적으로 능가하는 것은 아직 없으며, 자본주의의 위기가 다시 도래하는 조건에서 유럽에서 재출현하고 있는 파시즘과 관련하여 현재적 의의가 오히려 더해지고 있다"(Molyneux, 1981: 200).

1935년 제7차 코민테른 대회에서 채택된 "금융자본의 가장 반동적이며 가장 배외주의적이고 가장 제국주의적인 분자의 공공연한 테러 독재"라는 디미트로프(1987: 82)의 파시즘 정의에 대한 근본적인 비판을 함축하고 있다.[46] 디미트로프 같은 스탈린주의자들의 파시즘론은 파시스트가 단지 자본가계급 중 가장 반동적인 분파의 이익을 위해 통치하며, 따라서 자본가계급의 다른—자유주의적—분파는 광범위한 반파시스트 동맹에 참가할 수 있음을 주장하기 위한 것이다. 실제로 1936년 프랑스의 인민전선정부는 프랑스 부르주아지 중 가장 부유한 '200개 족벌'에 반대하는 범국민적 투쟁을 주장했다. 이처럼 부르주아지를 그 최고의 대표자로, 예컨대 극소수 대규모 독점자본으로 환원하는 것은 오늘날 좌파에 고질적인 '범민주연합' 혹은 '반독점동맹'의 배경이 되고 있는 것이다. 트로츠키는 이와 같은 스탈린주의 파시즘론과 그것이 의도하는 반파시즘동맹론 혹은 반독점동맹론을 가차없이 비판했다.

> 물론 인구의 98% 혹은 95%가 금융자본에 의해 착취당하고 있다. 그러나 이러한 착취는 위계적으로 조직되어 있다. 착취자, 하위 착취자, 하위의 하위 착취자 등등이 동시에 존재한다(Trotsky, 1971f: 101).

> 200개 족벌은 허공에 매달려 있는 것이 아니라, 금융자본 체계의 정점이다. 200개 가족에 대처하기 위해서는 그 경제·정치 체제를 타도하는 것이 필요하다. …… 여기에서 요청되는 것은 한줌의 거물들에 대한 '전국민적' 투쟁이 아니라, 부르주아지에 대한 프롤레타리아의 투쟁이다. 이것은 계급투쟁의 문제이며 혁명에 의해서만 해결될 수 있다(Trotsky, 1979b: 147~148).

46) 다른 파시즘 이론과 비교하면서 트로츠키의 파시즘 이론의 우수성을 논한 글로는 Mandel(1971b) 참조.

1933년 히틀러의 집권에서 보듯이 사회파시즘론이 초래한 재앙이 명백해지자, 스탈린은 1935년 제7차 코민테른 대회에서 인민전선전략으로 급격히 '우선회'했다. 인민전선의 핵심은 스탈린주의 코민테른의 지령을 받는 각국 공산당이 그 나라의 사회민주당뿐만 아니라 부르주아당과도 동맹하여 파시즘과 투쟁해야 한다는 것이다. 트로츠키는 이 같은 인민전선전략은 노동자계급의 정치적 독립성을 부정한 오류를 범했으며, 자신과 레닌이 과거에 주장한 공동전선과 아무런 공통점도 없다고 비판했다. 레닌과 트로츠키는 노동자계급의 통일뿐만 아니라 노동자계급 정당의 독립성을 항상 강조했다. 트로츠키는 "모든 조건에서 항상 프롤레타리아당의 독립성"(Trotsky, 1972: 52)을 유지하는 것이 근본 원리라고 주장했다.

스탈린주의 인민전선은 다음과 같은 점에서 레닌과 트로츠키의 공동전선과 구별된다(Molyneux, 1981: 156). 첫째, 공동전선이 어디까지나 노동자계급 내부의 통일을 지향함에 반해서, 인민전선은 계급 간의 통일, 즉 자본가계급과 노동자계급 간의 계급화해를 지향한다. 둘째, 공동전선이 특정한 목적을 위한 실천적 투쟁협정임에 비해서, 인민전선은 흔히 공동선거 강령을 내걸고 부르주아 정부 수립을 계획하는 것까지 나아간다. 셋째, 공동전선 안에서 공산당은 다른 정당이나 정파에 대해 이데올로기적 독립성과 비판의 자유를 행사할 수 있지만, 인민전선 안에서는 그것이 억제되어 거의 불가능하다.

노동자계급의 정치적 독립성을 무시한 스탈린주의 인민전선론은 노동자계급의 통일성을 부정한 사회파시즘론과 마찬가지로 국제노동운동에 궤멸적 타격을 안겨주었다.[47] 1934~1938년 프랑스와 스페인 인민전선정부의 경험은 이를 분명히 보여준다. 스페인 내전에서 스탈린주의 인민전선정부는 총부리를 프랑코에 겨누기보다 노동자권력을 주장했던 POUM(마르크스주

47) 트로츠키는 1934년 다음과 같이 지적했다. "예전에 최대의 위험은 공동전선을 **사보타지**하는 것이었다. 오늘날 최대의 위험은 의회에 대한 환상과 밀접히 관련된 공동전선에 대한 **환상**이다"(Trotsky, 1974d: 35).

의적 통일노동자당)과 트로츠키주의자들에게 돌렸으며, 그리하여 프랑코에게 집권의 문을 열어 주었다.[48] 트로츠키는 인민전선이 사회주의혁명에 대한 장애물일 뿐만 아니라 파시즘에 반대한 투쟁에서도 무력하다고 비판했다. "오늘날 기본 문제에 대한 이해관계가 180도 다른 프롤레타리아와 부르주아지 간의 정치적 동맹은 대개 프롤레타리아의 혁명 역량을 마비시킬 뿐이다"(Trotsky, 1973c: 309). 인민전선은 결국 **"부르주아지와의 동맹을 위해 프롤레타리아를 배반"**하는 것이다(Trotsky, 1973e: 209).

1930년대 대공황과, 파시즘과 스탈린주의의 득세라는 새로운 상황 속에서 초기 코민테른의 혁명정신을 올바로 계승하고 적용하려 했던 트로츠키의 투쟁은 두말할 나위 없이 혁명적 마르크스주의의 발전에 대한 중요한 공헌이다. 특히 트로츠키의 인민전선 비판은 인민전선이 제2차세계대전 이후 유로코뮤니즘을 비롯한 온갖 좌파개량주의의 선구자였다는 점[49]에서 오늘날도 여전히 유효하다. 트로츠키의 파시즘 분석과 공동전선론은 또한 오늘날 자본주의 세계체제의 구조적 위기의 심화와 함께 다시 출몰하고 있는 파시즘에 맞서 투쟁하는 좌파에 대해 여전히 최강의 이론적 무기를 제공한다.[50]

3) 제4인터내셔널을 위한 투쟁

1933년 이후 트로츠키는 스탈린주의 코민테른이 수명을 다했다고 생각하고 새로운 인터내셔널을 창건할 필요성을 느끼고 그 조직에 착수했다.[51]

---

48) 스페인 내전에서 스탈린주의자들이 저지른 만행에 대한 생생한 기록으로는 오웰(1984)을 보라. Romero(1991)도 유용하다.

49) 예컨대 스페인 공산당 서기장이었던 산티아고 카리요(Carillo, 1992)는 '유로코뮤니즘의 바이블'로 불리는 『유로코뮤니즘과 국가』 제5장에서 유로코뮤니즘의 선구자, 그 역사적 뿌리를 유럽 인민전선에서 찾고 있다.

50) 트로츠키의 파시즘론에 입각하여 '유로파시즘'의 역사적 연원을 분석한 최근의 글로는 Bambery(1993)를 참조하라.

1930년대 말 이후 트로츠키는 자본주의가 새로운 세계대전 속에서 제1차세계대전시처럼 결정적 위기를 맞이하여, 세계 전체에 걸쳐 혁명 정세가 조성될 것이라고 생각했다. 트로츠키는 이 과정에서 스탈린주의체제도 몰락할 것이라고 보았다. 트로츠키는 이같이 조만간 도래할 세계의 혁명적 위기라는 기회를 좌파가 성공적으로 활용하기 위해서는 세계혁명을 지도할 지도부가 필요한데, 국제반동의 도구로 전락한 기존의 코민테른은 이에 오히려 방해가 된다고 생각했다. 이로부터 트로츠키는 기존의 코민테른을 새로운 인터내셔널로 대체하는 것이 시급하다고 판단하고, 이에 따라 제4인터내셔널 창건에 착수했다. 트로츠키는 1938년 제4인터내셔널 창건을 선언했으며, 제4인터내셔널은 트로츠키가 집필한 『자본주의의 단말마와 제4인터내셔널의 임무』(일명 『이행기 강령』)를 강령으로 채택했다(Trotsky, 1980b).

하지만 트로츠키의 제4인터내셔널 창건은 핼러스(Hallas, 1988: 62~63)가 지적하듯이 다음과 같은 부정적 영향을 남겼다. 첫째, 1938년 창건되었다기보다 선언된 것에 지나지 않는 제4인터내셔널 결성은 미약하기 그지없는 당시 트로츠키주의 운동을 과대포장함으로써 스스로를 국제지도부라고 자처하는 과대망상에 싸이게 하여, 전후 새로운 정세에 대한 판단을 그르치게 했다. 둘째, 제4인터내셔널의 창건은 그 강령에 있는 '자본주의의 단말마'라는 표현에서 분명하듯이, 자본주의의 동학에 대한 파국론적 인식에 기초하고 있었다. 트로츠키는 『이행기 강령』의 서두에서 "프롤레타리아혁명의 경제적 전제조건은 전반적으로 이미 자본주의하에서 도달할 수 있는 최고의 성숙점에 이르렀다. 인류의 생산력은 정체하고 있다"(Trotsky, 1980b: 11)라고 선언했다. 트로츠키는 1930년대 말에는 거의 묵시록적인 파국론으로 치달았다.[52] 주지하듯이 파국론 혹은 자동붕괴론은 마르크스의 공황론과

51) 제4인터내셔널의 창건과정은 Bensaïd(1988)를 참조할 수 있다.

52) 1939년 트로츠키는 다음과 같이 주장했다. "자본주의의 붕괴는 구지배계급의 붕괴처럼 그 극한에 이르렀다. 이 체제의 더 이상의 존속은 불가능하다"(Trotsky, 1971d: 9).

무관하며, 흔히 운동에서 모험주의적 편향 혹은 정반대로 대기주의적 편향을 고무하는 경향이 있다. 셋째, 제4인터내셔널의 창건은 1930년대 소련이 여전히 '관료적으로 퇴보한 노동자국가'라는 트로츠키의 잘못된 이론을 전제한 것이었다. 특히 스탈린주의의 몰락이 임박했다는 트로츠키의 말년의 잘못된 생각은 그의 추종자들이 제2차세계대전 종전 이후 스탈린주의의 팽창이라는 예기치 못한 사태에 적절하게 대처할 수 없게 했으며, 스탈린주의체제에 대한 비판적 지지와 같은 각종 형태의 대리주의로 지리멸렬해지는 사태를 초래했다.

그러나 트로츠키가 항상 붕괴론자였던 것은 아니다. 초기 코민테른 시기 트로츠키의 서방 자본주의 분석은 훨씬 풍부하고 심층적이었다. 초기 코민테른 시기의 트로츠키는 붕괴론에 비판적이었으며, 이 점에서는 오히려 그 당시 장기순환론을 주장한 콘드라티예프와 생각을 같이했다.[53] 예컨대 트로츠키는 1921년 다음과 같이 말했다.

---

53) "트로츠키는 콘드라티예프처럼 자본주의 공황을 분석하기 위해서는 먼저 그 균형을 이해해야 한다고 생각했다. …… 트로츠키는 자본주의의 붕괴를 목빠지게 기다렸던 코민테른 지도자들과는 생각이 달랐다. 트로츠키는 공황이 다시 도래했다는 사실 자체가 자본주의가 아직 죽지 않았다는 증거라고 주장했다. …… 트로츠키는 콘드라티예프의 균형 개념에 동의하는 것처럼 보였다"(Day, 1976: 69). 하지만 초기 코민테른 시기의 트로츠키의 자본주의론이 콘드라티예프의 장기순환론과 동일한 것은 아니다. 트로츠키는 장기호황의 장기불황으로의 반전과 장기불황의 장기호황으로의 재반전을 모두 경제에 내재한 메커니즘의 자동적 결과로 이해한 콘드라티예프의 '대칭적 장기순환론(symmetric long cycles)'과는 달리, 트로츠키는 장기호황의 장기불황으로의 반전은 경제에 내재한 메커니즘의 필연적 결과이지만, 장기불황의 장기호황으로의 재반전은 경제에 내재한 메커니즘의 자동적인 필연적 결과가 아니라 상부구조적 요인, 경제외적인 충격과 계급투쟁에 의존하기 때문에, 장기불황이 종식되고 새로운 장기호황이 재개되는 것은 사전적으로 보장되지 않는다는 이른바 '비대칭적 장기파동론(asymmetric long wave)'을 주장했다. 이에 대해서는 Day(1976; 1981b: 87~95), 만델(1985: 123~127), Mandel(1980: 28~30) 등을 참조할 수 있다.

자본주의의 균형은 매우 복잡한 현상이다. 자본주의는 균형을 생산한 다음, 그것을 파괴하고 또다시 균형을 파괴하기 위해 새로운 균형을 회복하면서, 동시에 자본주의 지배의 한계를 확장한다. 경제 영역에서 이와 같은 균형의 항상적인 교란과 회복은 공황과 호황의 양상을 띤다. …… 그리하여 자본주의는 항상 교란이나 회복의 과정에 있는 동태적 균형이다(Trotsky, 1973d: 226).

1922년에도 트로츠키는 "노동자계급의 개입이 실패하면 …… 자본주의는 자기 균형을 회복할 터인데, 이는 전과 같은 수준의 균형이 아니라 새로운 균형일 것"(Trotsky, 1974c: 201)이라고 말했다.

트로츠키에 대해 우호적인 논자들의 경우에도 소련 국외추방 후인 1930년대 트로츠키에 대해서는 비판적인 경우가 많다. 예컨대 도이처는 자신이 제4인터내셔널 창건을 중심으로 한 1930년대 트로츠키의 활동에 반대했기 때문에, 그의 트로츠키 3부작 전기 중 마지막 권은 이 시기의 트로츠키에 대해 매우 비판적이다(Deutscher, 1963: 208, 211~212). 하지만 트로츠키 자신은 1930년대 반스탈린주의 투쟁을 '나의 생애에서 가장 중요한 사업'이라고 자평했는데(Trotsky, 1963: 45~47; Hallas, 1988: 53에서 재인용), 이는 타당하다고 생각된다. 왜냐하면 1930년대 제4인터내셔널 창건을 중심으로 한 트로츠키의 스탈린주의 반대 투쟁이 있었기에 오늘날 트로츠키 사상이 단지 이념으로서가 아니라 하나의 살아 있는 투쟁의 전통으로서, 자본주의와 스탈린주의를 대체하는 하나의 현실적 대안으로서 살아남을 수 있었기 때문이다.[54)]

54) 국제사회주의 계열의 논자들도 인정하듯이, 제4인터내셔널 창건은 그것을 통해 "마르크스와 레닌이 견지했던 전통이 살아남고 새로운 문제에 대한 적용을 통해 풍부"해질 수 있었다는 점에서 중요한 역사적 의의를 지닌다(Hallas, 1988: 62). 즉, "트로츠키의 제4인터내셔널 운동을 통해서 레닌과 볼셰비즘, 그리고 초기 코민테른의 거대한 유산이 살아 있는 이론과 실천으로 살아남을 수 있었다"(Molyneux, 1981: 189).

5. 트로츠키 정치경제학의 현재성

1) 소련 정치경제학 체계의 대안으로서 트로츠키 사상

영구혁명의 정치경제학, 사회주의 건설의 정치경제학, 스탈린주의 전복의 정치경제학이라는 체계로 재구성될 수 있는 트로츠키의 사상은 그간 정통 마르크스주의 정치경제학으로 공인되어 왔던 소련 정치경제학 교과서 체계에 대한 비판과 이를 대체할 수 있는 대안적인 마르크스주의 정치경제학 체계 구성을 위한 요소들을 제공하는 것으로 보인다.

예컨대 트로츠키의 영구혁명에서 정치경제학적 배경을 이루고 있는 현대 자본주의에 대한 세계자본주의론적 인식은 스탈린주의 정치경제학 교과서의 국가독점자본주의론에 대한 하나의 대안이 될 수 있다. 국가독점자본주의론은 마르크스의 평균이윤율법칙과 이윤율의 경향적 저하법칙의 현실적 타당성을 부정하고 이를 독점이윤율법칙으로 대체한 것으로서, 반독점동맹과 같은 2단계 혁명론으로 연결되는 개량주의 이데올로기이며 무엇보다 그 일국 자본주의적 문제설정이 문제시된다. 최근 각종 '포스트주의론'의 토대 노릇을 하는 조절이론 역시 국가독점자본주의론에 대한 마르크스주의적 대안이 될 수 없다. 조절이론은 외견상 국가독점자본주의론을 비판하지만 국가독점자본주의론의 기본 요소인 기계적 단계론을 공유하고 있다.

스탈린주의 정치경제학 교과서의 발전도상국론인 신식민주의론은 제3세계에 대한 소련의 지배를 호도하고 은폐하는 이데올로기적 정당화일 뿐이다. 신식민주의론은 그 정체론적·파국론적 편향뿐만 아니라, 그것이 일국 사회주의론의 변종인 자력갱생론을 필연적으로 함축한다는 점에서 반드시 청산되어야 한다. 신식민주의론의 대안으로 제기되어 온 종속이론의 경우, 그 '합리적 핵심', 즉 세계자본주의론적 측면은 재평가가 필요하다. 그러나 종속이론 역시 신식민주의론과 마찬가지로 여전히 스탈린주의 일국 사회주의론의 문제설정에서 탈피하지 못했다는 한계를 갖는다. 국가독점자본주의론, 조절이론, 신식민주의론, 종속이론과 같은 일국 자본주의적 문제설정과 단절하고 트로츠키의 세계자본주의론적 관점을 발전시켜 현대자본주의론을 재구성하는 작업이 필요하다. 최근 자본의 국가화와 국제화의 변증법을 중심으로 전개되고 있는 국제사회주의 계열의 현대자본주의론은 이러한 작업의 일환이라고 할 수 있다.[55]

소련 정치경제학 교과서 '사회주의' 부분은 소련·동유럽 블록에서 의연히 작용하고 있던 가치법칙과 착취의 현실을 호도하고 정당화하기 위한 궤변과 날조이다. 소련·동유럽 블록을 모종의 사회주의와 동일시하는 소련 정치경제학 교과서의 기본 전제를 폐기하고, 클리프의 국가자본주의론의 관점에서 소련·동유럽 블록의 경제사·계급투쟁사를 전면적으로 재서술하는 작업이 필요하다.[56] 옛 소련·동유럽 블록의 스탈린주의를 마르크스주의의 한 편향이 아니라, 자본주의적 반혁명의 이론과 실천이며 노동자국가를 유혈로 압살한 국가자본주의적 관료의 지배체제로 이해하는 것이 필수적이다.

2) 트로츠키 사상의 현재성

알튀세르처럼 옛 소련·동유럽 블록의 스탈린주의를 마르크스주의의 한 편향 정도로만 간주할 경우, 스탈린주의체제 역시 모종의 사회주의로 볼 수밖에 없고, '사회주의의 몰락'론과 '마르크스주의의 위기'론으로 가는 것이 불가피할 것이다. 스탈린주의가 마르크스주의와 아무런 공통점도 없다는 사실에 대한 승인을 통해서만, 그리고 참된 의미의 사회주의와 아무런 관련도 없다는 사실에 대한 인식을 통해서만, 오늘날 '마르크스주의의 위기'

55) 예컨대 Harman(1993), 최근의 글로는 Callinicos(2005)를 참조할 수 있다. 이 책 10장도 참조하시오.

56) 예컨대 Haynes(2002a), 김하영(2002) 및 이 책 5장은 이러한 작업의 일환이다.

국면에 대한 진정한 마르크스주의적 대책이 강구될 수 있을 것이다. 즉, 스탈린주의와의 철저한 결별이야말로 오늘날 마르크스주의의 위기의 극복과 재흥 작업의 출발점이다. 이 같은 마르크스주의의 재흥 작업은 트로츠키 사상의 수용을 필수적으로 요청한다. 왜냐하면 전 생애를 바쳐 마르크스주의의 진정한 혁명적 전통을 방어하고 보존하기 위해 스탈린주의와 투쟁했던 인물이 바로 트로츠키이기 때문이다.

물론 우리는 오늘날 마르크스주의의 위기 국면의 돌파를 위해 트로츠키의 사상만이 필요하다고 주장하는 것은 아니다. 마르크스주의의 위기에 대한 대안으로서 진정한 혁명적 마르크스주의의 전통은 로자 룩셈부르크나 그람시에도 이어지고 있다. 그러나 트로츠키 없는 로자 룩셈부르크 혹은 트로츠키 없는 그람시, 나아가 트로츠키 없는 마르크스·레닌만으로는 현재의 마르크스주의 위기 국면의 돌파는 불가능하다. 왜냐하면 오늘날 마르크스주의의 위기가 초래된 가장 주된 이유는 스탈린주의에 의한 마르크스주의의 타락과 절멸 때문인데, 이에 대해 마르크스주의적 분석과 대안을 제출했던 인물은 로자 룩셈부르크도, 그람시도, 레닌도 아닌 트로츠키이기 때문이다. 트로츠키만이 1930년대 스탈린주의와 파시즘이라는 엄혹한 현실에 정면으로 맞서 마르크스주의적 분석과 대안을 제출했다. 이를 통해 트로츠키는 사회주의의 진정한 혁명적 전통인 아래로부터 사회주의 전통을 수호하는 데 성공했다. 나아가 올바른 사회주의의 건설을 위한 투쟁, 퇴보한 노동자국가의 전복을 위한 투쟁으로 점철된 1920~1930년대 트로츠키의 투쟁은 사회주의의 이념을 유토피아적 공상이 아니라, 과학적 기초를 다진 가능성으로 보존하는 데 독창적인 기여를 했다. 그리하여 트로츠키는 스탈린에게 패배했음에도 고전 마르크스주의의 전통을 보존하고 그것을 후세에 계승하는 데 성공했다.

하지만 우리는 결코 트로츠키의 사상을 무조건 숭배해서는 안 된다. 앞서 지적했듯이 트로츠키의 사상에는 오류가 있으며 이는 비판적으로 극복되어야 한다. 마르크스가 자신은 마르크스주의자가 아니라고 말했던 것처럼 트로츠키도 트로츠키주의라는 용어를 혐오했다. 트로츠키는 일찍이 "마르크스주의는 텍스트의 분석이 아니라 사회관계의 분석방법"(트로츠키, 1989: 63)이라고 언명한 바 있다. 오늘 제4인터내셔널 일부 논자들처럼 트로츠키의 텍스트를 마치 성경처럼 떠받들고, 그 구절들이 오늘에도 그대로 타당하다면서 '정통' 트로츠키주의라고 자임하는 자들이야말로 트로츠키의 정신으로부터 한참 멀어진 자들이다.

1920~1930년대 트로츠키가 있음으로 해서, 스탈린주의의 엄청난 반동에 직면해서도 마르크스주의의 혁명적 전통이 수호되고 발전할 수 있었던 것과 마찬가지로, 오늘 포스트마르크스주의의 득세 속에서 마르크스주의를 방어하기 위해서는 트로츠키 사상을 받아들이는 것이 필수적이다. 오늘 마르크스주의가 직면한 난관의 돌파를 위해 요구되는 것은 그간 마르크스주의와 부당하게 동일시되어 온 스탈린주의와 진정한 의미에서 '인식론적으로 단절'하는 것인데, 이와 같은 문제설정의 근본적 전환은 트로츠키라는 가교를 건너지 않고서는 불가능하다.

제15장

'21세기 사회주의'와 참여계획경제를 위하여*

1. 머리말

오늘날 양극화가 심화되고 빈곤이 확산되면서 신자유주의에 대한 분노가 자본주의 시장경제 그 자체에 대한 대중적 반감으로 점차 고조되고 있다. 이를 반영하듯이 '21세기 사회주의'가 최근 세계 진보 진영의 화두가 되고 있다(Lebowitz, 2006). 하지만 지난 세기 사회주의를 자처했던 소련·동유럽 블록 붕괴의 경험, 그리고 세계화·정보화 등 21세기의 변화된 조건에서 자본주의 시장경제를 뒤엎고 사회주의 방식으로 더 나은 경제생활을 영위할 수 있을지에 대해 대중들이 갖고 있는 의구심이 분노한 대중을 사회주의로 확실하게 견인하지 못하고, 좌파 케인스주의의 사회적 시장경제론이나 시장사회주의와 같은 개량주의로 넘어가게 하는 요인이 되고 있다.

따라서 오늘날 21세기 조건에서 사회주의 경제의 필요성뿐만 아니라 가능성, 나아가 우월성을 논리적으로 입증하는 것은 급진 좌파에 주어진 중요한 과제의 하나라고 할 수 있다. 이와 관련하여 먼저 확인되어야 할 것은 소련·동유럽 블록의 붕괴는 특정한 종류의 계획경제, 관료적 명령경제의 실패이지, 마르크스적 의미의 사회주의, 마르크스적 계획경제의 실패

* 이 글은 정성진(2006d)으로 발표되었던 것이다.

사례로 간주될 수 없다는 점이다. 이를 위해 먼저 마르크스적 사회주의, 혹은 마르크스적 계획경제의 내용이 무엇인지를 확인하는 작업이 필요하다. 그리고 이와 같은 마르크스적 사회주의, 혹은 계획경제가 21세기 조건에서 과연 가능한지를 따져보는 것이 필요하다.

이 장에서는 먼저 마르크스의 사회주의 개념을 경제적 측면에서 확인하고, 21세기 조건에서 마르크스적 계획경제를 구현할 수 있는 모델로서 최근 세계 진보 진영에서 활발하게 논의되고 있는 참여계획경제론에 주목할 것이다. 특히 참여계획경제론 중 앨버트(M. Albert)와 하넬(R. Hahnel)의 '파레콘'(이는 영어로 '참여경제' Participatory Economy에서 'Par'과 'econ'을 합친 단어이다) 모델, 드바인(P. Devine)과 아다만(F. Adaman)의 '협상 조절(Negotiated Coordination)' 모델, 칵샷(P. Cockshott)과 코트렐(A. Cottrell)의 노동시간 계산 모델을 비교하고, 관련 주요 쟁점을 논의할 것이다.[1)]

2. 마르크스 사회주의론의 재검토

1) 참여계획경제로서 마르크스 사회주의론

진정한 의미의 사회주의 계획경제는 마르크스가 의도했던 참여계획경제로서 생산·분배·소비 등 인간의 경제생활이 시장이나 국가와 같은 어떤 외적인 강제에 의해서가 아니라 인간 자신의 의지에 의해 자율적으로 통제되는 경제이다.

1) 라이브만(D. Laibman, 2002)과 캠벨(A. Campbell, 2002)도 나름대로의 참여계획경제 모델을 제안했지만, 전자의 경우 소련식 중앙계획경제 모델의 변형으로 보이고, 후자의 경우 아직 충분히 구체화되었다고 볼 수 없으므로, 이 글의 논의에서 제외한다. 참여계획경제론을 앨버트와 하넬의 '파레콘'을 중심으로 소개한 것으로는 이정구(2006b)를 참조할 수 있다.

마르크스는 『자본론』에서 자본주의 시장경제와 대립되는 계획의 의미를 다음과 같이 구체화한다.[2] "생산 전체의 상호관련이 맹목적인 법칙으로서 생산 당사자에게 강요되는" "자본주의적 생산"과는 달리 "그 상호관련이 생산당사자들의 집단적인 이성에 의해 이해되고 터득되어 하나의 법칙이 되고 이 법칙에 따라 생산과정을 그들의 공동 관리 아래 두는 것"(마르크스, 1990: 305~306)으로서, 여기에서는 "생산과정이 인간을 지배하는 것이 아니라, 그 정반대"(마르크스, 1989a: 101)이다.[3]

드바인이 정리하듯이, 마르크스적 의미의 사회주의란 "사람들이 자신들의 삶을 통제할 수 있기 위해서, 또 자신들의 삶의 방식에 대해 효과적인 결정을 하기 위해서 요청되어지는 사회 변혁"이다(Devine, 2002: 73). 즉, 마르크스가 추구했던 사회주의 경제는 '아래로부터 사회주의'로서 '노동자계급의 자기해방'과 '자유로운 생산자들의 연합'에 기초한 참여계획경제이다. 따라서 관료적 명령경제일 뿐인 소련·동유럽 혹은 오늘날 북한의 이른바 '현존 계획경제'는 마르크스적 사회주의, 마르크스적 계획경제와 아무런 공통점도 없다.[4]

게다가 칵샷과 코트렐에 따르면, '현존 계획경제' 중 가장 선진적이었다는 구소련의 경우도 중앙계획을 위한 경제계산에 필수적인 투입산출 분석은 적용된 적이 없다. 따라서 최종 산출(final output) 목표치로부터 총산출(gross output) 요구치를 계산하는, 경제계획에 필수적인 기본 절차도 구소련에서는 실행되지 못했다. 1980년대 중반에도 고스플랜(Gosplan)은 초보적 형태의 투입산출표라고 할 수 있는 '물적 밸런스(material balance)'를 고작 2,000여

2) 마르크스의 사회주의 개념에 대한 최근의 논의로는 김수행(2006b)을 참조할 수 있다.

3) 따라서 마르크스가 사회주의적 생산의 문제를 행정적이고 기술적인 문제로 간주했다거나, 계획 자체가 자본주의적 생산의 사회화이기 때문에 중앙집권적이고 행정적인 지령의 형태를 벗어나기 힘들다는 식의 비판은 자유로운 생산자들의 생산에 대한 아래로부터의 의식적·자율적 통제라는 마르크스의 사회주의 계획 개념을 오해한 것이다.

4) 이에 대한 상세한 논의는 이 책 5장에서 이루어지고 있다.

개 남짓의 품목에 대해서만 작성할 수 있었다(Cottrell & Cockshott, 1993b: 4). 또한 1985년 소련 도시 가구의 전화 보급률이 23%밖에 되지 않았던 데서 보듯이 중앙계획의 실행을 위해 필수적인 컴퓨터와 정보 통신 기술조차 서방 시장경제에 비해 훨씬 낙후되어 있었다(Cockshott & Cottrell, 2005: 241). 그렇다면 계획경제였다고 주장되는 소련·동유럽은 마르크스적 계획경제는 커녕, 엄밀하게 기술적 의미에서도 계획경제를 실천해 본 적이 없다고 이야기할 수 있다.

2) 『고타강령비판』과 노동증서론의 현재성

여기에서는 최근 '21세기 사회주의' 프로젝트와 관련하여 새롭게 주목받고 있는 『고타강령비판』을 중심으로 마르크스의 사회주의 개념을 경제적 측면에서 살펴보기로 한다. 미국의 트로츠키주의자 라야 두나예브스카야(R. Dunayevskaya, 1991: 153)는 일찍이 『고타강령비판』을 "조직을 위한 새로운 기초(New Ground for Organization)"로서 결정적 중요성을 갖는다고 평가하고, 모든 마르크스주의 조직들이 『고타강령비판』의 실제 내용을 자신들의 기초로 삼을 것을 촉구한 바 있다. 하지만, 그동안 대다수 마르크스주의 조직들은 『고타강령비판』을 먼 훗날 해방된 세계, '자유의 왕국', 즉 '발전된 공산주의 단계(각자로부터는 능력에 따라, 각자에게는 필요에 따라)의 이야기로 간주하고, 당장의 전략·전술·투쟁과는 직접 관련이 없는 것으로 치부해 온 경향이 있었다. 그러나 『고타강령비판』에서 마르크스가 묘사하고 있는 자본주의 이후 사회—상품과 화폐가 소멸하고, 노동시간에 따른 분배와 조절이 이루어지는 투명한 평등주의 사회—의 작동원리는 오늘날 '21세기 사회주의' 프로젝트와 관련하여 다시 검토해 볼 필요가 있다.

"생산수단의 공동소유에 기초한 협동적 사회에서 생산자들은 자신들의 생산물을 교환하지 않는다. 이는 생산물에 지출된 노동이 여기에서는 이들 생산물의 가치로서, 즉 이들이 갖고 있는 물적 특성으로서 나타나지 않는 것과 마찬가지다. 왜냐하면 이제는 자본주의 사회와 달리 개별적 노동은 더 이상 간접적 방식으로 존재하지 않고 총노동의 한 구성부분으로 직접적으로 존재한다. 그리하여, 오늘날에도 그 애매모호함으로 인해서 논박의 여지가 있는 '노동의 성과(proceeds of labor)'라는 용어는 모든 의미를 상실한다. 우리가 여기에서 다루는 사회는 자기 자신의 기초 위에서 **발전한** 공산주의 사회가 아니라, 자본주의 사회로부터 **막 빠져 나온** 공산주의 사회이다. …… 따라서 개별적 생산자는 일단 여러 항목을 공제한 후 자기가 사회에 제공한 것과 정확히 같은 것을 사회로부터 돌려받는다. 그가 사회에 제공한 것은 그의 개별적 노동량이다. 예컨대, 사회적 노동일은 개별적 노동시간의 합계로 구성되며, 각 개별적 생산자의 개별적 노동시간은 사회적 노동일에 그가 부가한 부분이며, 사회적 노동일 중에서 그의 지분이다. 각 생산자는 (공동기금을 위한 자신의 노동을 공제한 다음) 자기가 이러 저러한 양의 노동을 제공했다는 증서(certificate)를 사회로부터 받는다. 그리고 이 증서를 가지고 소비수단의 사회적 재고로부터 이 증서와 동일양의 노동이 지출된 소비수단을 **인출한다**. 그가 사회에 어떤 형태로 제공한 것과 동일양의 노동을 그는 다른 형태로 돌려받는다"(마르크스, 1997: 375~376. 강조는 마르크스).

위에서 인용한 『고타강령비판』 부분에서 보듯이, 마르크스는 '공산주의 초기 단계'에서 이미 노동이 직접적으로 나타나고 교환과 가치가 소멸하며, 노동시간에 따른 분배가 이루어짐을 분명하게 말하고 있다. 그런데 레닌은 『국가와 혁명』에서 마르크스가 말한 '공산주의 초기 단계'를 자본주의에서 공산주의로의 이행기로서 사회주의와 동일시하고, 때로는 이를 생산수단의 국유화와 동의어로 사용했다. 문제는 이와 같은 레닌의 용어법이 생산수단의 국유화가 이루어진 후에도 이행기로서 사회주의에는 시장과 화폐 및 가치 범주가 존재할 수 있다는 주장—이는 결국 사회주의를 공산주의와 별도의 생산양식으로 정식화하는 스탈린의 '사회주의 생산양식론'으로 발전한다—이 생겨날 수 있는 여지를 제공했다는 점이다. 더욱 문제인 것은, 사회주의와 공산주의를 구별하는 레닌의 용어법이, 한편에서는 『고타강령비판』에서 마르크스가 분명하게 정식화한 '공산주의 초기 단계'의 특징들—노동시간 단위로의 계산과 지불—을 보이지 않게 하고, 이를 노동자국가가 즉각적으로 추구해야 할 과제가 아니라 요원한 미래, 즉 공산주의(실은 '발전된 공산주의 단계')의 과제로 연기하면서(Cockshott & Cottrell, 2005: 248), 다른 한편에서는 사회주의에서 시장과 가치법칙의 장기적 존속을 정당화하는 각종의 시장사회주의론이 창궐할 여지를 제공한 것이다. 하지만 마르크스는 『고타강령비판』에서 '공산주의 초기 단계'에서 노동시간 단위로의 계획 프로젝트를 요원한 미래의 과제가 아니라 동시대 독일 사회민주당이 즉각적으로 추구해야 할 강령의 핵심으로 제기했다는 사실이 분명하게 확인되어야 한다.

이와 관련하여 니시베 마코도(Nishibe, 2006)처럼, 『고타강령비판』에서 마르크스의 '노동증서'론이 이전에 『철학의 빈곤』 등에서 제기했던 '노동화폐(labor money)'론 비판을 기각한 것으로 자의적으로 해석하고,[5] 엉뚱하게

5) 마르크스가 『철학의 빈곤』, 『정치경제학비판요강』 등에서 전개한 '노동화폐'론에 대한 비판은 상품화폐경제 자체를 폐지하지 않고도 '노동화폐'의 도입을 통해 상품에 체화된 노동량에 따른 등가 교환을 이룩함으로써 자본주의적 착취를 폐지할 수 있다는, 프루동, 그레이(J. Gray) 등의 말 그대로 공상적인 '시장사회주의'론에 대한 비판이며[이에 대한 상세한 논의로는 맥날리(D. McNally, 1993) 참조], 이는 결코 『고타강령비판』에서 제안한 자본주의 폐지 후 공산주의에서 '노동증서'를 매개로 한 노동시간 단위로의 계획 프로젝트와 모순하지 않는다. 즉, "마르크스와 엥겔스가 거부하는 것은 생산이 사적인 **상품생산 경제의 맥락에서** 실제 체화된 노동량에 따라 가격을 고정하려는 관념이다. 하지만 생산수단이 공동 통제되는 경제에서는 미리 정해진 중앙 계획에 따른다는 의미에서 노동이 **정말** '직접적으로 사회적'인 것으로 된다. 여기에서 재화에 체화된 노동량을 계산하는 것은 계획 과정의 중요한 요소이다"(Cockshott & Cottrell, 2005: 254. 강조는 칵샷과 코트렐).

도 이를 자신과 가라타니 고진(柄谷行人) 등과 같은 '어소시에이셔니즘(associ-ationism, NAM)'이 추구하는 '지역통화' 혹은 '지역교환체제(LETS)'의 기원으로 해석한다든지, 혹은 정반대로 곽노완(2006)처럼, 『고타강령비판』에서 마르크스가 제안한 '노동증서'론을 '공산주의 초기 단계'에서 "개별적인 노동시간에 따른 분배가 아니라 노동성과에 따른 분배" 명제로 해석하는 것은 모두 마르크스의 진의를 오해한 것이다.[6)]

사실, 공산주의에서도 노동시간('노동가치'가 아님에 유의)이 경제 조절자로 된다는 『고타강령비판』의 문제의식은 『정치경제학비판요강』, 『잉여가치학설사』, 『자본론』 등 여러 곳에서 반복해서 언급되고 있는 마르크스의 일관된 사상이라고 할 수 있다. 이는 『정치경제학비판요강』의 다음과 같은 서술에서도 분명하다. "물론 공동체적 생산이 전제될지라도 시간 규정은 본질적인 것으로 남아 있다. …… 모든 경제는 결국 시간의 절약으로 귀착된다. …… 시간의 절약은 상이한 생산 영역에 대한 노동시간의 계획적 배분과 마찬가지로 공동적 생산의 토대 위에서 여전히 제1의 경제법칙이다"(마르크스, 2000: 155).

---

6) 마르크스가 『고타강령비판』에서 '노동력의 질적 차이에 따른 분배의 차이를 인정'한 것은 사실이지만, 이것을 '노동성과에 따른 분배'라고 과잉 해석할 수는 없다. 왜냐하면 노동성과의 차이는 노동자가 상당 부분 통제할 수 있는 '노동력의 질적 차이'(노동강도·노동숙련도)보다는, 주로 노동자가 전혀 통제할 수 없는 노동력의 객관적인 기술적 조건(노동생산성)에도 기인하는데, 마르크스가 후자까지 '공산주의 초기 단계'의 분배 원리로 용인했다고 볼 수는 없기 때문이다. 곽노완(2006)이 자신의 해석의 전거로 인용한 『고타강령비판』의 같은 부분에서 마르크스 자신은 '공산주의 초기 단계'에서 노동은 자본주의에서와는 달리 직접적으로 나타나기 때문에, "**오늘날에도 그 애매모호함으로 인해서 논박의 여지가 있는 '노동의 성과**(proceeds of labor)'**라는 용어는 모든 의미를 상실한다**"라고 분명하게 말한다(위 인용문 참조).

3. 참여계획경제론의 유형

최근 논의되는 참여계획경제론 중 앨버트와 하넬의 '파레콘', 드바인 및 아다만의 '협상 조절' 모델 및 칵샷과 코트렐의 노동시간 계획 모델은, 서로 간에 상당한 차이가 있지만,[7] 이들은 자본주의 시장경제와 시장사회주의론을 전적으로 거부하고, 직접민주주의와 참여에 바탕을 둔 계획경제를 지향한다는 점에서는 공통적이다. 참여계획경제론자들은 모두 시장사회주의론에 대해 매우 비판적이다. 이들은 1930년대 사회주의 경제계산 논쟁에서 하이에크(F. Hayek)와 같은 오스트리아 학파를 논파하고 경제계산의 가능성을 입증한 것으로 일반적으로 평가되는 폴란드의 시장사회주의 이론가 오스카 랑게(O. Lange)에 대해, 오히려 '암묵적' 지식과 발견, 혹은 불확실성의 중요성을 인식하지 못했다는 점에서, 오스트리아 학파에 미치지 못했으며, 신고전파 일반균형 이론을 수용하고 민주적 참여의 역할을 무시했다는 점에서 "신고전파 (시장) 사회주의[neoclassical (market) socialism]"라고 비판한다.[8] 이들은 또 유고슬라비아 경험에서 보듯이 자주관리와 시장의 양립을 추구하는 종류의 시장사회주의는 현실에서 실행 불가능하며, 시장경제로의 전면적 복귀가 필연적이라고 본다. 왜냐하면 노동자 자주관리 체제에서도 시장경쟁 원리가 용인될 경우, 시장경쟁은 노동자들이 경쟁력 강화를 위해 전문경영인을 영입하여 자주관리를 스스로 포기하도록 추동하기 때문이다(Albert & Hahnel, 1992: 43). 드바인도 "경제적 의사결정을 완전히 독립된 기업들로 분권화하는 것을 통해 효율을 추구하는 체제로 해석되는 시장사회주의는

7) 예컨대 아다만과 드바인은 자신들의 '협상 조절' 모델만이 '참여계획(Participatory Planning)' 모델이고, '파레콘' 모델이나 칵샷과 코트렐의 모델은 참여계획 모델이 아니라 '직접 계산(Direct Calculation)' 모델로 분류되어야 한다고 주장한다(Adaman & Devine, 1997: 78).

8) 1930년대 사회주의 경제계산 논쟁에 대한 참여계획경제 논자의 정리로는 Adaman & Devine(1996; 1997)과 Cottrell & Cockshott(1993a)을 참조할 수 있다.

막다른 골목"으로서 "현대 경제의 특징인 상호의존성을 무시한 것"이라고 비판한다(Devine, 1992: 76).9)

또한 참여계획경제론은 선출된 공직자에 대한 소환권, 공직자 보수의 노동자 임금 수준으로의 제한을 주된 특징으로 하는 '파리코뮌'이나 '소비에트' 경험을 훨씬 넘어서는 대중의 직접적 참여, 직접민주주의의 필요성을 주장한다는 점에서도 공통적이다. 이와 같은 참여계획경제론이 제기한 시장사회주의론 비판 및 직접민주주의 확대의 문제의식은 마르크스주의 이론과 실천에서 중요한 적극적 기여라고 평가된다. 이하에서는 참여계획경제론의 세 가지 모델의 주요 특징을, 소유 형태와 경제 조절 방식 등을 둘러싼 상당한 차이도 염두에 두면서, 비교·검토해 보기로 하자.

1) '파레콘'

'파레콘'의 소유 형태는 노동자평의회 소유이다. 경제의 조절은 노동자평의회와 소비자평의회의 참여에 기초하여 아래로부터 이루어진다. '파레콘'에서는 분업 폐지를 위해 '균형적 직군(balanced job complex)'의 원리가 도입된다. '파레콘' 논자들은 '균형적 직군'에 의거한 분업의 폐지를 통해서만 참여와 평등이 실질적으로 보장될 수 있다고 본다. 그런데 '균형적 직군'을 모든 사람들이 모든 일을 하는 것으로 혹은 전문성을 부정하는 것으로 오해

---

9) 시장사회주의의 실행 가능성을 입증하려 애썼던 노브(2001)와는 달리, 브루스(W. Brus)처럼 실제로 시장사회주의 정책을 시도했던 이들은 이미 오래전에 시장사회주의의 실행 불가능성을 인정했다. 브루스는 생산수단의 국유만을 유지하고 생산물시장, 노동시장뿐만 아니라 자본시장까지 용인하는 '진정한 의미의 시장사회주의' 모델을 구축하려 했지만, 이를 위해 충족해야 하는 조건이 결과적으로 자본주의를 복제하는 것으로 되어 결국 생산수단의 국유의 유지마저도 불필요하고 자의적인 것으로 되었다면서, "만개한 시장 메커니즘의 순수한 논리는 비국가적 (사적) 기업이 기업부문의 더 자연스러운 구성요소임을 지시하는 것 같다"라고 말한다(Brus & Laski, 1989: 149).

해서는 안 된다. '파레콘'에서 "각자는 자신의 균형적 직군에서 매우 적은 종류의 직무들만을 수행한다. 어떤 이는 여전히 뇌수술에 특화할 것이며, 또 어떤 이는 여전히 전기공학에, 또 어떤 이는 고압용접에 특화할 것이다. 그러나 이 특화된 직무들을 수행하는 이들은 자신들이 만약 평균 이상의 권능부여적(empowering) 직무에 종사한다면, 덜 권능부여적인 직무도 수행해야 하며, 또 평균 이상의 바람직한 직무에 종사한다면, 덜 바람직한 직무도 수행해야 한다. 이들이 남들에 비해 더 많은 시간을 노동하거나 자신들의 노력 등급(effort rating)이 남들에 비해 더 낮게 평가되기를 바라지 않는다면 말이다"(Hahnel, 2000: 327~328). 이와 관련하여 '균형적 직군'의 도입으로 인해 전문성과 효율성이 떨어질 것이라고 생각하는 것도 억측이다. 왜냐하면 "효율성 제고를 위해서는 복잡한 결과를 결정하는 데 있어 전문가의 중요한 역할이 필요할 뿐만 아니라, 그 결과의 영향을 받는 사람들이 자신들이 선호하는 결과를 결정할 수 있도록 하는 것도 필요"하기 때문이다(Hahnel, 2000: 328).

또한 자본주의에서는 재산과 성과에 따라 분배가 이루어지고, 시장사회주의에서는 사유재산이 폐지될 경우 성과(혹은 이른바 '생산에 대한 기여도')에 따라서만 분배가 이루어짐에 비해, '파레콘'에서는 재산과 성과에 따른 분배 원리는 모두 폐기되고 노동자가 스스로 통제할 수 있고 책임질 수 있는 노력과 희생에 따라서만 분배가 이루어진다. 자신이 원한다고 해서 재벌의 자식으로 태어날 수 없는 것처럼 자신이 원한다고 해서 어떤 천부적 재능(talent)을 가질 수는 없으므로, 재산은 물론 재능도 자신의 통제 범위 밖의 것이라고 할 수 있다(Albert, 2003). 그런데 시장사회주의론처럼 성과에 따른 분배를 할 경우 재능의 차이에 따른 성과의 차이를 인정하게 되므로 정의로운 분배라고 할 수 없다. 즉, 재산에 따른 분배가 정의의 원칙에 어긋나는 것과 마찬가지로, 재능에 따른 분배 역시 정의의 원칙에 어긋난다. '파레콘'처럼 오로지 노동·노력에 따라 분배를 하는 것이 정의의 원칙에 부합된다.

또한 자신이 통제할 수 있고 책임질 수 있는 노력을 분배의 기준으로 삼아야 노력이 고무되고 성과가 극대화될 수 있다(Albert & Hahnel, 1992: 54~55). 따라서 '파레콘'에서는 성과에 따라 분배를 하지 않기 때문에 성과 극대화의 동기와 유인이 떨어진다는 비판은 타당치 않다. 여기에서 노력 등급에 대한 평가는 동료 노동자들로 구성된 '노력 등급 평가위원회'에서 이루어진다.

'파레콘'에서 경제의 조절은 참여계획을 통해서 이루어진다. 먼저 계획촉진위원회(Iteration Facilitation Board)가 모든 재화, 자원, 노동, 자본스톡의 기회비용(지시가격)에 대한 추정치를 제시한다. 이에 기초하여 소비자 평의회는 품목별 소비 계획서를 제출하고 노동자평의회는 생산 계획서(생산 품목 및 이를 위한 투입 품목)를 제출한다. 이때 소비자평의회가 제출하는 소비 계획은 물론 구성원들의 노력 등급에 대한 평가에 의해 뒷받침되는 것이라야 한다. 또 노동자평의회가 제출하는 생산 계획은 그것의 사회적 편익(social benefits)이 사회적 비용(social costs)을 초과할 수 있음을 입증해야 한다(Hahnel, 2000: 337). 물론 시장경제에서도 사회적 비용과 편익의 비교가 이루어지지만, 시장 실패(공공재, 외부경제와 외부 불경제 등)를 제대로 고려할 수 없기 때문에 사회적 비용과 편익이 정확하게 계산되지 못한다.[10] 이와 달리 참여계획경제에서는 모든 영향 받는 이해당사자들의 참여하에 사회적 비용과 편익을 더 정확하게 계산·비교할 수 있다.[11] 계획촉진위원회는 이에

10) "시장은 평균 이상의 긍정적 외부효과를 갖는 재화에 대해서는 불리하게 편향되고, 평균 이상의 부정적 외부효과를 갖는 재화에 대해서는 유리하게 편향된다. 이와 같은 외부효과는 예외가 아니라 **규칙**이며, 이로 인해서 시장가격은 일반적으로 사회적 편익을 **잘못** 계산하며, 따라서 일반적으로 자원을 **잘못** 배분한다"(Albert & Hahnel, 1992: 42. 강조는 앨버트와 하넬). 시장은 "공공재에 비해 사적 재화를 과잉공급한다"(Hahnel, 2000: 331).

11) 한편 코츠(D. Kotz, 2002: 115)는 사회적 비용과 편익은 원래 질적이며 다차원적인 실체이기 때문에 '파레콘' 모델처럼 이를 어떤 '스칼라(scalar)' 양으로 환원해서 비교해서는 안 된다고 지적하고, 진정한 의미에서 사회적 비용과 편익은 오히려 드바인의 '협상 조절' 모델에서처럼 모든 영향 받는 이해당사자의 참여하에 이루어

기초하여 품목별 초과수요 혹은 초과공급 정도를 확인하고 초과수요 품목은 지시가격을 올리고 초과공급 품목은 지시가격을 내린다. 소비자 평의회와 노동자평의회는 이 새로운 지시가격을 토대로 다시 소비 계획서와 생산 계획서를 제출하며, 이 과정은 초과수요와 초과공급이 제로로 수렴할 때까지 반복된다.

2) '협상 조절' 모델

'협상 조절' 모델에서는 기업은 사회적으로 소유된다. 여기에서 "사회적 소유란 사적 소유도 국유도 아니며, 관련된 자산의 사용에 의해 영향 받는 이들에 의한 소유"를 가리킨다(Adaman & Devine, 1996: 533). 다시 말해서, 기업은 단지 노동자뿐만 아니라 그 기업의 활동에 의해 영향을 받는 모든 집단, 즉 동일한 생산부문의 다른 기업, 부품 공급업자, 소비자, 지역 주민, 환경운동 단체 등에 의해 소유된다(Devine, 2002: 77). 이들 사회적 소유자들이 그 기업의 이사회를 구성한다. 그리고 사회적 소유 기업에서 소비재 생산 및 유통은 시장교환을 통해서 이루어진다.

'협상 조절' 모델도 '파레콘'과 마찬가지로 분업의 폐지를 추구한다. 구체적으로 모든 노동을 ① 관리 노동, ② 창조 노동, ③ 돌봄 노동, ④ 숙련 노동, ⑤ 미숙련 반복 노동으로 유형화하고, 모든 사람들은 전 생애 주기를 통해 이와 같은 다섯 가지 노동 형태를 골고루 분담하는 시스템이 제안된다. 즉, "사회적 분업의 폐지란 사람들이 자신들의 생애 내내 위 활동 중 어느 한 범주에만 종사할 때 생겨나는 사회적 계층화에 종지부를 찍는 것"이지, 결코 "기능적 분업의 폐지를 의미하는 것은 아니다"(Devine, 2002: 73).

드바인은 시장교환(market exchange)과 시장강제(market forces)를 구별하고,[12] 자신의 '협상 조절' 모델에서는 시장강제가 소멸하고 '협상 조절'로

지는 토론과 협상을 통해서만 결정될 수 있을 것이라고 주장한다.

대체된다는 점에서 시장사회주의 모델과 다르다고 주장한다. 하지만 '협상 조절' 모델에서도 시장교환은 존재하는데, 이는 기존 설비를 사용하여 투입재를 구입하고 산출을 생산하는 영역에서 작동한다. 반면 신규 투자 및 투자 축소는 시장교환이 아니라 '협상 조절'을 통해서 수행된다. 즉, 협상을 통해 투자의 사전적(ex ante) 조절이 이루어진다. 이처럼 '협상 조절' 모델에서는 모든 경제 행위가 '협상 조절'을 통해 이루어지는 것이 아니라, 소비를 비롯한 주요한 경제 행위는 시장교환에 맡겨지기 때문에, '협상 조절' 모델은 "무제한적인 간섭과 끝없는 숙의의 기괴한 장치"로 전락할 것이라는 제도주의 경제학자 호지슨(G. Hodgson, 2005: 151)의 비판은 근거가 없다.

'협상 조절' 모델에서는 그 기업의 활동에 의해 영향 받는 모든 집단의 참여에 기초한 '협상 조절'이 주된 경제조절 방식이다. 드바인은 경제활동이 무엇을 어떻게 생산할 것인가에 관해 직접생산자들이 적극적으로 참여하는 것에 기초해야 하는 까닭은 지식은 그것을 획득하고 소유하고 있는 사람으로부터만 끌어 와서 사용할 수 있기 때문이라고 본다(Devine, 2002: 66). 즉, 지식의 '국지적(local)·암묵적(tacit)' 성격이 모든 사회적 소유자들의 참여에 기초한 '협상 조절'을 필요로 한다는 것이다. 그리하여 "참여적 협상 조절은 암묵적 지식이 사회적으로 동원되는 과정이다"(Adaman & Devine, 2006: 145).

'협상 조절' 모델에서는 양적 정보뿐만 아니라 질적 정보의 중요성이 강조된다. 예컨대 신규 투자나 투자 회수가 이루어질 경우 이것이 노동자나 상이한 지역공동체에 어떤 영향을 미치는지에 대한 질적 정보가 '협상 조절'

12) 드바인에 따르면, '시장교환'은 구매자와 판매자 사이의 거래에 수반한 것인데, 여기에서 교환하는 것은 기업이 기존의 설비를 사용하여 생산한 재화와 서비스의 재고이다. 반면 '시장강제'는 상호 독립적으로 이루어지고 사후적으로 조절되는 신규 투자와 투자 감축 결정의 상호작용을 통해서, 자원배분, 상이한 산업의 상대적 규모 및 경제활동의 지리적 분포에 변화가 야기되는 과정을 가리킨다(Devine, 1992: 79~80).

의 테이블에 오른다. '협상 조절' 과정은 참여자가 다른 참여자와 토론하며 상호 설득하는 '민주주의적 숙의 과정(deliberative democratic process)'이며, 주고받는 과정이지, 기존의 선호를 총합하는 절차가 아니다(Adaman & Devine, 2001). 드바인은 또 '협상 조절'이 이를 통해 참여자의 인식과 선호가 변화하는 변혁적 과정임을 강조한다.

'협상 조절' 모델에서 가격은 기업에 의해 사회적 생산비, 장기적 평균 비용 수준으로 설정된다. 여기에서 사회적 생산비는 경제 전체 수준에서는 노동, 자본, 및 자연자원과 같은 1차 투입의 비용을 포함하며, 기업 수준에서는 중간투입 비용도 포함한다. 기업은 경제 전체에서 자본 비용(혹은 기대 수익률)을 포함하는 1차 투입 가격과 중간투입 가격에 기초한 장기 생산비 수준으로 가격을 결정한다.[13] 따라서 드바인의 '협상 조절' 모델에서 기업이 '가격설정자(price makers)'라면, 앞서 설명한 '파레콘' 모델과 후술할 칵샷·코트렐의 노동시간 계산 모델에서 기업은 중앙 계산 혹은 반복 수정 과정을 통해 결정된 가격을 수용하는 '가격수용자(price taker)'이다. 드바인의 '협상 조절' 모델에서는 기업이 '가격설정자'이므로 가격은 동종 산업 내 기업들 간에도 생산성 차이에 따라 상이할 것이며, 이에 따라 기업의 실제 수익률은 자신들의 가격에 포함된 기대 수익률을 초과할 수도 있고 그것에 미치지 못할 수도 있다. 이와 같은 기업들 간 실제 수익률의 차이를 배경으로 하여, 단기적으로는 '시장교환'을 통해 가동률 조정에 의거한 생산량 조절이 이루

13) 이 점에서 드바인의 '협상 조절' 모델의 가격 계산은 리카도=스라파(P. Sraffa)의 '생산가격' 모델에 의거하여 이루어진다고 할 수 있다. 드바인 자신이 다음과 같이 말한다. "가용 자원을 한편에서 개인적 소비와 다른 한편에서 사회적 소비 및 사회경제적 투자로 분배하는 것에 관한 국민적 결정에 따라 평균 실질임금 수준이 결정된다. 형식적 수준에서는, 지대를 고려하지 않는다면, 일단 실질임금이 결정되면, 수익률과 상대가격 구조가 결정된다. 혹은 일단 수익률이 결정되면, 상대가격 유형과 실질임금이 결정된다. 이에 관해서는 스라파의 『상품에 의한 상품의 생산』(1960)을 참조할 수 있다"(Devine, 1988: 198).

어지고, 중장기적으로는 '협상 조절'을 통해 신규투자 혹은 투자 감축이 이루어진다.

3) 노동시간 계산 모델

칵샷과 코트렐이 주장하는 노동시간 계산 모델에서는 '파레콘'이나 '협상 조절' 모델과는 달리 생산수단은 단일한 공적 소유하에 놓인다(Cockshott & Cottrell, 2002: 57). 이들은 정보기술과 컴퓨터의 발전에 힘입어 오늘날 복잡한 현대 경제에서도 균형 있게 중앙계획을 계산하는 것이 완전히 가능하다고 본다.[14] 슈퍼컴퓨터를 이용하면 수천만 개 생산물의 투입계수 행렬의 해를 구해서 이들 생산물에 체화된 노동시간(현재의 직접 투하노동시간과 중간

14) 하지만 드바인은 정보기술과 컴퓨터가 아무리 발전한다 할지라도 경제적 의사결정에 필요한 지식이 집중될 수 없기 때문에 경제계산은 가능하지 않은데, 이는 지식의 '국지적'·'암묵적' 성격으로 인하여 이들을 코드화해서 중앙계획 당국에 전달할 수 없기 때문이라고 주장한다. 직접적인 중앙계획 방식으로는 암묵적 지식, 이른바 '풀뿌리' 지식을 획득할 수 없다는 것이다(Devine, 2002: 65~66). 또한 아다만과 드바인은 칵샷과 코트렐의 '직접 계산' 모델이 '모든 생산함수에 대한 신고전파적인 완전 지식의 가정'을 공유하고 있을 뿐만 아니라 발견과 기업가정신의 문제를 전혀 고려하고 있지 않다고 주장한다. 즉, "직접 계산 모델은 기술적인 계산 문제는 처리할 수 있지만, 현실 경제가 부딪치는 발견이라는 실제적 문제는 처리할 수 없다. 이들은 지식이 객관적으로 주어져있으며 언제든 코드화되고 전달될 수 있다고 가정하는 신고전파적 인식론의 패러다임에 갇혀 있다. 이들은 원자화된 의사결정으로부터 생겨나는 지식의 불완전성은 다룰 수 있지만, 지식이 암묵적이며 사회적 동원 과정을 통해서 발견되어야 한다는 오스트리아 학파의 패러다임에서 생겨나는 불완전성은 다룰 수 없다(Adaman & Devine, 1997: 73~75)." 한편, 호지슨은 칵샷과 코트렐이 암묵적 지식의 문제에 전혀 주목하지 못했으며, 정보에 대해 기술관료적·경험주의적 개념을 갖고 있고, 인공지능이나 컴퓨터 기술의 한계를 전혀 고려하지 못하고 있다고 비판한다(Hodgson, 1998: 425). 그러나 이와 같은 지적에 대해 칵샷과 코트렐은 '암묵적 지식의 환원 불가능한 인간적 성격을 강조하는 것은 철학적 인간주의'의 발로라고 반박한다(Cockshott & Cottrell, 2002: 70).

투입재에 체화된 과거 노동시간의 합)을 계산할 수 있다는 것이다. 또 이들의 노동시간 계산 모델에서 노동자들은 마르크스가 『고타강령비판』에서 제안한 것처럼 지출한 노동시간과 동등한 '노동증서'를 보수로 지급 받는다. 노동자들은 이 '노동증서'로 이와 동등한 양의 노동시간에 해당되는 생산물을 구매할 수 있다. 칵샷과 코트렐은 이와 같은 노동시간에 따른 분배를 통해서만 진정한 의미의 평등주의를 구현할 수 있다고 본다.[15] 여기에서 '노동증서'는 극장표처럼 사용과 함께 폐기되기 때문에 진정한 의미의 화폐는 아니며, 교환 역시 진정한 의미의 시장교환이 아니다. 생산물의 생산량은 이들에 체화된 노동시간과 이들을 구매하기 위해 제출된 노동증서(가격)의 비율에 기초하여 조절된다. 즉, "생산물에 체화된 노동가치(sic)에 대해 노동증서로 표현된 시장청산 가격의 비율이 평균 이상인 생산물은 생산을 확대하고, 평균 이하인 생산물은 생산을 감소시킨다"(Cockshott & Cottrell, 2005: 243). 칵샷과 코트렐은 이와 같은 특징을 갖는 자신들의 모델을, 마르크스로부터는 '노동증서'론을 원용하고, 랑게로부터는 상이한 소비재 생산부문간에 사회적 노동을 배분하는 지침으로 소비재 시장가격을 이용하는 '시행착오'에 관한 아이디어를 따오고, 구소련 계획경제 이론가 스트루밀린(S. Strumilin)으로부터는 각 생산부문에서 생산되는 사용가치에 대해 그 부문에서 지출된 노동시간의 비율은 동일해야 한다는 생각을 빌어 왔다는 점에서, '마르크스+랑게+스트루밀린' 모델이라고 명명한다(Cottrell & Cockshott, 1993a: 105).

한편, 칵샷과 코트렐의 노동시간 계산 모델에서 의사결정에는 선거에 기초한 대의민주주의는 기본적으로 거부되고 직접민주주의의 원리와 함께

15) 칵샷과 코트렐은 자신들과 같은 노동시간 계산 모델이 구소련에서 적용되지 않았던 이유의 하나를 이 모델이 갖는 급진적인 평등주의적 함축에서도 찾는다. 즉, 구소련 지배계급은 노동시간에 따른 분배 원리가 도입될 경우 자신들의 특권적 고임금이 위협받게 될 것을 두려워했다는 것이다(Cottrell & Cockshott, 1993b: 13).

추첨의 원리가 도입된다. 이들에 따르면 선거는 민주주의적이 아니라 귀족적이다. 선거는 전인민에 의한 정부 대신 정교한 선택, '최상'의 인물을 선발하는 귀족정의 요소를 내포한다. 선거 제도는 항상 사회의 상층, 즉 잘 교육받은 사람들, 돈과 의사소통 수단에 잘 접근할 수 있는 사람에게 유리하다(Cockshott & Cottrell, 2002: 61). 칵샷과 코트렐은 모든 종류의 대의민주주의를 부르주아민주주의로 거부할 뿐만 아니라, 레닌식의 '평의회 국가(council-state)'도 거부하고, 아테네식 추첨제의 부활을 주장한다(Cockshott & Cottrell, 2005: 246). "소비에트 국가가 장기적으로 존속하기 위해서 우리는 민주주의의 원초적 원리인 추첨을 재발견해야 한다"(Cockshott & Cottrell, 2002: 62)는 것이다.

칵샷과 코트렐이 제안한 직접민주주의에 기초한 참여계획경제를 고려한다면, 사회주의 계획경제에서는 개성과 자유가 억압되고, 민주주의의 후퇴와 계획기구의 비대화·관료화가 필연적이라는 하이에크의 비판이나, 이와 같은 문제점을 시정하기 위해서 시장기구의 도입이 필수적이라는 알렉 노브(2001)나 존 로머(Roemer, 1996)와 같은 시장사회주의론자의 주장은, 아무런 근거가 없음을 알 수 있다.

그런데 칵샷과 코트렐은 분업의 폐지에 대해서는 언급하고 있지 않기 때문에 이들이 주장하는 원초적 형태의 급진적 직접민주주의는 공허하게 들리는 측면도 있다. 이와 관련하여 드바인은 다음과 같이 지적한다. "칵샷과 코트렐이 제안한 제도는 참여 자치정부에 기초한 무계급 혹은 무계층 사회를 향한 변혁의 동학을 내포하고 있지 않다. …… 그들의 모델에는 이상하게도 정치가 부재하다. …… 그들의 중앙계획 모델과 마찬가지로 그들의 정치적 수준의 모델도 실은 정치적이라기보다 기술관료적이며 관리적이다"(Devine, 2002: 66~67). 칵샤과 코트렐의 모델(및 '파레콘' 모델)은 모두 "정치적 대의민주주의를 거부하고 다양한 형태의 직접투표 및 국민투표 절차를 지지하지만, 대면적(face-to-face) 사회적 상호작용과 협상의 여지는

<표 15-1> 참여계획경제론의 주요 유형과 특징

	'파레콘'	'협상 조절' 모델	노동시간 계산 모델
주요 이론가 및 최초의 정식화	Albert & Hahnel(1991)	Devine(1988)	Cockshott & Cottrell(1993)
기업 소유형태	노동자평의회 소유	사회적 소유 (이해당사자 소유)	국유
분업	'균형적 직군'을 통한 사회적 분업 폐지	생애주기 직무 순환을 통한 사회적 분업 폐지	-
분배 (임금 결정) 원리	노력에 따른 분배	'협상 조절 기구'에서 임금률, 기대수익률 등 1차 투입재 가격 결정	노동시간에 상응한 노동증서 지급
소비재 가격의 결정 메커니즘	계획촉진위원회가 제시한 지시가격을 기준으로 하여 소비자평의회가 제출한 구매 계획(이는 노력등급 평가에 기초함)과 노동자평의회가 제출한 생산계획(이는 생산의 사회적 편익과 비용의 비교에 기초함)이 균형을 이룰 때까지 지시가격을 반복 조정	기업이 생산비(기대 수익 포함) 수준으로 자율적으로 가격을 결정 (price-maker) 기대 수익률과 실제 수익률의 비교에 기초하여 가동률(생산량)조절	중앙계획당국은 투입산출분석(컴퓨터)을 이용하여 생산물에 체화된 노동시간을 계산하고, 이를 생산물 구입을 위해 제출된 노동증서에 표시된 노동시간과 비교하는 방식으로 가격 조절
투자의 결정 주체	기업의 노동자평의회가 제출한 투자 계획을 소비자평의회가 인준	관련 이해당사자가 모두 참여한 '협상 조절 기구'	중앙계획당국 ('잉여의 계획적 전유')
시장	'시장교환' 및 '시장강제' 모두 소멸	'시장강제'는 소멸, '시장교환'은 작동	'시장교환' 및 '시장강제' 모두 소멸
의사결정 방식	직접 및 대의민주주의	직접 및 대의민주주의	직접민주주의+추첨
구소련의 사회성격	'조절자 계급' 지배	국가주의(statism)	모종의 사회주의

없다"(Adaman & Devine, 1997: 74).

이상에서 설명한 참여계획경제론의 세 가지 유형의 주요 특징을 도식화해서 비교하면 <표 15-1>과 같다.

4. 21세기에서 참여계획경제의 실행가능성

그런데 오늘날 시장을 폐지하고 위에서 살펴본 참여계획경제 방식으로 경제를 조절하는 것이 과연 가능한가 하는 문제는 여전히 남는다. 21세기 조건에서 시장 폐지의 불합리성, 혹은 계획경제의 불가능성 명제는 우리나라 진보학계에선 거의 '공준'으로 받아들인다. 우리나라 진보 학계를 장악하고 있는 좌파 케인스주의자나 시장사회주의론자는 21세기 세계화·정보화와 같은 변화된 조건에서 시장 폐지는 불가능할 뿐만 아니라 효율성 면에서 바람직하지 않다고 주장한다.

하지만 이러한 주장은 아무런 근거가 없다. 우선 세계화가 진전되면서 스탈린이 강변했던 '일국 사회주의'를 건설하기가 점점 어렵게 되는 것은 사실이지만, '일국 사회주의'는 고전 마르크스주의가 지향하는 세계혁명으로서의 사회주의와는 아무런 관계도 없다. 세계화는 각국 자본주의의 상호연관을 증대시켜 세계혁명의 객관적 조건을 더욱 성숙시키고 있다. 여기에서는 참여계획경제 모델과 관련하여 제기되는 쟁점 중 계산가능성과 기술혁신의 문제에 한정하여 살펴보겠다.

1) 계산가능성

정보와 복잡성이 천문학적으로 증대한 조건에서 시장이 아닌 계획에 의거해서 자원 배분을 하는 것은 불가능하며, 가능하다 하더라도 엄청난 비용과 시간이 소요된다고 주장한다. 하지만 21세기 고도로 발전한 정보통신 기술은 지난 20세기에는 상상할 수 없었던 정도로 상세한 계획의 입안과 실행을 가능하게 한다. 예컨대 오늘날 모든 상품에 부착된 '바코드(barcode)'를 활용한다면, 전국적 및 전 세계적 수준에서 대부분의 재화의 생산과 재고 및 물류를 통합 관리하고 소비자 수요를 조사할 수 있다. 실제로 개별 기업

수준에서 이와 같은 계획은 이미 첨단 수준으로 이루어지고 있다. 자본주의 시장경제에서 문제는 이와 같은 계획이 개별 기업 수준에 국한되고 사회 전체에서는 경쟁적 투쟁과 생산의 무정부성이 지배한다는 것이다. 하지만 가령 모든 기업의 재무제표를 웹사이트에 공개하는 것을 의무화한다면, '구글(Google)'과 같은 검색엔진을 통해 이를 수집·분석하여 전국적 및 전 세계적 규모에서 생산과 투자를 계획적으로 조절할 수 있다(Cockshott and Cottrell, 2005).

노동시간에 따른 분배 원리는 분배의 기준이 되는 노동시간을 강도와 숙련도의 차이(나아가 노력의 차이)를 감안해서 계산해야 하는데 이 계산이 어렵기 때문에 합리적인 분배 원리가 될 수 없는 반면, 노동의 성과는 가시적이므로 합리적 계산이 가능하기 때문에 성과에 따라 분배하는 것이 합리적이라는 비판이 제기된다(Weisskopf, 1992: 16). 하지만 성과의 계산이 노동시간의 계산보다 정확하다는 주장 자체에 의문을 제기할 수 있다. 생산이 갈수록 사회화되는 것을 감안한다면, 생산의 성과 중 특정 부분을 특정 개인의 기여로 귀속시키는 작업 자체가 사실상 불가능하기 때문이다. 이에 비해, 노동시간의 측정은 오히려 상대적으로 정확할 수 있다.

앞서 검토한 마르크스가 『고타강령비판』에서 제안한 구상, 즉 화폐와 가격을 폐지하고, 노동시간을 기준으로 자원을 배분하고 소득을 분배하는 구상은 오늘날 실제로 실행 가능하다. 물론 이와 같은 구상에 필수적인 재화와 서비스에 체화된 노동시간 계산을 위해서는 투입산출 관계로 상호 연관된 수천만 가지 재화에 상응하는 수천만 개의 연립방정식(역행렬)의 해를 구해야 한다. 그런데 이는 이론적으로는 가능하다 하더라도, 실제에서는 컴퓨터를 이용한다 해도, 가령 1년치 경제 계획안을 계산하는 데 10년 이상 걸릴 것이므로 사실상 무용지물이라는 비판이 흔히 제기된다. 하지만 칵샷과 코트렐(Cockshott & Cottrell, 2002: 56)에 따르면, 오늘날 나날이 눈부시게 향상되는 컴퓨터 처리 속도와 예컨대 일기예보를 위해 사용하는 것과 같은 종류의 적절한 수학적 알고리즘을 원용할 경우, 수천만 가지 재화와 서비스에 대해서도, 단 몇 분이면 그것에 체화된 노동시간을 계산할 수 있다.[16)]

이를 통해 각자는 자신이 수행한 노동시간만큼 '노동증서'를 받고(물론 교육, 의료와 같은 사회적 소비 및 투자, 기술혁신에 필요한 '사회적 축적' 기금 부분은 공제되어야 한다), 이 '노동증서'를 가지고 이와 동등한 노동시간이 체화된 소비재를 구입한다는, 마르크스가 말한 '공산주의 초기 단계'의 평등주의적 분배 원리를 실제로 구현할 수 있다. 물론 모든 재화가 노동시간에 따라 분배되는 것은 아니다. 보건·의료나 필수적인 집합적 소비재의 경우는, 마르크스가 말한 '발전한 공산주의 단계'의 분배 원리, 즉 '필요에 따른 분배' 원리가 앞당겨 적용되어야 한다.

나아가 오늘날 정보화의 핵심인 인터넷에 기반을 둔 네트워크의 발전은 마르크스적 의미에서의 계획, 즉 진정한 의미에서 참여계획, 아래로부터의 계획을 가능하게 한다. 예컨대 온라인 토론과 인터넷 투표를 결합할 경우, 고대 아테네와 같은 직접민주주의 원리를 경제와 정치 영역에 광범위하게 적용할 수 있다.[17)]

2) 기술혁신

참여계획 경제에서는 정태적인 자원배분의 효율성은 확보될 수 있을지

16) 자본주의 국가에서 상품에 체화된 노동시간의 계산 사례는, 미국의 경우 샤이크와 토낙(Shaikh & Tonak, 1994), 우리나라의 경우 촐피디스와 류동민(Tsoulfidis & Rieu, 2006)을 참조할 수 있다.

17) 통설은 고대 아테네의 민주주의의 물질적 기반이 노예제라는 사실을 이유로 그 역사적 한계성을 강조하는 것이었지만, 칵샤과 코트렐은 엘렌 마이크신스 우드(E. M. Wood, 1995b)의 논의를 원용하면서 민중적 직접민주주의로서 고대 아테네의 민주주의의 역사적 의의를 재발견할 것을 촉구한다.

몰라도, '기업가 정신'에 기인한 슘페터적인 '창조적 파괴'를 통한 기술혁신의 동학이 작동하지 않기 때문에 자본주의에 비해 동태적 효율성이 떨어질 수밖에 없다는 비판이 흔히 제기된다. 그러나 이와 같은 비판 역시 근거가 없다. 마르크스적 의미의 참여계획경제에서는 참여와 분업의 폐지를 통해 노동소외가 극복되며 노동의욕이 비약적으로 증대되므로 생산성은 획기적으로 향상될 수 있다. 그뿐만 아니라, 생산자들의 아래로부터 참여를 통해서 생산 현장의 '국지적' 지식과 생산현장의 실제에 체화된 '암묵적' 지식의 사회적 동원이 극대화될 경우, 기술혁신은 자본주의 이상으로 역동적일 수 있다.[18] 실제로 참여계획경제 모델에서는 자본가 경영 독점이 일반적인 자본주의와 달리, 직접생산자를 포함한 이해당사자의 전반적 참여하에 경제조절이 이루어지므로, '국지적'·'암묵적' 지식의 동원은 극대화될 수 있다.[19]

또한 자본주의 시장경제에서는 시장실패로 인해 기술혁신을 위한 연구개발과 같은 공공재가 사적 재화에 비해 과소공급될 수밖에 없는 반면, 참여계획경제에서는 이와 같은 공공재의 과소공급 문제가 존재하지 않기 때문에,

18) 참여계획경제 논자들은 1930년대 사회주의 경제계산 논쟁에서 하이에크를 비롯한 오스트리아 학파가 처음으로 제기했던 '국지적' 혹은 '암묵적' 지식이 기술혁신에 결정적인 역할을 했음을 공통적으로 인정한다.

19) 아다만과 드바인에 따르면, 문제는 누구의 암묵적 지식을 누구의 이익을 위해 끌어오느냐 하는 것이다. 우리의 '협상 조절' 모델에서는 주요한 경제적 의사결정에서 참여가 단지 주주만이 아니라 모든 사회적 소유자의 대표자들에게 전반적으로 확산된다(Adaman & Devine, 2006: 145). 그런데 앨버트와 하넬은 기술혁신이 노동자, 다른 기업, 소비자, 지역 주민 등 모든 이해당사자의 참여 하에 기술혁신의 전 과정이 수행되는 '협상 조절' 모델에서는 "관료적 무기력"이 발생할 우려가 있다고 하면서, 오히려 기업의 소유자인 노동자평의회만이 기술혁신 업무를 관장하고 다른 이해당사자들은 노동자평의회가 제출한 기술혁신 안에 대해 찬반 투표권만을 갖는(이는 기술혁신의 사회적 비용과 편익의 비교 분석 결과에 기초한다) 자신들의 '파레콘' 모델이 기술혁신을 더 촉진할 수 있다고 주장한다(Albert & Hahnel, 2002: 112~113).

자본주의 시장경제에 비해 더 많은 자원을 연구개발·기술혁신을 위해 배분할 수 있다. 참여계획경제에서는 한 생산 단위의 혁신이 즉각적으로 다른 생산단위에 공개되어 확산될 수 있기 때문에, 혁신의 사회적 확산이 자본주의보다 신속할 수 있다. 무엇보다, 참여계획경제에서는 생산성과 기술혁신의 과실이 자본의 이윤이 아니라 인류 전체의 삶의 풍요로 귀결될 것이다.

따라서 계획경제에서는 혁신과 생산성 둔화가 불가피하다는 하이에크 등 오스트리아 학파의 비판은 소련식 관료적 명령경제나 이른바 시장사회주의론에 해당될 수는 있어도 마르크스적 의미의 참여계획경제에는 해당될 수 없다. 혁신, 혹은 창조적 파괴는 자본주의 시장경제의 강점으로 주장되지만, 자본주의에서 기술혁신의 한계와 편향도 지적되어야 한다. 무엇보다, 칵샷과 코트렐이 주장하듯이 통념과는 정반대로 "자본주의 경제에 대해 제기될 수 있는 진정한 비판은 자본주의에서는 노동이 인위적으로 싸기 때문에 노동절약적 장치를 채택하는 것이 너무 느리다"(Cockshott & Cottrell, 2005: 240)는 점이다.[20] 이와 관련하여, 자본주의에서는 노동 일반의 절약이 아니라 필요노동의 절약(즉 잉여노동의 증대)을 목적으로 기계가 채용되므로, 노동 일반의 절약을 위해 기계가 채용되는 공산주의에 비해 기계 채용에 한계가 있다는 마르크스의 고전적 논의는 여전히 타당하다.[21]

20) 자본주의에서 자본가들은 노동자들에게 그가 수행한 노동 중 필요노동 부분에 대해서만 지불하기 때문에, 자본주의에서 노동은 항상 싸다고 할 수 있다.

21) "만약 기계를 다만 생산물을 싸게 하는 수단으로만 본다면, 기계를 사용하는 한계는 기계 자체의 생산에 드는 노동이 기계의 사용에 의하여 대체되는 노동보다 적어야 한다는 데 있다. 그러나 자본가가 기계를 사용하는 데에는 그 이상의 한계가 있다. 자본가는 노동에 대하여 지불하는 것이 아니라 고용하는 노동력의 가치만을 지불하므로, 자본가에 의한 기계 사용의 한계는 기계의 가치와 기계가 대신하는 노동력의 가치 사이의 차이에 의하여 설정된다…… 그러므로 공산주의 사회에서는 기계는 부르주아 사회에서와는 전혀 다른 사용 범위를 가질 것이다"(마르크스, 1989a: 500~501). 한편 여기에서 마르크스가 노동시간 단위로의 경제계산에 의거하여 기계 채용(즉 기술혁신)에 있어 자본주의에 비한 공산주의의 우월성을 논증하고

또한 코츠(Kotz, 2002: 98)가 지적하듯이, 자본주의에서도 혁신 중 발명과 개발 단계에서는 국가나 대학과 같은 비영리 기관이 중요한 역할을 한다. 그리고 자본주의에서 기술혁신은 지적 재산권의 설정에 의거한 독점 메커니즘에 의존하기 때문에 기술혁신의 확산에 한계가 있다. 앨버트와 하넬이 지적하듯이, 자본주의의 위계적 의사결정 구조로 인해서 노동자와 소비자들은 자신들이 영향 받는 것에 비례한 의사결정권을 보장받지 못하기 때문에, 수동적이 되며, 혁신적 사고와 활동의 유인을 갖지 못하게 된다. 즉, 자본주의의 위계적 경영구조는 사람들로부터 경제생활에 대한 통제권을 빼앗기 때문에 사람들의 창조적인 경제적 잠재력을 동원할 수 없고 그만큼 혁신 유인은 감소된다는 것이다(Albert & Hahnel, 2002: 111~112). 무엇보다 자본주의에서 기술혁신은 무정부적 방식으로 이윤추구를 목적으로 이루어지기 때문에 반인간적·생태 파괴적일 뿐만 아니라 중복되고 낭비적이다.

5. 평가와 과제

앞서 검토한 참여계획경제 모델들은 모두 아래로부터 참여를 중시한다는 점에서, 고전 마르크스주의 전통이 견지하는 '아래로부터 사회주의' 정신을 따르고 있다. 마르크스적 의미의 참여계획경제는 역사적 실천에서 논박된 것이 아니고 19세기적 유토피아도 아니다. 앞서 검토한 모델에서 입증되었듯이 마르크스적 의미의 참여계획경제는 21세기 세계화·정보화의 조건에서 실행 가능한 현실적 프로젝트이다. 그뿐만 아니라, 아래로부터 참여계획경제를 통해서만 "자주관리(영향 받는 정도에 상응한 의사결정권), 평등(노력에 따른 분배), 효율(희소한 생산자원의 편익 극대화), 연대(타인에 대한 배려) 및 생태 보존"(Hahnel, 2000: 338)이 가능하다. 참여계획경제는 21세기 인류의

있다는 점도 주목해야 한다.

지속가능한 발전을 위해 필수적인 선택이다. 따라서 '21세기 사회주의'는 마르크스적 의미의 참여계획경제로만 건설될 수 있으며, 그렇게 건설되어야 한다. 오늘날 신자유주의 시장경제 모델에 대한 급진 좌파의 대안적 경제 모델은 케인스주의적 사회적 시장경제나 그 자체 형용모순인 시장사회주의가 아니라, 시장경제 자체의 지양으로서의 마르크스적 의미의 계획경제, 즉 참여계획경제여야 한다.

그러나 이 글에서 검토한 기존의 참여계획경제 모델은 아직 완전한 것은 아니며, 개선·보완할 점이 적지 않다. 우선 앨버트의 '파레콘' 모델이나 드바인의 '협상 조절' 모델은『고타강령비판』에서 마르크스가 제안한 노동시간 단위 계산을 배격하기 때문에 마르크스적 의미의 계획경제를 정당하게 구체화한 것으로 보기는 어렵다. 실제로 '파레콘' 모델은 신고전파적 '지시가격'(앨버트), 혹은 랑게(Lange, 1936)가 제안했던 '왈라스'='신고전파 (시장) 사회주의' 유형의 반복적 조절 과정(tâtonnements)에 의존하고 있으며, 드바인의 '협상 조절' 모델도 앞서 확인했듯이 리카도=스라파의 '생산가격' 모델에 의거하고 있다. 오닐(O'Neill, 2002: 25)이 지적하듯이 앨버트와 하넬의 '파레콘' 모델에서는 사회적 비용을 계산하기 위해 화폐가격을 도입한다. 또한 '파레콘' 모델은 사회적 선택의 상이한 차원들을 잠재가격 단위로의 비용편익 계산으로 환원할 수 있다는 부르주아 신고전파 경제학의 가정을 공유하고 있다. 캘리니코스(Callinicos, 2006c)도 '파레콘' 모델이 시장경제의 작동을 너무 많이 모방하고 있으며 분권화를 지나치게 강조하고 있다고 비판한다. 하지만 캘리니코스는 드바인의 '협상 조절' 모델에 대해서는 자원배분의 정치적 성격과 민주적 의사결정 과정을 중시한다는 점에서 '파레콘' 모델보다 우수하다고 평가한다. 하지만 드바인의 '협상 조절' 모델도 시장사회주의와 같은 '시장강제'는 거부하지만, 기존 설비의 사용과 관련된 '시장교환'은 유지하고 있다.[22] 그러나 이와 같은 '시장교환'과 '시장강제'의

22) 드바인 자신도 다음과 같이 말한다. "통상 시장 메커니즘과 연관되는 기존 설비의

구별은 호지슨(Hodgson, 1998: 413~414)이 지적하듯이 자의적이다. 오닐도 지적하듯이, "시장교환과 시장강제가 실제에서 어떻게 구별될 수 있는지는 분명하지 않"으며, "독립적 행위자들이 시장교환에 참여하는 한, 그 결과를 결정하려는 강제력이 작용"한다고 보는 것이 타당하다(O'Neill, 2002: 90).

나는 마르크스가 『고타강령비판』에서 제안한 노동시간 계산 시스템의 도입 없이 시장과 화폐에 기초하여 구상한 어떤 대안적 경제모델도, 그것이 시장사회주의 모델이든 좌파 케인스주의 모델이든, 시장경제 모델로 수렴할 것이기 때문에,[23] 노동시간 계산 시스템의 도입은 '21세기 사회주의' 경제 모델 구체화에서 필수적이라고 생각한다. 이를 위해서는 우선 노동시간 계산 모델의 관점에서 '파레콘', 혹은 '협상 조절' 모델을 통합하는 방향으로 참여계획경제 모델의 발전이 이루어져야 할 것이다.[24] 이와 관련하여, 칵샷과 코트렐이 자신들이 제안한 모델을 '노동가치' 모델이라고 부르는 것은 부정확하며, 본의 아니게 시장사회주의론으로 연결될 소지를 제공할 수

사용에서 유연성과 고객 수요에 대한 감응도는 '협상 조절' 모델의 고유한 부분이다"(Devine, 1992: 86).

23) 곽노완(2006)은 생산에의 직접적 기여와 연계된 성과에 따른 분배 및 사회기금 모델, 기업별 생산과 투자계획은 '협상 조절'기구에 의해 조절될 필요 없이 해당 기업의 노동자와 이해당사자에게 위임되는 시스템을 '21세기 사회주의' 모델로 제안하는데, 이는 시장과 화폐의 기능뿐만 아니라 기업 간 경쟁적 투쟁까지 용인한다는 점에서, 또 투자의 계획과 결정에 대한 중앙 조절을 포기한다는 점에서, 시장사회주의론은 물론 케인스주의적 "투자의 사회화"보다 더 후퇴한 측면이 있다. 이처럼 개별적으로 원자화된 투자 시스템에서는 자본주의 경제에 특징적인 불안정성 및 과잉생산·과잉투자 공황이 불가피할 것이다. '협상 조절' 모델 유형의 참여계획경제를 지지했던 장석준(2006)도 최근 시장사회주의로 다시 후퇴하는 듯하다.

24) 라이브만(Laibman, 2002: 87)도 다음과 같이 제안한다. "우리는 칵샷-코트렐의 슈퍼컴퓨터에 의거한 역행렬 계산과 드바인의 '국지적' 및 '암묵적' 지식에 대한 관심을 **모두** 필요로 한다. 여기에서 결정적인 것은 **다수준의 반복 조절**을 개발하고 확장하는 것인데, 이는 방정식과 계산 가격의 도출에 있어 참여적 해법과 부분적으로 위임된 해법을 수반하는 것과 **함께**, 국지적으로 특수한 지식과 창의성을 포함하는 것이어야 한다"(강조는 라이브만).

있으므로, 나처럼 '노동시간' 계산 모델이라고 고쳐 부르는 것이 옳다. 노동시간이라는 범주 자체는 자본주의 이전 혹은 이후 사회에도 존재하는 초역사적 범주이지만, 이 노동시간이 '노동가치'(즉 '간접적으로 사회적인 노동', '추상노동')로 현현하는 것은 자본주의에 역사특수적인 것이며, 마르크스적 사회주의에서 가치 범주는 소멸하기 때문이다.[25)]

끝으로, 앞서 검토한 참여계획경제 모델은 모두 1917년 10월혁명과 볼셰비즘 및 스탈린주의 문제 인식에서 편향을 보인다는 점을 지적할 필요가 있다. 이들에서는 볼셰비즘과 스탈린주의 간의 질적 단절에 대한 인식은 찾아볼 수 없다. 예컨대 앨버트와 하넬은 마르크스가 "원래 생각했던 사회주의는 단 한 번도 검증된 적이 없다"(Albert & Hahnel, 1992: 57)라고 하면서, 1917년 10월혁명의 역사적 의의 자체를 완전히 부정한다. 이들은 소련은 처음부터 공산당관료를 중심으로 한 중앙계획경제의 '조절자 계급'의 지배 사회였다고 주장한다.[26)] 이들은 앞서 지적했듯이, 마르크스의 가치론 및 잉여가치론을 거부한다. '협상 조절' 모델을 주장하는 드바인도 소련·동유럽 블록의 역사적 경험 전체를 '국가주의'로 거부한다. 이와는 반대로 노동시간 계산 모델을 주장하는 칵샷과 코트렐은 스탈린주의 소련을 민주주의의 부재 등 문제점이 많기는 하지만 어쨌든 사회주의 계획경제의 원시적 시도로서 긍정적으로 평가한다.[27)] 하지만 이들처럼 볼셰비즘과 스탈린주의의 질적

---

25) 이와 관련하여 우크라이나의 트로츠키주의자 로스돌스키(2003: 184)의 다음과 같은 고전적 지적은 매우 타당하다. "사회주의 사회에서는 가치법칙이 작용할 여지는 조금도 없다. 왜냐하면 여기에서는 상품생산과 완전히 다른 생산 형태가 이루어지고 있기 때문이며, 또 여기에서는 생산과 분배의 규제가 시장의 맹목적인 움직임에 맡겨지는 것이 아니라 사회의 의식적인 통제에 종속되어 있기 때문이다. …… 오늘날 소비에트 블록의 수많은 경제학자들은 가치법칙을 사회주의 분배 원리의 지위로 격상시키고 있는데, 이는 …… 소련의 사회경제적 관계가 1917년 10월혁명의 원래 목표로부터 얼마나 멀리 떨어져 있는지를 보여준다."

26) 앨버트의 '러시아 문제' 인식에 대한 마르크스주의적 비판으로는 캘리니코스(Callinicos, 2003)를 참조할 수 있다.

단절, 즉 국가자본주의 반혁명으로서 스탈린주의, 따라서 1917년 10월혁명과 볼셰비즘의 현재성을 전적으로 거부하는 것은 이론적·역사적으로 정당화될 수 없다. 그뿐만 아니라, '러시아 문제'에 대한 이와 같은 편향된 인식 때문에 이들이 제안한 참여계획경제론은 19세기 유토피아 사회주의처럼 도상연습으로 끝나거나, '몬드라곤'이나 '연대 경제' 혹은 가라타니 고진(柄谷行人, 2001; 2005) 등이 주창하는 '어소시에이셔니즘'과 같은, 자본주의체제 가운데 국지화된, 사실상 편입된 '섬'의 실험으로 그칠 우려가 있다. 이와 같은 기존의 참여계획경제론의 한계와 편향을 정정하여 현재 우리나라 조건에서 참여계획경제의 실행 가능성을 입증하고, 나아가 이를 '21세기 사회주의' 구현을 위한 운동과 결합시키는 것은 향후 우리에게 주어진 과제이다.

---

27) 칵샷과 코트렐은 구소련 경제의 문제점을 고질적으로 정합적이지 못한 계획, 부족과 과잉의 반복, 소비자 수요에 대한 반응의 결여 등으로 환원하고, 게다가 이는 부분적으로 잘못된 정책의 결과이긴 하지만 상당 정도는 중앙계획 체제를 너무 이르게(즉 컴퓨터, 정보통신 기술을 이용할 수 없었던 시기에) 채택함으로 인해 빚어진 불가피한 결과라고 기술결정론적으로 설명·변호한다(Cottrell & Cockshott, 1993a: 108).

참고문헌

가라타니 고진(柄谷行人). 2005. 『트랜스크리틱』. 송태욱 옮김. 한길사.

강남훈. 2006. 「기술혁신과 이윤율 저하 경향」. ≪마르크스주의연구≫, 제6호.

강성호. 2004. 「A. G. 프랑크의 세계체제론과 마르크스주의: '리오리엔트'를 중심으로」. ≪마르크스주의 연구≫, 제2호.

강신준. 1992. 「제2인터내셔널 시기의 마르크스주의」. ≪이론≫, 제3호.

공산주의노동자조직. 2006. 『트로츠키주의비판』. 빛나는 전망 편집부 옮김. 빛나는 전망.

곽노완. 2006. 「맑스 사회(공산)주의론의 모순과 21세기 사회주의」. ≪마르크스주의연구≫, 제6호.

글린, 앤드류 외(A. Glyn, et al.). 1993. 『1945년 이후의 자본주의』. 김수행 옮김. 동아출판사.

김공회. 2006. 「데이비드 하비의 제국주의론 비판」. ≪마르크스주의연구≫, 제5호.

김민권. 1988. 『영구혁명론과 니카라구아 혁명』. 도서출판 한울.

김성구. 2005. 「현대 자본주의의 위기와 사회화 프로그램의 이행론적 함의」. ≪마르크스주의 연구≫, 제3호.

김세균. 1993. 「레닌의 철학적 실천과 유물변증법 구상」. ≪이론≫, 제4호.

_____. 1997. 「오늘의 마르크스주의: 재구성을 위한 하나의 시도」. ≪이론≫, 제17호.

김수행. 1986. 『경제변동론』. 비봉출판사.

_____. 1993. 「'자본'은 왜 불완전한가?」. ≪이론≫, 제4호.

_____. 2006a. 「케인스주의에 대한 마르크스주의적 비판」. ≪마르크스주의연구≫, 제5호.

_____. 2006b. 「『자본론』에서 볼 수 있는 자본주의 이후의 경제체제」. ≪마르크스주의연구≫, 제6호.

김수행·신정완 편. 2002. 『현대 마르크스주의 경제학의 쟁점들』. 서울대학교출판부.
김윤자. 1989. 「1920년대 소련의 신경제정책 논쟁에 관한 연구」. 서울대학교 경제학박사학위논문.
김창근. 2005. 「시점간 단일체계 접근과 새로운 가치 논쟁에 대한 평가」. ≪마르크스주의연구≫, 제3호.
김하영. 2002. 『국제주의 시각에서 본 한반도』. 책벌레.
김형기. 1997. 「임노동론에 기초한 사회구성 인식방법」. 한국사회경제학회. 『10주년 기념대회 발표논문집』.
김호균. 1993. 『신정치경제학개론』. 이론과 실천.
까갈리쯔끼, 보리스(B. Kagarlitsky). 1998. 「마르크스의 탈수정」. 『선언 150년 이후: 공산주의당 선언 150주년 기념 파리 국제학술대회 기고 논문 선집』. 카피레프트 옮김. 이후.
까갈리쯔끼, 보리스 외(Kagarlitsky, B. et al.). 1998. 『선언 150년 이후: 공산주의당 선언 150주년 기념 파리 국제학술대회 기고 논문 선집』. 카피레프트 옮김. 이후.
까리요, 산티아고(Santiago Carrillo). 1992. 『유로코뮤니즘과 국가』. 김유향 옮김. 새길.
네그리·하트(A. Negri and M. Hardt). 1996. 「케인스와 국가에 대한 자본주의적 이론」. 『디오니소스의 노동 1』. 이원영 옮김. 갈무리.
노브, 알렉(A. Nove). 1998. 『소련경제사』. 김남섭 옮김. 창작과 비평사.
_____. 2001. 『실현 가능한 사회주의의 미래』. 대안체제연구회 옮김. 백의.
데사이, 메그나드(M. Desai). 2003. 『마르크스의 복수』. 김종원 옮김. 아침이슬.
도이처, 아이작(I. Deutscher). 1985. 『트로츠키』. 신홍범 옮김. 두레.
뒤메닐·레비(Duménil, G. and D. Lévy) 2006. 『자본의 반격』. 이강국·장시복 옮김. 필맥.
드브로이, 미쉘(M. De Vroey). 1986. 「마르크스주의 가치이론에 대한 추상노동적 해석」. 정운영 옮김. ≪경제와 사회≫, 제1호.
들뢰즈·네그리(G. Deleuze and A. Negri) 외(2005.). 『비물질 노동과 다중』. 서창현 외 옮김. 갈무리.

디미트로프, 게오르기 미하일로비치(G. Dimitrov). 1987. 『통일전선연구』. 거름.
라이시, 로버트(R. Reich). 1994. 『국가의 일』. 남경우 외 옮김. 까치.
레닌, 블라디미르 일리치 울리야노프(V. Lenin). 1988a. 『러시아에서 자본주의의 발전』. 김진수 옮김. 태백.
_____. 1988b. 『제국주의론』. 남상일 옮김. 백산서당.
_____. 1989. 『철학노트』. 홍영두 옮김. 논장.
_____. 1990. 「우리의 강령 초안에 대한 비판에 답하여」. 『레닌저작집 2-1』. 김탁 옮김. 전진.
_____. 1991a. 「소비에트 정부의 당면 임무」. 백승욱 편. 『민중민주주의 경제론: 레닌의 노동자 통제 및 국유화론 1』. 새길.
_____. 1991b. 「현물세」. 백승욱 편. 『신경제정책(NEP)론: 레닌의 노동자 통제 및 국유화론 2』. 새길.
_____. 1991c. 「신경제정책과 정치교육부의 임무」. 백승욱 편. 『신경제정책(NEP)론: 레닌의 노동자 통제 및 국유화론 2』. 새길.
_____. 1991d. 「협동조합에 관하여」(1923. 1. 6). 윤수종 옮김. 『농업협동화론』, 새길.
레닌, 블라디미르 일리치 울리야노프 외(V. Lenin et. al.). 1989. 『레닌의 반스딸린투쟁』. 김진태 옮김. 신평론.
로머, 존(J. Roemer). 1996. 『새로운 사회주의의 미래』. 고현욱·강문구 옮김. 도서출판 한울.
로스돌스키, 로만(R. Rosdolsky). 2003. 『마르크스의 자본론의 형성 2』. 정성진 옮김. 백의.
뢰비, 미셸(M. Löwy). 1990. 『영구혁명의 이론과 실제』. 이성복 옮김. 신평론.
룩셈부르크, 로자(R. Luxemburg). 1995. 『대중파업론』. 최규진 옮김. 책갈피.
_____. 2002. 『사회 개혁이냐 혁명이냐』. 김경미·송병헌 옮김. 책세상.
류동민. 2002. 「가치와 가격」. 김수행·신정완 편. 『편대 마르크스주의 경제학의 쟁점들』. 서울대학교 출판부.
리히터, 호르스트(H. Richter). 1990. 『현대정치경제학 1』. 유팔무 옮김. 녹두.
마르크스, 칼(K. Marx), 1997. 「고타강령비판」. 『칼 맑스 프리드리히 엥겔스 저작선집』, 제4권. 김세균 감수. 박종철출판사.

_____. 1987. 『경제학 철학 수고』. 김태경 옮김. 이론과 실천.
_____. 1989a. 『자본론』, 제1권. 김수행 옮김. 비봉출판사.
_____. 1989b. 『자본론』, 제2권. 김수행 옮김. 비봉출판사.
_____. 1989c. 『정치경제학 비판을 위하여』. 김호균 옮김. 중원문화사.
_____. 1990. 『자본론』, 제3권. 김수행 옮김. 비봉출판사.
_____. 2000. 『정치경제학비판요강』, 제1권. 김호균 옮김. 백의.
마르크스·엥겔스(K. Marx & F. Engels). 1990. 『자본론에 관한 서한집』. 김호균 옮김. 중원문화사.
_____. 1997. 『칼 맑스, 프리드리히 엥겔스 저작선집』, 1~6권. 김세균 감수. 박종철 출판사.
만델, 에르네스트(E. Mandel). 1985. 『후기자본주의』. 이범구 옮김. 한마당.
_____. 1990. 『페레스트로이카를 넘어서』. 태백.
몰리뉴, 존(J. Molyneux). 1986. 『마르크스주의당 논쟁사』. 안택원 옮김. 도서출판 한울.
문영호. 1990. 『혁명이론의 빈곤』. 신평론.
박승호. 2004. 『좌파 현대자본주의론의 비판적 재구성』. 도서출판 한울.
백승욱. 2006. 『자본주의 역사 강의』. 그린비.
백승욱 편. 1990. 『민중민주주의 경제론: 레닌의 노동자 통제 및 국유화론』. 새길.
_____. 1991. 『신경제정책(NEP)론: 레닌의 노동자 통제 및 국유화론 2』. 새길.
베른슈타인, 에두아르드(E. Bernstein). 1996. 『사회주의의 전제와 사민당의 과제』. 강신준 옮김. 한길사.
브레너, 로버트(R. Brenner). 2001. 『혼돈의 기원』. 전용복·백승은 옮김. 이후.
브레너·글릭(R. Brenner & M. Glick). 1992. 「조절접근: 이론과 역사」. ≪사회경제평론≫, 제5집.
블랜번, 로빈(R. Blackburn). 1992. 「동구권 몰락 이후의 사회주의 (1)」. ≪창작과 비평≫, 가을호.
서비스, 로버트(R. Service). 2001. 『레닌』. 정승현·홍민표 옮김. 시학사.
서울사회과학연구소. 1991. 『사회주의의 이론·역사·현실』. 민맥.
스탈린, 요시프(J. Stalin). 1990. 「소련에서 사회주의의 경제적 제문제」. 『스탈린선집』, 제2권. 서중건 옮김. 전진.

신장섭·장하준. 2004. 『주식회사 한국의 구조조정: 무엇이 문제인가』. 창비.
신정완. 2006. 「'한국형 사회적 시장경제 모델' 구상」. 유철규 편. 『혁신과 통합의 한국경제 모델을 찾아서』. 함께 읽는 책.
알튀세르, 루이(L. Althusser). 1992. 『레닌과 철학』. 이진수 옮김. 백의.
앤더슨, 페리(P. Anderson). 1986. 『실천적 마르크스주의를 위하여』. 장석만 옮김. 이론과 실천.
앨버트, 마이클(M. Albert). 2003. 『파레콘』. 김익희 옮김. 북로드.
양희석. 1993. 「고전경제학에 관한 마르크스의 견해: 매개항의 부재」. ≪산업경제≫, 제4호.
오니시 히로시(大西廣). 1999. 『자본주의 이전의 사회주의와 자본주의 이후의 사회주의』. 조용래 옮김. 한양대학교출판부.
오스트라비챠노프(Ostravitianov). 1986. 『정치경제학』. 김윤환 옮김. 인간사.
오웰, 조지(G. Orwell). 1984. 『카탈로니아 찬가』. 박충선 옮김. 학원사.
월러스틴, 이매뉴얼(I. Wallerstein). 1993. 『역사적 자본주의/자본주의 문명』. 나종일 외 옮김. 창작과 비평사.
_____. 1994. 『사회과학으로부터의 탈피』. 성백용 옮김. 창작과 비평사.
_____. 1999a. 『유토피스틱스』. 백영경 옮김. 창작과 비평사.
_____. 1999b. 『근대세계체제 Ⅰ, Ⅱ, Ⅲ』. 나종일 옮김. 까치.
월러스틴, 이매뉴얼 외(I. Wallerstein et al.). 1999. 『이행의 시대』. 백승욱 옮김. 창작과 비평사.
유철규 편. 2006. 『혁신과 통합의 한국경제 모델을 찾아서』. 함께 읽는 책.
윤소영. 1987. 『에티엔 발리바르의 '정치경제(학) 비판': '비판의 비판'을 위하여』. 도서출판 한울.
_____. 1988. 「알튀세르를 어떻게 읽을 것인가?」. ≪문학과 사회≫, 겨울호.
_____. 1992. 「질의·토론과 관련한 답변」. ≪사회평론≫, 8월호.
_____. 1998. 『일반화된 마르크스주의와 역사적 자본주의 분석』. 공감.
_____. 2002. 『마르크스의 경제학 비판과 소련 사회주의』. 공감.
이대근·정운영 편. 1985. 『세계자본주의론』. 까치.
이병천. 2005. 「양극화의 함정과 민주화의 깨어진 약속: 동반성장의 시민경제 대안을 찾아서」. ≪시민과 세계≫, 제7호.

이수훈. 1993. 『세계체제론』. 나남.

이정구. 2006a. 「개혁 개방 이후의 중국경제」. ≪마르크스주의연구≫, 제5호.

______. 2006b. 「참여경제(파레콘)-새로운 대안경제의 모색」. ≪마르크스주의연구≫, 제6호.

이채언. 2002. 「마르크스의 국제가치이론에 관한 재해석」. ≪사회경제편론≫, 제19호.

장상환. 2005. 「한국경제의 위기와 민주노동당의 대안」. ≪시민과 세계≫, 제7호.

장상환·김의동 외. 1991. 『제국주의와 한국사회』. 도서출판 한울.

장석준. 2006. 「21세기의 현실 대안-사회주의」. ≪마르크스주의연구≫, 제6호.

정건화. 2006. 「2000년대 한국경제의 쟁점과 민족경제론 - '외국자본 지배론' 비판을 중심으로」. 유철규 편. 『혁신과 통합의 한국경제 모델을 찾아서』. 함께 읽는 책.

정성진. 1985. 「세계자본주의와 불평등 교환」. 이대근·정운영 편. 『세계자본주의론』. 까치.

______. 1991. 「제국주의. 사회주의 그리고 영구혁명」. 장상환·김의동 외. 『제국주의와 한국사회』. 도서출판 한울.

______. 1992a. 「스탈린주의와 철저하게 결별하여야 한다」. ≪사회평론≫, 8월호.

______. 1992b. 「토니 클리프」. ≪이론≫, 제2호.

______. 1993a. 「트로츠키의 정치경제학 체계」. ≪이론≫, 제7호.

______. 1993b. 「한국자본주의와 경제적 종속의 전망」. ≪사회비평≫, 제9호.

______. 1994. 「마르크스주의 경제학 역사의 올바른 이해를 위하여」. ≪세계정치경제≫, 제1호.

______. 1996. 「포스트모던 마르크스 경제학 비판」. ≪이론≫, 제16호.

______. 1997a. 「정치경제학과 사회과학 패러다임: 마르크스의 방법을 중심으로」. ≪세계정치경제≫, 제4호.

______. 1997b. 「트로츠키의 생애와 사상: 볼코고노프의 『트로츠키』를 중심으로」. ≪동향과 전망≫, 제 36호.

______. 1998a. 「1848년 '공산주의 당 선언'의 현재성」. ≪역사비평≫, 가을호.

______. 1998b. 「경제위기 논쟁과 마르크스주의 공황론」. 한국사회경제학회. 『제41회 연구발표회 연구논문집』.

______. 1999a. 「세계경제위기와 마르크스주의 공황론: 브레너 비판을 중심으로」. ≪진보평론≫, 제1호.
______. 1999b. 「세계체제론: 맑스주의적 비판」. ≪진보평론≫, 제2호.
______. 2001. 「맑스주의 공황론의 창조적 돌파: 브레너의 세계경제위기론」. 로버트 브레너. 『혼돈의 기원』. 전용복·백승은 옮김. 이후
______. 2002. 「제2인터내셔널의 마르크스주의」. 김수행·신정완 편. 『현대 마르크스주의 경제학의 쟁점들』. 서울대학교출판부.
______. 2003. 「21세기 미국 제국주의-마르크스주의적 분석」. ≪사회경제평론≫, 제20호.
______. 2004a. 「『제국』: 마르크스주의적 비판」. ≪마르크스주의 연구≫, 제1호.
______. 2004b. 「레닌의 경제학 비판」. ≪마르크스주의 연구≫, 제2호.
______. 2005. 『마르크스와 한국경제』. 책갈피.
______. 2006a. 「세계적 양극화: 마르크스 가치론적 관점」. ≪민주사회와 정책연구≫, 제9호.
______. 2006b. 「케인스주의인가. 21세기 사회주의인가?」. ≪마르크스주의연구≫, 제5호.
______. 2006c. 「21세기 자본주의의 위기와 대안」. ≪진보평론≫, 제29호.
______. 2006d. 「'21세기 사회주의'와 참여계획경제의 가능성」. ≪진보평론≫, 제30호.
정운영. 1986. 「상품과 가치: 단순상품생산에서의 가치의 형성」. ≪경제와 사회≫, 제1호.
조정환. 2003. 『아우또노미아』. 갈무리.
______. 2004. 「레닌의 카이로스」. ≪마르크스주의연구≫, 제2호.
조현수. 1997. 「사회비판이론으로서의 '자본'」. ≪이론≫, 제16호.
짜골로프(N. Zagolow) 편. 1990. 『정치경제학 교과서1-1』. 윤소영 감수. 새길.
최일붕. 2005. 「1917-1928년 러시아: 혁명에서 반혁명으로」. ≪마르크스주의연구≫, 제3호.
캘리니코스, 알렉스(A. Callinicos). 1993a. 『마르크스의 혁명적 사상』. 정성진·정진상 옮김. 책갈피.
______. 1993b. 『역사의 복수』. 김택현 옮김. 종로서적.

_____. 1999.「신자유주의라는 야만을 넘어서」. 정성진 옮김. ≪창작과 비평≫, 제106호.
_____. 2003.『반자본주의 선언』. 정성진·정진상 옮김. 책갈피.
케인즈, 존 메이나드(J. M. Keynes). 1985.『고용, 이자 및 화폐의 일반이론』. 조순 옮김. 비봉출판사.
코우츠, 데이빗(D. Coates). 2003.『현대자본주의의 유형: 세계경제의 성장과 정체』. 이영철 옮김. 문학과 지성사.
클리프, 토니(T. Cliff). 1991.『여성: 이중의 굴레』. 장수한 옮김. 유월.
_____. 1993.『소련 국가자본주의』. 정성진 옮김. 책갈피.
_____. 1995.『레닌 1』. 최일붕 옮김. 책갈피.
_____. 2001.『로자 룩셈부르크』. 조효래 옮김. 북막스..
_____. 2002.『새천년의 마르크스주의』. 정영욱 옮김. 북막스.
트로츠키, 레온(L. Trotsky). 1989.『영구혁명 및 평가와 전망』. 정성진 옮김. 신평론.
_____. 1995.『배반당한 혁명』. 김성훈 옮김. 갈무리.
_____. 1998.「공산주의당 선언 출간 90주년에 부쳐」.『선언 150년 이후: 공산주의당 선언 150주년 기념 파리 국제학술대회 기고 논문 선집』. 카피레프트 옮김. 이후.
파인·새드-필호(Fine, B. and A. Saad-Filho). 2006.『마르크스의 자본론』. 박관석 옮김. 책갈피.
하먼, 크리스(C. Harman). 1995.『마르크스주의와 공황론』. 김종원 옮김. 풀무질.
하먼·캘리니코스(C. Harman and A. Callinicos). 1995.『마르크스주의와 국가자본주의 논쟁』. 한석원 편역. 풀무질.
하먼·헤인즈(C. Harman and M. Haynes). 1995.『소련의 해체와 그 이후의 동유럽』. 이원영 편역. 갈무리.
하비, 데이비드(D. Harvey). 1995.『자본의 한계』. 최병두 옮김. 도서출판 한울.
_____. 2005.『신제국주의』. 최병두 옮김. 도서출판 한울.
하트·네그리(M. Hardt and A. Negri). 2001.『제국』. 윤수종 옮김. 이학사.
한국서양사학회 편. 1996.『근대세계체제론의 역사적 이해』. 까치.
한석원. 1993.「레온 트로츠키의 불균등결합발전법칙 고찰」. 한국사회경제학회.『제22회 연구발표회 연구논문집』.
해리스, 나이젤(N. Harris). 1989.『세계자본주의체제의 변화와 신흥공업국』. 김견 옮김. 신평론.
홀로웨이, 존(J. Holloway). 『권력으로 세상을 바꿀 수 있는가』. 조정환 옮김. 갈무리.
홍훈. 2006. 「마르크스에 있어서 사회관계와 물리적 비율의 갈등」. ≪마르크스주의 연구≫, 제6호.
힐퍼딩, 루돌프(R. Hilferding). 1994. 『금융자본』. 김수행·김진엽 옮김. 새날.

大谷禎之介. 1991. 「'現存社會主義'は社會主義か」. ≪經濟志林≫, Vol.58, No.3·4.
柄谷行人. 2001. 『NAM-原理』, 太田出版.
柄谷行人. 2005. 「革命と反復: '段階の飛び越え'とは何か」. ≪at≫, 2号.
上島武. 1985. 「トロツキーのロシア資本主義論」. ≪大阪經大論集≫, 3月.
佐藤金三郎. 1992. 『'資本論'研究序說』. 岩波書店.
太田仁樹. 1989. 『レーニンの經濟學』. 御茶の水書房.
トロツキ(L. Trotsky). 1990. 『われわれの政治的課題』(1904). 大村書店.
レーニン(V. Lenin). 1974. 『レーニンの經濟學評注』. 木原正雄 譯. 大月書店.

Adaman, F. and P. Devine. 1996. "The Economic Calculation Debate: Lessons for Socialists." *Cambridge Journal of Economics*, Vol.20.
_____. 1997. "On the Economic Theory of Socialism." *New Left Review*, No.221.
_____. 2001. "Participatory Planning as a Deliberative Democratic Process: A Response to Hodgson's Critique." *Economy and Society*, Vol.30, No.2.
_____. 2006. "The Promise of Participatory Planning: A Rejoinder to Hodgson." *Economy and Society*, Vol.35, No.1.
Afanasyev, V., A. Galchinsky, & V. Lantsov. 1986. *Karl Marx's Great Discovery*. Progress Publishers.
Aglietta, M. 1998. "Capitalism at the Turn of the Century: Regulation Theory and the Challenge of Social Change." *New Left Review*, No.232.
Albert, M. and R. Hahnel. 1991. *The Political Economy of Participatory Economics*. Princeton University Press.
_____. 1992. "Participatory Planning." *Science and Society*, Spring, Vol.56, No.1.
_____. 2002. "In Defense of Participatory Economics." *Science and Society*, Spring,

Vol.66, No.1.

Althusser, L. 1976. *Essays in Self-Criticism.* NLB.

_____. 1977. *For Marx.* NLB.

_____. 1979. "The Crisis of Marxism." in *Power and Opposition in Post-Revolutionary Societies.* Ink Links.

_____. 1992. *The Future Lasts Forever: A Memoir.* The New Press.

Amariglio, J. & A. Callari. 1993. "Marxian Value Theory and the Problem of Subject: The Role of Commodity Fetishism." in Apter & Pietz(eds.). *Fetishism as Cultural Discourse.* Cornell University Press.

Amariglio, J. & D. Ruccio. 1994. "Postmodernism, Marxism and the Critique of Modern Economic Thought." *Rethinking Marxism*, vol.7, no.3. Fall.

Amariglio, J. & S. Cullenberg. 1989. "Analytical Marxism: A Critical Overview." *Review of Social Economy*, Winter.

Amariglio, J., S. Resnick & R. Wolff. 1990. "Division and Difference in the Discipline of Economics." *Critical Inquiry*, Autumn.

Amsden, A. 1990. "Third World Industrialization: 'Global Fordism' or a New Model." *New Left Review*, No.182.

Anderson, K. 1995. *Lenin, Hegel, and Western Marxism: A Critical Study.* University of Illinois Press.

Anderson, P. 1983. "Trotsky's Interpretation of Stalinism." *New Left Review*, May.

Andreff, W. 1983. "Where Has All the Socialism Gone? Post-Revolutionary Society versus State Capitalism." *Review of Radical Political Economics*, Vol. 15, No.2.

Apter, E. & W. Pietz(eds.). 1993. *Fetishism as Cultural Discourse.* Cornell University Press.

Arrighi, G. 1994. *The Long Twentieth Century: Money, Power, and the Origins of Our Time.* Verso.

_____. 1998. "Globalization and the Rise of East Asia: Lessons from the Past, Prospects for the Future." *International Sociology*, vol.13, no.1, March.

_____. 2002. "Lineages of Empire." *Historical Materialism*, vol.10. no.3.

Arrighi, G. & J. Drangel. 1986. "The Stratification of the World-Economy: An

Exploration of the Semiperipheral Zone." *Review*, Summer.

Arrighi, G. et al. 1993. "The Rise of East Asia: One Miracle or Many." in Ravi Arvind Palat(ed.). *Pacific-Asia and the Future of the World-System*. Connecticut: Greenwood Press.

Arrighi, G. et al. 1999. *Chaos and Governance in the Modern World System.* University of Minnesota Press.

Arthur, C. 1993a. "Hegel's *Logic* and Marx's *Capital.*" in Moseley(ed.). *Marx's Method in Capital*. Humanities Press.

_____. 1993b. "Negation of the Negation in Marx's *Capital*." *Rethinking Marxism,* vol.6, no.4.

_____. 1996. "Engels as Interpreter of Marx's Economics." in Arthur(ed.). *Engels Today: A Centenary Appreciation*. St. Martin's Press.

_____. 2002. *The New Dialectic and Marx's Capital*, Brill.

Avineri, S. 1998. "The Communist Manifesto at 150." *Dissent*, Winter.

Backhaus, H. 1980. "On the Dialectics of the Value-Form." *Thesis Eleven*, no.1.

Balakrishnan, G.(ed.). 2003. *Debating Empire*. Verso.

Bambery, C. 1993. "Euro-fascism: the Lessons of the Past and Current Tasks." *International Socialism*, Autumn.

Barker, C.(ed.). 1987. *Revolutionary Rehearsals*. Bookmarks.

Beamish, R. 1998. "The Making of the Manifesto." in Panitch & Leys eds.

Bellis, P. 1979. *Marxism and the USSR*. Macmillan.

Bensaïd, D. 1988. "The Formative Years of the Fourth International(1933-1938)." *Notebooks for Study and Research*, no.9.

_____. 2005. "The Fate of revolution in the 20th Century: Stalinism and Bolshevism." *International Viewpoint*, No.373, December.

Berman, M. 1988. *All That Is Solid Melts Into Air.* Penguin Books.

_____. 1998. "Unchained Melody," *The Nation*, May 11.

Berthier, R. 1991. "La Réhabilitation de Boukharine ou la Seconde Mort de Trotski," *Economie et Sociétés*, vol.25, no.6/7.

Bettelheim, C. 1976. *Class Struggles in the USSR: First Period 1917-1923.* MRP.

_____. 1978. *Class Struggles in the USSR 1923-1930*. MRP.

_____. 1982/83. *Les Luttes de Classes en URSS: 3éme Période 1930-1941*. Maspero.

_____. 1985. "The Specificity of Soviet Capitalism." *Monthly Review*, Sept.

_____. 1986. "More on the Nature of the Soviet System." *Monthly Review*, Dec.

_____. 1993. "Towards a Critical Marxism." *Economic and Political Weekly*, August 21.

_____. 2001. "Stalinist Ideological Formation: Absolute General Secretary and the Proletarian Fetish." *Research in Political Economy*, Vol.19.

Bettelheim, C. & B. Chavance. 1979. "Le Stalinisme en tant qu'idéologie du capitalisme d'état." *Les Temps Modernes*, May.

Binns, P. 1984. "Revolution and State Capitalism in the Third World." *International Socialism*, Winter.

Binns, P. & M. Gonzalez. 1983. *Cuba, Castro and Socialism*. Socialist Workers Party Pamphlet.

Binns, P., T. Cliff & C. Harman(eds.). 1987. *From Workers State to State Capitalism*. Bookmarks.

Blackwell, R., J. Chatha. & E. Nell(eds.). 1993. *Economics as Wordly Philosophy*. St. Martin's Press.

Blaug, M. 1980. *A Methodological Appraisal of Marxian Economics*. North-Holland.

Bleaney, M. 1976. *Underconsumption Theories*. Lawrence & Wishart.

Boggs, C. 1998. "Marxism: The Divided Legacy." *New Politics*, no.24, Winter.

Bonefeld, W. 2006. "Anti-Globalisation and the Question of Socialism." *Critique*, Vol.34, No.1.

Bonefeld, W., R. Gunn & K. Psychopedis(eds.). 1992. *Open Marxism*, vol.2, Pluto Press.

Bornstein and A. Richardson. 1986. *The War and the International: A History of the Trotskyist Movement in Britain 1937~1949*. Socialist Platform.

Bortkiewicz, L. 1952. "Value and Price in the Marxian System." *International Economic Papers*, no.2.

Bowles, S. and H. Gintis. 1995. "Productivity-Enhancing Egalitarian Policies."

International Labour Review, Vol.134, No.4-5.

Boyer, R. and Y. Saillard(eds.). 2002. *Régulation Theory: the State of the Art*. Routledge.

Brenner, R. 1977. "The Origins of Capitalist Development: A Critique of Neo-Smithian Marxism." *New Left Review*, no.104, July-August.

_____. 1995. "The Politics of U.S. Decline." *Against the Current*, no.56.

_____. 1998a. "The Looming Crisis of World Capitalism: From Neoliberalism to Depression?" *Against the Current*, no.77.

_____. 1998b. "Uneven Development and the Long Downturn: The Advanced Capitalist Economies from Boom to Stagnation, 1950-1998." *New Left Review*, no.229.

_____. 2005. "The Capitalist Economy, 1945-2000: A Reply to Konings and to Panitch and Gindin." in Coates(ed.). *Varieties of Capitalism, Varieties of Approaches*. Palgrave.

_____. 2006. *The Economics of Global Turbulence*. Verso.

Brewer, A. 1990. "Knowledge and Class: Book Review." *The Economic History Review*, November.

Brotherstone, T. and P. Dukes(eds.). 1992. *The Trotsky Reappraisal*. Edinburgh University Press.

Broué, P. 1988. *Trotsky*. Fayard.

_____. 1992. "Trotsky: A Biographer's Problems." in Brotherstone & Dukes(eds.). *The Trotsky Reappraisal*. Edinburgh University Press.

Broué, P. & A. Pantsov. 1995. "An Open Letter to General D. A. Volkogonov." *Journal of Trotsky Studies*, no.3.

Brus, W. and K. Laski. 1989. *From Marx to the Market*. Oxford.

Bryson, V. and G. Blakeley(eds.). 2001. *Apologies for Capitalism*. Pluto.

Budd, A. 2001. "Stakeholding." in Bryson and Blakeley(eds.). *Apologies for Capitalism*. Pluto.

Bukharin, N. 1982. *Selected Writings on the State and the Transition to Socialism*. Spokesman.

Callari, A. & D. Ruccio. 1996. "Introduction: Postmodern Materialism and the Future of Marxist Theory." in Callari & Ruccio(eds.). *Postmodern Materialism and the Future of Marxist Theory*. Wesleyan University Press.

Callari, A. & D. Ruccio(eds.). 1996. *Postmodern Materialism and the Future of Marxist Theory*. Wesleyan University Press.

Callari, A., S. Cullenberg & C. Biewener. 1995. "Introduction: Marxism in the New World Order: Crises and Possibilities." in Callari, Cullenberg & Biewener(eds.). *Marxism in the New World Order: Cries and Possibilities*. The Guilford Press.

Callari, A., S. Cullenberg & C. Biewener(eds.). 1995. *Marxism in the New World Order: Cries and Possibilities*. The Guilford Press.

Callinicos, A. 1976. *Althusser's Marxism*. Pluto Press.

______. 1981. "Wage Labour and State Capitalism: a Reply to Peter Binns and Mike Haynes." *International Socialism*, No.12, Spring.

______. 1982. "Trotsky's Theory of Permanent Revolution and its Relevance to the Third World Today." *International Socialism*, Spring.

______. 1982. *Is There a Future for Marxism?* The Macmillan Press Ltd.

______. 1984a. "Their Trotskyism and Ours." *International Socialism*, Winter.

______. 1984b. "Party and Class before 1917." *International Socialism*, Summer.

______. 1987. "Imperialism Capitalism and the State Today." *International Socialism*, Summer.

______. 1988. *South Africa: Between Reform and Revolution*. Bookmarks.

______. 1989a. *Against Postmodernism: A Marxist Critique*. Polity Press.

______. 1989b. "Introduction: Analytical Marxism." in Callinicos(ed.). *Marxist Theory*. Oxford University Press.

______. 1990. *Trotskyism*, Open University Press.

______. 1991a. *Revenge of History*, Polity

______. 1991b. "Marxism and Imperialism today." *International Socialism*, Spring.

______. 1993. "What Is Living and What Is Dead in the Philosophy of Althusser." in Kaplan & Sprinker(eds.). *The Althusserian Legacy*. Verso.

______. 1995. "Postmodernism As Normal Science." *British Journal of Sociology*, vol.46, no.4. December.

_____. 1998. "World Capitalism at the Abyss." *International Socialism*, no.81.

_____. 2001. "Toni Negri in Perspective." *International Socialism*, no.92.

_____. 2002. "Marxism and Global Governance." in Held and McGrew(eds.). *Governing Globalization*. Polity.

_____. 2003. "The Case for Revolutionary Socialism." http://www.zmag.org/parecon/indexnew.htm

_____. 2005. "Imperialism and Global Political Econnomy." *International Socialism*. no.108

_____. 2006a. "Making Sense of Imperialism: a Reply to Leo Panitch and Sam Gindin." *International Socialism*, No.110.

_____. 2006b. *The Resources of Critique*. Polity.

_____. 2006c. "Alternatives to Neo-liberalism." *Socialist Review*, July.

_____. 2006d. "What Does Revolutionary Strategy Mean Today?" International Socialist Tendency. *Discussion Bulletin*, No.7.

Callinicos, A.(ed.). 1989. *Marxist Theory*, Oxford University Press.

Camejo, P. 1999. "A Bubble or Technological Revolution." *Against the Current*, no.80.

Campbell, M. 1993. "The Commodity as 'Characteristic Form'." in Blackwell et al.(eds.). *Economics as Wordly Philosophy*. St. Martin's Press.

Carchedi, G. 2005. "Value and Imperialism: Are They Still Relevant for the Analysis of Contemporary Capitalism?" Mimeo.

_____. 2006. "The Fallacies of Keynesian Policies." *Rethinking Marxism*, Vol.18, No.1.

Carver, T. 1998. "Re-translating the Manifesto: New Histories, New Ideas." in Cowling(ed.). *The Communist Manifesto: New Interpretations*. New York University Press.

Carver, T.(ed.). 1975. *Karl Marx: Text on Method*. Basil Blackwell.

Cassidy, J. 1997. "The Next Thinker: The Return of Karl Marx." *The New Yorker*, October 20 and 27.

Chase-Dunn, C. 1990. "Resistence to Imperialism." *Review*, Winter.

Chase-Dunn, C. & P. Grimes. 1995. "World-System Analysis." *Annual Review of Sociology*, vol.21.

Chattopadhyay, P. 1994. *The Marxian Concept of Capital and the Soviet Experience*. Prager.

______. 2004. "The Soviet Question and Marx Revisited: A Reply to Mike Haynes." *Historical Materialism*, Vol.12, No.2.

______. 2006. "Review: Class Theory and History: Capitalism and Communism in the USSR." *Historical Materialism*, Vol.14, No.1.

Chavance, B. 1977. "On the Relations of Production of Production in the USSR." *Monthly Review*, May.

______. 2002. "Institutions, Régulation and Crisis in Socialist Economies." in Boyer and Saillard(eds.). *Régulation Theory: the State of the Art*. Routledge.

Cherry, R. et al. 1987. *The Imperiled Economy*. Book I. URPE.

Chingo, J. and G. Dunga. 2001. "Empire or Imperialism?." *Estrategia Internacional*, no.17.

Clarke, P. 1992. "Science and Style." *International Maxist Review*, Spring.

Clarke, S. 1988. *Keynesianism, Monetarism and the Crisis of the State*. Edward Elgar.

Cleaver, H. 1979. *Reading Capital Politically*. Brighton.

Cliff, T. 1959. *Rosa Luxemburg*. London.

______. 1963. "Permanent Revolution." *International Socialism*, Spring.

______. 1975-79. *Lenin*. vols.1-4, Pluto.

______. 1982. *Neither Washington Nor Moscow*. Bookmarks.

______. 1984. *Class Struggle and Women's Liberation*. Bookmarks.

______. 1987a. "Fifty-five Years a Revolutionary." *Socialist Worker Review*, July.

______. 1987b. "Workers' Revolution and Beyond." in Binns, Cliff & Harman(eds.). *From Workers State to State Capitalism*. Bookmarks.

______. 1988a. *State Capitalism in Russia*. Bookmarks.

______. 1988b. "An Examination of Trotsky's Definition of Russia as a Degenerated Workers' State." in Cliff. *State Capitalism in Russia*. Bookmarks.

______. 1989. *Trotsky: Towards October, 1879~1917*. Bookmarks.

______. 1990. *Trotsky: The Sword of the Revolution 1917~1923*. Bookmarks.

______. 1991. *Trotsky: Fighting the Rising Stalinist Bureaucracy 1923~1927*. Bookmarks.

______. 1992. "The Prospects for Socialists: an Interview with Tony Cliff." *International*

Socialism, Summer.

_____. 2000a. *Marxism at the Millennium*. Bookmarks.

_____. 2000b. *A World to Win: Life of a Revolutionary*. Bookmarks.

Cliff, T. and D. Gluckstein. 1986. *Marxism and Trade Union Struggle: The General Strike of 1926*. Bookmarks.

_____. 1988. *The Labour Party: A Marxist History*. Bookmarks.

Coates, D.(ed.). 2005. *Varieties of Capitalism, Varieties of Approaches.* Palgrave.

Cockshott, W. and A. Cottrell. 1993. *Towards a New Socialism*. Spokesman.

_____. 2002. "The Relation Between Economic and Political Instances in the Communist Mode of Production." *Science and Society*. Vol.66, No.1.

Cockshott, W. and A. Cottrell. 2005. "Reflections on Economic Democracy." *Research in Political Economy*, Vol.22.

Cohen, S. & K. Moody. 1998. "Unions, Strikes and Class Consciousness Today." in Panitch & Leys(eds.). *Socialist Register 1998: The Communist Manifesto Now*. Monthly Review Press.

Cole, G. D. H. 1956. *A History of Socialist Thought*, Vol.3, Part Ⅰ, Macmillan.

Colletti, L. 1972. *From Rousseau to Lenin*. NLB.

Conquest, R. 1996. "The Fugitive." *The New Republic*, March 18.

Cottrell, A. 1981. "Value Theory and the Critique of Essentialism." *Economy and Society*, vol.10, no.2.

Cottrell, A. and W. Cockshott. 1993a. "Calculation, Complexity and Planning: The Socialist Calculation Debate Once Again." *Review of Political Economy*, Vol.5, No.1.

_____. 1993b. "Socialist Planning after the Collapse of the Soviet Union." *Revue Europeene des Sciences Sociales*.

Cowling, M.(ed.). 1998. *The Communist Manifesto: New Interpretations*. New York University Press.

Cox, M. 1992. "Trotsky and His Interpreters; or, Will the Real Trotsky Please Stand Up?" *The Russian Review*, vol.51, no.1.

Cumings, B. 1984. "The Origins and Development of the Northeast Asian Political

Cutler, A. et. al. 1977. *Marx's Capital and Capitalism Today*. Routledge & Kegan Paul.

D'Amato, P. 2003. "The Powerlessness of Anti-Power." *International Socialist Review*, no.27.

Daniels. R. 1991. *Trotsky, Stalin and Socialism*. Westview Press.

Danilov, V. 1990. "We are Starting to Learn about Trotsky." *History Workshop*, no.29, Spring.

Davidson, P. 1997. "Are Grains of Sand in the Wheels of International Finance Sufficient to Do the Job When Boulders are Often Required?" *The Economic Journal*, Vol. 107.

Davies, R. W., M. Harrison and S. Wheatcroft. 1994. *The Economic Transformation of the Soviet Union, 1913-1945*. Cambridge.

Day, R. B. 1973. *Leon Trotsky and the Politics of Economic Isolation*. Cambridge University Press.

_____. 1976. "The Theory of the Long Cycle: Kondratiev, Trotsky, Mandel." *New Left Review*, Sept/Oct.

_____. 1977. "Trotsky and Preobrazhensky: The Troubled Unity of the Left Opposition." *Studies in Comparative Communism*, Spring/Summer.

_____. 1981a. "Leon Trotsky on the Problems of the Smychka and Forced Collectivization." *Critique*, no.13.

_____. 1981b. *The 'Crisis' and the 'Crash'*. NLB.

_____. 1982. "The New Leviathan." Introduction to Bukharin. *Selected Writings on the State and the Transition to Socialism*. Spokesman.

_____. 1988. "Leon Trotsky on the Dialectics of Democratic Control." in Wiles(ed.). *The Soviet Economy on the Brink of Reform: Essays in Honor of Alec Nove*. Unwin Hyman.

_____. 1995. *Cold War Capitalism*. M. E. Sharpe.

De Angelis, M. 1995. "Beyond the Technological and the Social Paradigms: A Political Reading of Abstract Labour as the Substance of Value." *Capital and Class*, no.57.

_____. 1996. "Social Relations, Commodity Fetishism and Marx's Critique of Political Economy." *Review of Radical Political Economics*, vol.28, no.4.

_____. 2000. *Keynesianism, Social Conflict and Political Economy*. Macmillan.

DeLong, B. 2006. "The Odds of Economic Meltdown." www.salon.com, August 3.

DeMartino G. & S. Cullenberg. 1995. "Economic Integration in an Uneven World: An Internationalist Perspective." *International Review of Applied Economics*, vol.9, no.1.

Derluguian, G. 2005. *Bourdieu's Secret Admirer in the Caucasus*. The University of Chicago Press.

Desai, M.(ed.). 1989. *Lenin's Economic Writings*. Lawrence and Wishhart.

Deutscher, I. 1955. *The Prophet Armed*, Oxford University Press.

_____. 1959. *The Prophet Unarmed*. Oxford University Press.

_____. 1963. *The Prophet Outcast: 1929-1940*. Oxford University Press.

Devine, P. 1988. *Democracy and Economic Planning*. Westview Press.

_____. 1992. "Market Socialism or Participatory Planning?." *Review of Radical Political Economics*, Vol.24, No.3&4.

_____. 2002. "Participatory Planning Through Negotiated Coordination." *Science and Society*. Vol.66, No.1.

Dobb, M. 1940. *Political Economy and Capitalism*. Routledge and Kegan Paul.

Draper, H. 1978. *Karl Marx's Theory of Revolution: The Politics of Social Classes*. Monthly Review Press.

_____. 1992. *Socialism From Below*. Humanities Press.

Duménil, G. & D. Lévy. 1993. *The Economics of the Profit Rate*. Edward Elgar.

Dunayevskaya, R. 1942. *The Original Historical Analysis: Russia as State Capitalist Society*. News and Letters Committee.

_____. 1944. "A New Revision of Marxian Economics." *American Economic Review*, vol.34, no.1.

_____. 1989. *Marxism and Freedom*. Columbia University Press.

_____. 1991. *Rosa Luxemburg, Women's Liberation, and Marx's Philosophy of Revolution*. University of Illinois Press.

_____. 1992. *Marxist-Humanist Theory of State-Capitalism, 1913-1945*. News and Letters.

Dunn, B. & H. Radice(eds.). 2006. *100 Years of Permanent Revolution: Results and Prospects*. Pluto.

Dyer-Witheford, N. 2001. "Empire, Immaterial Labor, the New Combinations, and the Global Worker." *Rethinking Marxism*, vol.13 no.3/4.

Engels, F. 1978. "Letter To Joseph Bloch." in Tucker(ed.). *The Marx-Engels Reader*, 2nd ed. W. W. Norton & Company.

_____. 1990. "Introduction to Karl Marx's The Class Struggle in France 1848 to 1950."(1895.3.6.). *Collected Works* [*MECW*], Vol.27.

Evans, T. 2004. "Marxian and Post-Keynesian Theories of Finance and the Business Cycle." *Capital and Class*, No.83.

Falcoff, M. 1996. "Eternally Revolting." *The American Spectator*, March.

Fernandez, N. 1997. *Capitalism and Class Struggle in the USSR: A Marxist Theory*. Ashgate.

Filtzer, D. 1986. *Soviet Workers and Stalinist Industrialization*. Pluto.

Fine, B. et al. 1999. "Addressing the World Economy: Two Steps Back." *Capital and Class*, no.67.

Foster, J. 1998. "The Communist Manifesto and the Environment." in Panitch & Leys(eds.). *Socialist Register 1998: The Communist Manifesto Now*. Monthly Review Press.

Fracchia, J. & C. Ryan. 1992. "Historical-Materialist Science, Crisis and Commitment." in Bonefeld et al.(eds.). *Open Marxism*, vol.2, Pluto Press.

Frank, A. G. 1994. "The World Economic System in Asia Before European Hegemony." *The Historian*, vol.56, no.2.

_____. 1998. *ReOrient: Global Economy in the Asian Age*. University of California Press.

Frank, A. G. & B. K. Gills(eds.). 1993. *The World System: Five Hundred Years or Five Thousand?* Routlege.

Freeman, A. 1995. "Marx without Equilibrium." *Capital and Class*, no.56.

_____. 2003. "When Things Go Wrong: The Political Economy of Market Breakdown." in Westra and Zuege(eds.). *Value and the World Economy Today*. Palgrave.

Freeman, A. & G. Carchedi(eds.). 1996. *Marx and Non-Equilibrium Economics*. Edward Elgar.

Freeman, R. 2005. "What Really Ails Europe(and America): The Doubling of the Global Workforce." *The Globalist*, www.theglobalist.com, June 3.

Friedman, T. 2005. *The World is Flat*. Farrar.

Garnett, R. F. 1995. "Marx's Value Theory: Modern or Postmodern?" *Rethinking Marxism*, vol.8, no.4, winter.

Gibson-Graham, J. K. 1996. *The End of Capitalism(As We Knew It)*. Blackwell.

Gindin, S. 2001. "Turning Points and Starting Points: Brenner, Left Turbulence and Class Politics." *The Socialist Register*.

Gindin, S. and Panitch, L. 2002. "Rethinking Crisis." *Monthly Review*, November.

Gluckstein, Y. 1952. *Stalin's Satellites in Europe*. George Allen & Unwin.

_____. 1957. *Mao's China*. Allen & Unwin.

Glyn, A. 1995. "Social Democracy and Full Employment." *New Left Review*, No.211.

_____. 2005. "Imbalances of the Global Economy." *New Left Review*, No.34, July/Aug.

_____. 2006. *Capitalism Unleashed*. Oxford University Press.

Goldner, L. 1991. "Communism is the Material Human Community: Amadeo Bordiga Today." *Critique*, No.23.

_____. 1999. "International Liquidity and the Crisis." *Against the Current*, no.80.

Gonzalez, M. 1987. "Chile 1972-73: The Workers United." in Barker(ed.). *Revolutionary Rehearsals*. Bookmarks.

_____. 1993. "Chile and the Struggle for Worker's Power." *International Socialism*, Autumn.

_____. 2003. "Crying out for Revolution." *International Socialism*, no.99.

Gramsci, A. 1977. "The Revolution Against Capital."(1917. 12. 24) *Selections from Political Writings, 1910-1920*. International Publishers.

Gregory, P. 2003. "An Introduction to Gulag Camp." in Gregory and Lazarev(eds.). *The Economics of Forced Labor: The Soviet Gulag*. Hoover Institution Press.

______. 2004. *The Political Economy of Stalinism: Evidence from the Soviet Secret Archives*. Cambridge University Press.

Gregory, P. and R. Stuart. 2001. *Russian and Soviet Economic Performance & Structure*, 7th edition. Addison Wesley Longman.

Gregory, P. and V. Lazarev(eds.). 2003. *The Economics of Forced Labor: The Soviet Gulag*. Hoover Institution Press.

Grossmann, H. 1929. *The Law of Accumulation and Breakdown of the Capitalist System*. Pluto Press.

Guha, K. 2006. "Danger Ahead: Why the US Economic Juggernaut May Face a Lower Speed Limit." *Financial Times,* August 18.

Hahnel, R. 2000. "In Defense of Democratic Planning." in Pollin(ed.). *Capitalism, Socialism and Radical Political Economy*. Edward Elgar.

______. 2005. *Economic Justice and Democracy: From Competition to Cooperation*. Routledge.

Hallas, D. 1979. *Trotsky's Marxism*. Pluto.

______. 1982. "Introduction." to Cliff. *Neither Washington Nor Mosow*. Bookmarks.

______. 1985. *The Comintern*. Bookmarks.

______. 1988. "Trotsky's Heritage: On the Fiftieth Anniversary of the Foundation of the Fourth International." *International Socialism*, Autumn.

Harding, N. 1977. *Lenin's Political Thought*. Humanities Press.

______. 1996. *Leninism*. Duke Univeristy Press.

Hardt, M. 2002. "Folly of Our Masters of the Universe." *Guardian*, December 18.

Hardt, M. and A. Negri. 2000. *Empire*. Harvard University Press.

______. 2002. "The Global Coliseum: On Empire." *Cultural Studies*, vol.15, no.2.

______. 2004. "Why We Need a Multilateral Magna Carta." *Interactivist Info Exchange*. http://info.interactivist.net

Harman, C. 1968. "Party and Class." *International Socialism*, Winter.

______. 1984a. *Class Struggle in Eastern Europe, 1945~83*. Bookmarks.

______. 1984b. *Explaining the Crisis*. Bookmarks.

_____. 1984c. "The Revolutionary Press." *International Socialism*, Summer.

_____. 1989. "The Storm Breaks." *International Socialism*, Winter.

_____. 1990a. "From Trotsky to State Capitalism." *International Socialism*, Summer.

_____. 1990b. "Criticism which does not Withstand the Test of Logic." *International Socialism*, Winter.

_____. 1991. "The State and Capitalism Today." *International Socialism*, Summer.

_____. 1993. "Where is Capitalism Going?(Part Ⅱ)." *International Socialism*, Autumn.

_____. 1996. "The Crisis in Bourgeois Economics." *International Socialism*, no.71.

_____. 2002. "Swimming with the Tide of Revolt." *Socialist Review*, no.263.

Harris, N. 1986. *The End of the Third World*. Penguin Books.

Hart-Landsberg, M. and P. Burkett. 2006. "The Slippery Slope of Market Reform." Paper for the Conference on Alternative Economic Systems, Institute for Social Sciences, Gyeongsang National University, June 2.

Harvey, D. 1998. "The Geography of Class Power." in Panitch & Leys(eds.). *Socialist Register 1998: The Communist Manifesto Now*. Monthly Review Press.

Haynes, M. 1992. "Class and Crisis: The Transition in Eastern Europe." *Internatioanl Socialism*, Spring.

_____. 1996. "Eastern European Transition: Some Practical and Theoretical Problems." *Economic and Political Weekly*, February 24.

_____. 2002a. *Russia: Class and Power 1917-2000*. Bookmarks.

_____. 2002b. "Marxism and the Russian Question in the Wake of the Soviet Collapse." *Historical Materialism*, Vol.10, No.4.

_____. 2004. "Rejoinder to Chattopadhyay." *Historical Materialism*, Vol.12, No.2.

Heinrich, M. 1996. "Engels' Edition of the Third Volume of *Capital* and Marx's Original Manuscript." *Science and Society*, vol.60, no.4.

Held, D. and A. McGrew(eds.). 2002. *Governing Globalization*. Polity.

Henwood, D. 1998. "Crisis Update." *Left Business Observer*, no.85.

_____. 2001. "Blows against Empire." *Left Business Observer*, no.96, February.

Hilferding, R. 1970. "State Capitalism or Totalitarian State Economy." in Howe(ed.). *Essential Works of Socialism*. Yale University Press.

Hobsbawm, E. 1998. "Introduction." to Marx & Engels

Hodgson, G. 1998. "Socialism Against Markets? A Critique of Two Recent Proposals." *Economy and Society*, Vol.27, No.4.

______. 2005. "The Limits to Participatory Planning: A Reply to Adaman and Devine." *Economy and Society*, Vol.34, No.1.

Holloway, J. 2002a. *Change the World without Taking Power*. Pluto Press.

______. 2002b. "Going in the Wrong Direction; Or, Mephistopheles—Not Saint Francis of Assisi." *Historical Materialism*, vol.10 no.1.

______. 2002c. "Time to Revolt: Reflections on Empire." *The Commoner*. www.commoner.org.uk.

Hoveman, R. 1999. "Brenner and Crisis: A Critique." *International Socialism*, no.82.

Howard M. & J. King. 1989. *A History of Marxian Economics(1883-1929)*, vol.1, Macmillan.

______. 1992. *A History of Marxian Economics(1929-1990)*, vol.2, Macmillan.

Howe, I.(ed.) 1970. *Essential Works of Socialism*. Yale University Press.

Howl, D. 1990. "The Law of Value and the USSR." *International Socialism*, Winter.

Hunt, E. K. 1992. *History of Economic Thought: A Critical Perspective*, 2nd Edition. Harper Collins Publishers.

Hunt, I. 1995. "The Falling Rate of Profit: Recasting the Marxian Debate." *Capital and Class*, no.57, Autumn.

Husson, M. 1999. "Riding the Long Wave." *Historical Materialism*, No.5.

______. 2005. "World Capitalism in a Phase of Permanent Instability." *International Viewpoint*, No. 364, February.

Itoh, M. 2006. "Marx's Economic Theory and the Prospect for Socialism." in Uchida(ed.). *Marx for the 21st Century*. Routledge.

James, C. L. R. 1950. *State Capitalism and World Revolution*. Facing Reality Publishing Committee.

Kaplan, E. & M. Sprinker, M.(eds.). 1993. *The Althusserian Legacy*. Verso.

Kershaw, I. and M. Lewin(eds.). 1997. *Stalinism and Nazism: Dictatorships in Comparison*. Cambridge University Press.

Kidron, M. 1967. "A Permanent War Economy." *International Socialism*, Spring.

Kilmister, A. 1998. "Simply Wrong." *Socialist Outlook*, no.20.(http:// www.labournet.org.uk/20brenner.html)

Klamer, A., D. McCloskey, & Robert M. Solow(eds.). 1988. *The Consequences of Economic Rhetoric*. Cambridge University Press. Verso.

Kliman, A. 2003. "Value Production and Economic Crisis: A Temporal Analysis." in Westra and Zuege(eds.). *Value and the World Economy Today*. Palgrave.

Knei-Paz, B. 1978. *The Social and Political Thought of Leon Trotsky*. Clarendon Press.

Kolakowski, L. 1978a. *Main Currents of Marxism*, Vol.2. Oxford University Press.

_____. 1978b. *Main Currents of Marxism*, vol.3. Oxford University Press.

Konings, M. 2005. "The United States in the Post-war Global Political Economy: Another Look at the Brenner Debate." in Coates(ed.). *Varieties of Capitalism, Varieties of Approaches*. Palgrave.

Kotz, D. M. 2002. "Socialism and Innovation." *Science & Society*. Vol.66, No.1.

Kozlov, G.(ed.). 1977. *Political Economy: Socialism*. Progress Publishers.

Krugman, P. 2006. "Intimations of Recession." *The New York Times*, August 7.

Kuhn, R. 2004. "Economic Crisis and Socialist Revolution: Henryk Grossman's Law of Accumulation, Its First Critics and His Responses." *Research in Political Economy*, Vol.21.

_____. 2005. "Henryk Grossman and the Recovery of Marxism." *Historical Marxism*, Vol.13, No.3.

Kuhn, T. 1970. *The Structure of Scientific Revolutions*, 2nd ed. The University of Chicago Press.

Lacalau, E. & C. Mouffe. 1985. *Hegemony and Socialist Strategy*. Verso.

Laibman, D. 1999. "Global Turbulence and Capitalist Crisis." *Science and Society*, Spring.

_____. 2002. "Democratic Coordination: Towards a Working Socialism for the New Century." *Science and Society*, Vol.66, No.1.

Lange, O. 1936. "On the Economic Theory of Socialism." *The Review of Economic Studies*, Vol.4, No.1.

Lapavitsas, C. 2005. "Mainstream Economics in the Neoliberal Era." in Saad-Filho and Johnston(eds.). *Neoliberalism: A Critical Reader*. Pluto Press.

Lebowitz, M. 1993. *Beyond Capital*. Macmillan.

______. 2006. *Build It Now: Socialism for the Twenty-First Century*. Monthly Review Press.

Lenin, V. 1893. "On the So-called Market Question." *Collected Works*, Vol.1.

______. 1897. "A Characterization of Economic Romanticism(Sismondi and Our Native Sismondists)." *Collected Works*, Vol.2.

______. 1899a. "A Note on the Question of Market Theory (Apropos the Polemic of Messrs. Tugan-Baranovsky and Bulgakov)". *Collected Works*, Vol.4.

______. 1899b. "Once More on the Theory of Realization." *Collected Works*, Vol.4.

______. 1899c. "Reply to Mr. P.Nezhdanov." *Collected Works*, Vol.4.

______. 1899d. "Capitalism in Agriculture-Kautsky's Book and Mr Bulgakov's Article." *Collected Works*, Vol.4.

______. 1906. "Revision of the Agrarian Programme of the Workers' Party." *Collected Works*, Vol.10.

______. 1907. "The Agrarian Programme of Social-Democracy in the First Russian Revolution 1905-1907." *Collected Works*, Vol.13.

______. 1908. "Bellicose Militarism and the Anti-Militarist Tactics of Social-Democracy." *Collected Works*, Vol.15.

______. 1914a. "The Tasks of Revolutionary Social-Democracy in the European War." *Collected Works*, Vol.21.

______. 1914b. "Karl Marx." *Collected Works*, Vol.21.

______. 1915a. "The Collapse of the Second International." *Collected Works*, Vol.21.

______. 1915b. "On the Two Lines in the Revolution." *Collected Works*, Vol.21.

______. 1915c. "On the Slogan for a The United States of Europe."(1915. 8. 23) *Collected Works*, vol.21.

______. 1917a. "Constitutional Illusions." *Collected Works*, Vol.25.

______. 1917b. "The Impending Catastrophe and How to Combat It." *Collected Works*, Vol.25.

______. 1918. "Speech on International Situation."(1918. 11. 8) *Collected Works*, vol.28.

______. 1919a. "Speech at the Joint Session of the All-Russian Central Executive Committee, the Moscow Soviet and All-Russia Trade Union Congress." *Collected Works*, Vol.28.

______. 1919b. "Report of the Central Committee to the Eighth Congress of the RCP(B)." *Collected Works*, vol.29.

______. 1919c. "Report of the All-Russia Central Executive Committee and the Council of People's Commissars."(1919. 12. 5) *Collected Works*, vol.30.

______. 1920a. "The Tasks of the Youth Leagues." *Collected Works*, Vol.31.

______. 1920b. "The Eighth All-Russia Congress of Soviets." *Collected Works*, Vol.31.

______. 1921a. "Party Crisis."(1921.1.21) *Collected Works*, vol.32.

______. 1921b. "Tenth Congress of the R.C.P.(B.)." *Collected Works*, Vol.32.

______. 1921c. "Tenth All-Russia Conference of the R.C.P.(B.)." *Collected Works*, Vol.32.

______. 1977. *Selected Works*, Vol.2. Progress Publishers.

Lewin, M. 1997. "Bureaucracy and the Stalinist State." in Kershaw and Lewin(eds.). *Stalinism and Nazism: Dictatorships in Comparison*. Cambridge University Press.

______. 2005. *Soviet Century*. Verso.

Leys, C. & L. Panitch. 1998. "The Political Legacy of the Manifesto." in Panitch & Leys(eds.) *Socialist Register 1998: The Communist Manifesto Now*. Monthly Review Press.

Lih, L. 2006. *Lenin Rediscovered*. Brill.

Lipietz, A. 1993. "From Althusserianism to Regulation Theory." in Kaplan & Sprinker(eds.). *The Althusserian Legacy*. Verso.

Little, D. 1991. "Knowledge and Class: Book Review." *Science and Society*, vol.55, no.2. Summer.

Lock, G. 1976. "Introduction." in Althusser. *Essays in Self-Criticism*. NLB.

Löwy, M. 1981. *Politics of Combined and Uneven Development*. Verso.

______. 1998. "Past and Present of The Manifesto." *New Politics*, no.24, Winter.

______. 2006. "The Marxism of Results and Prospects." in Dunn and Radice(eds.). *100Years of Permanent Revolution*. Pluto.

Luxemburg, R. 1951. *The Accumulation of Capital.* Routledge.

Magdoff, H. 1998. "A Note on the Communist Manifesto." *Monthly Review*, May/June.

Mahnkopf, B. 1999. "Between the Devil and the Deep Blue Sea: The 'German Model' under the Pressure of Globalisation." *Socialist Register.*

Malloy, M. & C. Post. 1999. "Understanding the Unevenness of Capitalist Development." *Against the Current*, no.79.

Mandel, E. 1971a. *The Formation of the Economic Thought of Karl Marx.* Monthly Review Press.

_____. 1971b. "Introduction." to Trotsky. *The Struggle Against Fascism in Germany.* Pathfinder Press.

_____. 1973. "The Inconsistencies of State Capitalism." *Reading on 'State Capitalism.* IMG Publications, Fed.

_____. 1975. *Late Capitalism.* NLB.

_____. 1979. *Trotsky: A Study in the Dynamic of his Thought.* NLB.

_____. 1980. *Long Waves of Capitalist Development.* Cambridge University Press.

_____. 1989. *Beyond Perstroika.* Verso.

_____. 1990. "A Theory which has not Withstood the Test of Facts." *International Socialism*, Winter.

_____. 1995. *Trotsky as Alternative.* Verso.

Marramao, G. 1975. "Theory of the Crisis and the Problem of Constitution." *Telos*, No.26.

Martin, W. 1994. "The World-Systems Perspective in Perspective." *Review*, Spring.

Marx, K. 1881a. "Marx to Nikolai Danielson." *Collected Works*, Vol.46.

_____. 1881b. "The Third Draft of the Letter to Vera Zasulich." *Collected Works*, Vol.24.

_____. 1968. *Theories of Surplus-Value*, Part II. Progress Publishers.

_____. 1971. *Theories of Surplus Value*, Part Ⅲ. Progress Publishers.

_____. 1973. *Grundrisse.* Penguin.

_____. 1974a. *The First International and After: Political Writings*, Vol.3. Penguin.

_____. 1974b. *Surveys from Exile: Political Writings*, Vol.2. Vintage Books.

_____. 1975. "Notes on Adolph Wagner." in Carver(ed.). *Karl Marx: Text on Method*. Basil Blackwell.

Marx, K. & F. Engels. 1986~1994. *Collected Works* [*MECW*], vol.28-34, New York: International Publishers.

_____. 1998. *The Communist Manifesto: A Modern Edition*. Verso.

Mattick, P. 1969. *Marx and Keynes*. Extending Horizon Books.

McCloskey, D. 1985. *The Rhetoric of Economics*. University of Wisconsin Press.

McGlone, T. & A. Kliman. 1996. "One System or Two? The Transformation of Values into Prices of Production versus the Transformation Problem." in Freeman and Carchedi(eds.). *Marx and Non-Equilibrium Economics*. Edward Elgar.

McIntyre, R. 1992. "Theories of Uneven Development and Social Change." *Rethinking Marxism*, Fall.

_____. 1996. "Mode of Production, Social Formation and Uneven Development or Is There Capitalism in America?" in Callari & Ruccio(eds.). *Postmodern Materialism and the Future of Marxist Theory*. Wesleyan University Press.

McNally, D. 1993. *Against the Market*, London. Verso.

Meek, R. 1973. *Studies in the Labour Theory of Value*, 2nd ed. Lawrence and Wishart.

Molyneux, J. 1978. *Marxism and the Party*. Bookmarks.

_____. 1981. *Leon Trotsky's Theory of Revolution*. St. Martin's Press.

_____. 1995. "Is Marxism Deterministic?" *International Socialism*, no.68, Autumn.

Moseley, F. 1993. "Marx's Logical Method and the 'Transformation Problem'." in Moseley(ed.). *Marx's Method in Capital*. Humanities Press.

_____. 1995. "Capital in General and Marx's Logical Method: A Response to Heinrich's Critique." *Capital and Class*, no.56.

_____. 1997. "The Rate of Profit and the Future of Capitalism." *Review of Radical Political Economics*, vol.29, no.4.

_____. 1999. "The United States Economy at the Turn of the Century: Entering a New Era of Prosperity." *Capital and Class*, no.67.

Moseley, F.(ed.). 1993. *Marx's Method in Capital*. Humanities Press.

_____. 1995. *Heterodox Economic Theories: True or False?* Edward Elgar.

Moss, B. 1998. "Marx and the Permanent Revolution in France: Background to the Communist Manifesto." in Panitch & Leys(eds.). *Socialist Register 1998: The Communist Manifesto Now*. Monthly Review Press.

Murray, P. 1993. "The Necessity of Money: How Hegel Helped Marx Surpass Ricardo's Theory of Value." in Moseley(ed.). *Marx's Method in Capital*. Humanities Press.

Negri, A. 1984. *Marx Beyond Marx*. Bergin and Garvey Publishers.

Negri, A. and D. Aolo. 2003. "Empire and Multitude." *Radical Philosophy*, no.120.

Nimtz, A. 2002. "Class Struggle under 'Empire': In Defense of Marx and Engels." *International Socialism*, no.96.

Nishibe, M. 2006. "The Theory of Labour Money. Implications for Marx's Critique for the Local Exchange Trading System (LETS)." in Uchida(ed.). *Marx for the 21st Century*. Routledge.

Nove, A. 1979. *Political Economy and Soviet Socialism*. George Allen & Unwin.

_____. 1983. *The Economics of Feasible Socialism*. George Allen & Unwin.

_____. 1986. *Socialism, Economics and Development*. Allen & Unwin.

_____. 1990a. *Studies in Economics and Russia*. St. Martin's Press.

_____. 1990b. "How Many Victims in the 1930s?." *Soviet Studies*, April.

Ollman, B. 2004. "Marx, Markets and Meatgrinders: An Interview with Bertell Ollman." http://politicalaffairs.net/article/view/108/

O'Neill, J. 2002. "Socialist Calculation and Environmental Valuation: Money, Markets and Ecology." *Science and Society*, Vol.66, No.1.

Osborne, P. 1998. "Remember the Future? The Communist Manifesto as Historical and Cultural Form." in Panitch & Leys(eds.). *Socialist Register 1998: The Communist Manifesto Now*. Monthly Review Press.

Palat, R.(ed.). 1993. *Pacific-Asia and the Future of the World-System*. Greenwood Press

Palley, T. 2005a. "From Keynesianism to Neoliberalism: Shifting Paradigms in Economics." in Saad-Filho and Johnston(eds.). *Neoliberalism: A Critical Reader*. Pluto Press.

_____. 2005b. "Two Views About a Possible U.S. Hard Landing: Foreign Flight versus Consumer Burnout." www.thomaspalley.com, October 23.

_____. 2006. "The Weak Recovery and the Coming Deep Recession." www.thomaspalley.com, Marh 15.

Panitch, L. 2001. "Reflections on Strategy for Labour." *The Socialist Register.*

Panitch, L. and S. Gindin. 2000. "Transcending Pessimism: Rekindling Socialist Imagination." *The Socialist Register.*

_____. 2002. "Gems and Baubles in Empire." *Historical Materialism*, vol.10 no.2.

_____. 2004. "Global Capitalism and American Empire." *Socialist Register.*

_____. 2005. "Superintending Global Capital." *New Left Review*, No.35, Sept/Oct.

Panitch, L. & C. Leys(eds.) 1998. *Socialist Register 1998: The Communist Manifesto Now.* Monthly Review Press.

Peet, R. 1992. "Some Critical Questions for Anti-Essentialism." *Antipode*, vol.24, no.2. April.

Petras, J. 1998. "The Manifesto's Strength and Flaws." *New Politics*, no.24, Winter.

_____. 2003. "Popular Struggle in Argentina: Full Circle and Beyond." *Monthly Review*, September.

_____. 2006. "Crisis of US Capitalism or the Crisis of the US`Wage and Salaried Worker?" *Dissident Voice*, July 18.

Pipes, R. 1996. "The Seeds of His Own Destruction." *The New York Times Book Reviews*, March 24.

Pollin, R. 1996. "Contemporary Economic Stagnation in World Historical Perspective." *New Left Review*, no.219, September/October.

Pollin, R.(ed.). 2000. *Capitalism, Socialism and Radical Political Economy.* Edward Elgar.

Post, C. 2002. "Empire and Revolution." *International Viewpoint*, no.341.

Postone, M. 1993. *Time, Labor, and Social Domination.* Cambridge University Press.

Preobrazhensky, E. 1965. *New Economics*(1926). Oxford University Press.

Proyect, L. 2001. "Hardt-Negri's 'Empire': a Marxist Critique." July 10, http://www.marxmail.org.

Rees, J. 1990. "Trotsky and the Dialectic of History." *International Socialism*, Summer.

_____. 1991. "In Defence of October." *International Socialism*, Autumn.

_____. 1994. "Engel's Marxism." *International Socialism*, Vol.65.

_____. 1998. *The Algebra of Revolution: The Dialectic and the Classical Marxist Tradition*. Routledge.

_____. 2006. *Imperialism and Resistance*. Routledge.

Reich, M. 1995. "Radical Economics: Successes and Failures." in Moseley(ed.). *Heterodox Economic Theories: True or False?* Edward Elgar.

Reiman, M. 1992. "Trotsky and the Struggle for 'Lenin's Heritage'." in Brotherstone and Dukes(eds.). *The Trotsky Reappraisal*. Edinburgh University Press.

Resnick, S. & R. Wolff. 1987. *Knowledge and Class: A Marxian Critique of Political Economy*. University of Chicago Press.

_____. 1992a. "Reply to Richard Peet." *Antipode*, vol.24, no.2. April.

_____. 1992b. "Radical Economics: A Tradition of Theoretical Differences." in Roberts & Feiner(eds.). *Radical Economics*. Kluwer Academic Publishers.

_____. 1992c. "Everythingism, or Better Still, Overdetermination." *New Left Review*, no.195, September/October.

_____. 1993. "Althusser's Liberation of Marxian Theory." in Kaplan & Sprinker(eds.). *The Althusserian Legacy*. Verso.

_____. 1994. "Between State and Private Capitalism: What Was Soviet Socialism?" *Rethinking Marxism*, vol.7, no.1. Spring.

_____. 1995. "Postmodernism: A Marxist Critique," Unpublished Manuscript.

_____. 1996a. "The New Marxian Political Economy and the Contributions of Althusser." in Callari & Ruccio(eds.). *Postmodern Materialism and the Future of Marxist Theory*. Wesleyan University Press.

_____. 1996b. "Struggles in the USSR: Communisms Attempted and Undone." Working Paper Series 1996~7, Department of Economics, University of Massachusetts at Amherst.

_____. 2001. "Empire and Class Analysis." *Rethinking Marxism*, vol.13 no.3/4.

_____. 2002. *Class Theory and History: Capitalism and Communism in the USSR*. Routledge.

_____. 2005. "The Categories of Class Analysis and the Soviet Experience: A Reply to Victor Lippit, Satya Gabriel, and Jonathan Diskin." *Rethinking Marxism*, Vol.17, No.4.

Resnick, S. & R. Wolff.(eds.). 2006. *New Departures in Marxian Theory*. Routledge.

Reuten, G. 1991. "Accumulation of Capital and the Foundation of the Tendency of the Rate of Profit to Fall." *Cambridge Journal of Economics*, vol.15, no.1.

Roach, S. 2006. "Not Much Fizz Left in the Global Economy." *Financial Times*, August 14.

Roberts, B. & S. Feiner(eds.). 1992. *Radical Economics*. Kluwer Academic Publishers.

Romero, M. 1991. "The Spanish Civil War in Euzkadi and Catalonia." *Notebooks for Study and Research*, No.13.

Rosdolsky, R. 1977. *The Making of Marx's Capital.* Pluto Press.

Rosenberg, J. 2006. "Why is There No International Sociology?" *European Journal of International Relations*, vol.12. no.3.

Roubini, N. 2006. "Four Investors' Fairy Tales……and Five Ugly Realities About the Coming Severe U.S. Recession." www.rgemonitor.com, August 9.

Ruccio, D. 1991. "Postmodernism and Economics." *Journal of Post Keynesian Economics*, vol.13. no.4. Summer.

Ryner, J. 2002. *Capitalist Restructuring, Globalization and the Third Way: Lessons from the Swedish Model*. Routledge.

Saad-Filho, A. and D. Johnston(eds.). 2005. *Neoliberalism: A Critical Reader*. Pluto Press.

Salvadori, M. 1990. *Karl Kautsky and the Socialist Revolution 1880-1938*. Verso.

Samuels, W. 1991. "Truth and Discourse in the Social Construction of Economic Reality: An Essay on the Relation of Knowledge to Socioeconomic Policy." *Journal of Post Keynesian Economics*, vol.13, no.4. Summer.

_____. 1993. "In (Limited But Affirmative) Defense of Nihilism." *Review of Political Economy*, vol.5, no2.

Samuels, W.(ed.). 1990. *Economics As Discourse*. Kluwer Academic Publishers.

Sanderson, S.(ed.). 1995. *Civilization and World Systems: Studying World-Historical*

Change. AltaMira Press.

Sapir, J. 1997. "The Economics of War in the Soviet Union during World War II." in Kershaw and Lewin(eds.). *Stalinism and Nazism: Dictatorships in Comparison*. Cambridge University Press.

Sayer, D. 1983. *Marx's Method: Ideology, Science and Critique in 'Capital'*. Humanities Press.

Shaikh, A. 1978. "Political Economy and Capitalism: Notes on Dobb's Theory of Crisis." *Cambridge Journal of Economics*, vol.2.

_____. 1987. "The Falling Rate of Profit and the Economic Crisis in the U.S." in Cherry et al.(eds.). *The Imperiled Economy*. Book I. URPE.

_____. 1998. "Revisiting the Communist Manifesto: Economics." *Against the Current*, no.72, January/February.

_____. 1999. "Explaining the Global Economic Crisis." *Historical Materialism*, No.5.

_____. 2003. "Who Pays for the 'Welfare' in the Welfare Staste? A Multicountry Study." *Social Research*, Vol.70, No.2.

Shaikh, A., D. Hamilton and J. Madrick. 2005. "The Economic Consequences of Mr. Bush." *Challenge*, Jan/Feb.

Shaikh, A. & E. A. Tonak. 1994. *Measuring the Wealth of Natiuons*. Cambridge University Press.

Sherman, H. 1992. "Rhetoric and Radical Economics: A Comment on Resnick and Wolff." *Radical Economics*.

Shin Jang-Sup and Chang Ha-Joon. 2005. "Economic Reform after the Financial Crisis: a Critical Assessment of Institutional Transition and Transition Costs in South Korea." *Review of International Political Economy*, Vol.12, No.3.

Shin Jo-Young. 1995. "Althusser's Contribution to a Postmodern(Over-determinist) Marxism." *Rethinking Marxism*, vol.8, no.2, Summer.

_____. 1997. "The Postmodern Moments in the Marxist Tradition." Ph.D. Dissertation, Department of Sociology, University of Massachusetts at Amherst.

Singer, D. 1996. "The Prophet Vulgarized." *The Nation*, March 25.

Skocpol, T. 1977. "Wallerstein's World Capitalist System: A Theoretical and Historical

Critique." *American Journal of Sociology*, vol.82, no.5, March.

Smith, R. 1977. "Military Expenditure and Capitalism." *Cambridge Journal of Economics*, March.

Smith, T. 1993. "Marx's Capital and Hegelian Dialectical Logic." in Moseley(ed.). *Marx's Method in Capital.* Humanities Press.

Sofianou, E. 1995. "Post-modernism and the Notion of Rationality in Economics," *Cambridge Journal of Economics*, vol.19, no.3. June.

Steedman, I. 1977. *Marx After Sraffa*. New Left Books.

Taylor, G. and A. Mathers. 2002. "The Politics of European Integration: A European Labour Movement in the Making?" *Capital and Class*, No.78.

Temin, P. 1991. "Soviet and Nazi Economic Planning in the 1930's." *Economic History Review*, Vol. XIV No.4.

Thatcher, I. 1990. "Recent Soviet Writings on Leon Trotsky." *Coexistence*, no.27.

_____. 1992. "Soviet Writings on Leon Trotsky: An Update." *Coexistence*, no.29.

_____. 1994. "First Russian Biographies of Trotsky: A Review Article." *Europe-Asia Studies*, vol.46, no.8.

_____. 1996. "Trotsky Studies-After the Crash: A Brief Note." *Europe-Asia Studies*, vol.48, no.3.

_____. 2003. *Trotsky*. Routledge.

Thomas, M. 2006. "Review: Class Theory and History: Capitalism and Communism in the USSR." *Historical Materialism*, Vol.14, No.1.

Ticktin, H. 1999. "Accumulation and Control of Capital." *Against the Current*, no.79.

Trotsky, L. 1963. *Trotsky's Diary in Exile*(1935). Atheneum.

_____. 1965. *The New Course*(1923). The University of Michigan Press.

_____. 1971a. *1905*. Vintage Books.

_____. 1971b. *My Life*(1930). Pathfinder Press.

_____. 1971c. "For a Worker's United Front Against Fascism(1931.12.8)." in Trotsky. *The Struggle Against Fascism in Germany*. Pathfinder Press.

_____. 1971d. "The USSR in War(1939.9.25)." *In Defence of Marxism*. New Park Publications.

_____. 1971e. "What Next? Vital Questions for the German Proletariat(1932. 1. 27)." in Trotsky. *The Struggle Against Fascism in Germany*. Pathfinder Press.

_____. 1971f. "Against National Communism!(1931.8.25.)" in Trotsky. *The Struggle Against Fascism in Germany*. Pathfinder Press.

_____. 1971g. *The Struggle Against Fascism in Germany*. Pathfinder Press.

_____. 1972. "The International Left Opposition: Its Tasks and Methods(1933.1)." *Writings of Leon Trotsky*(1932-33). Pathfinder Press.

_____. 1973a. "Fifteen Years(1932.10.13)." *Writings of Leon Trotsky*(1932). Pathfinder Press.

_____. 1973b. "The Soviet Economy in Danger(1932.10.22)." *Writings of Leon Trotsky*(1932). Pathfinder Press.

_____. 1973c. "On the Revolutionary Calendar(1937.10.22)." *The Spanish Revolution(1931-39)*. Pathfinder Press.

_____. 1973d. "Report on the World Economic Crisis and the New Tasks of the Communist International(1921.1.23)." *The First Five Years of the Communist International*, vol.1. New Park Publications.

_____. 1973e. "The Treachery of the POUM(1936.1.23)." *The Spanish Revolution (1931-39)*. Pathfinder Press.

_____. 1974a. *The Third International After Lenin*(1929). New Park Publications.

_____. 1974b. "The New Economic Policy of Soviet Russia and the Perspectives of the World Revolution(1922.11.14)." *The First Five Years of the Communist International*, vol.2. New Park Publications.

_____. 1974c. "The Fifth Anniversary of the October Revolution and the Fourth World Congress of the Communist International(1922.10.20)." *The First Five Years of the Communist International*, vol.2.

_____. 1974d. "The League Faced with a Turn(1934.6)." *Writings of Leon Trotsky (1934-35)*, Pathfinder Press.

_____. 1975a. "War and the Fourth International(1934.1.10)." *Writings of Leon Trotsky(1933-34)*. Pathfinder Press.

_____. 1975b. *Terrorism & Communism*(1920). New Park Publications.

_____. 1975c. "Towards Capitalism or Socialism(1925.8.28)." *The Challenge of the Left Opposition(1923-25)*. Pathfinder Press.

_____. 1975d. "Speech to the Thirteenth Party Congress(1924.5.26)." *The Challenge of the Left Opposition(1923-25)*. Pathfinder Press.

_____. 1976. "New Opportunities for the Chinese Revolution, New Tasks and New Mistakes(1927.9)." *Leon Trotsky on China*. Monad Press.

_____. 1977. "The Terror of Bureaucratic Self-Preservation(1935.9.6)." *Writings of Leon Trotsky(1935-36)*. Pathfinder Press.

_____. 1978. "Stalinism and Bolshevism(1937.8.29)." *Writings of Leon Trotsky (1936-37)*. Pathfinder Press.

_____. 1979a. "Once Again, Whither France?(1935.3.28)." *Leon Trotsky On France*, Monad Press.

_____. 1979b. "France at the Turning Point(1936.3.28)." *Leon Trotsky on France*. Monad Press.

_____. 1980a. "The Platform of the Opposition(1927.9)." *The Challenge of the Left Opposition(1926-27)*. Pathfinder Press.

_____. 1980b. *The Death Agony of Capitalism and the Tasks of the Fourth International* (1938). New Park Publications.

_____. 1986. *Trotsky's Notebooks, 1933-1935: Writings on Lenin, Dialectics, and Evolutionism*. Cambridge University Press.

_____. 1991. *The Revolution Betrayed*(1936). Labor Publications.

Tsoulfidis, L. and Dong-Min, Rieu. 2006. "Labor Values, Prices of Production, and Wage-Profit Rate Frontiers of the Korean Economy." *Seoul Journal of Economics*, Vol.19, No.3.

Tucker, R.(ed.) 1978. *The Marx-Engels Reader*, 2nd ed. W. W. Norton & Company.

Uchida, H.(ed.). 2006. *Marx for the 21st Century*. Routledge.

Upchurch, M. 2000. "The Crisis of Labour Relations in Germany." *Capital and Class*, No.70.

Vlachou, A.(ed.). 1999. *Contemporary Economic Theory: Radical Critiques of Neoliberalism*. Macmillan.

Volkogonov, D. 1996. *Trotsky: The Eternal Revolutionary*. The Free Press.

Wade, R. 1998a. "From 'Miracle' to 'Cronyism': Explaining the Great Asian Slump." *Cambridge Journal of Economics*, vol.22.

______. 1998b. "The Asian Crisis: The High Debt Model Versus the Wall Street-Treasury-IMF Complex." *New Left Review*, No.228.

______. 1998c. "The Gathering World Slump and the Battle Over Capital Controls." *New Left Review*, No.231.

Walker, R. 1999. "Capital's Global Turbulence: An Introduction." *Against the Current*, no.78.

Wallerstein, I. 1979. *The Capitalist World-Economy*. Cambridge University Press.

______. 1991. *Geopolitics and Geoculture: Essays on the Changing World-System*. Cambridge University Press.

______. 1995a. *After Liberalism*. The New Press.

______. 1995b. "Hold the Tiller Firm: On Method and the Unit of Analysis." in Sanderson(ed.). *Civilization and World Systems: Studying World-Historical Change*. AltaMira Press.

______. 1998. "Contemporary Capitalist Dilemmas, the Social Sciences, and the Geopolitics of the Twenty-first Century." *Canadian Journal of Sociology*, vol.23, no.2&3.

______. 1999. *The End of the World As We Know It*. University of Minnesota Press.

Warren, B. 1980. *Imperialism: Pioneer of Capitalism*. Verso.

Weisskopf, T. 1992. "Towards a Socialism for the Future, in the Wake of the Demise of the Socialism of the Past." *Review of Radical Political Economics*, Vol.24, No.3&4.

Westra, R. and A. Zuege(eds.). 2003. *Value and the World Economy Today*. Palgrave.

White, J. 2001. *Lenin: The Practice and Theory of Revolution*. Palgrave.

Wiles, P.(ed.). 1988. *The Soviet Economy on the Brink of Reform: Essays in Honor of Alec Nove*. Unwin Hyman.

Wolff, R. 1996. "Althusser and Hegel: Making Marxist Explanations Antiessentialist and Dialectical." in Callari & Ruccio(eds.). *Postmodern Materialism and the Future* of *Marxist Theory*. Wesleyan University Press.

_____. 1999. "Limiting the State versus Expanding it: A Criticism of this Debate." in Vlachou(ed.). *Contemporary Economic Theory: Radical Critiques of Neoliberalism*. Macmillan.

Wood, E. M. 1995a. "What Is the Postmodern Agenda? An Introduction." *Monthly Review*, vol.47, no.3. July/August.

_____. 1995b. *Democracy Against Capitalism*. Cambridge University Press.

_____. 1998a. "Revisiting the Communist Manifesto: Politics." *Against the Current*, no.72, January/February.

_____. 1998b. "The Communist Manifesto After 150 Years." *Monthly Review*, May/June.

_____. 2003. "A Manifesto for Global Capital." in Balakrishnan(ed.). *Debating Empire*. Verso.

Zarembka, P. 1992. "The Development of State Capitalism in the Soviet System." *Research in Political Economy*, Vol.13.

_____. 2000. "Accumulation of Capital, Its Definition: A Century After Lenin and Luxemburg." *Research in Political Economy*, Vol.18.

_____. 2003. "Lenin as Economist of Production: A Ricardian Step Backwards." *Science and Society*, Vol.67, No.3.

Zuege, A. 2000. "The Chimera of the Third Way." *Socialist Register*.

Žižek, S. 2001. "Have Michael Hardt and Antonio Negri Rewritten the Communist Manifesto for the Twenty-First Century?." *Rethinking Marxism*, vol.13 no.3/4.

_____. 2002. *Revolution at the Gate: Selected Writings of Lenin from 1917*. Verso.

찾아보기

1. 사항

[ㄱ]

[ㄴ]

[ㄷ]

[ㄹ]

[ㅁ]

[ㅂ]

[ㅅ]

[ㅇ]

[ㅈ]

[ㅊ]

[ㅋ]

[ㅌ]

[ㅍ]

[ㅎ]

2. 인명

[ㄱ]

[ㄴ]

[ㄷ]

[ㄹ]

[ㅁ]

[ㅂ]

[ㅅ]

[ㅇ]

[ㅈ]

[ㅊ]

[ㅋ]

[ㅌ]

[ㅍ]

[ㅎ]

3. 문헌

지은이

정성진

서울대학교 경제학과 졸업

동 대학원 경제학과 석사·박사

경상대학교 사회과학연구원장 역임

현재 경상대학교 경제학과 교수, ≪마르크스주의연구≫ 편집위원장 및 진보정치 연구소 비상임 연구위원

주요 저서: 『마르크스와 한국경제』(2005), 『신자유주의적 구조조정과 노동문제: 1997~2001』(공저, 2003), Marxist Perspectives on South Korea in the Global Economy(편저, 2007).

주요 역서: 『마르크스의 자본론의 형성』(2003), 『연속혁명, 평가와 전망』(2003), 『반자본주의 선언』(공역, 2004)

seongjin@gsnu.ac.kr

한울아카데미 840
마르크스와 트로츠키

지은이 | 정성진
펴낸이 | 김종수
펴낸곳 | 도서출판 한울

초판 1쇄 발행 | 2006년 12월 29일
초판 3쇄 발행 | 2008년 10월 15일

주소 | 413-832 파주시 교하읍 문발리 507-2(본사)
121-801 서울시 마포구 공덕동 105-90 서울빌딩 3층(서울 사무소)
전화 | 영업 02-326-0095, 편집 02-336-6183
팩스 | 02-333-7543
홈페이지 | www.hanulbooks.co.kr
등록 | 1980년 3월 13일, 제406-2003-051호

Printed in Korea.
ISBN 978-89-460-3645-1 93330 (양장)
ISBN 978-89-460-3646-8 93330 (학생판)

* 가격은 겉표지에 표시되어 있습니다.
* 이 도서는 강의를 위한 학생판 교재를 따로 준비했습니다.
강의 교재로 사용하실 때에는 본사로 연락해주십시오.